DIE

HAAGER FRIEDENSKONFERENZ

VON

CHRISTIAN MEURER

DR. JUR. ET PHIL.

PROFESSOR DER RECHTE AN DER UNIVERSITÄT WÜRZBURG.

ZWEI BÄNDE.

I. BAND:

DAS FRIEDENSRECHT DER HAAGER KONFERENZ.

MÜNCHEN

J. SCHWEITZER VERLAG (ARTHUR SELLIER).

1905.

Druck von C. Brügel & Sohn, Ansbach.

DAS

FRIEDENSRECHT

DER

HAAGER KONFERENZ

VON

CHRISTIAN MEURER

DR. JUR. ET PHIL.

PROFESSOR DER RECHTE AN DER UNIVERSITÄT WÜRZBURG.

MÜNCHEN

J. SCHWEITZER VERLAG (ARTHUR SELLIER).

1905.

Inhalt.

Zweites Hauptstück.

Der Inhalt des friedensrechtlichen Abkommens.

Erste Abteilung.

Die Vermittelung.

Zweite Abteilung.

Die internationalen Untersuchungskommissionen.

Erster Abschnitt.

Der Kampf um die Untersuchungskommissionen.

Erstes Kapitel.

Die ersten Ausschussberatungen.

Zweites Kapitel.

Die ersten Kommissionsberatungen.

Drittes Kapitel.

Die abschliessenden Verhandlungen.

Zweiter Abschnitt.

Das Recht der Untersuchungskommissionen.

Dritte Abteilung.

Die internationale Schiedssprechung.

Erster Abschnitt.

Das Schiedswesen.

Erstes Kapitel.

Die Vorlage und ihre Begründung.

Zweites Kapitel.

Die Verhandlungen.

Drittes Kapitel.

Das geltende Recht.

Zweiter Abschnitt.

Der ständige Schiedshof.

Erstes Kapitel.

Der Aufbau des Schiedshofs.

Erster Titel.

Die Frage des Entwurfs.

Zweiter Titel.

Die Organisationsfrage.

Zweites Kapitel.

Der Ausbau des Schiedshofs.

Erster Titel.

Das Bureau.

Zweiter Titel.

Die Schiedshofliste.

Dritter Titel.

Der Verwaltungsrat.

Drittes Kapitel.

Die Bedeutung des Schiedshofs.

Dritter Abschnitt. Seite

Das Schiedsverfahren.

Erstes Kapitel.

Die Vorlage und ihre Behandlung.

Zweites Kapitel.

Die Haager Bestimmungen.

Erster Titel.

Die Schiedsgerichtsverfassung.

Zweiter Titel.

Die Schiedsprozessordnung.

I. Das Verfahren.

II. Der Schiedsspruch.

Anhang.

Einleitung.

In einer Festrede, die ich im Jahre 1903 anlässlich der Stiftungsfeier der Universität Würzburg als deren Rektor zu halten hatte,[1]) habe ich eine erschöpfende Darstellung der gesamten Verhandlungen der Haager Friedenskonferenz in Aussicht gestellt.

Hier ist sie.

Sie stützt sich auf die vom Holländischen Ministerium des Äussern besorgte Ausgabe der Sitzungs-Protokolle der Friedens-Konferenz, die 1899 erschienen ist unter dem Titel: „Conférence Internationale De La Paix".

Über den der Konferenz vorausgegangenen Notenwechsel[2]) und anderes auf die Haager Konferenz Bezügliche hatte die Holländische Regierung durch van Daehne van Varick eine besondere Sammlung veranstalten lassen: „Actes et documents relatifs au programme de la Conférence de la Paix", welche bereits der Konferenz überreicht worden war.[3])

Die Protokolle sind in der Verhandlungssprache,[4]) also französisch, abgefasst und bestehen aus vier Bänden („parties").[5])

Der erste Band enthält die Berichte über die 10 Plenarsitzungen der Konferenz.

Die folgenden drei Bände berichten über die Sitzungen der drei Kommissionen und der einschlägigen Unterkommissionen. Für jede Kommission mit den zugehörigen Unterkommissionen ist ein besonderer Band bereitgestellt worden. Die erste Kommission erhielt Bd. II, die zweite Kommission Bd. III, die dritte Kommission Bd. IV.

Nach einer Mitteilung der Baronin B. v. Suttner geht die Veröffentlichung der Protokolle auf einen Vorschlag Deutschlands zurück.[6])

---

[1]) „Übersicht über die Arbeiten der Haager Friedenskonferenz, insbesondere das Abkommen zur friedlichen Erledigung internationaler Streitfälle v. 29. Juli 1899." Festrede zur Feier des 321jährigen Bestehens der Kgl. Julius-Maximilians-Universität Würzburg, gehalten am 11. Mai 1903. Würzburg, Druck der Kgl. Universitätsdruckerei von H. Stürtz, 1903. Diese Rede war zunächst als amtliches Programm verfasst worden, ist dann aber auch im Buchhandel erschienen bei J. Schweitzer Verlag (Arthur Sellier), München 1903.

[2]) Vgl. darüber auch das Staatsarchiv von Aegidi-Klauhold (herausgegeben von Roloff) Bd. 64 (1901) S. 107 ff.

[3]) Vgl. den Dank des Grafen Nigra in Protok. IV. 2.

[4]) In der Friedenskommission kam es einige Mal vor, dass Redner (Holls IV. 36, 74, 86, Seth Low. IV. 39, Zorn IV. 72) ihren Standpunkt in der englischen resp. deutschen Muttersprache vertraten, um grössere Bestimmtheit und Wirksamkeit zu erzielen. Es erfolgte dann aber sofort Übersetzung ins Französische und für das Protokoll. Vgl. hierzu auch Lammasch, Ztschr. f. intern. Privat- u. Strafrecht, Bd. 11 S. 27. Hierauf hat auch Graf Nigra sich einmal der italienischen Sprache bedient, und zwar um deren Gleichberechtigung zu betonen.

[5]) Ich zitiere z. B. IV. 8.

[6]) B. v. Suttner, die Haager Friedenskonferenz, Tagebuchblätter, S. 142 f. (10. Juni): „Es heisst, Graf Münster habe vor einigen Tagen die Weisung erhalten, vorzuschlagen, dass die Protokolle der Vollversammlungen der Konferenz sofort nach ihrer Drucklegung ver-

Hatten während der Verhandlung im Haag die verblüffenden Leistungen der überlasteten Staatsdruckerei die Bewunderung der Diplomaten erregt,[1] so schulden wir jetzt der holländischen Regierung für diese herrliche Protokollausgabe[2] aufrichtigen Dank. Ohne zugängliche Protokolle wäre eine wissenschaftliche Bearbeitung der Haager Konferenzbeschlüsse eine Unmöglichkeit.

Die Protokolle sind klar und lassen uns den Gang der Verhandlung genau verfolgen. Der Präsident v. Staal rühmte ihnen nach, sie seien „fidèles et complets".[3]

Aber freilich Sitzungsprotokolle lesen sich nicht wie ein Roman. Das bedeutet keinen Vorwurf für die Verfasser.

Es wird nicht viel Menschen geben, welche die Protokolle der Haager Friedenskonferenz von Anfang bis zu Ende gelesen haben.

Diese Protokolle sind eine rein chronologische Beschreibung der Verhandlungen, ohne jeden Wegweiser, der hier oft am Platze wäre, weil die Verhandlungen nicht selten sehr auseinandergingen, durch spätere Instruktionen der Bevollmächtigten richtiggestellt und auch durch nachfolgende Bemerkungen, die oft in einen ganz anderen Verhandlungsstoff hineinplatzten, fortgeführt wurden. Der Stoff ist spröde, und seine Bearbeitung macht Schwierigkeit. Wenn man auch nicht gerade ein Pygmalion zu sein braucht, um ihn zu beleben, so bedarf es doch fast einer Art Zauberstab, um sämtliche einschlägigen protokollarischen Feststellungen auf einen Punkt zusammen zu treiben und sie in den Dienst der Wissenschaft zu zwingen, die eine entwicklungsgeschichtliche und systematische Darstellung verlangt.

Ich denke, dass mir keine Protokollbemerkung verloren ging und dass jede da steht, wo sie zu wirken bestimmt war.

Hat man sich einmal in die Protokolle eingearbeitet, ist man mit der geistigen Eigentümlichkeit der Bevollmächtigten vertraut, so bieten die Reden, welche in den Protokollen, je nach ihrer Wichtigkeit, bald wörtlich bald auszugsweise wiedergegeben, bald auch nur nach pro und contra geschieden werden, einen hohen Genuss.

Auch die Mittelstaaten hatten, wie der deutsche Bevollmächtigte Dr. Zorn später öffentlich anerkannte, sehr geschickte und geistig hervorragende Vertreter, als deren Führer der frühere belgische Staatsminister Beernaert und der holländische Staatsrat (jetzige Minister) Asser bezeichnet werden können:[4] der erste charakteristisch durch seinen religiösen Enthusiasmus für das Recht, der zweite ein nüchterner und scharfsichtiger Realpolitiker, der durch ein vorzügliches völkerrechtliches Wissen unterstützt wurde, und mit dem „verehrungswürdigen Belgier Descamps",[5]

öffentlicht werden sollen; das wäre eine gute Sache." Wenn es dann weiter heisst, dass indes die Protokolle der Sektionssitzungen es sind, die das grösste Interesse bieten, so muss man dem zustimmen; aber die amtliche Ausgabe enthält auch die Protokolle der Sektions- oder Unterkommissionssitzungen.

[1]) Vgl. die Rede des Grafen Nigra I. 98 f.

[2]) I. 211.

[3]) a. a. O.

[4]) „Tag" 1903 No. 301. Vgl. auch Zorn in der „Deutschen Rundschau" 1900 S. 113.

[5]) Zorn in der „Deutschen Rundschau" 1900 S. 125.

der 1895 für die Brüsseler Interparlamentarische Konferenz die berühmte „Denkschrift an die Mächte" verfasst hatte, die Begeisterung für die friedensrechtliche Aufgabe des Völkerrechts teilte.

Der „erste Wortführer des Friedensgedankens"[1]) und sozusagen der Vater des ständigen Schiedshofs, war der englische erste Bevollmächtigte Sir Julian Pauncefote, Botschafter in Washington.

Pauncefote hatte in der Geschichte der Friedensbewegung bereits zweimal eine führende Rolle gespielt.[2]) Er hatte den Entwurf des englisch-amerikanischen Schiedsvertrags, des ersten permanenten Schiedsgerichtsvertrags überhaupt, 1897 zu stande gebracht, der dann freilich, weil ihm an der gesetzlichen $^2/_3$-Majorität des Senats noch 3 Stimmen fehlten, von den Vereinigten Staaten nicht ratifiziert wurde. Eine weitere Probe der realen Friedenspolitik hatte Sir Pauncefote gegeben, als England und Amerika wegen der Venezuela-Frage vor dem Krieg standen. Damals wusste er den Streit vor ein Schiedsgericht zu bringen, das nun zur Zeit der Konferenz unter dem Vorsitz von Martens in Paris tagte.

An der Spitze der amerikanischen Delegation stand der in weiten Kreisen bekannte und hochverehrte damalige Botschafter in Berlin, White, ihm zur Seite eine Anzahl ausgeprägter und interessanter Persönlichkeiten, darunter der bedeutende Marine-Schriftsteller Mahan und ein überaus rühriger Advokat, der Deutschamerikaner Holls.[3])

Im Vordergrund der Verhandlungen erblickt man den durch seine zahlreichen völkerrechtlichen Arbeiten dem Fachmann des Völkerrechts so wohlbekannten russischen Universitätsprofessor und Geheimen Rat von Martens, der nicht bloss mit dem grössten Geschick die Verhandlungen der zweiten Kommission und der in derselben gebildeten zweiten Unterkommission leitete, sondern auch in allen Kommissionen und in allen Fragen anregend und vermittelnd tätig war, und daneben noch im Schiedsgericht in Paris den Vorsitz führte.[4]) Durch sehr tüchtige Vertreter des Landheeres und der Marine, Gilinsky und Scheine, wurde er unterstützt.

---

[1]) Zorn, „Deutsche Rundschau" 1900 S. 112.

[2]) B. v. Suttner, Tagebuchblätter S. 50.

[3]) Zorn im „Tag" 1903 No. 323. Bertha v. Suttner a. a. O. S. 64 nannte Holls „den Mann mit den viereckigen Schultern und dem energischen Kopf". „Holls war eine der hauptsächlichsten treibenden Kräfte für das Zustandekommen des Werkes, insbesondere für den ständigen Schiedshof; mit rastlosestem Eifer nahm er an den Arbeiten teil und war unermüdlich und mit grossem Geschick bemüht, Schwierigkeiten zu überwinden und Streitfragen zu schlichten." (Zorn im „Tag" 1903 No. 323.)

[4]) Martens musste $1^1/_2$ Monate lang anstrengende Nachtfahrten zwischen Haag und Paris machen. („La conférence de la paix à la Haye" p. 37.) — Schon in meiner Rektoratsrede S. 9 sprach ich es aus, dass v. Martens die Seele aller Verhandlungen war und sich am meisten verdient machte. Zorn, der als völkerrechtlicher Delegierter des deutschen Reiches auf der Konferenz tätig war, gab im „Tag" 1903 No. 307 zu, dass ich Martens „mit einem gewissen Recht als einen geistigen Mittelpunkt der Konferenz bezeichnet hätte". Vgl. auch den österreichischen Delegierten Lammasch (Niemeyers Ztschr. f. internationales Privat- und Strafrecht 11 S. 26): „Die Hauptlast der Arbeiten ruhte in beiden Kommissionen (2. u. 3.) auf den breiten Schultern des unermüdlichen Martens, der Tag und Nacht tätig war für die Verwirklichung der idealen Pläne seines Souveräns und für die Weiterentwicklung der Wissenschaft des Völkerrechts, der er seit 30 Jahren seine unvergleichliche Arbeitskraft und seine grosse Begabung gewidmet."

Wir bewundern die warmherzige Beredsamkeit, parlamentarische Gewandtheit und staatsmännische Grosszügigkeit des französischen früheren Ministerpräsidenten und späteren Kammerpräsidenten Bourgeois, des jüngsten der Haager Delegationschefs,[1]) der während der Haager Konferenz wieder Minister werden sollte, aber im Hinblick auf seine Haager Mission ausschlug, der nicht bloss in der grössten und unstreitig bedeutsamsten dritten Kommission in bewunderungswürdiger Weise präsidierte, sondern auch in den anderen Kommissionen einen grossen Einfluss ausübte, der in gewinnender Form die Gegensätze milderte und wenn die Verhandlung am toten Punkt angelangt schien, die verfahrene Frage in einen Ausschuss hinüberrettete, in welchem er dann mit Geschick und Erfolg, „eher energisch als diplomatisch", mit „Takt und Festigkeit"[2]) das Weitere besorgte.[3]) Unterstützt war er durch ganz hervorragende Vertreter des Heeres und der Marine (Mounier und Péphau) sowie durch einen erstklassigen Vertreter des Völkerrechts (Renault).

Die parlamentarische Beweglichkeit des französischen Plénipotentiaire fand ihr Seitenstück in der diplomatischen Leichtigkeit, mit welcher der stimmführende Bevollmächtigte Italiens Graf Nigra die Verhandlungsschwierigkeiten überwand, der dabei auch sozusagen der Doyen zur Wahrung des diplomatischen Herkommens und der internationalen Schicklichkeit war,[4]) und überall ernste, eifrige Mitarbeit leistete.[5])

Übrigens war das auch schon auf der Konferenz selbst wiederholt zum Ausdruck gekommen, und Holls hatte den russischen Kollegen insbesondere gefeiert als den „hervorragendsten Vertreter der Schiedsidee in der ganzen Welt" (IV. 36). v. Martens hatte bereits die Brüsseler Konferenz 1874 mitgemacht und war eine Autorität ersten Ranges auf dem Gebiete des Schiedsrechts wie überhaupt des ganzen Völkerrechts. Mérignhac („La conférence intern. de la paix" p. 29) rühmte bei Martens „une dialectique vive et puissante").

[1]) B. v. Suttner, Tagebuchblätter S. 150.

[2]) a. a. O. S. 151.

[3]) Auch Zorn rühmte das „Präsidialtalent" des französischen ersten Bevollmächtigten und nannte ihn einen „klaren, klugen, scharfblickenden und scharfdenkenden Staatsmann" („Deutsche Rundschau" 1900 S. 108, 114). Später (1903 im „Tag" No. 323) widmete er dem hervorragenden Staatsmann folgenden Dithyrambus: „Dass die grossen Streitfragen der (Schiedswesens-)Materie im Schosse des Arbeitsausschusses ebenso ruhig wie eindringlich verhandelt wurden und den Regierungen zu Hause anderseits die Möglichkeit gegeben war, auf Grund dieser sehr ernsthaften und lehrreichen Verhandlungen definitive Stellung zu nehmen, auch in etwaiger Änderung früherer Stellungnahme, das ist mit in erster Linie der Liebenswürdigkeit und dem eminenten staatsmännischen Takte zu danken, womit Bourgeois diese Verhandlungen leitete und auf Wunsch unterbrach, sobald es sich darum handelte, Zweifelsfragen zuvor im engsten Kreis zu erledigen und damit die Grundlage für diejenige Weiterarbeit zu gewinnen, von der der Erfolg bedingt war. Nicht einmal kam es vor, dass die sachlichen Gegensätze, auch wenn sie gross und schwierig waren, zu gereizten oder gar zu heftigen Debatten führten; nicht einmal störte irgend welche Unordnung oder Bitterkeit die vornehme Sachlichkeit der langen Verhandlungen an heissen Sommernachmittagen in der altehrwürdigen Salle des Trèves. Ich weiss mich dessen sicher, dass ich die Überzeugung aller Mitglieder des Komitees wiedergebe, wenn ich die Arbeiten in dieser Weise kennzeichne, und wenn ich das Verdienst an diesem äusseren Gang der Verhandlungen, der den inneren Gang der Dinge sehr stark beeinflusste, in erster Linie dem Takt und der Gewandtheit von Bourgeois zuspreche."

[4]) Vgl. auch v. Martens, „La conférence de la paix à la Haye" p. 18. Mérignhac, „La conférence intern. de la paix" p. 30. Der „Doyen d'âge" der Friedenskonferenz war der deutsche erste Bevollmächtigte Graf Münster (I. 213).

[5]) B. v. Suttner, Tagebuchblätter, S. 43.

Der zähe Idealismus des französischen Abgeordneten d'Estournelles de Constant, welch letzteren ein anderer Bevollmächtigter später als „eine der anziehendsten und sympathischsten Persönlichkeiten der Konferenz" bezeichnete,[1]) wirkte wie eine hinreissende Predigt.

Umgekehrt fällt der deutsche Oberst Gross v. Schwarzhoff, dessen tragischer Tod bei dem Brandunglück in Peking noch in aller Erinnerung ist, durch seine soldatische Offenheit und Bestimmtheit auf, während bei Professor Dr. Zorn, dem juristischen Delegierten Deutschlands, die wissenschaftliche Bedeutung sowie die Wärme und Kraft seiner Ausführungen wiederholt anerkannt wurde.

Seinem österreichischen Fachgenossen, Universitätsprofessor Dr. Lammasch, dagegen sichern vor allem dessen loyale und eifrige Ausgleichsbemühungen einen Ehrenplatz unter den Mitgliedern der Konferenz.

Auf der Friedenskonferenz wirkten neben Staatsmännern und Diplomaten, die eine glänzende Karriere hinter sich hatten und neben hervorragenden Vertretern des Heeres und der Marine vor allem auch bedeutende Vertreter der Völkerrechtswissenschaft.

Dass Juristen wie v. Martens, Renault, Lammasch, Zorn, Asser, Descamps und Rolin zugezogen waren, kam den Verhandlungen in hohem Mass zu gut. Man hatte aus der Genfer Konferenz von 1864, welche der fachlichen juristischen Beihilfe entbehrt hatte, die entsprechende Lehre gezogen, die übrigens auch schon durch die Mitwirkung der Juristen auf der Brüsseler Konferenz 1874 ihre Bestätigung gefunden hatte.

Neben den Präsidenten der Konferenz, der Kommissionen und Unterkommissionen traten naturgemäss die Berichterstatter hervor: Graf Soltyk, den Beer Poortugael, van Karnebeek, Renault, Rolin und Descamps. Der Präsident v. Staal hatte recht, als er in seiner Schlussrede deren Arbeiten Meisterwerke nannte, die ein massgebender Kommentar bleiben werden.[2])

Gewiss hatten die Bevollmächtigten nur nach ihren Instruktionen zu sprechen und zu stimmen. Doch starke Persönlichkeiten werden in jedem Rahmen scharf hervortreten. Da aber auch die Konferenz völlig unvorbereitet begonnen hatte, stand der Hauptteil der Verhandlungen unter dem Zeichen der Instruktionslosigkeit, und auf diese Weise kam dann die Eigenart der Bevollmächtigten erst recht zur Geltung. Die rein persönlichen Kundgebungen und Abstimmungen ad referendum waren lange die Regel.

Die Verschiedenheit der Nationen leuchtete aus den Reden deutlich hervor. Die glänzende Rhetorik der Romanen riss zum lauten Beifall hin, aber auch der nüchterne Kritizismus der Germanen kam zur Geltung.

Die charakteristischen Eigenschaften all der grossen Männer, welche ein günstiges Geschick damals im Haag vereinigte, kann ich in dieser Einleitung unmöglich schildern. Es ist aber auch nicht nötig; denn die Konferenzmitglieder sollen im folgenden in strengster Unparteilichkeit alle selbst zu Wort kommen. Auf die Vollständigkeit in dieser Richtung war

---

[1]) Zorn im „Tag" 1903 No. 307. Ebenso schon in der „Deutschen Rundschau" 1900 S 11. Vgl. auch Mérignhac „La conférence intern. de la paix" p. 30.

[2]) I. 211.

ich vor allem bedacht. Dabei habe ich natürlich auch der kritischen Würdigung der Verhandlungsergebnisse meine Aufmerksamkeit zugewandt.

Mögen aber künftige Forschungen in der Verwertung der Haager Verhandlungen über mich hinausgeführt werden: die systematische Bereitstellung des ungeheueren Protokollstoffes, so hoffe ich, ist durch mein Buch abschliessend besorgt.[1])

---

[1]) Die Literatur über die Haager Konferenz ist noch nicht gross.

An erster Stelle stehen die Darstellungen von folgenden Konferenz-Mitgliedern:

d'Estournelles de Constant im „Temps": 23. Sept., 8. Okt., 1. u. 4. Nov. 1899.

v. Martens, La conférence de la paix à la Haye 1900. Das ist ein vom Grafen v. Sancé aus dem Russischen übersetzter populärwissenschaftlicher Vortrag, den v. Martens im Dezember 1899 vor einem „auditoire d'élite" in Petersburg gehalten hat, und der sich auf eine Skizzierung der Haager Arbeiten und Beschlüsse beschränkt, dabei aber auch aus persönlichen Erinnerungen und Stimmungen schöpfte.

Zorn:

a) Die völkerrechtlichen Ergebnisse der Haager Konferenz in der „Deutschen Rundschau" 1900 Heft 7 S. 104—134. Diese bedeutsame Abhandlung ist auch abgedruckt „Im neuen Reich, Reden und Aufsätze zur preussisch-deutschen Staats- und Rechtsgeschichte" von Zorn 1902 S. 319—394.

b) Die Würdigung der Haager Konferenz im „Tag" 1903 No. 301 ff. Diese Abhandlung ist aus Anlass meiner Rektoratsrede (vgl. oben S. 1) erschienen. Die Zornschen Arbeiten bilden eine hochwillkommene Ergänzung der offiziellen Quellenberichte.

Frh. v. Stengel, die Haager Friedenskonferenz und das Völkerrecht im „Archiv f. öff. Recht" 1900 Bd. 15 S. 139—201.

Lammasch, die Fortbildung des Völkerrechts durch die Haager Konferenz in „Die Kultur" II. Jahrgang 1900 1. Heft, auch abgedruckt in (und darnach zitiere ich) „Niemeyers Ztschr. f. internationales Privat- und Strafrecht" Bd. 11 (1902) S. 23—36.

Holls, the Conference at the Hague. 1902.

Dazu kommen folgende Arbeiten von

Lapradelle, la conférence de la paix in der Revue générale de droit international public. VI. p. 651—846.

Vgl. übrigens auch S. 847—901 die Ansichten von Stoerk, Olivart, Despagnet, Mérignhac und Brusa.

Perris, History of the peace conference at the Hague 1899.

Mérignhac, la conférence internationale de la paix 1900.

Stead, la chronique de la conférence de la Haye 1900.

Darby, the peace conference at the Hague 1900.

B. v. Suttner, die Haager Friedenskonferenz, Tagebuchblätter 1900. Zweite Aufl. 1901.

Fried, die Haager Konferenz 1900, Handbuch der Friedensbewegung 1905 S. 161—214.

Erstes Buch.

Allgemeine Geschichte der Haager Konferenz.

§ 1.

Die Einberufung der Haager Konferenz.

I. Über die Vorgeschichte der Haager Konferenz suchten insbesondere die „Friedensfreunde“ die wünschenswerte Aufklärung zu gewinnen.[1])

Darnach soll die Vorgeschichte bis auf das Jahr 1891 zurückreichen, wo der englische Premierminister Lord Salisbury eine Aufstellung der Kosten der europäischen Rüstungen habe herstellen lassen, auf deren Bedeutung der Zar am dänischen Hof aufmerksam gemacht worden sei.

Ich kann die Richtigkeit dieser Mitteilung nicht nachprüfen. Sicher aber ist, dass dem interparlamentarischen Friedenskongress zu Budapest 1896[2]) schon ein Vertreter des russischen Ministeriums des Äussern beiwohnte, welcher dem Zaren Bericht zu erstatten hatte.

Es ist dies Basily, der später auf der Haager Konferenz als russischer Delegierter wieder mit B. v. Suttner zusammentraf und derselben von dem lebhaften Interesse erzählte, das seine Berichte über die Budapester Konferenz in Petersburg erregt hätten.[3])

Auch „pazifistische“ Schriften, insbesondere das sechsbändige Werk des russischen Staatsrats v. Bloch über den „Krieg“,[4]) in welchem der zukünftige Krieg in seiner technischen, wirtschaftlichen und politischen Bedeutung erörtert wird, hatten die Aufmerksamkeit des Zaren erregt.[5])

II. Die Anregung der Konferenz erfolgte 1898.

Der russische Minister des Äussern Graf Murawieff führte am 24. (nach russischer Zeitrechnung am 12.) August 1898, nachdem gerade im spanisch-amerikanischen Krieg der Präliminar-Frieden geschlossen worden war, in einem Rundschreiben[6]) an die in Petersburg beglaubigten diplomatischen Vertreter der Mächte folgendes aus:

In der gegenwärtigen Weltlage erscheine seinem kaiserlichen Herrn die Aufrechterhaltung des allgemeinen Friedens und die möglichste Einschränkung der ausserordentlichen Kriegsrüstungen als Ideal internationaler

---

[1]) Vgl. Fried, Handbuch der Friedensbewegung S. 163.

[2]) Über dessen Beschlüsse vgl. a. a. O. S. 266.

[3]) B. v. Suttner, Tagebuchblätter S. 17.

[4]) Johann v. Bloch, der Krieg. Übersetzung aus dem Russischen: Der zukünftige Krieg, in seiner technischen, wirtschaftlichen und politischen Bedeutung. 6 Bde. Berlin 1899.

[5]) Vgl. darüber B. v. Suttner, Tagebuchblätter S. 19, 34 und Fried, Handbuch d. Friedensbewegung S. 296 ff.

[6]) Dasselbe erschien am 16./28. August im Petersburger Staatsanzeiger. Abgedruckt im Staatsarchiv von Aegidi-Klauhold-Roloff Bd. 64 S. 107 f. — Mérignhac hob auf Grund einer Mitteilung des Ministers Delcassé in der Deputiertenkammer hervor, dass das Rundschreiben zuvor dem französischen Botschafter offiziös mitgeteilt worden sei (la conférence intern. de la paix p. 2).

Politik. Die russische Regierung halte die Zeit für gekommen, dass auf dem Weg internationaler Verhandlungen die wirksamsten Mittel ausfindig gemacht würden, allen Völkern die Wohltat eines wahrhaften und dauernden Friedens zu sichern und vor allem der fortschreitenden Entwickelung der Kriegsrüstungen ein Ende zu setzen. Es sei oberste Pflicht der Staaten, diese unaufhörlichen Rüstungen zu beschränken und Mittel zu suchen, welche dem die ganze Welt bedrohenden Jammer begegnen. Der russische Kaiser schlage daher eine internationale Konferenz vor, welche sich mit diesem bedeutsamen Problem beschäftigen möge. Eine solche Konferenz bedeute den Sieg der grossen Schöpfung des allgemeinen Friedens über die Elemente der Unordnung und der Zwietracht.

Die Wirkung dieser Kundgebung in der Öffentlichkeit war verschieden. Wie Fried[1]) wahrheitsgetreu berichtet, triumphierten die Friedensfreunde, während der grösste Teil der Presse skeptisch blieb und auch vor Verdächtigungen nicht zurückschreckte.

Dass damals gerade der Faschodazwischenfall die Geister in Frankreich und England erhitzte, dass dort wie in Deutschland die Präsenzstärke erhöht wurde, klang in der Tat nicht wie Frieden.

Ein zweites Rundschreiben des Grafen Murawieff vom 11. Januar 1899 (nach dem russischen Kalender vom 30. Dez. 1898)[2]) stellte die wohlwollende Aufnahme des russischen Vorschlags fest. Dabei wurde der begeisterten Zustimmung gedacht, welche die Idee der allgemeinen Friedensstiftung bei allen Gesellschaftsschichten der Erde gefunden habe.[3]) Der politische Himmel habe sich freilich mittlerweilen bedenklich verändert,[4]) und verschiedene Mächte hätten ihre Rüstungen sogar gesteigert. Nichtsdestoweniger halte die russische Regierung an ihrer Idee fest und sie rege, — indem sie dem Friedensgedanken eine konkretere Form gab,[5]) — einen vorläufigen Meinungsaustausch über folgende zwei Punkte an:

a) Es sollen alsbald die Mittel ausgearbeitet werden, durch welche dem fortwährenden Anwachsen der Kriegsrüstungen für Landheer und Marine eine Grenze gesetzt wird.

b) Es sollen die Vorbereitungen für eine Verhandlung der Fragen getroffen werden, welche sich auf die Möglichkeit beziehen, den bewaffneten Streitigkeiten mit den friedlichen Mitteln zu begegnen, über welche die internationale Diplomatie verfügt.

Erscheine den Mächten eine Konferenz auf dieser Grundlage als angemessen, so habe man sich über das Arbeitsprogramm zu einigen. Und da schlage die russische Regierung für die Verhandlung folgende acht Aufgaben vor:

1. Abkommen über den Stillstand (non-augmentation) der Präsenzstärke des Landheeres und der Marine

---

[1]) Handbuch d. Friedensbewegung S. 164. Vgl. auch Mérignhac, la conférence de la paix p. 4 sqq. (Dort reichliche Literatur.)

[2]) Abgedruckt im Staatsarchiv von Aegidi-Klauhold-Roloff Bd. 64 S. 107 f.

[3]) Vgl. darüber Mérignhac, la conférence intern. de la paix p. 8 sqq.

[4]) Der Ausbruch des Transvaalkriegs bereitete sich vor.

[5]) Vgl. die Niederländische Note v. 7. April 1889 (Staatsarchiv Bd. 64 S. 112).

auf eine bestimmte Zeit, um das Budget zu erleichtern. Vorprüfung der Mittel und Wege, um später auch zu einer Herabsetzung der Effektivbestände und Militäretats zu kommen.

2. Verbot neuer Feuerwaffen, neuer Sprengstoffe und brisanterer Pulver.
3. Beschränkung der bisherigen Sprengstoffe von verheerender Wirkung im Landkrieg und das Verbot, Geschosse und Sprengstoffe aus Luftschiffen zu werfen.
4. Verbot der unterseeischen Torpedoboote[1]) und der anderen Zerstörungsmaschinen sowie der Rammschiffe.[2])
5. Anwendung der Grundsätze der Genfer Konvention von 1864 auf den Seekrieg nach Massgabe der Zusatzartikel von 1868.
6. Neutralisation der Rettungsboote im Seekrieg.
7. Revision der Brüsseler Landkriegsdeklaration v. 1874.
8. Annahme der guten Dienste, der Vermittelung und der wahlfreien Schiedssprechung als kriegvorbeugende Mittel.

Am Schlusse hiess es: Es ist selbstverständlich, dass alle Fragen, welche die politischen Beziehungen der Staaten und die durch Verträge geschaffene Ordnung betreffen, sowie alle Fragen, welche nicht in unmittelbarem Zusammenhang mit dem angenommenen Programm stehen, von den Verhandlungen der Konferenz vollständig ausgeschlossen bleiben müssen.

Alle Mächte stimmten dem zu.[3])

Freiherr K. v. Stengel[4]) erklärte später: „Es ist klar (?), dass die russische Regierung die Punkte 2—7 des Murawieffschen Rundschreibens nur (!) deshalb auf das Konferenzprogramm setzte, um wenigstens einige Verhandlungsgegenstände für die Konferenz zu haben, in Bezug auf welche sie hoffen konnte, dass sich ein positives Ergebnis erzielen liesse, während sie hinsichtlich der Abrüstungsfrage eine solche Hoffnung wohl kaum (?) hegte".

Fried ist der Ansicht, dass dieses Programm sich als eine starke Verwässerung der ursprünglich aufgestellten Gesichtspunkte darstellt[5]) und meint etwas verärgert, das zweite Rundschreiben sei nur ein Kompromissprogramm gewesen, durch welches die skeptischen

---

[1]) Bateaux-torpilleurs sousmarins ou plongeurs.

[2]) Navires de guerre à éperon.

[3]) I. 16. IV. 45.

[4]) Archiv f. öff. Recht Bd. 15 S. 189.

[5]) Handbuch der Friedensbewegung S. 165.

Regierungen überhaupt angelockt werden sollten, sich den im ersten Rundschreiben ausgedrückten Zielen überhaupt zu nähern.[1])

Auffallend ist allerdings, dass sich nicht weniger als sechs Punkte mit dem Kriegsrecht und nur zwei Punkte mit dem Stillstand der Rüstungen und der internationalen Friedensorganisation beschäftigen.

Auch beklagt es Fried,[2]) dass es sich bei Punkt 1 für damals „nicht mehr um eine Abrüstung", sondern nur noch um einen Rüstungsstillstand handelte. Aber da hat Fried aus dem ersten Rundschreiben neuestens (1905) wieder mehr herausgelesen, als darin steht, wie er sich aus seiner eigenen Schrift aus dem Jahre 1900[3]) am besten überzeugen kann.

Über Art und Umfang der Rüstungsbeschränkung hat sich das erste Rundschreiben jeder näheren Bestimmtheit enthalten, und man kann durchaus nicht behaupten, dass der jetzt vorerst ins Auge gefasste Rüstungsstillstand ein Abgehen vom ersten Programm sei.

Das findet auch in den Tagebuchblättern der Baronin v. Suttner seine Bestätigung.[4])

In einer Audienz, die der Zar dem englischen Friedensfreunde Stead vier Wochen vor der Konferenz gewährte, äusserte jener: „Abrüstung! warum spricht man immer von Abrüstung. Es steht nicht im Reskript. Ich weiss nur zu gut, dass die Abrüstung ausgeschlossen ist. Sie antragen, hiesse wirklich die Katastrophe, die wir verhüten wollen, beschleunigen."

Die Meinung hat Grund, dass gerade die Übertreibungen der Friedensfreunde zur Präzisierung der Aufgabe drängte.[5])

Auf den Vorschlag von Russland und nach der Zustimmung von Holland wurde Haag als Konferenzort bestimmt.[6])

Man sah davon ab, die Hauptstadt einer Grossmacht zu wählen, weil sich dort zu viel politische Interessen vereinigen.[7])

Es stand ja auch keine Art Berliner Vertrag bevor, der sich die Abänderung der Landkarte zum Ziel gesetzt hätte.

Das sogenannte „internationale Parlament"[8]) hatte überhaupt keine politische Aufgabe. Man wusste von Anfang an, dass keine internationalen Verträge geplant seien, durch welche die gegenwärtigen Beziehungen der

---

[1]) Die Haager Konferenz S. 29. Fried bildete sich seine Meinung wohl aus B. v. Suttner (Tagebuchblätter S. 88): „Wahrscheinlich (!) wurde den Anhängern des Militarismus, die nebenbei alle für Humanisierung des Krieges einstehen, diese Konzession gemacht, damit die Konferenz überhaupt von allen Mächten beschickt werde."

[2]) Handbuch a. a. O.

[3]) Die Haager Konferenz 1900 S. 25.

[4]) S. 158, Mérignhac, la conférence de la paix p. 48.

[5]) Mérignhac, a. a. O. 4 sqq.

[6]) Schluss des russischen Rundschreibens v. 11. Januar 1899 (Staatsarchiv 64 S. 110), Holländische Note v. 7. April 1899 (a. a. O. S. 112). — Man hatte in den Vorverhandlungen auch an Brüssel, Bern, Kopenhagen und andere Städte gedacht. v. Martens billigte die Wahl von Haag mit dem Hinweis auf die holländische Staats- und Rechtsgeschichte und die engen Beziehungen Hollands zu Russland (la conférence de la paix à la Haye p. 10 sqq.).

[7]) Vgl. das russische Rundschreiben v. 11. Januar 1899 (a. a. O. S. 110) und die angeführte Note v. 7. April 1899.

[8]) Vgl. unten S. 20.

Staaten untereinander geregelt würden. Die Politik war ausgeschaltet.[1]) Vielmehr stand von vornherein fest, dass lediglich das Völkerrecht fortgebildet werden solle.

Und das vollzog sich besser fern vom grossen politischen Treiben, in ungestörter Detailarbeit am ruhigen Platz.

Die holländische Einladung an die Mächte[2]) bezeichnete demgemäss als Beratungsgebiet das russische Programm vom 11. Januar 1899 „ainsi que toutes autres questions se rattachant aux idées émises dans la Circulaire du 12. (24.) Août 1898" aber mit Ausschluss aller Verhandlungen über die politischen Beziehungen der Staaten oder über die durch Verträge geschaffene Ordnung der Dinge.

§ 2.

Der Briefwechsel zwischen der Königin von Holland und dem Papst.

I. Der Papst war nicht eingeladen worden, wohl aber hatte die Königin Wilhelmine von Holland am 7. Mai 1899 an denselben folgendes Schreiben gerichtet, in welchem sie die Bemühungen des Papstes um die Friedenssache anerkannte, die Berufung der Konferenz anzeigte und für die letztere die moralische Unterstützung des Papstes erbat.[3])

Hocherhabener Papst! [4])

Nachdem Ew. Heiligkeit, deren beredtes Wort sich immer mit so grosser Gewalt zu Gunsten des Friedens erhebt, erst ganz kürzlich in einer Allokution vom 11. April dieses Jahres diese edlen Empfindungen noch besonders für die Beziehungen der Völker untereinander zum Ausdruck gebracht haben, habe Ich es für Meine Pflicht gehalten, davon Mitteilung zu machen, dass Ich auf die Bitte und Anregung Sr. Majestät des Herrschers aller Reussen, auf den 18. dieses Monats eine Konferenz nach dem Haag berufen habe, welche die Mittel aufsuchen soll, die geeignet sind, die drückenden Militärlasten zu mindern, und die Kriege möglichst zu verhindern oder doch wenigstens ihre Wirkungen zu mildern.

Ich bin überzeugt, dass Ew. Heiligkeit mit wohlwollendem Auge das Zusammentreten dieser Konferenz verfolgen werden, und Ich wäre sehr glücklich, wenn Höchstdieselben Mir die Versicherung dieses hohen Wohlwollens geben und dadurch dem grossen Werk, welches nach den edlen Absichten des Hochherzigen Herrschers aller Reussen in Meiner Residenz seiner Erledigung harrt, Höchstihre wertvolle moralische Unterstützung leihen wollten.

Ich ergreife mit Zuvorkommenheit die Gelegenheit, Hocherhabener Papst, Ew. Heiligkeit die Versicherung Meiner hohen Achtung und Meiner persönlichen Verehrung zu erneuern.

Hausbaden, am 7. Mai 1899.

(gez.) Wilhelmina.

Die Antwort des Papstes, welche während der Konferenz einlief, lautete:[5])

Majestät!

Das Schreiben, durch welches Ew. Majestät, in Anzeige des Zusammentritts der Friedenskonferenz in der Hauptstadt Allerhöchstihres Königreichs, die Auf-

[1]) a. a. O. Das entsprach auch dem russischen Programm. Vgl. oben S. 11. Einen Unterschied von Kongress und Konferenz (Bonfils-Fauchille-Grah, Völkerrecht S. 417) erkenne ich aber nicht an.

[2]) Vgl. die zitierte Note v. 7. April 1899.

[3]) Abgedruckt I. 210.

[4]) „Très Auguste Pontife!"

[5]) I. 210 f.

merksamkeit gehabt haben, für diese Versammlung Unsere moralische Unterstützung zu erbitten, haben Wir mit Genugtuung entgegengenommen.

Wir beeilen uns, Unsere lebhafte Sympathie auszudrücken einmal für den allerdurchlauchtigsten Fürsten, der die Konferenz angeregt hat, wie für Eure Majestät, Höchstwelche sich sofort veranlasst sahen, derselben würdige Gastfreundschaft zu gewähren, und weiter auch für das höchst sittliche, glückverheissende Ziel, welchem die bereits begonnenen Arbeiten zugewandt sind.

Bei derartigen Unternehmungen gehört es nach Unserer Meinung zu Unserer ganz besonderen Aufgabe, nicht bloss eine moralische Unterstützung zu gewähren, sondern auch an den Beratungen wirklich teilzunehmen. Denn es handelt sich um eine Angelegenheit, die ihrer Natur nach im höchsten Sinn vornehm und innig mit Unserem Amt verbunden ist, welch letzteres im Namen des göttlichen Stifters der Kirche und in Kraft mehrhundertjähriger Überlieferung zur Friedensvermittelung eingesetzt ist. In der Tat macht die Gewalt des Hohenpriestertums nicht an den nationalen Grenzen halt; es umfasst alle Völker, um sie in dem wahren Frieden des Evangeliums zu einen. Seine Tätigkeit in der Förderung des allgemeinen Wohles der Menschheit erhebt sich über die besonderen Interessen, welche die verschiedenen Staatsoberhäupter vertreten; und besser als irgend jemand weiss dasselbe so viele geistig verschiedene Völker zur Eintracht zu bringen.

Die Geschichte gibt hierfür Zeugnis von allen Bemühungen, die Unsere Vorgänger aufgewandt haben, um durch ihren Einfluss die unglücklicherweise unvermeidlichen Kriegsgesetze zu mildern, um weiter, wenn es unter den Fürsten zu Meinungsverschiedenheiten kam, auch jeden blutigen Kampf aufzuhalten, um schliesslich die schärfsten Streitigkeiten zwischen Völkern gütlich beizulegen und das Recht der Schwachen mutig gegen die Ansprüche der Starken zu verteidigen. Auch was Uns selbst betrifft, so ist es Uns trotz der rechtswidrigen Lage, in der Wir Uns zur Zeit befinden, vergönnt gewesen, einen schweren Streit zwischen berühmten Nationen, nämlich Deutschland und Spanien, zu beendigen, und heute selbst haben Wir die Hoffnung, zwischen zwei Nationen von Südamerika, welche ihren Streit Unserem Schiedsspruch unterworfen haben, bald wieder Eintracht herstellen zu können.

Trotz der Hindernisse, die auftreten können, werden Wir in den alten Bahnen fortwandeln, da Uns die Pflicht obliegt, diese überkommene Mission zu erfüllen, ohne ein anderes Ziel im Auge zu behalten, als das öffentliche Wohl, ohne nach anderem Ruhm zu begehren als dem, der heiligen Sache der christlichen Gesittung zu dienen.

Wir bitten Ew. Majestät, die Empfindungen Unserer besonderen Hochachtung und die aufrichtige Versicherung Unserer Wünsche für Höchstderen Wohl und Höchstderen Königreich genehmigen zu wollen.

Im Vatikan, am 29. Mai 1899.

(gez.) Leo PP. XIII.

II. Die Haager Konferenz beschränkte sich darauf, ihrer Hochschätzung für diesen Briefwechsel dadurch Ausdruck zu verleihen, dass derselbe in der Plenarsitzung verlesen und ins Protokoll aufgenommen wurde.[1]) Man versparte dies jedoch auf die Schlusssitzung am 29. Juli und schnitt dadurch weitere Erörterungen ab.

Der Völkerrechtslehrer der Wiener Hochschule Dr. Lammasch, welcher Österreich-Ungarn auf der Haager Konferenz „in ruhiger und massvoller Art" vertreten hat,[2]) schrieb später einen beachtenswerten Aufsatz über „die Fortbildung des Völkerrechts durch die Haager Konferenz"[3]) und teilte hier mit, dass die Nichteinladung des Papstes auf den Widerspruch Italiens zurückging. Nach Lammasch war die Ausschliessung des Papstes hinsichtlich der kriegsrechtlichen Fragen ebenso selbstverständlich, als sie in

[1]) I. 209—211.

[2]) Zorn in der „Deutschen Rundschau" 1900 S. 108. Vgl. auch oben S. 5.

[3]) In der „Kultur" 2. Jahrgang 1900 1. Heft. Ich zitiere nach dem Abdruck in Niemeyers „Ztschr. f. internationales Privat- und Strafrecht" 1902 Bd. 11 S. 23 ff.

betreff der Schiedsgerichtsfrage wohl nur aus den politischen Verhältnissen und nicht aus sachlichen Gründen zu erklären sei, da doch die Päpste so oft als Schiedsrichter fungiert hätten, und noch zuletzt Fürst Bismarck die Vermittelung des päpstlichen Stuhles in einem Konflikt mit Spanien angerufen hätte.

Die Einladungsfrage war in der Öffentlichkeit lebhaft erörtert worden.[1])

Für eine Einladung des Papstes sprach vor allem der von Mérignhac vertretene Umstand, dass dem Papst sowohl das erste wie das zweite Rundschreiben mit dem Wunsch um moralische Unterstützung des Werkes zugestellt und vom Kardinalstaatssekretär Rampolla zustimmend beantwortet worden war.[2])

Darnach durfte angenommen werden, dass die Einladung des Papstes beabsichtigt sei.

Das war sie auch; und erst auf den Einspruch Italiens, welches befürchtete, dass der Papst auf der Friedenskonferenz die Wiederherstellung der weltlichen Gewalt verlangen werde,[3]) ist die Einladung trotz der russischen Befürwortung[4]) unterblieben.

Der von Italien befürchtete Schachzug der Kurie hätte indes von den Diplomaten durch die Einrede der Unzuständigkeit unschwer pariert werden können. Waren die beiden ersten Rundschreiben dem Papst übermittelt worden, dann war das wohl auch entscheidend für die Regelung der Einladungsfrage.

So liegt die Sache in formeller Beziehung; in materieller Hinsicht kann man zu einem anderen Ergebnis gelangen.

Die bis jetzt für die Einladung des Papstes vorgebrachten *inneren* Gründe sind meines Erachtens nicht überzeugend.

Wer schon als Schiedsrichter und Vermitteler tätig war, hat damit unmöglich schon einen Anspruch auf die Mitgliedschaft bei einer internationalen Friedenskonferenz.

Ebenso wenig gibt der seelsorgerliche Beruf zur Bekämpfung des Geistes der Feindseligkeit schon eine rechtliche Stellung bei Friedensschlüssen und Friedenskonferenzen. Auch aus dem Umstand, dass der Papst zur Wahrnehmung der *kirchlichen* Interessen in den *Staaten* bei diesen Gesandtschaften unterhält, folgt noch nicht, dass das Papsttum bei Verhandlungen über *weltliche zwischenstaatliche* Verhältnisse Sitz und Stimme auf Kongressen hat.

Auf der Friedenskonferenz — ich sehe von der kriegsrechtlichen Aufgabe ab — handelte es sich um die Fortbildung des Völkerrechts durch Abkommen souveräner Staaten.

---

[1]) a. a. O. S. 25. Vgl. darüber auch Mérignhac, la conférence intern. de la paix p. 14–18. (Hier Literatur.) Fried, Handbuch der Friedensbewegung S. 167. Bonfils-Fauchille-Grah, Völkerrecht S. 202, wo auch einige Streitliteratur angegeben ist. Für die Einladung auch B. v. Suttner S. 131 und Anhang S. 43.

[2]) Vgl. La conférence intern. de la paix p. 14 sqq.

[3]) a. a. O.

[4]) Russland, das durch die Versendung der Rundschreiben an den Papst gebunden war, betonte insbesondere, dass die fehlende Mitwirkung des Papstes in der Christenheit unliebsam bemerkt würde, und der Bedeutung des Werkes Eintrag tun könne (a. a. O.).

Die neuen Rechtsnormen entstanden dadurch, dass sich die Staaten gewissen Schranken unterwarfen. Die Verhandlungen verfolgten lediglich den Zweck, festzustellen, ob und wie weit die einzelnen Staaten zur Beschränkung ihrer Souveränität geneigt waren und sich binden wollten.

Im friedensrechtlichen Abkommen beschlossen die Staaten, was sie als Norm für ihr Verhalten zueinander gelten lassen wollen, wenn Streitigkeiten zwischen ihnen entstehen. Für eine Bindung des Papstes fehlte hier also die Unterlage, und es ist auch zu bedenken, dass man für andere leicht einen strengeren Massstab gutheisst, wenn man selbst nach demselben nicht gemessen werden kann oder nicht gemessen zu werden braucht.

Der Brief der Königin Wilhelmine war aber, zumal nach der Zustellung der beiden Rundschreiben an die Kurie eine berechtigte Aufmerksamkeit und wohlverdiente Ehrung des Trägers der Tiara, und wurde um so mehr verstanden und gewürdigt, als das Papsttum für die Entwickelung des Völkerrechts und die Festigung des Friedens in der Tat schon unendlich viel getan hat.

Das Schreiben der Königin von Holland ist die feierliche Anerkennung der völkerrechtlichen Friedensverdienste des Papsttums, verbunden mit der Bitte, dass dasselbe durch seinen moralischen Einfluss auch fernerhin die wahre Friedensgesinnung stärke. Das Schreiben des Papstes, aus dem ein hoher Geist spricht, sagte dann unter Wahrung des Standpunkts der Kurie die Erfüllung dieser Bitte zu.

§ 3.

Die Konferenzmächte und ihre Bevollmächtigten.

Der I. Band der Protokolle enthält an der Spitze die amtliche „Liste der auf der Haager Friedenskonferenz vertretenen Regierungen und ihrer Bevollmächtigten".

I. Nach dieser Liste nahmen an der Friedenskonferenz 26 Staaten, also gerade die doppelte Anzahl der Brüsseler Konferenzmächte (1874) teil. Es waren dies Deutschland, Österreich-Ungarn, Belgien, China, Dänemark, Spanien, die Vereinigten Staaten von Amerika, Mexiko, Frankreich, England, Griechenland, Italien, Japan, Luxemburg, Montenegro, Holland, Persien, Portugal, Rumänien, Russland, Serbien, Siam, Schweden-Norwegen, die Schweiz, die Türkei und Bulgarien.[1])

Brasilien war eingeladen worden, hatte aber mit der Begründung abgelehnt, dass es der Haager Konferenz vorausgeeilt sei, indem es seine Kriegsschiffe verkauft, einen Teil seiner Arsenale aufgehoben, sein Heer herabgesetzt und ausserdem in seiner Verfassung die Anrufung der Schiedssprechung zur Pflicht gemacht habe.[2])

Brasilien marschierte hier mit Argentinien und Chile, die übrigens nicht eingeladen waren, Schulter an Schulter.

---

[1]) I. 16.

[2]) Mérignhac, la conférence intern. de la paix p. 13 sqq. B. v. Suttner, Tagebuchblätter S. 95. Nach Martens, la conférence de la paix à la Haye p. 10 hätten alle eingeladenen Mächte angenommen.

Auch die englischen Kolonien (Canada, Kapland, Australien) waren nicht eingeladen. Mérignhac meint, da diese Kolonien England gegenüber eine gewisse Selbständigkeit hätten, könne die Frage aufgeworfen werden, ob sie durch die Zustimmung Englands zu den Haager Beschlüssen gebunden seien.[1])

Aber diese Selbständigkeit ist nur inner- nicht zwischenstaatlicher Art, und die besondere Einladung der englischen Kolonien wäre nicht angängig gewesen. Diese wurden durch England vertreten und verpflichtet.

Die südafrikanischen und die südamerikanischen Republiken, abgesehen von Brasilien, waren nicht aufgefordert worden, was auffallen kann, wenn man bedenkt, dass China, Persien und Siam Einladungen erhalten hatten.[2])

Für das Verhalten gegen die südamerikanischen Republiken war die von den vereinigten Staaten geltend gemachte Erwägung massgebend, aber wohl nicht ausreichend,[3]) dass Chile es abgelehnt habe, sich 1890 an der panamerikanischen Konferenz zu Washington zu beteiligen.

Die Ausschliessung Transvaals ging auf einen Wunsch Englands zurück, welches Erwägungen der Halbsouveränität geltend machte[4]) und unmittelbar vor dem südafrikanischen Kriege stand, der England die längst begehrte Souveränität über Südafrika verschaffte.

Wegen seiner halbsouveränen Stellung erhielt auch Ägypten keine Einladung. Der Sultan wollte aus demselben Grund im Hinblick auf Art. 1 des Berliner Vertrags von 1878 auch Bulgarien ausgeschlossen sehen, was dann aber auf die Intervention von Russland unterblieb. Das einzige, was der Sultan erreichte, war eine Umgestaltung der alphabetischen Ordnung zu Ungunsten von Bulgarien, dessen Vertreter links von den Vertretern der Türkei sassen und auf diese Weise äusserlich eine Abteilung der ottomanischen Delegation bildeten.[5])

Bulgarien stimmte auch ab, und zwar, wie später klar werden wird, vielfach anders wie die Türkei und ratifizierte schliesslich sämtliche Abkommen und Erklärungen,[6]) während die Türkei trotz der Unterzeichnung die Ratifikation für alles verweigerte, und darin heute, nachdem auch China die Unterzeichnungen ratifiziert hat, ganz allein steht.

Bulgarien hat durch seine Haltung auf und nach der Haager Konferenz seine völkerrechtliche Mündigkeit glänzend dargetan.

Zum erstenmal sah man, wie das auch Beernaert in seiner Eröffnungsrede in der I. Kommission am 26. Mai hervorhob,[7]) die Vertreter fast der ganzen gesitteten Welt und zwar im tiefen Frieden.

---

1) a. a. O. p. 18 sqq.
2) Mérignhac, a. a. O. p. 12 sqq.
3) a. a. O.
4) a. a. O. p. 13. Lammasch, in Niemeyers Zeitschr. f. internat. Privat- u. Strafrecht S. 11, 25 f. Vgl. auch d'Estournelles de Constant in dem Vorwort zu Fried, die Haager Konferenz 1900 S. 5.
5) Mérignhac l. c. p. 14.
6) Irrtümlich Zorn im „Tag" 1903 No. 307.
7) II. 2.

Es handelte sich nicht darum Streitigkeiten zu schlichten, oder Beschwerde zu führen, oder persönliche Vorteile zu erjagen, sondern dem friedlichen Einvernehmen die Dauer zu sichern und die Übel des Krieges zu mildern sowie den letzteren, wenn er denn einmal unvermeidlich geworden ist, unter rechtliche Bestimmungen zu stellen.

Im Anfang begegnete man sich teilweise mit Vorurteilen, aber im Fortschritt der gemeinsamen Arbeit lernte man sich kennen und verstehen, und es knüpften sich Bande der Freundschaft. Das wurde von Mitgliedern der Konferenz wiederholt festgestellt.[1])

Die Pilgerfahrt zum Grabe des Hugo Grotius, des Vaters der Völkerrechtswissenschaft, welche von der amerikanischen Delegation in sinniger Weise angeregt und in Anwesenheit fast aller Delegierten am 4. Juli durchgeführt wurde, brachte die frischbegründete Völkerrechtsfreundschaft schön zum Ausdruck.[2])

Die Haager Konferenz bot das Bild parlamentarischer Rührigkeit.

Auf der Brüsseler Konferenz 1874 hatte, wie v. Martens[3]) berichtet, der jene Konferenz als russischer Delegierter mitgemacht hatte, der englische Bevollmächtigte, General Horsford, als einzige Instruktion den Auftrag erhalten, sich in den Verhandlungen nach Möglichkeit auszuschweigen. Dieser Instruktion kam der übrigens sehr sympathische General mit militärischem Gehorsam die sechs Wochen hindurch auch getreulich nach, und, wie v. Martens sarkastisch weiter bemerkt, wurde ihm nur am Buffet die Zunge gelöst.

Diese Zurückhaltung übte natürlich auf die übrigen Bevollmächtigten eine lähmende Wirkung aus.

Aber auf der Haager Konferenz war alles an ernster Arbeit. Auch die Bevollmächtigten von Staaten, die einer Vorlage zunächst noch kühl oder gar ablehnend gegenüberstanden, nahmen eifrig an den Beratungen teil und haben dieselben loyal gefördert, so dass dann schliesslich unter ihrer wesentlichen Mitwirkung Einheit erzielt wurde.

Die Reihenfolge bei der Abstimmung und Unterzeichnung bestimmte sich dem diplomatischen Gebrauch entsprechend nach dem Anfangsbuchstaben der Staaten in französischer Sprache, so dass Allemagne jeweils an der Spitze steht.

Im Haag sassen übrigens die Vertreter nicht wie auf früheren Konferenzen in strenger alphabetischer Ordnung geschlossen um einen runden Tisch, sondern frei vor kleinen Tischchen.[4]) Es herrschte das Prinzip freier Beweglichkeit, und Beifallskundgebungen rauschten durch den Saal wie durch ein Parlament. Der demokratische Zug der Zeit hat sich auch hier hineingefunden, und v. Martens meinte später, wenn Kaunitz, Metternich, Talleyrand und Bismarck das gesehen hätten, so würden sie den Charon gebeten haben, sie wieder in die Schattenwelt zurückzurudern.[5])

---

[1]) v. Martens IV. 56. d'Estournelles I. 214. Lammasch in der Ztschr. f. intern. Privat- und Strafrecht Bd. 11 S. 27.

[2]) Vgl. den reizenden Bericht bei B. v. Suttner, Tagebuchblätter S. 271 ff.

[3]) „La conférence de la paix à la Haye" p. 24 sqq.

[4]) Vgl. Weiteres bei v. Martens („La conférence de la paix à la Haye" p. 17).

[5]) a. a. O.

Die Haager Konferenz war eine zwar stattliche, aber auch gemischte Versammlung. Eine besondere Vertretung von Afrika und Australien konnte nicht ins Auge gefasst werden. Aber die Konferenz vereinigte Staaten von Europa, Amerika[1]) und Asien,[2]) Staaten mit christlicher, muhamedanischer und buddhistischer Religion, Grossmächte, Mittel- und Kleinstaaten, Staaten mit der verschiedensten Staatsverfassung und Militärorganisation.

Es war nicht zu umgehen, dass bei einer allgemeinen Friedenskonferenz möglichst umfassende Einladungen ergingen. Aber damit waren leider heterogene Elemente zur gemeinsamen Arbeit zusammengezwungen,[3]) was nur deshalb weniger störend wirkte, weil sich die Vertreter von Staaten wie die Türkei, Persien usw. sehr zurückhielten, während Siam in dem Belgier Rolin einen sehr gewiegten Repräsentanten hatte.

Im Haag waren nicht bloss grundverschiedene Geistesrichtungen sondern auch widerspruchsvolle Interessen vertreten, und für die Verhandlungen erwuchs schon hier eine bedrohliche Gefahr. Wie sollte man da einigermassen zur Einmütigkeit kommen, ohne welche die Beschlüsse doch keine rechte Bedeutung haben konnten?[4])

Das moderne Völkerrecht hat für die Staaten, wie das moderne bürgerliche Recht für die Menschen den Grundsatz der Rechtsgleichheit aufgepflanzt. Grossmächte und Kleinstaaten werden auch auf Konferenzen mit dem gleichen Recht gemessen und treten daher als gleichberechtigt auf. Aber die Macht- und Rangstellung ist und bleibt trotzdem verschieden, und der Widerspruch einer Grossmacht bedroht daher einen Entwurf naturgemäss mehr als die Gegnerschaft eines Kleinstaates. Auch die Rückwirkung einer Vertragsbestimmung kann für beide Staatengruppen verschieden sein und daher auch eine verschiedene Beurteilung finden.

So bemerkte beispielsweise der schweizerische Bevollmächtigte Odier: Interventionsfragen liegen für Grossmächte und Kleinstaaten nicht gleich.[5])

Als in den Haager Verhandlungen die Untersuchungskommissionen und das Schiedswesen von den Vertretern der Balkanstaaten nach gewissen Richtungen scharf bekämpft wurden und dabei immer wieder der Unterschied von Grossmächten und Kleinstaaten den Ausgangspunkt abgeben musste, erhob sich allerdings der greise italienische Bevollmächtigte Graf Nigra zu folgender markigen Ansprache: Man spricht immer von grossen und von kleinen Staaten. Hier gibt es weder Grossmächte noch Kleinstaaten, sondern nur Bevollmächtigte von Regierungen, die untereinander völlig gleich sind, in Unabhängigkeit verhandeln und in dem Gedanken allein versammelt sind, ein Friedenswerk zu schaffen.[6])

Doch der serbische Bevollmächtigte Veljkovitch antwortete: Man hat gut sagen, es gebe keine „grandes et petites Puissances“. Das scheitert einfach an der Macht der Tatsachen.[7])

---

[1]) Allerdings nur die Vereinigten Staaten von Amerika und Mexiko.
[2]) China, Persien und Siam.
[3]) Fried, die Haager Konferenz S. 50f.
[4]) Ebenso Fried, die Haager Konferenz S. 50f.
[5]) IV. 73.
[6]) IV. 72.
[7]) IV. 73.

In der Tat handelte es sich damals um gewisse natürliche Folgen der Grossmachtstellung und Kleinstaaterei, welche durch die rechtliche Gleichheit nicht aufgehoben werden.

Es kann nämlich dieselbe Rechtsbestimmung in der Praxis tatsächlich für grosse und kleine Staaten eine ganz verschiedene, ja entgegengesetzte Bedeutung haben. Ein solcher Fall stand nach Ansicht des serbischen Vertreters damals zur Erörterung. Da musste es ihm natürlich, wie auch Descamps offen einräumte,[1]) frei stehen, die besondere Rückwirkung einer solchen Bestimmung für sein Heimatland in scharfe Beleuchtung zu rücken.

Auch der französische erste Bevollmächtigte Bourgeois, welcher sich übrigens das Wort Nigras angeeignet hatte,[2]) erkannte das an, als er von der Zeit sprach, wenn die Delegierten frei wären vom „souci légitime de la défense des intérêts spéciaux à chaque nation, dont nous devions tenir compte".[3])

Nicht minder bestimmt hat sich später v. Martens für diese Anschauung ausgesprochen.

In einer Reflexion über die Sitzordnung in den Parlamenten und auf der Haager Konferenz, wobei er davon ausging, dass der radikale Bourgeois im Haag auf der Rechten und der konservative Pauncefote auf der Linken sass, meinte er: In der Beurteilung der inneren Angelegenheiten mag jemand radikal oder konservativ sein, aber im internationalen Leben „il ne répresente que les intérêts de son gouvernement et ceux aux quels aspire sa nation".[4])

Im Plenum wie in der Kommission und Unterkommission hatte jeder Staat eine, aber auch nur eine Stimme,[5]) bei deren Abgabe im Gegensatz zu den Parlamentsreden eine kurze Begründung ausreicht und herkömmlich war.[6])

Aber mochte die Haager Konferenz auch ein „internationales Parlament" genannt werden,[7]) dem dann aber die Politik verschlossen blieb:[8]) ein Staatenkongress ist seiner ganzen Natur nach keine Versammlung nach Art eines Landtags, wo einfach der Majoritätsbeschluss entscheidet.[9]) Hier treten souveräne Staaten in Beratung, und diesen kann eine Ordnung nicht per majora aufgezwungen werden. Man musste daher immer auf einen Aus-

---

[1]) IV. 54.

[2]) IV. 76.

[3]) a. a. O. Wenn er weiter erklärte, dass es bei Rechten und Idealen keine Ungleichheit nach der äusseren Machtstellung gebe, so ist das gewiss richtig; es bewies aber nichts gegen den serbischen Vertreter. Bourgeois hat anerkannt, dass der Nutzen resp. Schaden einer Bestimmung für verschiedene Staaten verschieden sein kann. Und darauf allein kam es damals an.

[4]) „La conférence de la paix à la Haye" p. 18.

[5]) I. 19. Diese Gleichstellung der kleinen Staaten mit den Grossmächten tadelte später Frh. v. Stengel (Archiv f. öff. Recht Bd. 15 S. 143 Anm.); sie ist aber unvermeidlich.

[6]) Vgl. v. Martens IV. 56.

[7]) So Asser IV. 40 und Martens IV. 56.

[8]) a. a. O. Vgl. auch oben S. 12. Das wurde übrigens wiederholt festgestellt.

[9]) Bonfils-Fauchille-Grah, Völkerrecht S. 420.

gleich bedacht sein,[1]) und es wurde so lange verhandelt, bis entweder durch gegenseitiges Nachgeben eine Einigung erzielt oder die Unmöglichkeit einer solchen klar geworden war. Beim Widerspruch einer Grossmacht insbesondere blieb regelmässig nichts übrig, als tunlichst die eingeschlagene Richtung abzubrechen und neue Wege zu suchen.[2]) Eine neue Völkerrechtsordnung entsteht nur für die Staaten, welche sich einer solchen unterwerfen, und ein wirklich oder annähernd einheitliches Ergebnis ist nur vom Boden des grösstmöglichen Entgegenkommens denkbar. Da muss ein Staat im Interesse der Einheit schon manchen Wunsch zurückstellen; und es darf rühmend anerkannt werden, dass die Staaten im Haag die grösste Masshaltung übten, wenn dieselbe auch vielfach erst auf die nachdrücklichsten Bemühungen ihrer Vertreter eintrat.[3])

Immerhin hat sich am Ende bald dieser bald jener Staat geweigert, zu unterzeichnen oder schwenkte noch bei der Ratifikation ab. In diesem Umfang mindert sich dann der Geltungsbereich des neuen Rechts.

Wenn man aber die Schwierigkeiten berücksichtigt, welchen jeder stark besuchter Staatenkongress ausgesetzt ist, so darf das schliessliche Ergebnis der Haager Konferenz in verstärktem Mass unsere Bewunderung erregen.

II. Die Staaten waren durch Delegationen vertreten.

Diese Delegationen bestanden aus mehreren Delegierten (délégués).

Alle Staaten hatten eigene Delegierte gesandt; nur Montenegro (230 000 Einwohner) liess sich durch die russischen Delegierten mitvertreten; und in die Vertretung von Siam war der Belgier Rolin als Generalkonsul von Siam berufen worden.[4])

Im ganzen waren es einschliesslich der Sekretäre 138 Delegierte.

Die Delegierten waren Abgesandte der Konferenzstaaten, welche auf dem Kongress nach Auftrag (Instruktion) ihrer Staaten tätig wurden.

---

[1]) Asser IV. 40.

[2]) Vgl. Lammasch in Niemeyers Ztschr. 11 S. 26.

[3]) Der französische Bevollmächtigte d'Estournelles de Constant schrieb später im „Temps“: „Die lebhaftesten Kämpfe haben nicht zwischen den Delegierten, sondern zwischen einigen von ihnen und ihren Regierungen stattgefunden, die wenig Neigung zeigten, zu weitgehende Konzessionen zu ratifizieren“ (Fried, die Haager Konferenz S. 26).

[4]) Auf zwei Delegierte beschränkten sich: Mexiko, Griechenland, Luxemburg und Bulgarien.

Drei Delegierte sandten: Dänemark, Rumänien und Serbien.

Vier Delegierte hatten: Belgien, Persien und die Schweiz.

Fünf Delegierte waren tätig für: China, Spanien und Holland.

Sechs Delegierte vertraten: Deutschland, Österreich-Ungarn, Portugal, Siam und Schweden und Norwegen.

Sieben Delegierte waren bestellt für: Italien und Japan, darunter zwei Sekretäre.

Acht Delegierte (darunter drei Sekretäre) wirkten für England und die Türkei.

Neun Delegierte waren von den Vereinigten Staaten von Amerika gekommen, darunter allerdings vier Sekretäre.

Zwölf Delegierte hatte Frankreich geschickt, darunter sechs Sekretäre. Stellte doch Frankreich auch zwei Konferenzsekretäre, und wurden die französischen Dienste aus sprachlichen Bedürfnissen besonders in Anspruch genommen.

Schliesslich hatte Russland mit dreizehn Delegierten (darunter fünf Sekretären) den Rekord geschlagen. Die russischen Bevollmächtigten vertraten aber auch Montenegro und waren mit Präsidialaufgaben sowie der Verteidigung der russischen Entwürfe betraut.

a) An erster Stelle stehen die „Plénipotentiaires" oder Bevollmächtigten.

Hier verbindet sich mit dem Auftrag die Vollmacht. Auf Grund dieser Vollmacht (pleins-pouvoirs), welche dem Herkommen gemäss [1]) dem Konferenzbureau nachzuweisen war, [2]) erweiterte sich das bis jetzt rein innerliche Rechtsverhältnis zwischen dem Staat und seinen Beauftragten zur Vertretung und zog die Wirkung nach aussen ins Rechtsbild.

Die Bevollmächtigten gaben nach Instruktionen oder Weisungen [3]) im Namen ihrer Staaten, also als Vertreter, Willenserklärungen ab, die unmittelbar für den vertretenen Staat wirkten. Ausführungen und Abstimmungen allerdings, welche ohne Instruktion oder in Überschreitung derselben vorgenommen wurden, waren nach der Konferenzpraxis rein persönlich und verpflichteten nicht den betreffenden Staat. Im übrigen aber handelten sozusagen die Staaten selbst durch ihre Bevollmächtigten, freilich unter Vorbehalt der Ratifikation.

Die Bevollmächtigten gaben bei der Abstimmung das Votum ihres Staates ab und unterzeichneten schliesslich nacheinander. In der Einleitung der Abkommen wurden sie dem Herkommen entsprechend besonders aufgeführt, und es ward dabei betont, dass sie sich ihre Vollmachten mitgeteilt und dieselben in guter und gehöriger Form befunden hätten. In der Einleitung der Schlussakte wurden allerdings alle Delegierten genannt, aber auch die Schlussakte wurde dem diplomatischen Gebrauch entsprechend nur durch die Plénipotentiaires unterzeichnet. [4]) Sie waren die „répresentants des Gouvernements" und können als die politischen Vertreter bezeichnet werden.

Die Zahl der Bevollmächtigten bewegte sich zwischen 1 und 5. [5]) Das waren Diplomaten, frühere Minister und sonstige Staatsmänner.

b) An zweiter Stelle stehen die einfachen Delegierten, welche keine Vollmacht und mithin keine förmliche Vertretungsbefugnis hatten. Diese sind eben nur „délégués".

Nach der Verschiedenheit ihres Auftrags sind zu unterscheiden:

1. Delegierte, deren Auftrag das ganze Arbeitsgebiet der Konferenz umfasste. Die Reihenfolge wird durch „erster, zweiter, dritter Delegierter" bezeichnet. Der erste Delegierte war

---

1) Bonfils-Fauchille-Grah, Völkerrecht S. 419.

2) I. 19.

3) Eine Instruktion der rumänischen Bevollmächtigten wurde von Beldiman bei den Kommissions-Verhandlungen über die Untersuchungs-Kommissionen verlesen resp. angegeben IV. 43f.

4) Der Berichterstatter Renault hob das auch ausdrücklich hervor I. 96.

5) Einen Plénipotentiaire hatten: Deutschland, China, Griechenland, Persien und Schweden-Norwegen.

Zwei Plénipotentiaires hatten: Österreich-Ungarn, Dänemark, England, Japan, Rumänien, Serbien, Siam, die Schweiz und die Türkei. In der mexikanischen, luxemburgischen und bulgarischen Delegation waren beide Delegierte Plénipotentiaires.

Drei Plénipotentiaires hatten: Belgien, Spanien, Italien, Portugal und Russland.

Vier Plénipotentiaires hatten: Frankreich und Holland.

Fünf Plénipotentiaires schliesslich hatten die Vereinigten Staaten von Amerika.

allerdings stets auch Bevollmächtigter und „chef de la délégation".[1]) Im übrigen aber waren die Delegationen verschieden. In der deutschen Delegation war z. B. schon der zweite Delegierte kein Bevollmächtigter mehr, in der Delegation der Vereinigten Staaten von Amerika aber sogar noch der fünfte.

Die Festlegung der Reihenfolge war die Regel. Aber es konnten auch mehrere den gleichen Rang haben. So hatte z. B. die chinesische Delegation zwei „seconds délégués". In der österreichischen Delegation kamen nach den zwei Bevollmächtigten ohne weitere Unterscheidung noch 4 délégués adjoints, oder weitere Delegierte (Gehilfen).

2. Einfache Delegierte waren auch die Sachverständigen, welche nur im beschränkten Umfang ihres Faches tätig wurden.

Das waren einmal die wissenschaftlichen oder juristischen Delegierten (délégués scientifiques) und sodann die technischen Delegierten (délégués techniques).

Die wissenschaftlichen Delegierten waren Männer, welche sich auf dem Gebiet der Völkerrechtswissenschaft einen Namen gemacht hatten. Ich nenne besonders: Zorn (Deutscher), Lammasch (Österreicher), Holls (Amerikaner), Renault (Franzose), Veljkovitch (Serbe), sowie Generalkonsul Rolin (Belgier). In dieser Gruppe der wissenschaftlichen Vertreter des Völkerrechts wären auch noch einmal die Plénipotentiaires v. Martens (Russe), Asser (Holländer) und Descamps (Belgier) zu erwähnen.

Das Seitenstück zu den wissenschaftlichen waren die technischen Delegierten, d. h. Offiziere des Landheeres und der Marine. Unter den Militärs ragen in den späteren Verhandlungen hervor: Der Oberst Gross v. Schwarzhoff (Deutscher), der Oberstleutnant des grossen Generalstabs v. Kuepach (Österreicher), der Artilleriekapitän Crozier (Amerikaner), der General Mounier (Franzose), der Generalmajor Ardagh (Engländer), der Generalmajor Zuccari (Italiener) und der Oberst im grossen Generalstab Gilinsky (Russe). Hier darf weiter auch der Plénipotentiaire den Beer Poortugael (holländischer früherer Kriegsminister) genannt werden.

In den Marinefragen treten später besonders hervor: der Kapitän zur See Siegel (Deutscher), der Korvettenkapitän Graf Soltyk (Österreicher), der Contreadmiral Péphau (Franzose), der Vizeadmiral Fischer (Engländer), der Kapitän zur See Tadema (Holländer) und der Fregattenkapitän Scheine (Russe). Schliesslich ist hier auch der Plénipotentiaire der Vereinigten Staaten, Kapitän zur See Mahan noch eigens zu nennen.

3. Die letzte Klasse der einfachen Delegierten sind die Sekretäre der Delegationen, deren Aufgabe in den Bureaugeschäften aufging. Die meisten Delegationen hatten eigene Sekretäre, Deutschland z. B. einen, während Österreich-Ungarn vier weitere Dele-

[1]) I. 19.

gierte (délégués adjoints), aber keinen Sekretär hatte. Keine eigenen Sekretäre hatten weiter China (dieses allein hatte einen Dolmetscher), Mexiko, Luxemburg, Holland, Rumänien, Serbien und Bulgarien. Attachés resp. Ministerialsekretäre mit der Funktion eines Sekretärs der Delegation hatten: Dänemark, Griechenland und Siam.

Nach diesen Erläuterungen wird die Liste verständlich werden, welche ich nach Protok. I 3 ff. im Anhang dieses Buches unter Nr. 1 zum Abdruck bringe.

Im übrigen ist es nicht nötig, später immer die besondere Stellung in der Delegation hervorzuheben. Es empfiehlt sich vielmehr eine einheitliche Bezeichnung und dafür wähle ich das gute deutsche Wort[1]) Bevollmächtigter, das bei uns insbesondere auch durch die Bezeichnung Bundesratsbevollmächtigter eingebürgert ist.

Auch die Kundgebungen der einfachen Delegierten wurden als Willenskundgebungen des Staates hingenommen. In Wahrheit und Wirklichkeit haben sie somit als Bevollmächtigte oder Vertreter gehandelt, während die Plénipotentiaires zu stimmführenden Bevollmächtigten hinaufrückten.

§ 4.

Die Eröffnung der Haager Konferenz.

Die Haager Konferenz begann einige Monate nach dem definitiven Friedensschluss des spanisch-amerikanischen Kriegs,[2]) als ein anderer Krieg, der Vernichtungskampf, den das mächtige England später in Transvaal führte, schon seine beängstigenden Schatten warf.[3]) Der Konflikt in Transvaal und die Dreyfussaffaire, welche durch die Rückkehr des unglücklichen Verurteilten in ein neues Stadium getreten war, haben etwas störend auf die Konferenz eingewirkt. Die letztere lenkte, wie später Graf Nigra mit Recht betonte,[4]) die Aufmerksamkeit des Publikums von der Konferenz ab; und der erstere schien der Konferenz zu widersprechen. Andernteils wickelte sich zu gleicher Zeit im benachbarten Paris ein friedliches Ereignis ab, welches für den Verlauf der Konferenz als günstiges Zeichen gedeutet werden konnte: Ein Grenzstreit Englands und Venezuelas wurde dort unter dem Vorsitz des russischen Bevollmächtigten v. Martens schiedsrichterlich geschlichtet, der seit 80 Jahren die Gemüter entzweite und seit 3—4 Jahren eine akute Form angenommen hatte.[5])

In der holländischen Residenz fanden sich aber nicht bloss die Bevollmächtigten der Konferenzstaaten, sondern auch die führenden Geister der Friedensbewegung ein, voran die Baronin Bertha v. Suttner, die später

---

[1]) „Delegierter" ist nicht deutsch, freilich in der amtlichen deutschen Übersetzung beibehalten worden.

[2]) Dieser fiel auf den 10. Dezember 1898.

[3]) Das Ultimatum der südafrikanischen Republik wurde allerdings erst am 10. Oktober 1899 gestellt.

[4]) Brief an B. v. Suttner, vgl. in deren Tagebuchblättern Anhang S. 48.

[5]) Vgl. Holls IV. 37. Vgl. oben S. 3.

in den Tagebuchblättern[1]) über ihre Haager Erlebnisse und Eindrücke berichtete.

In diesen Tagebuchblättern ertönt überall mit einer nur durch die Schönheit der Darstellung abgeschwächten Monotonie der Lieblingsruf der Verfasserin: Die Waffen nieder! Die Friedensfreunde hatten sich, wie der französische Bevollmächtigte Bourgeois am Schlusse der Beratung der friedensrechtlichen Kommission mit Recht betonte, am meisten der Sache der internationalen Schiedssprechung gewidmet;[2]) und so begreift man es, dass sie erwartungsvoll dorthin eilten, wo ihrer Hoffnungen Erfüllung zu winken schien.

„Wir sind," so heisst es in den Tagebuchblättern,[3]) „ein Häuflein alter Friedenskämpfer,[4]) die, ganz ohne Mission, ohne Auftrag, sich hier im Haag während der Konferenzwochen Stelldichein gegeben haben. Wir wollen in nächster Nähe des Beratungssaales weilen, in welchem die Fragen behandelt werden, die seit vielen Jahren den Gegenstand unserer Reden, unserer Propaganda-Arbeit bildeten, die unsere teuersten Ideale umfassen. Wir wollen in persönlichen Kontakt mit den Delegierten kommen — unter denen es mehrere der bewährtesten Mitstreiter gibt, darunter solche, mit welchen wir gelegentlich der Friedenskongresse und interparlamentarischen Konferenzen Freundschaft geschlossen.[5]) Wir wollen Empfindungen austauschen, wenigstens im Nebenzimmer sein, wenn das Erlöserkind: der kodifizierte Friede, zur Welt kommt."

Diese geistvolle Frau, — denn das bleibt sie, wenn man auch ihre Friedenstheorie als übertrieben ansieht — deren Name ein ganzes Programm bedeutet, war in der Lage, bei ihrem regen gesellschaftlichen Verkehr in dem Kreis der Bevollmächtigten und Minister die Verhandlungen verständnisvoll zu begleiten.

Wenn sie auch Takt üben musste, und sich weder mit Vorschlägen hervorwagen wollte,[6]) noch auch alles erzählen konnte,[7]) so bilden doch die Tagebuchblätter eine fesselnde Quellenergänzung, auf die ich im folgenden alle gebührende Rücksicht nehmen werde.

Der Salon der Baronin v. Suttner im Haag war der Sammelpunkt für alle an der Sache Interessierten,[8]) für Bevollmächtigte, Journalisten und

---

[1]) B. v. Suttner. Die Haager Friedenskonferenz, Tagebuchblätter, 1900.

[2]) IV. 93.

[3]) S. 1. Vgl. auch Fried, Handb. der Friedensbewegung, S. 304.

[4]) Fried, der Herausgeber der Friedens-Warte (S. 54, 91). W. T. Stead, der direkt von Petersburg kam, „wo er in anderthalbstündiger Audienz mit Nikolaus dem Zweiten gesprochen", a. a. O. S. 7, Moscheles (S. 9), v. Bloch (S. 18), Trueblood (S. 32), Richet (S. 34), Frau Selenka (S. 36), Lord Aberdeen (S. 49), Bajer (S. 103), Arnaud (S. 156), Tachard (S. 169) u. a.

[5]) Das waren: Descamps, Beernaert und Rahusen (S. 25). Die Kommission der interparlamentarischen Union richtete an diese denn auch ein eigenes Schreiben (abgedruckt bei B. v. Suttner, Tagebuchblätter S. 125 f.).

[6]) Vgl. z. B. S. 27. Andernteils riefen selbst Delegierte ihren Einfluss an (vgl. S. 163).

[7]) Vgl. z. B. S. 91. Vgl. auch S. 235: „Überhaupt, wenn ich auch so manches von der Konferenz zu erzählen wusste, so ist die Anzahl der Dinge grösser, über die ich schweigen muss."

[8]) a. a. O. S. 136, ferner Frieds Friedenswarte VII. (1905) Nr. 1 S. 4.

Interviewer,[1]) welch letztere trotz der Proklamation des Amtsgeheimnisses Manches zu erfahren wussten und in die Öffentlichkeit brachten.[2])

Fried meinte später: „Was die Suttner, was Bloch, was Stead in jenen Tagen geleistet, gehört der Geschichte an. Durch dieses Zusammenströmen der führenden Friedensfreunde hatte sich im Haag ein richtiger Friedenskongress, eine Art Nebenkongress versammelt, der zwar von niemandem einberufen, nicht geringe Dienste geleistet hat.“ [3])

Es ist nur zu sehr begreiflich, dass diese „Art Nebenkongress“ Vielen missfiel.

Eine Bilderausstellung des Malers Jan Ten Kate, des „holländischen Wereschtschagin“, welche die Schrecken des Kriegs darstellte und den Frieden verherrlichte, und die von Fried beschrieben wurde,[4]) war bestimmt, das Ziel der Friedensbewegung in kunstreicher Anschaulichkeit vor Augen zu führen.

Die Sitzungen fanden in dem in der Mitte des 17. Jahrhunderts erbauten „Huis ten Bosch“ („Haus im Busch“) im Haag statt.[5]) Der Hauptsaal desselben ist bekanntlich mit einem hervorragenden Friedensbild geschmückt, was für die schwungvolle Eröffnungsrede des holländischen Ministers d. Ä. einen schönen Hintergrund abgab.

Der feierlichen Eröffnungssitzung am 18. Mai 1899 wohnten auf den Tribünen auch ungefähr 15 Journalisten bei, darunter als einzige Frau die Baronin Bertha v. Suttner.[6])

Diese erste Plenarsitzung wurde nachmittags 2 Uhr durch den holländischen Minister des Äussern von Beaufort eröffnet.[7]) Sie dauerte nur 30 Minuten.

Das Protokoll dieser Eröffnungssitzung verzeichnet die Staatsregierungen, welche es auf die Anregung des Kaisers von Russland und die Einladung der niederländischen Regierung übernommen hatten, die wirksamsten Mittel aufzusuchen, den Völkern einen dauernden Frieden zu sichern und der fortschreitenden Entwickelung der militärischen Rüstungen eine Grenze zu setzen.

Des weiteren enthält das Protokoll die Präsenzliste.[8])

Die Eröffnung fiel auf den Geburtstag des Zaren, und so nahm die Ehrung für den hohen Veranstalter der Konferenz besonders lebhafte Formen an.

---

[1]) Tagebuchblätter S. 29, 48, 53.

[2]) B. v. Suttner machte daraus kein Geheimnis. Vgl. S. 53 f., 91 f.

[3]) Fried, Hdb. der Friedensbewegung S. 304.

[4]) B. v. Suttner, Tagebuchblätter S. 82 ff.

[5]) v. Martens gab später eine begeisterte Beschreibung dieses Palais („La conférence de la paix à la Haye“ p. 13 sqq.).

[6]) Diese bemerkte in ihren Tagebuchblättern S. 14: „Stets werde ich für diese Ausnahmsgunst dankbar sein, denn der Eindruck, den ich hier empfunden, war wie die Krönung langjährigen, heissen Mühens, die Erfüllung hochfliegenden Traumes.“ Fried, der ebenfalls der Eröffnungszeremonie beiwohnte, äusserte sich ähnlich. (Handb. der Friedensbewegung 167.)

[7]) Vgl. I. 9 ff. 13 und Staatsarchiv 63 S. 114.

[8] I. 9–12.

Die mit grossem Beifall aufgenommene **Eröffnungsrede Beauforts** hatte folgenden Wortlaut:

„Im Namen Ihrer Majestät meiner Allerdurchlauchtigsten Herrin habe ich die Ehre, Sie willkommen zu heissen und von dieser Stelle den Gefühlen meiner tiefen Verehrung und meines lebhaften Dankes gegen Seine Majestät den Herrscher aller Reussen Ausdruck zu geben; denn indem Haag zum Sitz der Friedenskonferenz bezeichnet ward, ist unserem Land in der Tat eine grosse Ehre widerfahren.

Als Seine Majestät der Herrscher aller Reussen die hohe Anregung gab, welche in der ganzen gesitteten Welt mit Beifall aufgenommen worden ist, hat er den Wunsch zur Wahrheit gemacht, den einer seiner ruhmreichsten Vorgänger, der Kaiser Alexander I., ausgedrückt hat, und der dahin ging, es möchten alle Herrscher und alle Völker Europas ein Einvernehmen finden, um als Brüder zu leben, die sich in ihren gegenseitigen Bedürfnissen unterstützen. Erfüllt von diesem hohen Vermächtnis Seines erhabenen Ahnherrn haben Seine Majestät allen Regierungen, deren Vertreter hier versammelt sind, die Einberufung einer Konferenz in Vorschlag gebracht, welche die Mittel finden soll, den ungeheuren Kriegsrüstungen eine Grenze zu setzen und dem Unheil zu steuern, welches die ganze Welt bedroht.

Der Tag der Eröffnung dieser Konferenz ist zweifellos ein Tag, welcher in der Geschichte des zur Neige gehenden Jahrhunderts bemerkenswert bleiben wird. Er fällt mit dem Festtag zusammen, welchen alle Untertanen Sr. Majestät als einen nationalen Feiertag begehen. Ich vereinige mich von ganzem Herzen mit all den Wünschen für das Glück des hochsinnigen Fürsten, und mache mich zum Dolmetscher der Wünsche der ganzen gesitteten Welt, indem ich die Hoffnung ausspreche, es möge Seine Majestät die Verwirklichung Seiner edlen Absichten durch diese Konferenz erleben und so in Zukunft diesen Tag als einen der glücklichsten Seiner Regierung betrachten.

Ihre Majestät, meine erhabene Herrin, durchdrungen von denselben Gefühlen, welche Seine Majestät den Herrscher aller Reussen beseelen, haben geruht, das schönste geschichtliche Baudenkmal, welches Allerhöchstdieselben besitzen, dieser Konferenz zur Verfügung zu stellen. Der Saal, in welchem Sie sich befinden, geschmückt durch die besten Künstler des 17. Jahrhunderts, ist gebaut worden durch die Witwe des Prinzen Friedrich Heinrich zur Erinnerung an ihren edlen Gemahl. Unter den allegorischen Gruppen und Figuren, welche Sie hier bewundern, ist auch eine, die sich auf den Westfälischen Frieden bezieht und die in ganz besonderer Weise Ihre Aufmerksamkeit verdient. Sie sehen da den Frieden in diesen Saal eintreten, um den Tempel des Janus zu schliessen. Ich hoffe, meine Herren, dass diese schöne Allegorie von guter Vorbedeutung für Ihre Arbeiten sein wird und dass Sie nach Beendigung derselben sagen können, es sei der Friede, welchen die Kunst in diesen Saal eingeführt hat, von hier hinausgegangen, um seine Wohltaten über die ganze Menschheit auszugiessen.“ [1])

Nach dieser Begrüssung beschloss die Konferenz auf den Vorschlag des holländischen Ministers des Äussern, dem Kaiser von Russland ein Telegramm zu schicken, worin der respektvolle Glückwunsch der Friedenskonferenz sowie der Wunsch, zur Vollendung des vom Zaren begonnenen Werkes beizutragen, Ausdruck fand. [2])

In der Eröffnungssitzung handelte es sich sodann vor allem um **die Wahl** eines Präsidenten.

Der holländische Minister des Äussern schlug den russischen Botschafter in London, Exzellenz **von Staal** vor, indem er dessen grosse Geschäftserfahrung und hervorragenden Eigenschaften rühmte, die sehr zur Arbeitserleichterung beitragen würden.

Auch dieser Vorschlag wurde einmütig angenommen. [3])

---

[1]) I. 13.

[2]) Abgedruckt a. a. O. Das Danksagungstelegramm des Grafen Murawieff a. a. O. 16.

[3]) I. 13.

Zum Vizepräsidenten wurde der holländische erste Bevollmächtigte van Karnebeek gewählt,[1]) der auch als Präsident einer Unterkommission, wie als einfaches Mitglied in den Verhandlungen später bedeutsam hervortrat. Dabei war er sozusagen der Genius loci oder wie Graf Münster in der Schlusssitzung rühmend hervorhob, die eigentliche Triebfeder der Verhandlungen.

Der Präsident v. Staal nahm die Wahl mit folgender Rede an:

„Es ist meine erste Pflicht, dem Niederländischen Herrn Minister des Äussern meine volle Dankbarkeit auszudrücken für die edlen Worte an die Adresse meines durchlauchtigsten Herrn. Seine Majestät werden tiefgerührt sein von den erhabenen Empfindungen, die Herr v. Beaufort ausgedrückt hat, wie von der Unmittelbarkeit, mit welcher sich die Mitglieder dieser Versammlung angeschlossen haben.

Gebührt dem Kaiser von Russland die Anregung zum Zusammentritt dieser Konferenz, so verdanken wir Ihrer Majestät der Königin der Niederlande die Einberufung in diese Residenz.

Es ist eine glückliche Vorbedeutung für den Erfolg unserer Arbeiten, dass wir zusammengetreten sind unter dem Schirm und Schutz einer jugendlichen Herrscherin, deren Zauber weit über ihre Umgebung hinauswirkt, und deren für alles Edle zugängliches Herz so viel Wohlwollen für unsere Sache verraten hat. Im ruhigen Haag, inmitten eines Volkes, welches einen so bedeutsamen Faktor der allgemeinen Gesittung ausmacht, haben wir ein glänzendes Beispiel vor Augen, was Wachsamkeit, Patriotismus und Tatkraft für das Volkswohl vermögen. Auf dem geschichtlichen Boden der Niederlande wurden die grössten Fragen des staatspolitischen Lebens verhandelt; man kann sagen, hier stand die Wiege des Völkerrechts. Jahrhunderte hindurch haben sich die hauptsächlichen Unterhandlungen der europäischen Mächte hierher geflüchtet. Hier wurde endlich die bemerkenswerte Abmachung getroffen, welche für die blutigen Kämpfe der Staaten den Frieden brachte. Wir befinden uns also angesichts einer vollständig geschichtlichen Überlieferung.

Es erübrigt mir noch, dem holländischen Herrn Minister des Äussern zu danken für die schmeichelhaften, ja allzuschmeichelhaften Ausdrücke, deren er sich mir gegenüber bedient hat. Ich bin sicher, die Empfindungen aller Mitglieder dieser hohen Versammlung zu treffen, wenn ich Seine Exzellenz Herrn v. Beaufort versichere, wie glücklich wir sein würden, ihn unseren Sitzungen präsidieren zu sehen. Sein Platz auf dem Präsidentenstuhl wäre nicht nur durch Präzedenzfälle bei ähnlichen Veranstaltungen sondern auch durch die Eigenschaften des ausgezeichneten Staatsmanns angezeigt, welcher gegenwärtig die äussere Politik der Niederlande leitet. Sein Präsidium wäre übrigens auch eine Huldigung mehr gewesen, welche wir gerne der allerdurchlauchtigsten Herrscherin erwiesen hätten, die sich gewürdigt hat, uns liebenswürdige Gastlichkeit zu bieten.

Ich für meinen Teil kann die auf mich gefallene Wahl nur damit erklären, dass ich Gesandter des Kaisers bin, höchstwelcher den Gedanken der Konferenz angeregt hat. Auf diesen Titel hin nehme ich mit tiefer Dankbarkeit die grosse Ehre an, welche mir der Herr Minister des Äussern durch seinen Vorschlag und die Herren Mitglieder der Konferenz durch die Wahl zum Präsidenten erwiesen haben. Ich werde alle meine Kräfte einsetzen, um dieses Vertrauen zu rechtfertigen, aber ich bin mir dabei vollkommen bewusst, dass mein hohes Alter ein trauriger Vorzug und eine schwache Hilfe sind. Ich hoffe übrigens, meine Herren, dass ich auf Ihre Nachsicht rechnen darf.“ [2])

Darnach wurde auf den Vorschlag des Präsidenten v. Staal an die Königin der Niederlande ein Huldigungstelegramm abgeschickt, worin für die gewährte Gastfreundschaft gedankt wurde.[3])

Die Konferenz wählte, der Anregung des Präsidenten folgend, in der Person des holländischen Ministers des Äussern v. Beaufort auch noch

[1]) I. 14 f.
[2]) I. 14.
[3]) a. a. O. Die telegraphische Antwort der Königin I. 16.

einen Ehrenpräsidenten. Damit hatte die vom Präsidenten berührte Präzedenzfrage, wonach bisher der Minister des Äussern des Konferenzstaates zum Präsidenten gewählt worden war,[1]) wenigstens eine beschränkte Berücksichtigung gefunden. Dieser Erwägung war übrigens auch schon die Wahl des holländischen ersten Bevollmächtigten van Karnebeek zum Vizepräsidenten entsprungen.[2])

Schliesslich wurde noch ein aus 10 Personen bestehendes Sekretariat ins Leben gerufen.

In das Sekretariat waren auf den Antrag des Präsidenten gewählt worden:

Generalsekretär: van Eys, holländischer Ministerresident (war nicht Mitglied der Delegation).

Stellvertreter: Raffalovich, russischer wirklicher Staatsrat (russischer technischer Vertreter).

Sekretäre: Legrand, franz. Gesandtschaftssekretär (Sekretär der franz. Delegation).
Graf v. Grelle Rogier, belg. Gesandter im Haag (belg. Plénipotentiaire).
Ritter v. Rappard, holländischer Legationssekretär (war nicht Mitglied der Delegation).
Schimmelpenninck, holländ. Legationssekretär (war nicht Mitglied der Delegation).
von Sillac, französischer Gesandtschaftsattaché (Sekretär der französischen Delegation).
Rochussen, Unter-Bureauchef im holländischen Ministerium des Äussern (war nicht Mitglied der Delegation).

Holland hatte also in das Sekretariat 4 Beamte gerufen, welche nicht der Delegation angehörten; darunter war auch der Generalsekretär.

Als technische Sekretäre wurden noch weiter von Holland gestellt:

Generalstabskapitän Pop und Leutnant zur See Dittlinger.[3])

Schliesslich wurde noch das Prinzip des Amtsgeheimnisses aufgestellt.[4]) In der zweiten Plenarsitzung am 20. Mai wurde dieser Beschluss erneuert und auf die Kommissionsberatungen ausgedehnt; doch ward das Bureau ermächtigt, zur Befriedigung des berechtigten öffentlichen Interesses einen Mitteilungsdienst für die Presse ins Leben zu rufen.[5])

Der schwedisch-norwegische Bevollmächtigte Baron v. Bildt erklärte es insbesondere für die Arbeiten der (3.) Schiedskommission in der ersten Sitzung derselben für wünschenswert, dass hier die Presse reichlich mit Nachrichten versorgt werde. Aber Bourgeois erwiderte unter Zustimmung des italienischen Bevollmächtigten Grafen Nigra und des holländischen Bevollmächtigten Asser: Hier müssen die drei Kommissionen gleichmässig vorgehen; und die Entscheidung steht daher beim Bureau der Konferenz. Darauf bestand Baron v. Bildt nicht mehr auf einer Abstimmung. Aber es fehlte auch nicht an Stimmen, welche von den Mitteilungen an die Presse über den Stand der Kommissionsarbeiten ernsthafte Unzuträglichkeiten befürchteten.[6]) van Karnebeek nahm das umsomehr an, als die Kommissionsbeschlüsse ja noch nicht abschliessend seien.[7])

---

[1]) Vgl. auch Bonfils-Fauchille-Grah, Völkerrecht S. 419.
[2]) I. 14 f.
[3]) I. 15.
[4]) a. a. O. Ein Witzwort erklärte daher die Haager Konferenz für eine „Conférence de silence aussi bien que de la paix" (Mérignhac Conférence intern. de la paix) p. 27.
[5]) I. 19. Die Pflicht des Amtsgeheimnisses wurde wiederholt in Erinnerung gebracht II. 60, IV. 1.
[6]) So v. Martens, Descamps, Zenil und Okolicsanyi (IV. 2).
[7]) IV. 2.

Die amerikanischen Bevollmächtigten hätten dagegen gern die Öffentlichkeit proklamiert gesehen.[1])

Das beschlossene Amtsgeheimnis wurde indes schlecht gewahrt. In der dritten Sitzung der III. Kommission am 5. Juni wurde darüber geklagt, dass der als „secret" bezeichnete amerikanische Schiedshofentwurf vier Tage vor der amtlichen Ausgabe in den „Times" und tags darauf in der „Kölnischen Zeitung" veröffentlicht worden war.[2])

Der rumänische erste Bevollmächtigte Beldiman konnte in der sechsten Sitzung der III. Kommission am 19. Juli sagen, dass die Verhandlungen fast öffentlich seien und draussen nichtamtliche Zensoren kräftig das Werk der Verdächtigung und Entstellung betrieben. Dieselben hätten die rumänische Stellungnahme zur Frage der Untersuchungskommissionen schon bekämpft, bevor nur die rumänischen Bevollmächtigten die Ansichten ihrer Regierung hätten entwickeln können.[3]) Die Presse habe wohl ein „véritable privilège en matière d'informations".[4])

Über die Geheimhaltung von Verhandlungen, an welchen doch die ganze Welt ein lebhaftes Interesse haben musste, wurde umgekehrt draussen viel geklagt.

Ein Staatenkongress ist aber kein Parlament, dessen Mitglieder lediglich ihrer persönlichen Überzeugung Ausdruck geben, und dafür vor der Öffentlichkeit die Verantwortung tragen, sondern eine Art Bundesrat, wo lediglich nach Instruktionen abgestimmt wird, die zudem nicht immer abgeschlossen zur Stelle sind, wenn man ihrer benötigt.

Das wird der Öffentlichkeit der internationalen Konferenzverhandlungen immer hinderlich im Wege stehen.

Andernteils freilich fordert das Öffentlichkeitsbedürfnis besonders bei so grossen Anlässen Befriedigung.

Die Konferenz suchte hier den richtigen Mittelweg zu gehen; man hätte vielleicht umfassendere und schnellere Mitteilungen an die Öffentlichkeit gelangen lassen können. Einmal wäre so den Klagen über die Verletzung des Amtsgeheimnisses das Wasser abgegraben worden und — dann wäre das Interesse für die Arbeiten der Konferenz in ganz anderer Weise wachgehalten und befriedigt worden.

Aber, dass die Presse nicht die Macht gehabt hatte, dem Werden dieser Konferenz entgegenzutreten, d. h. den Zusammentritt zu hindern, wurde später auch von Alfred H. Fried mit Wohlgefallen festgestellt.[5])

---

[1]) Vgl. B. v. Suttner, Tagebuchblätter S. 65 f. Diesen schlossen sich die Friedensfreunde draussen an. Vgl. insbesondere B. v. Suttner, Tagebuchblätter S. 16, 37, 48, 65, 88 f., 227. Vgl. jetzt auch Mérignhac, la conférence intern. de la paix p. 27.

[2]) IV. 6.

[3]) IV. 44.

[4]) IV. 57.

[5]) Die Haager Konferenz 1900 S. 17.

§ 5.
Die Aufgabenabgrenzung auf der Haager Konferenz.

I. Die Anregung und Berufung der Haager Konferenz hatte die übertriebensten Hoffnungen geweckt, und gar viele erwarteten von ihr die Abrüstung und den ewigen Frieden.

Die Konferenz wurde daher schon vor ihrem Zusammentritt mit der Bezeichnung „Abrüstungskonferenz" und „Friedenskonferenz" umschmeichelt.

Die Abfassung der vorbereitenden Aktenstücke und Reden hätte allerdings etwas vorsichtiger sein dürfen, immerhin bewiesen sie nicht das, was der Wunsch aus ihnen herauslas.

Das erste russische Rundschreiben hatte davon gesprochen, dass die Konferenz das Militärbudget erleichtern und deshalb die Mittel suchen müsse, dem fortwährenden Anwachsen der Kriegsrüstungen eine Grenze zu setzen. Daraus machte die öffentliche Meinung sofort eine „Abrüstung". Das zweite Rundschreiben verlangte nur eine Beschränkung des Effektivbestandes, zunächst in der Form des Rüstungsstillstandes.

Freilich stand, wie auch aus den späteren Verhandlungen klar wurde, im Hintergrund der Wunsch der russischen Regierung, dass sich dann die abnehmende Tendenz des Militäretats nicht bloss behaupte sondern auch weiterentwickle;[1]) und diese erhoffte Weiterentwicklung wenigstens sah dann allerdings einer teilweisen Abrüstung einigermassen ähnlich, aber in dieser Richtung sollte nach Ziff. 1 des Programms noch nichts beschlossen werden, sondern konnte bestenfalls nur eine „étude préalable" in Frage kommen. Diese Weiterentwicklung war auf keine Weise schon eine Aufgabe der Haager Konferenz, sondern lag auf dem Gebiet der „espérances ultérieures".[2])

Eine besondere Zauberkraft hatte die Bezeichnung „Friedenskonferenz".

Wie der Präsident v. Staal[3]) in der zweiten Plenarsitzung feststellte, hatte der Volksinstinkt den Namen aufgebracht, und die Regierungen waren darin nur gefolgt. Schon in der Eröffnungsrede des Staatsministers v. Beaufort begegnet uns diese Bezeichnung; und an der Spitze des Glückwunschtelegramms an den Zaren[4]) nannte sich schon die Konferenz selbst eine „Conférence de la Paix". Und Beernaert, der Präsident der I. Kommission, feierte bereits in seiner Eröffnungsrede am 26. Mai den „schönen" Namen: Friedenskonferenz.[5]) Das Wort ging dann auch in die Verhandlungen sowie in die Beschlüsse und Abkommen über.

Die Haager Konferenz heisst darnach technisch für alle Zeiten die Friedenskonferenz.

Der Ausdruck war missverständlich, und die Deutung, dass die Konferenz einen ewigen Völkerfrieden begründen werde, nicht bloss möglich,

---

[1]) Vgl. v. Staal II. 29.

[2]) v. Staal I. 17.

[3]) I. 16. Ebenso eine russische Note zum Vermittelungsprojekt IV. 208 und der Präsident der I. Kommission, der belgische erste Bevollmächtigte Beernaert (II. 2). Auch der Papst folgte in seinem Antwortschreiben an die Königin von Holland dieser Sprachweise. Vgl. oben S. 13.

[4]) Vgl. oben S. 27.

[5]) II. 2.

sondern insbesondere durch gewisse enthusiastische Wendungen auch nahegelegt.

Wenn der holländische Minister v. Beaufort von einem allgemeinen Abkommen spricht, nach welchem alle Völker als Brüder leben, so konnte das wie die Lösung eines Billets nach Utopien klingen. Aber der Minister wollte wohl nur der Wahrheit gemäss rühmend hervorheben, dass es zu den geheiligten Traditionen des russischen Herrscherhauses gehöre, an der Spitze der völkerrechtlichen Friedensbestrebungen zu stehen.

Die Beschreibung des Friedensbildes im Konferenzsaal, das in der Schliessung des Janustempels gipfelt, konnte gleichfalls im Sinn des ewigen Friedens missdeutet werden, war aber doch wohl in Wahrheit nur die kräftige Farbengebung eines glänzenden Redners, der seinen Wünschen für das Gelingen der Konferenz einen etwas lebhaften Ausdruck gab.

Das zweite russische Rundschreiben vom 11. Januar 1899 hatte von den „idées de pacification générale“ gesprochen, mit welchen der Zar trotz der mittlerweilen eingetretenen Verfinsterung des politischen Himmels bei allen Gesellschaftsschichten der Erde Beifall gefunden habe.

Pacification générale!

Dass indes Russland damit nicht in den Traum des ewigen Friedens einwiegen wollte, ersieht man schon daraus, dass der Friedenskonferenz ja auch die Kodifikation des Kriegsrechts als Aufgabe gesetzt war und blieb.

Angesichts der zum Teil etwas überschwenglichen Programmerklärungen, die bei gar manchem draussen wie die Ankündigung einer paradiesischen Weltordnung wirkte, war es eine gebieterische Notwendigkeit, vor dem Eintritt in die Beratung, die Aufgabe noch einmal bestimmter zu stellen, und dieselbe frei vom Enthusiasmus, mit juristischer Einfachheit und Klarheit zu zeichnen, damit die russische Staatskunst schliesslich nicht für ein Fiasko verantwortlich gemacht werden konnte. Man brauchte dabei nur in dem festgeschlossenen Kreis der im russischen Rundschreiben aufgezählten 8 Aufgaben zu bleiben.

II. Dieser Pflicht der Aufgabenbegrenzung unterzog sich in der zweiten Plenarsitzung am 20. Mai der Präsident v. Staal in bewunderungswürdiger Weise, indem er in gleichzeitiger Ehrung der Bevollmächtigten, welchen noch eine Aufmerksamkeit erwiesen werden musste, folgenden mit Beifall aufgenommenen, einleitenden Vortrag hielt: [1])

„Rechercher les moyens les plus efficaces d'assurer à tous les peuples les bien faits d'une paix réelle et durable“: Das ist nach dem Wortlaut des Rundschreibens vom 12. August der Hauptzweck unserer Verhandlungen.

Unsere Konferenz heisst im Volksmund, welcher hier der Entscheidung der Regierungen vorgegriffen hat, Friedenskonferenz. Das bezeichnet wohl den wesentlichen Inhalt unserer Arbeiten: Die Friedenskonferenz kann die von ihr zu lösende Aufgabe nicht verfehlen, sie muss ein greifbares Verhandlungsergebnis haben, welches die ganze Menschheit mit Vertrauen erwartet.

Der Eifer, mit welchem alle Mächte den Vorschlag der russischen Rundschreiben angenommen haben, ist der beredtste Zeuge für die Einmütigkeit der Friedensidee. Es besteht daher für mich die angenehme Pflicht, die Bevollmächtigten aller hier vertretenen Staaten zu bitten, ihren Regierungen den wiederholten Ausdruck des Dankes der russischen Regierung zu übermitteln.

---

[1]) Abgedruckt I. 16—18.

Die Zusammensetzung dieser Versammlung ist eine sichere Gewähr für den Geist, in welchem die uns anvertraute Aufgabe in Angriff genommen werden wird. Die Regierungen sind hier vertreten durch Staatsmänner, welche in den Geschicken ihrer Heimat mitbestimmend tätig waren, durch hervorragende Diplomaten, welche schon mit den grössten Aufgaben betraut gewesen sind und die alle wissen, dass das erste Bedürfnis der Völker die Aufrechterhaltung des Friedens ist. Nach diesen kommen Gelehrte, welche auf dem Gebiet des Völkerrechts ein wohlverdientes Ansehen geniessen. Die höheren Offiziere des Landheeres und der Marine, welche uns in unseren Arbeiten beistehen, werden uns ebenfalls mit ihrem tiefen fachmännischen Wissen unterstützen.

Die Diplomatie, wie wir sie alle auffassen, hat die Aufgabe, die Konflikte der Staaten zu verhindern und beizulegen, die Eifersüchteleien zu zügeln, die Interessen zu versöhnen, die Missverständnisse zu beheben und an Stelle der Zwietracht das Einvernehmen zu setzen.

Ich erlaube mir zu bemerken, dass nach allgemeiner Wertschätzung die Diplomatie nicht bloss eine Kunst ist, in welcher die persönliche Geschicklichkeit eine ausschliessliche Rolle spielt; sie ist auch auf dem Weg eine Wissenschaft zu werden, welche bei der Lösung der internationalen Streitigkeiten der festen Regeln bedarf. Das bildet heute das ideale Ziel, welches sie im Auge behalten muss; und es wird ganz gewiss ein grosser Erfolg nicht ausbleiben, wenn es der Diplomatie gelingt, hier schon einige dieser Regeln festzulegen. Weiter werden wir uns in ganz besonderer Weise bemühen, die Praxis der Schiedssprechung und der Vermittelung resp. der guten Dienste zu verallgemeinern und rechtsverbindlich zu machen. Diese Idee bildet sozusagen den eigentlichen Inhalt unseres Unternehmens, das allgemeinste Ziel unserer Bemühungen: die Beseitigung der Streitigkeiten durch Mittel des Friedens. Wir betreten nicht das Gebiet der Utopie. In dem Werk, das wir unternehmen, muss man mit dem Möglichen rechnen und darf man nicht Allgemeinheiten nachjagen. Ohne etwas von unseren höher gehenden Hoffnungen zu opfern, müssen wir auf dem Boden der Wirklichkeit bleiben und diese in ihrer ganzen Tiefe erforschen, um eine feste Grundlage zu gewinnen.

Und was lehrt uns die Wirklichkeit?

Wir sehen zwischen den Nationen eine Gemeinsamkeit materieller und moralischer Interessen, die im ständigen Wachsen ist. Die Beziehungen, welche alle Teile der grossen menschlichen Familie vereinen, werden täglich enger. Wollte ein Staat sich absondern, er könnte es nicht; er ist wie in einem ineinandergreifenden Räderwerk, das für alle reichliche Wohltaten bringt. Er lebt mit anderen in demselben Organismus. Ohne Zweifel bestehen Eifersüchteleien; aber scheinen sich dieselben gegenwärtig nicht vielmehr auf das wirtschaftliche Gebiet zu lenken, auf das Gebiet der grossen Handelsausdehnung, welche dem Bedürfnis entspricht, den Überschuss an Arbeitskraft, der in der Heimat keine Verwendung findet, nach aussen zu ergiessen? Der so verstandene Wettbewerb kann sogar noch gut sein, vorausgesetzt, dass er beherrscht ist durch die Idee der Gerechtigkeit und das erhabene Gefühl der grossen menschlichen Brüderlichkeit.

Wenn somit die Völker durch so viele Beziehungen geeint sind, muss man dann daraus nicht auch die Folgerungen ziehen? Wenn sich zwischen zwei oder mehreren Nationen eine Meinungsverschiedenheit geltend macht, so sind auch die anderen, ohne unmittelbar beteiligt zu sein, davon mitberührt. Die Wirkungen eines internationalen Streites, der sich auf irgend einem Punkt des Erdballs zeigt, machen sich allerorts bemerklich. Das ist der Grund, weshalb die Dritten bei diesem Streit nicht unbeteiligt bleiben können; sie müssen ihren versöhnlichen Einfluss aufbieten, um zu beschwichtigen. Diese Wahrheiten sind nicht neu; zu allen Zeiten hat es Denker gegeben, die sie verkündeten, Staatsmänner, die sie anwandten. Aber sie drängen sich mehr denn je heute auf; und die Tatsache, dass sie durch eine Versammlung wie die unsrige verkündet worden sind, wird ein Markstein in der Geschichte der Menschheit sein.

Die Völker haben ein glühendes Friedensbedürfnis und wir, die wir uns der Menschheit geweiht haben, schulden es den Regierungen, welche uns hier mit Vollmachten ausgestattet haben, und welche die Sorge für das Wohl ihrer Völker haben, wir schulden es auch uns selbst, ein nützliches Werk zu schaffen, indem wir die Gebrauchsanwendung gewisser zur Friedenswahrung bestimmter Mittel näher angeben.

Zu diesen Mitteln gehört notwendig die Schiedssprechung und die Vermittelung. Die Diplomatie hat sie längst in der Praxis zugelassen, aber sie hat die Eigentümlichkeiten ihres Gebrauchs nicht näher beschrieben; sie hat nicht die Fälle bestimmt, in welchen sie anwendbar sein sollen. Diesem hohen Werk sind wir im Begriff unsere Kräfte zu weihen, getragen durch die Überzeugung, dass wir arbeiten für das Wohl der ganzen Menschheit und zwar in der Richtung, welche schon die früheren Geschlechter vorgezeichnet haben.

Nachdem wir nun aber fest entschlossen sind, uns von der Schimäre fernzuhalten, nachdem wir alle erkennen, dass unser gegenwärtiges Unternehmen, so gross es auch sein mag, seine Grenzen hat, müssen wir uns auch noch mit einer anderen Seite der Frage beschäftigen.

Mit dem Augenblick, wo der bewaffnete Streit zwischen den Nationen nicht mehr vollständig vermieden werden kann, heisst es im Interesse der Menschlichkeit daran arbeiten, die Schrecken desselben zu mildern. Die Regierungen der gesitteten Staaten haben schon internationale Übereinkommen abgeschlossen, welche bedeutsame Entwicklungsstufen darstellen. Wir müssen nun neue Stufen schlagen, und für diese Art von Fragen kann uns die Mitwirkung so vieler anwesender Fachmänner nur höchst wertvoll sein.

Aber weiter gibt es noch höchst bedeutsame und höchst schwierige Fragen, welche gleichfalls mit der Idee der Friedensbewahrung im Zusammenhang stehen, und deren Prüfung nach der Auffassung der russischen Regierung ebenfalls in das Arbeitsfeld der Konferenz eingestellt werden soll. Es dürfte die Frage am Platz sein, ob das Volkswohl nicht eine Beschränkung der fortschreitenden Kriegsrüstungen fordert. Es ist Sache der Regierungen, nach ihrer Weisheit die einschlägigen Interessen, welche ihrer Obsorge anvertraut sind, zu prüfen.

Das, meine Herren, sind die wesentlichen Ideen, welche den Gesamtinhalt unserer Verhandlungen zu bilden haben werden.

Wir werden, dessen bin ich sicher, die Prüfung vornehmen mit gehobenem Geist und aufrichtigem Entgegenkommen, um auf der Bahn zur Sicherung des Friedens vorwärts zu kommen. Wir werden so ein nützliches Werk schaffen, für welches die zukünftigen Geschlechter den in diesem Kreis vertretenen Staatsoberhäuptern Dank wissen werden.

III. Diese zu Beginn der Verhandlungen gehaltene Programmrede des ersten russischen Bevollmächtigten und Konferenzpräsidenten wird für alle Zeiten der beste Dolmetscher der russischen Friedensidee sein.

Hiernach war die Friedensaufgabe der hauptsächlichste Inhalt der Haager Konferenzarbeiten. Eine solche Aufgabe sieht nun gewiss nicht leicht aus. Um so mehr muss die Zuversicht des russischen Plénipotentiaire auffallen, der hier ein vollständig zweifelloses Ergebnis in Aussicht stellte. Und warum? Nun die Staaten hatten das russische Programm angenommen. Die Lösung der Friedensaufgabe war hiernach nur als eine Bearbeitung des in No. 8 des russischen Rundschreibens vom $\frac{\text{30. Dezember 1898}}{\text{11. Januar 1899}}$ gestellten Themas gedacht: Annahme der guten Dienste, der Vermittelung und der wahlfreien Schiedssprechung als kriegvorbeugende Mittel. Der Präsident führte dies aus, indem er sich durch eine gehobene Schilderung des Diplomatenberufs eine Brücke baute. Die Tätigkeit der Diplomaten, so meinte v. Staal, bedarf festerer Regeln. Von massgebender Bedeutung zur Bewahrung des Völkerfriedens waren bis jetzt die guten Dienste, die Vermittelung und die Schiedssprechung. Diese friedlichen Mittel zur Verhinderung von Kriegen sind alt; und die Friedenskonferenz soll nur die Gebrauchsanwendung derselben näher bestimmen. Die Praxis der Schiedssprechung, der Vermittelung und der guten Dienste soll allgemein und verbindlich gemacht werden. Das war der eigentliche Inhalt, das allgemeinste Ziel der Friedenskonferenz.

Das ist die solidere Grundlage des Friedens, der Eintracht und der Brüderlichkeit der Staaten, die auch nach der Darstellung v. Martens auf Grund des russischen Programms durch die Friedenskonferenz gelegt werden sollte.[1])

Das war allerdings eine Friedensaufgabe, die nicht in einem ewigen Frieden ausklang. Der Präsident hatte recht, als er versicherte, man betrete damit nicht das Gebiet der Utopie, man halte sich von der Schimäre fern und jage nicht Allgemeinheiten nach, sondern rechne mit dem Möglichen, bleibe auf dem Boden der Wirklichkeit, die ihre Grenzen habe, und baue auf solider Grundlage.

Die so gestellte Konferenzaufgabe bedeutete eine Friedensarbeit im Rahmen massvoller Realpolitik. Diese Aufgabe war lösbar und wurde in der Tat auch gelöst.

Man dachte nicht bloss an keinen ewigen Völkerfrieden, sondern rechnete sogar ganz bestimmt mit der Möglichkeit nicht bloss des Kampfes sondern auch des Krieges. Aus dieser Erwägung wurden der Friedenskonferenz programmmässig in Gemässheit der Ziff. 2—7 des russischen Rundschreibens noch weitere Aufgaben gesetzt, die darauf hinausliefen, die Schrecken des Kriegs zu mildern. Unter der Beihilfe von Offizieren des Landheeres und der Marine sollte auch das Kriegsrecht fortgebildet werden.

Dann erst, ganz am Schluss, erwähnte der Präsident die fälschlich sogenannte Abrüstungsfrage. Klang es aber nach Ziff. 1 des russischen Rundschreibens, als ob es sich im wesentlichen nur um eine nationalökonomische resp. eine reine Budgetfrage handele, so stellte der Präsident nunmehr auch hier den Zusammenhang mit der Idee der Friedensbewahrung her. Darnach konnte es sich also nur fragen, ob die gewaltigen Kriegsrüstungen der Staaten nicht den Frieden bedrohen.

Schon das russische Rundschreiben vom 11. Januar übrigens hatte betont, dass es sich nur um einen Rüstungsstillstand, nicht um Abrüstung handle. Trotzdem zeigte die Rede des Präsidenten hier nichts von Hoffnungsfreudigkeit, und v. Staal betonte, dass der Rüstungsstillstand nicht bloss eine Frage von der grössten Tragweite, sondern zugleich von der grössten Schwierigkeit sei. Er schien bereits zu ahnen, dass sie nicht gelöst wurde.

§ 6.

Die Kommissionen, Unterkommissionen und Ausschüsse der Haager Konferenz.

I. Grosse Versammlungen müssen ihre Beratungen und Beschlüsse durch Kommissionen resp. Ausschüsse vorbereiten lassen.

1. Diesem Brauch folgte auch die Haager Konferenz, indem sie in der zweiten Plenarsitzung am 20. Mai nach der Programmerläuterung des Präsidenten auf dessen Vorschlag zunächst drei Kommissionen zur

[1]) IV. 56.

Vorberatung der im russischen Rundschreiben vom 11. Januar 1899 gestellten acht Aufgaben einsetzte.

Durch diese acht Punkte war die Zuständigkeit der Haager Konferenz bestimmt und festgelegt.[1])

Die **erste** Kommission war zuständig für die Art. 1—4 des Rundschreibens: also für die Beschränkung der Kriegsrüstungen und Kriegsmittel.[2])

Die **zweite** Kommission sollte die Art. 5[3])—7 bearbeiten, also die Revision des Kriegsrechts vorbereiten.

Die **dritte** Kommission hatte den Art. 8 zu beraten; ihr oblag also die Prüfung der kriegvorbeugenden Mittel, insbesondere des Schiedswesens.

Diese Zuständigkeitsbestimmungen waren für die drei Kommissionen[4]) zwingend, und die Plenarversammlung behielt sich bei Zweifeln die Entscheidung vor.[5]) Bei der Beratung des Landkriegsrechtes musste wiederholt auf diesen Punkt hingewiesen und die Beratung abgebrochen werden; das Plenum beschloss dann zum Teil in der Form von „Wünschen“ die Überweisung an eine spätere Konferenz.

Ganz gleichmässig wurde, wie der rumänische Bevollmächtigte Beldiman später tadelnd der III. Kommission vorhielt,[6]) allerdings nicht verfahren. Denn Ziff. 8 sagte nichts von obligatorischer Schiedssprechung und enthielt überhaupt nichts von der Untersuchungskommission, und doch wurde über beides lange verhandelt, und die letztere auch beschlussmässig ins Abkommen eingestellt. Man erklärte glücklicherweise diese Fragen als in der Kompetenz der Kommission gelegen, weil sie in unmittelbarem Zusammenhang mit dem Programm stünden.

Jeder Staat erhielt beschlussmässig das Recht sich in jeder Kommission vertreten zu lassen, und die ersten Bevollmächtigten trafen die Auswahl. Man konnte mehreren Kommissionen angehören. Im Plenum wie in den Kommissionen hatte aber jeder Staat nur eine Stimme. Die Kommissionen konstituierten ihr Bureau und regelten ihre Geschäftsordnung. Die mit dem Recht der politischen Vertretung betrauten stimmführenden Bevollmächtigten konnten sich in allen Kommissionssitzungen beteiligen, die wissenschaftlichen und technischen Sachverständigen, deren eigentliche Tätigkeit sich in den Kommissionen und Ausschüssen abspielte, auch in den Plenarsitzungen der Konferenz erscheinen.[7])

Der russische Bevollmächtigte und Stellvertreter des Generalsekretärs Raffalovich warf die Frage auf, wie man sich die Kommissionsprotokolle denke und machte in dieser Richtung Vorschläge. Nach einem Meinungsaustausch zwischen Bildt und Beldiman wurde aber auf den Vorschlag

[1]) I. 18.
[2]) II. 2.
[3]) Die Protok. I. 18 haben hier einen Druckfehler. Richtig Staatsarchiv 64 S. 120.
[4]) Für die später zu erwähnenden Unterkommissionen und ihre Zuständigkeit galt derselbe Grundsatz.
[5]) I. 18.
[6]) IV. 45.
[7]) I. 18 f.

v. Martens beschlossen, dass die Kommissionen selbst diese Frage regeln möchten.

Über die I. Kommission vgl. II. 4, über die II. Kommission III. 1 f., über die III. Kommission IV. 1.

Jeder Kommission wurde es freigegeben, Unterkommissionen zu bilden.[1]) Von dieser Erlaubnis machten, wie sich zeigen wird, die ersten zwei Kommissionen Gebrauch, indem sie eine militärische und eine Marineunterkommission bildeten, während sich die III. Kommission damit begnügte, einen Prüfungsausschuss („comité d'examen") zur Vorbereitung der Beschlüsse zu bestellen.

Ausschuss und Unterkommission hatten nur die Vorlagen zu präzisieren, die materielle Entscheidung stand bei den Kommissionen, die formelle Entscheidung oder der verbindliche Beschluss aber beim Plenum der Konferenz, wo nur vereinzelte Änderungen stattfanden.

2. Bei der Bureaubildung der Kommissionen in der dritten Plenarsitzung am 23. Mai[1]) ging man davon aus, dass jede Kommission Ehrenpräsidenten, einen (wirklichen) Präsidenten mit einem Präsidentenstellvertreter und mehrere Vizepräsidenten haben solle. Die Präsidenten und ihre Stellvertreter waren auch als Präsidenten der Unterkommissionen gedacht. Die Genannten bildeten das Bureau einer jeden Kommission. Ehrenpräsidenten wurden die Delegationschefs der Grossmächte. Die beherrschende Stellung hatte der wirkliche Präsident, der auch in einer Unterkommission den Vorsitz führte, während der Präsidentenstellvertreter in der anderen Unterkommission präsidierte.

Die Besetzung der Bureaus der Kommissionen erfolgte gleichfalls in der dritten Plenarsitzung nach den Vorschlägen der holländischen Regierung in Gemässheit folgender Übersicht:[2])

I. Kommission.

Graf v. Münster (deutscher Botschafter)	Ehrenpräsidenten.
White (amerikanischer Botschafter)	
Beernaert (belgischer früherer Staatsminister), Präsident.	
van Karnebeek (holländischer früherer Staatsminister), Präsidentenstellvertreter.	
Abdullah Pascha (türkischer Divisionsgeneral)	Vizepräsidenten der ersten Unterkommission.
Ardagh (englischer Generalmajor)	
Mounier (französischer Brigadegeneral)	
Fisher (englischer Vizeadmiral)	Vizepräsidenten der zweiten Unterkommission.
Péphau (französischer Contreadmiral)	
Siegel (deutscher Kapitän zur See)	

Der belgische Staatsminister Beernaert war nicht bloss Präsident der Kommission, sondern auch der ersten (oder militärischen) Unterkommission, während die zweite (oder Marine-Unterkommission) unter dem Vorsitz des Präsidentenstellvertreter, also des holländischen ersten Bevollmächtigen van Karnebeek tagte.

Die Liste der Kommissionsmitglieder ist unten im Anhang No. 2 abgedruckt.

---

[1]) I. 20 f.
[2]) I. 18, 22 ff.

II. Kommission.

Herzog v. Tetuan (spanischer früherer Minister) Turkhan Pascha (türkischer früherer Minister) Graf v. Welsersheimb (österreichischer Botschafter)	Ehrenpräsidenten.
v. Martens (russischer Professor), Präsident.	
Asser (holländischer Staatsrat), Präsidentenstellvertreter.	
Dr. Roth (schweizerischer Gesandter) Thaulow (norw.-schwedischer Generalmajor und Generalarzt der Armee und Marine)	Vizepräsidenten der ersten Unterkommission.
Frh. v. Stengel (deutscher Professor) Zuccari (italienischer Generalmajor)	Vizepräsidenten der zweiten Unterkommission.

Die Plenarsitzungen der Kommission sowie die Sitzungen der zweiten (oder militärischen) Unterkommission leitete v. Martens, während sein Stellvertreter, der holländische Bevollmächtigte Asser, den Vorsitz der ersten (oder Marine-)Unterkommission führte.

Die Liste der Kommissionsmitglieder ist unten im Anhang No. 2 abgedruckt.

III. Kommission.

Graf Nigra (italienischer Botschafter) Pauncefote (englischer Botschafter)	Ehrenpräsidenten.
Bourgeois (französischer früherer Minister), Präsident.	
v. Bille (dänischer Gesandter) Baron d'Estournelles de Constant (französischer bevollmächtigter Minister) Graf v. Macedo (portugiesischer Gesandter) Merey von Kapos-Mere (österreichischer Botschaftsrat) Pompilj (italienischer Kommandeur) Zorn (deutscher Professor)	Vizepräsidenten.

Die Liste der Kommissionsmitglieder ist unten im Anhang No. 2 abgedruckt.

Die Konferenz tagte vom 18. Mai bis 29. Juli 1899, also fast $2^1/_2$ Monate. Es war, wie der Präsident v. Staal in seiner Schlussrede betonte, „une session aussi longue et aussi laborieuse“.[1])

Es wurden viele und lange Sitzungen[2]) abgehalten. Plenarsitzungen der Konferenz, in welchen in der Hauptsache über das Beratungsergebnis der drei Kommissionen nur Bericht erstattet und abgestimmt wurde, fanden im ganzen 10 statt.

Die erste Kommission hielt 8, ihre militärische Unterkommission 6 und ihre Marine-Unterkommission 7 Sitzungen ab.

Die zweite Kommission hat 4, ihre erste Unterkommission 5 und ihre zweite Unterkommission 12 Sitzungen zu verzeichnen.

Die dritte Kommission brachte es zu 9 und deren Prüfungsausschuss gar zu 18 Sitzungen.

Bemerken will ich noch, dass die Kommissionen wie Unterkommissionen zwei Lesungen vornahmen und dass im Ausschuss der III. Kommission teilweise sogar noch eine dritte Lesung notwendig wurde.

---

[1]) I. 212.

[2]) „Longues et fréquentes séances“ a. a. O. 211.

Diese langen und anstrengenden Beratungen in der heissen Sommerzeit, welche der bewunderungswürdigen Pflichttreue der Bevollmächtigten ein glänzendes Zeugnis ausstellen, waren eine notwendige Folge des Umstandes, dass vorher keine Entwürfe ausgetauscht worden waren und somit jede Vorlage mehr oder weniger eine Überraschung bildete.

II. Neben den drei grossen Kommissionen wurden auf der Haager Konferenz auch noch besondere Kommissionen oder Ausschüsse (commissions spéciales, comités) gebildet.

1. Dass in der III. Kommission keine Unterkommissionen gebildet wurden, dafür aber ein Prüfungsausschuss oder Arbeitskomitee (comité d'examen) die Beschlüsse vorbereitete, wurde schon S. 37 erwähnt.

   Dieser Ausschuss organisierte in sich noch einmal ein eigenes Bureau du Comité, oder einen besonderen Redaktionsausschuss.

2. Dazu kam noch ein „allgemeiner Redaktionsausschuss", welcher den gefassten Beschlüssen aller Kommissionen die diplomatische Form (Einleitung und Schluss) gab und die Schlussakte der Konferenz entwarf. („Redaktionsausschuss zur Abfassung der Schlussakte.")

3. Die Konferenz hat auch einen Adressausschuss bestellt,[1]) welcher unter dem Vorsitz von v. Karnebeek aus folgenden Mitgliedern bestand: Merey von Kapos-Mere, Eyschen, Basily und Dr. Roth.

   Dieser Ausschuss hatte die zahlreichen Adressen und Schreiben zu prüfen, welche bei der Konferenz einliefen.

   In der vorletzten Plenarsitzung der Konferenz erstattete van Karnebeek den Bericht über die von diesem Ausschuss entwickelte Tätigkeit,[2]) worüber ich gleich hier Mitteilung machen will. Darnach hat der Adressausschuss die verschiedenen bei der Konferenz eingelaufenen Adressen, Briefe und Telegramme geprüft. Die grösste Zahl enthielt Wünsche für das Gelingen der Konferenzarbeiten. Präsident und Bureau haben darauf entsprechend geantwortet.

   An den Adressausschuss gelangte auch eine beträchtliche Zahl von Resolutionen, welche Privatgesellschaften zu Gunsten der Abrüstung und der Schiedssprechung gefasst hatten, weiter eine Menge von Broschüren usw., die zum grossen Teil unter die einzelnen Bevollmächtigten verteilt wurden. Darauf wurde nicht geantwortet. Mitteilungen verschiedener Art über Sachen, welche dem Zweck der Konferenz fremd waren oder sich ausserhalb der Zuständigkeit derselben hielten,[3]) musste der Adressausschuss überhaupt ausschalten.

   Darüber verbreitete sich der Bericht von v. Karnebeek, den die Konferenz bestätigend zur Kenntnis nahm.

[1]) I. 21.
[2]) I. 205 f.
[3]) z. B. politische Beschwerden der Finnländer, Polen, Armenier, Jungtürken usw. (Frh. v. Stengel im Archiv f. öff. Recht Bd. 15 S. 142 [2]).

§ 7.

Die Ergebnisse der Haager Konferenz.

In den Kommissionen und Unterkommissionen lag der Schwerpunkt der Arbeit. Auf die Verhandlungen derselben wird später bei der Darstellung der einschlägigen Abkommen, Erklärungen und Wünsche sorgfältig einzugehen sein; denn diese Verhandlungen enthalten das wichtigste Auslegungsmaterial.

Vorerst handelt es sich nur darum, einen Überblick über die Arbeiten und Ergebnisse zu gewinnen.

Da muss man nun freilich bedauern,[1]) dass vor dem Zusammentritt den Regierungen keine sorgfältig ausgearbeiteten Entwürfe unterbreitet worden waren.[2]) Es wurden erst bei Beginn oder auch erst inmitten der Verhandlungen solche Entwürfe auf den Tisch des Hauses gelegt, über die dann schnell Instruktionen eingeholt werden mussten. Angesichts dieser Erschwerung und Umständlichkeit, wobei an die Arbeitskraft der Bevollmächtigten wie ihrer Regierungen die höchsten Anforderungen gestellt werden mussten, wird man aber das schliessliche Ergebnis doppelt hoch einzuschätzen haben.

I. Die erste oder fälschlich sog. Abrüstungskommission unter dem Vorsitz des belgischen Staatsministers Beernaert, war zuständig für Art. 1—4 des russischen Rundschreibens vom 11. Januar 1899, also für die Beschränkung der Kriegsrüstungen und Kriegsmittel.

Der I. Kommission war nach den Worten ihres Vorsitzenden die „heiligste“ Aufgabe zugefallen. Aber sie hat den verhältnismässig geringsten Erfolg aufzuweisen.

Die Sitzungsprotokolle der Kommission und der beiden Unterkommissionen sind im Bd. II abgedruckt.

Das Beratungsergebnis war:

1. eine Resolution des Inhalts, dass eine Beschränkung der zur Zeit die ganze Menschheit bedrückenden Militärlasten für die Förderung des materiellen und moralischen Wohles der Menschheit höchst wünschenswert sei.

   Daran reihte sich:

2. der Wunsch, die Regierungen möchten die auf der Konferenz unerledigt gebliebene Rüstungsfrage zum Gegenstand eingehender Studien machen.

3. Ein weiterer Wunsch ging dahin, es möchten auch die Fragen der Gewehre und Schiffskanonen von den Regierungen geprüft

[1]) Ähnlich Frh. v. Stengel im Archiv f. öffentl. Recht Bd. 15 S. 144

[2]) Wäre das geschehen, so hätten sich die Regierungen mit dem Studium schon vorher beschäftigen können und man hätte sich auf der Konferenz fertiger gegenübergestanden. Allerdings drohte bei diesem Vorgehen die Gefahr, dass von mancher Seite die Teilnahme an der Konferenz abgelehnt worden wäre. Aber hier hätte sich vielleicht ein Mittelweg finden lassen, indem erst nach Annahme der Einladung die Aufforderung zur Einbringung von Entwürfen und Anträgen mit Fristsetzung erfolgt wäre. Es sollte überhaupt Regel werden, dass der Staat, welcher eine Frage auf die Tagesordnung einer Konferenz setzt, noch vor Zusammentritt der Konferenz auch einen Entwurf zur Regelung der Frage einreicht.

werden, um zu einem Einvernehmen über die Beschränkung neuer Muster zu gelangen.

Ausserdem einigte man sich auf

4. drei Erklärungen, welche bestimmt waren, den Geist der Petersburger Konvention von 1868 zu verwirklichen und fortzubilden.

Die erste Erklärung verbietet das Werfen von Geschossen und Sprengstoffen aus Luftschiffen.

Die zweite Erklärung verbietet die Verwendung von Geschossen, deren einziger Zweck ist, erstickende oder giftige Gase zu verbreiten.

Die dritte Erklärung verbietet Geschosse, die sich leicht im menschlichen Körper ausdehnen oder plattdrücken.

Der Kommissionsbericht steht I. 83 ff.

Die Verbescheidung der Konferenz erfolgte in der sechsten Plenarsitzung am 21. Juli 1899 (I. 74 ff.).

II. Die zweite oder Kriegsrechts-Kommission unter dem Vorsitz des russischen Bevollmächtigten v. Martens hatte Ziff. 5—7 des russischen Rundschreibens zu bearbeiten.

Die erste Unterkommission bearbeitete Ziff. 5 und 6.

Diese sog. Rotekreuzkommission prüfte die Zusatzartikel 6—15, welche die Genfer Konferenz von 1868 entworfen hatte, um den Grundsatz der Genfer Konvention von 1864 über die Pflege der Kranken und Verwundeten im Landkrieg dem Seekrieg anzupassen und kam zum Entwurf eines förmlichen (Rotekreuz-)Abkommens, das Kommission und Konferenz dann guthiessen.

Die zweite Unterkommission, welche Ziff. 7 zu erledigen hatte, begutachtete die auf der Brüsseler Konferenz von 1874 vereinbarten aber unratifiziert gebliebenen Grundsätze des Landkriegsrechts und kam dabei teilweise zu neuen Formulierungen, welche dann die Kommission und Konferenz nach teilweiser Abänderung zum Beschluss erhoben. So gelangte man zu einem Abkommen über das Landkriegsrecht.

Die Sitzungsprotokolle der II. Kommission und ihrer beiden Unterkommissionen füllen den III. Bd.

Die Konferenz verbeschied das Rotekreuzabkommen in der vierten Plenarsitzung am 20. Juni 1899 (I. 25 ff.), das landkriegsrechtliche Abkommen in der fünften Plenarsitzung am 5. Juli 1899 (I. 42 ff.).

Aus dem Schoss der II. Kommission gingen auch eine Anzahl Wünsche hervor:

Dieselben betrafen

1. die Revision der Genfer Konvention,
2. die Regelung des Neutralitätsrechts,
3. die Frage der Unverletzlichkeit des Privateigentums zur See,
4. die Beschiessung der Häfen, Städte und Dörfer durch Kriegsschiffe.

III. Die dritte oder Schiedsgerichts-Kommission unter dem Vorsitz des französischen ersten Bevollmächtigten Bourgeois hatte Ziff. 8 des russischen Rundschreibens zu bearbeiten. Es handelte sich hier um den Ausbau dreier völkerrechtlicher Institutionen: der guten Dienste resp. der Vermittelung, der Untersuchungskommissionen und der Schiedssprechung.

Der zur Beratung gestellte Hauptentwurf für alle drei Fragen war von Russland ausgearbeitet worden. In der Vermittlungsfrage ist noch je ein Abänderungsantrag von den Vertretern Italiens und der Vereinigten Staaten von Amerika gestellt worden.

Die Schiedsrechtsfrage gewann im ständigen Schiedshof ihren Höhepunkt.

Hier wurden drei besondere Entwürfe vorgelegt: von England, Russland und den Vereinigten Staaten. Das englische Projekt von Sir Julian Pauncefote wurde beschlussmässig zur Grundlage der Verhandlung gewählt.

Das Gesamtergebnis der Ausschuss- und Kommissionsberatungen, welche den IV. Band füllen, war der vereinbarte Entwurf eines Abkommens zur friedlichen Erledigung internationaler Streitfälle, den dann die Konferenz in der siebenten Plenarsitzung am 25. Juli 1899 (I. 86ff.) annahm.

§ 8.

Die Formgebung und die Schlussakte der Haager Konferenz.

Es handelte sich jetzt darum, den Beschlüssen die entsprechende diplomatische Form zu geben.

In der vierten Plenarsitzung der Konferenz am 20. Juni hatte der Präsident v. Staal die Bestellung eines Ausschusses angeregt, welcher für die Konferenzbeschlüsse die Form eines wirklichen Abkommens (la forme conventionelle) bereitzustellen, d. h. die den herkömmlichen Formalitäten entsprechenden Akte vorzubereiten hatte. Dem war zugestimmt und es waren gewählt worden: Graf Nigra, Asser, Descamps, v. Martens, Renault, Frh. v. Stengel und Raffalovich.[1])

In der folgenden Plenarsitzung am 5. Juli konnte der Präsident mitteilen, dass der Ausschuss seine Arbeit begonnen habe.[2]) Dem Wunsch desselben gemäss wurde er durch zwei weitere Mitglieder verstärkt: Merey von Kapos-Mere und Seth Low.[3]) Auf diese Weise waren jetzt im Ausschuss ausser Italien, Holland, Belgien, Russland, Frankreich und Deutschland auch Österreich-Ungarn und die Vereinigten Staaten vertreten.

Da Graf Nigra die angebotene Präsidentschaft ablehnte, führte Asser den Vorsitz.[4]) Berichterstatter war Renault, der sich seiner Aufgabe in vorzüglicher Weise entledigte.[5])

Dieser allgemeine Redaktionsausschuss (comité général de rédaction)[6]) hatte auch die Schlussakte abzufassen („comité de Rédaction de l'Acte Final".[7])

[1]) I. 29. 101. Trotzdem schon ein Russe im Redaktionsausschuss sass, wurde noch Raffalovich gewählt, damit auch das Generalsekretariat der Konferenz vertreten war.

[2]) I. 46.

[3]) a. a. O.

[4]) I. 95.

[5]) Für den „rapport excellent" sprach der Präsident in der neunten Plenarsitzung den wohlverdienten Dank aus (I. 4).

[6]) Vgl. oben S. 39.

[7]) I. 95.

I. In Fragen der Formgebung (Einleitung und Schluss) war dem „comité général de rédaction" durch die einzelnen Kommissionen und Spezialausschüsse kräftig vorgearbeitet worden. Aber die massgebende Entscheidung stand, um für alle Abkommen eine einheitliche Form zu gewinnen, doch beim allgemeinen Redaktionsausschuss.

Das hatte vor allem der besondere Redaktionsausschuss der militärischen Unterkommission der II. Kommission einmütig zum Ausdruck gebracht und dabei betont, dass seine eigene Fassung nur vorläufig sei.[1])

Freilich galt das nur für Fragen der Formgebung und nicht auch der Inhaltsbestimmung, wobei dann freilich darüber gestritten wurde, ob z. B. die Beitrittsklausel zu der einen oder der anderen Abteilung gehöre.[2])

In der achten Plenarsitzung am 27. Juli erstattete Renault Bericht über die Arbeiten des allgemeinen Redaktionsausschusses und stellte die Anträge zusammen, welche dann auch Annahme fanden.[3])

Es handelte sich hier um die Einleitung, bezüglich auch den Schluss des landkriegsrechtlichen und des Rotekreuzabkommens sowie der drei Erklärungen.

Die Einleitung und der Schluss der friedensrechtlichen Konvention geht auf Descamps zurück und wurde von der Konferenz den Anträgen des allgemeinen Redaktionsausschusses entsprechend in der neunten Plenarsitzung am 28. Juli beschlossen.[4])

II. Über die vom allgemeinen Redaktionsausschuss vorbereitete Schlussakte hat Renault bereits in der siebenten Plenarsitzung am 25. Juli berichtet.[5])

Die Schlussakte ist I. 216ff. abgedruckt und hat folgende Einleitung:

„La Conférence Internationale de la Paix, convoquée dans un haut sentiment d'humanité par Sa Majesté l'Empereur de Toutes les Russies, s'est reunie, sur l'invitation du Gouvernement de Sa Majesté la Reine des Pays-Bas, à la Maison Royale du Bois à la Haye, le 18 Mai 1899.

Les Puissances, dont l'énumération suit, ont pris part à la Conférence, pour laquelle Elles avaient désigné les Délégués nommés ci-après:"

Nun folgen die Namen aller Delegierten.

Dann heisst es weiter:

In einer Reihe von Sitzungen vom 18. Mai bis 29. Juli 1899, in welchen die vorgenannten Delegierten stets vom Wunsche beseelt waren, in möglichst weitem Umfang die edlen Pläne des allerdurchlauchtigsten Veranstalters der Konferenz und die Absichten ihrer Regierungen zu verwirklichen, hat die Konferenz beschlossen, den Text der nachgenannten, der Schlussakte angehängten Abkommen und Deklarationen den Plénipotentiaires zur Unterschrift vorzulegen.[6])

Dann folgt:

I. Das Abkommen zur friedlichen Erledigung internationaler Streitfälle.[7])

Diese Konvention, welche ich im folgenden als „friedensrechtliches Abkommen" bezeichnen werde, hatte sofort bei der Unterzeichnung in der Schlusssitzung bereits 16 Stimmen erhalten.[8])

---

[1]) III. 30.
[2]) III. 30f.
[3]) I. 195. Über die Anerkennung durch den Präsidenten vgl. I. 98.
[4]) I. 203ff.
[5]) I. 95.
[6]) I. 221.
[7]) Abgedruckt I. 224—234.
[8]) I. 208.

Dieses Abkommen war von der III. Kommission vorbereitet worden und ist die Verwirklichung von Z. 8 des russischen Rundschreibens vom $\frac{30.\ \text{Dezbr.}\ 1898}{11.\ \text{Januar}\ 1899}$.

Dann kommt:

II. Das Abkommen, betreffend die Gesetze und Gebräuche des Landkriegs.[1]

Diese Konvention, die ich kurz das „Landkriegsabkommen“ nennen werde, war sofort in der Schlusssitzung von 15 Vertretern unterzeichnet worden.[2]

Sie war aus der Beratung der II. Kommission über Z. 7 des russischen Rundschreibens hervorgegangen.

Dem schliesst sich an:

III. Das Abkommen betreffend die Anwendung der Grundsätze der Genfer Konvention vom 22. August 1864 auf den Seekrieg.[3]

Dieses sog. Rotekreuzabkommen ging auf Z. 5 und 6 des russischen Rundschreibens zurück und war gleichfalls von der II. Kommission vorbereitet worden. Auch hier ergaben sich in der Schlusssitzung sofort 15 Unterschriften.[4]

IV. Nun folgen die drei Erklärungen,[5] welche aus den Beratungen der I. Kommission hervorgegangen sind und an Z. 2—4 des russischen Programms anknüpfen.

Von den Erklärungen hatten in der Schlusssitzung sofort erhalten:

1. die Erklärung betreffend das Verbot des Werfens von Geschossen und Sprengstoffen aus Luftschiffen oder aus anderen ähnlichen neuen Wegen = 17 Unterschriften.[6]
2. Die Erklärung betreffend das Verbot der Verwendung von Geschossen mit erstickenden oder giftigen Gasen = 16 Unterschriften.[7]
3. Die Erklärung betreffend das Verbot von Geschossen, die sich leicht im menschlichen Körper ausdehnen oder plattdrücken = 15 Unterschriften.[8]

Die Schlussakte erwähnt bei den drei Abkommen und den drei Erklärungen, die sie aufzählt, nicht das Stimmverhältnis, sondern nur die Tatsache der Annahme.[9] Die vorausgegangene Abstimmung über die Abkommen und Erklärungen sollte der Unterzeichnung der Schlussakte nicht vorgreifen.

---

[1]) Abgedruckt I. 239—249.
[2]) 209.
[3]) Abgedruckt I. 235—238.
[4]) a. a. O.
[5]) I. 221.
[6]) I. 209. Abgedruckt I. 252 f.
[7]) a. a. O. Abgedruckt I. 254 f.
[8]) a. a. O. Abgedruckt I. 250 f.
[9]) I. 97.

Die Schlussakte[1] enthielt lediglich eine Übersicht über die Arbeiten der Konferenz,[2] oder eine Zusammenstellung ihrer Verhandlungsergebnisse.[3]) Es wird hier lediglich festgestellt, dass die Konferenz zu diesen oder jenen Beschlüssen gelangt ist und alle Plénipotentiairs konnten hier unterzeichnen, ohne ihre Regierungen bezüglich der dort genannten Abkommen und Erklärungen zu irgend etwas zu verpflichten.[4]

Die Schlussakte selbst wurde demgemäss in der Schlusssitzung von Allen unterzeichnet.[5]

Die Abkommen und Erklärungen bedurften nun noch der besonderen Unterzeichnung durch Plénipotentiaires, welche sich mit den stimmführenden Bevollmächtigten im Haag übrigens nicht decken mussten.[6]

Mit der Unterzeichnung und Siegelung war die Form und Fassung abgeschlossen und urkundlich festgelegt. Das allein war der Zweck der Unterzeichnung.

Auf Russlands Drängen unterzeichneten viele Staaten schon im Haag.[7] Die rechtliche Bindung war aber damit noch nicht hergestellt[8] und deshalb erklärte Zorn später die erregten Debatten über die Zeichnung mit Recht für völlig „gegenstandslos".[9]

Die rechtlich bindende Kraft konnte und sollte für sämtliche Abkommen und Erklärungen erst in der Ratifikation liegen.[10]

Jedes Abkommen und jede Erklärung bildet einen eigenen Akt; ein Staat konnte den einen unterzeichnen, bei dem andern die Unterschrift verweigern. Also die Schlussakte und die übrigen Akte konnten ganz verschieden unterzeichnet werden.

Man fragte sich, wie Renault[11] berichtet, welches Datum die verschiedenen Akte tragen sollen. Es empfahl sich ein festes Datum für alle Staaten zugrunde zu legen, wenn sie auch nicht alle an demselben Tag unterzeichnen konnten. Und da man annahm, dass viele zugleich mit der Schlussakte auch die übrigen Akte unterzeichnen würden, die erstere aber am 29. Juli unterzeichnet wurde, so ward auch dies das Datum der Abkommen und Erklärungen.[12] Die Unterzeichnung stand aber bis zum 31. Dezember offen.[13] Von da an ergab sich ein anderes Rechtsbild.

---

[1]) Man wählte nicht die Bezeichnung Acte, Protocolle oder Procès-verbal final, sondern Acte final, weil das feierlicher klingt und so die Bedeutung der Konferenz etwas besser zum Ausdruck bringt. (Renault I. 95.)

[2]) „Le resultat des travaux de la conférence" (Renault I. 95).

[3]) „Constater le résultat des délibérations de la conférence" (I. 95).

[4]) Renault a. a. O. Zorn sagte später im „Tag" 1903 Nr. 307: „Die sog. Finalakte zeichneten alle Staaten; diese Zeichnung war rechtlich ohne verbindliche Kraft; die Finalakte konnte und sollte nur das historische Dokument der Konferenz sein".

[5]) I. 208.

[6]) Über den Umfang dieser Zeichnungen vgl. I. 233 f., 238, 241, 251, 253, 255.

[7]) a. a. O. Vgl. oben S. 43 f.

[8]) So auch Mérignhac, La conférence intern. de la paix p. 33.

[9]) „Tag" Nr. 307.

[10]) a. a. O.

[11]) I. 96.

[12]) I. 221.

[13]) a. a. O. Darüber hatte v. Martens bereits in der Schlusssitzung des Ausschusses der dritten Kommission am 4. Juli berichtet (IV. 177). Die bis zum 31. Dezember abgeschlossenen Zeichnungen sind vollständig und übersichtlich am Schluss des I. Protokollbandes nach I. 255 zusammengestellt.

Seitdem gibt es nur noch einen Beitritt, der sich nach Massgabe der Beitrittsklausel der betreffenden Konvention resp. Erklärung vollzieht. Die Konferenzstaaten, welche nicht unterzeichneten, resp. nicht ratifiziert haben, fielen mit dem 1. Januar 1900 sozusagen auf das gemeine Völkerrecht zurück.

§ 9.
Der Schluss der Haager Konferenz.

Die Schlusssitzung des Plenums fand am 29. Juli statt.[1])

Dieselbe zerfiel in eine Morgen- und eine Nachmittagssitzung.

In der ersteren erfolgte die bereits erwähnte Unterzeichnung der Abkommen und Erklärungen sowie der Schlussakte der Friedenskonferenz.

Die Nachmittagssitzung war wie die erste Sitzung wieder öffentlich.[2])

Hier wurde zunächst das bisherige Ergebnis der Unterzeichnung festgestellt[3]) und der Briefwechsel der Königin von Holland und des Papstes verlesen.[4])

I. Sodann hielt der Präsident v. Staal seine Schlussrede, in welcher er nach den verschiedensten Seiten dankte, seine Wünsche für die weitere Entwickelung der Friedensidee aussprach und das Ergebnis der Konferenzverhandlungen zusammenfasste.

Die bemerkenswerte Rede hat folgenden Wortlaut:

Meine Herren! Wir sind am Ende unserer Arbeiten. Bevor wir uns trennen und uns zum letztenmal in diesem schönen Palais du Bois die Hand drücken, bitte ich Sie, sich mit mir darin zu vereinigen, die huldvolle Königin der Niederlande für die Gastlichkeit, die uns in so reichem Masse zuteil geworden ist, erneut unserer wohlverdienten Dankbarkeit zu versichern. Die Wünsche, welche Ihre Majestät neulich in einer so entzückenden und bestimmten Art ausgesprochen haben, sind von guter Vorbedeutung gewesen für den Fortschritt unserer Verhandlungen. Möge Gott die Regierung Ihrer Majestät der Königin mit Gnaden überhäufen zum Wohle des edlen Landes, das unter ihrer Herrschaft steht.

Wir bitten Herrn v. Beaufort, in seiner Eigenschaft als Ehrenpräsident der Konferenz, Ihrer Majestät unsere huldigenden Wünsche zu Füssen legen zu wollen. Gleichzeitig bitten wir Seine Exzellenz und die holländische Regierung, für die wohlwollende Unterstützung, die sie uns gewährt haben und die unsere Arbeit in so grossartiger Weise gefördert hat, den Ausdruck unserer unbedingten Dankbarkeit zu genehmigen.

Von ganzem Herzen mache ich mich zum Dolmetscher Ihres wärmsten Dankes gegenüber den hervorragenden Staatsmännern und Rechtsgelehrten, welche bei den Arbeiten unserer Kommissionen, Unterkommissionen und Ausschüssen den Vorsitz geführt haben. Sie haben dort die seltensten Eigenschaften entfaltet und wir sind glücklich, Sie dafür hier beglückwünschen zu können.

Auch unsere Berichterstatter haben ein Recht auf Ihre Dankbarkeit; sie bieten in ihren Berichten, welche wahre Meisterwerke sind, den massgebenden Kommentar der festgestellten Texte.

Mit einem über jedes Lob erhabenen Eifer hat das Sekretariat eine schwierige Aufgabe gelöst: die getreuen und vollständigen Protokolle über unsere langen und häufigen Sitzungen sind Zeugen dafür.

Schliesslich habe ich Ihnen auch selbst zu danken, meine Herren, für das nachsichtige Wohlwollen, das Sie gegenüber Ihrem Präsidenten bewiesen haben. Auf den Präsidentenstuhl unserer hohen Versammlung berufen zu werden, war

---

[1]) I. 208 ff.

[2]) „Auf der Galerie Journalisten und Damen" (B. v. Suttner, Tagebuchblätter S. 305).

[3]) Vgl. oben S. 43 f.

[4]) Vgl. oben S. 13 f.

sicherlich eine der grössten Ehren meines langen vollständig dem Dienste meines Kaisers und meines Landes geweihten Lebens. Im Verlauf der Jahre, während welcher ich als aufmerksamer Zeuge und manchmal auch als bescheidener Arbeiter bei den Ereignissen mitgewirkt habe, welche die Geschichte unseres Jahrhunderts bilden werden, habe ich den Einfluss der sittlichen Ideen in den politischen Beziehungen mehr und mehr zunehmen sehen. Dieser Einfluss hat heute eine bemerkenswerte Höhe erreicht.

Seine Majestät, der Kaiser von Russland, getragen von der Familienüberlieferung, wie Beernaert so treffend hervorhob, und erfüllt von der steten Sorge für das Wohl der Völker, hat in gewisser Weise zu diesen Plänen den gangbaren Weg gefunden. Sie, meine Herren, die Sie jünger sind als Ihr Präsident, werden ohne Zweifel neue Stufen auf dem Weg, auf dem wir uns gefunden haben, durchlaufen.

Nach einer ebenso langen als arbeitsreichen Tagung, wo das Resultat Ihrer Arbeiten offenkundig ist, werde ich mich wohl hüten, Ihnen einen geschichtlichen Überblick über das zu geben, was Sie mit so viel Kraftaufwand erreicht haben. Ich will mich darauf beschränken, einige allgemeine Gesichtspunkte zu entwickeln.

In Gemässheit des Aufrufs meines erhabenen Herrschers hat die Konferenz das Programm angenommen, welches in dem Rundschreiben des Grafen Murawieff entwickelt worden war, und hat dasselbe zum Gegenstand langer und aufmerksamer Prüfung gemacht.

Wenn die I. Kommission, welche die militärischen Fragen, die Beschränkung des Effektivbestandes und der Budgets, zu bearbeiten hatte, nicht zu wirklich bedeutsamen Ergebnissen[1]) gelangt ist, so kommt das daher, dass technische Schwierigkeiten und eine Reihe damit zusammenhängender Voraussetzungen entgegenstanden, deren Prüfung vorzunehmen sie sich ausserstand fühlte. Aber die Konferenz hat die verschiedenen Regierungen ersucht, die Prüfung dieser Fragen wieder aufzunehmen. Sie hat sich einmütig auf die von dem ersten französischen Bevollmächtigten vorgeschlagene Resolution geeinigt, nämlich dass die Einschränkung der zur Zeit die ganze Menschheit bedrückenden Militärlasten für die Förderung des materiellen und sittlichen Wohles der Menschheit höchst wünschenswert sei

Die Konferenz hat in gleicher Weise die im Interesse der Menschlichkeit gestellten Anträge angenommen, welche den Gegenstand der Prüfung in der II. Kommission gebildet hatten.

In diesem Gedankengang konnte sie dem schon längst geäusserten Wunsche entsprechen und die Grundsätze der Genfer Konvention auf den Seekrieg in Anwendung bringen.

In Wiederaufnahme eines Werkes, das vor 25 Jahren unter dem Schutz des Kaisers Alexander II. in Brüssel begonnen worden war, hat weiterhin die Konferenz glücklicherweise für die Gesetze und Gebräuche des Landkriegs eine genauere Form gefunden.

Das, meine Herren, sind positive Ergebnisse nach gewissenhafter Arbeit.

Aber das Werk, welches für die Herrschaft des Völkerrechts sozusagen eine neue Ära eröffnet, das ist das Abkommen zur friedlichen Erledigung der internationalen Streitfälle. Der Inhalt wird in der Einleitung treffend angedeutet, wenn es hier heisst „zur Aufrechterhaltung des allgemeinen Friedens“.

Vor einigen Jahren bei der Schiedssprechung in der Behringsmeerfrage liess sich ein hervorragender französischer Diplomat folgendermassen aus: Wir haben uns bemüht, die Grundsätze des Völkerrechts unversehrt aufrecht zu erhalten, dieses Rechts, das wie das Himmelsgewölbe alle Völker umschliesst und das die Naturgesetze selbst heranzieht, um die Völker der Erde untereinander zu schützen, indem es ihnen die Vorschrift gegenseitigen guten Willens einprägt.

Die Friedenskonferenz, ausgestattet mit dem Ansehen, welches einer Versammlung innewohnt, in welcher die gesitteten Nationen vereinigt sind, hat sich gleichfalls bemüht, in hochbedeutsamen Fragen die grundlegenden Sätze des Völkerrechts zu wahren. Sie ist darangegangen, dieselben näher zu bestimmen, sie zu entwickeln, sie vollständig zur Anwendung zu bringen. Sie hat in mehrfacher Richtung ein neues Recht geschaffen, welches entspricht neuen Notwendigkeiten, dem Fortschritt des zwischenstaatlichen Lebens, den Forderungen des öffentlichen Gewissens, den besseren Bestre-

[1]) „résultats matériels considérables“.

bungen der Menschlichkeit. Sie hat besonders ein Werk vollendet, welches die Zukunft zweifellos als das erste internationale Friedensgesetzbuch bezeichnen wird, und dem wir die bescheidenere Aufschrift: „Abkommen zur friedlichen Erledigung internationaler Streitfälle" gegeben haben.

Als ich die Sitzungen der Konferenz eröffnete, bezeichnete ich als eine der Hauptfragen unseres gemeinsamen Studiums und als das Wesentliche unserer Aufgabe: die Verwirklichung der so ungeduldig angestrebten Fortschritte auf dem Gebiet der Vermittelung und der Schiedsprechung. Ich hatte mich nicht getäuscht, als ich meinte, dass unsere Arbeiten in dieser Beziehung eine aussergewöhnliche Wichtigkeit gewinnen würden.

Das Werk ist jetzt fertig. Es bezeugt den hohen Eifer der Regierungen für alles, was die friedliche Entwickelung der internationalen Beziehungen und das Wohl der Völker berührt.

Dieses Werk ist gewiss nicht vollkommen, aber es ist aufrichtig, praktisch und weise. Es bemüht sich, zu versöhnen, indem es die beiden Grundsätze, welche die Basis des Völkerrechts bilden, den Grundsatz der staatlichen Souveränität und den Grundsatz einer gerechten internationalen Gemeinschaftlichkeit beachtet. Es geht auf das, was einigt im Bereich des Trennenden. Es bestätigt, dass in der neuen Zeit, in welche wir eintreten, herrschen sollen die Werke, die einem Bedürfnis der Eintracht entspringen und die befruchtet sind durch das Zusammenwirken der Staaten, welche die Verwirklichung ihrer berechtigten Interessen anstreben, während eines soliden durch die Gerechtigkeit geleiteten Friedens.

Die von der Haager Konferenz in dieser Beziehung gelöste Aufgabe ist in Wahrheit verdienstlich und schön. Sie entspricht den hochherzigen Empfindungen ihres erlauchten Veranstalters; sie wird die Unterstützung der öffentlichen Meinung und wie ich hoffe, die Billigung der Geschichte finden.

Ich will nicht in die Einzelheiten der Akte eintreten, welche eine Anzahl von uns bereits unterzeichnet hat. Sie sind auseinandergesetzt und eingehend gewürdigt in dem unvergleichlichen Bericht, der in ihren Händen ist. Zur Stunde ist es vielleicht voreilig, über das kaum beendigte Werk in seiner Gesamtheit ein Urteil zu fällen. Wir stehen noch zu nahe an der Wiege: es fehlt uns noch die Luftperspektive. Sicherlich aber wird sich dieses Werk, das auf die Anregung des Kaisers, meines durchlauchtigsten Herrn, und unter dem Schutze Ihrer Majestät der Königin von Holland unternommen wurde, in der Zukunft entwickeln. Wie bei einer bemerkenswerten Gelegenheit der Vorsitzende unserer dritten Kommission (Bourgeois) gesagt hat:[1] je mehr die Zeit vorwärts schreitet, umso klarer wird seine Bedeutung hervortreten.

Nun wohl, meine Herren, der erste Schritt ist getan. Halten wir zusammen und ziehen wir Nutzen von der Erfahrung.

Ein guter Samen ist gesät. Erwarten wir die Ernte.

Ich für meinen Teil bin am Ende meiner amtlichen Laufbahn und an der Neige meines Lebens. Ich würdige es als letzten Trost, dass ich sehe, wie sich neue Ausblicke auf das Wohl der Menschheit auftun und dass es mir vergönnt ist, meine Blicke auf den Glanz der Zukunft zu richten.[2]

Dieser Rede folgte langanhaltender Beifall.[3]

II. Hierauf drückte der deutsche Bevollmächtigte Graf v. Münster unter dem Beifall der Konferenz dem Präsidenten und Vizepräsidenten den Dank der Konferenz aus.

Sachlich fällt hier nur die Feststellung auf, dass die Konferenz nicht alle Wünsche erfüllen konnte, dass die Wünsche und Illusionen aber auch sehr weit gegangen seien. Graf Münster sah das Hauptergebnis (le principal résultat) der Konferenz in der tatsächlichen Nachwirkung, welche eine berühmte Versammlung hervorragender Staatsmänner auf die Staatsbeziehungen äussern muss.

---

[1]) In der Sitzung der III. Kommission am 20. Juli (IV. 76).
[2]) I. 211—213.
[3]) I. 213.

Die Rede hatte folgenden Wortlaut:

Meine Herren! Erlauben Sie mir als Amtsältesten dieser Versammlung, auf die schönen Worte zu antworten, welche wir soeben vernommen haben. Vereinigen Sie sich mit mir im Dank gegen Staal und van Karnebeek, den Präsidenten und Vizepräsidenten der Konferenz.

Staal hat zum Gelingen unserer Arbeiten kräftig beigetragen. Mit seiner grossen Liebenswürdigkeit gegen uns alle hat er es verstanden, die guten Beziehungen aufrecht zu erhalten, welche unter allen Delegierten bestanden haben. Es ist wohl selten, dass eine Versammlung, die zweieinhalb Monate gedauert hat, eine so vollendete Einmütigkeit zeigt, wie die, welche immer in diesem Saale geherrscht hat.

van Karnebeek war die eigentliche Triebfeder der Konferenz. Er hat mehr wie wir alle gearbeitet und wir verdanken ihm viel. Wir haben ihm auch zu danken für die grossartige Gastlichkeit, welche wir hier vom Thron bis zum niedersten Untertan überall gefunden haben.

van Karnebeek ist erfüllt vom Beispiel seiner erhabenen Königin, welche uns durch eine Aufnahme ausgezeichnet hat, die wir niemals vergessen werden.

Wenn die Konferenz nicht alle Wünsche befriedigt hat — und die Wünsche und Illusionen gingen sehr weit — so wird sie wenigstens einen grossen Einfluss in der Zukunft haben, und der Same, den sie gesät hat, wird sicherlich aufgehen. Ihr Hauptergebnis nämlich wird der Einfluss sein, welchen die Vereinigung so vieler hervorragender Männer sicherlich auf das Einvernehmen aller Nationen äussern wird. Diese Konferenz wird eine unserer schönsten Erinnerungen sein und in dieser Erinnerung werden immer zwei Namen besonders hervorleuchten, Staal und van Karnebeek. Ich bitte Sie, sich zur Ehre derselben zu erheben.[1])

Der Präsident von Staal dankte, indem er betonte, dass die Erinnerung an die guten Beziehungen, welche er mit allen Amtsgenossen unterhalten habe, nicht erlöschen werde.[2])

III. Der Vizepräsident van Karnebeek antwortete, man habe es so dargestellt, als ob er in gewisser Beziehung die Personifikation des Geistes und der Arbeit dieser Konferenz gewesen sei. Er sei aber nur der Spiegel des Geistes gewesen, der alle Delegierten beseelt habe, ein Spiegel dessen, was sie selbst vollbracht hätten.[3])

IV. Baron d'Estourelles führte unter dem Beifall der Konferenz aus, dass manches Vorurteil geschwunden[4]) und mit der Friedensarbeit der Anfang gemacht sei, die auf späteren Konferenzen fortgeführt werden möge.

Diese Rede hat folgenden Wortlaut:

Man wird über unser Werk streiten und es für ziemlich bescheiden halten können; aber wie schon Graf v. Münster gesagt hat, man wird nicht bestreiten können, dass wir mit ganzem Herzen gearbeitet haben, zweieinhalb Monate lang. Wir sind nach dem Haag gekommen von allen Punkten der Erdkugel ohne uns gegenseitig zu kennen, vielleicht mit mehr Vorurteilen und Ungewissheit als Hoffnungen. Heute sind sehr viele Vorurteile geschwunden. Bande des Vertrauens und der Geistesverwandtschaft haben sich zwischen uns gebildet. Dank dieser Übereinstimmung, die aus der Hingebung aller an das gemeinsame Werk entsprungen ist, haben wir die erste Stufe freilegen können. Man wird allmählich erkennen, dass die erzielten Ergebnisse nicht zu verachten sind und dass sie einen fruchtbaren Keim enthalten. Aber damit sich dieser Keim entwickle, muss er den Gegenstand ständiger Sorge bilden, und deshalb muss man wünschen, dass sich unsere Konferenz nicht auf immer trennt.

---

[1]) I. 213.
[2]) I. 214.
[3]) a. a. O.
[4]) Das hat er auch später noch einmal im „Temps“ ausgeführt. Vgl. Fried, Die Haager Konferenz S. 25 f.

Sie wird ein Anfang gewesen sein, sie darf kein Ende sein. Wünschen wir, meine Herren, dass wenn unsere Staaten andere Versammlungen anregen, sie fortfahren, gemeinsam der Sache der Gesittung und des Friedens zu dienen.

V. Der holländische Minister des Äussern v. Beaufort hielt sodann die Abschiedsrede, in welcher er betonte, dass der Verlauf der Konferenz den Utopisten wie den Pessimisten Unrecht gegeben, aber immerhin eine neue Ära in der Geschichte der Staatenbeziehungen eingeleitet habe.

Diese Rede hatte folgenden Wortlaut:

Die holländische Regierung ist glücklich gewesen, Sie hier zu sehen; sie ist ihren Verhandlungen mit dem grössten Interesse gefolgt, und sie freut sich, dass Ihre Arbeiten Früchte getragen haben.

Wenn die Friedenskonferenz nicht die Träume der Utopisten verwirklicht hat, so darf man nicht aus dem Auge verlieren, dass sie das mit allen Versammlungen ernster und einsichtsvoller Männer gemein hat, die sich ein praktisches Ziel setzen. Wenn sie andererseits die düsteren Prophezeiungen der Pessimisten Lüge gestraft hat, die in ihr nur ein hochherziges Bemühen sahen, das sich schliesslich mit der Aufzählung einiger Wünsche zufrieden gibt, so hat sie ebenso die Gerechtigkeit der Absichten des erhabenen Monarchen erwiesen, welcher bei der Anregung dieser Versammlung den günstigen Augenblick wahrgenommen hat.

Ich will in diesem Moment nicht die hohe Bedeutung der erzielten Ergebnisse betonen. Es ist wahr, dass die vollständige Übereinstimmung über das Prinzip der Abrüstung sich nicht in eine praktische Formel überführen liess, die auf die frühere Gesetzgebung der verschiedenen Länder anwendbar und in Übereinstimmung mit ihren widerstreitenden Bedürfnissen gewesen wäre. Rufen wir uns bei dieser Gelegenheit das Wort eines hervorragenden Geschichtsschreibers, des Herzogs v. Broglie, in Erinnerung, welcher vor einigen Wochen von der Konferenz gesagt hat: Wir leben in einer Zeit, in welcher man ebensosehr und noch mehr der sittlichen Wirkung einer grossen Massregel Rechnung tragen muss wie ihren materiellen und unmittelbaren Folgen.

Ohne Zweifel wird die schon bemerkliche moralische Wirkung Ihrer Verhandlungen noch bestimmter werden und in der öffentlichen Meinung in glänzender Weise hervortreten. Das wird die Regierungen in ihren Bemühungen kräftig unterstützen, diese Frage der Einschränkung der Rüstungen, welche die gewichtige und berechtigte Hauptsorge der Staatsmänner aller Länder bleiben wird, der Entscheidung zuzuführen.

Erlauben Sie mir, zum Schlusse der Hoffnung Ausdruck zu geben, dass Seine Majestät der Kaiser von Russland in der Wiederaufnahme der Bemühungen zur Fortsetzung des grossen von ihm übernommenen Werkes den wirksamsten Trost für die grosse und grausame Heimsuchung, die über ihn gekommen ist,[1]) finden möge. Für uns wird die Erinnerung an Ihren hiesigen Aufenthalt für immer einen Lichtblick in der Geschichte unseres Landes bilden. Denn wir haben die feste Überzeugung, dass dieser Aufenthalt eine neue Ära in der Geschichte der internationalen Beziehungen der gesitteten Staaten eingeleitet hat.[2])

Darauf erklärte der Präsident Staal die Sitzungen der Konferenz für geschlossen.[3])

Vor dem grössten Friedensereignis des abgelaufenen Jahrhunderts, wie Graf Nigra die Friedenskonferenz später nannte,[4]) hatte sich der Vorhang der Geschichte gesenkt.

---

[1]) Nämlich den Tod des Thronfolgers.

[2]) I. 214 f.

[3]) I. 215.

[4]) Auf der XI. interparlamentarischen Konferenz in Wien am 7. Sept. 1903. Vgl. Alfr. H. Frieds „Friedens-Warte“ 1903 S. 122.

§ 10.
Die Ratifikation der Beschlüsse der Haager Konferenz.

I. Über das rechtliche Schicksal der Haager Abkommen und Erklärungen entschied die Ratifikation. Die Konferenzmächte, welche schliesslich die Ratifikation verweigerten, konnten und können trotz ihrer Zustimmung und Unterzeichnung rechtlich an die betreffenden Abkommen nicht gebunden sein.[1])

Verweigert wurde aber die Ratifikation einmal in dem Umfang, in welchem die Unterzeichnung abgelehnt worden war, (darüber später) ausserdem für sämtliche Beschlüsse nur von der Türkei,[2]) wobei aber zu bemerken ist, dass die Haltung der Türkei nicht auch für Bulgarien als deren Vasallenstaat wirkte.[3]) Das landkriegsrechtliche Abkommen wurde trotz der Unterzeichnung von Norwegen-Schweden nicht ratifiziert.

Über die einzelnen Ratifikationen berichtet die Bekanntmachung des Reichskanzlers vom 10. Sept. 1901.[4]) Vgl. auch Fleischmann, Völkerrechtsquellen S. 293.

Die einzelnen Ratifikationsurkunden wurden den eigenen Bestimmungen der jeweiligen Vereinbarungen gemäss im Haag hinterlegt und über jede Hinterlegung ein Protokoll aufgenommen, über deren Daten die erwähnten Bekanntmachungen des Reichskanzlers aufklären.

Die Ratifikation ist Genehmigung, welche extunc, d. h. vom Tag der Unterzeichnung wirkt.

Das ist für die vorerst nur auf 5 Jahre abgeschlossene Erklärung I. bereits von Bedeutung geworden. Auf der Versammlung des internationalen Instituts in Edinburg 1904 vertrat v. Martens mit Recht die in Frieds „Friedenswarte" zuerst ausgedrückte Ansicht, dass die auf 5 Jahre lautenden Bestimmungen der Haager Konferenz mit dem Datum der Unterzeichnung und nicht der Ratifikation abgelaufen seien.[5])

Deutschland hat alle Abkommen und Erklärungen unterzeichnet und ratifiziert und zwar den Art. 10 des Rotekreuzabkommens, wie sich zeigen wird, unter einem Vorbehalt.

Sie wurden dann auch im Reichsgesetzblatt 1901 No. 44 S. 394—481 und zwar nebeneinander französisch und deutsch verkündet. In dieser Reihenfolge soll sich denn auch meine Darstellung bewegen.

Mit der reichsgesetzlichen Verkündigung haben die völkerrechtlichen Abkommen für Deutschland allerdings noch nicht ihre volle staatsrechtliche Verbindlichkeit erhalten, sicherlich noch keine Pflichten der Untertanen geschaffen. Hierzu werden erst noch im Rahmen des Bedürfnisses Verordnungen und Instruktionen notwendig werden, die aber nach der reichs-

---

[1]) Zorn im „Tag" No. 307.

[2]) Schon in den Tagebuchblättern der Baronin v. Suttner S. 94 (3. Juni) hiess es: „Die beiden ottomannischen Würdenträger machen mir nicht den Eindruck als ob ihnen das Gelingen der hiesigen Arbeiten besonders glaubwürdig und wünschenswert erscheine."

[3]) a. M. Zorn a. a. O

[4]) RGBl. S. 482 Die Ratifikation der Vereinigten Staaten von Amerika gegenüber dem Landkriegsabkommen erfolgte erst später. Vgl. die Bekanntmachung des Reichskanzlers vom 9. Mai 1902 RGBl. 1902 S. 168. China ratifizierte das Friedensrechts- und das Rotekreuzabkommen sowie die Erklärungen am 21. Nov. 1904 (Fleischmann, S. 293.)

[5]) Vgl. Frieds „Friedenswarte" 1904 (Jahrg. VI. No. 10 S. 192.

gesetzlichen Verkündigung erwartet werden dürfen. Wohl aber hat die Reichsverwaltung schon durch die Verkündung im Reichsgesetzblatt den Unterthanen gegenüber in verbindlicher Form den Willen bekundet, ihr Verhältnis zu den Staaten nach Massgabe der im Haag vereinbarten Grundsätze einzurichten; und dafür ist die Reichsregierung heute schon politisch verantwortlich.

II. Mit den genannten Abkommen und Erklärungen sind die Arbeiten der Friedenskonferenz nicht abgeschlossen: die Schlussakte erwähnt vielmehr als Konferenzbeschlüsse noch eine Resolution und sechs Wünsche.[1]) Hier bedurfte es der ganzen Natur dieser Beschlüsse entsprechend weder einer Ratifikation noch einer landesgesetzlichen Publikation.

Die Wünsche enthalten für die Regierungen, welche denselben zugestimmt haben, noch keine Rechtsverpflichtung, sondern sind nur eine Anerkennung der Grundidee.[2])

Die Darstellung der Resolution und der Wünsche der Friedenskonferenz werde ich in die Hauptmaterie einflechten, in welche sie sich inhaltlich einfügen. Diese Resolutionen und Wünsche sind ja nur unerledigt gebliebene Aufgaben für spätere Konferenzen.

I. Die Resolution war aus der Beratung der I. Kommission über den Rüstungsstillstand in Ziff. 1 des russischen Rundschreibens hervorgegangen.

Sie war einstimmig beschlossen worden und hat folgenden Wortlaut:

„Die Konferenz ist der Ansicht, dass die Einschränkung der zur Zeit die ganze Menschheit bedrückenden Militärlasten für das Wachstum des materiellen und moralischen Wohles der Menschheit höchst wünschenswert ist.“[3])

II. Die der Schlussakte einverleibten Wünsche der Konferenz lauten:[4])

1. In Würdigung der bisherigen Schritte, welche die schweizerische Bundesregierung für die Revision der Genfer Konvention getan, spricht die Konferenz den Wunsch aus, dass in kurzer Frist der Zusammentritt einer Konferenz stattfinde, welche sich mit der Revision dieser Konvention beschäftigen soll.

Dieser Wunsch ist einstimmig beschlossen worden.[5])

Dann folgen noch fünf Wünsche (im folgendem 2—6), welche nach der Schlussakte mit einigen Stimmenenthaltungen einstimmig angenommen worden waren.[6])

---

[1]) I. 221 f. und dazu den Renaultschen Bericht I. 97.

[2]) „Approbation de l'idée qui a inspiré ce voeu“ (I. 97).

[3]) I. 221.

[4]) I. 221.

[5]) a. a. O.

[6]) I. 222 f. Die Stimmenenthaltungen Englands zu Wunsch 2, 3, 5 und 6 hatte Pauncefote bei der Beratung der Schlussakte in der Plenarsitzung noch einmal besonders festgestellt (I. 98), während hier Odier in Erinnerung brachte, dass er nicht ermächtigt worden sei, den Antrag auf Revision des Neutralitätsrechts (Wunsch 2) anzunehmen (I. 98).

2. Die Konferenz spricht den Wunsch aus, es möge die Frage der Rechte und Pflichten der Neutralen auf das Programm einer späteren Konferenz gesetzt werden.
3. Die Konferenz spricht den Wunsch aus, es mögen die Fragen der Gewehre und Marine-Kanonen, soweit sie den Gegenstand der Verhandlung dieser Konferenz gebildet haben, der Prüfung der Regierungen unterstellt werden, um zu einem Einvernehmen über den Gebrauch neuer Muster und Kaliber zu gelangen.
4. Die Konferenz spricht den Wunsch aus, dass die Regierungen in Berücksichtigung der auf dieser Konferenz gestellten Anträge, die Möglichkeit eines Einvernehmens bezüglich der Einschränkung der bewaffneten Land- und Seemacht sowie des Kriegsbudgets zum Gegenstand der Prüfung machen.
5. Die Konferenz spricht den Wunsch aus, es möge der Antrag bezüglich der Unverletzlichkeit des Privateigentums im Seekrieg der Prüfung einer späteren Konferenz unterstellt werden.
6. Die Konferenz spricht den Wunsch aus, es möge der Antrag, betreffend die Beschiessung der Häfen, Städte und Dörfer durch Kriegsschiffe der Prüfung einer späteren Konferenz unterstellt werden.

Die Resolution und Wünsche bildeten weder einen selbständigen Beratungsgegenstand noch sind sie rechtsverbindliche und vollzugsreife Beschlüsse über Fragen des Völkerrechts.

Sie kommen aber de lege ferenda in erster Linie in Betracht und sollen daher in meiner systematischen Darstellung eingehende Berücksichtigung finden.

Zweites Buch.

Das friedensrechtliche Abkommen

und

die Arbeiten der III. Kommission.

§ 11.

Die Aufgabe der III. Kommission.

Das Arbeitsgebiet der III. Kommission bildete die Ziffer 8 des russischen Rundschreibens vom 11. Januar 1899:

„Acceptation en principe de l'usage des bons offices, de la médiation et de l'arbitrage facultatif, pour des cas qui s'y prêtent, dans le but de prévenir des conflits armés entre nations; entente au sujet de leur mode d'application, et établissement d'une pratique uniforme dans leur emploi." [1])

Von den internationalen Untersuchungskommissionen ist hier noch keine Rede, wohl aber werden sie uns gleich im russischen Gesamtentwurf begegnen, der bereits in der zweiten Kommissionssitzung am 26. Mai auf dem Tisch des Hauses lag.

Nach dem Rundschreiben sollte die Konferenz

1. die guten Dienste und die Vermittelung sowie die wahlfreie Schiedssprechung als kriegvorbeugende Mittel grundsätzlich annehmen für diejenigen Fälle, die sich dazu eignen,
2. ein Abkommen anstreben über die Art der Anwendung dieser Mittel, und
3. Vorkehrungen treffen für eine gleichmässige Einführung dieser Mittel in die Praxis.

Das waren allerdings praktische, lösbare Aufgaben, keine Utopien.

Das waren keine grundstützenden Neuerungen, sondern nur eine Befestigung und Fortbildung von Rechtseinrichtungen, die in der Theorie längst bekannt waren und schon oft funktioniert hatten.

Was insbesondere die im Vordergrund stehende internationale Schiedssprechung betrifft, so berichtet B. v. Suttner im Jahre 1900,[2]) dass seit 1815 nicht weniger als 130 Fälle schiedsrichterlicher Streiterledigung bekannt geworden seien — eine englische Aufstellung hatte 112 Fälle gezählt[3]) — und kürzlich beschrieb Fried[4]) aus der Zeit von 1794—1904 gar 241 internationale Schiedssprüche.

Ja Darby erwähnt für diese Zeit in der 4. Aufl. seiner „International Arbitrations. International Tribunals" 1904, Anhang,[5]) gar 534 Fälle, in welchen das Prinzip der Schiedsgerichtskeit in irgend welcher Weise zur Anwendung kam.

---

[1]) IV. 3 ff.

[2]) Tagebuchblätter S. 195.

[3]) Vgl. Descamps, Denkschrift S. 25.

[4]) Handbuch der Friedensbewegung 1905 S 125—157. Benützt wurde dabei hauptsächlich: H. La Fontaine, Histoire sommaire et chronologique des arbitrages internationaux (1794—1900) 1902, und Darby, International Tribunals 3. Ed. 1900.

[5]) Einen Separatabdruck, der lediglich über diese 534 Fälle berichtet, liess Darby eigens erscheinen unter dem Titel: „Modern pacific Settlements involving the application of the principle of international Arbitration", 1904.

Descamps[1]) hat recht: die mathematische Genauigkeit steht hier erst in zweiter Linie; mehr in Betracht kommt dafür der Umstand, dass die anfangs sehr dünn gesäten Schiedsgerichtssprüche dem Chronisten eine immer reichlicher werdende Ernte interessanter juristischer Entscheidungen bieten.

Hier liegt also in der Tat eine ebenso bedeutsame als entwicklungsfähige Rechtsinstitution vor; und die Welt schuldet dem Kaiser von Russland Dank, dass er die Fortbildung derselben ins Auge fasste.

Vor allem handelte es sich um die endliche Annahme der längstbegehrten Schiedsprozessordnung.

Es war auch die Frage, ob man den Zugang zum Schiedsgericht nicht erleichtern und eine straffere Schiedsgerichtsverfassung schaffen solle.

Und bedurfte nicht auch der Abschluss von Schiedsabkommen, welche ja doch nun einmal die unentbehrliche juristische Unterlage der Schiedssprechung sind, einer Ermunterung?

Ich will an dem letzteren Punkt anknüpfen und zunächst zeigen, welche Vermittelungs- und Schiedsabkommen bis zur Haager Konferenz bereits abgeschlossen waren.

---

[1]) Denkschrift an die Mächte S. 25.

Erstes Hauptstück.

Übersicht über die Materialien.

Erstes Kapitel.

Die bisherigen Vermittelungs- und Schiedsgerichtsabkommen.

Erster Titel.

Die Konferenzabkommen.

§ 12.

Der Pariser Kongress von 1856 und die allgemeine Vermittelungsklausel.

Bereits am 23. Mai in der ersten Sitzung der III. Kommission,[1]) welche mit der Beratung der Ziff. 8 des russischen Rundschreibens vom 11. Januar 1899 betraut war, unmittelbar nach den einleitenden Worten des Kommissionspräsidenten Bourgeois, lenkte der luxemburgische Staatsminister Eyschen die Aufmerksamkeit der Kommission auf eine wissenschaftliche Arbeit des belgischen Bevollmächtigten Descamps. Es handelte sich hier um eine Zusammenstellung der Staatsverträge mit der Schiedsgerichts- und der Vermittelungsklausel, sowie eine Übersicht über die bisherigen Schiedsgerichtsfälle. Das Werk war indes noch nicht ganz fertig gestellt, insbesondere wollte der Verfasser den ersten Teil noch der Prüfung der interessierten Bevollmächtigten unterstellen.[2])

Die Kommission entschied, dass die Veröffentlichung dieser Arbeit unter ihrer Leitung erfolgen solle, dass sie indes eine Verantwortung nicht übernehme.[3])

In der Ausschussitzung am 29. Mai und in der Kommissionssitzung am 5. Juni[4]) lag dieses Werk vor. Es ist eine Zusammenstellung der friedensrechtlichen Abkommen, die schon in dem von Pauncefote gefeierten „Essai“[5]) zum Teil kurz erwähnt worden waren.

Das neue Werk war betitelt: „Relevé général des clauses de Médiation et d'Arbitrage concernant les Puissances répresentées à la Conférencé de la Paix.“

---

[1]) IV. 1.

[2]) IV. 1 f.

[3]) IV. 2.

[4]) IV. 97 u. 11.

[5]) IV. 217. Gemeint ist die Descamps'sche „Denkschrift an die Mächte“. Vgl. oben S. 3 und unten § 16.

Diese gründliche Quellenarbeit, für welche denn auch Bourgeois den gebührenden Dank der Kommission aussprach, dem sich die Völkerrechtswissenschaft nur anschliessen kann, ist abgedruckt IV. 225—238 und I. 179—194.

Indem ich den Inhalt dieser Übersicht verwerte, will ich die bisherigen Bemühungen auf dem Gebiet der Vermittelungs- und Schiedsabkommen zur Darstellung bringen. Die Abkommen, welche erst nach der Haager Konferenz abgeschlossen wurden, scheiden vorerst aus.

Da treten uns nun zwei gänzlich verschiedene Gruppen völkerrechtlicher Abkommen entgegen: erstens solche von allgemeinem Charakter, durch die sich eine ganze Anzahl von Mächten verpflichtelen, und zweitens besondere Abkommen, die zwischen zwei Staaten zustande kamen.

Zu der ersten Gruppe mit einem „caractère de généralité", die ich kurz allgemeine oder Konferenzabkommen nenne,[1]) weil sie von den grösseren Staaten auf einer Konferenz beraten und beschlossen wurden, gehören vor allem:

Zwei Kundgebungen des Pariser Kongresses von 1856, von welchen die eine Vertrags- und die andere Wunschcharakter hat und die beide die allgemeine Vermittelungsklausel enthalten, d. h. die Vermittelung für Streitigkeiten aller Art vorsehen.

1. Die erste Kundgebung haben wir im Art. 8 des Pariser Vertrags. Sie betrifft die Vermittelung bei Streitigkeiten der Türkei mit den anderen Signatarmächten des Pariser Vertrags und hat folgenden Wortlaut:

„S'il survenait entre la Sublime Porte et l'une ou plusieurs des autres Puissances signataires un dissentiment qui menacât le maintien de leurs relations, la Sublime Porte ou chacune des Paissances, avant de recourir à l'emploi de la force, mettront les autres Parties contractantes en mesure de prévenir cette extrêmité par leur action médiatrice."

Hiernach sollen bei einem den Frieden gefährdenden Streit zwischen der Türkei und einer Signatarmacht die anderen Vertragsmächte (durch entsprechende Mitteilungen) in den Stand gesetzt werden, den Krieg durch ihre Vermittelung zu hindern.

2. Die zweite Kundgebung des Pariser Kongresses ist ein lediglich zu Protokoll gegebener Wunsch der Signatarmächte.

Das Protokoll No. 23 des Pariser Kongresses enthält nämlich den allgemeinen Wunsch („voeu"), es möchten die Signatarmächte überhaupt, also nicht bloss bei Streitigkeiten zwischen ihnen und der Pforte, soweit es die Umstände gestatten, immer bevor sie zum Kriege schreiten, die guten Dienste einer befreundeten Macht in Anspruch nehmen.

Dieser Beschluss gab also wie auch eine russische Note auf der Haager Friedenskonferenz betonte,[2]) dem Art. 8 nur eine allgemeine Anwendung.

Er geht darauf: „que les Etats entre lesquels s'élèverait un dissentiment sérieux, avant d'en appeler aux armes, eussent recours, en tant que les circonstances l'admettraient, aux bons offices d'une puissance amie."

---

[1]) Descamps, Denkschrift an die Mächte S. 44 (französischer Urtext p. 29) sagt, dass die Deutschen solche Abkommen „Weltverträge" nennen.

[2]) IV. 209

Dieser „Wunsch“ des Pariser Kongresses ging auf eine Anregung des englischen Plénipotentiaire, Grafen von Clarendon, zurück, welcher ausführte, man müsse angesichts der durch den Krimkrieg geschlagenen Wunden alle Mittel aufbieten, um neue Kriege zu verhindern. Deshalb habe man den Art. 8 vereinbart.

Aber diese Neuerung könne eine allgemeine Anwendung finden und ein Schutzwall gegen Krieg werden, der oft nur deshalb ausbreche, weil es nicht immer möglich sei, sich zu erklären und zu verständigen.

Es lohnt sich, auf die weiteren Einzelheiten des angeführten Protokolls näher einzugehen, weil sie dem „Wunsch“ erst seine rechtliche Bestimmtheit geben.

Nach dem Protokoll erklärte sich Graf Walewski im Namen der französischen Delegation für den englischen Antrag. Die protokollarische Festlegung des erwähnten Wunsches entspreche vollständig der Richtung unserer Zeit und behindere in keiner Weise die Handlungsfreiheit der Regierungen.

Auch der österreichische Bevollmächtigte Graf v. Buol sprach sich für diese Anregung aus; doch könne er für Österreich keine förmliche Verpflichtung übernehmen, da diese die Unabhängigkeit des Kabinetts beschränken müsste.

Graf Clarendon antwortete: Jeder Staat sei der alleinige Richter über die Erfordernisse seiner Ehre und seiner Interessen. Er beabsichtige in keiner Weise die gebietende Stellung der Regierungen einzuengen, sondern diesen nur die Gelegenheit zu verschaffen, nicht alle Mal die Waffen anrufen zu müssen, wo die Misshelligkeiten auf anderen Wegen beseitigt werden könnten.

Der preussische Bevollmächtigte Baron v. Manteuffel trat dem Antrag Clarendon in aller Form bei, indem er erklärte, dass sein König die englischen Anschauungen vollständig teile, während der russische Bevollmächtigte Graf Orloff darüber erst noch an seine Regierung berichten wollte.

Graf Walewski ergriff darauf noch einmal das Wort, um über die Tragweite des „Wunsches“ folgendes auszuführen: Es handle sich nicht darum, ein Recht vertragsmässig festzulegen, oder eine Rechtsverpflichtung zu übernehmen. Keinesfalls wolle die Freiheit der Würdigung vernichtet werden, welche sich jede unabhängige Macht vorbehalten müsse. Es sei somit nicht unangebracht, die von Clarendon ausgesprochene Idee zu verallgemeinern und ihr eine möglichst weite Tragweite zu geben.

Graf v. Buol war zwar für den englischen Antrag vollständig zu haben, aber er machte seinen Beitritt davon abhängig, dass man ihm nicht eine zu grosse Bedeutung beilege oder Folgerungen daraus herleite, die er nicht billigen könne. Er wünsche übrigens, dass der Kongress im Augenblick, wo er dem Ende seiner Arbeit entgegengehe, sich nicht noch mit Fragen zu beschäftigen brauche, die erbittern und die bisherige Harmonie stören müssten.

Darauf wurde der angeführte Wunsch von den Plénipotentiaires zum Beschluss des Kongresses erhoben, wobei dieselben der Hoffnung Ausdruck verliehen, dass die nicht vertretenen Mächte sich den Grundgedanken des „Wunsches“ zu eigen machen möchten.

Ich bemerke übrigens noch einmal besonders, dass die beiden Kundgebungen des Pariser Kongresses nur von guten Diensten resp. der Vermittelung handeln.

§ 13.

Die allgemeinen Abkommen mit besonderer Friedensklausel.

In einigen Konferenzabkommen finden sich auch besondere oder auf das Gebiet der betreffenden Verträge beschränkte Friedens- d. h. Vermittelungs- und Schiedsgerichtsklauseln.

I. Ein Konferenzabkommen mit pflichtmässiger Vermittelungs- und wahlfreier Schiedsgerichtsklausel ist das internationale Kongoabkommen von 1885.

Die Generalakte der Berliner Konferenz vom 26. Februar 1885 [1]) unterscheidet das konventionelle Kongobecken in solche Gebiete, wo Souveränitäts- oder Protektoratsrechte bestehen und solche, wo diese fehlen, und demgemäss die mit der Überwachung der Kongo-Schiffahrtsakte betraute internationale Schiffahrtskommission des Kongo die Handels- und religiöse Freiheit im Kongobecken wahrt, deren gute Dienste auch von den interessierten Regierungen in Anspruch genommen werden können, wenn diese selbst auf dem erwähnten Gebiet Schwierigkeiten finden. (Art. 8.)

Die Art. 10 - 12 enthalten sodann die Erklärung betr. die Neutralität der in dem konventionellen Kongobecken einbegriffenen Gebiete.

Art. 11 bestimmt:

> Falls eine Macht, welche Souveränitäts- oder Protektoratsrechte in den im Art. I erwähnten und dem Freihandelssystem unterstellten Ländern ausübt, in einen Krieg verwickelt werden sollte, verpflichten sich die hohen Teile, welche die gegenwärtige Akte unterzeichnen, sowie diejenigen, welche ihr in der Folge beitreten, ihre guten Dienste zu leihen, damit die dieser Macht gehörigen und in der konventionellen Freihandelszone inbegriffenen Gebiete, im gemeinsamen Einverständnis dieser Macht und des anderen der kriegführenden Teile, für die Dauer des Krieges den Gesetzen der Neutralität unterstellt und so betrachtet werden, als ob sie einem nicht kriegführenden Staate angehörten. Die kriegführenden Teile würden von dem Zeitpunkte an darauf Verzicht zu leisten haben, ihre Feindseligkeiten auf die also neutralisierten Gebiete zu erstrecken oder dieselben als Basis für kriegerische Operationen zu benutzen.

Hiernach verpflichteten sich also die Signatarmächte ihre guten Dienste zur wirklichen Neutralisierung des konventionellen Kongobeckens zu leisten, wenn ein Staat, der dort Hoheitsrechte hat, in Krieg gerät (pflichtmässiges Anerbieten der guten Dienste).

Art. 12 lautet:

> Falls sich zwischen den Mächten, welche die gegenwärtige Akte unterzeichnen, oder denjenigen, welche etwa in der Folge derselben beitreten, ernste Meinungsverschiedenheiten mit Bezug auf die Grenzen oder innerhalb der Grenzen der im Art. 1 erwähnten und dem Freihandelssystem unterstellten Gebiete ergeben, so verpflichten sich jene Mächte, bevor sie zur Waffengewalt schreiten, die Vermittelung einer oder mehrerer der befreundeten Mächte in Anspruch zu nehmen.
>
> Für den gleichen Fall behalten sich die gleichen Mächte vor, nach ihrem Ermessen auf ein schiedsrichterliches Verfahren zurückzugreifen.

---

[1]) RGBl. S. 215. Weber, Bayer. G.- u. VO.-Sammlung XVII. 63 ff.

Hier verpflichteten sich also die Signatarmächte, wenn sie bezüglich oder innerhalb des Kongogebiets unlösbare Differenzen haben, die guten Dienste einer befreundeten Macht in Anspruch zu nehmen (pflichtmässiges Anrufen der guten Dienste).

Durch die Erwähnung der wahlfreien Schiedssprechung soll nur nachdrücklich darauf hingewiesen werden, dass die Pflicht, gute Dienste anzurufen, natürlich noch besser erfüllt wird durch die allerdings völlig freistehende Bestellung eines Schiedsgerichts.

II. Ein allgemeines Abkommen mit der Schiedsklausel und zwar

1. mit der pflichtmässigen Schiedsklausel ist der in Jahre 1878 abgeschlossene Weltpostvertrag, der jetzt in der Fassung vom 4. Juli 1891 [1]) gilt.

a) Hier bestimmt der Art. 23:

> I. Meinungsverschiedenheiten zwischen zwei oder mehreren Mitgliedern des Vereins über die Auslegung des gegenwärtigen Vertrages oder hinsichtlich der Verantwortlichkeit einer Verwaltung im Falle des Verlustes einer Einschreibsendung sollen durch ein Schiedsgericht ausgetragen werden, zu welchem jede der beteiligten Verwaltungen ein anderes, bei der Angelegenheit nicht unmittelbar beteiligtes Vereinsmitglied wählt.
>
> II. Das Schiedsgericht entscheidet nach einfacher Stimmenmehrheit.
>
> III. Bei Stimmengleichheit wählen die Teilnehmer des Schiedsgerichts zur Entscheidung der streitigen Frage eine andere, bei der Angelegenheit gleichfalls unbeteiligte Verwaltung.
>
> IV. Die Bestimmungen dieses Artikels finden auch Anwendung auf alle Übereinkommen, welche in Gemässheit des Art. 19 abgeschlossen sind.[2])

b) Weiterhin schuf der Art. 22 Ziff. 1 unter dem Namen Internationales Bureau des Weltpostvereins eine Zentralstelle, welche unter der obersten Leitung der schweizerischen Postverwaltung wirkt und deren Kosten von sämtlichen Postverwaltungen des Vereins bestritten werden.

Dieser Zentralstelle wurde in Ziff. 2 unter anderem auch die Aufgabe zugewiesen, „in streitigen Fragen auf Verlangen der Beteiligten sich gutachtlich zu äussern“.

Descamps nannte diese juristischen Gutachten eine Art von Vor-Schiedssprechung („une sorte de préarbitrage“).[3])

2. Allgemeine Schiedsabkommen mit wahlfreier Schiedsklausel sind:

a) Die Generalakte der Brüsseler Antisklaverei-Konferenz vom 2. Juli 1890.[4])

Diese Generalakte hat zur Prüfung der Höhe eines Entschädigungsanspruchs bei rechtswidriger Anhaltung eines Schiffes, gegen welches der Beweis missbräuchlicher Flaggenführung, des Unterschleifs oder der Teilnahme am Sklavenhandel nicht erbracht werden konnte, unter Umständen eine Schiedsgerichtsbarkeit (juridiction arbitrale) organisiert.

---

[1]) RGBl. S. 503. Weber XX. 684.

[2]) Es sind dies die fünf Abkommen, welche im RGBl. 1892 S. 535 ff., 549 ff., 560 ff., 579 ff., und 588 ff. abgedruckt sind.

[3]) I. 228.

[4]) RGBl. 605 ff. Weber XX. 243.

Der Befehlshaber des anhaltenden Kreuzers führt nämlich, nachdem er in einer der genannten drei Richtungen ein positives Schuldergebnis erzielt zu haben glaubt, das angehaltene Schiff in den nächsten Hafen der Zone, in welchem sich eine zuständige Behörde[1]) derjenigen Macht befindet, deren Flagge geführt worden ist (Art. 49). Diese Behörde nimmt sodann in Gegenwart eines Offiziers des Kreuzerschiffes noch einmal eine ausführliche Untersuchung vor (Art. 50). Ergibt dieselbe, dass ein Fall von Sklavenhandel vorliegt, so bleibt Schiff und Ladung sequestriert, und der Kapitän wie die Schiffsmannschaft wird vor den Staatsgerichtshof derjenigen Nation gestellt, deren Flagge das aufgebrachte Schiff geführt hat (Art. 52). Das hat auch zu geschehen, wenn sich der Offizier des aufbringenden Schiffes bei einer freisprechenden Entscheidung der Untersuchungsbehörde nicht beruhigt (Art. 54 Abs. 11). Ergibt sich aber und bleibt es unwidersprochen, dass das Schiff zu Unrecht angehalten worden ist, so hat dasselbe einen Entschädigungsanspruch, welcher von der Untersuchungsbehörde festgesetzt wird (Art. 53). Stellen sich hier nun Meinungsverschiedenheiten über die Höhe der Entschädigung heraus, so soll der Betrag durch Schiedsspruch festgesetzt werden (Art. 54 Abs. 2).

In dieser Richtung sagt der Art. 55:

„Der Offizier des aufbringenden Schiffes und die Behörde, welche die Untersuchung geleitet hat, sollen beiderseits binnen 48 Stunden je einen Schiedsrichter vorschlagen und diese beiden Schiedsrichter sollen ihrerseits binnen 24 Stunden einen Obmann wählen. Die Schiedsrichter müssen, soweit es möglich, aus den diplomatischen, konsularischen oder richterlichen Beamten der Signatarmächte gewählt werden. Die bei den vertragschliessenden Regierungen in Sold stehenden Eingeborenen sind ausdrücklich ausgeschlossen. Die Entscheidung erfolgt nach Stimmenmehrheit. Sie soll eine endgültige sein."

Wenn das Schiedsgericht nicht in den gegegenen Fristen gebildet ist, soll sich das Verfahren wegen der Entschädigung und der Schadensersatzfestsetzung nach den Bestimmungen des Art. 58 Abs. 2 richten.[2])

Hier ist also die Schiedssprechung fakultativ und bezweckt nur eine internationale Vereinbarung, die sonst notwendig wäre, überflüssig zu machen.

b) Schliesslich hat auch das internationale (Berner) Übereinkommen für den Eisenbahnfrachtverkehr vom 14. Okt. 1890[3]) für die Schiedssprechung Raum gelassen.

Der Art. 57 sieht ein Zentralamt für den internationalen Transport vor, dem unter anderem auch die Aufgabe gestellt ist, auf Begehren der Parteien Entscheidungen über Streitigkeiten der Eisenbahnen untereinander abzugeben (Abs. 1 Ziff. 3).

---

[1]) Diese Konsulatsbehörde und anderen Bevollmächtigten werden dem Internationalen Auskunftsverein bekanntgegeben (Art. 49 Abs. 2).

[2]) d. h. der Betrag wird durch Vereinbarung der unmittelbar interessierten Regierungen festgesetzt.

[3]) Abgedruckt im RGBl. 1892 S. 793 ff. Weber XX. 378.

In Gemässheit des Abs. 2 erging gleichzeitig ein vereinbartes Reglement, in dessen Art. 1 der Bundesrat der Schweizerischen Eidgenossenschaft beauftragt wurde, das Zentralamt zu organisieren und seine Geschäftsführung zu überwachen.

Der eidgenössische Bundesrat erliess darauf unter dem 29. Nov. 1892 ein Reglement, welches das Schiedsverfahren vor dem genannten Zentralamt regelte.

An allen diesen vier allgemeinen Abkommen (Kongo-, Weltpost-, Antisklaverei- und Frachtverkehrsabkommen) ist auch Deutschland beteiligt. In einem Fall hat Deutschland also dem Prinzip der obligatorischen Schiedssprechung zugestimmt, in den drei anderen Fällen wenigstens die fakultative Schiedssprechung gebilligt resp. in dem ersten derselben (Kongo) auch die obligatorische Vermittelung angenommen.

Zweiter Titel.

Die besonderen Abkommen.

§ 14.

Die besonderen Abkommen mit unbeschränkter Schiedsgerichts- und Vermittelungsklausel.

Auch in Spezialabkommen einzelner Staaten, insbesondere in Handels-, Schiffahrts-, Konsular-, Schutz-, Freundschafts- und Niederlassungsverträgen findet sich oft die Schiedsgerichts- und Vermittelungsklausel. Dieselbe ist dabei meistens auf jenen Vertrag beschränkt. Es wird also für den Fall, dass über die Auslegung und Anwendung des betreffenden Vertrages, mitunter auch anderer Verträge, Streit entsteht, schiedsgerichtliche Entscheidung vereinbart. Seltener aber ist die Friedensklausel unbeschränkt, dehnt also die schiedsrichterliche und Vermitteler-Tätigkeit auf Streitigkeiten aller Art aus.

Diese letzteren sollen zunächst besprochen werden.

A. Besondere Abkommen mit allgemeiner Vermittelungsklausel hat nur Korea mit Italien und Frankreich abgeschlossen:

1. Der Freundschafts-, Handels- und Schiffahrtsvertrag zwischen Italien und Korea vom 26. Juni 1884 bestimmt im Art. 1:

   Wenn zwischen einer der hohen vertragschliessenden Parteien und einer dritten Macht ein Streit entsteht, so leistet die andere Vertragsmacht, wenn um ihre Intervention gebeten wird, ihre guten Dienste, um eine freundschaftliche Lösung des Streits herbeizuführen.

2. Der Freundschafts-, Handels- und Schiffahrtsvertrag zwischen Frankreich und Korea vom 4. Juni 1886 bestimmt im Art. 1 § 2:

   Falls sich Streitigkeiten zwischen einer der hohen vertragschliessenden Parteien und einer dritten Macht ergeben, kann die andere hohe Partei von der ersteren angerufen werden, ihre guten Dienste zu leisten, um eine freundschaftliche Beilegung zu erzielen.

B. Auch bei den besonderen Abkommen mit allgemeiner Schiedsgerichtsklausel handelt es sich mit einer einzigen Ausnahme um Verträge europäischer mit nichteuropäischen Staaten. Auf der einen Seite stehen Belgien, die Schweiz, Spanien und Italien, auf der anderen Seite als einzige Haager Konferenzmacht nur noch Siam, dann kommen die Hawaischen Inseln, die Südafrikanische Republik, der Oranje-Freistaat, Venezuela, Equador, Argentinien und der Kongostaat.

I. Dass beide Vertragschliessende europäische Mächte sind, begegnet uns nur in einem Vertrag, der holländisch-portugiesischen Erklärung vom 5. Juli 1894.

Vorausgegangen war hier ein Vertrag vom 11. Juni 1893 mit beschränkter Schiedsgerichtsklausel.[1])

Diesen Vertrag überholte dann die angeführte Erklärung von 1894 durch folgende Bestimmung:

Streitfragen oder Meinungsverschiedenheiten jeder Art, soweit sie sich bei der Auslegung oder dem Vollzug der gegenwärtigen Erklärung ergeben und ebenso alle anderen Streitfragen, die zwischen den beiden Ländern auftauchen können, nur vorausgesetzt, dass sie weder ihre Unabhängigkeit noch ihre Selbständigkeit berühren, sollen, falls sie nicht freundschaftlich erledigt werden können, dem Urteil von zwei Schiedsrichtern unterbreitet werden, von welchen jede der beiden Regierungen einen ernennt.

Im Falle der Meinungsverschiedenheit der beiden Schiedsrichter bestimmen diese im gegenseitigen Einvernehmen einen Dritten, der dann die Entscheidung fällt.

II. Unter den übrigen Abkommen mit allgemeiner Schiedsgerichtsklausel nenne ich um deswillen zuerst den Italienisch-Argentinischen allgemeinen Schiedsgerichtsvertrag vom 23. Juli 1898, weil dieser am ausführlichsten ist und bei den Haager Verhandlungen bis zu gewissem Grad vorbildlich war, wie er denn auch in der Literatur der Friedensfreunde, die auf seinen Abschluss eingewirkt hatten, die massgebende Rolle spielt.

Dieser Vertrag hat folgenden Inhalt:

Art. 1. Die hohen Signatarmächte verpflichten sich, alle Streitigkeiten, welche während der Geltung dieses Vertrags zwischen ihnen entstehen und eine freundschaftliche Erledigung durch unmittelbare Verhandlungen nicht finden können, ohne Rücksicht auf ihre Natur und ihren Grund der Schiedsprechung zu unterwerfen.

Es verschlägt nichts, wenn die Streitigkeiten ihren Ursprung in Tatsachen haben, welche vor dem Abschluss des gegenwärtigen Vertrags liegen.

Art. 2. Die hohen vertragschliessenden Mächte werden für jeden Fall ein besonderes Abkommen treffen, um den genauen Gegenstand des Streites zu ermitteln, die Ausdehnung der schiedsrichterlichen Vollmacht und jede wünschenswerte Modalität hinsichtlich des Verfahrens zu bestimmen. Mangels eines solchen Abkommens hat das Schiedsgericht den gegenseitigen Wünschen der Parteien entsprechend, die rechtlichen und tatsächlichen Punkte hervorzuheben, welche eine Lösung finden müssen, wenn der Streit beseitigt werden soll.

---

[1]) Dieser Vertrag regelte die Beziehungen der beiden Staaten im Archipel von Timor und Solor und bestimmte im Art. 7:

Falls irgend eine Schwierigkeit bezüglich ihrer internationalen Beziehungen im Archipel von Timor und Solor, oder auch in der Auslegung des gegenwärtigen Vertrags entsteht, verpflichten sich die hohen vertragschliessenden Parteien, sich der Entscheidung einer schiedsrichterlichen Kommission zu unterwerfen.

Diese Kommission setzt sich zusammen aus Schiedsrichtern, die in gleicher Anzahl von den hohen vertragschliessenden Parteien gewählt werden und einem Schiedsrichter, der von den Schiedsrichtern bestimmt wird.

Übrigens gelten mangels eines besonderen Abkommens folgende Regeln:

Art. 3. Das Schiedsgericht setzt sich aus drei Richtern zusammen, indem jede der Signatarmächte einen Schiedsrichter ernennt und diese beiden den dritten Schiedsrichter wählen

Können sie sich nicht über die Wahl verständigen, so wird der dritte Schiedsrichter vom Oberhaupt eines dritten Staates ernannt, der um diese Ernennung anzugehen ist. Dieser Staat wird durch die bereits ernannten Schiedsrichter bezeichnet. Kommt es bei der Ernennung des dritten Schiedsrichters nicht zum Einvernehmen, so ist der Bundespräsident der Schweiz und der König von Schweden und Norwegen abwechselnd darum zu ersuchen. Der so gewählte dritte Schiedsrichter ist von Rechts wegen Vorsitzender des Schiedsgerichts.

Dieselbe Person kann niemals hintereinander als dritter Schiedsrichter bestellt werden.

Keiner der Schiedsrichter kann Staatsbürger einer der Signatarmächte sein, noch in deren Gebiet seinen Wohnsitz oder Aufenthalt haben. Sie dürfen kein Interesse an den zur Entscheidung stehenden Streitfragen haben.

Art. 4. Falls ein Schiedsrichter aus irgend einem Grund das Amt, zu welchem er berufen wurde, nicht annehmen oder es nicht fortführen will, so wird er nach demselben Verfahren ersetzt, wie er ernannt worden ist.

Art. 5. Mangels besonderer Parteiabkommen steht es dem Schiedsgericht zu, Zeit und Ort seiner Sitzungen ausserhalb des Gebiets der streitenden Mächte zu bestimmen, die Sprache zu wählen, deren man sich bedienen muss, die Modalitäten der Untersuchung, die Formen und Fristen, welche für die Parteien gesetzt sein müssen, und das zu beobachtende Verfahren zu regeln, überhaupt alle Anordnungen zu treffen, welche für ihre amtliche Tätigkeit notwendig werden, wie auch alle Schwierigkeiten des Verfahrens zu entscheiden, welche im Verlauf der Verhandlung auftreten können.

Die Parteien verpflichten sich ihrerseits, alle Mittel der Aufklärung, über welche sie verfügen, ihrerseits den Schiedsrichtern zur Verfügung zu stellen.

Art. 6. Ein Beauftragter jeder Partei wohnt den Sitzungen bei und vertritt seine Regierung in allen Angelegenheiten, die mit der Schiedssache zusammenhängen.

Art. 7. Das Schiedsgericht ist zuständig zur Entscheidung über die Rechtmässigkeit seiner Besetzung, sowie die Gültigkeit und Auslegung des Schiedsvertrags.

Art. 8. Das Schiedsgericht muss entscheiden nach den Grundsätzen des Völkerrechts, vorausgesetzt, dass der Schiedsvertrag nicht die Anwendung besonderer Bestimmungen vorschreibt oder die Schiedsrichter ermächtigt, als Vermitteler zu entscheiden.

Art. 9. Vorbehaltlich entgegenstehender Anordnung sind alle Beschlüsse des Schiedsgerichts gültig, wenn sie mit Stimmenmehrheit aller Schiedsrichter gefasst sind.

Art. 10. Das Urteil muss endgültig jeden Streitpunkt entscheiden. Es muss in zwei Exemplaren abgefasst und von allen Schiedsrichtern unterzeichnet werden. Falls einer von ihnen die Unterschrift verweigert, müssen das die anderen feststellen, und das Urteil hat Rechtskraft, wenn es von der absoluten Mehrheit der Schiedsrichter unterzeichnet ist. Im Urteil dürfen Gegengründe nicht aufgenommen werden.

Das Urteil muss jeder Partei durch Vermittelung ihres Vertreters beim Schiedsgericht eröffnet werden.

Art. 11. Jede Partei trägt ihre eigenen Kosten und die Hälfte der allgemeinen Kosten des Schiedsgerichts.

Art 12. Das gehörig verkündete Urteil entscheidet den Streit der Parteien im ganzen Umfang.

Es muss die Frist bestimmen, in welcher es zu vollziehen ist. Die Fragen, welche rücksichtlich des Vollzuges entstehen können, müssen durch das Schiedsgericht entschieden werden, welches das Urteil erlassen hat.

Art. 13. Gegen das Urteil gibt es keine Berufung, und der Vollzug ist der Ehre der Signatarmächte anvertraut

Immerhin wird der Antrag auf Revision von dem Schiedsgericht, welches das Urteil erlassen hat, falls das letztere noch nicht vollzogen ist, angenommen:

a) wenn auf Grund einer gefälschten oder irrigen Urkunde entschieden worden ist;

b) wenn das Urteil ganz oder teilweise das Ergebnis eines positiven oder negativen tatsächlichen Irrtums gewesen ist, der sich aus den Akten oder Urkunden der Streitsache ergibt.

Art. 14. Der gegenwärtige Vertrag gilt zehn Jahre, gerechnet vom Austausch der Ratifikationsurkunden. Wenn nicht sechs Monate vor dem Verfall gekündigt wird, gilt er für eine neue Periode von zehn Jahren und so fort als erneuert.

Art. 15. Der gegenwärtige Vertrag soll ratifiziert und die Ratifikationsurkunden ausgetauscht werden in Buenos-Ayres in sechs Monaten von heute.

III. Belgien hat 10 Verträge mit der Schiedsgerichtsklausel. Sechs dieser Klauseln lauten allgemein und gehen auf alle Streitigkeiten, während die übrigen vier einen beschränkten Inhalt haben.

Eine allgemeine Schiedsgerichtsklausel enthält

1. der Freundschafts-, Handels- und Schiffahrtsvertrag mit den Hawaischen Inseln vom 4. Oktober 1862.

Der Art. 26 trifft folgende Bestimmung:

Wenn durch ein unglückliches Zusammentreffen von Umständen Streitigkeiten zwischen den Vertragsmächten den Anlass zum Abbruch der Freundschaftsbeziehungen derselben geben, und wenn, trotzdem die Mittel einer freundschaftlichen und versöhnlichen Aussprache erschöpft sind, das Ziel ihrer gegenseitigen Wünsche nicht vollständig erreicht ist, so soll der Schiedsspruch einer beiden Parteien freundlich gesinnten dritten Macht im gemeinschaftlichen Einvernehmen angerufen werden, um auf diese Weise einen endgültigen Abbruch der Beziehungen zu verhindern.

Dieselbe Klausel enthalten folgende 2 Verträge:

2. Der Freundschafts-, Niederlassungs- und Handelsvertrag mit der Südafrikanischen Republik vom 3. Februar 1876 Art. 14.
3. Der Freundschafts-, Niederlassungs- und Handelsvertrag mit dem Oranje-Freistaat vom 27. Dezember 1894 Art. 14.
4. Der Freundschafts- und Handelsvertrag mit Siam vom 29. Aug. 1868.

Der Art. 24 lautet:

Sollte zwischen den beiden Vertragsmächten ein Streit entstehen, der durch diplomatische Korrespondenz nicht freundschaftlich geschlichtet werden kann, so werden dieselben im gemeinschaftlichen Einvernehmen eine dritte befreundete neutrale Macht zum Schiedsrichter bestellen, und das Ergebnis dieses Schiedsspruchs wird von beiden Parteien angenommen werden.

5. Der Freundschafts-, Handels- und Schiffahrtsvertrag mit Venezuela vom 1. März 1884.

Der Art. 2 lautet:

Für den Fall, dass zwischen Belgien und Venezuela irgend ein Streit entsteht, der nicht freundschaftlich beigelegt werden kann, so kommen die beiden hohen Vertragschliessenden überein, die Entscheidung des Streites dem Schiedsspruch einer befreundeten Macht zu unterwerfen, die im gemeinschaftlichen Einvernehmen vorgeschlagen und angenommen wird.

Denselben Wortlaut hat:

6. Der Freundschafts-, Handels- und Schiffahrtsvertrag mit Equador vom 5. März 1887.

IV. Die Schweiz hat 5 Verträge mit allgemeinen Schiedsgerichtsklauseln abgeschlossen.

1. Der Freundschafts-, Niederlassungs- und Handelsvertrag mit den Hawaischen Inseln vom 20. Juli 1864 hat im Art. 12 einen ähnlichen Text wie der Vertrag Belgiens mit den Hawaischen Inseln. Vgl. oben Ziff. III. 1.

2. Der Freundschafts-, Niederlassungs- und Handelsvertrag mit Salvador vom 30. Oktober 1883.

Der Art. 13 lautet:

Für den Fall, dass zwischen den beiden vertragschliessenden Staaten ein Streit entsteht und dieser nicht durch diplomatischen Austausch der beiden Regierungen freundschaftlich beigelegt werden kann, verpflichten sich dieselben, jenen Streit dem Urteil eines Schiedsgerichts zu unterwerfen, dessen Entscheidung von beiden beachtet und getreu vollzogen werden soll.

Das Schiedsgericht setzt sich aus drei Mitgliedern zusammen. Jeder der beiden Staaten ernennt ein Mitglied, das weder bei demselben seine Staatszugehörigkeit noch seinen Wohnsitz hat. Diese beiden Schiedsrichter bestellen den dritten. Können sie sich nicht über die Wahl vereinigen, so wird der dritte Schiedsrichter von einer Regierung ernannt, welche von den beiden Schiedsrichtern bezeichnet wird, oder es entscheidet, falls sie sich auch darüber nicht einigen können, das Los.

3. Der Freundschafts-, Niederlassungs- und Handelsvertrag mit der Südafrikanischen Republik vom 6. November 1885.

Der Art. 11 stimmt mit Nr. 2 überein.

4. Der Freundschafts-, Niederlassungs- und Handelsvertrag mit Equador vom 22. Juni 1888.

Der Art. 4 stimmt mit Nr. 2 überein.

5. Der Freundschafts-, Niederlassungs- und Handelsvertrag mit dem Kongo-Staat vom 16. November 1889.

Der Art. 13 stimmt mit Nr. 2 überein.

V. Spanien hat 4 Verträge mit allgemeiner Schiedsgerichtsklausel geschlossen:

1. Der Handels- und Schiffahrtsvertrag mit Venezuela vom 20. Mai 1882.

Der Art. 14 bestimmt:

Falls wider alles Erwarten zwischen Spanien und Venezuela irgend eine Meinungsverschiedenheit entsteht, die nicht durch die üblichen und gewöhnlichen Mittel in Freundschaft beigelegt werden kann, so verpflichten sich die beiden hohen vertragschliessenden Parteien, die Entscheidung des Streites dem Schiedsspruch einer den beiden Parteien befreundeten dritten Macht zu unterwerfen, die im gemeinschaftlichen Einvernehmen vorgeschlagen und angenommen wird.

2. Der Nachtragsvertrag zum Friedens- und Freundschaftsvertrag mit Equador vom 23. Mai 1888.

Der Art. 5 lautet:

Alle Streitigkeiten und Meinungsverschiedenheiten zwischen Spanien und Equador über die Auslegung bestehender Verträge oder über irgend einen noch nicht vorgesehenen Punkt, sollen, falls sie nicht freundschaftlich beglichen werden können, dem Schiedsspruch einer befreundeten Macht unterbreitet werden, die im gemeinsamen Einvernehmen vorgeschlagen und angenommen wird.

Denselben Wortlaut hat:

3. Der Friedens- und Freundschaftsvertrag mit Honduras vom 19. November 1894 Art. 2.

4. Der Nachtragsvertrag zum Friedens- und Freundschaftsvertrag mit Columbia vom 28. April 1894.

Der Art. 1 lautet:

Alle Streitigkeiten und Meinungsverschiedenheiten, welche zwischen Spanien und Columbia bei der Auslegung der Verträge entstehen, die bereits in Geltung sind oder dieselbe noch erhalten werden, sollen durch die höchstinstanzliche Entscheidung eines Schiedsrichters erledigt werden, der gemeinsam vorgeschlagen und angenommen wird. Die Streitigkeiten, welche entstehen in Punkten, die in den genannten Verträgen nicht vorgesehen sind, sollen gleichfalls der Schiedssprechung unterliegen; falls aber über die Annahme dieser Massregel kein Einvernehmen erzielt wird, weil es sich um Angelegenheiten handelt, welche die staatliche Unabhängigkeit berühren oder in anderer Art ihrer ganzen Natur nach sich nicht zur Schiedssprechung eignen, dann sind die beiden Regierungen auf alle Fälle verpflichtet, die Vermittelung oder die guten Dienste einer befreundeten Regierung für die freundschaftliche Lösung einer jeden Meinungsverschiedenheit anzunehmen. Wenn ein Streit zwischen Spanien und Columbia dem schiedsrichterlichen Urteil unterbreitet werden soll, werden die hohen vertragschliessenden Parteien im gegenseitigen Einvernehmen das Verfahren, die Fristen und die Förmlichkeiten ordnen, welche Richter und Parteien im ganzen Verlauf des Schiedsprozesses zu beobachten haben.

VI. Dänemark hat 1 Vertrag mit allgemeiner Schiedsgerichtsklausel, nämlich:

Den Handels- und Schiffahrtsvertrag mit Venezuela vom 19. Dezember 1869.

Der Art. 26 lautet:

Falls durch ein unglückliches Zusammentreffen von Umständen Meinungsverschiedenheiten zwischen den hohen vertragschliessenden Parteien eine Unterbrechung ihrer Freundschaftsbeziehungen herbeigeführt haben und wenn nach Erschöpfung einer freundschaftlichen und versöhnlichen Aussprache das Ziel ihrer Bemühungen nicht vollständig erreicht worden ist, so soll der Schiedsspruch einer befreundeten und neutralen dritten Macht im gemeinsamen Einvernehmen angerufen werden, bevor man die Entscheidung der unheilvollen Waffen anrufen kann.

Eine Ausnahme bildet der Fall, wo die Partei, welche sich für verletzt hält, es nicht durchsetzen kann, dass die andere Partei innerhalb 3 Monaten, gerechnet vom Tag der diesbezüglichen Aufforderung, zur Wahl des Schiedsgerichts bereit ist oder mangels eines solchen Einvernehmens das Los entscheiden lässt.

§ 15.

Die besonderen Abkommen mit beschränkter Schiedsgerichtsklausel.

In einer noch grösseren Anzahl von besonderen Abkommen findet sich eine auf diese Verträge beschränkte Schiedsgerichtsklausel.

Die folgende Zusammenstellung beschränkt sich auf die Abkommen der Haager Konferenzmächte. Da aber klar werden soll, ob und in welcher Anzahl dieselben solche Verträge abgeschlossen haben, müssen die Verträge, da wo zwei Konferenzmächte beteiligt sind, bei beiden gezählt werden.

Den Rekord hat hier Italien geschlagen mit 17 Verträgen.[1])

Dann kommen: Schweden und Norwegen mit 6, Belgien,[2]) England und Siam[3]) mit je 4, die Schweiz,[4]) Griechenland und Holland[5]) mit je 3,

---

[1]) Italien hat auch noch 1 Vertrag mit allgemeiner Schiedsgerichtsklausel abgeschlossen. Vgl. oben S. 66.

[2]) Belgien hat auch 6 Verträge mit allgemeiner Schiedsgerichtsklausel abgeschlossen. Vgl. oben S. 68.

[3]) Siam hat mit Belgien auch 1 Vertrag mit allgemeiner Schiedsgerichtsklausel abgeschlossen. Vgl. oben S. 68.

[4]) Die Schweiz hat auch 5 Verträge mit allgemeiner Schiedsgerichtsklausel abgeschlossen. Vgl. oben S. 68 f.

[5]) Holland hat auch 1 Vertrag mit allgemeiner Schiedsgerichtsklausel abgeschlossen. Vgl. oben S. 66.

Spanien,[1]) Rumänien und Mexiko mit je 2, Deutschland, Österreich-Ungarn, Dänemark,[2]) Portugal,[3]) Montenegro und Japan mit je 1 Vertrag.

I. Die 17 italienischen Verträge sind:

1. Der Auslieferungsvertrag mit Uruguay vom 14. April 1879.

Der Art 16 lautet:

Die hohen vertragschliessenden Parteien sind übereingekommen, dass die Streitigkeiten, welche aus der Auslegung oder Ausführung des gegenwärtigen Vertrags oder infolge der Verletzung einer seiner Bestimmungen sich ergeben, falls die Mittel, durch freundschaftlichen Austausch unmittelbar eine Beilegung herbeizuführen, erschöpft sind, dem Urteil schiedsrichterlicher Kommissionen unterbreitet werden sollen und dass eine derartige Entscheidung für die beiden Regierungen verbindlich ist.

Die Mitglieder der vorgenannten Kommissionen werden durch die beiden Regierungen im gegenseitigen Einvernehmen gewählt; mangels desselben ernennt jede Partei ihren eigenen Schiedsrichter oder eine gleiche Anzahl von Schiedsrichtern, und die so ernannten Schiedsrichter wählen dann einen anderen.

Das Schiedsgerichtsverfahren wird in jedem Fall durch die vertragschliessenden Parteien bestimmt; andernfalls können die vereinigten Schiedsrichter dasselbe vorläufig bestimmen.

Denselben Wortlaut haben 8 weitere Verträge:

2. Der Konsularvertrag mit Rumänien vom 17. August 1880 Art. 32.
3. Der Handelsvertrag mit England vom 15. Juni 1883 Zusatzprotokoll.
4. Der Handelsvertrag mit Uruguay vom 19. September 1885 Art. 27.
5. Der Handelsvertrag mit der Republik St. Domingo vom 18. Oktober 1886 Art. 28.
6. Der Handelsvertrag mit Griechenland vom 1. April 1889 Zusatzprotokoll.
7. Der Handelsvertrag mit Mexiko vom 16. April 1890 Art. 27.
8. Der Handelsvertrag mit Columbia vom 27. Oktober 1892 Art. 27.
9. Der Handelsvertrag mit Paraguay vom 22. August 1893 Art. 23.
10. Sodann kommt der Konsularvertrag mit Griechenland vom 27. November 1880.

Der Art. 26 entspricht gleichfalls dem unter Nr. 1 angeführten Wortlaut. Nur hat der Abs. 1 noch den Zusatz:

Es versteht sich von selbst, dass die Zuständigkeit der ordentlichen Gerichte in Fragen des Privatrechts durch die Anordnung dieses Artikels in keiner Weise beschränkt ist.

11. Der Handelsvertrag mit Belgien vom 11. Dezember 1882 (unten S. 73).
12. Der Handelsvertrag mit Montenegro vom Jahre 1883 Art. 17 und
13. Der Auslieferungsvertrag mit Montenegro vom 29. Oktober 1892 Art. 18.

---

[1]) Spanien hat auch 4 Verträge mit allgemeiner Schiedsgerichtsklausel abgeschlossen. Vgl. oben S. 69.

[2]) Dänemark hat auch 1 Vertrag mit allgemeiner Schiedsgerichtsklausel abgeschlossen. Vgl. oben S. 70.

[3]) Portugal hat auch 1 Vertrag mit allgemeiner Schiedsgerichtsklausel abgeschlossen. Vgl. oben S. 66.

In diesen beiden Verträgen mit Montenegro heisst es übereinstimmend:

Falls sich in der Auslegung oder Ausführung der vereinbarten Bestimmungen dieses Vertrags eine verschiedene Auffassung ergibt und wenn die Mittel, unmittelbar zu einer freundschaftlichen Beilegung zu gelangen, erschöpft sind, so wird die Frage der Entscheidung einer schiedsrichterlichen Kommission unterbreitet, und das Ergebnis dieser Schiedssprechung ist für beide Regierungen verbindlich.

Diese Kommission setzt sich zusammen aus einer von beiden Parteien gewählten gleichen Anzahl von Schiedsrichtern, und die so Bestellten wählen vor jeder weiteren Verhandlung einen weiteren Schiedsrichter. Das schiedsrichterliche Verfahren wird, falls die Parteien es nicht im gegenseitigen Einvernehmen vorschreiben, vorläufig durch die schiedsrichterliche Kommission selbst bestimmt.

14. Der Schutzvertrag mit Holland vom 9. Januar 1884 Art. 4.

15. Der Handelsvertrag mit der Südafrikanischen Republik vom 6. Oktober 1886 Art. 9 und

16. Der Handelsvertrag mit dem Oranje-Freistaat vom 9. Januar 1890 Art. 9.

In den letzten drei Verträgen heisst es übereinstimmend:

Falls sich bei der Auslegung dieses Vertrags irgend eine Schwierigkeit ergibt, verpflichten sich die beiden hohen Parteien, eine schiedsrichterliche Kommission anzurufen.

Diese Kommission setzt sich aus Schiedsrichtern zusammen, die in gleicher Anzahl von den hohen vertragschliessenden Parteien gewählt werden und einem Schiedsrichter, den die Kommission selbst bestellt.

17. Der Handelsvertrag mit der Schweiz vom 19. April 1892.

Der Art. 14 lautet:

Die hohen vertragschliessenden Parteien verpflichten sich, vorkommenden Falles die Streitfragen über die Ausübung oder Anwendung des gegenwärtigen Vertrages, falls dieselben nicht auf dem unmittelbaren Weg diplomatischer Verhandlungen zur beiderseitigen Genugtuung beglichen werden können, durch Schiedsspruch zu lösen.

II. Die sechs Verträge von Schweden und Norwegen sind:

1. Der Vertrag mit Mexiko vom 20. August 1886.

Art. 26:

Die Streitigkeiten, welche bei der Auslegung oder Ausführung des Handelsvertrags zwischen Schweden-Norwegen und Mexiko oder infolge der Verletzungen dieses Vertrages hervortreten, werden, wenn alle unmittelbaren Vergleichsmittel und freundschaftlichen Erörterungen zwischen den beiden hohen Parteien erschöpft sind, schiedsrichterlichen Kommissionen unterbreitet, deren Entscheidungen für die hohen vertragschliessenden Parteien verbindlich sind. Die Mitglieder dieser Kommissionen werden im gegenseitigen Einvernehmen von den beiden hohen Parteien ernannt, und falls ein Einverständnis nicht erzielt wird, ernennt jeder Staat einen Schiedsrichter oder eine gleiche Anzahl von Schiedsrichtern, und die so Berufenen wählen den Obmann, welcher bei Meinungsverschiedenheit entscheidet. Das Schiedsgerichtsverfahren wird in jedem Fall durch die hohen vertragschliessenden Parteien bestimmt, und wenn diese nicht dazu kommen, so ordnet die schiedsrichterliche Kommission selbst vor Beginn ihrer richterlichen Tätigkeit das Verfahren. Auf jeden Fall bestimmen die hohen vertragschliessenden Parteien die Fragen oder Angelegenheiten, die dem Schiedsspruch unterworfen werden sollen.

Art. 27:

Demgemäss wird vereinbart, dass wenn ein oder mehrere Artikel des gegenwärtigen Vertrags verletzt oder gebrochen werden, eine der vertragschliessenden Parteien nicht eher Repressalien irgendwelcher Art übt oder dazu ermächtigt, auch nicht eher dem andern Teil auf Grund eines erlittenen Schadens den Krieg erklärt, bis die Partei, welche sich für verletzt hält, der anderen Partei eine begründete Beschwerde zugestellt hat und mit ihrer Forderung auf Gerechtigkeit und Genugtuung abgewiesen worden ist sowie die beleidigende Partei es abgelehnt hat, den Streit der schiedsrichterlichen Kommission zu unterbreiten.

2. Der Freundschafts-, Handels- und Schiffahrtsvertrag mit Siam vom 18. Mai 1868.

Der Art. 28 stimmt wörtlich überein mit dem Art. 26 des Vertrages zwischen Österreich-Ungarn und Siam. Vgl. unter Österreich unten S. 77.

3. Die Erklärung gegenüber Spanien vom 23. Juni 1887.

Der Art. 2 ist unten S. 76 bei Spanien abgedruckt.

4. Der Handels- und Niederlassungsvertrag mit der Schweiz vom 22. März 1894.

Der Art. 7 lautet:

Für den Fall, dass sich zwischen den beiden vertragschliessenden Parteien eine Meinungsverschiedenheit über die Auslegung oder Anwendung des gegenwärtigen Vertrages herausstellt, der nicht freundschaftlich auf dem Weg des diplomatischen Austausches beglichen werden kann, verpflichten sich dieselben, den Streitfall der Rechtssprechung eines Schiedsgerichts zu unterbreiten, dessen Entscheidung sie achten und getreu vollziehen werden.

Das Schiedsgericht setzt sich zusammen aus drei Mitgliedern. Jede der vertragschliessenden Parteien bezeichnet einen Schiedsrichter, der nicht Staatsangehöriger und Einwohner des betreffenden Landes sein darf. Diese beiden Schiedsrichter wählen den dritten. Falls sie sich nicht über die Wahl verständigen können, wird der Dritte durch eine Regierung bestellt, welche von den beiden Schiedsrichtern bezeichnet wird, oder es entscheidet, falls sie sich auch darüber nicht einigen können, das Los.

5. Denselben Text hat der Handelsvertrag mit Portugal vom 31. Dezember 1895.

6. Der Handels- und Schiffahrtsvertrag mit Belgien vom 11. Juni 1895.

Vgl. darüber später unter Belgien S. 74.

III. Vier Verträge mit beschränkter Schiedsgerichtsbarkeit haben Belgien, England und Siam.

a) Belgien hat:

1. Den Handels- und Schiffahrtsvertrag mit Italien vom 11. Dez. 1882.

Der Art. 20 bestimmt:

Wenn sich bei der Auslegung oder Anwendung der vorausgehenden Artikel eine Meinungsverschiedenheit ergibt, so verpflichten sich die hohen vertragschliessenden Parteien, wenn sie alle Mittel, um unmittelbar zu einem Einvernehmen zu gelangen, erschöpft haben, sich der Entscheidung einer schiedsrichterlichen Kommission zu unterwerfen.

Diese Kommission setzt sich zusammen aus einer von den hohen vertragschliessenden Parteien gewählten gleichen Anzahl von Schiedsrichtern und einem Schiedsrichter, den diese Kommission noch selbst wählt.

Das zu beobachtende Verfahren wird, falls in dieser Hinsicht zwischen der belgischen und italienischen Regierung kein Einvernehmen erzielt wird, durch die Schiedsrichter bestimmt werden.

2. Der Handels- und Schiffahrtsvertrag mit Griechenland vom 25. Mai 1895.

Der Art. 21 lautet:

Die hohen Vertragsmächte kommen überein, dass sie bei allen Streitigkeiten, die sich aus der Auslegung oder Anwendung dieses Vertrags ergeben, die Schiedssprechung anrufen.

Denselben Wortlaut hat:

3. Der Handels- und Schiffahrtsvertrag mit Dänemark vom 18. Juni 1895.
4. Der Handels- und Schiffahrtsvertrag mit Schweden-Norwegen vom 11. Juni 1895.

Der Art. 20 lautet:

Sollte sich bei der Auslegung oder der Anwendung des gegenwärtigen Vertrags zwischen den beiden vertragschliessenden Parteien eine Meinungsverschiedenheit ergeben, die sich nicht durch diplomatischen Austausch freundschaftlich begleichen lässt, so verpflichten sich dieselben, den Streit dem Urteil eines Schiedsgerichts zu unterbreiten, dessen Entscheidung sie anerkennen und treu vollziehen werden.

Das Schiedsgericht soll mit drei Mitgliedern besetzt sein. Jede der beiden Vertragsmächte ernennt einen Schiedsrichter der weder Staatsangehöriger noch Landeseinwohner sein darf. Diese beiden Schiedsrichter ernennen den dritten. Können sie sich über die Wahl nicht einigen, so wird der dritte Schiedsrichter von der Regierung, welche durch die beiden Schiedsrichter bezeichnet wird, und falls sich diese nicht einigen können, durch das Los bestellt.

b) Für England kommen folgende Handels- und Schiffahrtsverträge in Betracht:

1. Der Vertrag mit Italien vom 15. Juni 1885.
2. Der Vertrag mit Uruguay vom 13. November 1885.
3. Der Vertrag mit Griechenland vom 10. November 1886.
4. Der Vertrag mit Mexiko vom 27. November 1888.

Der Text lautet übereinstimmend:

Alle Streitigkeiten, welche bei der Auslegung oder Ausführung gegenwärtigen Vertrags oder infolge der Verletzung desselben sich ergeben, werden, wenn alle Mittel, unmittelbar durch einen Vergleich zum freundschaftlichen Einvernehmen zu gelangen, erschöpft sind, dem Urteil von Schiedsgerichtskommissionen unterbreitet und die Entscheidungen dieser Kommissionen sind verbindlich für beide Regierungen.

Die Mitglieder dieser Kommissionen werden durch die beiden Regierungen im gegenseitigen Einvernehmen bestellt, und mangels desselben ernennt jede Partei einen Schiedsrichter oder die gleiche Anzahl derselben, und die so bestellten Schiedsrichter wählen dann einen dritten Schiedsrichter.

Das Schiedsgerichtsverfahren wird in jedem Fall durch die vertragschliessenden Parteien festgelegt, andernfalls die Schiedsgerichtskommission ermächtigt ist, dasselbe zum Beginn zu bestimmen.

c) Von Siam sollen folgende vier Verträge mit beschränkter Schiedsgerichtsklausel abgeschlossen worden sein:

1. Der Freundschafts-, Handels- und Schiffahrtsvertrag mit Schweden-Norwegen vom 18. Mai 1868.

   Der Art. 28 stimmt wörtlich überein mit dem Art. 26 des Vertrags zwischen Österreich-Ungarn und Siam. Vgl. unter Österreich unten S. 77.

2. Der Freundschafts-, Handels- und Schiffahrtsvertrag mit Italien vom 3. Oktober 1868 Art. 27.

   Vgl. Descamps IV. 238.[1])

3. Der Handelsvertrag mit Österreich-Ungarn vom 17. Mai 1869 Art. 26.

   Vergl. unter Österreich unten S. 77.

[1]) Ist aber unter Italien nicht erwähnt.

4. Der Freundschafts-, Handels- und Schiffahrtsvertrag mit Japan vom 25. Februar 1898.

Art. 3 des angehängten Protokolls lautet:

Alle Streitigkeiten, welche bei der Auslegung oder dem Vollzug des heute unterzeichneten Vertrags oder infolge der Verletzung dieses Vertrags entstehen, werden, wenn die Mittel, diese Meinungsverschiedenheiten unmittelbar im freundschaftlichen Einvernehmen zu beseitigen, erschöpft sind, der Entscheidung von Schiedsgerichtskommissionen unterworfen, und das Ergebnis dieser Schiedssprechung bindet beide Regierungen

Die Mitglieder dieser Kommissionen werden durch die beiden Regierungen im gegenseitigen Einvernehmen bestellt. Mangels desselben ernennt jede Partei einen Schiedsrichter oder die gleiche Anzahl von Schiedsrichtern, und die so bestellten wählen einen dritten Schiedsrichter.

Das Schiedsgerichtsverfahren wird in jedem Fall durch die vertragschliessenden Parteien geregelt, und wenn es nicht dazu kommt, ist die Schiedsgerichtskommission selbst ermächtigt, dasselbe im voraus zu bestimmen.

IV. Je drei Verträge mit beschränkter Schiedsgerichtsklausel finden wir bei drei Staaten: der Schweiz, Griechenland und Holland.

a) Die schweizerischen Verträge sind:

1. Der Handelsvertrag mit Italien vom 19. April 1892.

Der Art. 14 ist oben bei Italien Ziff. 17 S. 72 abgedruckt.

2. Der Handelsvertrag mit Rumänien vom 19. Februar bis 3. März 1893.

Der Art. 7 lautet:

Die hohen vertragschliessenden Parteien verpflichten sich, falls es nötig wird, die bei der Anwendung und Auslegung des gegenwärtigen Vertrags auftretenden Streitfragen, die nicht zur gegenseitigen Genugtuung auf dem Weg diplomatischer Verhandlung beglichen werden können, durch die Schiedssprechung ihrer Lösung entgegenzuführen.

3. Der Handels- und Niederlassungsvertrag mit Schweden-Norwegen vom 22. März 1894.

Der Art. 7 ist oben S. 73 unter Schweden und Norwegen Ziff. 4 abgedruckt.

b) Die griechischen Verträge sind:

1. Der Konsularvertrag mit Italien vom 27. November 1880.

Vgl. unter Italien oben S. 71 Ziff. 10.

2. Der Handels- und Schiffahrtsvertrag mit England vom 10. November 1886.

Der Wortlaut oben unter England S. 74 Ziff. 3.

3. Der Handels- und Schiffahrtsvertrag mit Belgien vom 25. Mai 1895.

Den Wortlaut des Art. 21 vgl. unter Belgien oben S. 73 Ziff. 2.

c) Die holländischen Verträge sind:

1. Der Schutzvertrag mit Italien vom 9. Januar 1884.

Der Art. 4 ist unter Italien Ziff. 14 oben S. 72 angegeben.

2. Der Handels- und Schiffahrtsvertrag mit Spanien vom 8. Juni 1887. Vgl. unter Spanien S. 76 Ziff. 1.

3. Der später durch die allgemeine Schiedsgerichtsklausel überholte Vertrag mit Portugal vom 11. Juni 1893. Vgl. oben S. 66.

V. Je zwei Verträge mit beschränkter Schiedsgerichtsklausel haben: Spanien, Rumänien und Mexiko.

a) Für Spanien kommen in Betracht:

1. Der Handels- und Schiffahrtsvertrag mit Holland vom 8. Juni 1887.

Der Art. 4 bestimmt:

Die hohen vertragschliessenden Parteien erklären, dass sie im Erörterungs- oder Zweifelsfall bei der Ausführung dieses Vertrags ihre Meinungsverschiedenheit der Entscheidung von zwei Schiedsrichtern unterstellen, von welchen jede der hohen Parteien einen bestellt. Treffen diese im Urteil nicht zusammen, so ernennen die Parteien im gemeinsamen Einvernehmen einen dritten, welcher den Streit entscheiden soll.

2. Die mit Schweden-Norwegen vereinbarte Erklärung vom 23. Juni 1887.

Der Art. 2 bestimmt:

Die Streitfragen, welche bei der Auslegung oder Ausführung des Handelsvertrags zwischen Spanien und Schweden-Norwegen vom 15. März 1883, verlängert durch den Vertrag vom 15. Januar 1886, sowie des Schiffahrtsvertrags derselben Staaten vom 15. März 1883 entstehen, und die Streitigkeiten über die Folgen irgend einer Verletzung der genannten Verträge, werden, wenn alle unmittelbaren Vergleichsverhandlungen und freundschaftlichen Erörterungen zwischen den beiden hohen Vertragsmächten erschöpft sind, schiedsrichterlichen Kommissionen unterworfen, deren Entscheidungen für die hohen vertragschliessenden Parteien verbindlich sind.

Die Mitglieder dieser Kommissionen werden im gegenseitigen Einvernehmen durch die beiden hohen Parteien ernannt. Falls kein Einvernehmen erzielt wird, ernennt jede derselben einen Schiedsrichter oder eine gleiche Anzahl von Schiedsrichtern, und die zu jenem Amt also Berufenen wählen dann einen weiteren Schiedsrichter, welcher bei Meinungsverschiedenheit in Tätigkeit tritt.

Das Schiedsgerichtsverfahren wird in jedem Fall von den hohen vertragschliessenden Parteien geregelt, andernfalls die Schiedsgerichtskommission vor der Ausübung ihrer richterlichen Tätigkeit eine Schiedsprozessordnung erlässt. Für alle Fälle grenzen die hohen vertragschliessenden Parteien die Fragen und Angelegenheiten ab, welche dem Schiedsgericht unterstellt werden sollen.

b) Rumänien hat:

1. Den Konsularvertrag mit Italien vom 17. August 1880.

Der Art. 32 ist unter Italien Ziff. 2 oben S. 71 abgedruckt.

2. Der Handelsvertrag mit der Schweiz vom 19. Februar bis 3. März 1893.

Der Art. 7 ist unter der Schweiz Ziff. 2 oben S. 75 abgedruckt.

c) Mexiko hat:

1. Den Freundschafts-, Handels- und Schiffahrtsvertrag mit England vom 27. November 1888.

Der Art. 15 ist unter England Ziff. 4 oben S. 74 abgedruckt.

2. Der Handelsvertrag mit Italien vom 16. April 1890.

Der Art 22 hat denselben Text.

VI. Je einen Vertrag mit beschränkter Schiedsgerichtsklausel haben:

1. Deutschland mit England: Vertrag vom 1. Juli 1890, nach dessen Art. 1 die Abgrenzung der Walfischbai durch Schiedsspruch erfolgen soll, wenn in den nächsten zwei Jahren in dieser Beziehung kein Einvernehmen erzielt ist.[1])

[1]) Dieser Vorbehalt ist dermalen erledigt (Zorn, „Deutsche Rundschau“ 1900 S. 123).

2. Österreich-Ungarn hat in seinem Handelsvertrag mit Siam vom 17. Mai 1869 schiedsrichterliche Entscheidung vorgesehen.

Der Art. 26 lautet:

„Sollte zwischen den hohen vertragschliessenden Teilen eine Streitfrage oder Meinungsverschiedenheit entstehen, welche durch freundschaftlichen, diplomatischen Verkehr oder Korrespondenz nicht geschlichtet werden könnte, so wird hiermit vereinbart, dass die Schlichtung einer solchen Frage oder Meinungsverschiedenheit dem schiedsrichterlichen Spruche einer im gemeinsamen Einverständnisse zu wählenden befreundeten, neutralen Macht vorgelegt werden soll und dass das Ergebnis dieses Spruchs von den hohen vertragschliessenden Mächten als endgültige Entscheidung gilt.

3. Dänemark hat einen Handels- und Schiffahrtsvertrag mit Belgien vom 18. Juni 1895 abgeschlossen.

Der Art. 20 ist unter Belgien Ziff. 3 oben S. 74 abgedruckt.

4. Portugal hat mit Norwegen einen Handelsvertrag vom 31. Dez. 1895 abgeschlossen.

Abgedruckt oben S. 73.

5. Montenegro hat mit Italien einen Handelsvertrag im Jahre 1883 abgeschlossen.

Der Art. 17 ist unter Italien Ziff. 12 oben S. 71 abgedruckt.

6. Japan hat mit Siam einen Freundschafts-, Handels- und Schiffahrtsvertrag vom 25. Febr. 1898 abgeschlossen.

Der Art. 3 des angehängten Protokolls ist unter Siam Z. 4 oben S. 75 abgedruckt.

Zweites Kapitel.

Übersicht über die Vorlagen und Verhandlungen der Haager Konferenz.

§ 16.

Die Descampssche „Denkschrift an die Mächte“.

Am 4.—8. Okt. 1894 war im Haag unter dem Vorsitz von Rahusen, dem späteren Bevollmächtigten Hollands zur Friedenskonferenz, die fünfte interparlamentarische Konferenz abgehalten worden.[1])

Den Hauptberatungsgegenstand bildete ein Bericht des englischen Parlamentariers Philipp Stanhope über die Organisation eines internationalen ständigen Schiedshofs („cour permanente d'arbitrage international“), welcher bei den Regierungen angeregt werden sollte.

Der Antrag Stanhope wurde angenommen und eine sechsgliedrige Kommission mit der Ausarbeitung des Organisationsstatuts betraut.[2])

Ausserdem drückte die Konferenz den Wunsch aus, dass die Mächte auf einer internationalen Konferenz der Ordnung des Schiedsgerichtsverfahrens näher treten möchten.

---

[1]) Vgl. darüber und zum folgenden Fried, Friedensbewegung S. 264 f.

[2]) Gobat, Hirsch, Rahusen, Stanhope, Trarieux und Houzeau de Lehaie. Als dann aber Trarieux Justizminister wurde, trat Labiche als Mitarbeiter ein. Drei Mitglieder arbeiteten je ein avant-projet aus, welches Abkommensform hatte.

Die nächste interparlamentarische Konferenz, auf welcher 14 europäische Parlamente vertreten waren, fand 1895 unter dem Vorsitz von Descamps, dem späteren belgischen Bevollmächtigten zur Friedenskonferenz, in Brüssel statt. Hier lag der Organisationsentwurf vor und wurde auch angenommen. Er war von dem Senator Houzeau de Lehaie zugleich mit einem „rapport“ namens der Kommission überreicht worden und enthielt in der Einleitung die Aufforderung an den Präsidenten, er möge dieses Projekt, welches sehr wohl den Gegenstand eines Staatenkongresses oder besonderen Abkommens bilden könne, der wohlwollenden Prüfung der Mächte empfehlen. Demgemäss verfasste Descamps seine „Denkschrift an die Mächte“ („Essai sur l'organisation de l'arbitrage international“. Mémoire aux Puissances),[1]) in welcher er das Projekt erläuterte und rechtfertigte.[2])

Die Fortbildung des Völkerrechts sollte nach dieser Denkschrift angestrebt werden: einmal durch die Ausdehnung der Schiedsverträge und dann durch einen ständigen Schiedshof sowie einen eigenen Schiedsprozess.

Der Brüsseler Entwurf selbst aber hat nur die Errichtung eines ständigen Schiedshofs zum Inhalt. Und das Prinzip dieses Entwurfs fassen die Schlussworte der „Denkschrift“ folgendermassen zusammen: „eine freiwillige internationale Rechtssprechung, ein freies Tribunal im Schosse unabhängiger Staaten“.

Ob das wirklich schon zutraf, mag vorläufig dahingestellt bleiben. Sicher glaubte man es damals; und das war dann freilich keine Utopie!

Die interparlamentarische Konferenz hatte aber auch, wie Fried mit Recht betont,[3]) in Descamps einen Wortführer gefunden, wie sie ihn nicht besser wünschen konnte. Ging doch Descamps ausgesprochenermassen davon aus, „dass die Unabhängigkeit der Staaten mit eifersüchtiger Sorgfalt bewahrt werden müsse.“[4])

Am Schluss (S. 92) heisst es: „Und wenn so viele gelehrte Erfinder ihre Zeit einem Probleme widmen, das da lautet: auf welche Weise kann man die grösstmöglichste Zahl von Menschen in der denkbar kürzesten Zeit töten, ist der Verfasser dieser Schrift glücklich, einige Mühen der Frage gewidmet zu haben, die da lautet: welches ist das Mittel, zum mindesten in der Mehrzahl der Fälle, die internationalen Streitigkeiten in der kürzesten Frist, mit der geringsten Anstrengung und auf eine vernünftigen Wesen würdige Weise, die nicht dazu geschaffen, sich gegenseitig zu zerstören, sondern sich gegenseitig zu unterstützen und zu helfen, zu beendigen?“

In klassisch-vornehmer Sprache, mit ebenso scharfsinniger als gewinnender Begründung zeichnet er den Stand der Frage, widerlegt die gegen das internationale Schiedsgericht erhobenen Einwände, weist die Richtung des möglichen und erstrebenswerten Fortschritts und erhebt sich schliesslich zu einer Höhe und Kraft der Darstellung, die von geradezu ergreifender und bezwingender Eindringlichkeit ist.

---

[1]) Fried hat diese Denkschrift vorzüglich übersetzt: „Die Organisation eines internationalen Schiedsgerichts“. Da das „Essai“ nicht im Buchhandel erschienen ist und auch die Abdrücke (vgl. darüber Mérignhac, la conf. intern. de la paix p. 316[1]) schwer zugänglich sind, so zitiere ich, wo nichts anderes gesagt ist, die Denkschrift nach der Fried'schen Übersetzung.

[2]) Der Entwurf ist im Urtext S. 55—58, der Bericht von Houzeau de Lehaie S. 59—64 abgedruckt. Derselbe gibt über die Vorgeschichte und die Richtung des Entwurfs Aufklärung.

[3]) a. a. O. Einleitung S. X.

[4]) Denkschrift S. 60.

Descamps hielt sich in gleicher Entfernung von einer Kleinmütigkeit, die nichts wagt und von einer Kühnheit, die alles aufs Spiel setzt.[1])

Friedensfreunde von dieser Art müssen den Sieg an ihre Fahnen heften. Sie streiten für eine hohe Idee und halten sich dabei auf dem Boden der Wirklichkeit.

Die „Denkschrift“ lag bei dem Zusammentritt der Haager Friedenskonferenz auf dem Tisch des Hauses. Pauncefote wies auf dieselbe hin,[2]) und ihr Verfasser wurde Berichterstatter und Vorsitzender des Ausschusses der Schiedsgerichtskommission.

Das musste die weitgehendsten Hoffnungen erwecken, denen sich auch der ruhige Realpolitiker anschliessen konnte.

Das Brüsseler Projekt hatte keinen anderen Anspruch erhoben, als für die Traktanda der Mächte einen Ausgangspunkt zu bilden; es war als der canevas gedacht, der zugestandnermassen bedeutend verbessert werden könne.[3])

Der Brüsseler Entwurf wurde nun im Haag zwar nicht förmlich den Beratungen zugrunde gelegt, aber er war in den von den Staaten ausgearbeiteten Entwürfen zu Wort gekommen. Erst recht aber zog der Geist der „Denkschrift“ still und unzitiert in die Debatten der Friedenskonferenz ein, und hier fand das Werk der Brüsseler interparlamentarischen Konferenz und des berühmten belgischen Rechtsgelehrten, der sich ja auch durch seine Zusammenstellung der bisherigen Schiedsabkommen ein bleibendes Verdienst erworben hat, seinen sieghaften Abschluss.[4])

Übrigens wird sich zeigen, dass der Brüsseler Entwurf freilich noch bedeutend umgebildet werden musste, bis ihm eine allgemeine Zustimmung zu teil wurde und dass er insbesondere in der massgebenden Organisationsfrage noch unannehmbar war.

§ 17.

Die Entwürfe der Friedenskonferenz.

Ich will zunächst eine Zusammenstellung der Entwürfe geben, welche während der Beratung, über welche alsbald berichtet werden soll, nacheinander vorgelegt wurden.

Dass vor dem Zusammentritt der Konferenz nicht wenigstens die für die Friedenskommission nötigen Vorlagen an alle Konferenzmächte verschickt worden waren und dass anscheinend auch unter den Regierungen kein Meinungsaustausch über den zu gehenden Weg erfolgt war,[5]) hat die Verhandlungen erschwert.

---

[1]) Vgl. S. 34. Fried gibt von Descamps folgende Charakteristik: „Er ist praktischer Politiker, Diplomat, im modernen Staats- und Regierungswesen aufgewachsen und erfahren, getreuer Diener seines Herrn, des Königs der Belgier, und eifriger Vertreter des Katholizismus“ (Einl. S. VIII).

[2]) IV. 4 und 217.

[3]) Descampssche Denkschrift S. 73.

[4]) Nur in diesem Sinne kann man mit Fried (die Haager Konferenz S. 35 f.) sagen, dass die Descampssche Denkschrift „als grundlegende Arbeit für den Schiedsgerichtsentwurf diente“.

[5]) Zorn in der „Deutschen Rundschau“ 1900 S. 104.

Erst auf der Konferenz legten Russland, England, Italien und die Vereinigten Staaten von Amerika Entwürfe vor.

I. Zuerst und zwar schon in der zweiten Kommissionssitzung vom 26. Mai[1]) überraschte Russland die Konferenz mit:

1. Den von Martens ausgearbeiteten und bis dahin streng geheim gehaltenen[2]) „Eléments pour l'élaboration d'un projet de Convention . . .".[3])

   Dieser von Staal überreichte russische Hauptentwurf versuchte alle Friedensinstitute auszubauen: 1. Die guten Dienste und die Vermittelung (Art. 1—6). 2. Die Schiedssprechung (Art. 7—13), wobei aber über das Rundschreiben vom 11. Januar hinaus im Art. 10 auch Fälle pflichtmässiger Schiedssprechung vorgesehen waren. 3. Die internationalen Untersuchungskommissionen (Art. 14—18).

   Zu den Art. 5 und 10 gab Russland: „Notices explicatives".[4])

2. Russische Teilentwürfe behandelten:

   a) Die Einführung einer Schiedsprozessordnung („projet de Code d'arbitrage")[5]) in Ausführung des Art. 13 der Eléments.

      Auch dieser Entwurf lag schon am 26. Mai der Kommission vor.[6])

   b) An dem gleichen Tag, in der ersten Ausschusssitzung[7]) waren von Russland auch bereits zwei weitere Entwürfe auf den Tisch des Hauses gelegt worden:

      α) Betreffend die Einführung eines ständigen Schiedsgerichts: „projet du Tribunal d'arbitrage"[8]) für die Fälle der pflichtmässigen Schiedssprechung nach Art. 10 der Eléments.

      β) Für die Organisation dieses ständigen Schiedsgerichts hatte Russland nach Massgabe des Art. II einen eigenen Entwurf schon mit gebracht:[9]) „constitution du Tribunal d'arbitrage".[10])

Wenn B. v. Suttner recht unterrichtet war,[11]) so hatte Russland den Schiedshofentwurf nur aus Scheu, etwas vorzuschlagen, was die Opposition Deutschlands erwecken könnte, anfänglich zurückgehalten und ist erst durch das alsbald zu erwähnende Vorgehen Englands zur Vorlage veranlasst worden.

II. Der italienische erste Bevollmächtigte Graf Nigra überreichte einen umfassenderen Abänderungsantrag zum russischen Haupt-

[1]) IV. 3.
[2]) Zorn, Deutsche Rundschau a. a. O. sowie im „Tag" 1903 No. 309.
[3]) Abgedruckt IV. 201 ff. u. I. 195 ff.
[4]) Abgedruckt IV. 208 ff., 212 ff. und I. 158 ff., 161 ff.
[5]) Abgedruckt IV. 204 ff., I. 167 ff.
[6]) IV. 3.
[7]) IV. 95.
[8]) „Articles qui pourraient remplacer l'article 13". Abgedruckt IV. 221, I. 166.
[9]) B. v. Suttner, Tagebuchblätter S. 192.
[10]) „Appendice A., mentionné dans l'article additionnel II de la proportion russe". Abgedruckt IV. 222 f., I. 166 f.
[11]) a. a. O. S. 193.

entwurf betr. Vermittelung und Schiedssprechung und zwar bereits in der ersten Ausschusssitzung am 26. Mai.[1])

III. Der englische erste Bevollmächtigte Sir Pauncefote, der Urheber des englisch-amerikanischen Schiedsvertragsentwurfs von 1897[2]) hatte bereits am Morgen des 26. Mai[3]) in der zweiten Kommissionssitzung die Anregung zur Errichtung eines ständigen Schiedshofs gegeben und legte der ersten Ausschusssitzung am 26. nachmittags desselben Tages den Entwurf eines ständigen Schiedsgerichts (tribunal permanent d'arbitrage) mit einem kurzen Memorandum vor.[4])

Hier fiel zum erstenmal das Wort: ständiges Schiedsgericht.

Das war, wie Zorn später berichtete,[5]) für die Mitglieder eine „grosse Überraschung".

IV. Von den Vereinigten Staaten von Amerika stammte:

1. Der Entwurf für ein ständiges Schiedsgericht (Projet de tribunal international).[6]) Dieser Entwurf war in der zweiten Ausschusssitzung am 29. Mai angekündigt[7]) und in der dritten Ausschusssitzung am 31. Mai überreicht worden.[8])
2. Der Artikel über die „médiation spéciale"[9]) war eine Ergänzung der Vermittelungsbestimmungen des russischen Hauptentwurfs, (Art. 7) die „der höchst reg- und betriebsame"[10]) amerikanische Bevollmächtigte Holls ausgearbeitet und schon am Schluss der zweiten Ausschusssitzung am 29. Mai vorgelegt hatte.[11])

So waren in kürzester Zeit von vier Grossmächten Entwürfe vorgelegt worden. Zorn sagte später: „Inwieweit zwischen den an dieser Aktion beteiligten Grossmächten Verhandlungen oder gegenseitige Mitteilungen stattgefunden hatten, ist nicht bekannt geworden. Es scheint, dass jeder dieser Staaten zunächst auf eigene Hand vorging. Für die übrigen Staaten oder wenigstens für deren Mehrzahl war die ganze Aktion eine Überraschung."[12])

---

[1]) IV. 95. „Amendement au projet russe de stipulations sur la médiation et l'arbitrage". Abgedruckt IV. 224 f.; I. 178.

[2]) Vgl. oben S. 3.

[3]) Am Abend vorher, beim Empfangstag auf der russischen Botschaft, hatte Pauncefote die erste Äusserung fallen lassen. B. v. Suttner, Tagebuchblätter S. 51.

[4]) IV. 95. Abgedruckt IV. 218 ff., I. 174 f. Für den Art. 6 schlug Sir Pauncefote selbst später eine neue Fassung vor (I. 175).

[5]) „Deutsche Rundschau" 1900 S. 105.

[6]) Abgedruckt IV. 241 f.; I. 176 f.

[7]) IV. 98.

[8]) IV. 107. Schon bei einem Gabelfrühstück bei Moscheles am 22. Mai hatte der amerikanische Plénipotentiaire White folgende Äusserung getan: „Ich begehe keine Indiskretion, wenn ich erzähle, dass wir schon in der ersten Sitzung der Schiedsgerichtskommission einen vollständigen Plan zu einem internationalen Tribunal vorlegen werden — und dies im Auftrag der amerikanischen Regierung. Noch darf ich die Details nicht angeben — aber die Sache selbst wird und soll kein Geheimnis bleiben." (B. v. Suttner, Tagebuchblätter S. 34.)

[9]) Abgedruckt IV. 240; I. 176.

[10]) Zorn in der „Deutschen Rundschau" 1900 S. 105.

[11]) IV. 103.

[12]) „Deutsche Rundschau" 1900 S. 105. Ebenso B. v. Suttner, Tagebuchblätter S. 57.

§ 18.
Die einleitende Kommissionsberatung.

Die erste Sitzung der III. Kommission, welch letzterer die wichtigste Aufgabe zugewiesen war,[1] wurde durch ihren Vorsitzenden Bourgeois, der vom Konferenzpräsidenten v. Staal und den beiden Ehrenpräsidenten der Kommission Graf Nigra und Sir Pauncefote umgeben war, am 23. Mai 1899 eröffnet.[2]

Gleich die ersten Begrüssungsworte eröffneten die Aussicht in das hauptsächlichste Arbeitsgebiet, indem der Vorsitzende die Versammlung kurz als Schiedsgerichtskommission „commission d'arbitrage", bezeichnete, unter dem stolzen Beifügen, dass ihre Beratungsergebnisse in besonderer Weise von der Aufmerksamkeit der zivilisierten Welt begleitet würden. Die III. Kommission habe aber auch das Glück, dass unter ihren Mitgliedern über die Grundideen Einheit herrsche und deshalb seien Unterkommissionen nicht nötig.[3] Doch erwies sich später, wie man bald sehen wird, die Einsetzung eines Prüfungsausschusses oder Arbeitskomitees (comité d'examen) als nötig.

In der zweiten Kommissionssitzung am Morgen des 26. Mai[4] wurden zunächst zwei russische Entwürfe vorgelegt: Der Hauptentwurf und die Schiedsprozessordnung.[5] Vom ständigen Schiedsgericht verlautete damals von seiten Russlands noch nichts. Der Präsident hob dankend hervor, dass Russland mit seinen Entwürfen eine feste Basis für die Kommissionsberatungen geschaffen habe. Er schlug unter dem Beifall der Kommission vor, zuerst in eine Prüfung der Prinzipienfrage einzutreten, ob bei internationalen Streitigkeiten die Mittel des Friedens vorzuziehen seien. Werde diese Frage bejaht, so seien die Mittel selbst aufzusuchen: Versage die diplomatische Verhandlung, so komme zuerst die Vermittelung, dann die Schiedssprechung. Bezüglich der letzteren seien zuerst die Fälle zu prüfen, wo sie möglich sei, dann wo sie obligatorisch werden solle. Im Anschluss daran sei das Schiedsverfahren zu ordnen, wobei der russische Entwurf zugrunde gelegt werden könne. Dann hätte man zu prüfen, wie das Schiedswesen in die gemeine Praxis einzuführen sei, auf dem Weg der Verträge mit der Schiedsgerichtsklausel oder durch eine ständige Schiedsgerichtsinstitution, für welche drei Formen denkbar seien. Entweder schaffe man ein einfaches Vermittelungsorgan, das an die Verträge erinnert, die Möglichkeit der Schiedssprechung betont und das Verfahren in Fluss bringt oder man schaffe eine Versöhnungsinstitution (institution de con-

---

[1]) Dass die Friedensfreunde auf diesem Standpunkt stehen, ist selbstverständlich. Aber auch Frhr. v. Stengel erkannte das nach der Konferenz an (Archiv f. öff. Recht Bd. 15 S. 171).

[2]) IV. 1. Österreich-Ungarn und Deutschland, so berichtet Zorn in der „Deutschen Rundschau" 1900 S. 105, waren an dieser Eröffnungszeremonie unbeteiligt. „Um so mehr", so fährt er fort, „war es ihre Aufgabe, aus dem Schein von Zeremonien und phantastischen Schwärmereien über ein zu errichtendes Welttribunal den Kern der Wahrheit, in dem ein dauernder Wert für das Völker- und Staatenleben liegen konnte, herauszuschälen".

[3]) IV. 1.

[4]) IV. 3 ff.

[5]) Vgl. oben S 80.

ciliation), welche vor der richterlichen Entscheidung tätig werden müsste, oder aber schliesslich man organisiere ein richterliches Institut in der Form eines internationalen Gerichtshofes.

Bevor nun aber in die Prüfung der russischen Vorschläge eingetreten wurde, stellte der Präsident die Frage, ob noch andere Vorlagen gemacht werden wollten.

Darauf verlas der englische erste Bevollmächtigte Sir Julian Pauncefote folgende Erklärung,[1]) die dann zu den Akten genommen wurde:[2])

Die Kommission wird gut tun, vor allem zu der wichtigsten Frage, nämlich zur Frage der Errichtung eines ständigen Schiedshofes Stellung zu nehmen. Man hat ja schon öfter das Schiedswesen und Schiedsverfahren geregelt, aber nur durch den Schiedsrichter oder durch allgemeine resp. auch besondere Verträge. Neue Reglements dieser Art bringen uns kaum vorwärts. Soll das geschehen, so muss ein ständiger Schiedshof errichtet werden, welcher sofort auf Anrufen der Parteien zusammentreten kann. Ist dieses Prinzip festgelegt, so werden wir uns über Einzelheiten leicht verständigen. Die Notwendigkeit und Vorteile eines solchen Gerichtshofes, insbesondere die Förderung, welche durch denselben das ganze Schiedswesen erfahren würde, hat Descamps in seinem „Essai"[3]) über die Schiedssprechung entwickelt, von dem sich ein Auszug bei den Kommissionsakten findet. Möge sich daher die Konferenz vor allem über diesen Plan aussprechen.

Der italienische erste Bevollmächtigte, Graf Nigra, ersuchte aber seinen englischen Kollegen, nicht auf seinem Geschäftsordnungsvorschlag zu bestehen. Man folge besser der Anregung des Präsidenten und erörtere darnach den englischen Vorschlag zuletzt.[4])

Der belgische erste Bevollmächtigte, Beernaert, unterstützte den Grafen Nigra. Der englische Vorschlag treffe die Kommission unvorbereitet. Es sei besser, wenn die Konferenzmitglieder für die Prüfung und Berichterstattung nach Hause Zeit hätten. Das gelte auch für die russischen Anträge.

Pauncefote verzichtete darnach auf die sofortige Diskussion der von ihm aufgeworfenen Schiedshoffrage.[5]) Immerhin war mit der englischen Anregung ein weiterer Beratungsstoff gegeben, und der Präsident verkündete: Es liegen dem Bureau zwei Anträge vor: Das russische Projekt und die englische Anregung. Die Diskussion dieser Texte im Plenum der Kommission ist schwierig, und ich schlage daher die vorgängige Prüfung durch einen besonderen Prüfungsausschuss (comité d'examen) vor. Die Kommission ging auf diesen Vorschlag ein und erklärte den Ausschuss bezüglich aller einschlägigen Vorschläge für zuständig, welche auch später noch gemacht würden.

Der belgische Bevollmächtigte Descamps wünschte die Ernennung der Ausschussmitglieder durch das Bureau, der Präsident meinte aber, ob das nicht die Kommission selbst besorgen wolle. Auf Anregung des Grafen Nigra entschied man sich für den Vorschlag von Descamps. Der Präsident machte aber den Vorbehalt, dass die Kommission die Wahl zu genehmigen habe.[6])

---

[1]) IV. 4.
[2]) Auch abgedruckt IV. 217.
[3]) Vgl. oben S. 78.
[4]) IV. 4.
[5]) a. a. O.
[6]) IV. 5; I. 100.

Darnach wurden gewählt:[1])

Asser (Holländer), Descamps (Belgier), d'Estournelles (Franzose), Holls (Amerikaner), Lammasch (Österreicher), v. Martens (Russe), Odier (Schweizer) und Zorn (Deutscher). Staal gehörte als Konferenzpräsident, Karnebeek als Vizepräsident der Konferenz, Graf Nigra und Pauncefote als Ehrenpräsidenten der dritten Kommission mit dem Kommissionspräsidenten Bourgeois gleichfalls dem Ausschuss an. Die Grossmächte waren demnach alle im Ausschuss vertreten, von den Mittelstaaten aber nur Holland, Belgien und die Schweiz. Dies führte später, wie sich zeigen wird, bei der Verhandlung über die Untersuchungskommissionen zu Weiterungen mit den Balkanstaaten. Vorsitzender und Berichterstatter des Ausschusses wurde Descamps, doch war er nur in der 4., 8., 9. und 15. Ausschusssitzung als Präsident tätig, während im übrigen der Kommissionspräsident Bourgeois selbst den Vorsitz führte. Als Sekretär wirkte d'Estournelles, unterstüzt durch den Gesandtschaftsattaché v. Sillac.[2]) Es ist übrigens noch einmal (vgl. oben S. 37) zu bemerken, dass der Ausschuss keine definitiven Beschlüsse zu fassen sondern nur für die dritte Kommission Texte vorzubereiten hatte. Das wurde später wiederholt festgestellt.[3])

Aber dieser Ausschuss hiess nicht umsonst „Arbeitscomité"; denn hier lag in der Tat der Schwerpunkt der Arbeit. Es harrte seiner eine grosse und mühevolle, aber auch eine edle und lohnende Arbeit, die volle 18 Sitzungen erforderte.

Am Schluss der zweiten Kommissionssitzung stellte Bourgeois zur Erledigung der von ihm aufgeworfenen Prinzipienfrage unter dem einmütigen Beifall der Kommission folgendes fest: Die Versammlung hält es für besser, dass die Erledigung von Streitigkeiten mehr durch friedliche Mittel, als durch Gewalt erfolgt. Die Annahme dieser allen gemeinsamen Idee bezeichnet die Bedeutung dieser Sitzung.[5])

§ 19.

Die Verhandlungen des Ausschusses.

In der ersten Ausschusssitzung, die noch am gleichen Tag (26. Mai) abgehalten wurde,[6]) vollzog sich lediglich die Bureaubildung und die Kenntnisnahme der Vorlagen. Es waren dies die oben S. 80 f. erwähnten russischen, englischen und italienischen Entwürfe.

In der zweiten Ausschusssitzung[7]) wurde mitgeteilt, dass auch die Delegation der Vereinigten Staaten ein Projekt angekündigt habe,[8]) und Descamps legte sein „Relevé général des clauses de médiation et d'arbi-

[1]) IV. 5, I. 100.

[2]) a. a. O. Mérignhac (La conférence intern. de la paix p. 30) nennt d'Estournelles einen „secrétaire courtois et discret", einen „brillant diplomate et homme d'Etat".

[3]) IV. 101 Anm. 1.

[4]) Zorn, Deutsche Rundschau 1900 S. 107.

[5]) IV. 5.

[6]) IV. 95.

[7]) IV. 97 ff.

[8]) IV. 98. Gemeint ist der oben S. 81 erwähnte Schiedsgerichtsentwurf.

trage"[1]) dem Ausschuss vor, während die Vorlage des amerikanischen Schiedsgerichtsentwurfs selbst erst am 31. Mai[2]) erfolgte.

Die Beratung der Vorlagen begann in der zweiten Ausschusssitzung, die unter dem Vorsitz von Bourgeois am 29. Mai stattfand.

Descamps knüpfte an die Worte des russischen Rundschreibens vom 12./24. August 1898 an, dass man die Wohltaten eines wahrhaftigen und dauernden Friedens zu vermitteln und auf dem Vertragsweg den Prinzipien der Billigkeit und des Rechts, auf welchen die Sicherheit der Staaten und das Wohl der Völker ruhe, die rechte Weihe zu geben habe. Gerade in dieser Richtung liege das Arbeitsprogramm des Ausschusses. Während die zweite Kommission die Aufgabe habe, durch Aufstellung der Kriegsgesetze die zur Abschaffung der Kriegsmissbräuche und Milderung der Kriegshärten geeigneten Massnahmen zu treffen, erwachse ihnen die unmittelbare Aufgabe, die Institutionen und Garantien aufzusuchen, mit welchen der Friedenslauf der Nationen bewacht und wiederhergestellt werde. Ihre Aufmerksamkeit richte sich auf die guten Dienste und die Vermittelung, auf die internationalen Untersuchungs-Kommissionen und die Schiedssprechung. Die vorgelegten Entwürfe seien ebensoviele Kundgebungen des Verlangens der Mächte, zu Beschlüssen zu kommen, welche des Jahrhunderts des Fortschritts würdig und dem allgemeinen wie besonderen Wohl der Menschheit dienlich seien.

Damit fand Descamps den Übergang zur Tagesordnung.

Die Bestimmungen des russischen Hauptentwurfs über Vermittelung und gute Dienste waren am wenigsten umstritten und sollten sozusagen das Versuchsfeld abgeben.

Descamps bezeichnete daher eine summarische Erörterung über diese 6 Artikel als die natürlichste und praktischste Einleitung der Verhandlungen des Ausschusses, und der letztere gab ihm Recht.[3])

Der Anfang war gefunden.

Demgemäss trat noch in derselben Sitzung am 29. Mai[4]) der Ausschuss in

I. die erste Lesung ein und beriet

1. über die Vermittelung.

Nunmehr legte auch der Amerikaner Holls seinen Antrag über besondere Vermittelung vor;[5]) und die Beratung füllte noch die dritte Sitzung (31. Mai).[6])

Der Ausschuss beschloss, über den Fortgang seiner Arbeit die dritte Kommission möglichst auf dem Laufenden zu halten. Deshalb sollte bereits am 5. Juni eine Kommissionssitzung stattfinden, in welcher der Ausschuss über seine Beschlüsse berichten und die Kommission darüber in Beratung treten könne.[7])

[1]) Vgl. oben S. 59.
[2]) IV. 107.
[3]) IV. 98, 99.
[4]) IV. 100—103.
[5]) IV. 103. Vgl. oben S. 81.
[6]) IV. 104 ff.
[7]) IV. 107.

In der Tat fand diese Kommissionssitzung bereits am 5. Juni statt und hier wurden, wie sich zeigen wird, die Bestimmungen über die Vermittelung erledigt.

2. In der 4. Ausschusssitzung am 3. Juni begann der Ausschuss die Beratung über die Schiedsgerichtsbarkeit, wobei der russische Hauptentwurf Art. 7—13 zugrunde gelegt wurde.[1]) Hier machte der Umfang der obligatorischen Schiedssprechung,[2]) welcher auch noch die 5. Ausschusssitzung ausfüllte,[3]) besondere Schwierigkeiten.

Bei der Beratung des Art. 13 musste die Frage des ständigen Schiedsgerichts kommen. Russland war darauf gefasst gewesen und hatte für diesen Fall bereits seinen Schiedshofentwurf vorgelegt.[4]) Aber auch England und die Vereinigten Staaten von Amerika waren mit einem solchen Entwurf gekommen.[5]) Unter Zustimmung von Staal und Holls wurde der englische Entwurf[6]) zugrunde gelegt.[7])

Mit der Schiedshoffrage beschäftigte sich der Ausschuss in der 6.,[8]) 7.[9]) und teilweise auch noch in der 8. Sitzung.[10])

3. Dann ging die Ausschussberatung, noch in der 8. Sitzung, auf Art. 14 des russischen Hauptentwurfs über und erledigte die internationalen Untersuchungskommissionen (Art. 14 - 18).[11]) Freilich kam man in der folgenden (9.) Sitzung auf Anregung des russischen Bevollmächtigten v. Martens, welcher infolge seiner Tätigkeit beim Schiedsgericht in Paris der letzten Sitzung nicht hatte beiwohnen können, noch einmal auf die Untersuchungskommissionen zurück.[12]) Damit schloss die Verhandlung über den russischen Hauptentwurf.[13])

Descamps gab nunmehr eine Übersicht über die Arbeiten des Ausschusses, die sich bereits zu einem Ganzen zusammenfügten. Für das geplante Abkommen ergab sich folgende Einteilung, die in der Tat auch dem Abkommen zugrunde gelegt wurde:

Einleitung betreffend die Aufrechterhaltung des allgemeinen Friedens,

Bestimmungen über gute Dienste und Vermittelung,

Bestimmungen über internationaleUntersuchungskommissionen,

Bestimmungen über die internationale Schiedsgerichtsbarkeit.

---

[1]) IV. 108.
[2]) Art. 10 des russischen Hauptentwurfs.
[3]) IV. 113 ff.
[4]) Vgl. oben S. 80.
[5]) Vgl. oben S. 81.
[6]) Vgl. oben S. 81.
[7]) IV. 116.
[8]) 9. Juni (IV. 117 ff.); die Generaldebatte IV. 117—124; die Spezialdebatte IV. 124 ff.
[9]) 12. Juni (IV. 127 ff.).
[10]) 21. Juni (IV. 132—134).
[11]) 8. Sitzung am 21. Juni (IV. 134—136.)
[12]) IV. 137 ff.
[13]) IV. 138.

Für letztere empfahl sich folgende Dreiteilung:

I. Das Schiedswesen.

II. Das ständige Schiedsgericht.

III. Das Schiedsverfahren.

Das sollte nun Alles, wie Descamps hervorhob, in Ein Abkommen aufgenommen und nicht in Anlagen verzettelt werden.[1])

4. Es stand nur noch die Beratung über das Schiedsverfahren aus, das sich an den Art. 13 des russischen Hauptentwurfs anschliessen sollte,[2]) so dass der Zusammenhang des Schiedswesens gewahrt blieb.

Hier wurde der russische Entwurf einer Schiedsprozessordnung[3]) zugrunde gelegt.

Die Beratung über dieselbe begann in der 9. Ausschusssitzung am 21. Juni.[4])

Sie beschäftigte auch noch die 10. Sitzung am 26. Juni,[5]) wo die schiedsrechtlichen Beratungen abgeschlossen wurden.

Damit war die erste Lesung des Ausschusses zu Ende, und Descamps stellte beschlussmässig auf Grund der bisherigen Beratung, nachdem die Vermittelungsbestimmungen bereits die Kommission passiert hatten, ein Projekt über die Schiedsgerichtsbarkeit („projet de code d'arbitrage") zusammen, wo die ursprünglichen und die neuerlichen Bestimmungen neben einander gestellt waren.[6])

Dasselbe behandelte in III Abschnitten: das Schiedswesen, das ständige Schiedsgericht und das Schiedsverfahren.

II. In der nächsten (11.) Ausschusssitzung, die aber erst am 30. Juni stattfinden konnte, begann die zweite Lesung.[7])

Da, wie gesagt, die Kommission selbst bereits am 5. Juni zur Frage der Vermittelung Stellung genommen hatte,[8]) schied diese Frage aus.

An dem Entwurf über die internationalen Untersuchungskommissionen wurde nichts mehr geändert.[9])

Die Ausschussberatung in zweiter Lesung drehte sich demgemäss zunächst um:

1. das Schiedsverfahren.[10]) Die Revisionsklausel beschäftigte noch die 12. Sitzung am 1. Juli.[11]) In derselben Sitzung begann die zweite Lesung über
2. das ständige Schiedsgericht.[12]) Diese Beratung füllte noch die 13. Sitzung am 3. Juli aus.[13])

---

[1]) IV. 138 f.
[2]) IV. 139.
[3]) Vgl. oben S. 80.
[4]) IV. 139 ff.
[5]) IV. 143—150.
[6]) IV. 150, 151; abgedruckt IV. 246 ff.
[7]) IV. 151 ff.
[8]) IV. 7 ff.
[9]) IV. 171.
[10]) IV. 151 ff
[11]) IV. 158—161.
[12]) IV. 161 ff.
[13]) IV. 165—171.

3. In der 14. Sitzung am 4. Juli wurde in Erörterung des Schiedswesens das obligatorische Schiedsprinzip entschieden und zu Fall gebracht.[1])

Schliesslich einigte sich der Ausschuss über den Titel,[2]) den das Abkommen zu führen habe und in welchem sämtliche bis jetzt beratenen und beschlossenen Bestimmungen Platz finden sollten.

Mit den üblichen Dankesworten an Vorsitzenden, Berichterstatter und Schriftführer endigte am 4. Juli die zweite Lesung des Ausschusses.[3])

III. Eine dritte Ausschusslesung in Spezialsitzungen erfolgte nur stückweise nach Massgabe des Bedürfnisses, worüber sofort berichtet werden soll.

Das so vom Ausschuss in zwei Lesungen beratene und beschlossene „Projet de convention pour le réglement pacifique des conflits internationaux“[4]) wurde nämlich jetzt an die Mitglieder der III. Kommission verteilt, damit sie es prüfen und die Ansichten ihrer Regierungen einholen konnten. Bemerkungen waren bei dem Ausschusssekretär d'Estournelles einzureichen.

Man hatte gehofft, dass der Ausschuss noch vor Zusammentritt der Kommission das eingelaufene Material in einer oder mehreren „Spezialsitzungen“[5]) (séances spéciales) verarbeitet haben würde.[6])

In der Tat wurden nun solche Sitzungen sofort nötig und die erste am 15. Juli abgehalten.

Es waren nämlich Abänderungsanträge von Baron v. Bildt, d'Ornellas Vasconcellos, Rolin, Zorn und Stancioff gestellt worden.

In der genannten Spezialsitzung am 15. Juli[7]) handelte es sich um die Nachprüfung von Bemerkungen zu den Art. 1, 7, 8 (d'Ornellas), 9 (d'Ornellas-Bildt), 16, 17 (Bildt), 20 (Zorn), 23, 24 (Rolin), 25 (Bildt), 27 (Rolin-Stancioff), 28 (Bildt).

Am 17. Juli begann, wie ich bald ausführen werde, die Kommissionsberatung,[8]) bei welcher man dann aber auf verschiedene Schwierigkeiten stiess, die eine nochmalige Ausschussprüfung nötig machten.

So fand denn am 18. Juli eine weitere (2.) Spezialsitzung statt.[9]) Diese dritte Ausschusslesung folgte also der Kommissionssitzung. Hier fand zunächst eine Generaldiskussion über die internationalen Untersuchungskommissionen statt, und sodann folgte eine nochmalige Prüfung der Art. 21 (Macedo), 22, 23 (Macedo-v. Grelle Rogier), 24 (Rolin), 26 (Renault). Ausserdem erfolgten Bemerkungen zu den Art. 27, 28, 31, 51—54, 56.

---

[1]) IV. 173–177.
[2]) IV. 177. Descamps hatte vorgeschlagen: „Code International de la Paix“, Asser dagegen: „Réglemation pacifique des conflits internationaux“. (IV. 177.)
[3]) IV. 177.
[4]) Abgedruckt IV. 258 ff.
[5]) IV. 178.
[6]) IV. 177.
[7]) IV. 178 ff.
[8]) IV. 21 ff.
[9]) IV. 184 ff.

In der Morgensitzung der Kommission am 19. Juli wurde der Ausschuss noch einmal mit der Prüfung von Fragen betraut, die in der Vollsitzung noch nicht erledigt werden konnten.[1]) Die „internationalen Untersuchungskommissionen hatten sich nämlich immer mehr zur Sisyphusarbeit der Konferenz entwickelt. So wurde eine dritte Spezialsitzung nötig, die sich am Nachmittag des 19. Juli mit dieser Frage beschäftigte.[2]) Und nachdem gar bei der zweiten Lesung der Kommission am 20. Juli in der sog. Inkompatibilitätsfrage eine weitere Schwierigkeit entstanden war, erwies sich auch hier eine dritte Ausschusslesung als notwendig, die in der 4. Spezialsitzung am 21. Juli[3]) erfolgte.

Damit war dann aber auch die Tätigkeit des Ausschusses beendigt.

§ 20.

Die Verhandlungen der Kommission.

I. Die Kommission hatte, wie schon S. 86, 87 erwähnt wurde, bereits in der dritten Sitzung am 5. Juni die erste Lesung über die Vermittelung (Art. 1—8) vorgenommen.[4])

Die nächste (4.) Kommissionssitzung fand erst am 7. Juli statt.

In der Zwischenzeit liegen die 14 Ausschusssitzungen, über welche ich gerade berichtet habe.

In der Kommissionssitzung am 7. Juli[5]) lag der Ausschussentwurf vor.[6]) Derselbe behandelte bereits in 56 Artikeln nach einem einleitenden § 1 „Erhaltung des allgemeinen Friedens" in weiteren 3 Paragraphen die guten Dienste und Vermittelung (§ 2), die internationalen Untersuchungskommissionen (§ 3) und die internationale Schiedssprechung (§ 4). Der § 4 hatte damals schon folgende Gliederung: I. das Schiedswesen, II. der ständige Schiedshof, III. das Schiedsverfahren.

Der Präsident Bourgeois entschuldigte die späte Einberufung der Kommission mit dem Umfang der Ausschussarbeit, betonte dabei aber auch, dass der Entwurf im Ausschuss einstimmig angenommen worden sei.[7]) Die Sitzung selbst wurde programmmässig mit dem mündlichen Bericht ausgefüllt, den Descamps erstattete (Ausschussbericht).[8]) Am Schlusse seines Berichts gab Descamps eine allgemeine Würdigung des Entwurfs.[9])

Der Präsident Bourgeois erklärte:

„Cet exposé restera comme le commentaire le plus lucide et le plus utile des dispositions qui interviendrout sur la matière de l'arbitrage et il sera le guide le plus sûr, non seulement pour les membres de la conférence au cours de leurs

---

[1]) IV. 191.
[2]) IV. 193 ff.
[3]) IV. 198 ff.
[4]) IV. 7 ff. Der Entwurf ist abgedruckt IV. 243 ff.
[5]) IV. 12 ff.
[6]) Abgedruckt IV. 258 ff.
[7]) IV. 12.
[8]) IV. 12 ff.
[9]) IV. 20.

discussions, mais aussi dans l'avenir, pour les gouvernements eux-mêmes, lorsqu'il s'agira d'interpréter le text de la convention." [1])

In der folgenden Sitzung kam der rumänische erste Bevollmächtigte Beldiman auf diese Worte zurück. Derselbe schloss sich rückhaltlos dem Lob an, das der Präsident dem lichtvollen Bericht gespendet hatte. Was aber dessen „caractère interprétatif officiel" betreffe, so wolle er zwar nicht die „fidélité parfaite" bestreiten, aber nichtsdestoweniger müsse hier „toute liberté d'appréciation" gewahrt bleiben.[2])

Der Präsident meinte indes, ein Zweifel über die rechtliche Natur des Berichts sei ausgeschlossen. Wenn man in Zukunft auf die vorbereitenden Arbeiten Bezug nehme, so werde der Kommentar des Berichterstatters den grössten Nutzen gewähren.[3])

Das kann man in der Tat zugeben.[4]) Aber eine authentische Interpretation ist auch der vorzüglichste Bericht nicht. Das wollte Beldiman sagen, und darin hatte er recht.

Die Kommissionsberatung konnte nicht sofort beginnen, vielmehr musste den Bevollmächtigten Zeit gelassen werden, Instruktionen zu erholen.[5]) Es wurde zu diesem Zweck eine längere Vertagung nötig, und die nächste (5.) Kommissionssitzung wurde erst auf den 17. Juli angesetzt.[6])

Einzelne Delegationschefs reisten zur Besprechung nach Hause. Die Amerikaner berichteten durch die Post und erhielten die Antwort durch Kabel. Die Japaner hatten sogar den ganzen Entwurf nach Tokio telegraphiert, was ungefähr 20000 fl. kostete.[7])

Programmmässig fand die nächste Kommissionssitzung am 17. Juli statt.[8])

Nachdem die Bestimmungen über die Vermittelung Art. 1—8 bereits am 5. Juni die erste Lesung bestanden hatten, hätte die Beratung an Art. 9 ff. (Untersuchungskommissionen) einsetzen sollen.

Da aber der rumänische und serbische Vertreter hierüber noch keine Instruktionen hatten, begann man mit

der Beratung über die Schiedssprechung:[9])

a) Schiedswesen IV. 21—22,
b) Schiedshof IV. 22—28,
c) Schiedsverfahren IV. 28—41.

Einige Fragen wurden zur erneuten Beratung an den Ausschuss hinübergegeben, über welche dieser in der 2. Spezialsitzung am 18. Juli Beschluss fasste.[10]) Hier wurde auch die Einteilung in Titel und Kapitel statt Paragraphen beschlossen.[11])

Die Untersuchungskommissionen bildeten die Tagesordnung der 6. Kommissionssitzung am Morgen des 19. Juli:[12])

Generaldiskussion IV. 42—58,
Spezialdiskussion IV. 58—60.

---

1) a. a. O.
2) IV. 21.
3) a. a. O.
4) Vgl. auch oben S. 5.
5) IV. 20.
6) IV. 20, 21.
7) B. v. Suttner, Tagebuchblätter S. 284 mit dem Zusatz: „Ein hübscher Preis — aber ein paar Schüsse aus einem grossen Panzerschiff kosten auch nicht weniger."
8) IV. 21.
9) IV. 21 ff.
10) Vgl. oben S. 88.
11) IV. 192.
12) IV. 42 ff.

Damit war die erste Lesung der Kommission zwar zu Ende,[1] aber es bedurfte erst noch einer dritten Spezialsitzung des Ausschusses am Nachmittag des 19. Juli, um die letzten Hindernisse für die Untersuchungskommissionen zu beseitigen.[2]

II. Die zweite Lesung begann die Kommission in ihrer 7. Sitzung am 20. Juli.[3]

Wiederum mussten vorerst die Untersuchungskommissionen ausgeschaltet werden, weil immer noch teilweise die Instruktionen fehlten.[4]

Es wurde gehandelt über:
- die Vermittelung IV. 61—64,
- die Schiedssprechung 64 ff.,
  - das Schiedswesen IV. 64—65,
  - den Schiedshof IV. 65—76,
  - das Schiedsverfahren IV. 77—80.

Die Beratung brach hier am Art. 36 ab, weil der amerikanische Bevollmächtigte Seth Low die sog. Incompatibilitätsfrage aufwarf, zu der dann am folgenden Tag (21. Juli) in der vierten Spezialsitzung der Ausschuss erst noch Stellung zu nehmen hatte.[5]

In der 8. Sitzung am 22. Juli setzte die Kommission die zweite Lesung fort. Sie erledigte zunächst die Untersuchungskommissionen IV. 81—86 und dann von Art. 36 ab das Schiedsverfahren (IV. 86—90).

Die Untersuchungskommissionen waren den Balkanstaaten ein Stein des Anstosses gewesen, und der Serbe Veljkovitch rechtfertigte jetzt am Schluss der 2. Lesung den früheren und jetzigen Standpunkt dieser Staaten.[6] Mit den üblichen Dankesworten schloss diese Sitzung.[7]

In der letzten (9.) Kommissionssitzung am Morgen des 25. Juli machte die Türkei zwei Vorbehalte zu dem Entwurf, und dann wurde der schriftliche Bericht, den Descamps im Namen der Kommission an die Konferenz erstatten sollte, ohne Debatte genehmigt.[8]

Dieser Bericht ist ein wahres Meisterwerk, und das Lob, welches ihm der Vorsitzende Bourgeois spendete,[9] war wohlverdient. Dieser fortlaufende Kommentar ist in der Tat von vollendeter Klarheit, ein guter Führer durch die Beschlüsse der Kommission.[10]

Descamps gehört zu den „Friedensfreunden", die sich, wie der Vorsitzende mit Recht betonte,[11] am meisten der Sache der internationalen

---

[1] IV. 60.
[2] Vgl. oben S. 89.
[3] IV. 61 ff.
[4] IV. 61.
[5] Vgl. oben S. 89.
[6] IV. 90 ff. Die Antwort des Präsidenten IV. 92.
[7] IV. 92.
[8] IV. 93 f. Dieser sog. Kommissionsbericht ist im Anhang der 7. Plenarsitzung der Konferenz abgedruckt IV. 100—144. Er erschien später auch in der Revue de droit international 1900 S. 117 ff.
[9] IV. 93 f.
[10] IV. 93.
[11] a. a. O.

Schiedssprechung gewidmet haben. Seine lange Erfahrung und der Wert seiner Persönlichkeit kamen der Konferenzarbeit sehr zu statten.

In erster Linie kommt für die wissenschaftliche Darstellung freilich auch hier das Ausschuss-Protokoll selbst in Betracht,[1]) das d'Estournelles de Constant geführt hat, und das, wie auch Zorn anerkannte, „in seiner offiziellen Gestalt ein richtiges und im wesentlichen vollständiges Bild jener interessanten und wiederholt sehr klippenreichen Verhandlungen bietet".[2])

§ 21.

Die Plenarsitzungen, Unterzeichnung, Ratifikation und Vorbehalte.

I. Es fanden jetzt zwei Plenarsitzungen statt, die eine zur Beschlussfassung über den Kommissionsentwurf, die andere zur Annahme der vom allgemeinen Redaktionsausschuss gegebenen diplomatischen Fassung.

1. Die holländische Staatsdruckerei hatte wiederum eine glänzende Probe ihrer Leistungsfähigkeit gegeben,[3]) und noch am Nachmittag des 25. Juli konnte die Plenarsitzung stattfinden,[4]) in welcher die Beschlüsse der Kommission vom Morgen desselben Tages beschieden wurden.

Der fertiggestellte Entwurf[5]) wurde von Descamps Artikel für Artikel verlesen und die einzelnen Artikel ohne jegliche Erinnerung angenommen.[6])

Der portugiesische Bevollmächtigte Graf Macedo feierte das Friedenswerk, an dem die portugiesische Delegation leider nur sehr bescheiden habe mitwirken können.[7])

Die Vereinigten Staaten von Amerika und die Türkei formulierten noch einmal ihre Vorbehalte.[8])

Der Präsident v. Staal schloss diesen Teil der Tagesordnung,[9]) indem er vor allem der warmherzigen Beredsamkeit, dem Takt und der Unparteilichkeit, die Bourgeois in der Leitung der Kommissions- und Ausschussverhandlungen bewiesen hatte, Dank und Anerkennung zollte. Dem Berichterstatter Descamps versicherte er, dass sein Name mit dem angenommenen Werk innig verknüpft bleiben werde: „Son rapport est un monument de science et de méthode et représente un effort intellectuel inappréciable."[10])

---

[1]) Vgl. oben S. 1.

[2]) „Tag" 1903 Nr. 323.

[3]) I. 86.

[4]) Die 7. Plenarsitzung I. 86 ff.

[5]) Abgedruckt I. 86. Die Einleitung und die Schlussbestimmungen (Ratifikations-, Beitritts- und Kündigungsklausel) fehlten noch.

[6]) I. 86—93.

[7]) I. 93.

[8]) I. 93 f.

[9]) Des weiteren wurde noch einmal eine Frage des Landkriegsrechtsabkommens, nämlich die Kabelfrage des Art. 53, aufgegriffen (I. 94 f.) und dann die Schlussakte fertiggestellt (I. 95 ff.).

[10]) I. 94.

2. In der 9. (vorletzten) Plenarsitzung[1]) wurde nach dem Bericht Renaults über die Arbeiten des allgemeinen Redaktionsausschusses auch die Einleitung und der Schluss festgestellt, nachdem sich über diese Frage v. Martens bereits am Schluss der ersten Lesung der Unterkommission in massgebender Weise geäussert hatte.

Die auf Descamps zurückkehenden Vorschläge des Ausschusses zur Abfassung der Schlussakte wurden ohne Debatte angenommen, und es erhielt der Schluss auf den Antrag von Descamps die besondere Überschrift: „Allgemeine Bestimmungen“.[2])

So entstand die jetzige Fassung des friedensrechtlichen Abkommens.[3]) Dasselbe ist abgedruckt im Anhang meines Buches Nr. 3.

II. Die Unterzeichnung des friedensrechtlichen Abkommens, welche bis zum 31. Dezember offen stand,[4]) erfolgte von allen Konferenzmächten.[5])

Dabei wurden die in der Verhandlung gemachten Vorbehalte formell erneuert. Nur Belgien sah davon ab; offenbar weil sein Vorbehalt selbstverständlich war.[6]) Darnach unterzeichneten:

1. Die Vereinigten Staaten von Amerika das Abkommen mit dem Vorbehalt, den die in der Plenarsitzung vom 25. Juli[7]) abgegebene Erklärung zu Gunsten der Monroe-Doctrin enthält.
2. Rumänien unter den Vorbehalten, welche deren Vertreter bezüglich der Schiedssprechung zu den Art. 16, 17 und 19 des Abkommens — Art. 15, 16 und 18 des Ausschussentwurfs — in der Kommissionssitzung am 20. Juli[8]) abgegeben hatte.[9])
3. Serbien unter dem Vorbehalt, welcher in derselben Kommissionssitzung am 20. Juli[10]) bezüglich der Vermittelung gemacht worden war.[11])
4. Die Türkei unter dem Vorbehalt, welchen die in der Plenarsitzung am 25. Juli[12]) abgegebene Erklärung zur Wahrung vollständiger Freiheit enthält.

---

[1]) I. 202.

[2]) I. 204 f.

[3]) I. 145—154.

[4]) Welche Staaten sofort in der Schlusssitzung unterzeichneten, sieht man I. 233 f.

[5]) Vgl. das „tableau des signatures“ am Schluss des 1. Protokollbandes (Kolonne I).

[6]) Mitten in der zweiten Lesung des Ausschusses am 3. Juli hatte nämlich der belgische Bevollmächtigte erklärt: Belgien könne nach Massgabe seiner Garantieverträge Vermitteler und Schiedsrichter nicht annehmen, wenn es sich um Gebiet, Unabhängigkeit und andere Abmachungen des Vertrags von 1839 handle (IV. 171 f.). Vgl. auch den Descamps'schen Kommissionsbericht I. 106.

[7]) I. 93. Auch abgedruckt im RGBl. 1901 S. 483.

[8]) IV. 64 f. Vgl. auch IV. 26.

[9]) Auch abgedruckt im RGBl. 1901 S. 483.

[10]) IV. 63. Die türkische Vertretung hatte damals noch keine Instruktion (IV. 64).

[11]) Auch abgedruckt im RGBl. 1901 S. 485.

[12]) I. 94.

III. Die Ratifikation, über welche Art. 58 handelt, haben alle Signatarmächte mit Ausnahme von der Türkei erteilt,[1]) welche letztere überhaupt nichts ratifizierte.

IV. Die Vorbehalte wurden bei der Ratifikation aufrecht erhalten. Der türkische Vorbehalt war überholt.

1. Die Vereinigten Staaten von Amerika hatten folgenden Vorbehalt gemacht:

„Von dem Inhalte dieses Abkommens darf nichts derart ausgelegt werden, dass es die Vereinigten Staaten von Amerika verpflichtete, von ihrer überlieferten Politik abzuweichen, auf Grund deren sie sich eines Eingreifens, einer Einmengung oder einer Einmischung in die politischen Fragen oder in die Politik oder in die innere Verwaltung irgend eines fremden Staates enthalten. Es ist gleichermassen selbstverständlich, dass in dem Abkommen nichts so ausgelegt werden darf, als wenn es für die Vereinigten Staaten von Amerika ein Aufgeben ihrer überlieferten Haltung in Ansehung der rein amerikanischen Fragen in sich schlösse."

2. Die Vertreter von Serbien hatten folgende Erklärung abgegeben:

„Im Namen der Kgl. serbischen Regierung haben wir die Ehre, zu erklären, dass unsere Annahme des Grundsatzes der guten Dienste und der Vermittelung für die dritten Staaten nicht eine Anerkennung des Rechtes in sich schliesst, diese Mittel anders zu gebrauchen, als mit der äussersten Zurückhaltung, welche die zarte Natur dieser Schritte erfordert.

Wir werden die guten Dienste und die Vermittelung nur unter der Bedingung zulassen, dass ihre Bedeutung als rein freundschaftlicher Rat ihnen voll und ganz erhalten bleibt, und wir würden sie niemals in solchen Formen und unter solchen Umständen annehmen können, welche ihnen die Bedeutung einer Intervention aufprägen könnten."

3. Die Vertreter von Rumänien hatten folgendes erklärt:

a) Zu Art. 15 des Entwurfs (Art. 16 des Abkommens):

„Die Kgl. rumänische Regierung, ganz eingenommen für den Grundsatz der fakultativen Schiedssprechung, deren volle Wichtigkeit sie in den internationalen Beziehungen schätzt, versteht sich gleichwohl nicht dazu, durch Artikel 15 eine Verpflichtung zur Annahme einer Schiedssprechung in allen dort vorgesehenen Fällen zu übernehmen, und sie glaubt, in dieser Hinsicht ausdrückliche Vorbehalte machen zu müssen.

Sie kann daher für diesen Artikel nur mit diesem Vorbehalte stimmen."

b) Zu Art. 16 des Entwurfs (Art. 17 des Abkommens):

„Die Kgl. rumänische Regierung erklärt, dass sie dem Artikel 16 nur mit dem ausdrücklichen, in das Protokoll

---

[1]) Vgl. oben S. 51.

aufzunehmenden Vorbehalte beitreten kann, dass sie entschlossen ist, für Streitverhältnisse oder Streitigkeiten aus der Zeit vor dem Abschlusse dieses Abkommens in keinem Falle eine internationale Schiedssprechung anzunehmen."

c) Zu Art. 18 des Entwurfs (Art. 19 des Abkommens):

„Die Kgl. rumänische Regierung erklärt, dass sie sich nicht dazu versteht, mit dem Beitritte zum Artikel 18 des Abkommens irgend eine Verpflichtung in Sachen der obligatorischen Schiedssprechung zu übernehmen."

§ 22.

Die Frage des nachträglichen Beitritts.

Die Frage der Kündigung regelt Art. 61, wie bei den übrigen Haager Abkommen, bei welchen die Darstellung erfolgen soll.

Aber die Frage des Beitritts („adhésion") ist im Art. 59 und 60 abweichend von jenen gelöst worden.

Die anderen Abkommen sind offene Verträge.

Das friedensrechtliche Abkommen dagegen ist nicht offen.[1])

Das friedensrechtliche Abkommen fasst nach dem Bericht von Renault zwei verschiedene Sachlagen ins Auge, indem es bezüglich der Beitrittsfrage zwischen den Haager Konferenzstaaten und den anderen Mächten unterscheidet. Dieser verschiedenen Sachlage entsprechen die Art. 59 und 60.

Die bei der Haager Friedenskonferenz vertretenen Mächte konnten nach Art. 59 auf doppeltem Weg Vertragsmächte werden. Sie konnten sofort oder bis zum 31. Dezember unterzeichnen. Von da an hatten sie beizutreten. Aber sie erhielten doch das Recht dazu. Im übrigen aber wurde der Beitritt hier ganz wie bei den Kriegsrechtskonventionen geregelt.[2]) In dieser Richtung lag alles glatt.

Der Art. 60 dagegen hatte die grössten Schwierigkeiten gemacht.

Der Art. 60 ordnet den Beitritt der Mächte, welche nicht an der Haager Konferenz teilnahmen. Und darnach ist nun unser Abkommen „nicht offen". Diese Mächte können wohl beitreten, — die Konvention ist also nicht geschlossen[3]) — aber die Vorbedingungen eines solchen Beitritts sollen erst durch eine spätere Verständigung der Vertragsmächte festgelegt werden. Sie haben somit nicht das freie Beitrittsrecht der Konferenzmächte.

Bei einem rechtsbildenden und noch dazu einem friedensrechtlichen Abkommen, das doch möglichst alle Staaten in seinen Geltungsbann ziehen möchte, darf das auffallen.

Man war, wie der Renaultsche Bericht weiter ausführte,[4]) auch nicht leicht zu dieser Lösung gekommen. Man hatte lange und lebhaft gestritten, und der Redaktionsausschuss musste aus seiner bescheidenen

---

[1]) Vgl. den Bericht von Renault I. 202—204.

[2]) Landkriegsr.-Abkommen Art. 4, Rothekreuz-Abkommen Art. 13.

[3]) I. 203. B. v. Suttner formuliert die Sache so: Im Prinzip sei die Konvention für offen erklärt, dabei aber die Frage über allenfallsige Bedingungen dem nachträglichen Einvernehmen der Signatarmächte überwiesen worden. (Tagebuchblätter S. 298.)

[4]) a. a. O.

Stellung heraustreten und diplomatische sowie politische Fragen der Entscheidung zuführen.

Asser, der Präsident des allgemeinen Redaktionsausschusses, hatte in der letzten Ausschusssitzung eine Rede gehalten, in welcher er über die Entstehung des Art. 60 Aufschluss zu geben suchte, wobei er sich aber alle erdenkliche Mühe gab, nur nicht allzuviel zu sagen.

Die Rede hat folgenden Wortlaut:

„Die Verhandlungen der internationalen Konferenzen haben bald den Charakter einer parlamentarischen Debatte, bald den Charakter diplomatischer Unterhandlungen.

In der Sache, mit welcher unser Ausschuss in diesen Tagen befasst war, trugen die Verhandlungen den letzteren Charakter.

Deshalb mussten einerseits die persönlichen Meinungen der Ausschussmitglieder und der Bevollmächtigten, die noch mitberieten, mehr als es auf anderen Gebieten üblich ist, den Regierungen zur Genehmigung vorgelegt werden, und andererseits war auch, wollte man zu einem praktischen Ergebnis kommen, Einigkeit unerlässlich.

,Wenn wir uns nun unter diesem doppelten Gesichtspunkte über den Eindruck der Ausschussreden dieser Tage Rechnung geben, so glaube ich feststellen zu können, dass wir alle (Bevollmächtigte und Regierungen) von dem Wunsche beseelt sind, es möge gelingen, die Mächte, welche an der Friedenskonferenz nicht teilnehmen, zum Beitritt zur Friedensrechtskonvention zu bewegen. Aber ich muss auch feststellen, dass eine grosse Meinungsverschiedenheit in der Richtung besteht, ob das Recht des Beitritts uneingeschränkt gewährt, oder ob es an gewisse Vorbedingungen geknüpft werden soll, und welches im letzteren Fall diese Bedingungen sind.

Auf der einen Seite hat man mit Wärme den Gedanken vertreten, es müsse die Friedensrechtskonvention hier ganz genau so wie die anderen im Haag beschlossenen Konventionen behandelt werden. So hatte auch der Prüfungsausschuss der III. Kommission beschlossen.

Das bedeutete das unbeschränkte Beitrittsrecht aller Mächte auf dem Weg einer einfachen Erklärung. Auf der anderen Seite behauptete man, dass dieses Recht beschränkt werden müsse. Eine solche Beschränkung lässt sich in verschiedener Weise denken: Man kann die ausdrückliche Zustimmung aller Vertragsmächte zum Beitritt für notwendig erklären. Man kann es auch mit der stillschweigenden Zustimmung genügen lassen, deren Vorhandensein dann angenommen wird, wenn sich in bestimmter Frist eine Macht dem Beitritt nicht widersetzt. Endlich kann auch schon die Zustimmung der Majorität, aber dann mit der Einschränkung ausreichend erscheinen, dass der Beitritt durch einen Beschluss des ständigen Verwaltungsrats im Haag (Art. 28) bestätigt wird. Das letztere entspricht der Auffassung der holländischen Regierung. Es wird dadurch verhindert, dass hier jeder einzelnen Macht ein Veto zusteht.

Für diesen letzteren Fall war noch vorgeschlagen, es solle, wenn die Beitrittsanmeldung auf Widerspruch stosse, der Beitritt seine Wirkungen nur bezüglich der Mächte äussern, welche ihre Zustimmung gegeben haben.

Ich kann jetzt nicht die Gründe wiederholen, welche zu Gunsten eines jeden dieser Systeme vorgebracht worden sind.

Ich will mich auf die Feststellung beschränken, dass der Boden für ein einmütiges Einvernehmen nicht gefunden werden konnte und dass es tatsächlich unmöglich ist, in der kurzen Zeit, welche uns verbleibt, zu einem solchen Einvernehmen zu gelangen, zumal mehrere Bevollmächtigte noch keine genauen Instruktionen in dieser Richtung empfangen haben.

Unter diesen Verhältnissen bleibt uns somit nur die Wahl zwischen folgenden zwei Systemen:

Entweder streichen wir einfach die Beitrittsklausel, soweit sie sich mit den im Haag zur Zeit nicht vertretenen Mächten beschäftigt, oder aber, wenn anders das Recht des Beitritts zum Grundsatz erhoben werden soll: wir behalten die Regelung der Beitrittsvoraussetzungen einem späteren Einvernehmen der Mächte vor.

Der Verlauf der Verhandlung scheint anzudeuten, dass diese letzte Lösung gewählt wird.

Man war einig in der Anerkennung, dass es wünschenswert sei, den nicht vertretenen Mächten den Beitritt zu ermöglichen. Wenn sich die Konvention über diesen Punkt ausschweigen würde, so wäre sie tatsächlich geschlossen, was wir aber nicht wollen. Wenn die Konvention jedoch umgekehrt ein späteres Einvernehmen ins Auge fasst, so bringt sie selbst damit die Hoffnung zum Ausdruck, dass sich dieses Einvernehmen herstellen lasse.

Wir sind alle überzeugt, dass die Mächte der Weiterentwicklung mit der grössten Sorgfalt dienen werden, aber wir wissen auch, dass die Ratifikationen nicht von heute auf morgen zu erwarten sind. Hoffen wir, dass die Zeit, welche bis zur Ratifikation verstreicht, dazu dienen wird, die gegenwärtig noch bestehenden Schwierigkeiten zu beseitigen. Möge man sich immer mehr davon überzeugen, dass die Eigenart unserer Konvention selbst die Annahme eines weiten und freiheitlichen Systems in der Beitrittsfrage erfordert.

Die Konvention hat die friedliche Erledigung der internationalen Streitfälle zum Gegenstand, und sie bestimmt die dazu erforderlichen Mittel.

Nun wohl! Die Urheber dieser Konvention müssen notwendig wünschen, dass alle Mächte, selbst diejenigen, welche hier nicht vertreten sind, bei diesem Werk von allgemeinem Interesse mittun.

Überhaupt müssen sie jetzt, nachdem die Konvention keine obligatorische Schiedssprechung vorsieht, wünschen, dass in einem Streitfall zwischen nicht vertretenen Mächten oder zwischen einer nicht vertretenen und einer Konferenzmacht die Konvention dieselben Früchte bringt, wie in einem Streit der Konferenzmächte selbst."

Soweit die Rede Assers, welche Renault seinem Ausschussbericht wörtlich einverleibte[1]) und die er als die beste Darstellung der Motive bezeichnete, welcher sein Kommentar nichts mehr hinzuzufügen habe.[2])

Man hat indes den Eindruck, und dieser wurde später durch Zorn[3]) bestätigt, dass hier etwas mit vielen Worten nur verhüllt werden soll.

Nach Zorn war lang und lebhaft hauptsächlich hinter den Kulissen über den Beitritt des Papstes zum friedensrechtlichen Abkommen verhandelt worden, Italien habe aber eine feste und unbedingt ablehnende Haltung eingenommen und nur das Zugeständnis gemacht, dass die Frage als Gegenstand späterer Vereinbarung bezeichnet werden könne.[4])

B. v. Suttner[5]) teilte mit, dass sich auch England in einer an Pauncefote gerichteten Instruktion gegen den freien Beitritt der Mächte ausgesprochen habe. Im Haag sei das so gedeutet worden, dass England dem Eintritt von Transvaal widerstrebe, das die schwebende Streitfrage schiedsrichterlich entschieden haben wollte.

Dass der offene Charakter der Schiedsgerichtskonvention im Hinblick auf den Papst und auf Transvaal abgelehnt wurde, hat später auch Lammasch bestätigt.[6])

Wir wissen heute, dass schliesslich aber auch die Rivalität der Vereinigten und der anderen Staaten von Amerika mitsprach.

Genaueres haben wir erst aus dem bei Mérignhac[7]) abgedruckten amtlichen Bericht der französischen Delegation erfahren, welcher denn auch der folgenden Ausführung zugrunde liegt.

Theoretisch konnte man wohl im Zweifel sein, ob die nicht vertretenen Mächte einfach ihren Beitritt erklären können oder dazu der Zu-

---

[1]) I. 202—204.
[2]) I. 204.
[3]) „Deutsche Rundschau" 1900 S. 117.
[4]) Zorn selbst meint (a. a. O.), der Eintritt des Papstes „in das im Haag geschlossene internationale Schiedsgerichtssystem würde enorme Bedeutung haben."
[5]) Tagebuchblätter S. 298.
[6]) Ztsch. f. intern. Privat- und Strafrecht Bd. 11 S. 36.
[7]) „La conférence intern. de la paix" p. 34, 36.

stimmung der Vertragsmächte bedürfen. Für das letztere sprach der Umstand, dass für den Beitritt eine gewisse Kulturgleichheit Voraussetzung ist. Aber dieser Einwand konnte nicht mehr wohl aufrecht erhalten werden, nachdem China, Persien und Siam zur Konferenz zugelassen worden waren.

Die Entscheidung fiel denn auch vom Boden der Realpolitik und ist ein Kompromiss:

England trat für den „charactère fermé" und zwar bei allen drei Konventionen ein. Der französische Bericht bemerkt hierzu: „il semblait avoir en vue le Transvaal". Später beschränkte dies England auf die friedensrechtliche Konvention. Dieser gegenüber war nun der Streit auszutragen und hier spielte auch die Papstfrage eine massgebende Rolle. Der Papst war nicht eingeladen worden:[1]) sollte er wenigstens beitreten können, und sodann Schiedsrichter auf die Schiedsliste setzen, das Erinnerungsrecht des Art. 27 haben und im Verwaltungsrat vertreten sein?

Es handelte sich mittlerweile um den Beitritt der Mächte (puissances), nicht mehr, wie es anfangs hiess, der Staaten (Etats). Aber Italien wollte nicht, dass der Papst daraus Nutzen ziehe und fand Unterstützung in der Haltung Englands und der Vereinigten Staaten von Amerika, welch letztere die anderen amerikanischen Staaten ausgeschlossen sehen wollten.

Der italienische Bevollmächtigte Graf Nigra hätte sich schliesslich mit einem befristeten Vetorecht zufrieden gegeben, und Pauncefote für seine Person war damit einverstanden; aber England forderte das Recht ausdrücklicher Zustimmung für alle Vertragsmächte.

Von anderer Seite wurde geltend gemacht, es möge der Widerspruch einer Vertragsmacht lediglich auf diese seine Wirkung beschränken. Dann wäre also ein und dieselbe Macht nach der einen Seite innerhalb, nach der anderen Seite ausserhalb des Abkommens gestanden, was freilich ein sonderbares Verhältnis gewesen wäre. Wieder andere wollten die Prüfung des Widerspruchs dem Verwaltungsrat überlassen; aber damit hätte man dem letzteren noch zu guter Letzt die so sehr gefürchtete politische Rolle zugespielt. Frankreich war für die „convention ouverte", konnte aber damit nicht durchdringen. Und so einigte man sich schliesslich vergleichsweise dahin, dass die Festsetzung der Beitrittsbedingungen einer weiteren Vereinbarung vorbehalten werde.

So entstand der jetzige Art. 60.

Nach Fried[2]) bildet „die Forderung nach einer Offenerklärung der Haager Konventionen für alle Staaten und die Forderung einer Vereinigung der durch die Haager Konventionen geschlossenen Union mit der panamerikanischen Union[3]) einen höchst aktuellen Beratungsstoff für die ins Auge gefasste zweite Session der Haager Konferenz."

---

[1]) Vgl. oben S. 13.

[2]) Friedens-Warte 1904 No. 10 S. 184.

[3]) Auf der ersten panamerikanischen Konferenz 1889/90 waren die Verhandlungen über einen interamerikanischen Schiedsvertrag gescheitert; aber 1901/2 auf der zweiten panamerikanischen Konferenz zu Mexiko kam ein ständiges Schiedsabkommen zwischen 9 amerikanischen Staaten zustande, und 17 Staaten verpflichteten sich, wenigstens ihre Geldansprüche dem Haager Schiedshof zu unterwerfen (Fried a. a. O. S. 184.)

Fried geht von der Voraussetzung aus, dass für die auf der Haager Konferenz nicht vertretenen Staaten der Haager Schiedshof geschlossen sei, was indes durch Art. 26 Abs. 2 widerlegt wird.

Allerdings steht hiernach der Haager Schiedshof den Nichtsignatarmächten nicht ohne weiteres offen, aber es bedarf hier nicht einer Verständigung der Vertragsmächte nach Massgabe des Art. 60, sondern nur einer Verordnung des ständigen Verwaltungsrats in Gemässheit des Art. 26 Abs. 2 in Verbindung mit Art. 28 Abs. 4 und 8.[1])

---

[1]) Vgl. darüber unten § 67.

Zweites Hauptstück.

Der Inhalt des friedensrechtlichen Abkommens.

§ 23.

Der Geist des friedensrechtlichen Abkommens.

I. Der Zweck des friedensrechtlichen Abkommens lässt sich schon aus dessen Einleitung erkennen.[1])

Hiernach waren die vertragschliessenden Staatsoberhäupter:

„von dem festen Willen beseelt, zur Aufrechterhaltung des allgemeinen Friedens mitzuwirken."

Sie „waren entschlossen, mit allen ihren Kräften die friedliche Erledigung internationaler Streitigkeiten zu begünstigen".

Sie handelten „in Anerkennung der Solidarität, welche die Glieder der Gemeinschaft der zivilisierten Nationen verbindet".

Sie waren „gewillt, die Herrschaft des Rechtes auszubreiten und das Gefühl der internationalen Gerechtigkeit zu stärken".

Sie waren „überzeugt, dass die dauernde Einrichtung einer allen zugänglichen Schiedsgerichtsbarkeit im Schosse der unabhängigen Mächte wirksam zu diesem Ergebnisse beitragen kann".

Sie waren geleitet durch die „Erwägung der Vorteile einer allgemeinen und regelmässigen Einrichtung des Schiedsverfahrens".

Sie waren „mit dem Erlauchten Urheber der internationalen Friedenskonferenz der Ansicht, dass es von Wichtigkeit ist, in einer internationalen Vereinbarung die Grundsätze der Billigkeit und des Rechtes festzulegen, auf denen die Sicherheit der Staaten und die Wohlfahrt der Völker beruhen".

Soweit die Grossartigkeit eines Friedenswerkes in allgemeinen Kundgebungen Erscheinung gewinnen kann, ist sie hier mit Flammenschrift gezeichnet. Aber die Einleitung stellt es auch fest, dass die Friedenseinrichtung nur „im Schosse der unabhängigen Mächte" ihren Platz finden solle. Mit bedeutungsvoller Feierlichkeit hatte der Präsident der Friedenskommission, welch letzterer dies auch auf Wunsch zu Protokoll nahm und im Bericht festlegte, verkündigt, dass der Geist des Abkommens keinerlei Schmälerung der staatlichen Souveränität und Unabhängigkeit anstrebe und eine neue Ära der Interventionspolitik nicht beabsichtigt sei.

---

[1]) Dieselbe geht auf Descamps zurück (vgl. oben S. 93, ferner Zorn, „Deutsche Rundschau" 1900 S. 117).

II. In der Einleitung spricht ein neuer Geist, der dann auch in einem politischen Programm seinen Ausdruck findet. Der erste Titel enthält die frohe Botschaft des allgemeinen Friedens[1]) — allerdings nur im Rahmen des Menschenmöglichen und als Versprechen redlichen Bemühens um friedliche Streiterledigung.

„Um in den Beziehungen zwischen den Staaten die Anrufung der Gewalt **soweit als möglich** zu verhüten, erklären sich die Signatarmächte einverstanden, **alle ihre Bemühungen aufwenden zu wollen,** um die friedliche Erledigung der internationalen Streitfragen zu sichern."

Der Krieg wird hierdurch nicht aus der Welt geschafft. Eine solche Macht besitzt keine Konferenz; und solange die Erde von Menschen bewohnt wird mit Fehlern und Leidenschaften, muss wohl auch mit der Möglichkeit nicht bloss des Streites, sondern insbesondere auch des Krieges gerechnet werden. Die neue Friedensorganisation ist unzureichend und lässt uns nicht hoffen, dass die internationalen Streitigkeiten aller Art in Wirklichkeit friedlich geschlichtet werden.

Die Signatarmächte setzten sich nur das gewiss erhabene Ziel, „die Anrufung der Gewalt soweit als möglich zu verhüten". Leider wird es nicht immer möglich sein. Aber ernstlich bemühen muss man sich; und da ist es von Wert, dass die Staatsoberhäupter mit Unterschrift und Siegel ihr Wort eingesetzt und vor der ganzen Welt erklärt haben, „alle ihre Bemühungen aufwenden zu wollen".

Der Art. 1 enthält, wie Descamps[2]) in der zweiten Ausschusssitzung ausführte, den festen Entschluss der Mächte, den friedlichen Mitteln den Vorzug vor der Gewalt zu geben sowie deren aufrichtigen Willen, für die internationale Friedenssicherung zu wirken. Der Art. 1 klingt wie die Kodifikation der Worte des russischen Kaisers: „la conservation de la paix a été posée comme le but de la politique internationale".

Die Ausführung einer derartigen allgemeinen Zusage lässt sich freilich nicht polizeilich überwachen und erzwingen.

Der Art. 1 enthält übrigens auch keine eigentliche Rechtsverpflichtung, und in den Verhandlungen wurde das, wie sich alsbald zeigen wird, auch ausdrücklich festgestellt.

Aber die innerliche Gewissenspflicht staatsgewaltlicher Friedensbewahrung ist frisch in die Öffentlichkeit hinausgetreten und hat sich zum offenen Gelöbnis verwandelt.

Da die Signatarmächte hiermit die öffentliche Kritik ein für allemal herausgefordert haben, so werden sie dieselbe von jetzt an allerdings auch ertragen müssen.

Lassen es die Regierungen zum Krieg kommen, so wird ihnen nunmehr vor der Öffentlichkeit die Führung des Nachweises nicht erspart werden können, dass sie in Wirklichkeit zur Abwendung des Krieges alle ihre Bemühungen aufgewendet haben. Diese Verantwortung wird in erster

---

[1]) B. v. Suttner, Tagebuchblätter S. 299 „Das ganze Friedensevangelium".
[2]) IV. 98.

Linie die Kriegführenden treffen; aber auch die Neutralen haben schon im Art. 1 Pflichten übernommen, die, wie sich bald zeigen wird, in dem Abkommen selbst eine grössere rechtliche Bestimmtheit erlangt haben.

III. Der jetzige Art. 1 bildete im russischen Hauptentwurf den ersten Artikel der Bestimmungen über die guten Dienste und die Vermittelung und demgemäss nur die Einleitung („en conséquence“: art. 2) zu diesen letzten. Aber schon gleich bei der Ausschussberatung meinte Descamps: vielleicht führt uns die weitere Verhandlung dazu, diesen Artikel selbständig zu machen und an die Spitze des Ganzen zu bringen.[1]) Graf Nigra stellte dann auch sofort diesen Antrag, der angenommen wurde.[2]) Dadurch bekam der Artikel seine jetzige Programmbedeutung.

Die weiteren Verhandlungen drehten sich um zwei Punkte:

1. Sollen die Bemühungen der Mächte nur der Kriegvorbeugung, oder der friedlichen Erledigung aller internationalen Streitfälle gelten?
2. Welchen Charakter haben diese Bemühungen?

1. Der russische Hauptentwurf[3]) hatte im Art. 1 von der friedlichen „solution des conflits“ gesprochen. Ein Konfliktsfall ist aber nach Art. 2 und 5 dieses Entwurfs ein „dissentiment grave“, also eine ernste Meinungsverschiedenheit oder ein wirklicher Streit. Aber schon in der einleitenden Kommissionsverhandlung am 29. Mai meinte Descamps, vielleicht empfehle sich im Hinblick auf den allgemeinen Charakter des Art. 1 statt „conflit“ die allgemeine Bezeichnung „différend“.[4]) Der Ausschuss nahm dann auch diese Änderung vor.[5])

Der rumänische Bevollmächtigte Beldiman widersprach derselben zwar in der Kommission, indem er meinte, der Art. 1 fasse doch nur die Kriegsfälle ins Auge, und deshalb sei conflit geeigneter.[6]) Aber Descamps wies das als irrig zurück; man brauche gerade einen allgemeinen Ausdruck für Streitigkeiten überhaupt, also für Differenzen jeder Art, die mit friedlichen Mitteln geschlichtet werden sollten.[7]) Auch Beernaert und Asser äusserten sich in diesem Sinne.[8])

In der Tat sieht man nicht ein, warum man die kleinen Meinungsverschiedenheiten stets erst zum Streit auswachsen lassen soll, bevor man sich um die friedliche Beilegung bemüht. Eine Form der letzteren ist immer noch in erster Linie die unmittelbare diplomatische Verhandlung.

---

[1]) IV. 98.

[2]) IV. 100.

[3]) Der Art. 1 lautete: „A l'effet de prévenir, en tant que possible, le recours à la force les rapports internationaux, les Puissances signataires sont convenues d'employer tous leurs efforts, pour amener, par des moyens pacifiques, la solution des conflits qui pourraient surgir entre Elles.“ (IV. 201.)

[4]) IV. 98.

[5]) IV. 101.

[6]) In der ersten Spezialsitzung änderte dann der Ausschuss das „pour amener, par des moyens pacifiques, la solution des différends internationaux“ in: „en vue du règlement pacifique des différends internationaux.“ (IV. 178, 258.) Die Änderung des Anfangs „à l'effet“ in „en vue“ geht auf einen Vorschlag von Descamps in der zweiten Spezialsitzung zurück. (IV. 192.) Damit hies es dann weiter: „pour assurer le règlement . . .“

[7]) a. a. O.

[8]) a. a. O.

Erst für die schweren Fälle haben sich die Mächte der durch die Haager Konferenz ausgebauten Friedensinstitute zu bedienen.

2. In unmittelbarer Verbindung mit dieser Frage wurde in der Kommission die rechtliche Natur der im Art. 1 gemachten Versicherung festgestellt.

Der portugiesische Bevollmächtigte Graf Macedo hatte die Schlussworte „entre Elles" beanstandet und dafür „entre les nations" gewünscht, sonst wären die Vermittelungsbestimmungen auf die Signatarmächte beschränkt.[1])

Der russische Bevollmächtigte v. Martens aber meinte, man müsse unterscheiden zwischen dem rechtlichen Band, das durch den Vertrag allerdings nur für die Kontrahenten hergestellt werde und einem rein akademischen Wunsch, auf den der Art. 1 durch die angeregte Änderung herabsinken würde. Der Art. 1 solle in Wirklichkeit um die Signatarmächte ein Vertragsband schlingen.[2])

Das ist gewiss richtig, soweit es sich um die Äusserlichkeit des Bandes handelt. Aber wie steht es mit der Art dieser Bindung.

In der Kommission wurde der ganz allgemeine Charakter der im Art. 1 gemachten Versicherung betont,[3]) und der Vorsitzende stellte als Ergebnis der Beratungen fest: Der Art. 1 ist lediglich eine „allgemeine Einleitung", und die eigentlichen Rechtsverpflichtungen (les obligations proprement dites) beginnen erst im folgenden Artikel.[4])

Nur unter diesem Vorbehalt erfolgte dann die Annahme.[5])

Beldiman kam bei der zweiten Lesung der Kommission auf diese Frage noch einmal zurück. Nach den bei der ersten Lesung abgegebenen Erklärungen sei der Art. 1 nur eine „déclaration générale qui servirait de préambule à la convention". Man frage sich aber, warum man ihn als besonderen Artikel fortführe. Übrigens habe das „convenir" in den folgenden Artikeln eine andere Bedeutung.[6])

Das ist in der Tat richtig. Gleich das conviennent im Art. 2 bedeutet eine Rechtspflicht, und der amtliche deutsche Text hat hier: „Kommen überein", während es im Art. 1 heisst: „erklären sich . . einverstanden".

Berichterstatter Descamps bestätigte, dass der Art. 1 kein „engagement formel" von Staat zu Staat enthalte. Er bedeute nur eine allgemeine Zusage, keine Bindung im einzelnen.[7])

Diese vom Präsidenten Bourgeois gebilligte Auslegung des Art. 1 wurde dann auf Verlangen Beldimans[8]) im Bericht an die Konferenz aufgenommen.[9])

---

[1]) IV. 8.
[2]) IV. 9.
[3]) a. a. O.
[4]) a. a. O.
[5]) a. a. O.
[6]) IV. 61.
[7]) a. a. O.
[8]) a. a. O.
[9]) IV. 61. Der Kommissionsbericht I. 101 betont demgemäss die „portée générale" „la plus large consécration" des Art. 1 und führt weiter aus: „Die Mächte bestimmen

Man kann nur wünschen, dass der Art. 1 nicht das Schicksal der meisten Programme teilt, die schliesslich nur den schreienden Gegensatz von Wollen und Können, von Plänen und Verwirklichung urkundlich festhalten.

Erste Abteilung.

Die Vermittelung.

§ 24.

Der russische Entwurf und seine erste Behandlung.

A. Der russische Hauptentwurf hatte im Art. 2—6 „die guten Dienste und die Vermittelung" behandelt.

Zum Art. 5 war eine „notice explicative" ergangen.[1])

I. In diesen „Erläuterungen" wird nun ein Unterschied zwischen den guten Diensten und der Vermittelung nicht mehr anerkannt. Die Unterscheidung der Theorie[2]) war bis jetzt dahingegangen, der Staat werde mit seinen guten Diensten auch bei nur einseitigem Anrufen tätig und versöhne möglicherweise in nur einseitigem Interesse, während der Vermitteler als ehrlicher Makler immer beiden Teilen zu ihrem Recht verhelfen wolle, daher notwendig von beiden gewünscht und die eigentlich gestaltende Kraft, wenn auch nicht die entscheidende Macht sei.

Die russischen Erläuterungen betonen den rein theoretischen Wert dieser Unterscheidung:[3]) Vermittelung und gute Dienste seien in ihrem rechtlichen Wesen gleich und ein Unterschied ergebe sich bloss durch den höheren Nachdruck und den grösseren Erfolg der Vermittelung. Die Diplomatie habe, wie sich schon aus den Akten des Pariser Vertrags von 1856[4]) ergebe, niemals Wert auf jene Unterscheidung gelegt.

Der russische Entwurf und nach ihm auch das Abkommen selbst führt aber nichtsdestoweniger immer die Vermittelung und guten Dienste nebeneinander auf.[5]) Aber überall ist für die technische Durchbildung das Vermittelungsbild massgebend geworden.

II. Der russische Entwurf enthielt folgende Bestimmungen:

Art. 2. Die Signatarmächte haben beschlossen, im Falle einer ernsten Meinungsverschiedenheit, bevor sie zu den Waffen greifen, die guten Dienste oder die Vermittelung einer oder mehrerer befreundeter Mächte anzurufen, soweit dies die Umstände gestatten werden.

Art. 3. Wird die Vermittelung von Staaten, die sich im Streit befinden, angenommen, so besteht die Aufgabe des Vermittelers in der Versöhnung der gegensätzlichen Ansprüche und in der Beruhigung der feindseligen Stimmung.

übrigens selbst, welche Hilfe sie zu Gunsten der Erhaltung des Friedens leisten, »sans que ce concours implique un engagement spécial d'une Puissance vis-à-vis d'une autre«." (I. 101.)

[1]) Abgedruckt IV. 208.

[2]) Vgl. G. v. Martens, „Précis du droit des gens moderne de l'Europe" II. p. 20.

[3]) a. a. O. Anm. 1. Vgl auch Mérignhac, „La conférence intern. de la paix" p. 265.

[4]) Vgl. oben S. 60.

[5]) Bloss der Art. 27 Abs. 2 erwähnt die guten Dienste allein.

Art. 4. Diese Aufgabe der vermittelnden Regierung ist beendigt, wenn der vorgeschlagene Vergleich und die Grundlage eines angeregten Einvernehmens abgelehnt worden sind.

Art. 5. Es können aber nicht bloss die im Streit befindlichen Mächte die guten Dienste oder die Vermittelung der Neutralen anrufen, sondern es ist auch nützlich, dass die letzteren aus eigener Initiative, soweit es die Umstände gestatten, solche anbieten.[1])

Art. 6. In jedem Fall liegt nur ein freundlicher Rat vor; es fehlt die „force obligatoire".

III. Die russische „Notice explicative" führte nun im wesentlichen folgendes aus:[2])

1. Unter den durch die Praxis des Völkerrechts entwickelten kriegvorbeugenden Mitteln stehen in erster Linie die guten Dienste, die Vermittelung und der Schiedsspruch. Die Konferenz knüpft am natürlichsten an diesen schon bestehenden Rechtsinstituten an. Die Vermittelung ist höchst nützlich und praktisch, eine Konsequenz der internationalen Interessengemeinschaft, dabei elastisch, anpassungsfähig und einfach. Dieses Instrument der täglichen Diplomatentätigkeit erscheint, mit Takt und in aufrichtiger Friedensgesinnung gehandhabt, in der Zukunft eine bemerkenswerte und wohltuende Rolle zu spielen. Dabei steht sie, weil sie sich an die freie Zustimmung wendet, auch nicht im Widerspruch zur Souveränität. Sie hat in internationalen Konflikten bis zur neuesten Zeit eine grosse Rolle gespielt.

Die Konferenzabkommen von 1856 und 1885[3]) sind durch einen Gedanken beherrscht: Sie verpflichten die streitenden Mächte, um Vermittelung zu bitten.

2. Aber die genannten Verträge kennen keine Pflicht der Neutralen, eine Vermittelung anzubieten. Man kannte auf dem Vermittelungsgebiet bis jetzt nur Pflichten der unmittelbar beteiligten Staaten, aber keine Pflichten der Neutralen.

Und doch steht die Pflicht, um Vermittelung zu bitten, in der Praxis auf schwachen Füssen. Denn die Bitte um Vermittelung setzt notwendig eine vorläufige Übereinstimmung der streitenden Staaten rücksichtlich der Notwendigkeit und Zweckmässigkeit der Vermittelung voraus. Aber eine solche Übereinstimmung ist im Streit entgegenstehender Interessen nicht immer möglich.

Auf jeden Fall kann man das Bitten um Vermittelung nicht obligatorisch machen. Das würde eine Übereinstimmung widerstreitender Willen bedeuten, und dazu kommt, dass man sich vielleicht auch über die Wahl des Vermittelers nicht einigen kann. Die wenigen Verträge, welche im voraus eine Pflicht vorsehen, die Schiedssprechung anzurufen, treffen auch Bestimmungen über die Organisation des Schiedsgerichts. Aber einen Vermitteler mit seinem bloss moralischen Ansehen gibt es ganz ausnahmslos nur auf Grund des Einvernehmens der Parteien nach ausgebrochenem Streit.

---

[1]) Dabei denkt der Art. 5 nach seinem Wortlaut an Streitigkeiten über „questions d'intérêt politique".

[2]) IV. 208 ff.

[3]) Vgl. oben S. 59 ff., 62.

So haben denn seit 1856 neutrale Mächte mit Berufung auf Art. 23 des Pariser Protokolls vom Jahre 1856[1]) im Konflikt befindlichen Staaten oft ihre Vermittelung angeboten, aber es gibt keinen einzigen Fall, wo die letzteren die Bitte um Vermittelung angebracht hätten.

Hier hat daher die Fortbildung einzusetzen.

Eine Pflicht der Neutralen, ihre Vermittelung anzubieten, ist den völkerrechtlichen Verträgen wie der völkerrechtlichen Praxis bisher unbekannt. In der Theorie wurde sogar das Recht der Neutralen zur Vermittelungsofferte bestritten (Bluntschli, Heffter), oder wenigstens das Gefährliche der letzteren betont (Hautefeuille, Galiani).

In vielen Fällen erfolgte die Vermittelung so spät und unbestimmt, dass sie den Krieg nicht abwandte. So hat z. B. Frankreich im Jahre 1870 die guten Dienste Englands abgelehnt.

Oft dient die Vermittelung auch der Beendigung des Krieges. Diesen Erfolg hatte die Vermittelung im deutschen Krieg 1866, im Krieg zwischen Chili, Peru und Bolivia 1882 und zwischen der Türkei und Griechenland 1897.

Demnach ist der Konferenz der Weg vorgezeichnet. Es handelt sich jetzt darum, aus der Vermittelung eine dauernde und notwendige Einrichtung des Völkerrechts zu machen. Das fordert die Interessengemeinschaft der Staaten. Jeder Krieg ist ein internationales Übel. Deshalb muss sich jeder Staat verpflichtet fühlen, den Krieg abzuwenden und demgemäss seine Vermittelung anzubieten.

Völkerrechtstheoretiker wie von Martens, Phillimore, Pradier-Fodéré, Travers-Twiss u. a. haben bis jetzt schon eine Pflicht der Staaten zur Vermittelung aufgestellt:

> „La conférence de la paix jugera peut-être utile de proclamer ce devoir à la face de l'humanité tout entière, afin de donner à la médiation toute la valeur d'un puissant instrument de paix“.

Soweit die russische „Notice explicative“.

B. Es war nun zunächst darüber Beschluss zu fassen, ob die Konferenz auf dieser Grundlage der Vermittelung weiter bauen wollte.

Descamps leitete die Beratungen über die guten Dienste und die Vermittelung mit der Erklärung ein, dass die sechs ersten Artikel des russischen Hauptentwurfs (Eléments) die Basis der Verhandlungen bilden sollten.[2])

Es wären hauptsächlich zwei Fragen zu prüfen: die Anrufung und das Angebot der Vermittelung (Art. 2, 5).

In ersterer Beziehung enthalte der Art. 2 dreierlei:

1. Die Bezeichnung des Falles, für welchen der neue Rechtssatz geschaffen werden solle: „en cas de dissentiment grave avant d'en appeler aux armes“. Hier könne vielleicht eine präzisere Form gefunden werden, insbesondere zur Abgrenzung gegen Art. 5.

---

[1]) Vgl. oben S. 60

[2]) Zweite Ausschusssitzung. IV. 97 ff. Vgl. auch den Descamps'schen Bericht (IV. 7), wonach der Ausschuss im russischen Entwurf eine vorzügliche Grundlage für seine Beratungen gefunden hat.

2. Die allgemeine Verpflichtung zur Anrufung der guten Dienste; das wäre ein bedeutsamer Fortschritt.
3. Den schon im 23. Protokoll des Pariser Kongresses von 1856 bezeichneten Ausweg „en tant que les circonstances l'admettraient". Wolle man einen ähnlichen Weg offen halten, so sei freilich zu prüfen, ob die Formel genüge und durch die Zulässigkeit von Ausnahmen die Regel genügend gewahrt bleibe.

Die zweite Prüfungsaufgabe betreffe das Angebot der Vermittelung (Art. 5). Diese Bestimmung sei von der weittragendsten Bedeutung und sie bedeute einen grossen Fortschritt. Doch müsse das russische Projekt wohl in der Richtung umgebildet werden, dass man hier die politischen und juridischen Konflikte nicht weiter unterscheide.

Der russische Bevollmächtigte von Martens betonte auf diese einleitenden Worte: Das russische Projekt sei vor allem praktischer Natur und der Niederschlag der internationalen Erfahrung.

Darnach wurde in die Beratung des russischen Entwurfs eingetreten; und aus den Art. 2—6 der russischen „Eléments" entstanden Art. 2—8 des Abkommens.

Die Frage der Vermittelung steht heute am Anfang des friedensrechtlichen Abkommens und bildete den Anfang der Beratungen der Schiedsgerichtskommission und ihres Ausschusses. Im wesentlichen konnte hier die bisherige Theorie und Praxis festgelegt werden.

Zorn [1] meinte später: „Es war gut, dass man sich in den Beratungen im Komitee erst in diesen verhältnismässig harmlosen Fragen aneinander gewöhnt hatte, ehe die schwierigeren Probleme zur Erörterung gelangten. Der gute Wille, den man in diesen Erörterungen erwarb und erwies, war weiterhin ein wertvoller Faktor zur Überwindung der Schwierigkeiten der Probleme."

Immerhin hat es auch hier, wie sich bald zeigen wird, an Schwierigkeiten nicht gefehlt.

§ 25.

Das Anrufen der Vermittelung.

Der Art. 2 des Abkommens bestimmt:

> „Die Signatarmächte kommen überein (conviennent), im Falle einer ernsten Meinungsverschiedenheit oder eines Streites, bevor sie zu den Waffen greifen, die guten Dienste oder die Vermittelung einer befreundeten Macht oder mehrerer befreundeter Mächte anzurufen, soweit dies die Umstände gestatten werden" („en tant que les circonstances le permettront").

Der Art. 2 ist nur die Verallgemeinerung des oben S. 66 erwähnten Wunsches der Signatarmächte des Pariser Friedens von 1856. So war im wesentlichen auch schon die Fassung des russischen Entwurfs,[2]) und der

[1]) Deutsche Rundschau 1900 S. 107.

[2]) Der Art. 2 des russischen Entwurfs lautete:

> „En conséquence, les puissances signataires ont décidé qu'en cas de dissentiment grave ou de conflit, avant d'en appeler aux armes, elles auront

Descamps'sche Kommissionsbericht[1]) zum Art. 2 baut sich im Geiste der russischen „Notice explicative“ auf.

I. Die allgemeine Rechtfertigung der dem Völkerrecht längst bekannten Vermittelungseinrichtung liegt hiernach in der Interessengemeinschaft aller Staaten, wonach der Krieg auch die Neutralen schädigt. Das hatte Descamps schon im Ausschusse nachdrücklich hervorgehoben.[2])

Und in der Tat kann hier nicht der Schatten eines Zweifels bestehen.

II. Die Anrufung eines Vermittelers setzt immer eine ernste Meinungsverschiedenheit oder einen wirklichen Streit voraus.

Schon der russische Entwurf hatte dies verlangt, und der Descamps'sche Bericht betonte das Notwendige dieser Voraussetzung; ohne dieselbe könnte es sich möglicherweise nur um eine zwecklose und gefährliche Einmischung handeln.[3])

Das Abkommen nennt wie der russische Entwurf die guten Dienste und die Vermittelung noch nebeneinander. Der Descamps'sche Kommissionsbericht bemerkt hierzu im Geiste der russischen Erklärungen, dass man in gewisser Hinsicht eine Verschiedenheit gelten lassen könne. Praktisch aber würden sie sich weniger durch ihre Natur als durch die grössere oder geringere Eindringlichkeit unterscheiden. In summa: „les actes diplomatiques n'insistent pas sur cette distinction. La présente convention vise, sous sa double forme, l'interposition conciliatrice“.[4])

III. Der Kommissionsbericht deutet an, dass die Frage Schwierigkeit gemacht hat, ob man einen Ausweg lassen solle: „l'engagement contracté par les puissances doit-il comporter des tempéraments?“ [5])

In der Tat war die Umstandsklausel viel umstritten.[6])

Der russische Entwurf hatte die Anrufung der Vermittelung zur Pflicht gemacht nur „en tant que les circonstances l'admettraient“.

Diese Klausel war eine Wiederholung des Pariser Beschlusses von 1856,[7]) war aber im Berliner Kongoabkommen von 1885[8]) wieder fallen gelassen worden.

Der Präsident Bourgeois begründete das damit, dass die afrikanischen Interessenstreitigkeiten unter keinen Umständen einen casus belli abgeben sollten. Aber das könne man nicht ohne weiteres verallgemeinern.[9])

---

recours, en tant que les circonstances l'admettraient, aux bons offices ou à la médiation d'une ou de plusieurs Puissances amies.“

Als der Art. 1 die Einleitung des Ganzen und ein politischer Programmsatz wurde, mussten die Worte „en conséquence“ fallen. Das „conviennent“ statt des „ont décidé“ und dann (IV. 101) „decident“ geht auf einen Antrag Veljkovitch zurück, den dieser in der zweiten Lesung der Kommission einbrachte. Der serbische Bevollmächtigte führte dabei aus, dass das „conviennent“ einen „sens plus contractuel“ habe (IV. 61).

[1]) I. 102 f.

[2]) IV. 101.

[3]) I. 102.

[4]) I. 102.

[5]) a. a. O.

[6]) Vgl. jetzt auch Zorn im „Tag“ 1903 Nr. 307.

[7]) Vgl. oben S. 60.

[8]) Vgl. oben S. 62.

[9]) IV. 100.

Gleich bei der ersten Ausschussberatung platzten die Gegensätze aufeinander.[1])

Der holländische Bevollmächtigte Asser sah in der Wiederaufnahme der Umstandsklausel einen Rückschritt.[2]) Nachdem die durch den Art. 2 begründete Verbindlichkeit ohnehin durch keine Zwangsbestimmung Kräftigung finden könne, verliere der Artikel jetzt jeden Wert.[3]) Auch der italienische erste Bevollmächtigte Graf Nigra erklärte frank und frei, mit dieser Klausel hebe man die Bedeutung des ganzen Artikels wieder auf.

Bourgeois erblickte aber in dieser Klausel eine Art Ventil zur Erhaltung des Völkerrechts, wenn man einmal von Vermittelung nichts wissen wolle; man könne nicht im voraus die verschiedenen Fälle übersehen. Es fehle aber auch die Sanktion, und da sei es vielleicht weise, die Verwirklichung einer solchen Verpflichtung nicht einem Widerstand auszusetzen, der das ganze Abkommen ins Wanken bringen könne.[4])

Auch der deutsche Bevollmächtigte Dr. Zorn begrüsste die Umstandsklausel als Zeichen staatlicher Freiheit.[5])

Nach Mitteilungen, die Zorn später (1903) im „Tag" Nr. 307 machte, führte er dabei aus: „ohne die Umstandsklausel sei nicht allein der Art. 2, sondern wahrscheinlich die ganze Konvention völlig unannehmbar; nicht bloss Grossmächte, sondern kein seiner selbst bewusster Staat könne sich in Würdigung seiner Interessen derart binden lassen, wie es der Artikel ohne das Ventil der Umstandsklausel tue".

Wenn Zorn dann weiter sagt, er habe in der ersten Sitzung in Vertretung dieses Standpunktes gar keine Unterstützung gefunden, so hat er dabei Bourgeois vergessen.

Der russische Bevollmächtigte v. Martens erklärte die ganze Streitfrage für unpraktisch: mit oder ohne Klausel würden die Mächte eine Vermittelung nur anstreben, soweit es die Umstände erlauben.

Descamps hielt unter der Zustimmung von Pauncefote und Odier den Anhängern der Klausel die Erwägung entgegen, für die Vermittelung sei ja ohnehin stets die Übereinstimmung der beiden Mächte erforderlich. Die ausdrückliche Einfügung der Klausel könne aber dazu führen, dass die Ausnahmen die Regel verdrängen.[6])

Nunmehr versuchte es der österreichische Bevollmächtigte Lammasch, — „eine liebenswürdige Vermittelernatur", wie Zorn später sagte[7]) — mit einer „motion conciliante" oder einer schärferen Fassung der Umstandsklausel, um sie dadurch den Gegnern annehmbar zu machen: „à moins que les circonstances exceptionelles ne rendent ce moyen manifestement impossible"[8]).

Der russische Bevollmächtigte v. Martens enthielt sich der Stimme. Nachdem er natürlich der russischen Fassung zugetan war, war das, wie

[1]) IV. 100 f.
[2]) IV. 100.
[3]) Kommissionsbericht I. 102 f.
[4]) IV. 100. Vgl. auch den Kommissionsbericht I. 103.
[5]) IV. 101.
[6]) IV. 100.
[7]) Im „Tag" 1903 Nr. 307.
[8]) IV. 100.

er in der nächsten Sitzung hervorhob, nur ein Akt der Höflichkeit.[1]) Eigentlich hätte er gegen beide Anträge stimmen müssen.

Für den Antrag Lammasch waren 4 Stimmen: Bourgeois (Frankreich), Holls (Amerika), Zorn (Deutschland) und Lammasch (Österreich-Ungarn).

Für die einfache Streichung der Klausel aber waren 5 Stimmen: Pauncefote (England), Nigra (Italien), Descamps (Belgien), Asser (Holland) und Odier (Schweiz).[2])

Damit war — wenigstens vorläufig im Ausschuss — die Umstandsklausel gefallen.

Aber schon zu Beginn der dritten Ausschusssitzung am 31. Mai kam der deutsche Bevollmächtigte Dr. Zorn auf die russische Klausel „en tant que les circonstances l'admettraient" (Art. 2) zurück. Er kündigte an, dass er in der Plenarsitzung die Wiederherstellung dieser Klausel oder wenigstens die Annahme des Kompromissvorschlags von Lammasch beantragen werde. Ein Vorbehalt erscheine ihm absolut nötig, und die Diskussion sei in dieser Hinsicht offen geblieben.[3])

Auch der englische erste Bevollmächtigte Sir Julian Pauncefote schien über die Tragweite des letzten Beschlusses[4]) mittlerweile ängstlich geworden zu sein und stellte die Frage, ob die im Art. 2 vorgesehene Anrufung der Vermittelung durch die streitenden Mächte obligatorisch sei. Der Präsident erklärte, dass das auf eine Änderung der letzten Abstimmung hinauslaufe; ob dies der Ausschuss wolle. v. Martens verlangte eine neue Abstimmung. Descamps, der anfangs damit zufrieden gewesen wäre, wenn man die drei Texte der Kommission zur Wahl gestellt hätte, liess sich durch Odier belehren, dass der Ausschuss zwar keine Entscheidung zu treffen, aber doch wenigstens präzise Redaktionsvorschläge zu machen habe.

Darauf wurde im Vergleichsweg der nur wenig veränderte Kompromissantrag Lammasch unter Vorbehalt einer letzten Redaktion einstimmig angenommen.[5])

Das war bereits am 31. Mai.

Damit verliert die politische Würdigung, welche Zorn[6]) diesen Vorgängen angedeihen lässt, ihre Schlüssigkeit.

Gewiss wurde die Klausel — aber zunächst nur in der von Lammasch vorgeschlagenen und lediglich sprachlich veränderten Fassung[7]) — ohne

---

[1]) IV. 104.

[2]) IV. 101.

[3]) IV. 104.

[4]) Zorn hat später im „Tag" 1903 Nr. 307 hier einen hochpolitischen Hintergrund gezeichnet. Er spricht von der „Gefahr einer Koalition der kleineren Mächte unter Führung der einen oder anderen Grossmacht, die zu erheblichen politischen Schwierigkeiten hätte führen, ja die Arbeit der ganzen Konferenz hätte illusorisch machen, ja weit über die Konferenz hätte hinaus wirken können: vier Grossmächte waren majorisiert durch drei Mittelstaaten und zwei Grossmächte."

[5]) IV. 105.

[6]) „Tag" 1903 Nr. 307. Vgl. oben Anm. 4.

[7]) „à moins que des circonstances exceptionelles ne s'y opposent" (IV. 105). B. v. Suttner bemerkte über die von Lammasch vorgeschlagene Klausel: „Jedenfalls ist durch die Abänderung die Hintertür etwas enger gemacht. Aber eine Hintertür bleibt

Schwierigkeit, ja ohne Erörterung wiederhergestellt. Aber dass diese Wendung, wie Zorn uns überzeugen möchte, mit dem Gang der Abrüstungsfrage im inneren Zusammenhang stand, ist unmöglich, was schon daraus hervorgeht, dass die Verhandlungen über den Rüstungsstillstand erst am 23. Juni begannen.

Es ist nun noch kurz der Abschluss der Verhandlungen über die Umstandsklausel nachzutragen.

Am 5. Juni gelangte der vom Ausschuss beratene Entwurf der Vermittelungsbestimmungen in der Kommission zur Beratung. In seinem mündlichen Bericht empfahl Descamps die vom Ausschuss am 31. Mai beschlossene Fassung, die dann auch angenommen wurde.[2])

In einer Spezialsitzung des Ausschusses am 3. Juli beantragte dann aber Pauncefote einfach die Wiederherstellung der Umstandsklausel in der russischen Fassung mit einer reinsprachlichen Variante: „en tant que les circonstances le permettent."

Das wurde jetzt ohne jede Debatte angenommen.[4])

Damit war also anerkannt, dass es nicht gerade ganz ausnahmsweise Umstände zu sein brauchen, die von der Anrufung der Vermittelung entbinden. Man war einfach wieder zu dem russischen Standpunkt zurückgekehrt.

Die Umstandsklausel war geradezu eine Notwendigkeit geworden, nachdem schliesslich anstatt des „décident" noch in letzter Stunde das eine wirkliche Vertragspflicht zum Ausdruck bringende „conviennent" gesetzt worden war. Vgl. oben S. 108 Anm.

Der englische Antrag vom 3. Juli war es offenbar, der Zorn später dazu führte, einen Zusammenhang der Entscheidung über die Umstandsklausel mit der am 30. Juni vollzogenen Ablehnung des Rüstungsstillstandes anzunehmen.

Pauncefote war aus einem Saulus ein Paulus geworden.[5]) Aber nicht erst am 3. Juli, sondern schon am 31. Mai, wo sich übrigens ein ganz allgemeines Bekehrungswerk vollzog.

Ich glaube, dass sich hierfür eine ganz einfache Lösung findet und wir von einem politischen Hintergrund absehen dürfen.

Die anfänglichen Gegner der Umstandsklausel, welche die Vermittelung nicht wieder durch eine Klausel entschlüpfen lassen wollten, hatten sich damit getröstet, dass die Vermittelung schliesslich ja doch nur im Einvernehmen der Parteien erfolgen könne, beim Widerspruch eines Teiles also ohnehin nicht erfolge. Gewiss! Aber wenn man sich nicht einigen

---

es. Je nun, der Eintritt in ein ganz neues Gelass wird den Gewohnheitsmenschen leichter gemacht, wenn ihnen für besondere Fälle ein Ausgang zur Rückflucht in das Alte geöffnet bleibt. Nach und nach wird es schon zugemauert." (Tagebuchblätter S. 123.)

[1]) IV. 7.

[2]) IV. 9.

[3]) IV. 171.

[4]) a. a. O. Das jetzige „permettront" wurde später durch den Redaktionsausschuss eingesetzt.

[5]) Das war wohl in erster Linie das Verdienst des Lord Salisbury, der in der Sache nüchterner sah. (Vgl. Zorn, „Deutsche Rundschau" 1900 S. 107.)

konnte, so lag dann eben schon ein Vertragsbruch vor, mit dem hier stark gerechnet werden musste. Das war dann aber die unstreitig grössere Gefahr für eine Friedenseinrichtung, die neu belebt werden sollte und nicht leichtsinnig einem Misserfolg ausgesetzt werden durfte. Sobald man das erkannte und vollkommen würdigte — und in dieser Richtung hatten Zorn und Bourgeois sofort klar gesehen — nahm man die Umstandsklausel wieder auf. Auf die Fassung selbst kam es weiter nicht mehr an; das war eine rein stilistische Frage, an der man noch herumbesserte, ohne dass man sich weiter in eine Debatte einzulassen brauchte.

Im Descampsschen Kommissionsbericht heisst es:[1])

Dieser Vorbehalt wurde angenommen, da er allen etwaigen praktischen Bedürfnissen Rechnung trägt, ohne dass er immer den Absichten zu widersprechen braucht, welche im übrigen den Artikel veranlasst haben.

Muss der Angerufene zur Vermittelung bereit sein?

Sonderabkommen haben es schon für nötig befunden, hier vertragsmässige Pflicht zu schaffen.[2]) Ein Bedürfnis dazu besteht aber in keiner Weise.

Der Schwerpunkt liegt überhaupt nicht beim Anrufen, zu dem es noch niemals gekommen ist, sondern im Anbieten der Vermittelung.

§ 26.

Das Anerbieten der Vermittelung.

Der Art. 3 des Abkommens bestimmt:

„Unabhängig hiervon (d. h. von der Anrufung) halten die Signatarmächte es für nützlich, dass eine Macht oder mehrere Mächte, die am Streite nicht beteiligt sind, aus eigenem Antriebe den im Streite befindlichen Staaten ihre guten Dienste oder ihre Vermittelung anbieten, soweit sich die Umstände hierfür eignen.

Das Recht, gute Dienste oder Vermittelung anzubieten, steht den am Streite nicht beteiligten Staaten auch während des Ganges der Feindseligkeiten zu.

Die Ausübung dieses Rechtes kann niemals von einem der streitenden Teile als unfreundliche Handlung angesehen werden."

Dieser Artikel ist aus dem Art. 5 des russischen Hauptentwurfs hervorgegangen.

Das Anrufen der Vermittlung wird leicht als Zeichen der Schwäche gedeutet. Das ist der Grund, weshalb bis jetzt noch kein Staat um Vermittelung gebeten hat. So musste man darauf bedacht sein, eine Vermittelung von neutraler Seite in Gang zu bringen und das Anerbieten einer Vermittelung möglichst zu fördern.

Hier setzte der Art. 5 des russischen Entwurfs ein:

Les Puissances jugent utile que, dans les cas de dissentiment grave ou de conflit entre Etats civilisés concernant des questions d'intérêt politique — indépendamment du recours que pourraient avoir les puissances en litige aux bons offices ou à la médiation des Puissances non impliquées dans le conflit — ces dernières offrent de leur propre initiative, en tant que les circonstances s'y prêteraient, aux Etats en litige leurs bons offices ou leurs médiation, afin d'aplanir le différend survenu, en leur proposant une solution amiable qui, sans toucher aux intérêts des autres Etats, serait de nature à concilier au mieux les intérêts des Parties en litige.

---

[1]) I. 103.

[2]) So die Abkommen zwischen Frankreich-Korea und Italien-Korea, vgl. oben S. 65.

Die russische Notice explicative hatte ausgeführt,[1]) welche Bedeutung diesem Artikel innewohnt.

I. In der Ausschusssitzung am 29. Mai[2]) kam es zunächst nur zu folgenden Änderungen:

1. Da es sich empfahl, das Anbieten und das Anrufen der Vermittelung unmittelbar hintereinander zu behandeln, so wurde der Art. 5 als Art. 3 eingestellt.
2. Der Art. 5 hatte das Anerbieten für Streitigkeiten auf dem Gebiet der politischen Interessen ins Auge gefasst.

Diese Einschränkung liess man fallen. Man ging mit Recht davon aus, dass sich die Vermittelung für alle Streitigkeiten ernsthafter Natur eigne.

Als dann in derselben Sitzung der italienische Bevollmächtigte Graf Nigra noch einen Zusatz durchsetzte, erhielt der § 1 des neuen Art. 3 folgende Fassung:

„Indépendamment de ce recours, les Puissances Signataires jugent utile qu'une ou plusieurs Puissances, étrangères au conflit, offrent de leur propre initiative, en tant que les circonstances s'y prêtent, leurs bons offices ou leur médiation aux Etats en litige.“[3])

Das ist genau der Abs. 1 des jetzigen Art. 3. Nur wurde später am Schluss statt „en litige“ gesagt: „en conflit“.[4])

Durch die Änderung des Schlusses „en conflit“ war nicht bloss der genaue Anschluss an das „étrangères au conflit“ im Art. 3, sondern auch der organische Zusammenhang dieses Artikels mit Art. 2 hergestellt.

An beiden Stellen ist die gesetzliche Voraussetzung einer Vermittelung, dass es sich um einen „conflit“ oder eine ernste Meinungsverschiedenheit handelt, die zum Krieg zu führen droht. Nur unter dieser Voraussetzung verlangt der Art. 2 ein Anrufen[5]) und wünscht der Art. 3 ein Anbieten der Vermittelung.

Der serbische Bevollmächtigte Veljkovitch hatte die Terminologie des Abkommens nicht genügend beachtet, als er in beiden Stellen die Gleichheit der Voraussetzungen vermisste. Er meinte, weil der Art. 2 einen „conflit grave“ voraussetze, müsse das auch im Art. 3 gesagt werden.

Deshalb beantragte Veljkovitch noch in der zweiten Lesung der Kommission zum Art. 3 Abs. 1 am Schluss folgenden Zusatz:

„entre lesquels a surgi un conflit grave pouvant amener la rupture de relations pacifiques.“[6])

Aber der Art. 2 spricht nicht von einem „conflit grave“, sondern einem „dissentiment grave“ und nennt das „conflit“. Eben diesen „conflit“ setzt auch Art. 3 voraus.

Der Berichterstatter Descamps erklärte mit Recht, dass die von dem serbischen Bevollmächtigten vermisste Übereinstimmung der beiden Artikel in Wirklichkeit bestehe. Auch im Art. 3 handle es sich nur um einen

---

[1]) Vgl. oben S. 105 f.
[2]) IV. 102.
[3]) IV. 103.
[4]) Über diesen Unterschied vgl. oben S. 102.
[5]) Vgl. oben S. 108.
[6]) IV. 61.

„dissentiment grave pouvant amener la guerre". Bei der beantragten Neufassung werde die Fachsprache nur schwankender. Übrigens möge der Ausschuss die Frage prüfen.[1])

Nachdem sich auch der Präsident in diesem Sinne ausgesprochen hatte, erklärte sich Veljkovitch für befriedigt, wenn diese Erklärung als gesetzliche Auslegung (interprétation authentique) der Kommission im Protokoll Aufnahme finden würde, was dann auch zugesagt wurde[2]) und geschah.[3])

Zur Stütze dieser Erklärung hatte der österreichische Bevollmächtigte Lammasch noch auf die Wendung hingewiesen „pendant le cours des hostilités" in dem mittlerweilen hinzugekommenen Abs. 2. Schon darnach handelte es sich in der Tat auch im Art. 3 tatsächlich nur um einen Streit, der den Abbruch der friedlichen Beziehungen herbeiführen kann.[4])

3. Ist das Anerbieten der Vermittelung ein Recht oder eine Pflicht?

Eine Pflicht der Neutralen, durch das Anerbieten der Vermittelung die Abwendung eines drohenden Krieges anzustreben, suchte die russische notice explicative durch die staatliche Interessengemeinschaft zu begründen.[5])

Aber diese begründet nur ein Recht, die Vermittelung anzutragen; und das war bis jetzt nur vereinzelt bestritten.[6])

Dieses Recht gründet sich auf die Freiheit der Staaten, zur Wahrnehmung ihrer Interessen die völkerrechtliche Mitgliedschaft geltend machen dürfen, wobei das „correctif" im entsprechenden Recht der Ablehnung gegeben ist.[7])

Eine völkerrechtliche Pflicht könnte nur durch internationales Abkommen begründet werden, wie das denn auch am Schluss der russischen notice explicative zum Ausdruck kommt.[8]) Man brauchte da nur die Berliner Kongo-Akte von 1885 Art. 11[9]) zu verallgemeinern.

Aber eine solche Pflicht enthält unser Abkommen („jugent utile") ebenso wenig, als sie im russischen Hauptentwurf selbst vorbehaltlos eingestellt gewesen wäre. Und mit Recht betont der Descampssche Ausschussbericht den nicht obligatorischen Charakter des Anerbietens, stellte aber fest, dass nach dem klaren Wortlaut eine nützliche dem Friedensinteresse dienende Einrichtung vorliegt.[10])

---

[1]) IV. 62.

[2]) a. a. O.

[3]) Der Descampssche Kommissionsbericht erwähnte zunächst den serbischen Antrag, und fährt dann fort: „La commission a donné satisfaction à cette suggestion en contestant, que l'article 3 vise bien, en effet, le même cas que l'article 2 en ce qui concerne le caractère du différend donnant lieu aux bons offices et à la médiation" (I. 104).

[4]) IV. 62.

[5]) IV. 210 f. Vgl. oben S. 106. Ebenso Kamarowski bei Mérignhac, La conférence intern. de la paix" p. 270.

[6]) Vgl. oben S. 106.

[7]) Descampssche Kommissionsbericht I. 103.

[8]) IV. 211. „La Conférence de la Paix jugera peut-être utile de proclamer ce devoir."

[9]) Vgl. oben S. 62.

[10]) IV. 7.

Wenn Descamps trotzdem später von einer Pflicht redete, so konnte er sich dabei ja allerdings auf Art. 27 stützen.[1]) Indes wurde gerade dort ausdrücklich festgestellt, dass es sich lediglich um eine sittliche, keine rechtliche Pflicht handelt;[2]) freilich muss auch in dieser Einschränkung noch Widerspruch erhoben werden. Ein Rechtsabkommen kann wohl Rechtspflichten, aber keine moralische Pflichten begründen. Auf dem Gebiet der moralischen Pflichten besteht vielmehr die Autonomie des Gewissens.

Auch wird sich später zeigen,[3]) dass der Art. 27 missraten ist.

Aber selbst wenn man das „jugent utile" als moralische Pflicht zur Vermittelung deutet, so gibt es eine solche nach dem Art. 3 doch nur „soweit sich die Umstände dafür eigenen". Und darüber entscheidet jeder Staat in völliger Freiheit.

Weiter besteht diese sogenannte moralische Pflicht nicht für alle Staaten gleichmässig. Auch in dieser Richtung kommt es auf die Umstände oder die besonderen Beziehungen an.

Die Signatarmächte haben es deshalb nur für nützlich erklärt, „dass eine oder mehrere Mächte" zur Vermittelung bereit sind.

4. Serbien hat es übrigens für nötig gehalten, hier einen Vorbehalt zu machen.[4]) Es verlangte bei dem Gebrauch dieses Mittels der guten Dienste „die äusserste Zurückhaltung, welche die zarte Natur dieser Schritte erfordert".

Das gilt aber auch ohne Vorbehalt; die zarte Natur der Vermittelung lässt es auch geraten erscheinen, mit dem Anerbieten der Vermittelung nicht vorzeitig zu kommen. Was man noch selbst glaubt zu Ende führen zu können, das vertraut man ungern anderen an. Die Ablehnung einer Vermittelung aber bedeutet leicht eine Verschärfung der Lage. Will daher ein Staat seine Vermittelung anbieten, so wird er im allgemeinen gut tun, erst vorsichtig zu sondieren.

II. Schon in der ersten Ausschusssitzung am 26. Mai[5]) hatte Graf Nigra im Namen der italienischen Regierung einen aus sechs Artikeln bestehenden Abänderungsantrag („amendement") zum russischen Hauptentwurf vorgelegt.[6])

Hier waren Vermittelung und Schiedssprechung zusammengekoppelt und für gewisse Fälle obligatorisch gemacht (Art. 1). Der Art. 6 enthält hierfür das Blankettformular, welches die Konferenz ausfüllen sollte. Für alle anderen Fälle war sie wenigstens empfohlen und fakultativ (Art. 2). Das Anbieten und Anregen der Vermittelung durch Neutrale kann hiernach auch noch während des Ganges der Feindseligkeiten erfolgen und darf nicht als unfreundliche Handlung angesehen werden (Art. 3). Wird Vermittelung und Schiedssprechung erbeten oder angetragen, so gebührt der

[1]) I 103.
[2]) Ähnlich Fried, Hdb. der Friedensbewegung S. 174 in Verb. mit S. 175.
[3]) Vgl. unten § 60.
[4]) Vgl. oben S. 94.
[5]) IV. 94.
[6]) Abgedruckt IV. 224. I. 178.

ersteren der Vorrang; doch ist die letztere durch das Schicksal der ersteren in keiner Weise beeinflusst (Art. 4). Der Vorschlag der Vermittelung oder Schiedssprechung hindert nicht die Mobilmachung (Art. 5).

Nun war aber mittlerweile für die Schiedssprechung durch besondere Vorlagen gesorgt worden, und das obligatorische Vermittelungsprinzip war auf Widerstand gestossen.

Deshalb beschränkte sich jetzt Graf Nigra in der zweiten Ausschusssitzung, nach einer allgemeinen Begründung des italienischen „Amendement", darauf, dem Art. 3 desselben im Abkommen einen Platz zu sichern und beantragte zum Art. 3 des Abkommens folgenden Zusatz:

„Le droit d'offrir les bons offices ou la médiation appartient aux Puissances étrangères au conflit, même pendant le cours des hostiletés.

L'exercice de ce droit ne peut être considéré comme un acte peu amical."[1])

Das ist mit geringen sprachlichen Änderungen[2]) der Abs. 2 und 3 des heutigen Art. 3.

Der Descampssche Kommissionsbericht hebt diese beiden Bestimmungen gebührend hervor.[3])

Einmal ist gesagt, dass auch während des Ganges der Feindseligkeiten noch die Vermittelung angeboten werden darf. Sie steht darnach also nicht bloss im Dienst der Verhinderung sondern auch der Beendigung von Feindseligkeiten. Als in der Nacht vom 8. auf den 9. Februar 1904 japanische Torpedos vor Port Arthur zum Angriff vorgingen, konnte man vielfach lesen: Damit ist die Vermittelung unmöglich geworden. Rechtlich unmöglich sicherlich nicht! Wohl aber wird durch die Eröffnung der Feindseligkeiten der ernste Wille einer Partei, nunmehr eine Entscheidung durch die Waffen herbeizuführen, grell beleuchtet. Tatsächlich würden bei solcher Sachlage vorerst Vermittelungsbestrebungen nicht angezeigt sein. Wohl aber kann sich im Fortgang des Streites wieder eine günstige Gelegenheit hierzu ergeben. Die russische „notice explicative" hatte bereits auf die geschichtliche Tatsache verwiesen, dass schon mehrere Friedensschlüsse auf Vermittelung zurückgingen.[4]) Die formelle Bestimmung hinkt hier also nur nach.

Das Anbieten zielt auf Annahme; die Annahme aber steht völlig frei. Staaten können die angebotene Vermittelung annehmen und ablehnen.

Diese Freiheit ist indes auch schon vertragsmässig preisgegeben worden.

Der allgemeine Schiedsvertrag zwischen Spanien und Columbia, welcher nur die Streitigkeiten über staatliche Unabhängigkeit und insoweit sie sich

---

[1]) IV. 103.

[2]) Diese treffen nur den zweiten Teil und bestehen einmal in „jamais" nach „peut" und dann in dem Zusatz: „par l'une ou l'autre des parties en litige", den übrigens schon das „Amendement" selbst enthielt. Lag vielleicht nur ein Redaktionsversehen vor? In IV. 243 fehlt der ganze letzte Absatz.

[3]) I. 104.

[4]) IV. 210. Vgl. oben S. 106.

ihrer ganzen Natur nach nicht zur Schiedssprechung eignen, von der letzteren ausnimmt, verpflichtet in diesem Umfang die beiden Vertragsmächte, die Vermittelung einer befreundeten Regierung anzunehmen.[1])

Angesichts der Gefahr, dass beim ablehnenden Staat leicht eine Gereiztheit gegen den Anbietenden entsteht, ist es von grundlegender Bedeutung, dass das Anbieten der Vermittelung niemals als unfreundliche Handlung angesehen werden darf (Art. 3 Abs. 3).

Diese Klausel gibt übrigens keinen Schutz gegen Ungeschicklichkeit.

Das Anerbieten soll nicht als unfreundliche Handlung angesehen werden. Ob es aber nicht doch als solche in Wirklichkeit eingeschätzt oder als lästig empfunden wird, ist eine Tatfrage, mit welcher der Dritte zu rechnen hat. Damit erwächst hier also trotz des italienischen Zusatzes für die Diplomatie die Aufforderung zur Vorsicht.

Auf keinen Fall wird sich jemand auch nutzlose Arbeit machen.

Fried hat aus Anlass einer Erklärung des Reichskanzlers, dass er darauf verzichte, Russland in seinem Krieg mit Japan seinen Rat aufzudrängen, an jenen ein Schreiben gerichtet,[2]) in welchem er den Reichskanzler anfragte, ob die Haager Konvention seitens der deutschen Reichsregierung noch als zu Recht bestehend angesehen werde.

Fried hat sich vernünftigerweise nicht darüber gewundert, dass er ohne Antwort blieb. Wenn die englische Peace and Arbitration Association vom Marquis of Lansdowne eine — allerdings ausweichende — Antwort erhielt, so werden die Engländer bei ihrer Anfrage in der Wahl der Form eine glücklichere Hand gehabt haben.

Fried hat einen wichtigen Punkt übersehen. Die Staaten haben ein Recht, ihre Vermittelung anzubieten. Aber jede streitende Macht hat das Recht, dieses Anerbieten abzulehnen.

Ein praktischer Mann wird also mit seinem Vermittlungsanerbieten nur kommen, wenn er Aussicht auf Erfolg hat. Mit Gewalt eine Niederlage herbeizuführen, mag Friedenstheoretikern nichts verschlagen; aber die Diplomatie muss sich einen solchen Luxus versagen.

Immerhin ist der gesetzliche Schutz der Vermittelung gegen den Vorwurf der Unfreundlichkeit ein Fortschritt.

In der Kommission führte Graf Nigra in dieser Richtung noch folgendes aus: Hätte das Pflichtprinzip irgend welche Aussicht auf Annahme durch die Konferenz, so würde ihm die italienische Regierung für ihren Teil zustimmen. Aber da jener Erfolg unwahrscheinlich sei, so handle es sich jetzt darum, die Neutralen zu ihrem Anerbieten dadurch zu ermutigen, dass man die Übung dieses Rechts vor dem Vorwurf eines unfreundlichen Aktes schütze. Das sei die Absicht des italienischen Abänderungsantrags.[3])

---

[1]) Vgl. oben S. 70.

[2]) Abgedruckt in der Friedens-Warte 1904 No. 10 S. 181.

[3]) IV. 9.

Auf die Bemerkung des portugiesischen technischen Vertreters d'Ornellas, dass dies schon der Art. 6 besage, stellte der Präsident die verschiedene Bedeutung des Wortes „amical" im Art. 3 und 6 des Entwurfs fest: [1])

In der Tat schützt der Art. 3 das Anerbieten der Vermittelung vor dem Vorwurf der Unfreundlichkeit. Der „caractère amical" des Vermittelungsangebotes (Art. 3) bedeutet den Schutz gegen die Parteien und besteht darin, dass keine Partei einen Vorwurf gegen den Vermitteler erheben darf, während der „caractère de conseil amical" (Art. 6) darin besteht, dass die Vermittelung nicht zwangsweise durchgeführt werden kann, dass die „force obligatoire" fehlt. Hier handelt es sich also um den Schutz der Parteien, dort um den Schutz gegen die Parteien. Übrigens wurde später das „amical" als überflüssig aus dem Art. 6 entfernt.[2])

Im Art. 3 aber ist es unentbehrlich, und auch der Descampssche Bericht lässt die besondere Wichtigkeit des Abs. 3, wie sie vom Grafen Nigra betont worden war, vollauf gelten.[3])

Also das Anbieten der guten Dienste darf nicht als unfreundliche Handlung angesehen werden. Gilt das auch für die Ablehnung der guten Dienste? Der Art. 3 schweigt sich darüber aus. Der serbische Bevollmächtigte Veljkovitch wollte diese Lücke noch in der Kommissionsberatung (zweite Lesung) ausgefüllt sehen und beantragte einen Zusatz, dass auch die Ablehnung niemals als unfreundliche Handlung gedeutet werden könne.[4])

Der holländische Bevollmächtigte Asser teilte mit, dass diese Frage im Ausschuss geprüft worden sei. Nach der Ansicht des Ausschusses solle man aber in einem Friedensabkommen keine Wendung gebrauchen, die wie eine „invitation a refuser" klinge. Dass die Ablehnung kein unfreundlicher Akt sei, verstehe sich ja von selbst.[5])

Über das letztere bestand in der Kommission mit gutem Grund in der Tat kein Zweifel; und Bourgeois wie Zorn brachten das vor allen rückhaltlos zum Ausdruck.[6])

Beldiman meinte schliesslich, man möge sich damit begnügen, diese Auslegung im Protokoll festzulegen.[7])

Veljkovitch gab sich damit unter der Voraussetzung zufrieden, dass die Kommission diese Auffassung zu der ihrigen mache und hiermit der Art. 3 seine authentische Auslegung finde. In diesem Sinn wurde dann auch Beschluss gefasst.[8])

---

[1]) IV. 10.
[2]) Vgl. unten zum Art. 6.
[3]) I. 104.
[4]) IV. 62.
[5]) a. a. O.
[6]) a. a. O. Es wurde zu diesem Zweck auch auf Art. 5 und 6 verwiesen. Vgl. Bourgeois, Descamps und Lammasch a. a. O. Der deutsche Bevollmächtigte Dr. Zorn wollte in dem Friedensabkommen deshalb nicht von der Ablehnung gesprochen sehen, weil durch diese der Krieg ausbrechen könne (a. a. O.). Das wollte aber Veljkovitch nicht gelten lassen: die Ablehnung sei in dieser Hinsicht nicht gefährlicher wie das unzeitige Anerbieten. Gerade das letztere könne zur Entfremdung der Parteien führen, während die Ablehnung nur die Verteidigung gegen fremde Einmischung sei (a. a. O.).
[7]) a. a. O.
[8]) IV. 63.

§ 27.

Die Begründung und Wirkung der Vermittelung.

1. Eine Vermittelung gibt es nur mit dem Willen der Parteien.

Das ist im Abkommen selbst nur nebenher angedeutet. Der Art. 7 spricht nämlich von einer „Annahme der Vermittelung".

Die Fassung des russischen Entwurfs war hier bestimmter. Hiernach kann von einer Vermittelung nur gesprochen werden, wenn sie ist „acceptée spontanément par des Etats se trouvant en conflit" (Art. 3).

Die russische „notice explicative" bietet in dieser Richtung klare Ausführungen und eindringliche Schlussfolgerungen.[1]

Die Vermittelung erfordert ein Einvernehmen der Parteien über die Notwendigkeit oder Nützlichkeit der Vermittelung und über die Person des Vermittelers. Es steht freilich nichts im Weg, dass das Anrufen der Vermittelung zunächst nur von einer Macht ausgeht oder das Angebot sich zunächst nur an eine Macht richtet; aber die Zustimmung der anderen Macht ist unentbehrlich. Vermitteln heisst zwischen Streitenden beruhigend und ausgleichend wirken. Notwendige Voraussetzung ist also, dass man bei beiden zu Wort kommt. Jede Partei kann Vermittelung und Vermitteler ablehnen, und diese Ablehnung kann selbstverständlich[2]) niemals als unfreundliche Handlung angesehen werden.

2. Welche Wirkung hat das Vermittelungseinverständnis der Parteien für ihr Verhalten zueinander?

Es liegt nahe zu sagen: Wenn sich die im Streit befindlichen Parteien über Vermittelung und Vermitteler geeinigt haben, so sind bis zur Beendigung der vermittelnden Tätigkeit (Art. 5) alle kriegvorbereitenden Handlungen von Rechtswegen verboten: Die Vermittelung hat aufschiebenden Charakter.

Der Art. 7 Abs. 1 bestimmt aber gerade das Umgekehrte:

„Die Annahme der Vermittelung kann unbeschadet anderweitiger Vereinbarung nicht die Wirkung haben, die Mobilmachung und andere den Krieg vorbereitende Massnahmen zu unterbrechen, zu verzögern oder zu hemmen."

Und erfolgt die Vermittelung erst nach Eröffnung der Feindseligkeiten,

„so werden von ihr, unbeschadet anderweitiger Vereinbarung, die im Gange befindlichen militärischen Unternehmungen nicht unterbrochen." (Art. 7 Abs. 2.)

Die Mobilmachung ist die Einleitung des Krieges.

Der Art. 7 Abs. 1 bestimmt also auch, dass trotz Vermittelungseinverständnisses jede im Streit befindliche Macht losschlagen darf, wie ja auch nach dem Abs. 2 trotz des Krieges und beim Fortgang desselben die Vermittelungstätigkeit anheben kann.

Der Art. 7 des Abkommens wirkt befremdend in einem Friedensabkommen. Der russische Entwurf hatte denn auch diese Bestimmung nicht; sie geht vielmehr auf eine italienische Anregung zurück, die dann aber im Ausschuss noch fortgebildet wurde.

---

[1]) IV. 209 f. Vgl. oben S. 105. Ebenso Mérignhac „La conférence intern. de la paix" p. 268.

[2]) Vgl. oben S. 118.

Das italienische „Amendement" zu den russischen „Eléments" hatte nämlich folgende Bestimmung angeregt:[1])

„La proposition de médiation ou d'arbitrage, tant qu'elle n'est pas formellement acceptée par toutes les Parties en litige, ne peut avoir pour effet, sauf convention contraire, d'interrompre, retarder ou entraver la mobilisation et autres mesures préparatoires, ainsi que les opérations militaires en cours." [2])

Hier war der Fortgang der Kriegsvorbereitung unter der Voraussetzung für statthaft erklärt, dass noch kein wirkliches Vermittelungseinverständnis hergestellt sei. Die Wirkung einer angenommenen Vermittelung war überhaupt nicht berührt worden.

Der Ausschuss erst zog die letzte Frage in den Kreis seiner Erwägungen und erklärte die Mobilmachung auch nach der Annahme der Vermittelung noch für zulässig.

Im Ausschuss nämlich erhielt der Artikel seinen jetzigen Platz und folgende Fassung:

„L'acceptation de la médiation ne peut avoir pour effet, sauf convention contraire, d'interrompre, de retarder ou d'entraver la mobilisation et autres mesures préparatoires; si elle intervient après l'ouverture des hostilités, elle n'interrompt pas, sauf convention contraire, les opérations militaires en cours." [3])

Das ist im wesentlichen die heutige Fassung.[4])

Der italienische erste Vertreter Graf Nigra erklärte:[5]) Der Art. 7 komme wohl selten zur Anwendung, da hier regelmässig andere Abmachungen, die ja frei gelassen wurden, in verschiedenen Formen getroffen würden. Der Art. 7 solle nicht die Vermittelungspraxis einschränken, sondern die Annahme der Vermittelung dadurch erleichtern, dass man die unmittelbaren Folgen der Annahme weniger lästig mache. Man hätte gewiss daran denken können, die Anordnung umgekehrt zu treffen, so dass die Annahme der Vermittelung die Kriegvorbereitungen unterbrechen würde. Italien wäre damit auch einverstanden, aber er glaube nicht, dass ein solches Prinzip auf Annahme hätte rechnen können.

Auch der Descampssche Kommissionsbericht erwähnt, dass, wenn die Vermittelung Suspensivcharakter erhalten hätte, die grossen Militärmächte nicht mitgetan hätten.[6])

§ 28.

Die Aufgabe, Rechtsnatur und Beendigung der Vermittelung.

1. Die Aufgabe des Vermittelers besteht nach Art. 4 darin:

„Die einander entgegengesetzten Ansprüche auszugleichen (concilier) und Verstimmungen zu beheben (apaiser), die zwischen den im Streite befindlichen Staaten etwa entstanden sind." [7])

---

[1]) Art. 5.

[2]) IV. 224. Ein Teil der italienischen Wünsche war schon im Art. 3 verwirklicht. Vgl. oben S. 115 f.

[3]) IV. 105.

[4]) Die Kommission liess nur mit si elle einen neuen Satz und Abschnitt beginnen (IV. 10). Hier folgen hinter dem préparatoires auch noch die Worte: „à la guerre". In der zweiten Lesung der Kommission wurde nichts mehr geändert (IV. 63).

[5]) IV. 10. Vgl. auch den Descampsschen Kommissionsbericht I. 101.

[6]) I. 105.

[7]) Der Art. 3 des russischen Hauptentwurfs, aus welchem sich der jetzige Art. 4 entwickelt hat, lautete (IV. 201):

Während der Schiedsspruch eine Rechtsentscheidung bei einem wirklichen Rechtsstreit ist, der einfach nach dem Recht gemessen wird, bewegt sich der Vermitteler nicht selten auf dem Gebiet der hohen Politik und betätigt sich auch in Fragen der Unabhängigkeit, Ehre und Lebensinteressen.

Mit Recht folgert Mérignhac daraus: „sa mission est toute de tact, de nuance et souvent d'opportunité."[1])

Wie der Descampssche Bericht betont,[2]) lässt sich die Aufgabe mit zwei Worten sagen: Conciliation und Apaisement: Conciliation des prétentions opposées, apaisement des ressentiments.

Die Behebung der Verstimmung wird wohl regelmässig nur bei Beleidigungen eine selbständige Aufgabe darstellen.

Im übrigen wird sich die Verstimmung kaum anders als durch eine wirkliche Ausgleichung der entgegengesetzten Ansprüche beheben lassen. Die Aufgabe des Vermittelers besteht nach Art. 5 darin, dass er Mittel der Verständigung vorschlägt.

2. Wie hat man sich nun diese ausgleichende Tätigkeit des Vermittelers vorzustellen. Ist sie eine Entscheidung?

Die Antwort gibt der Art. 6:

„Gute Dienste und Vermittelung . . . . haben ausschliesslich die Bedeutung eines Rates und niemals verbindliche Kraft."

„. . . *ont exclusivement le caractère de conseil et n'ont jamais force obligatoire*".

Dabei ist es völlig gleichgültig, ob die Vermittelung auf Anrufen oder Anbieten erfolgt.

I. Der Art. 6 des Abkommens geht auf den Art. 6 des russischen Entwurfs zurück:

„Il demeure bien entendu, que la médiation et les bons offices, soit sur l'initiative des Parties en litige, soit sur celle des Puissances neutres, ont strictement le caractère de conseil amical, et nullement force obligatoire." [3])

Der Ausschuss beschloss dann zunächst folgende Form:

„Les bons offices ou la médiation, soit sur le recours des Parties en litige, soit sur l'initiative des Puissances étrangères au conflit, ont exclusivement le caractère de conseil amical." [4])

„*En cas de médiation, acceptée spontanément par des Etats se trouvant en conflit, le but du Gouvernement médiateur consiste dans la conciliation des prétentions opposées et dans l'apaisement des ressentiments qui peuvent s'être produits entre ces Etats.*"

Der Ausschuss kürzte den Anfang und vereinbarte dabei auf den Antrag des belgischen Bevollmächtigten Descamps folgende Fassung:

„*Le rôle de médiateur consiste dans la conciliation des prétentions opposées et dans l'apaisement des ressentiments qui peuvent s'être produits entre les Etats dissidents*" (*IV. 101, 102*).

Das „dissidents" am Schluss wurde später in „en litige" geändert (IV. 244). Die Kommission billigte das in erster Lesung (IV. 10). In der zweiten wurde dann die jetzige Fassung beschlossen (IV. 63). Darnach heisst es korrekt (vgl. oben S. 102, 108, 113) am Schluss „en conflit", und statt „conciliation" und „apaisement" heisst es „concilier" und „apaiser".

[1]) „La conférence intern. de la paix" p. 269. Vgl. auch p. 273, 292.

[2]) I. 104.

[3]) IV 201.

[4]) IV. 103. Die erste Lesung der Kommission IV. 10.

Später wurde das „amical“ im Hinblick auf die gleiche Wendung im Art. 3 beanstandet[1]) und deshalb der Schluss des Artikels nochmals geändert.[2])

Auf den Antrag von Asser wurde nämlich in besserer Anlehnung an die Fassung des russischen Entwurfs zunächst gesetzt: „ont strictement le caractère de conseil et non pas force obligatoire“.[3])

Daraus wurde sodann: „ont exclusivement le caractère de conseil et n'ont jamais force obligatoire“.[4])

II. Der Descampssche Bericht führt folgendes aus: Der „caractère essentiel“ der Vermittelung ist „simple conseil“. Die Vermittelung ist keine Schiedssprechung. Denn der Schiedsrichter ist Richter, der ein verbindliches Urteil erlässt. Die Vermittelung ist keine Intervention auf Grund einer gesetzlichen Zuständigkeit. Es gibt auch keine „bewaffnete Vermittelung“. Denn Vermittelung und Zwang sind Gegensätze.[5])

Wenn man weiter beachtet, dass es vollkommen frei steht, die Vermittelung abzulehnen,[6]) so kann allerdings nicht wohl daran gedacht werden, dass die Haager Vermittelungsbestimmungen den Titel für irgend eine Hegemonie oder Intervention abgeben[7]) und die Unabhängigkeit der Staaten bedrohen.[8])

Serbien war indes hier ängstlich und hat eine Vorbehaltserklärung[9]) abgegeben, die aber tatsächlich für alle Staaten gilt:

> „Wir werden die guten Dienste und die Vermittelung nur unter der Bedingung zulassen, dass ihre Bedeutung als rein freundschaftlicher Rat ihnen voll und ganz erhalten bleibt, und wir würden sie niemals in solchen Formen und unter solchen Umständen annehmen können, welche ihnen die Bedeutung einer Intervention aufprägen könnten.“

3. Der Art. 5 ordnet die Beendigung und bestimmt:

> „Die Tätigkeit des Vermittelers hört auf sobald, sei es durch einen der streitenden Teile, sei es durch den Vermitteler selbst festgestellt wird, dass die von diesem vorgeschlagenen Mittel der Verständigung nicht angenommen werden.“

I. Dieser Art. 5 ist aus Art. 4 des russischen Hauptentwurfs hervorgegangen, welcher folgenden Wortlaut hatte:

> „Le rôle du Gouvernement médiateur cesse du moment que la transaction proposée par lui ou les bases d'une entente amicale qu'il aurait suggérées ne seraient point acceptées par les Etats en conflit.“ [10])

Der Ausschuss vereinbarte folgende Fassung:

> „Les fonctions du médiateur cessent, du moment où il est constaté, soit par l'une des partie en litige, soit par le médiateur lui-même, que la transaction ou les bases d'une entente proposées par lui ne sont pas acceptées.“ [11])

---

[1]) Vgl. oben S. 118.
[2]) IV. 116. Vgl. auch den Descampsschen Komiteebericht IV. 13.
[3]) a. a. O.
[4]) Das jamais geht auf einen Antrag von Renault in der dritten Lesung des Ausschusses zurück (IV. 179). In der zweiten Lesung der Kommission wurde das gebilligt (IV. 63).
[5]) I. 104.
[6]) Vgl. oben S. 117 f.
[7]) I. 104.
[8]) IV. 102.
[9]) Vgl. oben S. 94.
[10]) IV. 201.
[11]) IV. 102; der Kommissionsbeschluss IV. 10.

Später einigten sich Ausschuss und Kommission auf die heutige Fassung. Es wurde statt „la transaction ou les bases d'une ententente" gesagt: „les moyens de conciliation". Man wollte zum Ausdruck bringen, dass erst alle Mittel der Versöhnung versucht worden sein müssen, bevor der Vermitteler seine Tätigkeit als gescheitert erklären solle.[1])

II. Nach dem Art. 5 des Abkommens erreicht das Vermittelungsamt nur durch einen Feststellungsakt sein Ende. Ein solcher erwies sich schon deshalb als wünschenswert, weil das Ende der Vermittelungstätigkeit möglicherweise der Anfang des Krieges wird.

Die für die Beendigung des Vermitteleramts notwendige Feststellung kann durch jede Partei wie auch durch den Vermitteler erfolgen.

Inhalt der Feststellung ist, dass die vorgeschlagenen Mittel der Verständigung (les moyens de conciliation) abgelehnt worden sind.

Solange ein Mittel der Verständigung überhaupt noch nicht vorgeschlagen ist, kann auch niemand die Ablehnung feststellen. Der Geist des Abkommens verlangt daher, dass der Vermitteler vorsichtig und bedächtig zu Werke geht.

Ist einmal ein Vorschlag gemacht, so kann jede Partei durch die einfache Ablehnung und deren Feststellung die Tätigkeit des Vermittelers beenden. Diese Bestimmung will der Entschliessungsfreiheit dienen und die Parteien im Hinblick darauf für die Annahme einer Vermittelung geneigt machen. Sie gibt ihnen aber zugleich Schutz gegen endlose Vorschläge.

Dass auch der Vermitteler den Misserfolg feststellen und so seine Tätigkeit beendigen darf, war ein Zugeständnis an diesen. Denn auch die Geduld des Vermittelers hat ihre Grenzen.

§ 29.

Die besondere Vermittelung.

Der Art. 8 des Abkommens kennt noch eine „besondere Vermittelung" (Médiation spéciale). Diese war im russischen Entwurf nicht vorgesehen, sondern geht auf einen Antrag des amerikanischen Bevollmächtigten Holls zurück.[2])

I. In der zweiten Ausschusssitzung am 29. Mai brachte Holls den Antrag ein, den Bestimmungen über die Vermittelung folgenden Schlussartikel (7) anzuhängen:

> *„Les Puissances signataires sont tombées d'accord de recommander l'application, dans les circonstances qui peuvent le permettre, d'une Médiation spéciale, sous la forme suivante:*
>
> *En cas de différend grave menaçant la Paix, les Etats en litige choisissent respectivement une Puissance neutre avec la mission d'entrer en rapport direct à l'effet de prévenir la rupture des relations pacifiques.*

---

[1]) IV. 63.

[2]) Ich weiss aus einem Brief, den Holls mir am 8. Juni 1903, noch kurz vor seinem Tod geschrieben hat, dass der Art. 8 dessen persönliche Tat ist. Holls hatte sich vergeblich bemüht, seinen Antrag bei der amerikanischen Delegation durchzusetzen; nur der Delegationschef White hatte ihn unterstützt Es wurde ihm dann erlaubt, einen rein persönlichen Antrag einzubringen, für welchen somit die amerikanische Regierung keine Verantwortung trug. Um so grösser war seine und Whites Freude, dass der Antrag einmütig angenommen wurde.

Pendant une durée de vingt jours, sauf stipulation d'un autre délai, la question en litige est considérée comme déférée exclusivement à ces Puissances. Elles doivent, appliquer tous leurs efforts à régler le différend et à rétablir autant que possible le statu quo ante.

En cas de rupture effective des relations pacifiques, ces Puissances demeurent chargées de la mission commune de profiter de toute occasion pour rétablir la paix."

Die Signatarmächte sind übereingekommen, soweit es die Umstände gestatten, die Anwendung einer besonderen Vermittelung unter folgender Form zu empfehlen:

Bei ernsthaften den Frieden bedrohenden Streitigkeiten wählen die streitenden Staaten je eine neutrale Macht mit der Aufgabe, den Abbruch der friedlichen Beziehungen zu verhindern.

Während einer Dauer von zwanzig Tagen, wenn nicht andere Fristen vereinbart sind, ist die Streitfrage diesen Mächten vollständig überwiesen. Sie müssen alle Mühe aufwenden, die Differenzen zu regeln und den status quo ante herzustellen.

Beim tatsächlichen Abbruch der friedlichen Beziehungen bleiben diese Mächte mit der Aufgabe betraut, jede Gelegenheit zur Herstellung des Friedens wahrzunehmen.

In der nächsten (dritten) Ausschusssitzung am 31. Mai erläuterte Holls diesen Antrag, indem er im wesentlichen folgendes ausführte:[1])

Auch wenn Vermittelung und Schiedssprechung unmöglich erscheinen, muss man Mittel zur Vermeidung eines Krieges finden. Mache man es dann wie bei privaten Ehrenhändeln, wo man seine Sekundanten oder Zeugen schickt. Der Zeuge geniesst das volle Vertrauen seines Freundes, dessen Interessen er bis zur schliesslichen Entscheidung wahrnimmt. Früher konnte man drohen: Noch einen Schritt weiter und wir haben den Krieg. Nunmehr soll es heissen: Noch einen Schritt weiter und wir bestellen unsere Sekundanten. Das ist dann ein Ultimatum ohne Aggressivcharakter, eine Form des diplomatischen Verkehres, wo sonst die Beziehungen abgebrochen wären. So hat man auch einen „agent de paix en temps de guerre". Die besonderen Vermitteler sind vor und nach Ausbruch des Krieges am Platz. Sie haben eine Art moralischer Interventionspflicht, ohne sich im geringsten entmutigen zu lassen.

Bei der Generaldebatte über den Antrag Holls im Ausschuss sprachen sich mehrere Mitglieder dahin aus, der Vorschlag bedeute eine interessante Neuerung, biete sicherlich Vorteile und müsse der Kommission empfohlen werden. In formeller Beziehung aber meinten sie, der Vorschlag könne nicht als Amendement in das russische Projekt eingestellt werden, sondern solle als eigenes Abkommen erscheinen. Dem letzteren widersprach nun aber der russische Bevollmächtigte v. Martens, und darauf wurde einstimmig beschlossen, es sei das Studium des Antrags Holls der Kommission zu empfehlen und der Antrag in den russischen Entwurf einzureihen.

Dann begann die Spezialdebatte[2]) über die vier Absätze, wobei nur die zeitliche Beschränkung auf zwanzig Tage wegfiel.

Darnach bekam der Artikel (mittlerweilen Art. 8) folgende Fassung:[3])

§ 1. Les Puissances signataires sont tombées[4]) d'accord pour recommander l'application, dans les circonstances qui peuvent le permettre,[5]) d'une médiation spéciale, sous la forme suivante.

§ 2. En cas de différend grave menaçant la Paix, les Etats en litige choisissent respectivement une Puissance à laquelle ils donnent[6]) mission d'entrer en rapport direct avec la Puissance choisie d'autre part, à l'effet de prévenir la rupture des relations pacifiques.

§ 3. La question en litige est considérée comme déférée exclusivement à ces Puissances. Elles doivent appliquer tous leurs efforts à régler le différend.

---

[1]) IV. 105 f.
[2]) IV. 106 f.
[3]) IV. 107.
[4]) Die Kommission strich in der ersten Lesung das Wort tombées (IV. 11).
[5]) Die Kommission beschloss die Fassung: „qui le permettent" (IV. 11).
[6]) Die Kommission setzte dafür „confient" (a. a. O.).

§ 4. En cas de rupture effective des relations pacifiques, ces Puissances demeurent chargées de la mission commune de profiter de toute occasion pour rétablir la paix.

In der Vorlage an die Kommission[1]) erschienen die vier Paragraphen wieder als vier Absätze, und der Abs. 3 hatte folgende Fassung:

„Pendant la durée de leur mandat dont le terme, sauf stipulation contraire, ne peut excéder trente jours, la question en litige est considérée comme déférée exclusivement à ces Puissances. Elles[2]) doivent appliquer tous leurs efforts à régler le différend.“

In Beantwortung einer Bemerkung des portugiesischen Vertreters d'Ornellas erklärte der belgische Vertreter Descamps, es wäre vielleicht besser gewesen, wenn man — nach den Worten: „ne peut excéder trente jours“ — etwa gesetzt hätte:

„les deux Puissances cesseront d'être en rapport direct entre elles quant à l'objet du litige.“

Der Ausschuss behielt sich daraufhin eine neue Redaktion vor[3]) und beschloss zwei Tage später folgende Fassung:[4])

„Les Etats contendants[5]) cessent tout rapport direct au sujet du litige, lequel est considéré comme déféré exclusivement aux Puissances médiatrices.“

Das ist die Geschichte des Art. 8.

II. Der Art. 8 des Abkommens lautet:

„Die Signatarmächte sind einverstanden, unter Umständen, die dies gestatten, die Anwendung einer besonderen Vermittelung in folgender Form zu empfehlen:

Bei ernsten, den Frieden gefährdenden Streitfragen, wählt jeder der im Streite befindlichen Staaten eine Macht, die er mit der Aufgabe betraut, in unmittelbare Verbindung mit der von der anderen Seite gewählten Macht zu treten, um den Bruch der friedlichen Beziehungen zu verhüten.

Während der Dauer dieses Auftrags, die unbeschadet anderweitiger Abrede, eine Frist von dreissig Tagen nicht überschreiten darf, stellen die streitenden Staaten jedes unmittelbare Benehmen über den Streit ein, welcher als ausschliesslich den vermittelnden Mächten übertragen gilt. Diese sollen alle Bemühungen aufwenden, um die Streitfrage zu erledigen.

Kommt es zum wirklichen Bruche der friedlichen Beziehungen, so bleiben diese Mächte mit der gemeinsamen Aufgabe betraut, jede Gelegenheit zu benutzen, um den Frieden wiederherzustellen.“

Die besondere Vermittlung (médiation spéciale) ist im Art. 8 lediglich empfohlen[6]) und auch das nicht schlechthin, sondern nur für Umstände, die solches gestatten (Abs. 1). Damit ist der Handlungsfreiheit der Staaten weitgehend Rechnung getragen.

Voraussetzung ist ausnahmslos ein ernster den Frieden gefährdender Streit (Abs. 2). Der Zusatz „compromettant la paix“ nach „différend grave“ zeigt, dass die schon für die Art. 2 und 3 angenommene ernste Meinungsverschiedenheit ihren Höhepunkt erreicht haben soll.

Die besondere Vermittelung dient nach dem Abs. 2 dem Zweck, „den Bruch der friedlichen Beziehungen zu verhüten“ („de prévenir la rupture des relations pacifiques“). Ist der Bruch erfolgt, so wird keine besondere Vermittelung mehr bestellt.

---

[1]) IV. 11 (Kommissionssitzung am 5. Juni). Zweite Lesung IV. 63.
[2]) Für Elles wurde später Celles-ci gesetzt (IV. 13).
[3]) IV. 11.
[4]) Fünfte Komiteesitzung am 7. Juni, IV. 116.
[5]) Statt „contendants“ wurde dann „en litige“ gesetzt. Vgl. den Descampsschen Ausschussbericht IV. 13.
[6]) Das hob v. Martens in der Kommission besonders hervor (IV. 11).

Auch die besondere Vermittelung setzt ein Einverständnis der Parteien voraus, aber nur über die Vermittelung selbst, nicht auch über den Vermitteler.

Es ist vielmehr eine so hochgradige Erregung der im Streit befindlichen Mächte vorausgesetzt, dass sie sich über die Wahl eines Vermittelers nur schwer einigen würden.[1]

Nach dem Abs. 2 „wählt jeder der im Streite befindlichen Staaten eine Macht, die er mit der Aufgabe betraut, in unmittelbare Verbindung mit der von der anderen Seite gewählten Macht zu treten".

Die besonderen Vermitteler haben die Stellung der Zeugen oder Sekundanten in Privathändeln.[2]

Die Dauer dieses Auftrags darf „unbeschadet anderweitiger Abrede eine Frist von dreissig Tagen nicht überschreiten". (Abs. 3.)

Während dieser Zeit gilt der Streit als ausschliesslich den vermittelnden Mächten übertragen, und diese sollen alle Bemühungen aufwenden, um die Streitfrage zu erledigen. (Abs. 3.)

Die streitenden Staaten selbst stellen während dieser Zeit jedes unmittelbare Benehmen über den Streit ein. (Abs. 3.)

Dürfen sie aber während dieser Zeit losschlagen?

Gewiss! Gilt das doch schon für die gewöhnliche Vermittelung,[3] und der Ausschuss stellte in der dritten Lesung zu Protokoll fest, dass der Art. 7 in gleicher Weise für die besondere Vermittelung gelte.[4] Hiernach bleiben also die Mobilmachung und andere den Krieg vorbereitende Massnahmen unbehindert. Dass damit aber auch die Kriegserklärung zulässig ist, ergibt sich hier noch in besonderer Weise aus dem „point capital":[5]

„Kommt es zum wirklichen Bruche der friedlichen Beziehungen, so bleiben diese Mächte mit der gemeinsamen Aufgabe betraut, jede Gelegenheit zu benutzen, um den Frieden wiederherzustellen."

§ 30.

Würdigung des Vermittelungsrechts.

I. Die Mächte haben sich zum Anrufen der Vermittelung verpflichtet, soweit dies die Umstände gestatten werden. Ein Wunsch der Signatarmächte des Pariser Protokolls von 1856[6] hat also allgemeine Form angenommen.

Ob aber die Haager Konferenz mehr Erfolg haben wird als der Pariser Kongress, ist mehr als zweifelhaft.[7] Es wird sich leider bestätigen, was in dieser Richtung die russische „notice explicative" ausgeführt hat.[8]

---

[1] Descampsscher Kommissionsbericht I. 106.

[2] Vgl. Holls oben S. 124 und den Descampsschen Kommissionsbericht I. 105.

[3] Vgl. oben S. 119 f.

[4] IV. 179. Aufgenommen im Kommissionsbericht I. 106 Der portugiesische Bevollmächtigte d'Ornellas hatte beantragt, das im Art. 7 ausdrücklich zu sagen (IV. 179).

[5] Descampsscher Kommissionsbericht I. 106.

[6] Vgl. oben S. 60.

[7] Ebenso Mérignhac „La conférence de la paix" p. 269 sq.

[8] Vgl. oben S. 105 f.

Noch niemals haben Staaten zur Abwendung eines Kriegs die Vermittelung angerufen, weil sie fürchteten, sich dadurch zu erniedrigen und zu schädigen. Es liegt eben nahe, die Bitte um Vermittelung als Eingeständnis der Schwäche zu deuten. Das befürchtete man sogar bei der Anrufung der Schiedsrichter und schuf deshalb im Art. 27 die neutrale Erinnerungspflicht.

Es gehört ein starker Glaube dazu, diese Regungen des Ehrgefühls und Selbsterhaltungstriebs auf einmal durch Beschluss aus der Welt schaffen zu wollen.

Wie recht hatte doch v. Martens: Mit oder ohne Vorbehaltsklausel wird in Wirklichkeit ein Staat nur dann eine Vermittelung anstreben, wenn die Umstände es gestatten. Also nur keine Pflicht des Anrufens!

Und nun die juristischen Schwierigkeiten in der Durchführung: Jedesmal ist ein Einverständnis der Parteien über Vermittelung und Vermitteler nötig, das bei dem Widerstreit der Willen sicherlich nur sehr schwer herzustellen sein wird.

Wenn wenigstens für den Fall der Nichteinigung gesetzliche Organisationsbestimmungen einsetzen könnten, wie es in Schiedsverträgen geschehen ist!

Angesichts dieser Lage hatte es gewiss keinen Sinn, die Bitte um Vermittelung obligatorisch zu machen.

Wenn es im Kongoabkommen anders gehalten worden war, so liegen dort eben ganz eigenartige Verhältnisse vor.

Aber in einem allgemeinen friedensrechtlichen Abkommen konnte die vorbehaltlose Pflicht, um Vermittelung zu bitten, nur die Wirkung haben, dass diese neue völkerrechtliche Pflicht andauernd verletzt würde.

Die eindringlichen Ausführungen Russlands hätten bei den Beratungen einen kräftigen Widerhall finden sollen.

Russland hatte mit gutem Grund in seinem Entwurf hier das weniger vertragsmässig gedachte „ont decidé“ gewählt und im übrigen in der Umstandsklausel für die ordnungsgemässe Deckung des Rückzugs Sorge getragen. Hier handelte es sich tatsächlich nur um eine Empfehlung.

Nachdem aber die Serben unmittelbar vor Toresschluss in dem „conviennent“ auch noch den unverfälschten Vertragston hineingebracht hatten und damit eine wirkliche völkerrechtliche Pflicht geschaffen war, — das „conviennent“ in Art. 1 wurde freilich durch Protokollerklärung anders gedeutet[1]) — blieb die Umstandsklausel das geradezu unentbehrliche Ventil zum Schutz gegen Explosion.

Die Männer, welche diese Klausel von Anfang an so unermüdlich verteidigten, haben dem Völkerrecht eine Blamage erspart.

Sie mussten sich von ihren Gegnern sagen lassen, dass sie mit dieser Klausel den ganzen Artikel in die Luft sprengen.

Als ob man einen Staat zwingen könnte, um etwas zu bitten. Die Staaten werden zudem voraussichtlich auch in Zukunft zu dieser Bitte wenig geneigt sein, und sie erscheinen dann wenigstens durch die Umstandsklausel

[1]) Vgl. oben S. 101, 103.

als gedeckt. Ohne diese Klausel aber ginge beim ersten Fall das ganze neue Recht in Scherben. Es fiele mit der Vermittelung auch das Vermittelungsrecht, und unter diesen wiederholten Diskreditierungen hätte das ganze Friedensabkommen zu leiden.

Zorn hat auch später noch [1]) in diesem Sinne recht beherzigenswerte Ausführungen gemacht:

> „Es können für jeden Staat Verhältnisse eintreten, die ihm die Entscheidung der Waffen ohne vorherige Vermittelung zum Gebot der Notwendigkeit machen. Hierüber zu entscheiden ist nur der Staat selbst berufen und fähig; eine unbeschränkte Pflicht zur Anrufung der Vermittelung kann somit nicht ausgesprochen werden."

Es wäre sicherlich auch ohne Klausel oft nicht zur Vermittelung gekommen. Das sahen vor allem die Franzosen, Deutschen und Russen voraus und schützten das neue Recht vor einer Niederlage.

Wenn man nun aber gar damit rechnen muss, dass die im Streit befindlichen Mächte wohl niemals eine Vermittelung anrufen, dann sagt der Art. 2 auch mit der Umstandsklausel noch mehr, als man verantworten kann.

Es wäre richtiger gewesen, den im Streit befindlichen Staaten es zur Pflicht zu machen, bevor sie die Feindseligkeiten eröffnen, oder spätestens mit der Eröffnung derselben den Signatarmächten einfach Mitteilung über den Stand der Dinge zu machen. So würden diese jetzt in die Lage versetzt und veranlasst sein, ihre Vermittelung anzubieten, die ja, wie schon Kant in seiner Schrift über den ewigen Frieden [2]) ausführte, in deren eigenem Interesse gelegen ist. Man hätte also lieber an die Fassung des Art. 8 des Pariser Kongresses [3]) anknüpfen sollen.

Bei einer solchen Anordnung wäre dann aber auch zweckmässig noch weiter die Notwendigkeit der förmlichen Kriegserklärung ausgesprochen worden.

Durch die Umstandsklausel verliert der Art. 2 in Wirklichkeit seinen zwingenden Charakter, mit dem ja auch nichts anzufangen war. Aber der Artikel ist doch eine beachtenswerte Kundgebung der Mächte für die friedliche Streitbeilegung überhaupt. Seine Bedeutung liegt auf dem moralischen, nicht auf dem rechtlichen Gebiet; und man muss sagen, dass er für die Empfehlung der Vermittelung den wirksamsten Ton angeschlagen hat.

II. Dasselbe gilt von dem Art. 3 oder dem Anerbieten der Vermittelung. Auch hier haben wir im Gegensatz zum Kongoabkommen, [4]) das eben mit ganz besonderen Verhältnissen zu rechnen hat, keine rechtliche Pflicht, sondern nur eine nützliche Einrichtung, was man aber auch ohnehin wusste und annehmen durfte. Ich kann daher Mérignhac [5]) nicht zustimmen, dass der Art. 3 eine „innovation importante" für das Völkerrecht sei.

---

[1]) „Deutsche Rundschau" 1900 S. 107.
[2]) „Zum ewigen Frieden" (Reclamsche Ausg.) S. 34.
[3]) Vgl. oben S. 60.
[4]) Vgl. oben S. 62.
[5]) „La conférence de la paix" p. 273.

Im übrigen vgl. oben S. 114 f.

III. In den Vermittelungsbestimmungen liegt gewiss kein Interventionsprinzip,[1] sondern, wie auch Zorn später noch nachdrücklich hervorgehoben hat, nur der Ausdruck eines Solidaritätsgefühls der Staaten im Interesse des allgemeinen Friedens: „Keine der grossen Mächte hat hieran Anstoss genommen; jede weiss sich stark genug, unbequeme Anregungen rechtzeitig hintenanzuhalten; dazu ist die Diplomatie vorhanden".[2])

Das Abkommen bedeutet einen Druck auf die Parteien wie auf die Neutralen im Sinne einer friedlichen Erledigung von Streitigkeiten. Es spricht aus den Haager Vermittelungsbestimmungen ein hoher Geist, der wirkt und an den man glauben darf, wenn er auch nicht jeden Streit verscheucht. Die Vermittelung selbst ist nichts Neues im Völkerrecht.

Die Bedeutung des Haager Vermittelungsrechts liegt darin, dass es sich für die Vermittelung so nachdrücklich einsetzt, dieselbe institutsmässig ausbaut und vor allem gegen den Vorwurf einer unfreundlichen Handlung schützt.

Völlig neu und von Bedeutung, die allerdings bis jetzt noch nicht praktisch zutage trat, ist schliesslich nur die besondere Vermittelung, welche mit Glück eine Einrichtung auf dem Gebiet der privaten Ehrenhändel verwertet.

Zweite Abteilung.

Die internationalen Untersuchungskommissionen.

§ 31.

Der russische Entwurf.

Schon der russische Hauptentwurf hatte in den Art. 14—18 „Commissions internationales d'enquête" vorgesehen.[3])

Art. 14. Für die Fälle, dass sich zwischen den Signatarmächten eine verschiedene Würdigung von örtlichen Verhältnissen ergibt, die zum internationalen Streit Anlass geben, kommen die beteiligten Mächte, wenn der Streit mit den gewöhnlichen Mitteln der Diplomatie nicht geschlichtet werden kann und wenn es sich weder um die Ehre, noch um die Lebensinteressen dieser Staaten handelt, überein, eine internationale Untersuchungskommission einzusetzen, damit dieselbe die Umstände feststelle, welche Grund zur Meinungsverschiedenheit gegeben haben, und an Ort und Stelle durch eine unparteiische und gewissenhafte Prüfung alle Tatfragen aufkläre.

Dans les cas où se produiraient entre les Etats signataires des divergences d'appréciation par rapport aux circonstances locales ayant donné lieu à un litige d'ordre international qui ne pourrait pas être résolu par les voies diplomatiques ordinaires, mais dans lequel ni l'honneur, ni les intérêts vitaux de ces Etats ne seraient engagés, les Gouvernements intéressés conviennent d'instituer une Commission internationale d'enquête, afin de constater les circonstances ayant donné matière au dissentiment et d'éclaircir sur les lieux par un examen impartial et consciencieux toutes les questions de fait.

---

[1]) Mérignhac, „La conférence intern. de la paix" p. 272.
[2]) Zorn im „Tag" 1903 Nr. 323.
[3]) IV. 203.

Art. 15. Die internationalen Untersuchungskommissionen werden folgendermassen gebildet: Jede beteiligte Regierung ernennt zwei Mitglieder, und die vereinigten vier Mitglieder wählen das fünfte mit dem Recht des Vorsitzes. Kommt es bei der Wahl des Präsidenten zur Stimmengleichheit, so wenden sich die beiden beteiligten Regierungen im Einverständnis an eine dritte Regierung oder auch an eine dritte Person, welche den Präsidenten der Kommission ernennt.

Les Commissions internationales sont constituées comme suit: chaque Gouvernement interessé nomme deux membres et les quatre membres réunis choisissent le cinquième membre, qui est en même temps le Président de la Commission. S'il y a partage de voix pour l'élection d'un Président, les deux Gouvernements intéressés s'adressent d'un commun accord, soit à un Gouvernement tiers, soit à une personne tierce qui nommera le Président de la Commission.

Art. 16. Die im Streit befindlichen Regierungen verpflichten sich, der Untersuchungskommission alle zum gründlichen und gewissenhaften Studium der in Frage kommenden Tatsachen notwendigen Mittel und Erleichterungen zu geben.

Les Gouvernements entre lesquels s'est produit un dissentiment grave ou un conflit dans les conditions indiquées plus haut, s'engagent à fournir à la Commission d'enquête tous les moyens et toutes les facilités nécessaires pour une étude approfondie et consciencieuse des faits qui y ont donné matière.

Art. 17. Nachdem die internationale Untersuchungskommission die Umstände festgestellt hat, aus welchen sich die Meinungsverschiedenheit oder der Streit herausbildete, erstattet sie den beteiligten Regierungen ihren Bericht, der von allen Mitgliedern der Kommission zu unterzeichnen ist.

La Commission d'enquête internationale, après avoir constaté les circonstances dans lesquelles le dissentiment ou le conflit s'est produit, présente aux Gouvernements intéressés son rapport signé par tous les membres de la Commission.

Art. 18. Der Bericht der Untersuchungskommission hat in keiner Weise die Bedeutung eines Schiedsspruches; er lässt den im Streit befindlichen Regierungen vollständige Freiheit, auf der Grundlage des Berichtes ein freundschaftliches Abkommen zu treffen, oder vom Boden eines besonderen Einvernehmens einen Schiedsspruch anzurufen oder endlich auch eine tatsächliche Entscheidung herbeizuführen, wie sie in den gegenseitigen Staatenbeziehungen zugelassen ist.

Le rapport de la Commission d'enquête n'a nullement le caractère d'une sentence arbitrale; il laisse aux Gouvernements en conflit entière faculté, soit de conclure un arrangement à l'amiable sur la base du rapport susmentionné, soit de recourir à l'arbitrage en concluant un accord ad hoc, soit enfin de recourir aux voies de fait admises dans les rapports mutuels entre les nations.

Erster Abschnitt.

Der Kampf um die Untersuchungskommissionen.

Erstes Kapitel.

Die ersten Ausschussberatungen.

§ 32.

Die erste und zweite Lesung.

Der Ausschuss begann seine Beratungen über die internationalen Untersuchungskommissionen erst nach der Schiedshofdebatte in der Sitzung am 21. Juni 1899.[1])

Im russischen Hauptentwurf hatten nämlich die Untersuchungskommissionen nicht vor der Schiedssprechung wie jetzt im Abkommen, sondern nach derselben ihren Platz und bildeten so den Schluss.

Die heutigen Art. 9—14 gehen auf die Art. 14—18 des russischen Hauptentwurfs zurück.

---

[1]) IV. 134. Vgl. auch den Descampsschen Kommissionsbericht I. 107.

Der Art. 14 enthielt sowie jetzt der Art. 9 die Generalidee, das eigentliche Prinzip. Die Hauptfrage war und blieb: Sollen die internationalen Untersuchungskommissionen gemäss dem russischen Vorschlag obligatorisch gemacht werden? Darum drehte sich ein geradezu leidenschaftlicher Kampf, den die Grossmächte ritterlich einleiteten, und in welchem alsbald die Mittelstaaten und mit wachsender Energie besonders am Schluss die Balkanstaaten im Vordertreffen standen.

Dieser Kampf ist vorerst darzustellen.

Derselbe wurde bei der Beratung des Ausschusses, in welchem die Balkanstaaten übrigens nicht vertreten waren, am 21. Juni durch den österreichischen Vertreter Lammasch eröffnet. Dieser machte sich, wie Zorn später sagte,[1]) „in der ihm eigenen ruhigen, massvollen Art zum Vertreter dieser Bedenken“ und forderte und erreichte die Umwandlung der obligatorischen in rein fakultative Untersuchungskommissionen. Lammasch erklärte nämlich das „conviennent d'instituer“ im Art. 14 des Entwurfs, trotzdem die Fragen der Lebensinteressen und der nationalen Ehre ausgenommen waren, für zu scharf und schlug die Wendung vor: „jugent utile, que les gouvernements intéressés conviennent . . . .“[2])

Der amerikanische Bevollmächtigte Holls stimmte dem sofort zu. Auch dieser widersprach dem obligatorischen Gedanken, doch solle man die Untersuchungskommissionen nicht bloss vorsehen, sondern empfehlen. Der deutsche Bevollmächtigte Dr. Zorn pflichtete den Ausführungen von Holls-Lammasch bei. Darauf wurde an der betreffenden Stelle des Art. 14 folgende Fassung beschlossen:

„. . . . . les Etats signataires sont d'accord pour recommander aux Gouvernements intéressés d'instituer une commission internationale d'enquête . . . . .“[3])

In der nächsten Ausschusssitzung am 23. Juni[4]) kam der russische Bevollmächtigte v. Martens, welcher wegen seiner Tätigkeit im Pariser Schiedsgericht der vorigen Sitzung nicht beiwohnen konnte, auf diese Frage zurück und brach für das obligatorische Prinzip eine Lanze, indem er folgendes ausführte:

Die internationalen Untersuchungskommissionen sind nichts Neues; sie haben vielmehr schon den Beweis geliefert, was sie bei Streitigkeiten, z. B. bei Grenzstreitigkeiten von Staaten, die in bona fide sind, leisten können. Die öffentliche Meinung erhitzt sich umsomehr, wenn der Zwischenfall unerwartet kam; denn sie kennt nicht den Ursprung und die wahren Triebfedern des Streits. Sie unterliegt den Eindrücken des Augenblicks. Hier soll nun die Untersuchungskommission einsetzen: sie soll vor allem die Wahrheit in der Entstehung des Streits und die Wirklichkeit der Tatsachen erforschen. Sie soll nur Bericht erstatten, keine Entscheidung fällen. Aber während sie für den Bericht tätig ist, gewinnt man Zeit, und das ist der zweite Vorteil: die Gemüter beruhigen sich und der Streit verliert seine Schärfe. Aber dieses doppelte Ergebnis kann nur unter der Bedingung erzielt werden, dass die beteiligten Regierungen über die Pflicht, solche Kommissionen zu ernennen, unter einander einig sind, vorausgesetzt natürlich, dass es sich nicht um Lebensinteressen und Ehre handelt. Wenn wir uns auf einen platonischen Wunsch, auf eine blosse Empfehlung beschränken, so haben wir nur eine Erklärung mehr erlassen. Die Bestellung der Kommission muss also obligatorisch sein.

---

[1]) Deutsche Rundschau 1900 S. 108.

[2]) IV. 134. Vgl. auch den Descamps'schen Kommissionsbericht I. 107.

[3]) IV. 134.

[4]) IV. 137.

Der Präsident Descamps meinte ausgleichend, dass man dieser Anregung folgen könne, dass man aber in dem ursprünglichen Art. 14 hinter die Worte: „conviennent d'instituer" die Einschränkung setzen solle: „si les circonstances le permettent".

Asser stimmte sofort zu. Auch Lammasch erklärte, diesen Vergleichsvorschlag annehmen zu können; nur erschien ihm die Fassung des Art. 14 zu allgemein. Der Art. 10 des russischen Entwurfs mit seiner Aufzählung der obligatorischen Schiedsgerichtsfälle könne da vorbildlich werden. Schliesslich meinte er, ob man nicht einige Fälle namhaft machen solle, in welchen die Einsetzung einer Kommission obligatorisch wäre.

Zorn war der Idee des Präsidenten gleichfalls zugetan; aber er schlug vor, die Redaktion des Art. 14 aufzuschieben bis man sich über den Art. 10, wo die obligatorischen Schiedsgerichtsfälle aufgezählt waren, verständigt hätte. Der Zusammenhang der beiden Artikel sei offensichtlich. Das letztere leugnete aber Descamps, dessen Antrag schliesslich angenommen wurde.[1]

Damit war also wieder allgemein das Prinzip der obligatorischen Untersuchungskommissionen ausgesprochen, freilich mit dem abschwächenden und in Wahrheit wieder alles in Frage stellenden Zusatz: soweit es die Umstände erlauben.[2] Die Sache lag jetzt so, wie sie für das Anrufen der Vermittelung gedacht war und nach einigen Umwegen auch schliesslich geregelt worden ist.[3]

Die zweite Lesung des Ausschusses am 3. Juli führte zu keiner weiteren Beanstandung.[4]

In dem hiernach fertig gestellten Gesamtentwurf handelten über die Untersuchungskommissionen unter dem § 3 die Art. 9—13.[5]

§ 33.

Die Spezialsitzungen.

Noch bevor es zur Kommissionsberatung kam, waren im Sekretariat Bemerkungen zum Art. 9 eingereicht worden,[6] welche in der ersten Spezialsitzung am 15. Juli kurz erledigt wurden.[7] Sie betrafen aber nicht das Prinzip.

Am 17. Juli standen die Untersuchungskommissionen auf der Tagesordnung der Kommission.[8] Weil aber die rumänischen, serbischen,

---

[1]) IV. 138.

[2]) Vgl. auch den Descamps'schen Ausschussbericht IV. 13. Hier ist weiter betont, dass auch in der Beschränkung des Instituts der Untersuchungskommissionen ein bedeutsamer Fortschritt friedlicher Abwickelung und ein wertvolles Hilfsmittel für die Staaten sei, welche in gutem Glauben Tatsachen klären wollen, deren genaue Feststellung zur Aufrechterhaltung ihrer guten Beziehungen beitragen könne (IV. 14). Vgl. weiter den Descamps'schen Kommissionsbericht I. 107.

[3]) Vgl. oben S. 108—112.

[4]) IV. 171.

[5]) Im Abkommen jetzt: Dritter Titel Art. 9—14. Der jetzige Art. 10 wurde später eingefügt.

[6]) Vgl. oben S. 88.

[7]) IV. 179.

[8]) IV. 21.

griechischen und türkischen Vertreter immer noch keine Instruktionen hatten, wurde auf Anregung des Präsidenten die Verhandlung über die Untersuchungskommissionen wieder von der Tagesordnung abgesetzt.[1])

Es erwies sich auch als wünschenswert, erst noch im Ausschuss eine weitere Klärung anzustreben.

In der zweiten Spezialsitzung des Ausschusses am 18. Juli[2]) beschäftigte man sich daher wiederholt mit unserer Frage.

Die Mittelstaaten traten bereits aus ihrer Reserve heraus und brachten den Untersuchungskommissionen Misstrauen entgegen.

Der holländische und schweizerische Vertreter erklärten, noch Instruktionen abwarten zu müssen, die aber wohl kaum günstig für die Untersuchungskommissionen ausfallen würden.[3])

Rolin, der Vertreter von Siam, wollte die Untersuchungskommissionen zwar damit empfehlen, dass er sie den „Weg zur Schiedssprechung" nannte, was aber der russische Vertreter v. Martens nicht gelten lassen wollte.[4]) Der schweizerische Vertreter Odier befürchtete, dass die Untersuchungskommissionen nur den Vorwand abgeben sollten, zur Schiedssprechung zu zwingen.[5]) Es wurde aber auch das Gegenteil behauptet.[6])

Der amerikanische Vertreter Holls, welcher die Zustimmung seiner Regierung zum Art. 9 mitteilte, wollte im Bericht ausdrücklich hervorgehoben sehen, dass die Untersuchungskommission keine richterliche Aufgabe habe, kein Schiedsrichter sei.[7]) Schon vorher hatte er es für das Einfachste erklärt, wenn man sich auf die Empfehlung der Untersuchungskommissionen beschränken würde, während der italienische erste Vertreter Graf Nigra Separatabkommen anregte.[8])

Der österreichische Vertreter Lammasch, welcher schon früher vorgeschlagen hatte,[9]) sich mit fakultativen Untersuchungskommissionen zu begnügen, betonte, dass das Pflichtprinzip schon längst ernsthaftem Widerspruch begegne. Die Erörterung im Plenum der Kommission sei gefährlich; man würde die vollständige Streichung des Art. 9 fordern und so die ganze Einrichtung gefährden. Man möge daher lieber ein Opfer bringen und auf die Rechtspflicht[10]) im Art. 9 verzichten. Später fügte er hinzu, er stelle diesen Antrag, um Einmütigkeit zu erreichen und pein-

---

[1]) a. a. O.

[2]) IV. 184 ff.

[3]) IV. 184.

[4]) a. a. O.

[5]) IV. 186.

[6]) Asser stellte später fest, dass hier die Auffassung sehr verschieden sei. Nach der einen würde durch die Untersuchungskommissionen die Schiedssprechung gefördert, nach der anderen gehindert. Wenn für die Grossmacht das Untersuchungsergebnis ungünstig sei, so würde sie indes nach seiner Ansicht der auf ein Schiedsgericht lautenden Forderung des kleineren Staates Widerstand leisten (IV. 186).

[7]) IV. 185.

[8]) IV. 184.

[9]) Vgl. oben S. 131.

[10]) IV. 185. Der Art. 9 hatte zur Bezeichnung der Rechtspflicht bezüglich der Untersuchungskommission das Wort „conviennent" gewählt (ähnlich Art. 1), während das obligatorische Prinzip der Schiedsgerichtsorganisation im Art. 8 durch „s'engagent" bezeichnet war. Lammasch meinte nun auch, das „conviennent" sei bestimmter und spezieller. (IV. 186.)

liche Debatten im Plenum der Kommission zu verhindern.[1]) v. Martens betonte aber, dass da nicht allein der Art. 9 in Betracht komme, sondern auch Art. 1, 21 und andere mehr. Wenn es indes nicht anders gehe, wolle er den obligatorischen Charakter opfern; bis jetzt habe er jedoch nur Ausdrücke der Furcht vernommen, sonst nichts. Vielleicht liege nur ein Missverständnis vor. Denn man sollte meinen, dass der Zusatz „si les circonstances le permettent" genügende Garantie biete.[2])

Aber es bestand keine rechte Begeisterung für die Untersuchungskommissionen.

Der holländische erste Vertreter van Karnebeek betonte, dass solche Untersuchungen unter gewissen Umständen, besonders in den Kolonien, gefährlich und störend sein könnten. Und der französische Vertreter d'Estournelles,[3]) welcher während der letzten zehn Tage überall Eindrücke gesammelt hatte, erklärte, es sei Tatsache, dass die Untersuchungskommissionen den lebhaftesten Einwänden begegnen.

Aber, so fuhr er fort, die Vertreter, welche für ihre Länder die Untersuchungen nicht wollen, machen keine Gründe, sondern Befürchtungen geltend, und das hindert, sie zu widerlegen. Ihre Befürchtungen sind moralischer und materieller Art. Die Untersuchungskommissionen werden Fehler der Verwaltung aufdecken und daraus wird sich für sie eine Demütigung ergeben, welche sie fürchten. Weiter haben sie Angst, dass infolge dieser Enthüllungen durch die öffentliche Meinung ein Einfluss geltend gemacht wird. Zwischen den Staaten, die mehr oder weniger schlecht verwaltet werden,[4]) macht sich nämlich eine Art natürlichen Bündnisses geltend. Das ist immer der Kampf zwischen Nacht und Licht. Deshalb werden wir nur sehr schwer den Widerstand besiegen, der uns geleistet wird. Angesichts dieser Sachlage müssen wir unseren Beschluss fassen und Zugeständnisse machen.

v. Martens begriff wohl, dass die Staaten, auf welche d'Estournelles anspielte, Furcht hätten, es möchten ihre Verwaltungsfehler entdeckt werden. Aber sie sollten sich nur keiner Täuschung hingeben und wissen, dass, wie immer auch das Abkommen ausfallen möge, diese Untersuchungen doch stattfinden würden.

d'Estournelles meinte aber entschuldigend, die Gegner wollten nur nicht, dass die Untersuchungen zur Gewohnheit würden.[5])

Der schweizerische Vertreter Odier behandelte das Furchtmotiv in der Richtung, dass dieser Akt nur die Einleitung zu einer ganzen Reihe von Akten bilde, welche die Signatarmächte mehr oder weniger binden würden.[6])

Der deutsche Vertreter Dr. Zorn hob hervor, dass die Worte „si les circonstances le permettent" das obligatorische Prinzip tatsächlich wieder aufheben. Sei aber eine peinliche Erörterung der Frage zu erwarten,

---

[1]) IV. 186.

[2]) IV. 185. Bei dieser Gelegenheit stellte noch Descamps fest, dass die Worte „intérêts vitaux et honneur national" nur noch im Art. 9 vorkämen, während sie anfangs an mehreren Stellen des Abkommens gestanden hätten. Sie seien nur noch der Zeuge eines früheren Zustandes. Dem fügte er zur weiteren Empfehlung hinzu, dass man bei einer irrigen Tatsachendeutung ein Interesse an der Richtigstellung habe; hier sollten die Untersuchungskommissionen einsetzen.

[3]) IV. 185.

[4]) Asser nahm übrigens später Anlass, festzustellen, dass auch Staaten mit guter Verwaltung vor den Untersuchungskommissionen Angst hätten (IV. 186).

[5]) IV. 185.

[6]) IV. 186.

so schliesse er sich dem österreichischen Vertreter an, dass die Untersuchungskommissionen auch formell den Fakultativcharakter erhalten.[1]) Er hoffe, dass v. Martens diesem Kompromissantrag beipflichte und erkannte an, dass die Untersuchungskommissionen möglicherweisse für grosse und kleine Mächte eine ganz verschiedene Bedeutung hätten. Für die kleinen Staaten könnten sie in der Tat eine Gefahr werden.[2])

Asser stimmte dem zu, wies auf die Verschiedenheiten der Wirkung und Auffassung hin und war im Interesse der Einheit dafür, dass man ein Opfer bringe und sich mit dem Fakultativcharakter begnüge.[3])

Der Präsident Bourgeois stellte darnach folgendes fest: Die persönliche Auffassung der Ausschussmitglieder hat nicht gewechselt. Aber wir sehen den Widerstand mehrerer Mächte voraus und wir halten vor allem darauf, dass das Projekt als Ganzes nicht verdächtigt wird. Nachdem dies festgestellt ist, wird niemand behindert, in dem Plenum seine Meinung zu entwickeln. Das kann sogar eine wertvolle Belehrung werden, und wir werden nur der äussersten Notwendigkeit weichen, aber vorher einen Austausch der Ideen herbeiführen, der möglich ist und auf jeden Fall die öffentliche Meinung über die Beweggründe der einen oder anderen aufklären wird. Warten wir also die Erörterung ab und vereinigen wir uns, wenn's nötig wird, auf den Antrag Lammasch.[4])

Der Ausschuss nahm diesen Vorschlag des Präsidenten einmütig an.

v. Martens drückte seine Freude darüber aus, dass er in diesem Kampf Unterstützung finde. Aber im gegebenen Augenblick werde man sich auf die Vergleichsidee einigen, wobei alle überzeugt blieben, dass die Sache selbst gut sei. Und Lammasch wiederholte, er habe seinen Antrag nur gestellt, um einer peinlichen Erörterung zuvorzukommen. Aber nachdem der Ausschuss in seiner Auffassung so einmütig und in seiner Marschrichtung so entschlossen sei, wünsche er vielmehr, dass eine Erörterung stattfinde.[5])

Zweites Kapitel.

Die ersten Kommissionsberatungen.

§ 34.

Die Angriffe auf die Untersuchungskommissionen.

Der Art. 9 des Ausschussentwurfs, über welchen jetzt die Kommission zu beraten hatte, lautete:

„Dans les litiges d'ordre international provenant d'une divergence d'appréciation sur des faits qui peuvent être l'objet d'une constatation locale, et n'engageant d'ailleurs ni l'honneur ni les intérêts vitaux des Puissances intéressées, ces Puissances, pour le cas où elles ne pourraient se mettre d'accord par les voies diplomatiques ordinaires, conviennent de recourir, ent tant que les circonstances le permettent, à l'institution de Commissions internationales

---

[1]) IV. 186.
[2]) So auch später in der „Deutschen Rundschau" 1900 S. 108.
[3]) IV. a. a. O.
[4]) a. a. O.
[5]) a. a. O.

d'enquête, afin d'éclaircir sur place, par un examen impartial et consciencieux, toutes les questions de fait." [1])

Am 19. Juli fand die Kommissionsberatung statt.

Die Instruktion für die Vertreter der Balkanstaaten war eingetroffen, und es zeigte sich, wie Zorn später mit Recht betonte, ein intensives Misstrauen der Balkankönigreiche gegen fremde Überraschungen und Eingriffe in ihr Staatsleben. Zum Zwecke entschiedener Stellungnahme gegen derartige Möglichkeiten hatten sich Rumänien, Serbien und Griechenland völlig geeinigt. Führer dieser interessanten Koalition war der energische und gewandte rumänische Delegierte Beldiman, vorzüglich unterstützt durch den geistig und rednerisch bedeutenden serbischen Vertreter, den Belgrader Professor Veljkovitch, deren Ausführungen der Grieche Delyannis beistimmte.[2])

Die Balkanstaaten verlangten eine Garantie gegen die Interventionsgefahr,[3]) insbesondere durch Beseitigung des wenn auch bis zur Vernichtung abgeschwächten formellen obligatorischen Prinzips.

Es wird sich zeigen, dass sie Erfolg hatten.

Diese Kommissionssitzung am 19. Juli, welche der ersten Lesung galt, war noch mehr wie die gerade vorangegangenen Verhandlungen über die Entscheidungsgründe und die Revision der Schiedssprüche durch lange Reden ausgefüllt, welche den Parteireden der Landtage vollständig nachgebildet waren. Hier ging es heiss zu, und die Protokolle verzeichnen zum ersten Mal „Unterbrechung" und so etwas wie einen Ordnungsruf.

I. Als erster Redner trat der rumänische Bevollmächtigte Beldiman auf.

Seine Rede ist etwas lang ausgefallen; sie ist überhaupt die längste Rede, welche auf der Konferenz gehalten worden ist.[4])

Der rumänische Gesandte führte im wesentlichen folgendes aus:

Die Aufgabe, welche mir heute zufällt, ist nicht leicht. Denn sie richtet sich gegen die allgemeine Ansicht, die sich in dieser hohen Versammlung unter dem Einfluss unbestreitbarer Fachmänner, Autoritäten erster Klasse auf dem Gebiet des Völkerrechts, gebildet hat. Ich sehe sogar voraus, dass ich fast alle die hervorragendsten Vertreter der Völkerrechtswissenschaft, die wir mit berechtigtem Stolz unter den Mitgliedern dieser Konferenz sehen, gegen mich haben werde. Bei dieser Sachlage würde der Kampf allzu ungleich sein, wenn er sich ausschliesslich auf dem Gebiet dieser Wissenschaft selbst abspielen müsste. Aber es ermutigt mich, dass wenn es sich darum handelt, internationale Abmachungen zu treffen, welche die wechselseitigen Beziehungen der Staaten unmittelbar berühren, die Völkerrechtswissenschaft allein die letzte Instanz nicht bilden kann; sie muss auch mit den berechtigten Interessen der gegenwärtigen Staatspolitik im Einklang stehen.

---

[1]) IV. 259. Descampsscher Kommissionsbericht I. 107.

[2]) Zorn in der „Deutschen Rundschau" 1900 S. 108. Die Türkei griff nicht ein und enthielt sich schliesslich, wie wir sehen werden, der Stimme; aber nach der späteren Mitteilung von Zorn machte der türkische erste Bevollmächtigte Turkhan Pascha einmal gesprächsweise die Bemerkung: „Wenn bei uns im Orient die guten Dienste fremder Mächte beginnen, dann ist die Sache für uns verloren" („Tag" 1903 No. 307).

[3]) Zorn im „Tag" a. a. O.

[4]) Sie umfasst fast 9 Seiten im grossen Protokollformat (IV. 42—50). Beldiman erkannte am Schluss seiner Rede selbst an, dass er gesprochen habe „plus longtemps que d'habitude"; aber die Wichtigkeit der Frage entschuldige ihn (IV. 50).

Ich muss nun vor allem namens der rumänischen Regierung erklären, dass diese nach reiflicher Erwägung nicht in der Lage ist, den Artikeln über die internationalen Untersuchungskommissionen in § 3 des Entwurfs — 3. Titel des Abkommens — zuzustimmen.

Die Auffassung Rumäniens wird vollständig geteilt von Griechenland und Serbien. Die Regierungen dieser Staaten, welche mit Rumänien so viele gemeinschaftliche Interessen haben, sind gleicherweise der Ansicht, dass der Entwurf viel gewinnen würde, wenn er nicht den § 3 über die internationalen Untersuchungskommissionen enthalten würde.

Im übrigen versteht es sich von selbst, dass ich lediglich für meine Regierung spreche.

Die rumänische Regierung ist erst nach langer und reiflicher Erwägung zu ihrem Entschluss gekommen. Sie hat alle möglichen Fälle ins Auge gefasst; sie hätte sich sicherlich lieber nicht so einschneidend bei diesen Verhandlungen beteiligt. Aber die Verantwortung, welche sie durch die Zustimmung zu diesen Bestimmungen übernehmen würde, ist zu gross; und sie würde einem Abkommen nicht beipflichten können, welches nach ihrer Ansicht den Rechten und Interessen unseres Königreichs Abtrag tut. Also in der Erfüllung einer gebieterischen Pflicht hat die rumänische Regierung mir Instruktion erteilt, deren Dolmetscher ich sein darf.

Hierauf teilte Beldiman seine allgemeine Instruktion zum Teil im Wortlaut mit. Dieselbe bekannte sich rückhaltlos zum russischen Programm. Unter anderem hatte hier das Ministerium erklärt:

„Es ist unsere Pflicht, die Bestrebungen derjenigen aufrichtig zu unterstützen, die eine so edle Arbeit unternehmen und mit Begeisterung dem Aufruf zu entsprechen, welcher an die Kleinstaaten Europas gerichtet wurde. Und wie in den Fragen, welche so viele und so grosse Schwierigkeiten in sich schliessen, gerade die vollständigsten Lösungen nicht immer am leichtesten zu verwirklichen sind, so glaube ich, dass Sie im allgemeinen darauf sehen müssen, mit Ihrem Wort und Ihrer Stimme immer diejenigen Anträge zu unterstützen, die, ohne vielleicht die besten zu sein, für jedermann die annehmbarsten sind.“

In diesem entgegenkommenden Sinn, so fuhr Beldiman fort, hat Rumänien bis jetzt auf der Konferenz mitgewirkt. Aber die internationalen Untersuchungskommissionen mit obligatorischem Charakter kann Rumänien nicht annehmen.

Rumänien ist zwar der Ziff. 8 des russischen Programms sofort vollständig und ohne den geringsten Vorbehalt beigetreten, aber dieses Programm enthält nichts über obligatorische Schiedssprechung, nichts über obligatorische Untersuchungskommissionen.

In der Auslegung der acht Ziffern hat übrigens auch der Standpunkt gewechselt.

Teilweise ist die Meinung durchgedrungen, man müsse sich streng in dem Gedankenkreis halten, der durch den Wortlaut des russischen Rundschreibens für die Verhandlungen abgesteckt worden ist.

So ist der amerikanische Antrag bezüglich der Unverletzlichkeit des Privateigentums im Seekrieg, obschon er sich mit den Aufgaben der Konferenz sehr nah berührt, nicht verhandelt worden, und man hat sich auf den Wunsch beschränken müssen, dass diese so bedeutsame Frage vor eine andere Konferenz gebracht werde. Und selbst dieser allgemeine Wunsch, welcher kein Anzeichen für die Lösung enthält, welche die von der amerikanischen Vertretung gestellte Aufgabe finden soll, konnte nicht einstimmig angenommen werden.

Ebenso war es bei dem Antrag betreffend das Bombardement.

Es war eine starke Strömung, man solle die Flotten-Bombardements auf nicht verteidigte am Meer gelegene Städte, Dörfer und andere Gebäude verbieten, wie nach Art. 25 des Landkriegrechtsabkommens ihre Beschiessung durch die Landartillerie verboten ist. Die Unzuständigkeitserwägung aber siegte,[1]) und selbst der ganz allgemein gehaltene Wunsch, unsere Frage einer zukünftigen Konferenz vorzulegen, — ein Wunsch, der übrigens ganz davon absieht, die Richtung der Lösung anzudeuten, — hat nicht in gleicher Weise alle Stimmen auf sich vereinigen können.

[1]) In der Kabelfrage lag die Sache ähnlich.

Wo es sich aber um das obligatorische Schieds- und Untersuchungswesen handelt, soll Ziff. 8 nicht entgegenstehen, obschon dort weder von dem einen noch dem andern die Rede ist.

Man benutzte also für verschiedene Dinge, ohne es zu wollen, verschiedene Gewichte und Masse.[1])

Trotzdem will ich aber nicht mit diesen rein formellen Gründen die Sache entschieden sehen. Der Entwurf als solcher ist zu wichtig, als dass man ihn nur mit einer Zuständigkeitserwägung bekämpfen sollte. Das Grundsätzliche selbst ist es, das meine Regierung beschäftigt.

Diese kann nicht Abmachungen beitreten, die sie nicht für verträglich mit den Rechten und Interessen Rumäniens hält, und die nicht dazu geeignet sind, die guten Beziehungen zu erleichtern, welche Rumänien mit allen Mächten unterhält.

Wenn die rumänische Regierung von Anfang an unterrichtet gewesen wäre, dass die Einführung von internationalen Untersuchungskommissionen mit obligatorischem Charakter in den Bannkreis der Ziff. 8 gehöre, so hätte sie sich sicherlich beeilt, sofort ihre ernsten Bedenken in dieser besonderen Beziehung auszusprechen.

Eine solche Benachrichtigung ist aber nicht ergangen, und dabei ist der ursprüngliche Entwurf noch fortwährend verschlechtert worden.

Sobald die rumänische Regierung von dem ersten Entwurf Kenntnis genommen hatte, hat sie auch auf die schweren Unzuträglichkeiten hingewiesen, welche die internationalen Untersuchungskommissionen nach der rumänischen Auffassung mit sich führen müssen. Der jetzige Entwurf ist aber noch weniger annehmbar.

Gewiss haben schon oft Nachbarstaaten für die Feststellung von Grenzverhältnissen mit gutem Erfolg Untersuchungskommissionen eingesetzt, so auch Rumänien in Verbindung mit Russland, Österreich und Bulgarien. Aber im Art. 9 will man eine solche bis jetzt freiwillige Einrichtung obligatorisch machen. Das ist ebenso sehr eine unglaubliche Neuheit wie die Bestimmungen des Art. 10 über die Bildung solcher Kommissionen. Der Zwang kann unmöglich die Lösung von Schwierigkeiten erleichtern, wird vielmehr neue politische Verwirrungen bringen; und die Bildung der Kommissionen ist leider nicht mehr ausschliesslich Sache der beteiligten Staaten, sondern es ist jetzt für die Einmischung dritter Mächte Tür und Tor geöffnet.

Hier erfolgten von seiten der Ausschussmitglieder Unterbrechungen und Zwischenrufe: „Das ist ein Irrtum".

Also die Furcht vor der Einmischung unbeteiligter Staaten in die wirren Balkanverhältnisse hatte vor allem den Widerstand der Balkanstaaten veranlasst.

Nach den Zwischenrufen begründete Beldiman diesen Standpunkt wie folgt:

Art. 10 sieht, wenn nicht ein eigenes Abkommen die Frage anders ordnet, hier dieselbe Bildung wie beim Schiedsgericht im Art. 31 (jetzt 32) vor. Darnach können als Mitglied und Obmann sicherlich auch Vertreter dritter Mächte eintreten.

---

[1]) IV. 45. Dem widersprach später der Berichterstatter Descamps (IV. 54): Die Beldimansche Auslegung der Ziff. 8 führe zu unmöglichen Folgerungen. Zwei Gründe sprächen dagegen. Zunächst müsse man das Schreiben von Murawieff als Ganzes zum Ausgang nehmen; hier seien Verhandlungsaufgaben nur in allgemeinen Zügen gestellt und es heisse keineswegs „ne varietur". Weiterhin komme noch das Rundschreiben von Beaufeort in Betracht, welches der Prüfung der Konferenz auch alle anderen Fragen unterstellte, welche mit dem russischen Programm in Verbindung stehen. Vgl. oben S. 13.

Auch v. Martens ging noch einmal auf die Zuständigkeitsfrage ein (IV. 55): Die Untersuchungskommissionen seien durch Ziff. 8 gedeckt, und zwar stünden sie im Arbeitsprogramm selbst (?), und schlössen sich nicht bloss an dasselbe an. Darüber bestehe nicht der geringste Zweifel. Russland sei daher durch die Einstellung der Untersuchungskommission in den Entwurf nicht aus seinem Programm herausgetreten.

Man mag aus Erwägungen des Zusammenhangs die Kompetenz hier immerhin bejahen; aber dann hat Beldiman doch darin Recht, dass man sich in der Kriegsrechtskommission von einer anderen Auffassung treiben liess und hier aus Zuständigkeitserwägungen Fragen ausschaltete, welche bei der Auffassung der Friedenskommission unbedenklich hätten behandelt werden können.

Als wieder Unterbrechungen erfolgten, fuhr der rumänische Vertreter fort:

Man ruft mir zu, dass diese dritten Mächte ja von den Parteien selbst bestellt werden. Aber nichstdestoweniger geht hier in Verbindung mit dem obligatorischen Prinzip der jetzige Charakter dieser Kommissionen verloren. Bis jetzt hat man sich völlig frei entschlossen; nunmehr aber kann man bös überrascht werden; die Ehren- und Umstandsklausel gibt keinen ausreichenden Schutz. Die Prüfung darauf ist misslich. Die erstere soll man auch nicht bei jeder Gelegenheit im Mund führen, und die Bestellung von Kommissionen widerspricht mitunter auch nicht der Ehre und den Lebensinteressen, wohl aber den wohlverstandenen politischen Interessen. Man kann allerdings in den genannten Klauseln vielleicht ein Ventil gegen jeden Zwang sehen. Wendungen dieser Art sind gefallen, aber eine derartige Auslegung ist unwürdig, sowie gegen Treu und Glauben.

Die rumänische Regierung will lieber frank und frei den Entwurf bekämpfen, als ihn mit Hintergedanken unterschreiben. Für die Kleinstaaten ist die vollendete Ehrlichkeit der beste Schutz. Theoretisch geht vielleicht die Sache, aber vom Standpunkt praktischer Politik muss Rumänien widersprechen. Ich richte deshalb namens meiner Regierung an die hohe Versammlung und besonders an die russischen Vertreter aufs Wärmste die Bitte, die auf einer unzweifelhaft friedlichen Politik beruhenden grundsätzlichen Einwendungen in wohlwollende Erwägung zu ziehen und die obligatorischen Untersuchungskommissionen wieder aus dem Entwurf zu entfernen.

Beldiman, welcher durch die Untersuchungskommissionen mit obligatorischem Charakter die Souveränität der Staaten bedroht sah,[1]) ergriff übrigens im Verlauf der Sitzung noch wiederholt das Wort und wies dabei zur Stütze seiner Behauptung, dass durch die Untersuchungskommissionen möglicherweise dritte Mächte in den Streit verwickelt werden, nochmals auf die Zusammensetzung nach Art. 31: Er habe nicht gesagt, dass dritte Mächte auf die Zusammensetzung einen Einfluss üben würden, sondern nur dass sie durch das Besetzungsrecht als Mitglieder zugelassen seien; und doch bestehe ein wesentlicher Unterschied zwischen dem Schiedsgericht, welches eine endgültige Rechtsentscheidung fälle und einer Untersuchungskommission, welche an Ort und Stelle etwas rein tatsächliches festzustellen suche.

Man sage, dass der ursprüngliche russische Entwurf etwas ähnliches vorgesehen habe[2]) und unbeanstandet geblieben sei. Aber derselbe sei keiner allgemeinen Erörterung unterstellt worden, sondern der Ausschuss sei sofort in Beratung getreten.

Die ersten Bevollmächtigten hätten an dieser Ausschussberatung aber nicht teilnehmen und folgeweise auch die Ansichten ihrer Regierungen nicht mitteilen können.[3])

Daran schloss sich die etwas gereizte Bemerkung, welche der Präsident denn auch nicht unbeanstandet liess,[4]) die Vertreter der Zeitungen seien über die verschiedenen Phasen der Beratung besser unterrichtet worden als die staatlichen Vertreter.[5])

---

[1]) Descampsscher Kommissionsbericht I. 107.

[2]) Übrigens hob Beldiman am Schluss (IV. 58) noch folgendes hervor: Der ursprüngliche russische Entwurf baue die neue Institution auf für den Fall eines „dissentiment grave" oder eines „conflit", denke also an eine Kriegslage. Der gegenwärtige Entwurf aber sehe von dieser scharfen Voraussetzung ab.

[3]) IV. 57.

[4]) IV. 58.

[5]) IV. 57. Vgl. oben S. 30.

Beldiman blieb dabei, es sei ihm bis jetzt keine Gelegenheit geboten worden, sich über den Entwurf zu äussern, weder im Ausschuss noch wo anders. Man dürfe sich daher nicht wundern, wenn er über den ihm erst seit einigen Tagen bekannten Entwurf nicht früher seine Einwände erhoben habe.[1])

II. Die Auffassung Serbiens vertrat Professor Dr. Veljkovitch,[2]) der sich den Ausführungen Beldimans durch folgende Ausführungen vollständig anschloss:

Mit der Forderung auf Streichung des § 3 wollen wir nicht schlechthin den Untersuchungskommissionen den Krieg erklären. Unter besonderen und ausnahmsweisen Umständen können frei vereinbarte Untersuchungskommissionen grosse Dienste leisten. Die Feststellungen derselben machen auf die öffentliche Meinung oft mehr Eindruck als die Kundgebungen der eigenen Behörden. Aber da handelt es sich um besondere Verhältnisse, und man muss sich deshalb davor hüten, das Verfahren zu verallgemeinern.

Im Grunde bedeutet jedes Verlangen nach internationalen Untersuchungskommissionen irgend einen Zweifel an die Unparteilichkeit der Feststellungsbehörde des anderen Staates, welch letzterer in seiner Zustimmung die Handlung seiner Beamten einer internationalen Kontrolle unterwirft.

Die Fassung des Art. 9 schützt auch nicht gegen Missbrauch der ganzen Einrichtung.

Die Lebensinteressen- und Ehrenklausel ist in der Theorie vorzüglich; und das mag auch für die Praxis gelten, wenn es sich bloss um die Beziehungen der Grossmächte untereinander handelt. Aber Grossmächte im Verhältnis zu Kleinstaaten werden bei letzteren in Fragen der Ehre und Lebensinteressen nicht dieselbe Empfindlichkeit sehen wollen, welche sie selbst beherrscht. Die Kleinstaaten werden eine erniedrigende Begründung nötig haben, dass ihre Ehre tatsächlich in Frage steht, während bei Grossmächten der einfache Hinweis genügt.

Die Ehrenklausel führt somit zu einer Ungleichheit der Behandlung von Grossmächten und Kleinstaaten; sie schädigt die letzteren. Ein Abkommen, das darauf hinausläuft, können wir nicht unterzeichnen.

Zu demselben Resultat komme ich bei der Umstandsklausel; denn die politische Erfahrung beweist, dass die Umstände gar manches einzig und allein den Grossen und Mächtigen erlauben, eben weil sie gross und mächtig sind. Wenn es ein Grossstaat als den Umständen entsprechend erachtet, wird er die Bestellung von Untersuchungskommissionen aufnötigen; das Umgekehrte ist ausgeschlossen.

Die Untersuchungskommissionen werden nur auf den Willen des Mächtigeren ins Leben treten; und das verletzt die Ehre und Würde des schwächeren Gegners. In den Augen der Kleinstaaten sind sie also kein unparteiisches Mittel, im Interesse der Gerechtigkeit die Wahrheit von Tatsachen festzustellen, sondern ein Zeichen der Minderwertigkeit und Abhängigkeit. Eine Einrichtung, welche die Starken noch stärker macht auf Kosten der Schwachen, widerspricht aber schnurstracks dem Völkerrecht sowie überhaupt jeder Gerechtigkeits- und Billigkeitsidee.

Liesse sich eine Vorkehrung treffen, dass die Verpflichtung, Untersuchungskommissionen anzurufen, im Ernst für alle Vertragschliessenden völlig gleich wirken müsste, so könnte man sich verständigen. Nachdem es aber dem Ausschuss trotz seiner vorzüglichen Zusammensetzung selbst nach langen und eindringlichen Verhandlungen nicht gelungen ist, diese Aufgabe zu lösen, ist die geplante Einrichtung für das Völkerrecht noch nicht reif genug.

Auf anderen Gebieten ist man ja gleichfalls schon auf solche tote Punkte gestossen, und man hat diese dann unter der Herrschaft des ungeschriebenen Völkerrechts gelassen, dessen weitere Entwicklung man von der Zukunft erhofft. Das empfiehlt sich auch hier; und deshalb wünscht Serbien die Streichung des § 3 und damit der Untersuchungskommissionen.

Der Descampssche Kommissionsbericht bemerkte über diese Rede: Die serbische Delegation machte, ohne der Untersuchungsinstitution selbst feindlich gegenüberzutreten, auf zwei Unzuträglichkeiten aufmerksam: dass

---

[1]) IV. 58.
[2]) IV. 50—52.

nämlich einmal unter gewissen Verhältnissen ein fremder Behördenorganismus auf dem Staatsgebiet tätig werde, und dass weiterhin für die Grossmächte und die Kleinstaaten ungleiche Wirkungen entstünden.[1])

III. Für Griechenland gab der Bevollmächtigte Delyannis nur die kurze Erklärung ab, dass er den Ausführungen der beiden Vorredner beitrete und jene der Würdigung der Kommission empfehle.[2])

IV. Der türkische Vertreter Turkan Pascha beschränkte sich darauf, den bei der ersten Verhandlung über den § 4 gemachten Vorbehalt zu wiederholen.[3])

§ 35.

Die Verteidigung der Untersuchungskommissionen.

I. Von den Balkanstaaten war Bulgarien seine eigenen Wege gegangen; und der bulgarische Bevollmächtigte Dr. Stancioff war der erste, welcher den Ausführungen der drei Oppossitionsredner entgegentrat,[4]) dabei aber auch die wirkliche Bedeutung der geplanten Neuerung merklich herabdrückte. In diesem Geist regte er schliesslich eine neue Fassung des Art. 13 (jetzt 14) an.

Der bulgarische Vertreter führte etwa folgendes aus:

Die geplante Neuerung belässt den Staaten jeden nur wünschenswerten Schutz der Unabhängigkeit. Das zeigt die Umstandsklausel und in gleicher Weise die matte[5]) Verpflichtungsformel: „les parties intéressées conviennent de recourir . . .“. Nach diesen Wendungen haben die Staaten jede Würdigungs- und Handlungsfreiheit, und es ist dafür gesorgt, dass der Streit unter den Parteien bleibt und keine Intervention erfolgt. Die Zusammensetzung der Kommission nach Massgabe des Art. 31 macht das möglich: die zwei im Streit befindlichen Staaten senden in die Untersuchungskommission ihre freigewählten Vertreter, und der unparteiische Vorsitzende bedeutet einen ernsthaften Schutz.

Zwischen den bisherigen und den geplanten Untersuchungskommissionen besteht derselbe Unterschied wie zwischen der Übung und dem Gesetz; es ist zu begrüssen, wenn das letztere jetzt der ersteren die nötige Bestimmtheit gibt.

Auch der Art. 13, welcher der Feststellung den schiedsrichterlichen Charakter abspricht, sichert die Handlungsfreiheit. Bis zum Bericht gewinnt man Zeit, und es tritt eine Beruhigung ein. Das arbeitet der endlichen Entscheidung kräftig vor. Ich sehe auch keine Gefahren für die Kleinstaaten. Man soll nur den Art. 9 abändern und die Untersuchungskommissionen in Wirklichkeit fakultativ machen, wie es der Art. 9 im Grund schon etwas verschwommen erklärt. Auch möge man im Art. 13 noch hinzufügen, dass die beteiligten Staaten den Bericht „**comme non-avenu**“ ansehen, also gänzlich unbeachtet lassen dürfen.

Demgemäss schloss der bulgarische Vertreter mit dem Antrag, dem Art. 13 folgende Fassung zu geben:

. . . . *„il laisse aux Puissances en litige entière faculté soit de conclure un arrangement amiable sur la base de ce rapport, soit de considérer celui-ci comme non-avenu.“* [6])

II. Nachdem auch Rolin namens der Regierung von Siam im besonderen Hinblick darauf seine Zustimmung erklärt hatte, dass es sich

---

[1]) I. 108.
[2]) IV. 52. Vgl. auch den Kommissionsbericht I. 108.
[3]) IV. 60.
[4]) IV. 52f.
[5]) In dieser Hinsicht konnte man sich allerdings auf die Auslegung des Art. 1 (vgl. oben S. 103) berufen. Aber schon im Art. 2 liegt die Sache anders. Vgl. oben S. 111.
[6]) IV. 53. Kommissionsbericht I. 108.

nur höchst selten um bloss tatsächliche Streitfragen handle und dass deshalb die Untersuchung die natürliche und sogar notwendige Einleitung eines schiedsrichterlichen Austrages sei,[1] übernahmen es Descamps und v. Martens, die einstimmig gefassten Beschlüsse des Ausschusses zu verteidigen.

III. Descamps, der es ablehnte, auf alle Einwendungen zu antworten, führte in der Hauptsache folgendes aus:[2]

Zweifellos hatten die Vertreter der Kleinstaaten das Recht, mit besonderer Rücksicht auf ihre Staatsinteressen den Entwurf zu prüfen. Aber man kann hier den Ausstellungen ihr Recht werden lassen, ohne gleich eine ganze Paragraphenreihe auszuschalten

Niemand im Ausschuss hat die gute Wirkung der Untersuchungskommissionen in Frage gestellt. Immerhin sind bezüglich des Charakters, den sie anzunehmen haben, verschiedene Auffassungen zutage getreten.

Auch wird der Entwurf durch die Streichung der Untersuchungskommissionen keineswegs gewinnen. Es handelt sich um zusammenhängende Friedensbestimmungen für Streitlagen. Abgesehen von schweren Streitfällen, welche die Vermittelung wünschenswert machen, gibt es rechtliche und tatsächliche Streitfragen; für die ersteren wird die Schiedssprechung, für die zweite die Untersuchungskommission bereit gehalten. Die letzteren haben sich unbedingt auf die Feststellung von Tatsachen zu beschränken, was man weiter von ihnen befürchtet, findet im Entwurf keine Begründung.

Der ursprüngliche russische Entwurf ist von Beldiman für annehmbar erklärt worden. Aber die Änderung ist ja nur erfolgt, um den obligatorischen Charakter der ursprünglichen Bestimmungen tatsächlich zu beseitigen: Darüber sind alle Ausschussmitglieder einig gewesen.

Darin freilich hat Beldiman Recht, das erstrebt aber auch der Ausschuss wie der Entwurf tatsächlich an, dass die Untersuchungskommissionen nicht die Interventionspolitik erneuern sollen. Die Untersuchungskommissionen sind übrigens nicht neu, und es handelt sich nur darum, sie fortzubilden.

Allgemeine Behauptungen sind unnütz; Beldiman hat einfach die ganze Einrichtung verurteilt, ohne die Möglichkeit der Verbesserung auch nur anzurühren. Schlage man also Besseres vor; die einfache Streichung des § 3 bedeutet eine Lücke in dem zusammenhängenden Werk.

Prüfe man also im Eingehen auf die gemachten Ausstellungen die Frage noch gründlicher und stelle ein Einvernehmen in der Richtung her, dass für die Kleinstaaten ein besserer Schutzwall entsteht.

IV. v. Martens,[3] der das Misstrauen und die Vorurteile bannen und, wie nachher der Präsident Bourgeois hervorhob,[4] alle über ihre Sonderinteressen zum Menschheitlichen emporheben wollte, stellte es vor allem auf das Entschiedenste in Abrede, dass die Untersuchungskommissionen Politik zu machen bestimmt seien. Das gelte in gleicher Weise für die Grossmächte wie für die Kleinstaaten, für den Orient wie den Okzident. Dann bemerkte er weiter:

Die Politik hat auf dem Arbeitsprogramm der Konferenz überhaupt keine Stelle gefunden. Die Untersuchungskommissionen haben denselben Zweck wie die Vermittelung und die Schiedssprechung, nämlich die friedliche Beilegung von Streitigkeiten. Die Untersuchungskommissionen streben dies an durch eine unparteiische Prüfung der Umstände und Tatsachen. Sie können dem Weltfrieden gute Dienste leisten. Denke man z. B. nur an den Fall, dass die Grenzbehörde auf fremdem Gebiet jemand festnimmt und deshalb ein Streit entsteht.[5] Je dunkler die tatsächlichen Umstände bleiben, destomehr erhitzen sich die Leidenschaften. Zeitungsartikel und Landtagsanfragen sind darauf gerichtet, der Regierung den Nacken zu steifen und

[1] IV. 53 f. Kommissionsbericht I. 108.
[2] IV. 54.
[3] IV. 55 57.
[4] IV. 57.
[5] Fall Schnäbele.

sie in eine nichtgewollte Bahn zu drängen. Da bedeutet die Untersuchungskommission für die Regierungen ein Sicherheitsventil. Dieselben können jetzt sagen: nur gemach, wir werden eine Untersuchungskommission bilden, die am Platz die nötigen Erhebungen veranstalten und Licht in die Sache bringen soll. So gewinnt man Zeit. Die Untersuchungskommissionen sollen also auch der Beruhigung dienen; und das letzte Missverständnis schwindet, wenn man sich vergegenwärtigt, dass es den im Streit befindlichen Staaten ja in Wirklichkeit freisteht, Untersuchungskommissionen zu bilden oder nicht.

Im Verlauf der Verhandlungen ist schon manches Misstrauen verschwunden, und unser Wunsch geht dahin, den Regierungen ein Werk vorlegen zu können, das jede Frage der Souveränität und der Politik förmlich ausschliesst.

Man muss sich nur zu einem höheren Standpunkt aufschwingen, sich gegenseitig verstehen und achten lernen. Auch Holland ist gross geworden, weil es auf die Dünen gestiegen und freie Meeresluft geatmet hat, weil es mit der Welt in Verbindung getreten ist. Im Kampf gegen das Meer hat es Schleusen gebaut und so den Weg zur Welt gefunden. Man muss dem Beispiel Hollands folgen, seinen Gesichtskreis erweitern, die Schleusen öffnen und zeigen, dass diese nicht der Selbstsucht und Abschliessung dienen dürfen.

Die Vorurteile müssen fallen, und dann wird in allen Fragen ein Geist des Einverständnisses und des Vertrauens herrschen. Eintracht ist unser Losungswort und das Ziel unserer Arbeit

Merkwürdigerweise hatte Beldiman in dem ritterlichen Lobe der Niederlande eine Spitze gegen Rumänien erblickt, worin ihn dann aber der Präsident beruhigte.[1])

In der bis dahin so ruhigen Diplomatenversammlung zeigten sich die Symptome der Nervosität.

Die Generaldebatte war geschlossen;[2]) und bevor die Spezialdebatte eröffnet wurde, fragte der Präsident den rumänischen Bevollmächtigten, ob er eine Abstimmung über seinen Antrag auf Streichung des § 3 wünsche. Aber Beldiman verneinte es unter dem Hinweis, dass nach der bisherigen Praxis bei der ersten Lesung noch nicht abgestimmt worden sei.[3])

V. Nachdem dann die einzelnen Artikel beraten und zum Teil an den Ausschuss zur nochmaligen Behandlung zurückverwiesen worden waren,[4]) schloss der Präsident Bourgeois die erste Lesung der Kommission mit folgender Rede:

Alle Sorgen der Vertreter der Balkanstaaten sind jederzeit den Ausschussmitgliedern gegenwärtig gewesen. Hätten die letzteren geglaubt, dass die angenommenen Bestimmungen irgend etwas enthalten, was der Souveränität oder der Unabhängigkeit einer Klein- oder Grossmacht widerspricht, so hätte kein Mitglied dafür gestimmt. Übrigens scheint auch nicht das Grundsätzliche bekämpft zu werden, wohl aber kann vielleicht noch die Form gewinnen. Wir wollen zur Herbeiführung einer Annäherung alle Kräfte einsetzen. Indem ich wiederum zur Einmütigkeit auffordere, rufe ich Beldiman und den Vertretern von Serbien und Griechenland zu: Kommt in den Ausschuss; Ihr sollt die Einwände mit uns prüfen. Wir wollen ihnen gerecht werden. Haben wir uns so ausgesprochen, so können wir sagen, dass alles geschehen ist, um zu einem einmütigen Ergebnis zu kommen.[5])

Beldiman nahm diese Einladung bereitwillig an, wiederholte aber, dass er förmliche Instruktionen habe und sein Entgegenkommen die rumänische Regierung nicht verpflichte.[6])

---

[1]) IV. 57.
[2]) IV. 58.
[3]) a. a. O.
[4]) IV. 58—60.
[5]) IV. 60.
[6]) a. a. O.

Drittes Kapitel.

Die abschliessenden Verhandlungen.

§ 36.

Die dritte Spezialsitzung des Ausschusses.

I. Noch am Nachmittag desselben Tages, also am 19. Juli, trat der Ausschuss zur Beratung über die Untersuchungskommission zusammen.[1]) Dieser Ausschusssitzung wohnten auch die Bevollmächtigten von Bulgarien, Griechenland, Rumänien und Serbien bei. Ebenso war Eyschen, der neue Bestimmungen angeregt hatte, zugegen.[2])

Der Präsident Bourgeois führte aus, die Gegnerschaft gewisser Mächte gegen den Art. 9 komme von der Furcht, dass derselbe eine Verbindlichkeit (obligation) enthalte. Das sei aber nicht die Ansicht des Ausschusses. Man müsse somit eine Fassung finden, welche den Fakultativcharakter der Untersuchungskommissionen ausser Zweifel stelle.[3]) Auch der italienische erste Vertreter Graf Nigra erkannte an, dass man auf die Einwendungen der Mächte Rücksicht zu nehmen habe, welche vollständig freibleiben wollten, Kommissionen anzunehmen oder abzulehnen, ohne dafür Erwägungen der Ehre oder der Lebensinteressen geltend zu machen. Es müsse eine Fassung gewählt werden, nach welcher sie keine Gründe anzugeben und nur zu sagen brauchen: wir wollen nicht.

Im Anschluss an diese ausdrückliche Feststellung des reinen Fakultätscharakters meinte sodann der Präsident, dass jetzt kein Anlass mehr bestehe, Vorbehalte rücksichtlich der Ehre und der Lebensinteressen zu machen,[4]) während umgekehrt der Luxemburger erste Vertreter Eyschen die Ehren- und Interessenklausel auch so noch ungern missen wollte. Denn diese Klauseln seien ein Schutz für die kleineren Staaten. Die kleineren Staaten würden immer dem moralischen Druck der grösseren ausgesetzt sein. Könne man aber hinter diesen Klauseln stehen, so bedeute das einen nicht zu verachtenden Schutz.[5])

Der russische Vertreter v. Martens erklärte sich bereit, das gewünschte Opfer zu bringen und den formell-obligatorischen Charakter preiszugeben; doch möge für die Mächte ähnlich wie nach Art. 27 die moralische Erinnerungspflicht, so hier wenigstens eine moralische Pflicht auf Anrufung von Untersuchungskommissionen anerkannt werden.[6])

Der deutsche Vertreter Dr. Zorn war dem Gedanken der Untersuchungskommissionen zugetan, wollte aber dem geäusserten Wunsch Rechnung tragen und demgemäss alles vermeiden, was als „caractère obligatoire“ gedeutet werden könnte. Mache aber hier der Ausschuss ein Zugeständnis, so müsse man jetzt wissen, ob da die Balkanstaaten mittun.[7])

---

[1]) IV. 195.
[2]) IV. 81 f. Über diese Anregung, welche das Verfahren betrifft, vgl. unten § 39.
[3]) IV. 195.
[4]) a. a. O.
[5]) IV. 196.
[6]) a. a. O.
[7]) IV. 196.

Die Vertreter von Rumänien (Beldiman), Serbien (Veljkovitch) und Griechenland (Delyannis) erklärten jedoch, sie müssten erst telegraphisch Instruktion erbitten.[1])

Der Luxemburger erste Vertreter Eyschen richtete nun gerade im Interesse der kleineren Staaten an den rumänischen Vertreter ein ernstes Wort: er möge bei seiner Regierung den Vorschlag des Ausschusses vertreten und seine Annahme empfehlen. Derselbe diene, was allerdings Veljkovitch kurz vorher geleugnet hatte, den Kleinstaaten.[2])

v. Martens stimmte dem zu und führte unter dem Beifall von Holls folgendes aus: Er begreife nicht, wie die kleinen Staaten nicht die dargebotenen Garantien annehmen wollten. Denn der Art. 9 in seiner jetzigen Fassung gebe ja schliesslich einem kleinen Staat ohne weiteres das Recht, die Einlassung auf eine Untersuchungskommission abzulehnen. Wenn aber der stärkere Gegner ablehne, so würde er leicht die ganze öffentliche Meinung gegen sich haben. Die Einrichtung der Untersuchungskommissionen stünden ganz im Dienst der Schwachen und die letzteren würden mit ihrer Gegnerschaft die eigenen Interessen verkennen. Auch die Unterdrückung der Ehren- und Interessenklausel sei schlimm für die kleinen Staaten, welche jene Klausel gegen die grossen Staaten ausspielen könnten, während man eine Grossmacht nicht begreifen würde, welche sich auf ihre Lebensinteressen berufen wollte, um sich der von einer kleinen Macht verlangten Untersuchungskommission zu entziehen.[3])

Auch Lammasch sprach sich für die Aufrechterhaltung der Klausel aus, liess das aber wieder fallen, als d'Estournelles folgendes ausführte: Das entspreche ja gewiss dem Wunsch des Ausschusses, aber es handle sich jetzt weder um diesen Wunsch, noch auch um die wahren Interessen der drei Balkanstaaten. Es handle sich jetzt lediglich um einen Vergleich. Vereinige man sich also auf einen Text, welchen die drei Vertreter annehmen können.[4])

So kam der Ausschuss zu einem „texte transactionel", welcher auf die Einwendungen der rumänischen, serbischen und griechischen Vertreter Rücksicht nahm, und noch an demselben Tag an die betreffenden Regierungen telegraphiert werden sollte.[5])

Der so vereinbarte Text lautete jetzt:

„Dans les litiges d'ordre international provenant d'une divergence d'appréciation sur des points de fait, les Puissances signataires jugent utile, pour

---

[1]) IV. 196.

[2]) a. a. O. Veljkovitch meinte nämlich, dass sich der schwächere Teil stets fügen müsse, während sich der stärkere Teil auf seine Freiheit berufen könne. (IV. 195.) Dr. Zorn hatte sich damit begnügt, anzuerkennen, dass bei ungleichen Machtverhältnissen die Sache anders liege, als wie zwischen zwei Grossmächten (IV. 195).

[3]) a. a. O.

[4]) a. a. O.

[5]) a. a. O. Bourgeois, dessen Präsidialtalent es nach Zorn („Deutsche Rundschau" 1900 S. 108) gelungen war, die Verhandlungen so zu leiten, dass schliesslich ein Einverständnis gewonnen wurde, knüpfte daran den Wunsch, die drei Vertreter möchten ihren Regierungen kundtun, dass der Ausschuss im Geist der Versöhnung und der Billigkeit nicht aufgehört habe, seine Arbeiten einmütig zu Ende zu bringen. Der Ausschuss habe sich bemüht, allen friedliebenden Mächten, und vor allem den kleinen und schwachen, Garantien zu geben. So sei es bei allen neuen Einrichtungen internationaler Gerichtsbarkeit. Der Ausschuss stimmte diesen Ausführungen mit Dank bei (IV. 197).

faciliter la solution de ces litiges, que les Parties qui n'auraient pu se mettre d'accord par les voies diplomatiques, instituent des Commissions internationales d'enquête à fin d'éclaircir, par un examen impartial et consciencieux, toutes les questions de fait."[1])

Die Verpflichtung oder das „strengere"[2]) *conviennent de recourir* war gefallen und mit dem „farbloseren"[3]) **jugent utile** der fakultative Charakter anerkannt.[4]) Deshalb, so führte Descamps weiter aus, konnten auch die weiteren einschränkenden Bestimmungen wegbleiben. Anderenteils waren die Wendungen: „qui peuvent être l'objet d'une constatation locale" und „sur place" als unzweckmässige Einschränkung gestrichen worden.[5])

§ 37.

Die zweite Lesung der Kommission.

Nachdem für die Kommissionssitzung am 20. Juli die Instruktionen noch nicht eingetroffen waren,[6]) wurde die zweite Kommissionslesung über die Untersuchungskommissionen für den 22. Juli auf die Tagesordnung gesetzt.[7])

Bereits am 20. Juli hatten die Balkanstaaten nach einer staatsmännischen Rede des Präsidenten Bourgeois[8]) ihren Kampf gegen den Art. 27 betreffend die Erinnerungspflicht auf dem Gebiet des Schiedswesens eingestellt. Das war eine Vorentscheidung für die Frage der Untersuchungskommissionen, für welche aber erst noch eine weitere Garantie gefordert wurde und gewährt werden musste.

Zunächst teilten Delyannis und Miyatovitch mit, dass Griechenland und Serbien zustimmen.[9])

Aber Beldiman hatte schriftlich einen neuen Abänderungsantrag eingereicht.[10])

Damit kam man, um es vorweg zu sagen, zur jetzigen Fassung, welche es sich zur Aufgabe setzte, den fakultativen Charakter noch schärfer zu betonen. Während also Serbien und Griechenland durch die neue Ausschussfassung befriedigt worden waren, hatte Rumänien auch die

---

1) Der mündliche Bericht Descamps IV. 82, der schriftliche Kommissionsbericht I. 108.

2) Zorn, „Deutsche Rundschau" 1900 S. 121. Vgl. auch oben S. 111. A. M. freilich Stancioff oben S. 141.

3) Zorn a. a. O.

4) Descamps IV. 82 und Bourgeois IV. 83. Kommissionsbericht I. 108.

5) IV. 82. I. 108. In der zweiten Lesung der Kommission schnitt der norw.-schwed. Bevollmächtigte Baron v. Bildt diese Frage noch einmal an (IV. 85). Asser antwortete, er habe die Streichung beantragt, um den Untersuchungskommissionen dadurch eine allgemeine Bedeutung zu geben, dass man ihnen eben alle Tatfragen vorlege, was nach der Unterdrückung des obligatorischen Charakters angängig sei (IV. 85). Waren doch z. B., wie alsbald der Präsident Bourgeois hinzufügte, nach der ursprünglichen Fassung schon die Feststellungen zur See ausgeschlossen (IV. 85), was also beispielsweise jetzt in der Huller Frage der Bildung einer Untersuchungskommission im Wege gestanden hätte.

6) IV. 61.

7) IV. 81 ff.

8) IV. 75 f.

9) IV. 81.

10) IV. 81.

Wiedereinstellung der Ehren- und Interessen- sowie der Umstandsklausel beantragt, wobei es in der Interessenklausel statt „vitaux“ jetzt „essentiels“ hiess. Damit sollte eine weitere Abschwächung erzielt werden.[1])

Die Kommissionsverhandlungen drehten sich nur darum, ob diese neuerliche von Rumänien beantragte Fassung, oder die Ausschussfassung anzunehmen sei. Eine inhaltliche Verschiedenheit wurde nicht angenommen, und da alle Bemühungen auf die Einmütigkeit gerichtet waren, beeilten sich Pauncefote und Nigra, die rumänische Fassung mit ihrem Ansehen zu stützen.[2]) Auch der Vorsitzende Bourgeois meinte: Der Ausschuss habe den Fakultativcharakter des Art. 9 zwar stets festgehalten, wenn aber Beldiman das bei seiner Fassung schärfer ausgedrückt sehe, werde wohl der Ausschuss nicht widersprechen.[3])

Nur dem serbischen Vertreter Veljkovitch passte es nicht:[4]) Die serbische Delegation habe ihrer Regierung gerade erst den Ausschussantrag empfohlen, die Annahme sei glücklich eingetroffen, und nun solle der Antrag wieder verschwinden. Der Fakultativcharakter sei in der Ausschussfassung aber auch genügend gewahrt, und durch Zusätze werde derselbe nur abgeschwächt. Es wären im Streitfall Erörterungen darüber zu erwarten, ob wirklich die nationale Ehre und die Lebensinteressen in Frage ständen, und hier hätten die Kleinstaaten eine ungünstigere Stellung als die Grossmächte. Die Umstandsklausel sei noch gefährlicher. Man würde mitunter Scheu tragen, sich auf die Interessen- und Ehrenklausel zu berufen, aber sich um so leichter hinter die Umstandsklausel verschanzen. Da würden wiederum die Kleinstaaten den Nachteil haben. Das seien Ungleichheiten, die dem vom Grafen Nigra verkündeten staatlichen Gleichheitsgedanken[5]) widersprächen. Serbien ziehe daher den Text des Ausschusses vor, weil er die erwähnten Unzuträglichkeiten ausschliesse oder doch wenigstens mindere.[6])

Rolin indes unterstützte den Antrag Beldiman nachdrücklichst, indem er meinte: Der Fakultativcharakter des Art. 9 werde ja wohl im offiziellen Bericht gewissermassen bestätigt; aber besser würde das im Text selbst gesagt werden.[7])

Nachdem sich auch der portugiesische und griechische Vertreter im Interesse der Einmütigkeit für den rumänischen Antrag ausgesprochen hatten, wurde der letztere zur Abstimmung gebracht und gegen die Stimme von Serbien und eine Stimmenthaltung (Türkei) einstimmig angenommen.[8])

Damit hatte die Kommission, wie Veljkovitch unter der Bestätigung des Präsidenten feststellte, gegen ihren Ausschuss gestimmt.[9]) Man wollte

---

[1]) Vgl. Bourgeois, Beldiman und Lammasch IV. 82, 83. Kommissionsbericht I. 108 f.
[2]) IV. 83.
[3]) a. a. O.
[4]) IV. 83 f.
[5]) Vgl. oben S. 19.
[6]) IV. 84.
[7]) a. a. O.
[8]) a. a. O.
[9]) a. a. O.

aber mit der Sache endlich einmal fertig werden und es am Entgegenkommen nicht fehlen lassen.[1])

Auch der serbische erste Bevollmächtigte Miyatovitch gab jetzt die Erklärung ab, für welche der Präsident verbindlichst dankte: er habe zwar seiner Instruktion gemäss gegen den rumänischen Antrag stimmen müssen, aber er zweifle nicht, dass seine Regierung im Interesse der Einmütigkeit ihm alsbald den Beitritt erlauben werde.[2])

Das geschah auch.

Am Schluss dieser Kommissionssitzung als die zweite Lesung des ganzen Entwurfs beendigt war, wiederholte Veljkovitch diese Erklärung seines Delegationschefs und rechtfertigte noch einmal das bisherige Verhalten der serbischen Vertreter:

Die Vertreter Serbiens hätten der Friedensidee nicht etwa Misstrauen oder gar Feindschaft entgegengebracht. Sie hätten jeder Friedenseinrichtung zugestimmt, dabei aber auch verlangt, dass die eingegangenen Verpflichtungen für alle Vertragschliessenden gleich seien. Deshalb hätten sie auch obligatorische Friedensvorkehrungen angenommen, wenn hier die anderen Staaten mitgemacht hätten. Sie hätten nur keine Bestimmung zulassen wollen, welche für den Bestand und die Würde ihres Staates gefährlich werden könnte. Diese Gefahr sei durch gewisse Bestimmungen des Entwurfs nahe gerückt gewesen. Und da hätten sie es für ihre heiligste Pflicht gehalten, mit aller Energie für die Verteidigung ihrer Souveränität und Unabhängigkeit einzutreten. Die Wahrung staatlicher Grundrechte sei der einzige Beweggrund ihrer Gegnerschaft gewesen.

Aber nach den freimütigen und bestimmten Erklärungen, die der Vorsitzende in der letzten Sitzung am 20 Juli bei den Verhandlungen über den Art. 27 abgegeben habe,[3]) seien ihre Bedenken beseitigt. Diese Erklärung habe etwa gelautet: es lag niemals in der Absicht der Kommission, die Souveränität und Unabhängigkeit der Staaten irgendwie zu schmälern. Die Kommission hat in keiner Weise an dem erhabenen staatlichen Gleichheitsprinzip gerüttelt, und der allgemeine Geist des Abkommens geht mehr darauf, die Stellung der friedlichen Kleinstaaten zu stärken als sie unter den Händen der Grossen und Starken erdrücken zu lassen.

Dieser Auslegung des allgemeinen Geistes des Abkommens, wenn er sie richtig wiedergegeben habe, sei in der Kommission durch die warmen und einmütigen Beifallskundgebungen ein authentischer Charakter verliehen worden. Diese Erklärung werde hinfort als Seele des Abkommens gelten. Sie bezeichne klar und zweifellos den Geist, nach welchem im Zweifelsfall die Auslegung zu erfolgen habe und deshalb werde er stets glücklich sein, diese Erklärung veranlasst zu haben.

In dieser Voraussetzung, so schloss er unter dem Beifall der Versammlung, stimmen wir dem Werk zu, welches die dritte Kommission fertiggestellt hat. Wir sehen darin den freilich bescheidenen, aber unverfälschten Ausdruck des allgemeinen Wunsches nach Aufrechterhaltung des Friedens. Daran aber arbeiten wir mit den anderen Kleinstaaten mit allen unsern Kräften. Wir sehen im Friedenszustand die günstigste Grundlage für unsere materielle und sittliche Entwicklung, sowie für den schliesslichen Triumph der grossen Ideen der Gerechtigkeit und Billigkeit, auf die wir stets unsere Hoffnung setzen.[4])

Auf die Bemerkung Veljkovitchs, dass er die Erklärung des Präsidenten Bourgeois als eine authentische Interpretion des Geistes der Konvention ansehe, erwiderte dieser:

---

[1]) Descampsscher Kommissionsbericht I. 109.

[2]) IV. 84.

[3]) IV. 75 f. Vgl. unten § 61.

[4]) IV. 90–92.

Meine Worte waren nur der Ausdruck der einmütigen Empfindung, welche uns bei unserem Werk geleitet hat; und wenn jemals in Zukunft über unsere Absichten ein Zweifel entstehen sollte, so wird diese Auslegung für alle Beteiligten ebenso zwingend sein, wie sie sich allen Kommissionsmitgliedern aufgedrängt hat.[1])

Zweiter Abschnitt.

Das Recht der Untersuchungskommissionen.

§ 38.

Die Aufgabe der Untersuchungskommissionen.

Der Art. 9 des friedensrechtlichen Abkommens lautet:

„Bei internationalen Streitigkeiten, die weder die Ehre noch wesentliche Interessen berühren und einer verschiedenen Würdigung von Tatsachen entspringen, erachten die Signatarmächte es für nützlich, dass die Parteien, die sich auf diplomatischem Wege nicht haben einigen können, soweit es die Umstände gestatten, eine internationale Untersuchungskommission einsetzen mit dem Auftrage, die Lösung dieser Streitigkeiten zu erleichtern, indem sie durch eine unparteiische und gewissenhafte Prüfung die Tatfragen aufklären."

Die internationalen Untersuchungskommissionen haben hiernach die Aufgabe die Lösung internationaler **Streitigkeiten** („litiges") zu **erleichtern.**

I. Also auch die Untersuchungskommissionen liefern einen Beitrag bei der Lösung internationaler Streitigkeiten.

1. Übrigens braucht bei den „litiges" oder „Streitigkeiten" des Art. 9 noch kein conflit (= dissentiment grave oder „Streit") gegeben zu sein, wie er bei der Vermittelung vorausgesetzt ist.[2])

Die Untersuchungskommissionen sind am Platz und finden Arbeit, wenn auch noch keine Kriegsluft weht. Das war meines Erachtens schon der Standpunkt des russischen Entwurfs, was freilich Beldiman[3]) bei den Verhandlungen bestritt. Die erschwerte Voraussetzung eines wirklichen Konflikts war dort keine Voraussetzung für die Bestellung einer Untersuchungskommission, sondern für die Unterstützung, welche diese für ihre Tätigkeit bei den streitenden Mächten finden sollte.

2. Um einer Untersuchungskommission unterbreitet werden zu können, müssen diese Streitigkeiten eine gewisse Eigenschaft haben:

a) Sie müssen einer **verschiedenen Würdigung von Tatsachen entspringen.**

b) Sie dürfen weder die **Ehre** noch **wesentliche Interessen** berühren.

II. Die Untersuchungskommissionen „erleichtern" nur die Lösung internationaler Streitigkeiten. Und wodurch? „Indem sie durch eine unparteiische und gewissenhafte Prüfung die Tatfragen aufklären."

Die Untersuchungskommissionen entscheiden weder, noch vermitteln sie.

---

[1]) IV. 92.

[2]) Vgl. oben S. 108 und insbesondere 113, sowie Descamps oben S. 142.

[3]) Vgl. oben S. 139. Das „en conflit" im Art. 18 des russischen Entwurf war ungenau. Vgl. auch unten S. 155.

Sie sollen nur aufklären (Art. 9); sie haben lediglich eine Feststellungsaufgabe (Art. 14). Und diese Feststellung oder Aufklärung gilt lediglich den „Tatfragen" oder „Tatsachen", aus deren verschiedener Würdigung die Streitigkeiten erwachsen sind.

Regierungen und Volk wollen und sollen also zunächst einmal erfahren, was denn eigentlich geschehen ist.

Der russische Entwurf hatte in Art. 14 den Untersuchungskommissionen nur die Prüfung von örtlichen Verhältnissen („circonstances locales") und deshalb eine Klarstellung „sur les lieux" zur Aufgabe gesetzt.

Auch der Ausschussentwurf sprach noch von „faits, qui peuvent être l'object d'une constatation locale" — was Lammasch verteidigte[1]) — und von einer Klärung „sur place".

Aber einmal sind nicht immer örtliche Verhältnisse zu prüfen und sodann gibt es Tatsachen, die man nicht am Ort klären kann, z. B. eine Tat, die sich auf offenem Meere abgespielt hat.

Nachdem daher der holländische Bevollmächtigte Asser schon bei der ersten Ausschusssitzung nach dieser Richtung erfolglos Ausstellungen gemacht hatte[2]) setzte endlich in der ersten Spezialsitzung der portugiesische Bevollmächtigte d'Ornellas Vasconcellos, unterstützt von Asser, die Änderung des „circonstances locales" in „circonstances de fait" durch.[3])

Auch das sur place wurde nach dem Antrag von Asser gestrichen.[4])

§ 39.

Die Bildung der Untersuchungskommissionen.

I. Die Bildung von Untersuchungskommissionen wurde nur für „nützlich" erklärt.

Sie sind nicht obligatorisch geworden, wie der russische Entwurf verlangt hatte, sondern lediglich fakultativ.

Die Verhandlungen hatten sich ja hauptsächlich darum gedreht, den rein fakultativen Charakter möglichst nachdrücklich und einwandfrei zum Ausdruck zu bringen.

Wenn aber auch nicht notwendig, so sind die Untersuchungskommissionen doch empfohlen.

II. Untersuchungskommissionen gibt es nur mit dem Willen der Parteien. Sie erfordern ein „besonderes Abkommen" (convention spéciale), ein sog. „Untersuchungsabkommen" (convention d'enquête) der streitenden Teile (Art. 10 Abs. 1 u. 2).

III. Wie erfolgt die Bestellung?

Der russische Entwurf Art. 15 hatte für die Bildung von Untersuchungskommissionen und von Schiedsgerichten ganz dieselben Bestimmungen vorgesehen.

---

1) IV. 179.
2) IV. 134.
3) IV. 179.
4) IV. 179. Vgl. auch oben S. 146.
5) Es ist vorerst auf die Geschichte des Art. 11 einzugehen.

Der amerikanische Bevollmächtigte äusserte hier indes gerade so wie beim Schiedswesen sein Bedenken darüber, dass dann der Obmann der einzige Unparteiische sei.[1] Er schlug vor, dass die Zahl der neutralen Kommissäre wenigstens auf drei erhöht würde. Aber der russische Vertreter von Basily meinte, eine solche Erhöhung stehe in keinem Verhältnis zur Wichtigkeit der Untersuchung; man brauche nur an Grenzstreitigkeiten zu denken.

Darauf regte der englische erste Vertreter Pauncefote an, die Regelung dieser Einzelheiten den Parteien zu überlassen. Diesen Grundgedanken wollte Zorn aber nur in der Form übernehmen, dass in dem Art. 15 die Klausel eingestellt würde „sauf stipulations contraires". Damit drang er auch durch.

Nachdem sodann der österreichische Vertreter Lammasch auf den Zusammenhang dieser Frage mit der Schiedsprozessordnung Art. 4 und 5[2]) hingewiesen hatte, begnügte man sich vorläufig mit dem Schlusssatz: „S'il y a partage de voix pour l'élection d'un président, on procèdera comme il est dit dans les articles 4 et 5 du code d'arbitrage."[3])

Im Entwurf der dritten Lesung lautet der Art. 10:[4])

„Les Commissions internationales d'enquête sont constituées, sauf stipulation contraire de la manière déterminée par l'article 31 (jetzt 32 = Art. 4 und 5 des Code) de la présente convention."[5])

Das ist der jetzige Artikel 11.[6])

Darnach kann die Untersuchungsaufgabe einem einzigen oder mehreren übertragen sein, die von den Parteien frei ernannt oder aus der Schiedsliste gewählt werden.

Für den Fall, dass sich die Parteien nicht verständigen können, greift das Verfahren des Art. 32 Abs. 2—5 Platz.

Es ist also Vorkehrung getroffen, dass, wenn einmal das Untersuchungsabkommen abgeschlossen ist, Organisationsschwierigkeiten ihre Hebung finden.

IV. Dadurch, dass im § 11 die Anwendbarkeit des § 32 ausgesprochen wurde, ist auch die Bestellung des Obmanns geregelt.

Der § 34 aber mit seinem zwingenden Recht wurde nicht auch herübergenommen, und daher kommt es, dass die Untersuchungskommission schliesslich auch einen anderen als den Obmann resp. den Dritten, Fünften u. s. w. zum Vorsitzenden wählen kann, wie das gleich in dem Huller Fall geschah.

§ 40.
Das Verfahren der Untersuchungskommissionen.

Die Bestimmungen des Art. 10 des friedensrechtlichen Abkommens über die Zuständigkeit und das Verfahren gehen auf einen Antrag des luxemburgischen Staatsministers Eyschen zurück.[7])

---

[1]) IV. 134 f. Descampsscher Kommissionsbericht I. 110.
[2]) Vgl. unten § 72.
[3]) IV. 135.
[4]) IV. 259.
[5]) Vgl. dazu den Descampsschen Ausschussbericht IV. 14 u. Kommissionsbericht I. 109 f.
[6]) Nur heisst es statt „constituées" jetzt „formées".
[7]) Vgl. den Descampsschen Kommissionsbericht I. 108, 109. Zorn erklärte den Art. 10 später als „ziemlich überflüssig, teils selbstverständlich, teils gegenstandslos". („Deutsche Rundschau" 1900 S. 122).

I. Über das Verfahren vor den Untersuchungskommissionen war im russischen Entwurf nichts gesagt; und der Ausschuss hatte sich daran nicht gestossen. Das empfand aber der luxemburgische erste Bevollmächtigte als Lücke, zu deren Ausfüllung er bei der ersten Lesung in der Kommission am 19. Juli folgenden Zusatz beantragte:

„A défaut de stipulations spéciales, la procédure de l'enquête sera déterminée par les principes contenus dans les règles inscrites aux articles 29 bis (jetzt 30) et suivants relatifs à la procédure de l'arbitrage en tant que ces principes sont applicables à l'institution des Commissions internationales d'enquête." [1])

Nach diesem Antrag sollte also für das Verfahren vor der Untersuchungskommission mangels abweichender Vereinbarung die Schiedsprozessordnung insoweit massgebend sein, als eine entsprechende Anwendung überhaupt möglich sei.

Eyschen führte zur Begründung seines Antrags folgendes aus:

Die Feststellungsaufgabe der Untersuchungskommissionen sei oft schwer und die Rechte der Parteien bedürften eines Schutzes gegen Vorurteile, Überraschungen und Verschleppungen. Zum Schutz der Lauterkeit und Wirksamkeit einer Untersuchungstätigkeit bestünden feste Regeln. Die Rechtskundigen würden solche beobachten. Aber die Untersuchungen seien oft rechtsunkundigen Technikern anvertraut, welche weit von der Heimat entfernt seien und schnell arbeiten müssten, damit die Spuren nicht verwischt würden. Da könne man sich nicht erst mit juristischen Schwierigkeiten auseinandersetzen. Hier sei also eine Prozessordnung noch nötiger als auf dem Gebiet der Schiedssprechung, wo sie vorgesehen sei. Sie zu machen sei nunmehr zu spät.

Man könne vielleicht einfach die Grundsätze der Schiedsprozessordnung, so weit die Eigenart der Untersuchungen nicht entgegenstehe, für die letzteren als anwendbar erklären. Anwendbar seien z. B. die Bestimmungen, dass der Schiedsvertrag den Sreitgegenstand sowie den Umfang der Befugnisse der Schiedsrichter bestimme (Art. 30 jetzt 31), dass das Schiedsgericht über seine Zuständigkeit Beschluss fasse (Art. 47 jetzt 48) und dass es die auf das Verfahren bezüglichen Anordnungen zur Leitung der Streitsache erlasse (Art. 48 jetzt 49), schliesslich auch dass die Schriftstücke der anderen Partei mitzuteilen seien (Art. 39 jetzt 40).[2])

Später hob Eyschen noch folgendes hervor:

Er habe seinen Antrag absichtlich nicht an einzelne Artikel, sondern an allgemeine Grundsätze angehängt, soweit solche für die Untersuchungskommissionen überhaupt anwendbar seien.

Das Untersuchungsverfahren stelle einen wirklichen Prozess da wie das Schiedsverfahren, nur dass es sich hier um Tatfragen handle. Man streite und bestreite. Fänden die Untersuchungen vor dem Schiedsgericht statt, so seien ja auch Art. 29 ff. (jetzt 30 ff.) bestimmend.[3])

Der Berichterstatter Descamps stimmte sofort dem Grundgedanken dieses Antrags zu, und der Präsident leitete schliesslich den Antrag, ohne dass sich die Kommission dadurch binden wollte, an den Ausschuss hinüber.[4])

Aber noch in der Kommissionssitzung waren Stimmen gegen die Idee des Antrags laut geworden.

Der deutsche Bevollmächtigte Dr. Zorn hatte ihr widersprochen; ebenso hatte der amerikanische Bevollmächtigte Holls in dem wesentlichen Unterschied des Untersuchungs- und des Schiedsverfahrens ein Hindernis erblickt, was sodann der österreichische Bevollmächtigte Lam-

---

[1]) IV. 58. Descampsscher Kommissionsbericht I. 109.
[2]) IV. 58 f.
[3]) IV. 59.
[4]) a. a. O.

masch unter der Zustimmung von v. Martens übernahm und näher begründete.[1])

Schliesslich hatte der Antragsteller gemeint, es genüge vielleicht auch, wenn man im Art. 10 die wesentlichen Bestimmungen, die für jede Untersuchung gelten sollten, zusammenstelle.[2])

Darüber hatte man sich also vorerst im Ausschuss zu verständigen.

Dieser trat noch an demselben Tag (19. Juli) zusammen.[3])

Dr. Zorn widersprach der vorgeschlagenen Fassung: Die Untersuchungskommissionen müssten von der Schiedssprechung geschieden werden; man könne sie nicht den allgemeinen Bestimmungen der Schiedsprozessordnung unterstellen; man müsse es den Untersuchungskommissionen selbst überlassen, ihr Verfahren zu bestimmen oder höchstens dafür nur die Umrisse zeichnen.[4])

Der russische Vertreter v. Martens stimmte dem bei: Die Untersuchungskommissionen sollten weder die Schiedssprechung veranlassen noch hindern, sondern nur die materiellen Ursachen von Streitigkeiten feststellen.

Die Bestimmung für das Verfahren hänge von den Parteien ab. Dieselben könnten die Untersuchungskommission benutzen, um zur Schiedssprechung zu gelangen, sie wollten aber im Gegenteil vielleicht auch gütlich auskommen. Auf jeden Fall seien sie frei.[5])

Der holländische Vertreter Asser wollte zwar mit v. Martens gleichfalls zwischen den Untersuchungskommissionen und der Schiedssprechung unterschieden sehen, billigte aber die Grundlage des Antrags Eyschen. Er regte an, die entsprechende Bestimmung selbst in den Art. 10 einzusetzen und von einer Verweisung auf die Schiedsprozessordnung abzusehen. So würde jede Verwechslung vermieden werden. Lammasch sei auf diese Idee gekommen und er mache sie sich nur zu eigen.

Eyschen erklärte, dass er nicht auf der Form und dem Platz seines Antrags bestehe. Er verlange nur eine ernsthafte Garantie, dass die Untersuchungskommissionen ohne Gefahr ihres Amtes walten könnten. Deshalb habe er geglaubt, einige Grundsätze aufstellen zu sollen, die auf folgende drei Punkte zusammengefasst werden könnten:

1. Das die Untersuchung anordnende Abkommen hat die Tatsachen anzugeben, welche untersucht werden sollen.
2. Das Verfahren muss kontradiktorisch sein, d. h. eine Partei muss über alle Erklärungen der Gegenpartei auf dem laufenden gehalten werden.
3. Die Untersuchungskommission hat die zu beobachtenden Formen und Fristen zu bestimmen.[6])

Descamps pflichtete dem bei. Folge man der Anregung von Eyschen, so verbessere man den Entwurf und fülle eine Lücke aus. Diese

---

1) a. a. O.
2) a. a. O.
3) IV. 193.
4) a. a. O.
5) a. a. O.
6) a. a. O. I. 109

neuen Garantien seien auch geeignet, die Missstimmungen zu beschwichtigen, die sich im Plenum der Kommission breit gemacht hätten.

Darauf schlug der italienische erste Vertreter Graf Nigra zur Verwirklichung des Prinzips Eyschen folgende Fassung des Art. 10 vor:

„Les Commissions Internationales d'enquête sont constituées par une convention spéciale entre les Parties en litige.

La Convention d'enquête précise les faits à examiner et l'étendue des pouvoirs des Commissaires.

Elle règle la procédure.

L'enquête a lieu contradictoirement.

Les formes et les délais à observer, en tant qu'ils ne sont pas fixés par la Convention d'enquête, seront déterminés par la Commission elle-même."

Dieser Antrag wurde einstimmig angenommen.[1])

II. Der Art. 10 will die Voraussetzungen für die Amtstätigkeit der Untersuchungskommissionen gesetzlich festlegen.

1. Die Untersuchungskommission muss vor allem wissen, welche Tatsachen untersucht werden sollen. Das können ihr nur die Parteien sagen, und deshalb bestimmt der Art. 10, dass das Untersuchungsabkommen die nötigen Angaben enthalten soll (Abs. 2).

   Ebenso ist für die Kommissäre der Umfang ihrer Befugnisse im Untersuchungsabkommen abzustecken (a. a. O.).

2. Das Untersuchungsabkommen regelt auch das Verfahren (Abs. 3). Nur ist kontradiktorische Verhandlung unbedingt geboten. Ohne diese kommt man schwer hinter eine Tatsache, und deshalb wurde nach dieser Richtung zwingendes Recht geschaffen (Abs. 4).

3. Kompetenz und Verfahren wird also unter keinen Umständen von den Untersuchungskommissionen selbst bestimmt. Nur bezüglich der zu wahrenden Formen und Fristen wurde das Selbstbestimmungsrecht der Kommission anerkannt, aber auch das nur subsidiär, soweit jene Formen und Fristen nicht schon durch das Untersuchungsabkommen festgesetzt sind. (Abs. 5.)

§ 41.

Die Unterstützung der Untersuchungskommissionen.

I. Der Art. 16 des russischen Entwurfs hatte die Parteien verpflichtet, der Untersuchungskommission „tous les moyens et toutes les facilités" zu liefern, welche für ein gründliches Studium der fraglichen Tatsachen notwendig seien.

Holls, d'Estournelles und Zorn erklärten diese Redaktion für gefährlich: wer solle darüber richten, welche Mittel und Erleichterungen notwendig seien. Es erscheine auch schwierig und gefahrvoll, eine solche Verpflichtung einzugehen; denn es könne sich um Auskünfte handeln, welche die Staatssicherheit berühren.

---

[1]) IV. 194. I. 109. Nur heisst es in sprachlicher Änderung im Abs. 1 jetzt „par convention" und im Abs. 5 „la forme".

Descamps schlug darauf unter dem Hinweis auf eine ähnliche Klausel im Art. 71 der Brüsseler Generalakte von 1890 die Einschränkung vor: „dans la mesure où ils le jugent possible.“ Demgemäss wurde dann der Art. 16 abgefasst.[1])

Daraus wurde später: „dans la plus large mesure qu'Elles jugeront possible“.

So entstand der heutige Art. 12.

II. Nach Art. 12 des Abkommens sind die streitenden Mächte (les Puissances en litige) verpflichtet:

„Der internationalen Untersuchungskommission in dem weitesten Umfange, den sie für möglich halten, alle zur vollständigen Kenntnis und genauen Würdigung der in Frage kommenden Tatsachen notwendigen Mittel und Erleichterungen zu gewähren.“

Der russische Entwurf hatte diese Rechtshilfepflicht der Staaten nur für den Fall einer ernsten Meinungsverschiedenheit[2]) ausgesprochen, während doch die Tätigkeit von Untersuchungskommissionen selbst für jeden Streit[3]) Platz greifen konnte. Das Abkommen hat aber diese Rechtshilfeeinschränkung mit Recht fallen lassen und so Einheit hergestellt. Ohne Unterstützung der Parteien kann man schwer etwas feststellen.

Bei dieser Änderung wurden zunächst als Träger der Rechtshilfepflicht bezeichnet:[4]) „les Puissances intéressées“. Aber für die zweite Lesung der Kommission schlug der Ausschuss „les Puissances en litige“ vor.

Auf die Frage von Pauncefote, warum das geschehen sei, antwortete der Vorsitzende Bourgeois: man habe verhindern wollen, dass Mächte, die nicht am Streit beteiligt, wohl aber an der Lösung interessiert seien, missbräuchlich in den Streit hineinreden könnten.[5])

Diese Änderung war am Platz, und schon der russische Entwurf hatte sich von dieser Grundlage aufgebaut.

§ 42.

Der Bericht der Untersuchungskommissionen.

Die Tätigkeit der Untersuchungskommission schliesst mit einem einfachen **„Bericht“** ab, den sie den streitenden Mächten erstattet (Art. 13).

I. Dieser Bericht muss von allen Mitgliedern der Kommission unterzeichnet sein (Art. 13).[6])

II. Über die Bedeutung dieses Berichts hatte man gestritten. Der Art. 18 des russischen Entwurfs hatte folgenden Wortlaut:

„Le rapport de la Commission d'enquête n'a nullement le caractère d'une sentence arbitrale; il laisse aux Gouvernements en conflit entière faculté, soit de conclure un arrangement à l'amiable sur la base du rapport susmentionné, soit de recourir à l'arbitrage en concluant un accord ad hoc, soit enfin de recourir aux voies de fait admises dans les rapports mutuels entre les nations.“ [7])

[1]) Die Fassung IV. 135. Kommissionsbericht I. 110.

[2]) Für ein „dissentiment grave ou un conflit“ (Art. 16).

[3]) „Litige“, „dissentiment“ (Art. 14). Ungenau „en conflit“ im Art. 18.

[4]) Vgl. den Ausschussentwurf IV. 259.

[5]) IV. 85. Pauncefote erklärte sich dadurch als befriedigt (a. a. O.).

[6]) So schon der russische Entwurf Art. 17. Vgl. auch den Descampsschen Kommissionsbericht I. 110.

[7]) IV. 203.

Die letzte Wendung deutete der französische Vertreter d'Estournelles als Vorbehalt des Rechts zum Krieg und meinte dann, dass die Friedenskonferenz nicht die Aufgabe habe, einen Kriegsvorbehalt zu machen. Darauf kam man überein, denselben zu streichen und den Artikel mit den Worten zu schliessen: „recourir à la médiation et à l'arbitrage".[1])

Der russische Vertreter v. Martens, welcher dieser Sitzung ferngeblieben war, weil er wiederum in Paris einer völkerrechtlichen Schiedsgerichtsverhandlung beiwohnen musste, erklärte in der nächsten Sitzung, er wolle die vorerwähnte Streichung nicht rückgängig zu machen versuchen, aber er müsse doch bemerken, dass die von d'Estournelles beanstandete Wendung nicht den Krieg, sondern Repressalien und Retorsion andeute.[2]) Der Ausschuss blieb aber bei seiner Abänderung.[3]) So hatte der Artikel zunächst folgende Fassung erhalten:[4])

„Le rapport de la Commission d'enquête n'a nullement le caractère d'une sentence arbitrale; il laisse aux Gouvernements en conflit entière faculté soit de conclure un arrangement à l'amiable sur la base du rapport susmentionné, soit de recourir à la médiation et à l'arbitrage."[5])

Der Art. 18 war mittlerweilen als Art. 13 eingestellt worden.

In der dritten Ausschusslesung[6]) wurde noch eine weitere Änderung beschlossen und der Text dauernd festgelegt.

Der bulgarische Vertreter Stancioff beantragte hier nämlich, nach sur la base de ce rapport die Worte einzufügen: „soit de considérer celui-ci comme non avenu".[7])

Es sollte damit die Freiheit der Streitmächte gegenüber den Feststellungen der Untersuchungskommission noch schärfer hervorgehoben werden. Die neue Einrichtung, so führte Stancioff aus, sei sehr zum Vorteil der kleineren Mächte. Aber um die Bedenken gewisser Balkanstaaten zu mildern, möge ausdrücklich festgestellt werden, dass die im Streit befindlichen Staaten durch das Untersuchungsergebnis in nichts gebunden sind.[8])

Der Präsident meinte aber, der Ausdruck „non avenu" sei doch wohl zu stark.[9]) Das reize zu deutlich dazu, sich um den Untersuchungsbericht überhaupt nicht zu kümmern. Und der russische Vertreter v. Martens meinte, ein solcher Zusatz sei nicht ermutigend; es genüge, wenn man einfach die Freiheit der Mächte vorbehalte.[10])

---

[1]) IV. 136. I. 110.

[2]) IV. 138. I. 110.

[3]) Kommissionsbericht I. 110.

[4]) IV. 136.

[5]) Der Redaktionsausschuss brachte dann noch einige sprachliche Änderungen an. Darnach hiess es: „Puissances" statt „Gouvernements", „litige" statt „conflit", „amiable" statt „à l'amiable", und das susmentionné nach rapport ist gestrichen, wobei dann aus du rapport ein „de ce rapport" wurde. Schliesslich ist nach recourir eingefügt: ultérieurement und an drittletzter Stelle heisst es et statt ou. (IV. 260.)

[6]) Dritte Spezialsitzung: IV. 194 f.

[7]) IV. 194. I. 110 f.

[8]) IV. 194 f.

[9]) IV. 195 „trope forte"; der Descampssche Kommissionsbericht sagt „energiquement" I. 111.

[10]) IV. 195.

Auch später wiederholte er auf eine Bemerkung des serbischen Vertreters Veljkovitch:[1]) man solle keine Formel annehmen, welche es einer Macht erlauben würde, sich über die Tatsachenfeststellung sozusagen lustig zu machen.[2])

Aber der griechische erste Vertreter Delyannis meinte, die Staaten sollten eben ganz klar sehen, dass sie durch die Schlussfolgerungen der Kommission nicht gebunden seien; es wäre daher schon wünschenswert, das durch eine Formel noch besonders zum Ausdruck zu bringen.

Asser stellte die Frage an die Versammlung: Wenn man sagt: die Schlussfolgerungen sind nicht verbindlich, heisst das: man braucht die Tatsachen nicht notwendig als geklärt anzusehen?[3])

Der Präsident steuerte aber sehr geschickt aufs Ziel, indem er erklärte: Der Bericht enthält lediglich eine Feststellung von Tatsachen und diese kann den Parteien überhaupt keine Verbindlichkeiten auferlegen. Man soll nur einfach den Zusatz machen: le rapport . . . limité à la constatation des faits . . .[4])

Der serbische Bevollmächtigte Veljkovitch fürchtete zwar wieder für die Schwachen; denn für diese würde der Bericht tatsächlich verbindlich sein. Aber auch Lammasch betonte: Schlussfolgerungen darf der Bericht nicht enthalten:

„*Le rapport de la Commission Internationale est limité à la constatation et n'a pas le caractère d'une sentence arbitrale.*"

Das war die vom Präsidenten angeregte Idee, die nun auch in Descamps eine warme Vertretung fand.

Schliesslich einigte man sich auf die Anregung von Odier auf die heutige Redaktion,[5]) und der Artikel rückte jetzt auf 14 vor.

III. Nach dem Abkommen (Art. 14) ist der Inhalt des Berichtes lediglich „Feststellung der Tatsachen". Schlussfolgerungen gehören in keiner Weise in den Bericht: sie wären eine Kompetenzüberschreitung und deshalb ohne jede Bedeutung. Insoweit könnte man also sagen: comme non avenu.

Doch kann freilich im Untersuchungsabkommen die Kompetenz auch in das Gebiet der juristischen Würdigung hinein erweitert werden.

IV. Welche Wirkung hat die Tatsachenfeststellung?

Das Abkommen gibt einen lediglich negativen Bescheid: Die Feststellung ist keine urteilsmässige, rechtlich verbindliche; sie „hat in keiner Weise die Bedeutung eines Schiedsspruchs" (Art. 14).

Es verbleibt vielmehr den streitenden Mächten „volle Freiheit in Ansehung der Folge, die dieser Feststellung zu geben ist" (Art. 14).

---

[1]) a. a. O.
[2]) a. a. O.
[3]) a. a. O.
[4]) a. a. O.
[5]) a. a. O. Vgl. den mündlichen Ausschussbericht von Descamps IV. 82. Den schriftlichen Kommissionsbericht I. 111.

Die Parteien können auf Grund der Feststellung z. B. nunmehr ein Schiedsgericht vereinbaren, oder die Sache selbst gütlich beilegen.[1]) Auf jeden Fall sind sie rechtlich frei. Sie können auch weiter streiten.

Deshalb kann man aber nicht sagen, wie Bulgarien wollte, der Bericht könne als ungeschehen angesehen werden.

Der Bericht ist erfolgt; das ist Tatsache. Und die Tatsachenfeststellung wirkt, wie alle Handlungen wirken. Die Wirkung wird aber um so grösser erscheinen, je mehr man sich vergegenwärtigt, dass diese Feststellung nach dem Wunsch beider Parteien erfolgte. Das Abkommen hat die Wirkung nur nicht ins Rechtliche hinein ausgebaut; sie ist frei, wie der Geist.

Wenn aber auch die Wirkung nicht die juristische Etikette erhalten hat, im Leben wird sie schon verspürt werden. Und das ist die Hauptsache.

§ 43.

Der Huller Fall.

Eine Untersuchungskommission neuen Stils hat bereits funktioniert und hat das in sie gesetzte Vertrauen gerechtfertigt.

Es war das im Huller Fall.

Die baltische Kriegsflotte hatte am 21./22. Oktober 1904 auf ihrer Reise nach dem ostasiatischen Kriegsschauplatz bei der Huller Doggerbank englische Fischerboote beschossen.

Die ungeheuere Erregung in England, in welche die Haltung der Zeitungen neutraler Staaten noch Öl ins Feuer goss, schuf eine Kriegslage, wie sie lange nicht gedroht hat. Jede Stunde konnte den Weltkrieg bringen.

Da erinnerte man sich in entscheidender Stunde der Untersuchungskommissionen und der Friede blieb erhalten.[2])

Das russisch-englische Untersuchungsabkommen vom 26. November 1904 hatte folgenden Wortlaut:

Nachdem die russische und die englische Regierung dahin übereingekommen sind, einer internationalen Untersuchungskommission, die gemäss den Artikeln 9 und 14 der Haager Konvention vom 17./29. Juli 1899 für die friedliche Regelung internationaler Konflikte zusammentritt, die Aufgabe anzuvertrauen, durch eine unparteiische, gewissenhafte Prüfung den Tatbestand des Zwischenfalles aufzuklären, der sich in der Nacht vom 21. zum 22. Oktober in der Nordsee zutrug und in dessen Verlaufe infolge der Abgabe von Kanonenschüssen durch die russische Flotte der Untergang eines Bootes und der Tod zweier der englischen Fischerflottille angehörenden Personen, sowie Beschädigungen anderer Boote dieser Flottille und Verwundungen von Mannschaften einiger Boote verursacht wurden, haben sich die Unterzeichneten, die hierzu bevollmächtigt sind, über folgende Bestimmungen geeinigt.

Artikel 1. Die Untersuchungskommission wird sich aus fünf Mitgliedern zusammensetzen. Zwei davon sollen Offiziere von hohem Rang aus der russischen und der englischen Marine sein. Ferner werden die französische Regierung und

---

[1]) So v. Martens IV. 194. Vgl. auch die Fassung des Ausschuss-Entwurfs im Art. 13 (IV. 260).

[2]) Fried hat Recht, dass hier „Das Haager Werk einen grossen, seine Kraft für die Zukunft bedeutend erhöhenden neuen Erfolg errungen hat." (Handb. der Friedensbewegung S. 345.)

die der Vereinigten Staaten ersucht werden, aus ihren Marineoffizieren je einen von hohem Rang als Mitglied der Kommission zu wählen. Das fünfte Mitglied dieser Kommission soll durch ein Übereinkommen zwischen diesen vier Mitgliedern bestimmt werden. Im Falle eine Einigung zwischen den letzteren nicht zustande kommen soll, wird das fünfte Mitglied durch den Kaiser von Österreich ernannt werden. Jede der hohen vertragschliessenden Parteien wird in gleicher Weise rechtskundige Beisitzer mit beratender Stimme und einen Agenten ernennen, die beauftragt werden, an den Arbeiten der Kommission offiziell teilzunehmen.

Artikel 2. Die Kommission hat die Untersuchung vorzunehmen und einen Bericht aufzustellen über die auf den Vorfall bezüglichen Umstände, insbesondere über die Fragen der Verantwortlichkeit und den Grad des Tadels, der die Staatsangehörigen der beiden hohen vertragschliessenden Parteien oder eines andern Landes trifft für den Fall, dass die Verantwortlichkeit durch die Untersuchung festgestellt sein sollte.

Artikel 3. Die Kommission wird die Einzelheiten des Verfahrens festsetzen, das von ihr behufs der Aufgabe befolgt werden soll, die sie zu lösen hat.

Artikel 4. Die beiden hohen vertragschliessenden Parteien verpflichten sich, der Kommission in weitestgehendem Masse alle Mittel und Erleichterungen zu gewähren, die notwendig sind zur vollständigen Erkenntnis und genauen Abwägung der in Frage kommenden Tatsachen.

Artikel 5. Die Kommission wird in Paris zusammentreten, sobald sich dies nach Unterzeichnung dieses Abkommens ausführen lassen wird.

Artikel 6. Die Kommission wird beiden Parteien den Bericht einreichen, der durch sämtliche Mitglieder der Kommission zu unterzeichnen ist.

Artikel 7. Die Kommission wird alle Entscheidungen mit Stimmenmehrheit der Kommissare treffen.

Artikel 8. Die beiden Parteien verpflichten sich, jede für sich die Kosten der Untersuchung zu tragen, soweit sie von jeder Partei vor dem Zusammentritt der Kommission angestellt ist. Was die Unkosten betrifft, die entstehen von dem Zeitpunkt an, an dem die Kommission zusammengetreten ist, für die Installation und für die notwendig werdenden Nachforschungen, so sind diese von den beiden Regierungen gemeinsam zu tragen.

Auf Grund dieses Abkommens wurden in die Untersuchungskommission abgeordnet:

Beaumont (Engländer), Dubassow (Russe), Fournier (Franzose), Davis (Amerikaner) und v. Spaun (Österreicher).

Die Sitzungen fanden in Paris statt und hier regte v. Spaun aus Courtoisie und Zweckmässigkeitserwägungen an und setzte es durch, dass der französische Admiral Fournier mit dem Vorsitz betraut wurde.

Am 19. Januar 1905 fand im auswärtigen Amt in Paris die erste Sitzung statt.

Nach wiederholten Sitzungen und umfangreicher Zeugenvernehmung stellten schliesslich beide Parteien ihre Feststellungsanträge.

Der **englische** Feststellungsantrag besagte:

1. In der Nacht zum 22. Oktober befand sich tatsächlich kein Torpedoboot oder Torpedojäger unter den britischen Fischerbooten oder in der Nähe der russischen Flotte. Die russischen Offiziere täuschten sich, indem sie annahmen, dass Schiffe dieser Art an Ort und Stelle oder in der Nachbarschaft seien und dass sie die russische Flotte angegriffen hätten oder beabsichtigt hätten, sie anzugreifen.

2. Es war kein ausreichender Grund vorhanden, um die Eröffnung des Feuers zu rechtfertigen. Nachdem das Feuer einmal eröffnet worden war, hat man nicht, wie man musste, das Schiessen geleitet und kontrolliert, um zu vermeiden, dass der Fischerflotte Beschädigungen zugefügt werden. Das Feuer ist gegen die Fischerflotte während eines unangemessenen langen Zeitraums fortgesetzt worden.

3. Die Leute an Bord der russischen Flotte hätten den Verwundeten und beschädigten Booten zu Hilfe kommen müssen.

4. Seitens der Leute an Bord der Fischerboote oder derjenigen, welche die Leitung der Boote hatten, ist kein Fehler begangen worden.

Der **russische Feststellungsantrag** dagegen hatte folgenden Inhalt:

Das vom russischen Geschwader in der Nacht zum 22. Oktober abgegebene Feuer ist in rechtmässiger Erfüllung der militärischen Pflichten eines Geschwaderchefs befohlen und ausgeführt worden und kann daher weder Roschestwensky noch einen seiner Untergebenen eine Verantwortung treffen.

Die russische Regierung beklagt aufrichtig, dass der Vorfall Unschuldige getroffen hat und beabsichtigt, wenn auch der Geschwaderchef frei von Verantwortung ist, sich keineswegs den Schadensersatzansprüchen zu entziehen. Die Regierung würde bereit sein, die unschuldigen Opfer des Feuers schadlos zu halten und den angerichteten Schaden zu ersetzen, indem sie vorschlägt, die Festsetzung der Entschädigungssummen einem Schiedsgericht zu überweisen, das aus Mitgliedern des ständigen Haager Schiedshofs gewählt wird.

Am 25. Februar 1905 erstattete die Untersuchungskommission nach Massgabe des § 13 f. des friedensrechtlichen Abkommens ihren **Bericht.**

Nach den Zeitungen[1]) sind die wichtigsten Tatsachen, welche hier festgestellt wurden, folgende:

Der Kommandant der russischen Flotte konnte den Umständen nach in gutem Glauben eines Torpedoangriffs gewärtig sein; Verdachtsmomente waren durch das Erscheinen von torpedoähnlichen Schiffen, die ohne Licht fuhren, gegeben. In Wirklichkeit waren aber keine feindlichen Torpedos auf dem Meer. Die Eröffnung des Feuers war daher nicht gerechtfertigt. Der Kommandant hat ungerechtfertigt aber im guten Glauben gehandelt.

Er hat alles getan, dass jene Boote, die er als Fischerboote erkannte, nicht beschossen wurden; es waren aber gefahrdrohende Ungewissheiten in genügender Zahl vorhanden, um von einem Aufenthalt der Flotte in den Gewässern Abstand nehmen zu müssen.

Es war nicht die Absicht, auf Fischerboote zu schiessen; es war auch nicht die Möglichkeit gegeben, den Fischerbooten Hilfe zu leisten.

Ein Fehler des Kommandanten aber war es, dass er beim Passieren der Strasse von Calais die Seebehörden Englands nicht von der Notlage der Fischerflottille benachrichtigte.

Nach dieser Feststellung lag also lediglich ein entschuldbares Missverständnis vor, das durch eine Verkettung widriger Umstände herbeigeführt wurde. Der Zwischenfall konnte durch eine Entschuldigung und durch Ersatz des materiellen Schadens aus der Welt geschafft werden. Und nachdem Russland bereits am 9. März auf Grund des Berichts die vereinbarte Summe von 65000 Pfund Sterling an das Foreign Office zur Entschädigung der Fischer ausbezahlt hat, ist ein Streit in friedlicher Form beglichen worden, der in der öffentlichen Meinung bereits den Krieg bedeutete.

Nach § 14 lässt der Bericht der Untersuchungskommission den streitenden Mächten volle Freiheit in Ansehung der Folge, die dieser Feststellung zu geben ist.

Das Institut der Untersuchungskommissionen hat also in schwierigster Lage die Probe bestanden.

§ 44.

Die Würdigung der Untersuchungskommissionen.

Es wurde schon gebührend hervorgehoben,[2]) dass die Untersuchungskommissionen ein Originalbeitrag Russlands zur Frage der Schlichtung inter-

[1]) Vgl. auch vor allem die „Friedens-Warte" 1905 No. 3 S. 44. Der Bericht soll, falls mir der Wortlaut noch rechtzeitig bekannt wird, im Anhang abgedruckt werden.

[2]) Vgl. Bertha v. Suttner S. 286. Mérignhac „La conférence intern. de la paix" p. 279.

nationaler Streitigkeiten sind. Alles übrige: Vermittelung, gute Dienste und Schiedsgerichte seien bekannte Auskunftsmittel; die Untersuchungskommissionen aber seien eine Neuheit gewesen und als solche anerkannt worden.

Die Untersuchungskommissionen sind nun freilich an sich nichts Neues. Keiner hat das so nachdrücklich betont, als der russische Bevollmächtigte selbst.[1])

Selbst der grösste Gegner der Untersuchungskommissionen auf der Konferenz, der rumänische Bevollmächtigte Beldiman stellte fest, dass Rumänien mit Österreich, Russland und Bulgarien bereits solche Untersuchungskommissionen bei Grenzstreitigkeiten bestellt hätte.[2])

Auch Descamps schliesslich hob hervor, dass es sich nur darum handele, die Untersuchungskommissionen fortzubilden.[3])

Nichtsdestoweniger muss man aber sagen, dass die Bestimmungen des Haager Abkommens über die Untersuchungskommissionen kein Vorbild haben. Die Untersuchungskommissionen, die auf dem Balkan bestellt worden waren, hatten einen beschränkten Zweck und waren ganz anders organisiert gewesen als die Haager Untersuchungskommissionen. Die Bestimmungen über die letzten gehen von Anfang bis zu Ende auf den schöpferischen Geist des russischen Bevollmächtigten v. Martens zurück, der ihnen insbesondere auch eine ganz neue Aufgabe setzte.

I. Wenn man sich dessen bewusst bleibt, mag man immerhin mit den Konferenzmitgliedern nur von einer Fortbildung der Untersuchungskommission sprechen.

1. Diese Fortbildung liegt zuvörderst darin, dass die Einsetzung von Untersuchungskommissionen in den Streitfällen des Art. 9 von der Konferenz für „nützlich“ erklärt wurde.

   Das bedeutet eine Empfehlung.[4]) Die Untersuchungen sind dadurch fakultativ geworden[5]) und die Staaten haben jetzt, wenigstens nach ihrer eigenen Erklärung, die sittliche Pflicht, in den Fällen des Art. 9 Untersuchungskommissionen zu bestellen,[6]) so wie es nach der Konferenz eine sittliche Pflicht ist, die Vermittelung anzurufen[7]) und anzubieten[8]) und an die Schiedsgerichte zu erinnern (Art. 27).[9])

   Das Abkommen hat die einleitenden Schritte getan, dass die Untersuchungskommissionen zur Gewohnheit werden.[10])

---

[1]) Vgl. die Ausführungen von Martens oben S. 131 über die Bestellung von Untersuchungskommissionen bei Grenzstreitigkeiten. Dazu den Kommissionsbericht I. 107. Ebenso später Zorn („Deutsche Rundschau“ 1900 S. 107 f., 121 f. „Tag“ 1903 No. 307 Ziff. III).

[2]) Vgl. oben S. 138.

[3]) Vgl. oben S. 142.

[4]) Das enthielt der erste Abänderungsantrag (oben S. 131) expressis verbis.

[5]) Vgl. Descamps IV. 82, Bourgeois IV. 195 u. 83.

[6]) v. Martens IV. 196. Vgl. oben S. 144.

[7]) Art. 2. Vgl. oben S. 128.

[8]) Art. 3. Vgl. oben S. 115.

[9]) Art. 27. Vgl. unten § 61.

[10]) d'Estournelles IV. 185. Vgl. oben S. 134.

2. Die Fortbildung liegt weiter in dem institutsmässigen Ausbau, den die Untersuchungskommissionen gefunden haben. Was bis jetzt nur gelegentlich und zufällig vorkam, ist nunmehr als feste Einrichtung vorgesehen und geregelt. Die Untersuchungskommissionen können darnach leichter in Tätigkeit gesetzt werden und sicherer arbeiten.

Sie sind, wie sich gleich bei ihrem ersten Auftreten, in der Huller Angelegenheit, zeigte, ein Rettungsanker gegen den Sturm, der eben nur ausgeworfen zu werden braucht, um sofort zu wirken.

Im Falle Schnäbele (1887), der Deutschland nahe an einen Krieg mit Frankreich brachte, hätte eine Untersuchungskommission gewiss gute Dienste getan. Die Darstellung des russischen Bevollmächtigten v. Martens oben S. 142 liest sich wie eine Anwendung auf diesen Zwischenfall.[1])

Ihre erste wirkliche und dabei glänzende Bestätigung hat die Idee des russischen Vertreters kürzlich im Huller Fall gefunden, der Russland während des Krieges mit Japan auch noch in einen solchen mit England zu stürzen drohte.

II. Die hauptsächliche Bedeutung[2]) steckt in einer völlig neuen Aufgabenstellung.

Die beiden Reden des russischen Bevollmächtigten v. Martens[3]) sind in dieser Hinsicht wahre Prachtleistungen,[4]) deren Bedeutung Zorn auch später noch gebührend gewürdigt hat.[5])

Selbst ein Gegner der Vorlage, der serbische Vertreter Veljkovitch musste anerkennen, dass solche Untersuchungskommissionen grosse Dienste leisten können.[6])

Die früheren Untersuchungskommissionen waren technische Kommissionen für streitige Grenzregulierungen u. dergl., die jetzigen Untersuchungen haben in erster Linie eine hochpolitische Aufgabe, indem sie insbesondere aufgeboten werden sollen, wenn sich über unkontrollierte Tatsachen die Völker erregen und mit einem Schlage Krieg in Sicht ist. Nach dieser Aufgabenänderung sind die Untersuchungskommissionen allerdings ein novum und zwar von unschätzbarem Wert.

Ihre Einsetzung beruhigt für den Augenblick, und ihr Bericht wirkt klärend für die weitere Entschliessung. Den Kundgebungen der beteiligten Behörden wird leicht Misstrauen entgegengesetzt. Aber die Untersuchungskommissionen sind nicht interessiert, und ihre Feststellungen erscheinen mehr als massgebend.

Wir haben hier vielleicht die wirksamste Bestimmung im ganzen Abkommen: Ein denkendes, selbständiges Volk wünscht weniger von fremden Richtern ein fertiges Urteil zu empfangen, als durch zuverlässige

---

1) So auch Zorn „Tag" 1903 No. 307 Ziff. III.

2) „Grande importance": Descampsscher Kommissionsbericht I. 107.

3) Vgl. oben S. 131, 142 f.

4) Auch der Descampssche Kommissionsbericht hebt diese Reden hervor und gibt sie wieder I. 107.

5) „Deutsche Rundschau" 1900 S. 108, „Tag" 1903 No. 307 Ziff. III.

6) Vgl. oben 140.

Untersuchungen aufgeklärt zu werden, um sich selbst ein Urteil bilden zu können.[1])

Selbsteigene Streitbeilegung auf Grund fremder Tatsachenfeststellung, das ist in der Tat das Ei des Kolumbus.

Hier, wo lediglich eine getreue Tatsachenfeststellung angestrebt wird, die man doch wohl nur bei bösem Gewissen zu befürchten hat, wäre an und für sich auch gegen das von Russland vorgeschlagene obligatorische Prinzip nichts einzuwenden. Aber nach dem Misstrauen der Mittel- insbesondere der Balkanstaaten war das nicht durchzuführen. Es ist auch vielleicht so besser. Auf der freiheitlichen Grundlage, die das Abkommen geschaffen hat, möge die Einrichtung nur fleissig benutzt werden. Es wird vielleicht die Zeit kommen, wo die Kleinstaaten selbst das obligatorische Prinzip beantragen.

III. Ich halte das von den letzteren, insbesondere das von den Balkanstaaten bekundete Misstrauen für unbegründet. Die Furcht ist ein schlechter Führer.

Nur Furcht hatte diese Staaten geleitet, die Furcht vor der Interventionspolitik der Grossmächte. Die Russen, Franzosen, Österreicher, Deutschen, Amerikaner, Italiener, Belgier und Luxemburger hatten diesem Gespenst gegenüber lange einen harten Stand.

Russland hatte in seinem Entwurf in der Ehren- und Interessenklausel schon ein Ventil angebracht, und von Grossstaaten selbst war ja die Aufhebung des obligatorischen Prinzips ausgegangen. Hatten sich dieselben doch sofort mit der Anerkennung der Nützlichkeit und mit der Empfehlung zufriedengegeben. Schon nach der ersten Lesung des Ausschusses lag die Sache hier so, wie schliesslich im Abkommen die Anrufung der Vermittelung geregelt worden ist.[2])

Noch bevor das formale Pflichtprinzip (conviennent) beseitigt war,[3]) hatte man allseitig anerkannt, dass durch die Umstandsklausel gegen das obligatorische Prinzip Deckung gegeben worden sei und gegeben werden wolle. Wenn man aber hier zu formelgerecht war, um das für sich gelten zu lassen, so hätte sich dieses Feingefühl schon beim Art. 2 und 3 zu offenbaren Gelegenheit gehabt. Es hat sich hier überall in Wahrheit nur darum gehandelt, die nachdrücklichste Form der Empfehlung zu finden.

Auch aus der Art, wie die Untersuchungskommissionen gebildet werden, befürchtete man Interventionspolitik. Und warum? Weil auch Vertreter dritter Mächte in die Untersuchungskommissionen gelangen könnten.[4]) Aber hier sind die Parteien ja vollständig frei; und wenn sie sich nicht einigen können, ordnet jeder Staat seine Vertrauensmänner ab; das werden dann ja wohl Staatsangehörige sein! Auch für die un-

[1]) So auch bei B. v. Suttner, S. 286 f. Hier heisst es weiter: „Das Mittel, sich der Tatsachen zu vergewissern, ohne sich vor der Enquête verpflichten zu müssen, sich deren Ergebnissen zu fügen, das ist doch sicher die sinnigste und praktischste Anregung, die noch je einem internationalen Parlamente vorgelegt worden ist" (S. 87).

[2]) Vgl. oben S. 132.

[3]) Vgl. oben S. 144, 146. Vgl. auch S. 136.

[4]) Vgl. oben S. 138

parteiische Wahl des Obmanns ist gesorgt. Nicht anders wird übrigens auch das Schiedsgericht bestellt; und dessen Urteil ist man nach Treu und Glauben unterworfen, während die Tätigkeit der Untersuchungskommission den streitenden Mächten volle Freiheit lässt. Sieht man die drohenden Wolken der Interventionspolitik aber immer noch am politischen Himmel, so einige man sich doch im Untersuchungsabkommen dahin, dass überhaupt keine politischen Persönlichkeiten in die Kommission eintreten dürfen.

Die Untersuchungskommissionen selbst haben mit der Politik gar nichts zu tun. Sie sollen insbesondere auch in keiner Weise der Interventionspolitik dienen oder die Souveränität schmälern.

Das wurde von allen Seiten übereinstimmend erklärt und insbesondere von dem Präsidenten Bourgeois feierlich als Auffassung der Konferenz festgelegt.[1])

IV. Um die Furcht vor der Interventionspolitik zu bannen, griff man wieder auf die mittlerweilen bereits abgetanen Klauseln zurück.

Diese Verklausulierungen gehen ins Masslose und stellen die ganze bisherige Vertrags-Praxis in Schatten. Untersuchungskommissionen erscheinen nach unserem Abkommen als nützlich bei internationalen Streitigkeiten:

„die weder die Ehre noch wesentliche Interessen berühren“,
„soweit es die Umstände gestatten“!

Der russische Entwurf stand auf dem Boden des obligatorischen Prinzips, das dann aber durch die Ehren- und Interessenklausel gemildert werden sollte.

Aus derselben Erwägung nahm man dann noch die Umstandsklausel auf. Diese Klauseln waren als ein Schutzwerk gegen das obligatorische Prinzip gedacht. Als dann aber auch formell das Fakultativ- oder Nützlichkeitsprinzip an dessen Stelle trat, konnte man in der Tat alle Klauseln wieder fallen lassen; was auch zunächst geschah. Man ging davon aus, dass sie jetzt keinen Sinn mehr hätten. Aber Rumänien setzte, sogar im Widerspruch gegen Serbien, die Wiedereinstellung aller Klauseln durch.

Die Ehren- und Interessenklausel hatte überhaupt erst vor geraumer Zeit das Licht der Welt erblickt und war im Kampf gegen die Schiedsidee herangewachsen.

Auf dem Gebiet der Tatsachenfeststellung aber haben diese Klauseln an und für sich keinen Sinn.

Bertha v. Suttner bemerkte später ganz richtig:

„Eine Untersuchungskommission aber soll ja nicht eingesetzt werden, um Urteile zu fällen, durch deren Ausführung auf Ehre und Interessen verzichtet werden sollte, sie ist ja nur auf Feststellung von Tatsachen beschränkt. Welcher Ehrliche könnte diese fürchten? Die internationale Kommission soll Licht verbreiten über die Fragen, über welche die streitenden Parteien nicht genau unterrichtet sind. Wenn man im Dunkel oder in einem Irrtum befangen ist, wie soll man da überhaupt wissen, ob die Ehre und die Interessen der Nation auf dem Spiel stehen? Gerade über Fragen von solcher Wichtigkeit ist es nötig, durch eine vollständige und unparteiische Untersuchung Klarheit zu schaffen. Die

---

[1]) Vgl. oben S. 148.

hervorstechendsten Tatsachen der Zeitgeschichte beweisen, dass gerade der Hinweis auf Ehre und Lebensinteressen von denjenigen Leuten angewendet wird, die zum Kriege hetzen. Daher tut die Klärung gerade für diese Fälle am meisten not." [1])

Die Ablehnung des Antrags auf Bestellung einer Untersuchungskommission im Hinblick auf die Ehren- und Interessenklausel muss den betreffenden Staat dem bösesten Verdacht aussetzen; denn es handelt sich nicht wie beim Schiedsgericht um die Entscheidung über die Begründetheit eines Anspruchs, sondern um die einfache Feststellung von Tatsachen. Schlimm, wenn schon diese Feststellung Ehre und Lebensinteressen bedrohen.

Am schlimmsten aber für die Grossmacht, welche sich auf diese Klausel beruft.

V. Damit entscheidet sich die auf der Konferenz so eifrig erörterte Streitfrage, ob und inwiefern die Untersuchungskommissionen für die Grossmächte und die Kleinstaaten eine verschiedene Bedeutung haben können. Die Balkanstaaten hatten für sich gefürchtet.

Sicherlich schlagen diese Klauseln zum Vorteil der Kleinstaaten aus. Wenn das in den ersten Stadien des Streits v. Martens, Holls und Bourgeois oft genug verkündeten und insbesondere auch Eyschen darin vorgearbeitet hatte, so darf man sich nicht wundern, dass der rumänische Vertreter das nun zu guter Letzt auch ausnutzte.

Nachdem durch die veränderte Kampflage die Klausel bereits abgestossen war, hat sie Beldiman, der sie bis dahin aus Politik en bagatelle behandelt hatte, am Schluss doch noch durch eine kühne Attacke zurückerobert. Er hat damit bestätigt, dass auch Rumänien in der Klausel eine besondere Schutzvorkehrung für die Kleinstaaten erblickt.

So ist es in der Tat.

Wenn eine Grossmacht im Hinblick auf ihre Handlungsfreiheit, oder mit Berufung auf die Umstandsklausel, oder gar unter dem Vorgeben, ihre Ehre und ihre wesentlichen Interessen seien berührt, die von einem Kleinstaat beantragte Untersuchung durch Unparteiische ablehnt, so wird sie leichter die öffentliche Meinung gegen sich haben, als ein Kleinstaat, dessen Berufung auf die Klausel im allgemeinen durch das Privilegium der Schwachen begründet erscheint. In dieser besonderen Schutzrichtung zu Gunsten der Schwachen liegt die Rechtfertigung der Klausel, wenn sie auch im übrigen auf dem Untersuchungsgebiet nicht recht am Platz ist.

VI. Ich glaube, dass die Untersuchungskommissionen noch eine grosse Zukunft haben.

Auch Zorn, welcher übrigens von dem papiernen Schutz gegen missbräuchliche Interventionen nicht viel hält und die Anwendung der Abkommensbestimmungen von dynamischen Faktoren abhängig weiss, giebt zu:

„An sich und ohne Hintergedanken betrachtet, wird die Einrichtung dieser Untersuchungskommissionen nur als nützlich anzuerkennen sein." [2])

---

[1]) Tagebuchblätter S. 285 f. und der dort angeführte Stead. Vgl. auch die treffende Kritik des Dagblad an O. S. 286 f., wonach die Bestimmungen über die Untersuchungskommissionen vielleicht der „wichtigste Vorschlag" des ganzen Projekts waren.

[2]) „Tag" 1903 No. 307 Ziff. III. Vgl. auch dessen Ausführungen in der „Deutschen Rundschau" 1900 S. 108.

Wer sich im Recht weiss, wie insbesondere der Schwache, der sich durch einen Krieg bedroht sieht, kann ohne seiner Würde etwas zu vergeben, die Bestellung von Untersuchungskommissionen beantragen; und bei der Ablehnung derselben, insbesondere durch Grossmächte, wird es in der Öffentlichkeit heissen: „pro judicato habetur".

Das ist ein völkerrechtlicher Mechanismus zum Schutz des Völkerfriedens, der insbesondere auch wegen des einfachen Feststellungscharakters in keiner Weise der Souveränität zu nahe tritt und leicht funktionieren wird.

Dritte Abteilung.
Die internationale Schiedssprechung.

Erster Abschnitt.
Das Schiedswesen.

Erstes Kapitel.
Die Vorlage und ihre Begründung.

§ 45.
Der russische Entwurf.

Das Abkommen, wie es aus den Verhandlungen der Haager Konferenz schliesslich hervorging, behandelt die internationale Schiedssprechung (l'arbitrage international) in drei Kapiteln:

Erstes Kapitel: Schiedswesen (justice arbitrale).

Zweites Kapitel: Ständiger Schiedshof (Cour permanente d'arbitrage).

Drittes Kapitel: Schiedsverfahren (procédure arbitrale).

Die Vorlage für das erste Kapitel (Schiedswesen) war der russische Hauptentwurf, der über die „arbitrage international" in den Art. 7—13, also zwischen der Vermittelung und den Untersuchungskommissionen handelte,[1]) aber dann so verändert wurde, dass er im Abkommen nicht mehr wieder zu erkennen ist. Der Entwurf lautete:

Art. 7.

In streitigen Fragen des Rechts, besonders der Auslegung und Anwendung der geltenden Verträge, wird die Schiedssprechung von den Signatarmächten als das wirksamste und am meisten der Billigkeit entsprechende Mittel erkannt, diese Streitigkeiten friedlich beizulegen.

En ce qui regarde les cas de litige se rapportant à des questions de droit, et, en premier lieu, à celles qui concernent l'interprétation ou l'application des traités en vigueur — l'arbitrage est reconnu par les Puissances signataires comme étant le moyen le plus efficace et en même temps le plus équitable pour le règlement à l'amiable de ces litiges.

---

[1]) IV. 202 f.

Art. 8.

Die Vertragsmächte verpflichten sich daher, in den Fällen, wo es sich um Streitfragen der vorerwähnten Art handelt, insoweit diese weder die Lebensinteressen noch die staatliche Ehre der streitenden Parteien berühren, die Schiedssprechung anzurufen.

Les Puissances contractantes s'engagent par conséquent à recourir à l'arbitrage dans les cas se rapportant à des questions de l'ordre mentionné ci-dessus, en tant que celles-ci ne touchent ni aux intérêts vitaux, ni à l'honneur national des Parties en litige.

Art. 9.

Jeder Staat entscheidet frei, ob dieser oder jener Fall der Schiedssprechung unterbreitet werden soll, ausgenommen die Fälle, welche im folgenden Artikel aufgezählt sind, und in welchen die Signatarmächte die Schiedssprechung für notwendig erachten.

Chaque Etat reste seul juge de la question de savoir si tel ou tel cas doit être soumis à l'arbitrage, excepté ceux énumérés dans l'article suivant et dans lesquels les Puissances signataires du présent Acte considèrent l'arbitrage comme obligatoire pour Elles.

Art. 10.

Von der Ratifikation gegenwärtiger Akte an ist die Schiedssprechung für alle Signatarmächte in folgenden Fällen, insoweit es sich dabei nicht um die Lebensinteressen oder die staatliche Ehre der Vertragsmächte handelt, notwendig (pflichtmässig, obligatorisch):

A partir de la ratification du présent Acte par toutes les Puissances signataires, l'arbitrage est obligatoire dans les cas suivants, en tant qu'ils ne touchent ni aux intérêts vitaux, ni à l'honneur national des Etats contractants:

I. Bei Meinungsverschiedenheiten oder Streitigkeiten über Entschädigungsansprüche eines Staates oder seiner Angehörigen auf Grund unerlaubter oder fahrlässiger Handlungen eines anderen Staates oder seiner Untertanen.

En cas de différends ou de contestations se rapportant à des dommages pécuniaires éprouvés par un Etat ou ses ressortissants, à la suite d'actions illicites ou de négligence d'un autre Etat ou des ressortissants de ce dernier.

II. Bei Meinungsverschiedenheiten über die Auslegung oder Anwendung der nacherwähnten Verträge und Abkommen betr.:

1. Post und Telegraphen, Eisenbahnen, Schutz der Kabel, Verhinderung des Zusammenstosses von Schiffen auf hoher See, Schiffahrt auf internationalen Flüssen und Kanälen.
2. Schutz des literarischen und künstlerischen Eigentums einschliesslich des Erfindungs-, Marken-, Muster- und Firmenschutzes, Schutz des Münz- und Masswesens, Gesundheit, Tierkrankheiten sowie Bekämpfung der Reblaus.
3. Erbrecht, Auslieferung und Gerichtshilfe.
4. Grenzregulierung, aber nur in technischer nicht auch in politischer Hinsicht.

En cas de dissentiments se rapportant à l'interprétation ou l'application des traités et conventions ci-dessous mentionnés:

1. *Traités et conventions postales et télégraphiques, de chemins de fer ainsi qu'ayant trait à la protection de câbles télégraphiques sous-marins; règlements concernant les moyens destinés à prévenir les collissions de navires en pleine mer; conventions relatives à la navigation des fleuves internationaux et canaux interocéaniques.*
2. *Convention concernant la protection de la propriété littéraire et artistique, ainsi que la propriété industrielle (brevets d'invention, marques de fabrique ou de commerce et nom commercial); conventions monétaires et métriques; conventions sanitaires, vétérinaires et contre le phylloxera.*
3. *Conventions de succession, de cartel et d'assistance judiciaire mutuelle.*
4. *Conventions de démarcation, en tant qu'elles touchent aux questions purement techniques et non politiques.*

Art. 11.

Die im vorerwähnten Artikel zusammengestellten Fälle können von den Signatarmächten durch Abkommen erweitert werden.

Es kann auch jede von ihnen mit einer anderen Macht ein besonderes Abkommen dahin treffen, dass die Schiedssprechung in den oben erwähnten Fällen schon vor der allgemeinen Ratifikation notwendig wird und das obligatorische Prinzip auch auf andere Fälle auszudehnen ist.

L'énumération des cas mentionnés dans l'article ci-dessus pourra être complétée par des accords subséquents entre les Puissances signataires du présent Acte.

En outre, chacune d'entre Elles pourra entrer en accord particulier avec une autre Puissance, afin de rendre l'arbitrage obligatoire pour les cas susdits avant la ratification générale, ainsi que pour étendre sa compétence à tous les cas qu'Elle jugera possible de lui soumettre.

Art. 12.

Bei allen übrigen internationalen Streitigkeiten, welche in den vorangehenden Artikeln nicht erwähnt worden sind, ist die Schiedssprechung, wenn auch gewiss sehr wünschenswert und durch gegenwärtige Akte empfohlen, doch nur rein fakultativ, d. h. sie kann nur erfolgen auf die freiwillige Anregung einer der im Streit befindlichen Parteien und mit der ausdrücklichen und freiwilligen Zustimmung der anderen Partei oder der anderen Parteien.

Pour tous les autres cas de conflits internationaux, non mentionnés dans les articles ci-dessus, l'arbitrage tout en étant certainement très désirable et recommandé par le présent Acte, n'est cependant que purement facultatif, c'est-à dire ne peut être appliqué que sur l'initiative spontanée de l'une des Parties en litige et avec le consentement exprès et de plein gré de l'autre ou des autres Parties.

Art. 13.

Um die Anrufung und die Anwendung der Schiedssprechung zu erleichtern, sind die Signatarmächte übereingekommen, im gegenseitigen Einvernehmen für die Fälle der internationalen Schiedssprechung die Grundsätze betreffend die Einrichtung sowie die Bestimmungen über das Verfahren und über die Verkündigung des Schiedsspruchs festzulegen.

Die Anwendung dieser Grundsätze wie der im Anhang[1]) abgedruckten Schiedsprozessordnung kann auf Grund besonderen Übereinkommens von den Staaten, welche die Schiedssprechung anrufen, abgeändert werden.

En vue de faciliter le recours à l'arbitrage et son application, les Puissances signataires ont consenti à préciser, d'un commun accord, pour les cas d'arbitrage international, les principes fondamentaux à observer pour l'établissement et les règles de procédure à suivre pendant l'instruction du litige, et le prononcé de la sentence arbitrale.

L'application de ces principes fondamentaux, ainsi que de la procédure arbitrale, indiquée dans l'appendice au présent article, pourrait être modifiée en vertu d'un accord spécial entre les Etats qui auraient recours à l'arbitrage.

§ 46.

Die amtlichen Erläuterungen.

Amtliche Erläuterungen zum russischen Schiedsentwurf liegen in doppelter Art vor.

I. Die russische „Notice explicative“ zum Art. 5 des Entwurfs[2]) hat durch die Gegenüberstellung der Vermittelung und der Schiedssprechung auch die letztere näher umgrenzt.

Hier heisst es:

Die Schiedssprechung ist viel wirksamer und entscheidender als die Vermittelung. Die Vermittelung wirkt auf dem Gebiet der politischen Ordnung, die Schiedssprechung aber ist ein Urteil. Während daher die Vermittelung bei jedem Interessenstreit Platz greifen kann, bleibt die Schiedssprechung auf die Entscheidung von Rechtsfragen beschränkt.

II. Von grösserem Wert für die Frage der Schiedssprechung ist indes die russische „Notice explicative“[3]) zum Art. 10.[4])

---

[1]) Annexe 1 B. IV. 204 ff.

[2]) IV. 208. Vgl. oben S. 104 ff. Der Art. 5 des russischen Entwurfs behandelt das Anerbieten der Vermittelung. Vgl. oben S. 105, 112.

[3]) Annex 1 D. IV. 212. „Note explicative remarquable“ sagt der Descampssche Kommissionsbericht, der grosse Auszüge daraus enthält (I. 114 f.).

[4]) Der Art. 10 des russischen Entwurfs stellt die Fälle der notwendigen Schiedssprechung zusammen. Vgl. oben S. 167.

Hier ist im wesentlichen folgendes ausgeführt:

Im russischen Entwurf ist die Unterscheidung der notwendigen (pflichtmässigen, obligatorischen) und der wahlfreien (freigestellten, fakultativen) Schiedssprechung von grundlegender Bedeutung. Im einzelnen Streitfall kann durch besonderen Vertrag jede Frage der schiedsrichterlichen Entscheidung zugeführt werden: Rechtsfragen ohne weiteres, und andere Fragen, — das Völkerrecht hat unglücklicherweise viele Lücken — indem die Parteien eine Rechtsnorm ad hoc schaffen, nach welcher entschieden werden soll. Insoweit ist die wahlfreie Schiedssprechung unbegrenzt.

Die notwendige Schiedssprechung aber, welche nicht auf einen derartigen besonderen Einvernehmen beruht, muss — auch in ihrer natürlichen Beschränkung auf Rechtsstreitigkeiten — von vorneherein gesetzlich abgegrenzt sein. Fragen der nationalen Ehre, der höheren Interessen und des unverjährbaren Besitzes eignen sich überhaupt nicht zur schiedsrichterlichen Erledigung. Es scheiden somit aus: die Streitigkeiten aus den sog. politischen Verträgen, welch letztere nichts anderes sind als der derzeitige Ausdruck des eigentlichen Machtverhältnisses. Die praktische Politik gestattet somit keinen „arbitrage obligatoire universel“.

Andernteils aber gibt es im internationalen Leben oft Streitigkeiten, deren schiedsrichterliche Erledigung jederzeit und vollständig möglich ist. Dahin gehören die einzelnen Rechtsstreitigkeiten, insoweit sie nicht die staatliche Ehre und Lebensinteressen berühren.

Hier soll nun die Konferenz einsetzen und in Fortbildung des Völkerrechts das Prinzip einer ständigen und notwendigen Schiedssprechung festlegen.

Ein solche Rechtseinrichtung wäre die Stärkung des Rechtsgedankens in den internationalen Verhältnissen, ein Schutz gegen Rechtsverletzungen, die Neutralisation grosser Gebiete des Völkerrechts, ein bequemes Mittel zur Beseitigung der vielen kleinen aber lästigen Störungen der diplomatischen Beziehungen. Auf Grund der notwendigen Schiedssprechung kann man leicht gerechte Ansprüche geltend machen, ungerechte Ansprüche zum Schweigen bringen. **Sie ist für Fragen zweiter Ordnung gedacht,** die nur selten direkt zum Krieg führen, aber die guten Beziehungen stören und eine Atmosphäre des Misstrauens und der Feindseligkeit schaffen, in welcher ein Zufall den Ausbruch des Krieges herbeiführen kann.

Man muss aber die Fälle der notwendigen Schiedssprechung genau abgrenzen.

I. Zuerst kommen die Entschädigungsansprüche. Da handelt es sich um Rechtsfragen, nicht um Ehre und Lebensinteressen, die man ja nicht auf materielle Entschädigung herabdrückt.

Hierhin gehören die meisten geschichtlich überlieferten Schiedsgerichtsfälle. Beispielsweise hat es sich hier gehandelt um: die Verletzung der Neutralitätspflichten,[1]) Angriffe auf die Neutralitätsrechte,[2]) unerlaubte Festnahme von Fremden,[3]) Schädigung derselben durch die Schuld eines Staates,[4]) Wegnahme des Privateigentums im Landkrieg,[5]) ungesetzliche Wegnahme von Schiffen,[6]) sowie Verletzung des Fischereirechts.[7])

Die Konferenz möge diesem Weg folgen und hier die notwendige Schiedssprechung vorsehen. Dabei versteht es sich von selbst, dass sich ein Staat auf die schiedsrichterliche Entscheidung nicht einzulassen braucht, wenn sich einmal, wie z. B. im Falle des Staatsbankerotts, die Entschädigung zu einer Ehren- oder Lebensfrage auswächst.

II. Bei den Fällen der zweiten Art scheiden die Streitigkeiten aus politischen Verträgen aus, welche Ehre und Lebensinteressen betreffen. Die notwendige Schiedssprechung würde hier dem interessierten Staate die Hände binden und ihm die Rolle des Leidenden aufnötigen. Hier kann der Staat keinen Richter anerkennen. Man muss also das Anwendungsgebiet scharf abgrenzen, um das Institut nicht dem Misskredit auszusetzen.

Während die übrigen Verträge in der Regel eine künstliche Ausgleichung gegensätzlicher Interessen darstellen, drücken die Verträge mit allgemeinem Charakter immer und notwendig die Übereinstimmung hoher und gemeinschaftlicher Interessen

[1]) Fall „General Armstrong“ (1851) und Alabamafall (1872).
[2]) Blockade von Portendik (1843) u. s. w.
[3]) Fall „White“ (1864) und Fall Doundonald (1873) u. s. w.
[4]) Fall Butterfeld“ (1888) Konflikt zwischen Mexiko und den Vereinigten Staaten (1872) u. s. w.
[5]) Fall „Macedonian“.
[6]) Wegnahme der Schiffe „Veloz“, „Victoria“ und „Vigie“ (1852) sowie Fall „Phare“ (1879) u. s. w.
[7]) Fischereistreit von „Terre-Neuve“ (1877) u. s. w.

aus. Deshalb gibt es hier auch keine Streitigkeiten mit bloss nationalem Charakter. Aber bei vorübergehenden Missverständnissen, die auf eine verschiedene Auslegung zurückgehen, wird der Staat die Entscheidung gern einem Schiedsrichter überlassen, in der Erwägung, dass alle Mächte das gleiche Interesse an der Unverletzlichkeit der internationalen Verträge haben, welche das einzige Mittel sind, den wesentlichen und dauernden Bedürfnissen gerecht zu werden.

Der erste Versuch zur Einführung der notwendigen Schiedssprechung im internationalen Leben durch einen Vertrag mit allgemeinem Charakter wurde 1874 durch die Schaffung des Weltpostvereins gemacht, indem hier der Art. 16 notwendige Schiedssprechung für alle Streitigkeiten vorsah, die sich bei der Auslegung und Anwendung dieses Vertrages ergeben würden.

Die Haager Konferenz möge diese Bestimmung des Berner Vertrags nur auf alle Verträge mit allgemeinem Charakter ausdehnen.

Diese Verträge mit allgemeinem Charakter zerfallen in zwei Gruppen:

1. Die Verträge der ersten Gruppe beschäftigen sich mit dem Schutz der Verkehrsmittel: Post, Telegraph, Eisenbahn, Schiffe, Flösse und Kanäle.
2. Die Verträge der zweiten Gruppe dienen dem Schutz der geistigen und moralischen Interessen: des geistigen Eigentums, des Münz- und Gewichtswesens, der Gesundheitsverhältnisse u. s. w. Von allgemeiner Natur sind auch die Verträge über internationales Privat- und Strafrecht, wobei aber zu bemerken ist, dass hier meistens das Staatsgesetz Rechtsquelle ist. Wegen der daraus hervorgehenden Unzuträglichkeiten hat man schon die Frage der völkerrechtlichen Kodifikation des internationalen Privatrechts aufgeworfen.

Solange diese Frage durch besondere oder allgemeine Verträge noch nicht gelöst ist, ist es vielleicht besser, die notwendige Schiedssprechung nur auf dem Gebiet des Erbrechts zuzulassen, welches durch internationale Verträge schon einigermassen geregelt ist.

Die Fragen des internationalen Strafrechts aber eignen sich gewiss für die Schiedssprechung

Dasselbe gilt für die Grenzstreitigkeiten, soweit es sich um technische, nicht um politische Fragen handelt.

In dieser Beschränkung ist die Einführung der notwendigen Schiedssprechung wünschenswert und zur Zeit schon möglich. In Zukunft kann man das Ziel vielleicht noch weiter stecken.

Die Anerkennung der notwendigen Schiedssprechung wäre ein Triumph der grossen Rechtsprinzipien auf internationalem Gebiete. Die Haager Konferenz würde sich so dem Ziel nähern, welches sich die Grossmächte schon auf dem Kongress zu Aachen 1818 gesetzt haben.

Zorn[1]) rühmte später an dem russischen Entwurfe folgendes:

1. Das ganze System des obligatorischen Schiedsgerichts sollte streng beschränkt sein auf Geld-, wirtschaftliche und technische Fragen, denen schon ihrer Natur nach kein politischer Charakter beiwohnt; wirtschaftliche Fragen, die mit der Politik zusammenhängen, waren ausgeschlossen.

2. Das ganze obligatorische Schiedsgerichtssystem war beherrscht von dem Prinzip: sobald Fragen der Lebensinteressen oder der nationalen Ehre des Staates in Betracht kommen, sei es von vorne herein oder auch erst im Laufe des Streites, so ist jeder beteiligte Staat in der Lage, auch das obligatorische Schiedsgericht abzulehnen; und ob solche Interessen auf dem Spiele stehen, ist jeder Staat allein zu entscheiden immer berechtigt.

---

[1]) „Deutsche Rundschau“ 1900 S. 109 f.

Zweites Kapitel.

Die Verhandlungen.

§ 47.

Der Umfang der notwendigen Schiedssprechung.

Ich will die folgende Darstellung einleiten mit der wörtlichen Wiedergabe einer Kundgebung, die Zorn aus Anlass meiner Rektoratsrede 1903 im „Tag“ No. 309 erscheinen liess:

„Weitaus der umfangreichste und wichtigste Bestandteil der Konvention zur friedlichen Erledigung internationaler Streitfälle ist der auf die Schiedsgerichte bezügliche Teil; daher auch kurzweg die Bezeichnung „Schiedsgerichts-Konvention“. Dieser Materie waren die meisten Sitzungen und die intensivsten Beratungen des Komitees in der historischen Salle des Trèves gewidmet; hier waren grosse prinzipielle Gegensätze auszugleichen; hier galt es, ebensowohl die phantastische Schwärmerei der männlichen und weiblichen Mitglieder der Friedensliga, die die Konferenz im Haag umflatterten, zurückzuweisen, wie anderseits die Behauptung der starken Geister, alles internationale Schiedsgerichtswesen sei barer Unsinn und widerspreche der Souveränität der Staaten, in der richtigen Weise einzuschränken; hier war nach Erledigung der Abrüstungsfrage jedenfalls die schwerste Arbeit zu tun, und auf die Schiedsgerichtsfrage konzentrierte sich im weiteren Verlaufe der Konferenz das Hauptinteresse in allen Ländern. Ob aus diesen Beratungen ein positives Resultat werde gewonnen werden können, erschien bei Beginn der Konferenz sehr fraglich, und weiterhin kamen die Beratungen an einen Punkt, der leicht der tote Punkt der Konferenz hätte werden können, ja einen Moment lang schien es, als ob er dies werden müsse.“

Nachdem dann Zorn noch offen eingestanden hat, dass er selbst einer wirklichen Begeisterung für internationale Dinge unfähig sei, fährt er fort:

„Aber ich erkenne an und verdanke in dieser Hinsicht den Arbeiten und den Personen der Haager Konferenz ausserordentlich viel: es gibt eine grosse Anzahl internationaler Streitfragen, die mit gegenseitigem guten Willen friedlich aus der Welt geschafft werden können und zu diesem Zwecke ist ein ständiges Schiedsgericht ein sehr geeignetes Organ, insbesondere für solche Streitfragen, deren Kernpunkt formaljuristischer oder technischer Art ist. Und ich bekenne gleichfalls offen: als zuerst der Gedanke eines ständigen Schiedsgerichtes von einer Anzahl bedeutender Männer, zugleich Vertreter der grössten Staaten der Welt, mit tiefem Ernste in Beratung genommen wurde, da konnte auch ich mich einer starken inneren Bewegung nicht entziehen; denn nicht um Schwärmerei irgend welcher Art, sondern um höchst realpolitische Erwägungen handelte es sich, wenn von hier aus der Ruf „Friede auf Erden“ erscholl. Dass auf Erden kein „ewiger Frieden“ möglich ist, steht freilich fest; aber dass viele Streitpunkte, die früher zum Kriege führten, friedlich hätten erledigt werden können, steht ebenso fest; und ich behaupte ruhig: heute werden mit oder ohne Schiedsgericht, viele Streitfälle friedlich erledigt, die ehedem Anlass zum Kriege waren. Es wird immer Streitfragen geben, die zum Kriege führen müssen: die Situation im Jahre 1870, wie sie sich seit Jahren, nicht aber zwischen Deutschland und Frankreich, sondern zwischen Preussen und Napoleon zugespitzt hatte, konnte ihre Lösung nur im Kriege finden. Aber Meurer hat recht, wenn er sagt: wem es glückt, dem Vaterlande einen Krieg zu ersparen, der hat sich um die ganze Menschheit verdient gemacht. Darin liegt die Rechtfertigung der Haager Schiedsgerichts-Arbeit.“

Die Schiedssprechung erfolgte bis jetzt auf Grund eines besonderen Schiedsvertrags nach ausgebrochenem Streit, oder nach Massgabe der Schiedsklausel, die in vielen besonderen und einigen allgemeinen Verträgen Aufnahme gefunden hatte.[1])

---

[1]) Vgl. oben S. 63 ff., 65 ff.

Hier sollte nun das Völkerrecht fortgebildet werden.

Das russische Rundschreiben hatte ausdrücklich der fakultativen Schiedssprechung gedacht. Aber der von Martens ausgearbeitete russische Entwurf wollte das sog. obligatorische Schiedsprinzip allgemein festgelegt sehen, suchte freilich auch dafür Grenzen zu setzen.

Unter allen Umständen sollte es keine notwendige Schiedssprechung geben, wenn es sich um Lebensinteressen oder die Ehre eines Staates handelt. Damit war dem Haupteinwurf, welcher bis jetzt in der Literatur gegen die notwendige Schiedssprechung erhoben worden war, wie auch Bourgeois bei der Beratung des Schiedshofprojekts hervorhob,[1]) die Spitze abgebrochen; und man hatte ein wirksames Ventil zum Schutz der staatlichen Freiheit.

Sodann war die notwendige Schiedssprechung nur für Rechtsstreitigkeiten vorgesehen und zwar lediglich für folgende zwei Gruppen:

1. für Entschädigungsforderungen und
2. für Auslegungsstreitigkeiten bei nichtpolitischen Verträgen von allgemeinem Charakter.

Man hätte nun erwarten sollen, dass gleich bei der ersten Ausschussberatung die Frage: wollen wir überhaupt die notwendige Schiedssprechung, heiss umstritten würde.

Aber nichts davon. Das erklärt sich nur daraus, dass die Bevollmächtigten noch keine Instruktionen hatten.

I. In der ersten Lesung des Ausschusses am 3. Juni[2]) wurden daher in ruhiger Geschäftsmässigkeit alle sechs Artikel (7—12) kurz erledigt, und dabei der Umfang der notwendigen Schiedssprechung — die Aufnahme dieses Prinzips vorausgesetzt — geprüft.

Bei Artikel 7 wurden kleine redaktionelle Änderungen vorgenommen.[3])

Bei Artikel 8 beanstandete der holländische Bevollmächtigte Asser die den ganzen Entwurf beherrschende Ehren- und Interessenklausel als zu allgemein: sie sei neu und er frage an, ob sie nicht bestimmter gefasst werden könne.[4]) In der Tat war sie nur in der Literatur hervorgetreten, aber noch nicht in Verträgen benutzt worden. Der russische Bevollmächtigte v. Martens gab deshalb die Neuheit zu, fürchtete aber, dass man keine bessere Fassung finden würde. Der deutsche Bevollmächtigte Dr. Zorn forderte die Beibehaltung dieser Klausel, welcher er die grösste Wichtigkeit beilegte und die in seinen Augen eine condicio sine qua non für den Beitritt Deutschlands zu den Konferenzbeschlüssen bilde. Er könne sich zwar noch nicht darüber aussprechen, ob seine Regierung das Prinzip des

---

[1]) IV. 118.

[2]) IV. 108 ff. (Vierte Ausschusssitzung.) Vgl. auch den Descampsschen Kommissionsbericht I. 116 f.

[3]) IV. 108. „Traités en vigeur" wurde auf den Antrag Asser in „Conventions internationales" geändert und die Worte „à l'amiable" auf den Antrag Lammasch gestrichen (a. a. O.).

[4]) „mais sans insister" (IV. 109 f.) Zorn sagte darüber später: „Zunächst wurde seitens des holländischen Delegierten Asser der Versuch gemacht, das grosse Sicherheits-

ständigen Gerichtshofes und der obligatorischen Schiedssprechung annehme, aber er sei sicher, dass von diesem Beitritt erst nach der Annahme der Klausel die Rede sein könne.

Das war das erste Wetterleuchten.

Der schweizerische Bevollmächtigte Odier hätte gern neben den Lebensinteressen und der nationalen Ehre auch die Landesverfassung genannt gesehen, beruhigte „sich aber dabei, dass die letztere durch die Fassung mitgedeckt sei;" und der Ausschuss nahm von dieser Erklärung Kenntnis.[1])

Artikel 9 wurde mit einer belanglosen redaktionellen Änderung angenommen.[2])

Der Artikel 10 **zählte die einzelnen Fälle auf, in welchen die Schiedssprechung obligatorisch werden solle.**

An dieser Aufgabe hat sich der Ausschuss ernstlich, aber, wie sich später ergeben wird, erfolglos abgemüht.[3])

In der Einleitung, welche das Prinzip festlegte, wurde nur eine sprachliche Änderung beschlossen.[4])

Die Meinungsverschiedenheiten betrafen Einzelheiten.

In Ziff. I passte dem holländischen Bevollmächtigten Asser das „ressortissants" nicht. Er befürchtete, dass dies eine zu weit gehende Auslegung finden werde und selbst für Prozesse Privater untereinander aufgeboten werden könne.[5]) Der russische Bevollmächtigte v. Martens aber erklärte, dass es sich lediglich um den Fall handle, wo eine Regierung für ihre Staatsangehörigen Partei ergreift;[6]) und der Konferenzpräsident v. Staal schlug einen Zusatz vor, durch welchen die Zuständigkeit der örtlichen Zivilgerichte vorbehalten würde.[7])

Auf den Vorschlag des englischen ersten Delegierten Sir Julian Pauncefote liess man beides vorerst auf sich beruhen und begnügte sich damit, einfach die Entschädigungsansprüche (also mit Streichung der Anspruchsberechtigten) der obligatorischen Schiedssprechung zu unterwerfen. Damit war Ziff. I erledigt.

Bei Ziff. II strebten die einen eine Erweiterung, die anderen eine Einschränkung der Fälle notwendiger Schiedssprechung an.

Im Abs. 1 wollte der amerikanische Bevollmächtigte Holls gegen den Widerspruch von Asser die Schiffahrtsverträge ausgenommen und mithin die Worte „conventions relatives à la navigation des fleuves inter-

---

ventil des obligatorischen Schiedsgerichts: „en tant qu'ils ne touchent ni aux intérêts vitaux ni à l'honneur national" anzugreifen. Man war jedoch überwiegend der Ansicht, dass ohne diese Klausel der Gedanke des obligatorischen Schiedsgerichts durchaus unannehmbar sei" („Deutsche Rundschau" 1900 S. 110).

[1]) IV. 109.

[2]) Nach „les Puissances signataires" wurden die Worte „du présent acte" gestrichen.

[3]) IV. 109 ff.

[4]) Hinter obligatoire wurde auf Antrag Asser eingefügt: entre Elles (IV. 110).

[5]) IV. 110.

[6]) a. a. O.

[7]) „ent, tant qu'elles ne sont pas de la compétence des autorités locales". Der holl. Delegierte Asser legte zur Auswahl noch folgende Klausel vor: „ent tant que le pouvoir judiciaire de ce dernier état n'est pas compétent pour juger ces contestations."

nationaux et canaux interocéaniques" gestrichen sehen. Seine Regierung könne dieselben nicht der notwendigen Schiedssprechung unterwerfen. Man solle nichts aufnehmen, was den formellen Widerspruch eines Staates finden würde.[1])

Der russische Bevollmächtigte v. Martens meinte, Amerika könne sich mit dem allgemeinen Vorbehalt begnügen, welcher dem Schutz der Lebensinteressen diene. Aber der deutsche Bevollmächtigte Dr. Zorn schloss sich der amerikanischen Auffassung an, obschon die Frage der internationalen Kanäle in Deutschland nicht die Rolle spiele wie in Amerika. Darauf wurde die Schiffahrtsklausel vorläufig gestrichen.[2])

Umgekehrt wurden auf Vorschlag des holländischen Bevollmächtigten Asser den Telegraphenverträgen die Telephonverträge zugefügt.[3]) Descamps regte noch an, auch die Handels- und Konsularverträge aufzunehmen; die Bevollmächtigten v. Martens, Zorn und Lammasch aber widersprachen, und der französische Bevollmächtigte d'Estournelles bat um die Zurückstellung dieser Frage, weil er noch diesbezügliche Instruktionen erwarte. Das wurde dann auch beschlossen. Bei dieser Gelegenheit erklärte der italienische erste Bevollmächtigte Graf Nigra, dass seine Regierung die feste Absicht habe, die Schiedsklausel in allen Handelsverträgen zum Ausdruck zu bringen.[4])

Im Abs. 2 wollte der amerikanische Bevollmächtigte Holls die Münzverträge ausgeschlossen sehen, was indes v. Martens zu der Bemerkung veranlasste, durch allzuzahlreiche Ausnahmen käme das Prinzip der notwendigen Schiedssprechung um seine Wirkung. Aber Holls blieb bei seiner Meinung, und es wurde vorläufig demgemäss beschlossen.[5])

Der holländische Bevollmächtigte Asser und der schweizerische Bevollmächtigte Odier wollten umgekehrt die Genfer Konvention, und Graf Nigra die Verträge zur Unterstützung bedürftiger Kranken eingeschlossen sehen.[6]) Von dem ersten Antrag hiess es: „renvoyé au Bureau", und der zweite Antrag wurde angenommen.

Im Abs. 3 ward „cartel" ersetzt durch: „extradition" und in Abs. 4 „demarcation" durch: „délimitation".[7])

Art. 11 und 12 wurden nur umgestellt.[8])

Man half sich viel mit Zurückstellungen und ausdrücklichen Redaktionsvorbehalten. Es wurde ein bureau du Comité oder besonderer Redaktionsausschuss bestellt,[9]) und alle Beschlüsse wurden wiederholt für nur provisorisch

---

[1]) IV. 110.

[2]) a. a. O.

[3]) a. a. O. „pleine" wurde auf Antrag des Grafen Nigra gestrichen (a. a. O.) und damit auch das Küstenmeer berücksichtigt. Zorn, „Deutsche Rundschau" 1900 S. 110.

[4]) a. a. O.

[5]) IV. 111. Auch bezüglich der Schutzverträge gegen Krankheiten wurden Wünsche laut (a. a. O.).

[6]) IV. 111. Es wurde auch noch folgende sprachliche Änderung vorgenommen: Conventions relatives au système des poids et mesures (Descamps).

[7]) IV. 111.

[8]) IV. 111 f.

[9]) Bestehend aus v. Martens, Asser und Renault.

erklärt. Es ward dabei eine weitere Erörterung ins Auge gefasst, wenn alle Ausschussmitglieder die nötigen Instruktionen empfangen hätten.

II. In der folgenden (5.) Ausschusssitzung am 7. Juni[1]) legte der Redaktionsausschuss eine Fassung des Art. 10 vor, bei welcher die vorangegangenen Beschlüsse berücksichtigt waren.

Darnach sollte der Art. 10 jetzt lauten:

„L'arbitrage est obligatoire entre les Puissances signataires dans les cas suivants, en tant qu'ils ne touchent ni aux intérêts vitaux, ni à l'honneur national de ces Puissances.

I. En cas de différends ou de contestations se rapportant à des dommages pécuniaires.

II. En cas de différends ou de contestations tauchant l'interprétation ou l'application des conventions ci-dessous mentionnées:

1°. conventions postales télégraphiques et téléphoniques;
2°. conventions concernant la protection des câbles télégraphiques sous-marins;
3°. conventions concernant les transports par chemin de fer;
4°. conventions et règlements concernant les moyens destinés à prévenir les collisions de navires en mer;
5°. conventions concernant les secours aux malades et blessés en temps de guerre;
6°. conventions concernant la protection des oeuvres littéraires et artistiques et la propriété industrielle (brevets d'invention — marques de fabrique ou de commerce — nom commerical);
7°. conventions concernant le système des poids et mesures;
8°. conventions concernant l'assistance gratuite réciproque des malades indigents;
9°. conventions sanitaires. Conventions contre les épizooties et le phylloxera;
10°. conventions concernant la procédure civile;
11°. conventions d'extradition;
12°. conventions de délimitation en tant qu'elles touchent aux questions purement techniques et non politiques.

Die Verhandlung[2]) über diese Neufassung ergab folgendes:

In Ziff. I fand der italienische Bevollmächtigte Graf Nigra das Wort „pécuniaires" für ungenügend.

Ein weiteres Bedenken drehte sich um das Wort „dommages". Hier wurden drei Fragen aufgeworfen:

1. Soll überhaupt die Forderung resp. die Verantwortlichkeit der beteiligten Regierungen der notwendigen Schiedssprechung unterliegen?

   Der österreichische Delegierte Lammasch beantragte zunächst hier die Einschränkung:

   „Si ces dommages ne sont pas le résultat direct d'un acte du pouvoir central."

   Für diesen Zusatz stimmten indes nur drei Mitglieder: Asser, Descamps, Lammasch. Alle übrigen waren dagegen.

   In der Hauptfrage stimmten jetzt mit:

   ja: Asser, Descamps, Nigra, Odier;
   nein: Bourgeois, Holls, Lammasch, Pauncefote, Staal, Zorn.

2. Soll die Höhe der Entschädigung der notwendigen Schiedssprechung unterworfen werden?

   Diese Frage wurde einstimmig bejaht.

[1]) IV. 113.
[2]) IV. 114 ff.

3. Soll über eine gewisse Summe hinaus die notwendige Schiedssprechung aufhören?

Mit ja stimmten nur: Zorn, Holls, Pauncefote.

Alle anderen waren gegen die Festsetzung eines Maximum.

Darauf einigte man sich auf folgende Formulierung der Ziff. I, die dann später auf den Antrag von Asser an das Ende des Art. 10 gestellt wurde:

„En cas de différends ou de contestations sur la fixation du montent des indemnités pécuniaires, lorsque le principe de l'indemnité est déjà reconnu par les parties“.[1])

In Ziff. II wurde 1—4 angenommen.[2])

Über Ziff. 5 entspann sich eine Debatte.[3]) Der deutsche Bevollmächtigte Dr. Zorn hatte die Streichung beantragt, weil man die Kriegsoperationen nicht der notwendigen Schiedssprechung unterstellen könne. Auch Lammasch, v. Martens und Pauncefote meinten, die Kriegführenden könnten während des Krieges die Auslegung der Genfer Konvention keinem Schiedsspruch unterwerfen. Der Präsident erkannte wohl das Gewicht dieser Schwierigkeiten an, war aber doch gegen die Streichung; es könne im Interesse der Kriegführenden selbst liegen, einem Dritten die Auslegung gewisser Bestimmungen der Genfer Konvention zu überlassen, wenn ihnen die augenblickliche Lage ein Einvernehmen unmöglich mache, das doch im Interesse der Menschlichkeit zu wünschen sei. Graf Nigra teilte diese Meinung; aber Dr. Zorn blieb bei seiner Ansicht, und auch v. Martens wiederholte, dass diese Klausel zu unlösbaren Schwierigkeiten führen werde: es gebe keinen Krieg, in welchem die Genfer Konvention nicht zu den heftigsten Anklagen auf beiden Seiten führe.

Auch der schweizerische Delegierte Odier sprach sich jetzt in diesem Sinn aus und führte für die Streichung der Ziff. 5 auch die Erwägung ins Feld, dass sich dieselbe auf den Krieg beziehe, während alle anderen Ziffern die Friedenszeit ins Auge fassten.

Darauf wurde die Streichung beschlossen.[4])

Ziff. 6—10 wurden angenommen.[5])

Ziff. 11 wurde von Odier als unklar bezeichnet. Holls aber erklärte sie dahin, es handle sich nach der Einleitung der Ziff. II lediglich um Auslegungsstreitigkeiten, hier also auf dem Gebiet der Auslieferungsverträge; was in Streitfällen vor die Ortsgerichte gehöre, scheide hier aus.

In diesem Sinne wurde dann Ziff. 11 angenommen.[6])

Ziff. 12 f. wurde folgendermassen gefasst:

„conventions de délimitation en tant qu'il s'agit de (statt „q'uelles touchent aux) questions purement techniques et non politiques“.[7])

---

[1]) Vgl. darüber auch Zorn in der „Deutschen Rundschau“ 1900 S. 110.

[2]) Nur wurde das Wort „télegraphiques“ nach „câbles“ als unnötig gestrichen.

[3]) IV. 115. Vgl. oben S. 174.

[4]) IV. 115.

[5]) a. a. O. In Ziff. 9 wurde nur statt „et le phylloxera“ gesagt: „et les mesures prophylactiques contre le phylloxera et autres fléaux de l'agriculture“.

[6]) a. a. O.

[7]) a. a. O.

Man kam auch noch einmal auf die Schiffahrts- und Handelsverträge zurück, welche in der vorigen Sitzung der notwendigen Schiedssprechung wenigstens vorläufig entzogen worden waren.[1])

Der Präsident meinte, die Frage der Schiffahrt auf internationalen Flüssen und Kanälen sei im hervorragenden Sinn von internationaler Art und es wäre gut, wenn sich hier die Schiedsgerichtspraxis auswachsen würde. Überhaupt müsse für alle Verträge, wo die Interessen, der Handel und die friedliche Tätigkeit vieler Nationen engagiert seien, die Auslegung und Beschwerdebescheidung dem Schiedsrichter unterworfen, oder mit anderen Worten, das Interesse des einzelnen Staates dem Interesse aller untergeordnet werden.

Descamps machte eine ähnliche Bemerkung bezüglich der Handelsverträge.[2])

Die Worte des Präsidenten über die Schiffahrtsverträge richteten sich vor allem an die Adresse des amerikanischen Bevollmächtigten Holls,[3]) welcher sich darauf bereit erklärte, hierüber die Ansicht seiner Regierung einzuholen.[4])

Die nunmehr vom Redaktionsausschuss überprüfte, zum Teil auch erst von Descamps vorgeschlagene Fassung ist in Vergleichung mit dem russischen Entwurf als Annexe 9 im Bd. IV. 246 ff. abgedruckt.

Descamps hatte dazu folgenden einleitenden Artikel eingebracht:

L'arbitrage international a pour objet le règlement de litiges entre les Etats par des juges de leur choix et conformément à leurs droits réciproques.

Der Descampssche Ausschussbericht[5]) hob später folgendes hervor:

Es gibt allgemeine Schiedsverträge, welche in der letzten Zeit von verschiedenen Staaten unter dem einzigen Vorbehalt, dass weder Lebensinteressen noch Staatsehre in Frage kommen, oder auch ohne eine solche Einschränkung abgeschlossen worden sind. Der ital.-argent. Vertrag vom 23. Juli 1898 (oben S. 66 ff.) hat den letzteren Charakter. Mehrere andere Verträge dieser Art tragen Daten, die nicht weit entfernt sind.

Der russische Entwurf ging nicht so weit. Er beschränkte sich darauf, die Schiedssprechung nur für gewisse ausschliesslich bestimmte Arten von Streitigkeiten obligatorisch zu machen, aber für die anderen Beschwerden die Schiedssprechung fakultativ zu lassen und lediglich zu empfehlen.

Dieses System verlangt die Aufzählung obligatorischer Schiedsrechtsfälle. Der russische Entwurf zeigt hier zwei Gruppen: 1. Schadensersatzforderungen. 2. Streitigkeiten in der Auslegung oder Anwendung gewisser Verträge, besonders zur Schaffung der sog. allgemeinen Vereine (Unions universelles).

Der Ausschuss hat sich zunächst für dieses System entschieden und die obligatorischen Schiedsrechtsfälle des russischen Entwurfs teils beschnitten teils erweitert, ist aber im grossen ganzen innerhalb der vorgezeichneten Linien geblieben.[5])

§ 48.

Der Grundsatz der notwendigen Schiedssprechung.

Während sich nunmehr die Verhandlungen dem Schiedshof und Schiedsverfahren zuwandten, hatten die Bevollmächtigten Zeit, mit ihren

---

[1]) Vgl. oben S. 173 f., 174.
[2]) IV. 116.
[3]) Vgl. oben S. 173 f.
[4]) IV. 116.
[5]) IV. 15.

Regierungen über das Prinzip der obligatorischen Schiedssprechung zu verhandeln.

Die nächste Ausschusssitzung über das Schiedswesen und damit die zweite Lesung über Art. 7—12 fand daher erst am 4. Juli,[1]) also fast einen Monat später statt.

Hatte man früher darüber verhandelt, was alles der notwendigen Schiedssprechung unterworfen werden solle, wenn man einmal das obligatorische Prinzip angenommen hat, so war nunmehr die letztere Frage selbst in den Kampf gestellt.

I. Es handelte sich um die Art. 9 und 10.

Dr. Zorn trat als erster Redner auf und beantragte namens der deutschen Regierung die Streichung der beiden Artikel.[2])

Das Gewitter war also[3]) gekommen; aber als man am 4. Juli über die obligatorische Schiedssprechung verhandelte, war es schon wieder im Abziehen.

Zorn hatte nämlich in der Zwischenzeit ein Kompromiss zustande gebracht,[4]) über welches er später interessante Mitteilungen gemacht hat,[5]) und über das vorerst kurz berichtet werden soll.

Deutschland erkannte an, dass sich der Entwurf in dem allgemeinen Rahmen bewege, dem auch der Weltpostvertrag angehört. Deutschland hatte damals in dieser Richtung sogar kräftige Anregung gegeben[6]) und dem Prinzip des obligatorischen Schiedsgerichts zugestimmt. Aber es war eine reine Frage der Politik, ob es zweckmässig sei, den Schiedsgedanken derart zu stärken, dass demselben noch so zahlreiche andere wirtschaftlich-technische Fragen in obligatorischer Weise unterworfen würden.

Die deutsche Staatsleitung stützte sich nach dem Bismarckschen Vorbild auf die eigene Kraft. Sie war der freiwilligen Schiedssprechung nicht abgeneigt, hatte auch selbst schon gelegentlich die Schiedssprechung vorgesehen wie angerufen, hielt aber die Zeit für eine allgemeine obligatorische Schiedssprechung mangels zureichender Erfahrungen noch nicht für gekommen und die Menschheit einstweilen noch nicht für reif.

Mittlerweilen hatte das Schiedsgerichtsinteresse in der Schiedshoffrage seinen Höhepunkt erreicht. Aber auch dafür konnte man sich deutscherseits nicht begeistern, und der deutsche Vertreter lehnte bei der ersten Beratung das Schiedshofprojekt ab.

Aber Deutschland stand mit seiner Abneigung gegen den ständigen Schiedshof allein, und da der so mächtig hervorgetretene Schiedshofplan unmöglich mehr ausgeschaltet werden konnte, ergab sich für Deutschland folgendes: entweder blieb es bei seiner Ablehnung und schied damit von der Mitarbeit aus, oder es schloss sich an und stellte seine Gegenforderung. Und da entschied es sich mit realpolitischem Blick für das letztere, um

---

1) IV. 173. Es war dies die 14. Ausschusssitzung.

2) IV. 173. Vgl. auch den Descampsschen Kommissionsbericht I. 116 f.

3) Vgl. oben S. 173.

4) Lammasch in der Ztschr. f. intern. Privat- u. Strafrecht Bd. 11 S. 33.

5) „Deutsche Rundschau" 1900 S. 114 ff., 116. „Tag" 1903 No. 309. Vgl. auch Fried, Handb. der Friedensbewegung S. 179.

6) Descamps, Denkschrift S. 28 ff.

so mehr als sich der deutsche Vertreter überzeugt hatte, dass man, wenn irgend möglich, das Werk nicht ohne Zustimmung Deutschlands zum Abschluss bringen werde, also zu weitgehenden Zugeständnissen bereit sei.[1]) So kam man zum Kompromiss, zu „concessions réciproques faites par les délégués entre eux, et en faveur de l'Allemagne".[2])

Eine und zwar die wichtigste der von Deutschland gestellten Gegenforderungen war nun die, dass der obligatorische Charakter des Schiedswesens aus dem Abkommen beseitigt werde.

Unter der Bedingung und im Hinblick auf ein solches Zugeständnis hatte Deutschland mittlerweilen am 1. Juli durch eine förmliche Erklärung seines Vertreters in der Ausschusssitzung dem ständigen Schiedshof zugestimmt,[3]) und nun hatte der Ausschuss die hinter den Kulissen gemachte Zusage an Deutschland einzulösen.

Zorn gab demgemäss in der Ausschusssitzung am 4. Juli nur eine kurze Erklärung ab:

Die deutsche Regierung sei nicht in der Lage, die notwendige Schiedssprechung anzunehmen. An den bisherigen Verträgen mit kompromissarischer Klausel solle damit nicht gerüttelt werden. Das gelte also auch für die Kollektivabkommen, an welchen Deutschland beteiligt sei.[4]) Aber weiter könne Deutschland nicht gehen; es glaube vielmehr genug getan zu haben, wenn es die Schiedsrichterliste und den ständigen Schiedshof zugestehe. Er hoffe, dass die bisherige Einmütigkeit nicht in die Brüche gehen und man ihm für die bereits gemachten Zugeständnisse Dank wissen werde.[5])

Nachdem der italienische erste Vertreter Graf Nigra die Mitteilung gemacht hatte, dass Italien nach Möglichkeit in allen Staatsverträgen[6]) die Schiedsklausel aufnehmen werde,[7]) versuchte der russische Vertreter v. Martens die notwendige Schiedssprechung noch einmal durch eine massvollere Fassung, bei welcher Deutschland zu nichts Neuem verpflichtet werden sollte, mundgerechter zu machen und schlug daher für die Art. 9—11 eine neue Fassung mit folgendem Inhalt vor:[7])

Art. 9. Chaque Etat reste seul juge de la question de savoir si tel ou tel cas droit être soumis à l'arbitrage: sauf les cas énumérés à l'art. 10 et au sujet desquels les H. P. C. reconnaissent l'arbitrage et s'obligent à le pratiquer — soit en vertu d'une convention spéciale, soit en vertu du présent acte — comme le meilleur mogen de régler pacifiquement les cas de litige.

Art. 10. L'arbitrage est reconnu par les Parties contractantes comme le meilleur moyen de régler les cas de litige relatifs à . . .[8])

Art. 11. Pour les cas de litige non visés à l'article 10, l'arbitrage est reconnu comme très désirable et recommandé dans les cas suivants.[9])

---

[1]) Zorn, „Deutsche Rundschau" S. 114. Die bei Fried (Hdb. der Friedensbewegung S. 179) verzeichnete Unmutskundgebung von Holls kann daran um so weniger etwas ändern, als Holls selbst sich um die Herstellung des Kompromisses am meisten bemüht hat.

[2]) v. Martens, „La conférence de la paix" p. 30.

[3]) IV. 161.

[4]) Vgl. oben S. 65.

[5]) IV. 173 f.

[6]) Bezüglich der Handelsverträge war das schon gesagt worden. Vgl. oben S. 174.

[7]) IV. 174.

[8]) Es ist hier Raum gelassen für die vier Fälle, bezüglich deren die deutsche Regierung bereits gebunden sei. Die übrigen Nummern des alten Art. 10 wurden gestrichen (IV. 174).

[9]) Es folgt eine Aufzählung ähnlich derjenigen im alten Art. 10.

Insoweit durch die vier Konferenzabkommen (oben S. 65) auch für Deutschland die Schiedssprechung bereits festgelegt worden war, sollte das jetzt durch den Art. 10 bestätigt und verallgemeinert werden, während durch Artikel 11 die Schiedssprechung im Rahmen des alten Artikel 10 nur empfohlen werden wollte.[1]) Descamps[2]) unterschied demgemäss alsbald die obligatorische,[3]) die empfohlene[4]) und die sonstige Schiedssprechung,[5]) und befürwortete seinerseits noch einmal die Einstellung der Handelsverträge unter die obligatorischen Schiedsgerichtsfälle.

Zorn wollte sich aber auch mit dieser Abschwächung nicht befreunden. Er meinte vielmehr, wenn der ständige Schiedshof errichtet und tätig sei, solle man auf Grund der Erfahrung die notwendigen Fälle zusammenstellen. Allzu grosse Hast bringe das Schiedsprinzip selbst, dem sie doch alle zugetan seien, in Gefahr. „Mais trop hâter cette évolution serait compromettre le principe même de l'arbitrage, auquel nous sommes tous sympathiques." Er halte daher seinen Antrag aufrecht, die Art. 9 und 10 einfach zu streichen.[6])

v. Martens hatte aber bei den vier grossen Abkommen, an welchen Deutschland beteiligt ist, auch nicht genügend unterschieden.[7]) Nur ein einziges dieser Abkommen, nämlich der Weltpostvertrag, enthält das Prinzip der obligatorischen Schiedssprechung, und eine Ausdehnung gerade dieses Abkommens auf die Konferenzmächte wäre infolge des über dieselben ja sogar hinausgehenden Geltungsbereichs[8]) des Weltpostvertrags sinnlos gewesen. Und wenn der letztere insbesondere bei Differenzen über die Ersatzpflicht bei verloren gegangenen Einschreibsendungen schiedsgerichtliche Entscheidung vorsieht, so ist das ebenso sachgemäss, als für eine weitere Ausdehnung der Schiedsgerichtsbarkeit unmassgeblich.

Jetzt schlug Descamps eine „disposition plus générale" — Karnebeek freilich meinte alsbald: „trop générale"[9]) — vor:

Indépendamment des traités généraux et particuliers qui stipulent actuellement l'obligation du recours à l'arbitrage pour les Puissances signataires, ces Puissances se réservent de conclure, soit avant la ratification du présent acte, soit postérieurement, des accords nouveaux, généraux ou particuliers, en vue d'étendre l'arbitrage obligatoire à tous les cas, qu'elles jugeront possible de lui soumettre." [10])

Das war nach Descamps ein durch die Notwendigkeit diktierter neuer Kompromissvorschlag.[11])

---

[1]) Descampsscher Kommissionsbericht I. 117.

[2]) IV. 174.

[3]) Vier Fälle aus Art. 10 in Verbindung mit Art. 9. Zu den auf allgemeinem Rechtssatz beruhenden vier notwendigen Schiedsfällen kämen nämlich noch nach Art. 9 die im voraus vereinbarten Schiedsklauseln einzelner Staaten.

[4]) Nach dem Prinzip des alten Art. 10.

[5]) Jede sonstige nach ausgebrochenem Streit freivereinbarte Schiedssprechung.

[6]) IV. 174.

[7]) Vgl. auch Zorn in der „Deutschen Rundschau" 1900 S. 110 f.

[8]) Vgl. die Einleitung des Weltpostvertrags vom 15. Juni 1897 und dazu Fleischmann, Völkerrechtsquellen, S. 278.

[9]) IV. 174.

[10]) a. a. O.

[11]) a. a. O. Nach dem Descampsschen Kommissionsbericht I. 117 waren sich alle Mitglieder darüber klar, dass es sich nur um ein „vote de transaction" handle. Man wollte nur einen einmütigen Vorschlag an die Kommission bringen.

Es wird sich zeigen, dass man sich schliesslich in der Tat auf diese Fassung (des jetzigen Art. 19) vereinigte.

Abgesehen von den bereits abgeschlossenen allgemeinen oder besonderen Verträgen mit Schiedsklauseln wollte also Descamps nur den Abschluss neuer Verträge dieser Art einfach vorbehalten.

Das bedeutete keine Änderung gegenüber der Vergangenheit und keine Verpflichtung für die Zukunft. Aber Descamps wollte die Frage der notwendigen Schiedssprechung ausdrücklich offen halten; er wollte eine sichtbare Lücke schaffen, an welcher man in der Zukunft nicht achtlos vorbeigehen kann. In seinem Kommissionsbericht betonte er mit Recht: „l'avenir demeure donc largement ouvert à la réalisation de tous les progrès dans cette voie".[1])

v. Martens, welcher sich übrigens im voraus der Entscheidung des Ausschusses unterwarf, gab dann noch eine Erklärung ab, die sich indes durch meine vorher gegebene Richtigstellung erledigt. Der russische Bevollmächtigte meinte nämlich, er habe mit seinem Vorschlag wenigstens etwas retten wollen. Er sei auf dem Boden der Tatsachen geblieben. Deutschland wolle auf der einen Seite die notwendige Schiedssprechung in einer Generalakte nicht annehmen, habe aber auf der anderen Seite vier Verträge mit Schiedsklauseln abgeschlossen. Er habe Deutschland den Beitritt nur erleichtern, ihm aber kein neues Opfer auferlegen wollen.[2]) Nichtsdestoweniger werde er dem deutschen Vertreter noch weiter entgegenkommen und die Beseitigung des Art. 10 annehmen.

Holland war gleichfalls unzufrieden mit diesem negativen Ausgang der Verhandlung, und der erste Vertreter van Karnebeek gab ausdrücklich dem Bedauern Ausdruck, dass das Prinzip der notwendigen Schiedssprechung für gewisse Streitigkeiten fallen solle. Dem schloss sich der englische erste Vertreter Pauncefote an, doch meinte er, dass man angesichts der bestimmten Instruktionen des deutschen Vertreters Zugeständnisse machen müsse und die Einheit nicht in Frage stellen dürfe.[3])

II. Nun folgte noch eine Geschäftsordnungsdebatte, welche gleichfalls von allgemeinem Interesse ist.

Der Präsident Bourgeois wollte es zur Befriedigung der öffentlichen Meinung zum Ausdruck gebracht sehen, dass das Prinzip der obligatorischen Schiedssprechung für gewisse Fälle per majora angenommen worden sei. Man möge daher über die Prinzipienfrage abstimmen, wenn man dann auch im Interesse der Einmütigkeit den Art. 10 streiche.[4])

Das war nun freilich ein ungewöhnlicher Vorschlag, dem dann auch der italienische erste Vertreter Graf Nigra mit guten Gründen sofort widersprach. Abgestimmt sei schon in der ersten Lesung; eine zweite Abstimmung sei unnötig. Warum wolle man die Verschiedenheit der Auffassung noch einmal so nachdrücklich hervorheben und die Einmütigkeit in Gefahr bringen. Übrigens sei die Aufzählung im Art. 10 auch unzureichend.

[1]) I. 117.
[2]) IV. 174.
[3]) IV. 175.
[4]) a. a. O.

Zorn dankte dem italienischen Vertreter für diese Erklärung: er halte gleichfalls viel von der Einmütigkeit, wenn aber ihre Erhaltung unmöglich sei, so müsse er angesichts seiner Instruktion seinen Entschluss fassen.[1])

Asser aber sprang dem Vorsitzenden bei und meinte zur Rechtfertigung des von jenem gemachten Vorschlags, man müsse unterscheiden: das persönliche Votum, das bereits abgegeben sei, und das Kompromissvotum, auf welches jetzt abgezielt würde. Das Plenum der Kommission habe das Recht, die einzelnen Phasen der Verhandlung kennen zu lernen. Das könne die deutsche Regierung nicht in Verlegenheit bringen; es sei dieser gegenüber vielmehr ein Akt der Höflichkeit.

Darnach machte der Präsident folgende Feststellung: Angesichts der widerspruchsvollen Lage — auf der einen Seite die feste Instruktion des deutschen Vertreters und auf der anderen Seite das Gebot der Einmütigkeit — sei er bereit alle möglichen Zugeständnisse zu machen, aber die Tatsachen könne man nicht ändern. Folgendes aber sei Tatsache: eine beträchtliche Mehrheit habe sich bereits für die Aufzählung im Art. 10 ausgesprochen. Man stehe jetzt bei der zweiten Lesung und alle Ausschussmitglieder hätten das Recht, ihre Meinung zu äussern. Für seine Person erkläre er, dass sich die französische Abordnung der Meinung der neuen Mehrheit anschliesse, nicht weil sie ihre Meinung geändert habe, sondern im Interesse des Ausgleichs. Diese Erklärung stehe aber den einen oder anderen nicht im Weg, die Kommission über die Verschiedenheit der Auffassungen aufzuklären. Die im übrigen herrschende Harmonie beseitige jede Furcht.[2])

Descamps, welcher die versteckte Spitze gegen Deutschland herausfühlte, meinte indes: es hätten sich alle Ausschussmitglieder nach ihren Aufträgen zu richten; und man müsse dem deutschen Bevollmächtigten Dr. Zorn für die von ihm gemachten Zugeständnisse Dank wissen.

Stand denn Deutschland mit seiner Abneigung gegen das obligatorische Prinzip allein? Das suchte der englische Bevollmächtigte Pauncefote zur Feststellung zu bringen, indem er meinte, Österreich und Italien seien doch wohl der gleichen Meinung.

Aber die gewünschte Feststellung unterblieb oder wurde doch diplomatisch verschleiert.

Der italienische erste Vertreter Graf Nigra meinte, ihm sei ganz wie dem französischen Vertreter die Aufzählung im Art. 10 nicht weit genug; deshalb stimme er dagegen.

Dem österreichischen Vertreter kam der amerikanische Vertreter Holls mit folgender Erklärung zuvor: es sei unnütz, über den Art. 10 von neuem abzustimmen; man habe ihn in erster Lesung geprüft; das genüge zur Festlegung der Ansichten. Die amerikanische Regierung habe seine Abstimmung ausdrücklich gebilligt. Sie finde indes, dass der Inhalt dieses Artikels in Wirklichkeit so wenig bedeutend sei, dass seine Beibehaltung nicht im Verhältnis stehe zu den Unzuträglichkeiten, die sich aus einem Zwiespalt der im Ausschuss vertretenen Grossmächte ergeben würden.

---

[1]) a. a. O.

[2]) IV. 175 f.

Man solle sich bei dieser Lage nicht scheuen, den Art. 10 zu opfern, um die Einmütigkeit zu erhalten.[1])

Der Auffassung von Holls-Nigra stimmte später auch der österreichische Vertreter Lammasch ausdrücklich bei: man brauche nicht noch einmal über den Art. 10 abzustimmen; es genüge, die entsprechenden Erklärungen im Bericht und Protokoll zu erwähnen.[2])

In der Tat wird es niemand verstehen, dass das hier nicht genügen sollte, nachdem es in allen anderen Fragen als ausreichend galt.

Der Präsident fügte sich nunmehr denn auch dieser Auffassung unter der Voraussetzung, dass die Meinung eines jeden im Protokoll genau festgelegt werde, und Graf Nigra stimmte dem bei.

Auch der holländische erste Vertreter van Karnebeek meinte: Die Hauptsache ist die Prinzipienfrage. Deutschland ist hier dagegen; es genügt aber, dass das im Protokoll und im Bericht festgestellt werde. Des weiteren, so führte er aus, möge man hinzufügen, dass von der ersten Lesung an eine einmütige Auffassung, abgesehen von Dr. Zorn, welcher sich der Stimme enthalten habe, für den Art. 10 gewesen sei. Es genüge das festzustellen.

Dr. Zorn erkannte an, dass jedes Ausschussmitglied das Recht habe, in zweiter Lesung seine Stimme abzugeben und diese zu begründen. Für seinen Teil sei er befriedigt, wenn der Berichterstatter hervorhebe, dass viele Mitglieder trotz ihrer Hinneigung zum Prinzip der notwendigen Schiedssprechung ihre Idee aufgegeben hätten, um zu einem einhelligen Ergebnis zu gelangen.

Es wurde aber auch jetzt wieder betont, dass man bei aller prinzipiellen Zustimmung an dem Art. 10 im einzelnen Ausstellungen zu machen habe. Der schweizerische Vertreter Odier verlangte die Beseitigung des § (der Ziffer) 11 und einzelne Änderungen im zweiten Kapitel, während der englische erste Vertreter Pauncefote in der Frage der Geldforderungen seine besonderen Wünsche wiederholte.[3])

Glatt war also auch ohne Deutschland die Sache noch lange nicht gelegen.

Nach diesem Meinungsaustausch zog v. Martens den russischen wie seinen persönlichen Antrag zurück. Man habe nur deshalb Fälle notwendiger Schiedssprechung in den Entwurf eingestellt, um die Schiedspraxis zu fördern. Auf die Wichtigkeit der Fälle selbst sei es dabei weniger angekommen. Aber da jetzt die Einmütigkeit auf dem Spiel stehe, ziehe er die Art. 10 und 11 vorbehaltslos zurück.

Darnach stand nur noch der oben S. 180 erwähnte Vergleichsantrag von Descamps[4]) zur Abstimmung, der dann auch angenommen wurde.[5])

---

[1]) IV. 176.
[2]) a. a O.
[3]) IV. 176.
[4]) IV. 174.
[5]) IV. 177.

Zwei Wochen später, am 20. Juli, in der zweiten Lesung der Kommission, beim Kampf um den Art. 27, kam der serbische Bevollmächtigte Veljkovitch nochmals auf die notwendige Schiedssprechung zurück. Die Erinnerungspflicht des Art. 27 könne Serbien nicht brauchen, die notwendige Schiedssprechung hätte es dagegen angenommen. Denn diese sei der Ausdruck der Rechtsgleichheit der Staaten und der Wunsch nach friedlicher Beilegung aller Streitigkeiten mit juristischer Grundlage. Hier hätte Serbien keine Einwendungen gemacht.[1])

Das klang wie eine Anklage gegen Deutschland.

Sofort erhob sich Dr. Zorn und rechtfertigte den Standpunkt seiner Regierung noch einmal in einer längeren und zwar deutschen Rede, die Asser sofort ins Französische übertrug.[2])

Der serbische Vertreter, so hub der deutsche Bevollmächtigte an, hat die Frage aufgeworfen, warum wir der notwendigen Schiedssprechung widersprochen haben. Ich halte mich für verpflichtet, ihm zu antworten.

Es besteht kein Zweifel, dass im Ausschuss eine starke Bewegung zu Gunsten der notwendigen Schiedssprechung bestand. Aber die deutsche Regierung hätte einem Entwurf dieser Art ihre Zustimmung nicht erteilen können.

Ich erkenne dankbar an, dass die Ausschussmitglieder im Geist grosser Einigkeit und edler Gemeinsamkeit, der sie von Anfang an beseelte, die gewichtigen Einwendungen meiner Regierung gewürdigt haben. Diese Einwendungen bewegten sich in folgender Richtung:

Es gibt sicher eine ganze Reihe von Schiedsgerichtsfällen und die Schiedsgerichtsbarkeit ist nichts Neues. Aber die auf diesem Gebiet bis jetzt gemachten Erfahrungen sind nicht der Art, dass sie schon heute gestatten, sich zu Gunsten der obligatorischen Schiedssprechung durch ein allgemeines Abkommen zu binden.

Auf diesem bedeutungsvollen Gebiet aber ohne genügende Erfahrung vorzugehen erscheint gefährlich und könnte eher zur Zwietracht als zur Eintracht führen. Ich glaube, dass die deutsche Regierung mit dieser Betrachtung nicht allein steht. Es ist wahr, der Ausschuss hat über diese Frage nicht abgestimmt, aber ich zweifle nicht, dass unsere gewichtigen Bedenken auch von anderer Seite in- und ausserhalb des Ausschusses und von anderen Staaten geteilt werden.

Unter diesen Umständen war der Ausschuss darüber einig, dass man der Kommission und der Konferenz einen Entwurf mit bloss freigestellter Schiedssprechung vorlegen müsse.

Anderseits war die deutsche Regierung vom Gedanken durchdrungen — und in diesem Gedanken weiss sie sich mit sämtlichen Regierungen eins —, dass alle Bemühungen zur Aufrechterhaltung des Friedens und der guten Staatsbeziehungen die ernsteste Anfmerksamkeit verdienen. Die Wünsche der deutschen Regierung in dieser Beziehung stimmen mit denjenigen der übrigen Konferenzstaaten überein.[3])

In der Tat wird man mit Zorn[4]) sagen müssen: das obligatorische Schiedsgericht und die moralische Pflicht, für die Aufrechterhaltung des Friedens alles mögliche zu tun (Art. 27), sind zwei wesentlich verschiedene Dinge.

Die serbische Zwischenbemerkung und die deutsche Abfertigung waren in die Verhandlungen über den Art. 27 hineingeplatzt, und der weitere Verlauf ist daher unten im § 61 zu schildern.

Zorn berichtete später:

Die Wirkung meiner deutsch gesprochenen kurzen Rede, die nur Bekanntes, ja gewissermassen Selbstverständliches wiedergab, war eine merkwürdige. Die lebhafte Zustimmung, die ihr folgte, bewies nicht nur, dass die grosse Mehrzahl der Konferenzmitglieder Deutsch verstand, sondern auch welch ungeheuren Wert man

---

[1]) IV. 71.

[2]) IV. 72.

[3]) IV. 72.

[4]) „Deutsche Rundschau“ 1900 S. 116. Ebenso hatte sich Holls geäussert (IV. 74).

allenthalben in der Welt der sicheren und starken Friedenspolitik unseres Kaisers beilegt. In warmer, teilweise bis zu hohem oratorischen Pathos gesteigerter, aber auch vom Trugbild der blendenden Phrase teilweise nicht freien Rede spannen andere Reden den Friedensgedanken weiter, so dass der von dem Serben Veljkovitch entfesselte Friedenssturm die Sitzung zu einer geradezu dramatisch bewegten, jedenfalls zu einer der interessantesten der ganzen Konferenz machte (vgl. über diese Sitzung unten § 61). Das bei diesem Anlass von englischen Zeitungen verkündete „France and Germany hand in hand" war übrigens nichts Neues noch etwas Besonderes; während der ganzen Dauer der Konferenz waren die persönlichen und sachlichen Beziehungen der französischen und deutschen Delegierten die denkbar besten und angenehmsten sowohl in gesellschaftlicher Hinsicht wie auf dem Arbeitsboden der Sitzungen.

Nicht ohne Schwierigkeiten, aber schliesslich doch unter bereitwilligem Entgegenkommen, besonders von Frankreich und der Union, hatte die Konferenz demgemäss dem Verlangen Deutschlands entsprochen und die obligatorische Schiedssprechung fallen lassen.[1])

Veljkovitch zollte der glänzenden Beredsamkeit und der hohen wissenschaftlichen Zuständigkeit des deutschen Vertreters alle Anerkennung und erklärte schliesslich in höflichem Entgegenkommen, es sei nicht in seiner Absicht gelegen, die Frage der notwendigen Schiedssprechung, die nicht auf der Tagesordnung stehe, noch einmal aufzurollen.[2]) Damit war dieser Zwischenfall erledigt.

Der von Descamps am 4. Juli vorgeschlagene Vergleichsartikel war bestimmt, die Art. 8—12 zu ersetzen.[3]) Die Bestimmungen über das Schiedswesen waren somit, nachdem auch der Art. 13 des Entwurfs an die Spitze der Bestimmungen über das Verfahren vorgerückt war, auf den Descampsschen und den russischen Einleitungsartikel zusammengeschrumpft.[4]) Im übrigen gab es nur Trümmer. So hatte denn der Redaktionsausschuss einen völlig neuen Text auszuarbeiten, der uns aus IV. 260 und in dem Protokoll über die Kommissionssitzung am 17. Juli entgegentritt.[5])

In diesem Ausschussentwurf erschienen die Bestimmungen über das Schiedswesen als Art. 14—18, welche den Bestimmungen über die Untersuchungskommission nachfolgten. Als dann später bei den Untersuchungskommissionen ein neuer Artikel (10) eingestellt wurde,[6]) ergab sich eine nochmalige Verschiebung. Die jetzigen Art. 15—19 des Abkommens sind eine ziemlich getreue Wiederholung des Ausschussentwurfs Art. 14—18.

---

1) Zorn im „Tag" 1903 No. 309.

2) IV. 73.

3) IV. 177. Kommissionsbericht I. 114, 117.

4) Der am 5. Juli der Kommission vorgelegte Ausschussentwurf (IV. 246) war in seinen Art. 8—12 infolge der tags vorher gefassten Beschlüsse bereits überholt.

5) IV. 21. Vorausgegangen war noch am 15. Juli die erste Spezialsitzung des Ausschusses, wo Erörterungen über die Art. 16 und 17 erfolgten IV. 179. Über die zweite Lesung der Kommission vgl. IV. 64.

6) Vgl. oben S. 151 ff.

Drittes Kapitel.

Das geltende Recht.

§ 49.

Das Wesen der Schiedssprechung.

Das Wesen der internationalen Schiedssprechung erhellt aus dem Art. 15:

„Die internationale Schiedssprechung hat zum Gegenstande die Erledigung von Streitigkeiten zwischen den Staaten durch Richter ihrer Wahl auf Grund der Achtung vor dem Rechte." [1])

I. Die internationale Schiedssprechung geht auf die Erledigung staatlicher Streitigkeiten.

1. Streitigkeiten sind vorausgesetzt; es müssen nicht gerade Konflikte sein, die zum Krieg treiben, wie das bei der Vermittelung gefordert ist.[2]) Übrigens ist das Wirkungsgebiet der Vermittelung, nach Lage des Falles auch der Untersuchung, durch die Schiedssprechung nicht eingeengt worden.[3]) Die Parteien haben vielmehr die Wahl.

2. Zunächst ist natürlich in jedem Fall die Beseitigung der Streitigkeiten auf diplomatischem Wege zu versuchen.[4]) Das gilt gegenüber sämtlichen völkerrechtlichen Mitteln friedlicher Streiterledigung, welche somit die Diplomatie in keiner Weise verdrängen wollen.[5])

3. Können die Streitigkeiten auf dem Weg unmittelbarer Verhandlungen von Staat zu Staat nicht beseitigt werden, so ist die internationale Schiedssprechung bereitgestellt und geeignet, die Streitigkeiten zu erledigen. Also um eine wirkliche Erledigung von staatlichen Streitigkeiten handelt es sich in der Schiedssprechung.[6])

In seiner Denkschrift an die Mächte hatte Descamps mit Recht gesagt: „Ein Schiedsgericht ist kein Versöhnungsversuch, und der Schiedsrichter ist ein Richter und entscheidet wie ein solcher." [7])

Auch der Descampssche Kommissionsbericht[8]) betonte: „La justice arbitrale internationale termine définitivement les litiges internationaux."

Die Vermittelung bedeutet nur einen den Parteien erteilten Rat, wie diese selbst den Streit begleichen können.

---

[1]) Das ist der Descampssche Einleitungsartikel (vgl. oben S. 177), der schon im Ausschussentwurf die jetzige Fassung hatte. In der ersten Descampsschen Redaktion war nur der Schluss „conformément à leurs droits réciproques" zu ändern gewesen in: „sur la base du respect du droit".

[2]) Vgl. oben S. 108, 113 f.

[3]) Das hebt auch der Descampssche Kommissionsbericht hervor I. 111.

[4]) Art. 16.

[5]) Vgl. die glänzenden Ausführungen in der Descampsschen Denkschrift an die Mächte S. 10

[6]) So auch das Règlemént des völkerrechtlichen Instituts Art. 25.

[7]) S. 68.

[8]) I. 111.

Die Untersuchung ist lediglich eine Feststellung streitiger Tatsachen, auf Grund deren wiederum die Parteien selbst den Streit begleichen können, wenn sie wollen.

Ganz anders auf dem Gebiet des Schiedswesens: Der Streit wird hier durch die Schiedssprechung selbst aus der Welt geschafft. Die Schiedssprechung wird so die eindringlichste und „wirksamste" (Art. 16) Form der friedlichen Erledigung internationaler Streitfälle. Sie ist überhaupt die einzige Form wirklicher Streiterledigung durch Dritte.

II. Die Streiterledigung erfolgt „auf Grund der Achtung vor dem Rechte".

Man unterscheidet zwei Mittel der Streiterledigung: durch die Gewalt und durch das Recht.

Das erste Mittel ist der Krieg, das zweite der Schiedsspruch.

1. Der Krieg ist grausam, schädlich und masslos, und das Waffenglück ist launisch. Auch die grossen Staaten und Militärmächte setzen Erhebliches auf das Spiel und können sich durch Überanstrengung dauernd schädigen.

Eine vernünftige Einrichtung der Streiterledigung ist der Krieg gewiss nicht; und nur gar zu leicht versteckt sich bei der Kriegserklärung, wie Henry Richard 1878 im englischen Parlament bemerkte,[1]) hinter Naturrecht und Vorsehung schlechtverhohlene Leidenschaft und Begehrlichkeit. Im Krieg erhebt sich jeder Staat zum Richter über seine eigenen Ansprüche und strebt darnach, seine Ansicht dem Gegner mit Gewalt aufzuoktroyieren:[2]) es entscheidet somit nicht die Macht der Gründe, sondern das bessere Pulver und Modell, noch mehr allerdings auch die ganze sittliche, geistige und physische Kraft des disziplinierten Volkes, das hinter seiner Forderung steht.

Die in sittlicher Grundanschauung wurzelnde, weitblickende Interessenpolitik, der vernünftige Egoismus der Gesellschaft oder die fortschreitende Menschheitsentwicklung strebte daher über diesen Standpunkt hinaus, und suchte wie im Staat so auch im zwischenstaatlichen Verkehr die Ehrfurcht vor dem Recht dem Aufbau zugrunde zu legen.[3]) Eine tiefe und anhaltende Bewegung trieb und treibt die Völker dem Schiedsgerichtssystem zu; sie knüpft sich, wie Descamps richtig bemerkte,[4]) an den Fortschritt der internationalen Beziehungen, an die Entwicklung demokratischer Institutionen, an die ökonomische Umwandlung der Gesellschaftsformen, an die Verfeinerungen der Sitten, an den Geist des Jahrhunderts und an zahlreiche andere Faktoren, die keineswegs nur als vereinzelte Erscheinungen des Völkerlebens betrachtet werden können: die Bewegung ist vielmehr das Ergebnis des Vormarsches des Rechts in der Kulturwelt. Das Recht allein liefert das feste Prinzip

[1]) Descampssche Denkschrift S. 80.
[2]) a. a. O. S. 3.
[3]) a. a. O. S. 13.
[4]) a. a. O. S. 81, 79.

für die Interessenkoordination und unter seinem Schutz können sich die Interessen frei entfalten. Das Recht widersetzt sich nur deren zügelloser Ausschweifung. Das was die Menschen schliesslich trennt, sind auch gar oft weniger ihre wirklichen Interessen als ihre leidenschaftlichen Verirrungen.

Descamps hat recht: So stark wir auch für den Krieg organisiert sind, wir steuern unleugbar dem Frieden und jenen Einrichtungen zu, die den Frieden bedeuten.[1])

2. Die friedliche Streiterledigung durch die Parteien mit oder ohne Anregung durch Dritte kann auf sehr verschiedener Grundlage erfolgen. Man begräbt entweder einfach die Streitaxt, um sie vielleicht später wieder hervorzuholen, oder man sucht unter dem Druck der Verhältnisse einen Ausweg. Man lässt höhere Interessen walten, die sonst gefährdet würden, man macht ein Zugeständnis an die Billigkeit oder auch an die Macht, man zieht vielleicht auch einen Wechsel auf die Zukunft.

In der Schiedssprechung ist das alles anders. Hier erfolgt, wie auch der Descampssche Bericht betont, eine Entscheidung lediglich nach den Erfordernissen der Gerechtigkeit, „conformément aux exigences de la justice".[2])

Die Schiedssprechung ist Rechtsentscheidung, keine praktische, sondern eine gerechte Lösung des Streitfalls. Sie gibt jedem nicht mehr und nicht weniger als sein einfaches Recht.

Darin liegt ihr höchster Ruhm.

III. Die internationale Schiedssprechung erfolgt „durch Richter". Im Leben muss man ab- und zugeben. Die Entschliessungen der Menschen sind leider oft durch Erwägungen bedingt, welche der Sache fremd sind oder doch fremd sein sollen. Die Menschen sind abhängig.

Die richterliche Gewalt aber wird durch unabhängige, nur dem Gesetze unterworfene Gerichte ausgeübt.[3])

In solchen Händen liegt auch die internationale Schiedssprechung.

Die Richter dürfen und müssen nur das Recht zur Richtschnur nehmen; ihre Sympathien und persönlichen Anschauungen treten zurück. Das verbürgt die Gerechtigkeit der Entscheidung und gibt dem Leben erst seine ruhige Heimstätte. Die Schiedssprechung ist daher „das der Billigkeit am meisten entsprechende" Streiterledigungsmittel (Art. 16).

Die Schiedssprechung im Völkerverkehr ist die Anerkennung, dass nicht bloss das Privatleben der einzelnen Menschen, sondern auch das politische Leben der Staaten durch die Grundsätze des Rechts beherrscht ist und beherrscht sein muss; sie ist der siegreiche Einzug des Sittlichen in die Politik.

IV. Die Streitigkeiten der Staaten werden entschieden durch Richter „ihrer Wahl".

---

[1]) a. a. O. S. 6.
[2]) I. 111.
[3]) GVG. § 1.

Dass Richter durch die Parteien selbst gewählt werden, ist eine auf das Gebiet des Schiedswesens beschränkte Besonderheit. Die richterliche Gewalt hat sonst ihre Quelle in der übergeordneten Staatsgewalt; aber die schiedsrichterliche Gewalt ruht auf dem Willen der Parteien selbst.

Steht der Richter sonst den Parteien fremd gegenüber, als der Vertreter einer höheren Macht, in deren Namen er den Parteien Recht spricht und die zwangsweise Durchführung desselben gewährleistet, so erscheint er hier als ihr besonderer Vertrauensmann, dem man sich im voraus unterwirft.

V. Der Art. 18 bestimmt: [1])

„Das Schiedsabkommen schliesst die Verpflichtung in sich, sich nach Treu und Glauben dem Schiedsspruche zu unterwerfen."

Auch der Schiedsvertrag (Art. 31) schliesst diese Verpflichtung in sich.

Die Pflicht der Unterwerfung unter den Schiedsspruch wird somit durch den Abschluss des Schiedsabkommens wie des Schiedsvertrags begründet.[2]) Der Schiedsspruch ist kein blosser Versöhnungsversuch.[3]) Das charakteristische Merkmal der Schiedssprechung ist eben die Unterwerfung unter den Richter der eigenen Wahl.[4])

Die schiedsrichterliche Lösung ist das Gesetz der Parteien, ein Gesetz, das von diesen im voraus angenommen worden ist.[5])

Der im staatlichen Zivilprozess vorgesehene Zwangsvollzug wird dadurch nicht ersetzt, wohl aber sucht das Schiedsrecht die Voraussetzungen für die Notwendigkeit eines Zwangs zu beseitigen, indem die Unterwerfung im voraus erfolgt und somit freiwillige Erfüllung erwartet werden muss.[6])

Fügt sich der Verurteilte also nicht, so bricht er das Recht.[7])

Was dann? Hier schliesst das materielle Schiedsrecht ab.

Im Schiedsprozess ist die Frage wieder aufzunehmen.[8])

---

[1]) Der schwedisch-norwegische erste Vertreter v. Bildt hatte in der dritten Lesung des Ausschusses beantragt, diese Bestimmung als selbstverständlich zu streichen (IV. 179 f.). Auf jeden Fall dürfe sie nur nebenher erwähnt werden, und das geschehe im Art. 30 (jetzt 31). Descamps, Nigra und Lammasch traten aber für die Vorlage ein (IV. 180). v. Bildt schlug vor, wenigstens die Worte nach „Treu und Glauben" („de bonne foi") zu streichen. Man dürfe keine mala fides der Regierungen unterstellen. In den gewöhnlichen Verträgen habe man ja auch keine ähnliche Klausel. Aber v. Martens antwortete, dass hier nur eine Übersetzung von „bona fide" vorliege. Diese Wendung komme in Privat- wie Staatsverträgen vor, und Graf Nigra bemerkte, dass das römische Recht diese Formel immer verwende (IV. 180).

[2]) Descampsscher Kommissionsbericht I. 114: „une obligation positive impliquée dans la convention intervenue".

[3]) „pas une tentative de conciliation" (a. a. O.). Ebenso in der Denkschrift S. 68.

[4]) a. a. O.

[5]) Descampssche Denkschrift an die Mächte S. 68.

[6]) Fried, Handbuch der Friedensbewegung S. 177.

[7]) a. a. O. In der zweiten Lesung der Kommission meinte der bulgarische Bevollmächtigte Stancioff, dass im Art. 17 (jetzt 18) und 30 (jetzt 31) eine Bezugnahme auf die Nichtigkeitsfälle am Platze sei, in welchen eine Vollzugspflicht nicht bestehe (IV. 65). Nichtigkeitsfälle hatte der russische Schiedsprozessentwurf (Art. 26) enthalten. Aber das Abkommen ging einen anderen Weg. Vgl. unten § 86.

[8]) Vgl. unten § 86.

§ 50.

Der Umfang der Schiedssprechung.

Der Art. 16 lautet:

„In Rechtsfragen und in erster Linie in Fragen der Auslegung oder der Anwendung internationaler Vereinbarungen wird die Schiedssprechung von den Signatarmächten als das wirksamste und zugleich der Billigkeit am meisten entsprechende Mittel anerkannt, um die Streitigkeiten zu erledigen, die nicht auf diplomatischem Wege haben beseitigt werden können."

I. Das Abkommen wünscht also die Schiedssprechung lediglich:

„in Rechtsfragen[1]) und in erster Linie in Fragen der Auslegung oder der Anwendung internationaler Vereinbarungen."

Internationale Streitigkeiten jeder Art der Schiedssprechung zu unterstellen, ist eine Unmöglichkeit, so lange man dabei bleibt, dass der Schiedsspruch eine Entscheidung auf Grund der Achtung vor dem Rechte, also eine Rechtsentscheidung ist. Eine Rechtsentscheidung gibt es hier wie im Privatleben nur bei Rechtsstreitigkeiten.[2])

Das enthält schon der russische Entwurf Art. 11 („questions de droit"). Die russische Notice explicative zum Art. 5 und 10 hat es ausführlich erörtert,[3]) und im Descampsschen Ausschussbericht wurde in Anlehnung an die Descampssche Denkschrift[4]) folgendes ausgeführt:

Die Staaten haben niemals angenommen, dass die Schiedssprechung bei allen Streitigkeiten in gleicher Weise anwendbar sei. Es gibt Beschwerden, welche sich für den Austrag vor dem Schiedsrichter nicht eigenen, weil die Parteiansprüche der rechtlichen Fassung entbehren. Viele politische Streitfälle haben diesen Charakter.

Aber selbst wenn man auf dem Boden des Rechts bleibt, so glauben die Staaten — wenigstens die meisten — nicht, dass sich die Schiedssprechung ohne weiteres für jede Rechtsbeschwerde eigene. Es gibt Beschwerden, welche sich mit Rechten von so erhabener Ordnung beschäftigen, dass sich die Staaten nicht für befugt halten, sie der Schiedssprechung zu unterwerfen.

Die Fassung dieser Vorbehaltsfälle mag verschieden ausfallen. Unabhängigkeit und Selbständigkeit sagt der holländisch-portugiesische Vertrag vom 5. Juli 1894.

Lebensinteresse und nationale Ehre sagt der russische Entwurf.

Zwei Arten von Streitfällen scheiden also von der Schiedssprechung aus: Streitigkeiten, welche nicht rechtlicher Natur sind und Streitigkeiten, welche wohl von juristischer Art sind, aber die Lebensinteressen und die nationale Ehre berühren.[5])

---

[1]) „questions d'ordre juridique". Diese Fassung statt „questions de droit" geht auf den italienischen Bevollmächtigten Pompilj in der zweiten Lesung der Kommission zurück (IV. 64). Dieser meinte, jeder Streit sei eine Rechtsanmassung oder Rechtsaneignung, aber nicht immer von juristischer Art.

[2]) Der Descampssche Kommissionsbericht (I. 112) sagt: Dire que l'arbitre est juge et qu'il statue en droit, c'est dire que l'arbitrage ne s'applique pas à toute espèce de différends entre Etats. Les différends dans lesquels les prétentions contradictoires des parties ne peuvent être formulées juridiquement, echappent, en quelque sorte, par leur nature, à la compétence d'une institution appelée à „dire le droit". Les conflits d'intérêts, les dissidences d'ordre politique ne relèvent pas, à proprement parler, de l'arbitrage."

[3]) Vgl. oben S. 168f. Vgl. auch Mérignhac „La conférence intern. de la paix" p. 292.

[4]) S. 35 ff.

[5]) IV. 14f. Vgl. auch den Descampsschen Kommissionsbericht I. 114 ff. Deshalb kam Descamps schon in seiner Denkschrift S. 38 zu dem Ergebnis, das er dann auch näher begründete: „man muss zugeben, dass der Widerstand gegen eine unbegrenzte Zulässigkeit des Schiedsgerichtssystems nicht zu besiegen sein dürfte."

Hält man daran fest, so bleibt man auch von einer Überschätzung der Schiedsgerichtsbarkeit frei.

Die Schiedssprechung ist nun einmal kein Universalrezept gegen alle internationale Zusammenstösse. Gerade diejenigen Streitigkeiten, die vor allem zum Krieg drängen, sind für eine schiedsgerichtliche Entscheidung nicht selten völlig ungeeignet.

Weitere Einschränkungen als die des Rechtsfragencharakters, der eben eine logische Folge der Schiedssprechung als Rechtsentscheidung ist, brauchten aber im Haager Abkommen selbst nicht gemacht zu werden, da dieses den russischen Grundsatz der notwendigen Schiedssprechung abgelehnt hat.

Wie die Staaten ihre Ehren- und Existenzinteressen wahren wollen, entscheiden dieselben ganz wie früher völlig frei. Es steht ihnen insbesondere auch nichts im Weg, Fälle dieser Art im voraus durch die Schiedsklausel oder auch erst nach ausgebrochenem Streit der Schiedssprechung zu unterwerfen, wenn sie das eben wollen.

Das Haager Abkommen selbst hat keinen einzigen obligatorischen Schiedsfall eingesetzt, aber auch für keine strittige Rechtsfrage die Schiedssprechung als unangemessen erklärt.

Das Abkommen selbst enthält nur ein Elogium auf das Schiedswesen und sucht damit die Staaten bei ihren Entschliessungen zu Gunsten der Schiedssprechung zu beeinflussen.

Es kann Descamps[1]) zugegeben werden, dass der Nationalstolz nichts an seinem sittlichen Wert verliert, wenn er sich vor der Sentenz der Gerechtigkeit beugt.

Descamps[2]) bekämpft indes weiterhin auch die Meinung, dass Ehrenangelegenheiten ihrer inneren Natur nach von der Schiedssprechung ein für allemal ausgeschlossen seien. Es werde immer schwerer anzunehmen, dass nationale Empfindlichkeiten keine andere Erledigung finden könnten als durch vergossenes Blut. Das letztere kann man zugeben. Aber eine Nation, die noch etwas auf sich hält, kann, wie Delcassé, der französische Minister d. Ä. einmal in der Deputiertenkammer bemerkte,[3]) ihre Ehre nicht wohl von der Meinung eines Dritten abhängig machen.

Auf jeden Fall begreift man es, dass sich die Staaten hier nicht im voraus binden wollen.[4])

Fried meint: „Es gibt wenige Fragen, die so für ein Schiedsgericht geeignet sind als Ehrenfragen.“[5])

Aber stelle man die Schiedsgerichte nicht auf eine zu harte Probe.

Schon die russische Notice explicative warnte davor, die Schiedssprechung dem Misskredit auszusetzen.[6])

---

[1]) „Denkschrift“ S. 36.

[2]) a. a. O. S. 37.

[3]) Vgl. unten S. 202 f.

[4]) Fried, „Friedens-Warte“ 1903 No. 21/22 S. 154 (Hdb. der Friedensbewegung S. 102), hat recht, dass man durch die Ausschliessung der Ehrenfragen in den Schiedsabkommen keineswegs erklären wollte, dass diese immer auf kriegerischem Weg erledigt werden müssten; man wollte sich in der Tat nur freie Hand sichern. Im übrigen aber hat Fried (die Haager Konferenz S. 70 f.) die Ehren- und Interessenklausel m. E. unterschätzt.

[5]) „Friedens-Warte“ 1903 No. 21/22 S. 154.

[6]) Vgl. oben S. 169.

Straf-Auflagen zum Zweck der Genugtuung liegen nicht in der schiedsgerichtlichen Zuständigkeit und würden dem Gegener die Annahme nicht bloss des Schiedsspruchs, sondern sicher schon des Schiedsgerichts unmöglich machen.

Damit erübrigt sich alles andere. Man könnte sagen: es genügt die einfache Feststellung der Ehrverletzung. Ich glaube aber im Gegenteil, dass sich mit einer solchen Feststellung die Situation noch mehr verwickelt und dass schliesslich, wenn nicht volle Genugtuung geleistet wird, der Beleidigte erst recht zum Krieg oder doch wenigstens zu Repressalien hingedrängt wird.

Denn es muss ja nicht jede Beleidigung, selbst wenn man zur Selbsthilfe schreitet, gleich zum Krieg führen.

Auch der französische erste Bevollmächtigte Bourgeois hatte in seiner einleitenden Schiedshofrede erklärt: „Il importe, qu'auncune apparence de contrainte morale ne vienne influer sur les déterminations d'un Etat, lorsque sa dignité, sa sûreté, son indépendance pourront lui sembler en cause".[1])

Nicht minder hat auch Descamps hier vor Übertreibungen gewarnt und anerkannt, dass in Fragen der nationalen Würde, die einem intimen Gefühle entspringen, über die sich eine andere Nation kaum Rechenschaft zu geben im stande wäre, die Differenzen nicht wie Kredit- oder Eigentums-Angelegenheiten erledigt werden können.[2])

In den Fragen der staatlichen Unabhängigkeit und Freiheit liegt die Sache ebenso. Zwar kann theoretisch insbesondere der kleine Staat, unter ganz besonderen Verhältnissen, wie das Beispiel von Transvaal gezeigt hat, es für geraten halten, die Schiedssprechung anzurufen. Er wird damit aber bei seinem Gegner wegen der hochpolitischen Natur der Frage keine Gegenliebe finden. Denn die vielleicht an sich des Schiedsspruchs fähigen Differenzen verdecken nur den politischen Anspruch, der mit einer rein juristischen Würdigung nicht abgetan werden kann. Man wird deshalb, wie auch Descamps ausdrücklich zugibt[3]) hier den Gedanken der Schiedssprechung fallen lassen müssen.

Es gibt ja auch keine richterliche Entscheidung, die ein Volk in die Knechtschaft führen könnte[4]) oder umgekehrt einem aufstrebenden Staat den bisher entbehrten Platz an der Sonne sichern würde. In Lebensfragen entscheidet nach altem Entwicklungsgesetz nur der Kampf und zwar der Kampf auf Leben und Tod. Das ist überall gleich: in der Natur wie im Leben der Menschen und der Völker. Hier hilft kein Schiedsrichter, und die berechtigtesten Klagen über die Unnatur und Sinnlosigkeit des Krieges halten das Rad der Weltgeschichte nicht auf.

Handelt es sich daher einmal um die staatliche Existenz und Unabhängigkeit so ist und bleibt die Kanone die ultima ratio regis. Das mag

---

[1]) IV. 118.
[2]) Denkschrift S. 36 und 38.
[3]) „Denkschrift" S. 9.
[4]) Desjardins a. a. O. S. 36.

man beklagen, aber man kann es nicht ändern, und muss sich daher notgedrungen darauf einrichten.

Wie sich mitunter die Friedensfreunde hier die Lösung vorstellen, hat Stead[1]) in einem Vortrag im Haag während der Tagung der Konferenz am 25. Juni ausgeführt:

„Ich will Ihnen sagen was geschehen wird. Ich sehe es so klar, wie ich Sie sehe. Sobald irgend eine Frage auftaucht, von der die Ehre und vitale Interessen abhängen und in einem oder dem anderen Ton sich der Ruf erhebt, dass die Frage der Entscheidung des Krieges überantwortet werden soll, dann werden alle Kräfte des Friedens in allen Ländern den Appell an jenes Tribunal zu ihrem Kampfruf, zu ihrer Standarte machen.

Gegenwärtig, wenn zwischen zwei Nationen ein Streit entsteht über was immer für einen Gegenstand, was können diejenigen tun, die den Frieden mit Ehren wünschen? Man stellt ihnen gewöhnlich diese Alternative vor Augen: sich schlagen oder sich ergeben. Wenn aber ein Schiedsgerichtshof existiert, der sich durch seine Unparteilichkeit und seine Autorität den Respekt der Welt erworben hat, so werden alle Friedensparteien in jenem Lande sich um dieses Tribunal scharen und fordern, dass ihm der Streit unterbreitet werde, nicht aber dem Tribunal des Mars."

Welche ungeheuerliche Überschätzung der Friedensorganisation! Alle Friedenskräfte der Welt zusammen sind nicht imstand, die fehlende Kompetenz des Schiedshofes zu ersetzen.

Der Hymnus von W. Stead reiht sich übrigens in den Ideengang einiger Reden ein, die bei der Beratung des Art. 27 gehalten wurden. Aber beim Art. 27 ist vorausgesetzt, dass ein Streit überhaupt für eine schiedsgerichtliche Entscheidung geeignet ist. Und im übrigen wird sich unten im § 70 zeigen, dass man mit der im Art. 27 aufgerichteten moralischen Erinnerungspflicht unmöglich eine neue Weltordnung begründen kann.

Für seine Unabhängigkeit und Lebensinteressen wird ein Staat **nötigenfalls mit und ohne Vorbehalt** kämpfen. Der vorbehaltlose Schiedsvertrag wird ihn also am Kampf nicht hindern. Wo man keinen Vorbehalt bezüglich der Unabhängigkeit u. s. w. macht, geht man davon aus, dass Fragen dieser Art zwischen den Kontrahenten nicht entstehen.[2]) Man hält auch solche Vorbehalte für selbstverständlich[3]) oder wird anderenfalls den Vertrag für ungültig erklären, auf jeden Fall jedoch über ihn hinwegsehen. Das kann aber dem Schiedsgedanken nur abträglich sein, und deshalb soll man schon beim Abschluss der Schiedsabkommen Vorsicht walten lassen.

B. v. Suttner meint, die genannte Klausel sei „wieder ein weites Tor für das Eindringen des Krieges".[4]) Gewiss! Aber das Tor wird nicht enger, wenn man es phantastisch übermalt. Man wird es mit unfehlbarer Sicherheit zu finden wissen und es als Notausgang benützen, wenn es nicht schon als ordentlicher Ausgang vorgesehen war.

Die hier vertretene Anschauung hat nicht nur in Descamps eine gewichtige Stütze, sondern ist auch schon im Haager Schiedshof selbst und aus Anlass seiner Tätigkeit amtlich verkündet worden.

---

[1]) Vgl. bei B. v. Suttner, Tagebuchblätter S. 205f. Ähnlich Fried, die Haager Konferenz S. 66f.

[2]) Vgl. bezüglich des englisch-amerikanischen Entwurfs Fried, Hdb. der Friedensbewegung S. 119 Anm. 1.

[3]) Vgl. die russische Notice explicative oben S. 169.

[4]) Tagebuchblätter S. 132.

Am 7. Dezember 1903 hat der Präsident der Vereinigten Staaten von Amerika Roosevelt eine Botschaft an den Kongress von Washington erlassen, in welchem er seine hohe Freude darüber aussprach, dass der Venezuela-Streit, seiner Anregung entsprechend, an das Haager Schiedsgericht verwiesen worden war. Dabei wandte er sich jedoch ganz offen gegen die Auffassung, „dass eine gerechte Rücksicht auf die Interessen und die Ehre einer Nation in jedem Falle die Zuflucht zum Schiedsgericht gestatte“.[1]) „Aber“, so heisst es dann ebenso richtig, „durch die Vereinigung von Klugheit und Festigkeit mit Weisheit wird es wohl möglich sein, viel von den Aufreizungen und Vorwänden zum Kriege wegzuschaffen und doch in zahlreichen Fällen eine vernünftigere Methode als den Krieg zur Schlichtung der Konflikte anzuwenden.“

Das ist der Standpunkt des Staatsmannes, auf den in der Tat die vernünftige Mittellinie führt.

Und bei der Verkündigung des Schiedsspruchs im vorerwähnten Venezuela-Streit am 22. Februar 1904 erklärte der russische Vorsitzende Murawieff angesichts des kurz vorher ausgebrochenen russisch-japanischen Krieges: obschon der Schiedshof offen stehe, sei man doch gezwungen, den Krieg als rechtmässiges Verteidigungsmittel für Ehre und Freiheit zu akzeptieren.

II. Die Schiedssprechung wurde im Art. 16 für die friedliche Erledigung von Streitfällen mit juristischer Grundlage im allgemeinen als

„das wirksamste und zugleich der Billigkeit am meisten entsprechende Mittel“

empfohlen.

Als das wirksamste: denn die Schiedssprechung erledigt den Streit endgültig. Als das der Billigkeit am meisten entsprechende: denn sie gibt jedem, was ihm zukommt, nämlich sein Recht.[2])

Die Schiedssprechung wurde also zwar nicht für einzelne internationale Streitigkeiten als notwendig, wohl aber für internationale Rechtsstreitigkeiten allgemein als wünschenswert erklärt.

Eine Abstufung ist insoweit angedeutet, als die Auslegungsstreitigkeiten in erster Linie für schiedsrichterliche Entscheidung geeignet sein sollen, und es gewiss auch sind.

Die lobende Charakterisierung im Art. 16 des Abkommens enthält schon wortwörtlich der Art. 7 des russischen Entwurfs; und die amtlichen Erläuterungen[3]) haben dieses Lob vorzüglich begründet.

Der Descampssche Ausschussbericht über die Schiedsgerichtsverhandlungen beginnt mit den Worten:

„L'arbitrage appartient par excellence aux institutions organiques de la paix juridique entre les Etats“.[4])

---

[1]) Frieds „Friedens-Warte“ 1904 No. 2 S. 35, und in seinem Handbuch der Friedensbewegung S. 205.

[2]) Descampsscher Kommissionsbericht I. 112.

[3]) Vgl. oben S. 168 ff.

[4]) IV. 14.

Des weiteren führte der Berichterstatter in offensichtiger Anlehnung an seine Denkschrift folgendes aus:

Die internationale Schiedssprechung hat ihre Probe bestanden; sie ist mehr und mehr in die völkerrechtliche Praxis eingedrungen. Sie hat gegenwärtig alle Sympathien. Sie hat die besten Aussichten für die Zukunft. Der Augenblick ist gekommen, ihr mit einer weiteren Ausdehnung und einer festeren Organisation den Platz zu geben, welchen ihr im Völkerrecht der Fortschritt der internationalen Beziehungen und das rechtliche Gewissen der gebildeten Völker anweisen.

Die in dem allgemeinen Problem der Schiedssprechung enthaltenen Fragen sind zahlreich. Die für die Prüfung dieser Fragen zu befolgende Ordnung ist uns vom Präsidenten beim Beginn unserer Sitzungen klar vorgezeichnet worden. Wir haben sie befolgt.

Das Prinzip der Schiedssprechung ist von allen Ausschussmitgliedern „avec une faveur marquée“ [1]) angenommen worden.

Die Schiedssprechung weist im Völkerrecht allerdings nicht den Charakter auf, den sie im staatlichen Zivilrecht hat. Im letzteren erscheint sie als Beeinträchtigung der öffentlichen Gerichtseinrichtungen. Im Völkerrecht aber setzt sie ein, wo es an jeder Gerichtsbarkeit fehlt und will die Anwendung der rohen Gewalt hinten anhalten.

Die Schiedssprechung ist nicht die unbesonnene Abschaffung sondern vielmehr die aufgeklärte Anwendung der Souveränität. Sie stellt sich uns vor als das Verfahren, das der Vernunft, der Menschlichkeit und ebenso dem wahren Parteiinteresse entspricht, vorausgesetzt, dass die Parteien nur auf dem zuverlässigsten Weg die anständige Feststellung ihres Rechtes anstreben. [2])

Das Lob des Art. 16 wollte und sollte in keiner Weise die Signatarmächte für die künftigen Streitfälle rechtlich festlegen. Der Descampssche Kommissionsbericht stellte das mit Recht ausdrücklich fest und führte dabei folgendes aus:

Unter der Herrschaft des Haager Abkommens entscheidet jeder Staat völlig souverän, ob er diesen oder jeden Streitfall der Schiedssprechung entgegenführen will, natürlich vorbehaltlich der Rechtsverbindlichkeiten, die er vielleicht bereits durch Verträge übernommen hat.[3])

Der rumänische Vorbehalt zum Art. 16, dass man mit der Hochschätzung der Schiedssprechung keine Verpflichtung zur Annahme einer Schiedssprechung übernehme,[4]) gilt somit für alle Staaten, weil er dem Abkommen selbst zugrunde liegt.

Angesichts dieses Umstandes wird man aus jenem Vorbehalt zum Art. 16 nur die Erklärung herauslesen können, dass Rumänien trotz aller theoretischen Anerkennung der Vorzüge der Schiedssprechung in Wirklichkeit seinerseits doch Anregungen auf schiedsgerichtliche Austragung kühl gegenüberstehen werde.

§ 51.

Der Rechtstitel der Schiedssprechung.

Eine Schiedssprechung gibt es nur mit dem Willen der Parteien, auf Grund eines Schiedsabkommens (convention d'arbitrage).[5])

---

[1]) Auf dieser Bemerkung fusst die Darstellung in meiner Rektoratsrede S. 25, welcher dann aber Zorn im „Tag“ 1903 No. 309 mit den Worten widersprach: „Das ist zu viel gesagt, aber für die Mehrzahl der Komitee-Mitglieder trifft es zu“.

[2]) IV. 14. Vgl. auch I. 112.

[3]) I. 112.

[4]) Vgl. oben S. 94.

[5]) Art. 17.

Die Haager Konvention selbst verpflichtet keinen Staat, sich in irgend einer Frage einem Schiedsgericht zu unterwerfen.[1])

Eine solche Pflicht kann nur durch allgemeine oder besondere Schiedsabkommen begründet werden, die vor der Haager Konferenz abgeschlossen worden sind oder nach derselben abgeschlossen werden.

I. Der Art. 17 des Haager Abkommens bestimmte im Anschluss an diese feststehende Tatsache:

> „Schiedsabkommen werden für bereits entstandene oder für etwa entstehende Streitverhältnisse abgeschlossen.
> Sie können sich auf alle Streitigkeiten oder nur auf Streitigkeiten einer bebestimmten Art beziehen."

Über den Begriff der „Streitigkeiten" („litiges") vgl. oben S. 149.

Der schwedisch-norwegische erste Vertreter v. Bildt hatte in der dritten Lesung des Ausschusses am 15. Juli angeregt, den ganzen Artikel als überflüssig und deshalb als schädlich zu streichen. Man solle keine Rechte schaffen wollen, die jedermann bereits habe[2]) Descamps aber verteidigte den Artikel. Derselbe wiederhole den Art. 3 des russischen „code d'arbitrage",[3]) und dieser Artikel sei dem Ausschuss nicht überflüssig erschienen. Es sei gut, sich die einzelnen Arten der Schiedsabkommen ins Gedächtnis zu rufen. Diese seien verschieden, je nachdem sie gegenwärtige oder zukünftige Streitigkeiten, eine bestimmte Streitkategorie oder alle möglichen Streitigkeiten betreffen. Auch Graf Nigra war dieser Ansicht. **Es sei gut, dass man sozusagen theoretische Schiedsabkommen abschliesse, selbst wenn man voraussehe, dass sie wenig Aussicht hätten, praktisch zu werden.** Man müsse klare Vorstellungen über ihre Tragweite haben. Schliesslich betonte auch noch Lammasch, der Artikel enthalte eine Wahrheit, die man unterstreichen solle; sie unterdrücken heisse den Zweifel wecken.

Dem möchte ich hinzufügen, dass der Artikel, wie sich bald zeigen wird, ja auch eine alte Streitfrage entscheidet[4]) und schon dadurch gerechtfertigt erscheint.

II. Im Art. 17 haben die Mächte keinerlei Verpflichtung zum Abschluss von Schiedsabkommen eingegangen, sondern nur für den zeitlichen und sachlichen Geltungsbereich der Schiedsabkommen einige feste Striche gezogen.[5])

Ein Schiedsabkommen kann zunächst getroffen werden, nachdem der Streit entstanden ist und durch diplomatische Verhandlungen nicht beibeizulegen war. Hier übernimmt das Schiedsabkommen zugleich

---

[1]) Das betont auch Zorn in der „Deutschen Rundschau" 1900 S. 122. Zorn meint nur, dieser Satz hätte auch ausgesprochen und an die Spitze gestellt werden sollen; aber der Gesetzestechnik hätte das kaum entsprochen. Das Recht bestimmt, ob wir verpflichtet, aber im Allgemeinen nicht, ob wir frei sind.

[2]) IV. 179.

[3]) Abgedruckt IV. 204.

[4]) Vgl. unten S. 197.

[5]) Descampsscher Kommissionsbericht I. 112: „l'extension, que peut comporter la convention d'arbitrage".

die Aufgabe des Kompromisses;[1]) es deckt sich dann das Schiedsabkommen des Art. 17 mit dem Schiedsvertrag des Art. 31. Vgl. darüber unten § 74.

Ein Schiedsabkommen kann aber auch schon für bloss mögliche zukünftige Streitigkeiten abgeschlossen werden.

Ein solches Schiedsabkommen (clause d'arbitrage)[2]) kann zunächst allgemein gehalten sein, d. h. alle oder doch eine Gesamtheit möglicher Streitigkeiten ins Auge fassen.

Ein solches allgemeines Schiedsabkommen kann einen eigenen Vertrag bilden und ausfüllen, es kann aber auch in einem Handels- u. s. w. Vertrag als allgemeine Schiedsklausel aufgenommen sein.

Das allgemeine Schiedsabkommen erscheint in jeder Form als die „consecration positive de la justice arbitrale".

Das Schiedsabkommen hat aber mitunter auch nur eine beschränkte Wirkung. Es ist dann nur der Bestandteil eines grösseren völkerrechtlichen Vertrags mit der Wirkung, dass nur dessen ruhige Geltung sichergestellt und Auslegungsstreitigkeiten nur eben dieses Abkommens schiedsrichterlich beseitigt werden sollen.

Das ist die beschränkte kompromissarische Klausel oder die besondere Schiedsklausel.

Bemerken will ich übrigens noch, dass man unter einem allgemeinen Schiedsabkommen terminologisch ebenso oft etwas anderes versteht, nämlich das Schiedsabkommen in der Form eines Konferenzabkommens im Gegensatz zum Sonderabkommen, das nur zwischen zwei Staaten abgeschlossen wird. Hier wie dort kann die allgemeine wie die beschränkte Schiedsklausel Eingang finden.

Die Schiedsklausel wurde vom Institut de droit international bereits 1877 auf der Versammlung in Zürich mit Recht empfohlen.

Ob und in welchem Umfang privatrechtliche Schiedsgerichtsvereinbarungen für die Zukunft abgeschlossen werden können, war und ist nach den Rechten der Staaten verschieden und dabei vielfach bestritten.[3]) Die staatlichen Rechte haben in Anlehnung an l. 46 D 4, 8 im allgemeinen die Neigung zur Einschränkung. Auch nach der Deutschen Z.P.O. § 1026 hat ein Schiedsvertrag über künftige Rechtsstreitigkeiten keine rechtliche Wirkung, wenn er nicht auf ein bestimmtes Rechtsverhältnis und die aus demselben entspringenden Rechtsstreitigkeiten sich bezieht.

Diese Einschränkungen ruhen auf der Erwägung, dass die Konkurrenz mit der staatlichen Gerichtsbarkeit ihre Grenzen haben müsse.[4]) Diese Erwägungen fallen aber für die völkerrechtliche Schiedssprechung weg;[5])

---

[1]) Descamps I. 112 und 131: „un compromis proprement dit, en d'autres termes, lorsqu'elles conviennent de régler par l'arbitrage une contestation existante".

[2]) Descamps IV. 139. In I. 112 spricht er von „stipulation compromissoire". Über die „clause compromissoire" vgl. auch Merignhac, „La conférence intern. de la paix" p. 293. Kompromiss im technischen Sinn ist ein solches Schiedsabkommen, wie gesagt, noch nicht.

[3]) Das stellt auch Descamps fest I. 112.

[4]) a. a. O.

[5]) Vgl. Descamps oben S. 195.

immerhin wirkte die zivilrechtliche Eigentümlichkeit bis jetzt nicht selten störend auf das Völkerrecht und die Ansichten über dasselbe zurück.

Das Haager Abkommen weist nunmehr jede Einschränkung ausdrücklich ab. Hiernach können sich also die Schiedsabkommen auf alle Streitigkeiten beziehen oder auch auf Streitigkeiten einer bestimmten Art beschränken, wobei freilich immer vorausgesetzt ist, dass sie sich überhaupt zur Rechtsentscheidung eignen.

III. Die rumänische Regierung hat zum Art. 17 den Vorbehalt gemacht, dass sie für Streitigkeiten aus der Zeit vor dem Abschlusse des Haager Abkommens in keinem Falle eine internationale Schiedssprechung annimmt.[1])

Der serbische Bevollmächtigte Veljkovitch bemerkte aber zu dieser Erklärung mit Recht, der Art. 16 drücke ja gar keine Verpflichtung, sondern nur eine einfache Befugnis aus, von welcher die betreffenden Regierungen nach Belieben Gebrauch machen dürften. Infolgedessen könnten sie wohl, wenn sie einverstanden seien, Schiedsabkommen auch über bereits entstandene Streitigkeiten abschliessen, aber sie müssten es nicht.[2]) Auch Rolin stellte fest, dass die rumänische Erklärung in keiner Weise die anderen Mächte binde.[3])

Aber Rumänien wollte eben zum Ausdruck bringen, dass es seinerseits, wenigstens für Streitigkeiten aus der Zeit vor 1899, keinen Schiedsvertrag abschliessen werde, dass also kein Staat mit einer solchen Anregung zur rumänischen Regierung zu kommen brauche.

Eine grosse Begeisterung für das Schiedswesen klang auch aus dieser rumänischen Erklärung[4]) nicht heraus; aber immerhin war es gerade gehandelt, dass Rumänien inmitten der Friedenskonferenz klarstellte, dass es seine Praxis nach eigenen Grundsätzen einrichten werde. Direkt gegen die Schiedsrechtskonvention zu stimmen erschien indes der rumänischen Regierung nicht angezeigt.

A. Über die bisherigen, d. h. vor der Haager Konferenz abgeschlossenen Schiedsabkommen wurde oben S. 62—77 berichtet.

Hiernach waren vier **allgemeine Abkommen** mit einer auf den betreffenden Vertrag beschränkten Schiedsklausel und zwar nur ein Konferenzabkommen mit obligatorischer Schiedsgerichtsklausel abgeschlossen worden. Das war der Weltpostvertrag. Die drei anderen Konferenzabkommen mit bloss fakultativer Schiedsgerichtsklausel waren die Übereinkommen betr. den Kongo, die Antisklaverei und den Eisenbahnfrachtverkehr. Bei diesen vier Abkommen ist auch Deutschland beteiligt.[5])

Besondere Abkommen mit allgemeiner Schiedsklausel sind zwischen europäischen und nichteuropäischen Staaten in grosser Anzahl

---

[1]) Vgl. oben S. 94 f.

[2]) IV. 64.

[3]) a. a. O.

[4]) Der Vorbehalt zum Art. 16 (oben S. 195) bildet das Seitenstück zu dieser Erklärung.

[5]) Zorn erwähnte noch die „conventions métriques“ (IV. 173). Gemeint war die „convention internationale du mètre“ vom 20. Mai 1875 (RGB. 1876 S. 191). Aber die Meterkonvention, welche allerdings auch von Deutschland unterzeichnet und ratifiziert worden ist, hat zwar Verwaltungsorgane geschaffen: das internationale Mass- und Gewichtsbureau, das internationale Komitee und die Generalkonferenz; aber schiedsrichterliche Aufgaben sind diesen nicht zugewiesen worden.

abgeschlossen worden.[1]) Dass beide Vertragschliessende europäische Mächte waren, kam nur einmal vor; und das wurde von dem Vertreter der einen Macht, dem portugiesischen Bevollmächtigten Grafen Macedo, auf der Haager Konferenz auch gebührend hervorgehoben.[2])

Der holländisch-portugiesische Vertrag vom 5. Juli 1894 unterwirft nämlich alle künftigen Streitigkeiten der beiden Staaten, vorausgesetzt, dass sie nicht ihre Unabhängigkeit (indépendance) oder Selbständigkeit (autonomie) berühren,[3]) der Schiedssprechung.

Unter den übrigen Sonderabkommen der Haager Konferenzmächte ist der italienisch-argentinische allgemeine Schiedsgerichtsvertrag vom 23. Juli 1898 von besonderem Interesse, wie er denn auch bei den Haager Verhandlungen vielfach angezogen wurde. Dieser sah eine ganze Anzahl von Ausführungsbestimmungen vor, welche, wie sich später zeigen wird, für die Haager Schiedsprozessordnung vorbildlich wurden.

In diesem und den übrigen[4]) Verträgen mit allgemeiner Schiedsklausel sind übrigens der Schiedssprechung keinerlei Schranken gesetzt. Nur der Vertrag zwischen Spanien und Columbia vom 28. April 1894 nimmt die Angelegenheiten aus, „welche die staatliche Unabhängigkeit berühren oder in anderer Art ihrer ganzen Natur nach sich nicht zur Schiedssprechung eigenen.[5])

Sonderabkommen mit einer auf dieses Abkommen beschränkten Schiedsklausel haben die Staaten in grossem Umfang abgeschlossen:[6]) Italien 17, Schweden und Norwegen 6, Belgien, England und Siam 4, die Schweiz, Griechenland und Holland 3, Spanien, Rumänien und Mexiko 2, Deutschland, Österreich-Ungarn, Dänemark, Portugal, Montenegro und Japan 1.

B. Der auf Descamps zurückgehende[7]) Art. 19 des Haager Abkommens bestimmt:

> „Unabhängig von den allgemeinen und besonderen Verträgen, die schon jetzt den Signatarmächten die Verpflichtung zur Anrufung der Schiedssprechung auferlegen, behalten diese Mächte sich vor, sei es vor der Ratifikation des vorliegenden Abkommens oder später, neue allgemeine oder besondere Übereinkommen abzuschliessen, um die obligatorische Schiedssprechung auf alle Fälle auszudehnen, die ihr nach ihrer Ansicht unterworfen werden können."

Hiermit hat die Haager Konferenz darauf verzichtet, jetzt schon durch ein allgemeines Abkommen obligatorische Schiedsfälle zu schaffen resp. die vorhandenen zu verallgemeinern und zu erweitern.

---

[1]) Vgl. oben S. 65 ff.

[2]) I. 93. Diesen Ausführungen ist folgendes zu entnehmen: Portugal hatte in den letzten 50 Jahren fünf bedeutende Streitfälle gehabt, welche nicht durch einfache Verhandlungen erledigt werden konnten. Hier fand Schiedssprechung oder Vermittelung statt. In zwei Fällen entschied der Schiedsrichter, und zwar für Portugal. Im dritten Falle führte die Vermittelung zur freundschaftlichen Beilegung. In den zwei anderen Fällen wurde Schiedssprechung wie Vermittelung abgelehnt, und der Streit wurde in einer für die portugiesischen Ansprüche höchst abträglichen Weise beendigt.

[3]) Vgl. oben S. 66.

[4]) Vgl. oben S. 68 ff.

[5]) Vgl. oben S. 69 f.

[6]) Vgl. oben S. 70 ff.

[7]) Vgl. oben S. 180, 183. Fried (Hdb. der Friedensbewegung S. 180) sieht in d'Estournelles den Vater des Art. 19.

Die Mächte haben sich vielmehr alles Weitere ausdrücklich vorbehalten. Verpflichtet haben sie sich zu nichts, und deshalb war auch der rumänische Vorbehalt zum Art. 19[1]) überflüssig.[2]) Aber die Konferenz hat im Art. 19 wenigstens den Nagel eingeschlagen, an den sich die weitere Entwickelung einhängen kann. Jede Fortbildung des Schiedswesens wird an den Art. 19 anzuknüpfen haben.

Es blieb, wie der Descampssche Ausschussbericht hervorhebt, „für den guten Willen der Weg offen".[3]) Es ist eine sichtbare Lücke geschaffen worden, an welcher man in Zukunft nicht mehr achtlos vorbeigehen kann.[4])

Ich werde im nächsten Paragraphen zeigen, dass mit dem Art. 19 in der Tat eine mächtige Schiedsabkommensbewegung angeregt und in die Wege geleitet worden ist, die vielleicht berufen erscheint, für eine Friedenssicherung durch das Recht in Zukunft den wirksamsten Beitrag zu liefern.

§ 52.
Die neueste Entwickelung des Schiedswesens.

Auf dem Gebiet des Schiedswesens hat die Haager Konferenz selbst keine unmittelbaren Erfolge zu verzeichnen.

Es blieb alles beim alten.

Aber die Konferenz hat sich mit Nachdruck für diese hervorragende Friedenseinrichtung eingesetzt und durch die vorbereitende Akte wie die gründlichen Verhandlungen klärend und aufmunternd gewirkt.

Dass die unter dem Druck von Deutschland vollzogene Ablehnung des obligatorischen Schiedswesens sich vorerst empfahl und dass dadurch das Abkommen nicht einmal wesentlich verändert wurde, hat später insbesondere auch Fried,[5]) der Führer der deutschen Friedensbewegung, anerkannt: Für den obligatorischen Charakter habe das Abkommen nur eine andere Fassung bereitgestellt, und man habe doch wenigstens keinen Satz vorausgeschickt des Inhalts: Staaten seien zur Anrufung des Schiedsgerichts nicht verpflichtet. Das geplante obligatorische Prinzip wäre durch die verschiedenen Klauseln schliesslich doch in Wahrheit fakultativ geworden. Man sei also weniger anspruchsvoll aufgetreten um destomehr halten zu können.

Dann erfährt die deutsche Begründung hier ihre ausdrückliche Anerkennung, durch welche sich auch die Kritik Mérignhacs gegenüber dem Verhalten Deutschlands erübrigt.[6]) Fried erklärte nämlich weiter:

„Es wäre meines Erachtens unmöglich gewesen, heute schon, wo die Schiedsgerichtspraxis noch zu wenig Erfahrungen gezeitigt hat, mit einem obligatorischen Schiedsgerichte hervorzutreten. Diese Institution musste notwendigerweise so eingerichtet werden, dass sie die Mächte zu nichts verpflichtet, und diese dennoch Gelegenheit haben, in dieses neue System langsam hineinzuwachsen und dessen

---

1) Vgl. oben S. 95.
2) Es gilt auch hier, was oben S. 195 und 198 ausgeführt worden ist.
3) IV. 16.
4) Vgl. oben S. 181.
5) Die Haager Konferenz S. 63.
6) „La conférence intern. de la paix" p. 391 sq.

Vorteile kennen zu lernen. Von diesem Gesichtspunkte aus war es vollständig gleichgültig, nach welcher Norm die Schiedsgerichtskonvention abgefasst worden ist, die Hauptsache bleibt aber immer, dass sie abgefasst worden ist, dass der Anfang geschaffen worden. Die Ausgestaltung muss nun aus der Institution selbst hervorgehen, und die Anhänger dieser Institution haben das Vertrauen in die siegende Kraft derselben, sie haben die Überzeugung, dass diese Institution, mag über sie kommen was da wolle, nicht mehr verschwinden kann."

Das Schiedswesen ist entwicklungsfähig und auch entwicklungsbedürftig. Hier gibt es noch genug, und dabei positive Arbeit.

A. Der Weg wurde durch Art. 19 gezeigt. Hier hat, wie Fried[1]) ganz richtig sagt, das Haager Abkommen die Hintertür angebracht, durch welche das obligatorische Schiedsprinzip einziehen kann.

Die Staaten haben sich nach Art. 19 vorbehalten, „neue allgemeine oder besondere Übereinkommen abzuschliessen, um die obligatorische Schiedssprechung auf alle Fälle auszudehnen, die ihr nach ihrer Ansicht unterworfen werden können".

Ein allgemeines oder Konferenzabkommen ist unmittelbar nach der Konferenz nicht wohl zu erwarten.

Zeitungsnachrichten gehen freilich dahin, dass Roosevelt nach der Verstümmelung der von ihm vorbereiteten besonderen Schiedsabkommen durch den Senat (vgl. unten S. 204) den Weg eines allgemeinen Konferenzabkommens zu beschreiten geneigt wäre.

Aber besondere Übereinkommen sind möglich; und es scheint, dass die Haager Konferenz das Zeitalter der Schiedsabkommen und damit in der Tat eine neue Ära eingeleitet hat.

Da man noch am Ausprobieren ist, wird es sich empfehlen, solche Verträge zunächst nur auf kurze Zeit abzuschliessen.

d'Estournelles de Constant hatte in der feierlichen Schlusssitzung erklärt: „Damit sich dieser Keim entwickle, muss er den Gegenstand ständiger Sorge bilden".[2]) d'Estournelles scheint diese Sorge hauptsächlich auf seine Schultern genommen zu haben; denn er steht „an der Spitze der ganzen Aktion".[3])

Dieser rastlose „Schiedsgerichtsagitator" hat sich mittlerweilen folgendermassen geäussert: „Ich bin der Ansicht, dass es unmöglich ist, die Schiedsgerichtsbarkeit . . . . mit allen Mächten auf einmal zu organisieren. Man muss daher, will man nicht alles verderben und nichts erreichen, mit Sonderübereinkünften den Anfang machen. Darum bin ich dafür, solche Sonderübereinkünfte zunächst mit Russland, dann mit England, Italien, hierauf mit Schweden, Norwegen, Holland, Dänemark, den Vereinigten Staaten, Spanien etc. zum Abschluss zu bringen." [4])

Schon in meiner Rektoratsrede am 11. Mai 1903 hatte ich erklärt: „Die Schiedssprechung muss zur Gewohnheit werden. Vor allem handelt es sich jetzt darum, dem Art. 19 Leben einzuhauchen, ihm Fleisch und Blut zu geben. Durch besondere Abkommen müssen die Fundamente des obligatorischen Schiedsrechts ausgebaut werden."

---

[1]) Handbuch der Friedensbewegung S. 180.
[2]) Vgl. oben S. 49.
[3]) Fried in der „Friedens-Warte" 1904 No. 1 S. 3.
[4]) Brief vom 30. Dezember 1903 (a. a. O.).

Ich konnte damals nicht ahnen, dass die Bemühungen von d'Estournelles so bald von Erfolg gekrönt sein würden.

In Europa[1]) waren es die Franzosen und Engländer, welche mit gutem Beispiel vorangingen.

d'Estournelles de Constant, der im März 1903 im Schosse des französischen Parlaments die „groupe de l'Arbitrage international" gründete, welche sofort 140 Mitglieder zählte, hatte im Juli 1903 in London eine Parlamentsrevue zwischen englischen und französischen Parlamentariern veranlasst, welche nach dem Faschodastreit die englisch-französische Aussöhnung zum Ausdruck brachte. Als die englischen Parlamentarier am 26. November 1903 ihren Gegenbesuch in Paris machten, war das Schiedsabkommen der beiden Länder bereits abgeschlossen.[2])

I. Das französisch-englische Schiedsabkommen, welches am 14. Oktober 1903 in London von dem französischen Botschafter Cambon und dem englischen Minister des Auswärtigen Landsdowne unterzeichnet wurde, hat folgenden Wortlaut:[3])

„Die Regierung der französischen Republik und die königl. grossbritannische Regierung als Unterzeichner des am 29. Juli 1899 im Haag unterzeichneten Abkommens zur friedlichen Erledigung internationaler Streitfälle,

in Erwägung, dass die h. v. T. durch Artikel 19 des Abkommens sich vorbehalten haben, Übereinkommen abzuschliessen, um alle Fragen der Schiedssprechung zuzuführen, die dieser nach ihrer Ansicht unterworfen werden können,

haben die Unterzeichneten ermächtigt, folgendes Abkommen zu schliessen:

Art. 1. Streitige Rechtsfragen oder[4]) Streitfragen die sich auf die Auslegung der zwischen den beiden vertragschliessenden Teilen bestehenden Verträge beziehen, sollen, sofern sie nicht auf diplomatischem Wege haben erledigt werden können, dem durch das Abkommen vom 29. Juli 1899 eingesetzten ständigen Schiedshof im Haag überwiesen werden. Dabei ist jedoch vorausgesetzt, dass solche Streitfragen nicht die vitalen Interessen, die Unabhängigkeit oder die Ehre der beiden vertragschliessenden Staaten berühren und nicht die Interessen dritter Mächte angehen.

Art. 2. In jedem Einzelfall sollen die h. v. T., bevor sie den ständigen Schiedshof anrufen, einen besonderen Schiedsvertrag abschliessen, der den Streitgegenstand, den Umfang der Befugnisse der Schiedsrichter und die Einzelheiten[5]) klar bestimmt, die für die Bildung des Schiedsgerichts und die verschiedenen Abschnitte des Verfahrens festzusetzen sind.

Art. 3. Das gegenwärtige Abkommen ist für einen Zeitraum von fünf Jahren, vom Tage der Unterzeichnung ab, geschlossen."

Das ist also ein zeitlich beschränktes besonderes Abkommen mit allgemeiner Schiedsklausel, aber mit entsprechenden Vorbehalten: vitale Interessen, Unabhängigkeit, Ehre und Interessen Dritter.

Zu diesem Abkommen führte später (am 23. November) in der Deputiertenkammer der Minister des Äussern Delcassé folgendes aus: Das Abkommen sei eine Folge der Umwälzung, welche in den Ideen seit der Haager Konferenz eingetreten sei. Man dürfe aber die Tragweite des Schiedsgerichtsabkommens nicht überschätzen und

---

[1]) Auch in Amerika setzte im Jahre 1902 die Schiedsvertragsbewegung kräftig ein. Vgl. die Verträge bei Fried, Handbuch der Friedensbewegung S. 121.

[2]) Fried a. a. O. S. 323 f.

[3]) Ich benütze den deutschen Text des übereinstimmenden deutsch-englischen Abkommens (Fleischmann, S. 341) als Übersetzung. Der französische Text ist beispielsweise abgedruckt bei Hubbard „La justice internationale" September—Oktober 1903 p. 237 und Fleischmann, S. 340.

[4]) „ou". Der deutsch-englische Vertrag hat „und". (Fleischmann, S. 340).

[5]) „détails". Der deutsch-englische Vertrag hat hier „Fristen".

nicht folgern, dass es auf alle Fragen Anwendung finden werde. Es würde mit dem Schiedsgericht an dem Tag zu Ende sein, wo eine grosse Nation ihre Interessen oder noch mehr ihre Ehre von der Meinung eines Dritten abhängig machen würde.

II. Das englisch-französische Abkommen, mit welchem England die Führung im Abschluss von Schiedsgerichtsabkommen übernommen haben will[1]) — man darf aber nicht vergessen, dass die ganze Bewegung durch d'Estournelles eingeleitet wurde — ist der Anfang einer mächtigen Schiedsvertragsbewegung geworden, die in der Hauptsache weniger den Diplomaten zu danken ist, als vielmehr auf die unermüdliche Agitation der Friedensfreunde zurückgeht.[2])

1. Dem englisch-französischen Abkommen folgten Abkommen von:[3])
2. Frankreich-Italien 25. Dezember 1903,
3. England-Italien 5. Februar 1904,
4. Holland-Dänemark[4]) 12. Februar 1904,
5. Frankreich-Spanien 26. Februar 1904,
6. England-Spanien 27. Februar 1904,
7. Holland-Frankreich[5]) 6. April 1904,
8. Spanien-Portugal 31. Mai 1904,
9. Frankreich-Schweden-Norwegen 9. Juli 1904,
10. Deutschland-England 11. Juli 1904,
11. England-Schweden-Norwegen 11. August 1904,
12. Russland-Belgien 30. Oktober 1904,
13. Frankreich-Vereinigte Staaten 1. November 1904,
14. Schweiz-Belgien[6]) 15. November 1904,
15. England-Schweiz 16. November 1904,
16. England-Portugal November 1904,
17. Deutschland-Vereinigte Staaten 22. November 1904,
18. Vereinigte Staaten-Portugal 23. November 1904,
19. Italien-Schweiz 24. November 1904,
20. Vereinigte Staaten-Schweiz November 1904,
21. Belgien-Schweden-Norwegen 30. November 1904,
22. Österreich-Ungarn-Schweiz 3. Dezember 1904,
23. Russland-Schweden-Norwegen 9. Dezember 1904,
24. England-Vereinigte Staaten 12. Dezember 1904,
25. Italien-Vereinigte Staaten 14. Dezember 1904,
26. Schweiz-Frankreich 14. Dezember 1904,
27. Schweiz-Schweden-Norwegen 17. Dezember 1904,
28. Spanien-Vereinigte Staaten 24. Dezember 1904,
29. Österreich-Ungarn-Vereinigte Staaten 6. Januar 1905,
30. Österreich-Ungarn-England 11. Januar 1905,
31. Vereinigte Staaten-Schweden-Norwegen 20. Januar 1905,

---

[1]) So der englische Minister Balfour in einer Rede in Glasgow am 12. Januar 1905. — Nach dieser Rede liegt die eigentliche Kriegsgefahr heute in den weniger zivilisierten kleinen Nationen ausserhalb Europas.

[2]) Fried, Handbuch der Friedensbewegung S. 324 f.

[3]) Nach Fried, Handbuch der Friedensbewegung S. 121 f. und Nachtrag. Ferner Fried in der „Friedens-Warte" 1904 No. 12 S. 220. 1905 No. 1 S. 7, Nr. 2 S. 32, No. 3 S. 51, No. 5 S. 101. Diese Zusammenstellung von Fried ist ohne Rücksicht auf die Ratifikationsfrage gemacht, die beispielsweise mittlerweilen in Amerika versagte.

[4]) Fleischmann, S. 341 f. Hier sind die übrigen Vorbehaltsklauseln weggefallen und werden lediglich die zivilrechtlichen Forderungen auf den gewöhnlichen Prozessweg verwiesen. Anderen Staaten wird der Beitritt zu diesem Abkommen offen gehalten.

[5]) Dieses Abkommen wurde bereits ein Jahr vorher von Holland angeregt, machte aber lange Verhandlungen und im Hinblick auf den holländischen Kolonialbesitz einen Gedankenaustausch mit den Grossmächten nötig.

[6]) Fleischmann, S. 342. Auch dieses Abkommen ist besonders abgefasst und erfordert noch eine eigene Besprechung.

32. Belgien-Spanien Februar 1905,
33. Vereinigte Staaten-Japan 11. Februar 1905,
34. Russland-Dänemark 1. März 1905,
35. Italien-Peru 18. April 1905,
36. Dänemark-Belgien 20. April 1905,
37. Norwegen-Portugal 6. Mai 1905.

In der Friedenswarte 1905 No. 4 S. 72 f. findet sich eine anschauliche „Graphische Darstellung der Schiedsgerichtsbarkeit" von Gaston Moch aus dem Anhang von dessen „Désarmons les Alpes" 1905.

Fortwährend melden die Zeitungen von neuen Schiedsabkommen. Jedes Buch, welches darüber berichtet, ist in dieser Richtung bei seinem Erscheinen schon veraltet.[1])

„So ziehen sich die Maschen des Schiedsgerichtsnetzes an einzelnen Punkten immer dichter von Nation zu Nation."[2])

Erst sechs Jahre sind seit der Haager Konferenz vergangen. Fried[3]) hat recht: „Das Haager Werk hat seine Feuerprobe bestanden. In damals kaum geahnter Weise hat der Friedens- und Schiedsgerichtsgedanke seinen Aufschwung genommen."

III. Auf der interparlamentarischen Konferenz zu St. Louis im September 1904 erklärte Loomis, der Vertreter des Präsidenten Roosevelt: „Es ist die bestimmte Hoffnung des **Präsidenten der Vereinigten Staaten**, dass in absehbarer Zeit schiedsgerichtliche Verträge mit allen Regierungen, welche unsere Ansichten teilen, abgeschlossen werden können."

Der Staatssekretär Hay kündigte sodann auf dem Bostoner Weltfriedenskongress im Oktober 1904 bereits diese Schiedsabkommen an, und der Präsident Roosevelt erklärte am 31. Januar 1905 beim Besuch der Militärakademie: Amerika wünsche den Frieden nicht aus Furcht vor dem Krieg — die Schüler wurden denn auch ermahnt, gut schiessen zu lernen — sondern weil das amerikanische Volk die unveränderlichen Gesetze der Gerechtigkeit und Liebe hochhalte. (Das ist auch der Inhalt der Botschaft vom 4. März 1905.)

In der Tat schloss Roosevelt solche (oben bereits berücksichtigte) Abkommen ab. Aber sie stiessen dann im amerikanischen Parlament selbst auf Schwierigkeiten. Der Senat nahm nämlich in starker Betonung des Gesetzescharakters der Schiedsabkommen und zur Wahrung seines Rechts bei der Abschliessung von Konventionen am 1. Februar 1905 im eifersüchtigen Wettbewerb mit der Macht des Präsidenten dieselben nur mit dem Zusatz an, dass jedesmal erst die Zustimmung des Senats eingeholt werden müsse, bevor der Weg schiedsrichterlicher Erledigung wirklich beschritten würde.

Solche Abkommen, deren Inkrafttreten vom jeweiligen Gutdünken des Senats abhängig gewesen wäre, konnte aber der Präsident keinem Staat mehr anbieten, und so war das Werk gescheitert.

IV. Eine Botschaft des **schweizerischen Bundesrates** an die Bundesversammlung vom 19. Dezember 1904 betr. die Schiedsgerichtsbarkeit[4])

---

[1]) „Friedens-Warte" 1904 No. 16 S. 186.
[2]) Descamps, Denkschrift S. 26.
[3]) „Friedens-Warte" 1904 No. 10 S. 185.
[4]) Abgedruckt in Frieds „Friedens-Warte" 1905 No. 2 S. 19 ff.

berichtet, dass der Bundesrat mit sieben Staaten: Belgien, England, den Vereinigten Staaten von Amerika, Italien, Österreich-Ungarn, Frankreich und Schweden-Norwegen Schiedsabkommen abgeschlossen habe und dass auch Unterhandlungen mit Deutschland eingeleitet seien.[1])

Aus dieser höchst beachtenswerten Denkschrift entnehme ich folgendes:

Die vielen Schiedsabkommen der Neuzeit sind eine neue Etappe in der fortschreitenden Bewegung der Völker zum Frieden und zu den Institutionen, die ihn befestigen sollen.

Die Schiedsabkommensbewegung ist weder eine oberflächliche oder vorübergehende noch eine bloss zufällige Erscheinung, die wieder verschwindet; sie ist im Gegenteil eine erleuchtete Kundgebung des Rechtsbewusstseins der Völker, und es ist vorauszusehen, dass sie mehr und mehr das Völkerrecht beeinflussen und sich allen aufdrängen wird.

Die Schiedsabkommen weisen auf eine Ordnung, die auf der Achtung vor dem Rechte ruht und die das Gefühl der internationalen Gerechtigkeit zu stärken berufen ist.

Auf dem Gebiet des Schiedsgerichtswesens ist die Schweiz durch den schweizerisch-amerikanischen Entwurf von 1883 allen anderen Ländern zuvorgekommen. Dieser Abkommensentwurf, welcher für alle Streitigkeiten schiedsgerichtliche Entscheidung vorsah, „welches auch die Ursache, die Natur oder der Gegenstand dieser Streitigkeit sein möchten“, hatte indes im amerikanischen Senat nicht die erforderliche Majorität gefunden.[2])

Schliesslich heisst es:

„Seien wir daher diesen ersten Versuchen gegenüber nicht zu anspruchsvoll und ungeduldig und erblicken wir vielmehr in ihnen einen ersten schüchternen Schritt auf einem neuen Gebiete, gleichzeitig aber auch den für einstweilen in den gegenseitigen Beziehungen der zivilisierten Staaten einzig erreichbaren Fortschritt. Man muss es der Zeit und der Erfahrung überlassen, die Mängel dieser Verträge zu verbessern und ihre Lücken auszufüllen. Die immer zahlreicheren Fälle, die vor den ständigen Schiedsgerichtshof im Haag gebracht werden, sind geeignet, das Völkerrecht, soweit es das Schiedsgerichtswesen betrifft, entwickeln, kodifizieren und seinen Anwendungsbereich ausdehnen zu helfen.

Die gegenwärtigen Kundgebungen zu Gunsten des internationalen Schiedsgerichtswesens, und die praktischen Resultate, zu denen sie schon geführt haben, berechtigen zu schönen Hoffnungen“.

V. Die neuesten Schiedsabkommen knüpfen ganz ersichtlich an das russische Prinzip an, wie es in den „Eléments“ ausgesprochen war;[3]) nur gehen sie insofern weiter, als sie keine Auswahl treffen und keine Aufzählung brauchen. Dadurch vermeiden diese Schiedsabkommen das Ängstlich-Kleinliche und dienen der Friedensordnung um so besser.

Man hat jetzt gegen diese und früher schon gegen alle Schiedsabkommen den Einwand der Nutzlosigkeit erhoben; die Klauseln würden schon dafür sorgen, dass alles beim alten bleibe; man habe auch früher,

---

[1]) Die Verhandlungen mit Belgien und Schweden-Norwegen wurden von diesen Staaten angeregt.

[2]) Auch jetzt wieder, ganz wie 1883 und 1897, ist es dem Senat gelungen, das Vertragswerk zu hindern. Vgl. oben S. 204.

[3]) Vgl. die Notice explicative oben S. 169 f.

nicht aus unbedeutenden Anlässen Krieg geführt; es sei nur durch die Schiedsgerichte jetzt die Diplomatie entlastet oder gar verdrängt.

Aber es haben in der Tat schon geringfügige Anlässe die Kriegsfurie in Bewegung gesetzt.[1]) Hat nicht die Alabamafrage und später im Jahre 1887 der an und für sich so unbedeutende Schnäble-Fall uns nicht unmittelbar vor den Krieg gestellt? Sodann geht die Reibungsentzündung bei Staaten zunächst regelmässig auf kleinere Fragen zurück, welche bei rechtzeitiger Behandlung zu keiner Katastrophe führen. Es liegt auch keine blosse Entlastung oder gar Verdrängung[2]) der Diplomatie sondern eine sachliche Verbesserung der Friedensordnung vor. Ob und wann die Diplomatie mit der Sache fertig würde, weiss man nicht. Das Schiedsgericht aber verbürgt schnelleren und besseren Erfolg. Bereits mit der Überweisung der Streitsache an das Schiedsgericht ist mehr noch als bei der Einsetzung einer Untersuchungskommission die Öffentlichkeit beruhigt, und Verhetzungen haben kein Operationsfeld mehr. Der Streit ist regelmässig jetzt schon aus der Welt geschafft, denn die Parteien haben sich der Entscheidung im voraus unterworfen, mag sie ausfallen, wie sie will.

Wer ein schlechtes Gewissen hat, wird den Weg der diplomatischen Verhandlungen nicht gern verlassen; wer aber ein gutes Gewissen hat, wird gern die Schiedsrichter entscheiden lassen.

Das Schiedsgericht kann aber auch zu viel gerechteren Ergebnissen vordringen, als die Diplomatie, welche infolge eines ermüdenden Notenwechsels schliesslich auch die bestbegründeten Forderungen herabstimmt, um endlich zur Ruhe zu kommen, und einen Krieg zu vermeiden.

Die Schiedsabkommen halten schliesslich der Welt die Wahrheit gegenwärtig, dass nicht bloss das Leben der einzelnen Menschen, sondern auch das Verhalten der Staaten zueinander durch das Recht beherrscht ist, resp. beherrscht sein soll, dem sich jeder zu fügen hat.

Mit den Schiedsgerichtsabkommen steigt das Ansehen und die Bedeutung des Rechts im internationalen Leben; ihr ausgleichender Einfluss auf internationale Stimmungen und Handlungen wird immer mehr hervortreten und festere Beziehungen unter den Staaten begründen.

Ein Schiedsabkommen ist, wie der deutsche Kaiser im Hinblick auf die Unterzeichnung des deutsch-amerikanischen Schiedsabkommens[3]) in einem Telegramm an den amerikanischen Präsidenten am 27. November 1904 betonte, ein neues und starkes Glied, um die beiden Staaten in friedlichen Beziehungen zum besten der Zivilisation zu verknüpfen; es hilft die Gefühle gegenseitiger Achtung und Kameradschaft der betreffenden Völker fördern und kommt dauernd ihrer friedlichen Weiterentwicklung zugute.

Damit kann man zufrieden sein, wenn die Schiedsabkommen auch nicht den ewigen Frieden gewährleisten.

---

[1]) Fried (Hdb. der Friedensbewegung S. 100) meint: „Hätte man die Frage, ob die lateinischen oder die griechischen Mönche den Schlüssel zum heiligen Grabe in Jerusalem bewahren sollten, durch ein Schiedsgericht gelöst, so wäre der blutige Krim-Krieg nicht entbrannt." Vgl. auch Fried, die Haager Konferenz S. 64.

[2]) Gegen diesen Vorwurf hat sich Descamps eingehend ausgesprochen. (Denkschrift S. 10.)

[3]) Die Ratifikation desselben wurde leider durch den Senat verhindert. Vgl. oben S. 204.

Wenn also die Schiedsgerichtseinrichtung auch nicht die Kriege aus der Welt schafft, so stellt sie doch einen wesentlichen Fortschritt der internationalen Friedensordnung dar.

VI. Was den Vorbehalt in den Schiedsrechtskonventionen anlangt, so blieb hier das französisch-englische Abkommen im allgemeinen Vorbild. Es wird also vorausgesetzt, dass die Streitigkeiten nicht die vitalen Interessen, die Unabhängigkeit oder die Ehre der beiden vertragschliessenden Staaten berühren, und nicht die Interessen dritter Mächte angehen.[1])

Der Vorbehalt der Interessen Dritter ist neu, aber wohl begründet, um nicht zu sagen, selbstverständlich.[2]) Für alles andere hatte man das Vorbild im holländisch-portugiesischen Schiedsabkommen von 1894, im Entwurf der Brüsseler interparlamentarischen Konferenz von 1895 und in dem russischen Entwurf zur Haager Konferenz.[3]) Die Schiedsrechtsliteratur war auf diese Fragen nachdrücklich eingegangen,[4]) und auch die panamerikanische Konferenz von Mexiko 1901/2 hatte in ihr Schiedsabkommen die Lebens- und Ehrenklausel aufgenommen.[5])

So enthalten denn auch die neuesten Abkommensentwürfe der Schweiz die französisch-englische Klausel. Nach der Botschaft des schweizerischen Bundesrats[6]) hatte die Schweiz versucht, den Vorbehalt der „vitalen Interessen“ auszunehmen; die Bezeichnung sei zu allgemein und könne leicht die Verweigerung der Schiedssprechung zur Folge haben. Allein fast alle Mächte gaben die Erklärung ab, sie könnten sich nicht entschliessen, von der französisch-englischen Formel abzugehen.

Nur mit Belgien wurde die Streichung der „vitalen Interessen“ vereinbart. Aber man vergesse nicht, dass es sich hier um zwei Staaten mit ewiger Neutralität handelt.

Nach der Botschaft des schweizerischen Bundesrats sind dagegen alle Streitigkeiten auszunehmen und ausgenommen worden, welche die Ehre, Unabhängigkeit oder Souveränität berühren. Die Botschaft rechtfertigt diese Vorbehalte mit den Vorurteilen, welche in manchen Ländern noch der Schiedsgerichtsidee entgegengebracht würden und meint dann aber auch selbst: „Streitigkeiten, welche die Ehre, die Unabhängigkeit und die Souveränität, diese unveräusserlichen Rechte der Staaten berühren, sind in der Tat nicht durch Schiedsspruch zu erledigen.“

„Übrigens“, so fährt die Botschaft fort, „haben wir uns überzeugen müssen, dass der im Jahre 1883 vom Bundesrate der Regierung der

---

[1]) Vgl. oben S. 202.

[2]) Russland und Japan beispielsweise konnten unmöglich die Frage vor ein Schiedsgericht bringen, wer von beiden in der Mandschurei oder in Korea die Vorherrschaft bekommen solle. Wie daher der „Diplomat“ in der „Friedens-Warte“ 1904 No. 3 S. 53 sagen kann, dass „Japan im Haag alles bekommen hätte“, ist mir völlig unverständlich.

[3]) Vgl. oben S. 66, 78 (unten 211 f.), 167, 169 f., 172.

[4]) Vgl. vor allem die Descampssche Denkschrift an die Mächte S. 35—39

[5]) Fried, „Friedens-Warte“ 1904 No 10 S. 184.

[6]) Vgl. oben S. 204 f.

Vereinigten Staaten von Amerika vorgelegte Schiedsvertragsentwurf zu weit ging, wenn er alle Streitigkeiten, welches auch deren Ursache, Natur oder Gegenstand sein möchte, der Schiedsgerichtsbarkeit überweisen wollte". Die Schiedssprechung, so meinte die Botschaft schliesslich, eignet sich nicht „zur Entscheidung von Fragen konstitutioneller Natur".[1])

Das Institut de droit international[2]) geht neuestens nach dem Beispiel des holländisch-dänischen Schiedsabkommens[3]) auf die Beseitigung aller Vorbehalte,[4]) die ich indes im bisherigen Umfang für unentbehrlich resp. für selbstverständlich ansehen muss.[5])

Auch nach der Meinung von Fried[6]) „ist es angebracht und spricht für die ernste Absicht der Vertragschliessenden, wenn sie Fragen dieser Art vorläufig von dem Zwange zur schiedsgerichtlichen Erledigung ausschliessen. Bei der grösseren Bedeutung eines solchen Streitfalles gewinnt die eventuelle freiwillige Zustimmung, diesen einem Schiedsgericht zu unterbreiten, ebenfalls nur an Bedeutung."

Zu Entwürfen eines allgemeinen Schiedsabkommens ohne Vorbehalt waren vor der Haager Konferenz bereits gekommen: die Schweiz und die Vereinigten Staaten 1883, sowie England und die Vereinigten Staaten 1897. Aber es blieb bei den Entwürfen.

Perfekte Abkommen dieser Art sind: Das panamerikanische Abkommen von Washington 1890 und das italienisch-argentinische Abkommen vom 23. Juli 1898,[7]) welche beide schon ein Produkt der Friedensagitation sind[8]) und in der neuesten Friedensbewegung vielfach als Ideal gelten.

Aber vergesse man nicht, was der weise Descamps 1895 in seiner Denkschrift an die Mächte[9]) ausgeführt hat:

„Offenbar ist die allgemeine Kompromissklausel leichter unter Staaten anzuwenden, die durch eine besondere Verwandtschaft verbunden sind, oder die keine gewichtige Ursache für einen Zwist in Aussicht haben,[10]) als unter gewissen Staaten, die nicht ganz in denselben Verhältnissen zueinanderstehen. Wahrscheinlich werden sogar in den allgemeinen Schiedsgerichtsverträgen noch sehr lange Reserven bestehen bleiben, die gewisse Arten von Streitigkeiten ins Auge fassen. Diese Reserven sind zweifellos sehr bedauerlich, weil ihre Dehnbarkeit Auslegungen zulässt, die es in gewissen Fällen sehr leicht machen, die schiedsrichterliche Lösung zu umgehen. Aber diese Reserven haben ihre Begründung in dauernd bestehenden Befürchtungen, die unmöglich übergangen werden könnten, und die, wenn sich die Unmöglichkeit heraus̈stellen würde, sie in Formeln zu zwingen, auf die ganze Vertragsschliessung von schädlicher Rückwirkung sein würden. Wir sind daher der Ansicht, dass die Abschlüsse allgemeiner Schiedsgerichtsverträge mit der begrenzten Reserve für Streitigkeiten, die nach der Meinung der

---

1) Vgl. auch Odier auf der Haager Konferenz (oben S. 173).
2) Edinburger Versammlung (1904). Vgl. Frieds „Friedens-Warte" 1904 No. 10 S. 192.
3) Vgl. oben S. 203[4].
4) Vgl. insbesondere den Weltfriedenskongress zu Boston vom Jahre 1904 Ziff. 1: „Der Kongress beglückwünscht ferner die Regierungen von Dänemark und den Niederlanden dazu, dass deren Schiedsvertrag keinerlei Reserven einschliesst und empfiehlt diesen Vertrag als nachahmungswertes Muster für alle zukünftigen Verträge dieser Art."
5) Mérignhac „La conférence de la paix" p. 294.
6) „Friedens-Warte" 1903 No. 21/22 S. 155.
7) Vgl. oben S. 66.
8) a. a. O.
9) Vgl. S. 38.
10) für die vielleicht gar ewige Neutralität vereinbart ist.

Staaten ihre Unabhängigkeit und Autonomie mit hinein beziehen würden, ungefähr das höchste des gegenwärtig realisierbaren Fortschrittes auf dem Gebiete des Schiedsgerichtes darstellen."

Es gibt eben Vorbehalte, die sich bei souveränen Staaten von selbst verstehen und auch ohne schriftliche Niederlegung gelten müssen.

Die Friedensfreunde sollten ihren Gegnern nicht das Vergnügen machen, dass diese dann von einem Bruch und der Bedeutungslosigkeit des Schiedsabkommens reden. [1]) Sie würden klug handeln, wenn sie nach dem Beispiel von Fried der Einstellung der Klauseln selbst das Wort reden wollten.

B. Die weitere Entwickelung des Schiedswesens kann aber auch eine andere Richtung einschlagen, als es in den mitgeteilten allgemeinen Schiedsklauseln geschehen ist. Versuche man es wenigstens mit der beschränkten Schiedsklausel, womit dann die S. 65 ff. aufgezählten Verträge fortgesetzt würden. Deutschland vertrat auf der Konferenz den Standpunkt, dass man mit allgemeinen Schiedsverträgen einen Sprung ins Dunkle wage; man müsse erst Erfahrungen sammeln.

Der Art. 19 gibt aber auch hierfür die Richtung und die Konferenzverhandlung das Material. Erfahrungen sammelt man nur, wenn man etwas unternimmt.

Führe man also nach dem Beispiel von Italien [2]) in Verträgen nach Möglichkeit die auf jene Verträge beschränkte Schiedsklausel ein.

In meiner Rektoratsrede 1903 konnte ich sagen: „Ich habe schon vor 13 Jahren empfohlen, dass in den Handels-, Schiffahrts-, Niederlassungs- und anderen völkerrechtlichen Verträgen die Schiedsklausel eine gesteigerte Anwendung finden möge. Der russische Entwurf kann jetzt hier die Richtung weisen. Die Verkehrsverhältnisse sind von so grosser Bedeutung, dass sie am wenigsten den Ausgangspunkt eines Krieges geben sollten. Hier ist auch regelmässig eine juristische Grundlage gegeben und eine freiwillige Erfüllung des Schiedsspruchs zu erwarten." [3])

Sodann heisst es: „Regierungen und Parlamenten erwächst hier eine dankenswerte Aufgabe, an die ich gerade jetzt angesichts der Erneuerung der deutschen Handelsverträge erinnere, wie ich das auch vor Abschluss der heutigen Handelsverträge getan habe." [4])

Die Frage der Handelsverträge hatte ja auch die Haager Konferenz beschäftigt. Belgien [5]) war sofort dafür, aber Russland, Deutschland und Österreich widersprachen. [6])

---

[1]) Ähnliches wurde schon oben S. 127 f. ausgeführt.

[2]) Vgl. oben S. 174, 179.

[3]) S. 29.

[4]) S. 30. In Handelsverträgen haben nach Zorn („Deutsche Rundschau" 1900 S. 123) die Schiedsklausel aufgenommen: 1. Italien in 13 Verträgen, darunter mit Belgien, England und der Schweiz, 2. Norwegen mit Siam, Mexiko, Spanien, Schweiz, Belgien, Chile, Portugal, 3. Holland mit Rumänien, 4. Belgien mit Italien, Griechenland, Dänemark, Schweden-Norwegen, 5. Griechenland mit Italien, England, Belgien, 6. Rumänien mit der Schweiz und Holland, 7. Schweden mit Siam, Mexiko, Spanien, Belgien, Chile, 8. die Schweiz mit Hawaii, San Salvador, Transvaal, Ecuador, Kongostaat, Italien, Rumänien, Norwegen.

[5]) Vgl. oben S. 174, 177.

[6]) a. a. O.

Zorn hat auch später noch abgeraten mit der Begründung, dass die Handelsfragen wirtschaftliche Materien seien, „die an sich mit der Politik zusammenhängen“.[1])

Es ist aber ein Erfolg der Friedensbewegung, dass nun die deutsche wie die österreich-ungarische Regierung mit dieser Anschauung gebrochen haben.

Deutschland hat nicht nur mittlerweilen sowohl mit England wie mit den Vereinigten Staaten von Amerika ein Schiedsabkommen vereinbart — letzteres wurde in Amerika nur nicht ratifiziert —, sondern hat auch in sechs neuen Handelsverträgen: mit Österreich-Ungarn, Italien, Belgien, der Schweiz, Rumänien und Serbien — nur der deutsch-russische Handelsvertrag macht noch eine Ausnahme — zum erstenmal die Schiedsgerichtsklausel, wenigstens für Meinungsverschiedenheiten in Tariffragen aufgenommen.

Darnach unterliegen auf Verlangen des einen oder anderen vertragschliessenden Teils dem schiedsgerichtlichen Austrag: Meinungsverschiedenheiten über die Auslegung oder die Anwendung der **Vertragstarife**, einschliesslich der Zusatzbestimmungen, sowie der Zollsätze der von den vertragschliessenden Teilen mit dritten Staaten vereinbarten Vertragstarife.

Die Anträge auf eine weitere Kompetenz des Schiedsgerichts sind von Deutschland abgelehnt worden, da zunächst einmal abgewartet werden soll, wie die neue Einrichtung sich auf dem beschränkten Gebiet bewährt. Jedoch ist die Möglichkeit einer weiteren Ausdehnung gegeben durch eine Bestimmung, nach welcher eintretenden Falles und vorbehaltlich einer besonderen Verständigung auch Meinungsverschiedenheiten über die Auslegung oder Anwendung anderer, also nicht bloss zolltarifarischer Bestimmungen der Handelsverträge schiedsrichterlich ausgetragen werden können.[2])

Unter keinen Umständen soll die Viehseuchenkonvention Gegenstand schiedsgerichtlicher Behandlung werden, wohl aber ist eine gemischte Sachverständigenkommission unter neutralem Vorsitz für veterinärpolizeiliche Differenzen im Bereich der Veterinär-Konvention vorgesehen worden.

Die deutsche Regierung ist also der Politik treu geblieben, keinen Sprung ins Dunkle zu machen,[3]) aber dem Zug der Zeit folgend, dem Schiedswesen übersehbare Funktionen zu übertragen und es vorsichtig auszubauen. Auch ich habe trotz aller Hochschätzung vor der Schiedsgerichtsbarkeit einer allgemeinen vorzeitigen Bindung niemals das Wort geredet. Dieses behutsame sich der vollen Verantwortung bewusste Vorgehen der Reichsregierung ist mehr wert als der sich überstürzende

---

[1]) „Deutsche Rundschau“ 1900 S. 110.

[2]) In der Kommission des Reichstags am 15. Februar 1905 erklärte dann der Staatssekretär Graf Posadowsky, dass man mit der Ausdehnung des schiedsgerichtlichen Verfahrens über den Kreis der zolltechnischen Fragen hinaus sehr vorsichtig sein werde. Insbesondere wurde auch eigens festgestellt, dass die Beurteilung der Beschaffenheit der Gerste (Brau- und Futtergerste) dem Ermessen der Zollämter unterliege und hier für ein Schiedsgericht kein Raum sei.

[3]) Vgl. oben S. 178, 180, 184.

Wagemut, der gleich aufs Ganze geht, und vielleicht auch manches auf einen Schlag erreicht, um dann alles wieder ebenso plötzlich zu verlieren. Wenn das vertragsmässig vereinbarte Schiedswesen nur einmal an einem Punkt versagen sollte, so wäre das für die ganze Institution ein Schlag, der nur schwer überwunden würde. Die Prüfung der Leistungsfähigkeit wird da zur gebieterischen Pflicht.

In meiner Rektoratsrede S. 30 heisst es:

„**Hat man dann genügende Erfahrung gesammelt,** so mag, wie schon der deutsche Bevollmächtigte Dr. Zorn andeutete, durch ein entsprechendes allgemeines Abkommen die Entwickelung abgeschlossen werden.“

Fried[1]) hat vollkommen recht: Die zahlreichen Schiedsabkommen und Schiedsklauseln, die auf Grund des Art. 19 schon geschlossen wurden und fortwährend geschlossen werden, bedeuten nicht mehr und nicht weniger als die Wiederherstellung des im Haag abgelehnten russischen Vorschlags.

Aber ebenso richtig ist, dass diese Wiederherstellung bis jetzt nur nach der von Deutschland empfohlenen Methode des vorsichtigen Ausprobierens erfolgt.

Zweiter Abschnitt.

Der ständige Schiedshof.

Erstes Kapitel.

Der Aufbau des Schiedshofs.

Erster Titel.

Die Frage des Entwurfs.

§ 53.

Das Brüsseler Schiedshofprojekt.

Die Idee eines ständigen Schiedshofs ist alt; aber sie präsentierte sich immer in einer Form, durch welche die Souveränität der Staaten vernichtet wurde und die deshalb in das Reich der Utopien verwiesen werden musste.

I. Die realpolitische Schiedshofsbewegung leitete sich völlig inoffiziell, mit der freien interparlamentarischen Konferenz ein, die 1894 im Haag abgehalten wurde.[2])

---

[1]) Handbuch der Friedensbewegung S. 180.
[2]) Vgl. oben S. 77.

Nicht als ob alle hier zutage getretenen Wünsche später auf der Haager Friedenskonferenz einfach hätten übernommen werden können: es mussten vielmehr noch sehr einschneidende, grundwesentliche Änderungen vorgenommen werden. Aber man hatte doch wenigstens einmal einen brauchbaren Ausgangspunkt.

Die Haager interparlamentarische Konferenz von 1894 beschloss auf die Anregung von Stanhope, das Projekt einer „cour permanente d'arbitrage international" auszuarbeiten, das nach dem alsbald zu erwähnenden Bericht von Houzeau de Lehaie,[1]) — dieser Bericht liegt meinen folgenden Ausführungen zugrunde — durch vier Grundsätze bestimmt werden sollte:

1. Die staatliche Souveränität bleibt unangetastet.
2. Der Beitritt bleibt für jede Regierung völlig frei.
3. Alle beitretenden Staaten sind dem ständigen Schiedshof gegenüber gleich.
4. Die Schiedssprüche haben die „force d'une sentence exécutive".

Die drei ersten Punkte enthielten wichtige und brauchbare Gedanken; in der Frage des Zwangsvollzugs aber muss das Völkerrecht, wenigstens nach der heutigen Verfassung der Völkerrechtsgemeinschaft, gänzlich versagen. Für die Organisationsfrage selbst enthielt der Beschluss gar keine Angabe.

Von den nunmehr ausgearbeiteten 3 avant-projets[2]) hatten zwei eine grosse Ähnlichkeit, während das dritte seine eigenen Wege ging.

Die zwei ersten Entwürfe sahen ein wirkliches ständiges Schiedsgericht vor, während der dritte es nur mit einem belgisch-schweizerischen Abkommen versuchte, nach welchem ein Kollegium von 10 Schiedsrichtern zu bestellen war, unter welchen die im Streit befindlichen Staaten ihre Richter wählen sollten.

Die Kommission, welche eine fertige Organisation anstrebte, konnte sich mit dem letzten System nicht befreunden, und legte daher die beiden anderen Entwürfe zugrunde, wobei aber die Möglichkeit der praktischen Durchführung immer im Auge behalten werden sollte.

Die Kommission verständigte sich zunächst über die Grundsätze. Dabei entstanden aber gewichtige Zweifel:

1. Die Gleichheit der Staaten forderte, dass jeder Staat, gleichgültig ob gross oder klein, dieselbe Zahl von Mitgliedern ernenne. Die Frage, ob sich das die Grossmächte gefallen lassen würden, nahm man unter No. 2 nochmals auf.
2. Können Schiedsrichter in Sachen der Staaten, die sie ernannt haben, Richter sein? Die Kommission sagte sich: nein! Sie meinte indes, dass das für die Grossmächte ohne Interesse sei, denn diese würden ehrenhalber ohnehin niemals ihre eigenen Angehörigen als Richter bestellen. Die Kommission fragte sich weiter noch einmal, ob die Grossmächte nicht eine grössere Anzahl von Schiedshofmitgliedern zu ernennen berechtigt sein sollten. Man

---

[1]) Abgedruckt im Anhang zur Descampsschen Mémoire aux Puissances p. 63 sqq.
[2]) Vgl. oben S. 77[2].

befürchtete aber, dass da bei Streitigkeiten derselben untereinander unter Umständen nicht mehr genug Schiedshofmitglieder vorhanden sein würden. Man tröstete sich schliesslich damit, dass die Grossmächte wohl auch in Wirklichkeit keinen solchen Anspruch erheben würden.

Die Gleichheit im Ernennungsrecht sollte dann aber auch die Gleichheit der Kostentragung nach sich ziehen.

3. Besteht für die Schiedshofmitglieder Residenzpflicht?
4. Dürfen sie noch ein anderes Amt bekleiden?

Rein theoretisch betrachtet würde die Kommission am liebsten das erste bejaht und das zweite verneint haben. Aber man wollte die Schiedsrichter nicht aus ihren Verhältnissen reissen und auch keine Finanzfrage aufwerfen. Die Kommission hielt es daher für genügend, wenn der Schiedsrichter erst sein Land verlasse, wenn er eine wirkliche schiedsrichterliche Funktion wahrzunehmen habe. Nur die Stellung des Sekretärs, oder des Bureauvorstandes, war als eine feste Institution mit Residenzpflicht gedacht.

5. Wieviel Mitglieder soll jeder Staat ernennen?

Man sagte sich:

Ernennt jeder Staat nur ein Mitglied, und sieht es mit dem Beitritt der Staaten schlecht aus, so kann man unter Umständen Schwierigkeiten mit der Bildung des Schiedsgerichts haben.

Andernteils aber ist es auch nicht gut, wenn der Schiedshof zu gross wird: „quelle difficulté de réduire ce nombre après coup!“ So entschloss sich denn die Kommission zur Zweizahl.

6. Die auf die Wahl der Schiedshofsmitglieder zurückgehende feste Präsidentschaft dachte sich die Kommission als eine zeitliche und zwar nur einjährige. Die Kontinuität würde am besten erhalten, wenn der Vizepräsident stets zum Präsidenten gewählt würde.
7. Wie gross soll im gegebenen Streitfall ein Schiedsgericht sein? Man dachte sich, dass im allgemeinen fünf genügen. Aber — und hier war neben der festen Präsidentschaft der schwächste Punkt des ganzen Entwurfs: Die Bildung des Schiedsgerichts kann zwar durch die Vereinbarung der Parteien erfolgen; kommt es aber nicht dazu, **dann soll der Präsident die Zahl und Mitglieder bestimmen,** wenn nicht die eine oder andere Partei dem ganzen Schiedshof die Gerichtsbildung übertragen sehen will.
8. Soll Berufung eingelegt werden dürfen? Die Kommission meinte, das „ja“ wie das „nein“ habe etwas für sich, entschied sich dann aber im Hinblick auf die Zivilprozessrechte der Kulturstaaten für die allgemeine Zulassung der Berufung, falls die Parteien im Schiedsvertrag nicht selbst darauf verzichten. Die Entscheidung solle dann aber endgültig sein, also nicht mehr durch Revision angefochten werden können.
9. Einen Zwang zur schiedsgerichtlichen Austragung wollte die Kommission nicht schaffen. Der Beitritt zum Schiedsgerichts-

abkommen solle nur bedeuten, dass die im Streit befindlichen Staaten prüfen und entscheiden, ob der Streit von der Art sei, dass er vor den Schiedshof gebracht werden könne. Ein Streit komme also nur mit dem Willen der Streitenden an den Schiedshof. Der Bericht von Houzeau de Lehaie meint hier: „C'est peut-être fort timide". Ein avant-projet war in der Tat weitergegangen und wollte den Schiedshof wenigstens nach vorausgegangenem Schiedsabkommen schon auf einseitiges Ersuchen tätig werden lassen. Aber die Kommission erkannte, dass man den Schiedshof nicht wie ein Staatsgericht stellen könne, brachte dann aber durch einen Zusatz zum Ausdruck, dass die Parteien selbst sich aus einem früheren Schiedsabkommen gebunden erachten müssen.

10. Der Sitz des Schiedshofs sollte nach der Auffassung der Kommission im allgemeinen nicht geändert werden.

    In der Kommission wurden da genannt:

    Bern, Brüssel, Lüttich und Lausanne. Von den zwei letzten rühmte man den Charakter als Universitätsstadt ohne Regierung und diplomatisches Korps.

    Die Kommission enthielt sich aber des Vorschlags.

11. Der Schiedshof sollte im vereinbarten Augenblick konstituiert sein und sich selbst installieren, dann die Wahl der Präsidenten und Vizepräsidenten sowie die Ernennung des Sekretärs vornehmen.

12. Zum Schluss kam die Vollzugsfrage, und hier beschloss die Kommission, von einer Zwangsvollstreckung abzusehen und alles ausdrücklich auf die moralische Autorität des Schiedshofs sowie auf die Ehre und bona fides der im Streit befindlichen Staaten zu stellen.

Das sind die Prinzipien, welche die Kommission bei der Ausarbeitung des Projekts leiteten.

II. Dieses Projekt, betreffend die Errichtung eines internationalen ständigen Schiedshofs, wurde auf der Brüsseler interparlamentarischen Konferenz 1895 beraten und mit kleinen Änderungen angenommen.

Der so zustande gekommene Entwurf hat folgenden Wortlaut:

I.

Les parties contractantes constituent une Cour Permanente d'Arbitrage International pour connaître des différends qui seront soumis à sa décision.

Dans le cas où un différend surgirait entre deux ou plusieurs d'entre elles, ces parties décideront si le litige est de nature à être porté devant la Cour, sans réserve des obligations qu'elles peuvent avoir contractées par traité.

II.

La Cour siège à . . . . .

Le siège pourra être transféré autre part par décision prise à la majorité des trois quarts des puissances adhérentes.

Le gouvernement de l'Etat dans lequel siège la Cour garantit sa sûreté ainsi que la liberté de ses discussions et décisions.

III.

Chaque gouvernement signataire ou adhérent nomme deux membres de la Cour.

Néanmoins deux ou plusieurs gouvernements peuvent se réunir pour désigner en commun deux membres.

Les membres de la Cour sont nommés pour une durée de cinq ans; leurs pouvoirs peuvent être renouvelés.

IV.

Les traitements ou indemnités des membres de la Cour sont payés par l'Etat qui les nomme.

Les frais de la Cour sont répartis par parts égales entre les Etats adhérents.

V.

La Cour élit dans son sein un président et un vice-président pour une durée d'une année. Le président n'est rééligible qu'après une période de cinq ans. Le vice-président remplace le président dans tous les cas où celui-ci est empêché.

La Cour nomme son greffier et fixe le nombre d'employés qu'elle juge nécessaire.

Le greffier réside au siège de la Cour et a le soin des archives.

VI.

Les parties peuvent, de commun accord, porter directement leur litige devant la Cour.

VII.

La Cour est saisie au moyen d'une notification faite au greffier par les parties de leur intention de soumettre leur différend à la Cour.

Le greffier porte immédiatement cette notification à la connaissance du président.

Si les parties n'ont pas usé de la faculté de porter directement leur litige devant la Cour, le président désigne les mémbres qui devront constituer un tribunal appelé à prononcer en première instance.

A la requête d'une des parties, les membres appelés à constituer ce tribunal devront être désignés par la Cour elle-même.

Les membres nommés par les Etats en litige ne peuvent faire partie du tribunal.

Les membres désignés pour siéger ne peuvent s'y refuser.

VIII.

Le compromis est arrêté par les gouvernements litigants; à défaut d'entente, il est arrêté par le tribunal ou, s'il y a lieu, par la Cour.

Il peut être formulé une demande reconventionelle.

IX.

Le jugement est motivé; il est prononcé dans un délai de deux mois après la clôture des débats.

Il est notifié aux parties par le greffier.

X.

Chaque partie a le droit d'interjeter appel dans les trois mois de la notification.

L'appel est porté devant la Cour. Les membres nommés par les Etats en litige et ceux qui ont fait partie du tribunal ne peuvent y siéger.

Il est procédé comme en première instance. L'arrêt de la Cour est définitif. Il ne peut être attaqué par un moyen quelconque.

XI.

L'exécution des décisions de la Cour est confiée à l'honneur et à la bonne foi des Etats en litige.

La Cour fera application des conventions des parties qui, dans un compromis, lui auraient donné les moyens de sanctionner pacifiquement ses décisions.

XII.

Les nominations prescrites par l'article III seront faites dans les six mois de l'échange des ratifications de la convention. Elles seront portées, par la voie diplomatique à la connaissance des Etats adhérents.

La Cour sera instituée et se réunira de plein droit à son siège un mois après l'expiration de ce délai, quel que soit le nombre de ses membres. Elle procédera à l'élection d'un président, d'un vice-président et d'un greffier ainsi qu'à l'élaboration de son règlement d'ordre intérieur.

XIII.

Les parties contractantes formuleront le règlement organique de la Cour. Il fera partie intégrante de la convention.

XIV.

Les Etats qui n'ont point pris part à la convention sont admis à y adhérer dans les formes habituelles.

Leur adhésion sera notifiée au gouvernement du pays où siège la Cour et par celui-ci aux autres gouvernements adhérents.

III. Dieser Entwurf, zu welchem Descamps gerne noch Abänderungsanträge gestellt hätte, wenn ihn nicht sein Amt als Präsident der interparlamentarischen Konferenz gehindert hätte,[1] war mit der Descampsschen Denkschrift an die Mächte[2] versandt worden. Man hat allen Grund anzunehmen, dass beides die Aufmerksamkeit des Zaren erregte; die Entsendung eines russischen Staatskommissars zur nächsten interparlamentarischen Konferenz in Budapest 1896 hing wohl damit zusammen.

Die interparlamentarische Konferenz von Kristiania 1899, die unmittelbar nach der Haager Friedenskonferenz abgehalten wurde, betonte in einem Glückwunsch an den Zaren ihre Genugtuung, dass das Brüsseler Projekt im Haag prinzipielle Annahme gefunden habe.[3] Man kann über den letzteren Punkt wohl anderer Meinung sein.

Der interparlamentarischen Konferenz verbleibt aber auf jeden Fall das Verdienst, die Schiedshoffrage auf das Geleise der praktischen Politik gebracht zu haben. Der Entwurf konnte den Beratungen der Haager Konferenz, zwar nicht zugrunde gelegt werden. Er war immer noch zu staatsrechtlich gedacht und noch nicht genügend dem Geist des Völkerrechts angepasst; in wichtigen Punkten musste man daher einen neuen Weg suchen. Insbesondere erschien es unmöglich, dass sich der Schiedshof selbst einen Präsidenten gibt, der nun gar mit fast souveräner, beinahe an die Kabinettsjustiz erinnernden Gewalt für jeden einzelnen Prozess — allerdings aus einer Liste — die Richter und dazu noch in beliebiger Zahl bestellt. Auch ging es nicht an, das Kompromis eventuell durch einen Schiedshofbeschluss zu ersetzen. Aber nichtsdestoweniger hat dieser Entwurf auf die Lösung der Schiedshoffrage mächtig eingewirkt, und Descamps kündigte gleich bei Beginn der Schiedshofsverhandlungen an, dass er in Anlehnung an den Brüsseler Entwurf Abänderungsanträge stellen würde, was dann auch geschah.

Ich werde nicht unterlassen, jeweils an passender Stelle den Zusammenhang des Haager Abkommens mit dem Brüsseler Entwurf festzustellen.

§ 54.

Die einleitenden Schiedshofverhandlungen im Haag.

Zu Beginn der Kommissionssitzung am 26. Mai lagen der russische Hauptentwurf und der russische Entwurf für eine Schiedsprozessordnung vor.[4]

Von einem Schiedshof verlautete zunächst amtlich noch nichts, doch war diese Frage durch das Projekt der Brüsseler interparlamentarischen

---

[1] Denkschrift S. 73.
[2] Vgl. oben S. 77 ff.
[3] Fried, Handbuch der Friedensbewegung S. 329.
[4] IV. 3. Vgl. oben S. 80.

Konferenz von 1895 und die Denkschrift von Descamps in greifbare Nähe gerückt und der Art. 13 des Hauptentwurfs bereits so eingerichtet, dass dort ein Schiedshofprojekt, das übrigens die russische Vertreter bereits mitgebracht, aber vorerst noch geheim gehalten hatten, eingefügt werden konnte. Die russische Politik ging hier angeblich mit Rücksicht auf Deutschland, von dem man Widerspruch erwartete, mit doppelter Vorsicht zu Werk.

England war es vorbehalten, die Schiedshoffrage auf die Tagesordnung zu bringen.

Wie B. v. Suttner berichtet,[1]) hatte bereits am 25. Mai, am Empfangstag in der russischen Botschaft, der englische erste Bevollmächtigte Sir Julian Pauncefote angedeutet, dass seine Delegation mit einem bestimmten Vorschlag an die Schiedsgerichtskommission herantreten werde. Dabei hegte er die besten Hoffnungen auf ein günstiges Ergebnis, auf Schaffung **einer positiven Einrichtung.** Im Hinblick auf das von ihm abgeschlossene, aber unratifiziert gebliebene englisch-amerikanische Schiedsgerichtsabkommen meinte er: „Dass überhaupt in einer gewissen Richtung der Wurf gemacht worden — das ist das Entscheidende".

Am folgenden Tag, am 26. Mai, begann die Schiedsgerichtskommission ihre eigentliche Arbeit.

Kaum hatte der Vorsitzende Bourgeois seine Programmrede gehalten, da erhob sich der englische Bevollmächtigte Julian Pauncefote und wünschte vor allem die Frage eines ständigen Schiedsgerichts zur Verhandlung gestellt zu sehen.[2])

Nach einem kurzen Meinungsaustausch, an dem sich Graf Nigra und Beernaert beteiligte, und der für die Sache des Schiedsgerichts günstig war aber keine unvorbereitete Verhandlung wünschte, bestand Pauncefote nicht mehr weiter auf der sofortigen Erörterung und behielt sich weitere Anträge vor.[3])

Es wurde nunmehr der Ausschuss bestellt, und in der ersten Ausschusssitzung noch an demselben Tage (26. Mai) überreichte Sir Julian Pauncefote den englischen Schiedshofentwurf. Jetzt legte dann auch Russland seinen Schiedshofentwurf auf den Tisch des Hauses nieder.[4])

Fünf Tage später, am Schluss der dritten Ausschusssitzung am 31. Mai brachte Holls mit einem kurzen Memorandum den amerikanischen Schiedshofentwurf in Vorlage.[5])

So hatte man also in kürzester Frist drei Schiedshofentwürfe. Der Descampssche Kommissionsbericht hebt hervor, dass keine Vorlage mit so grosser Begeisterung aufgenommen worden sei, wie das Schiedshofprojekt.[6]) Drei Grossmächte hatten sich sofort in der nachdrücklichsten

---

[1]) Tagebuchblätter S. 51 ff.

[2]) IV. 4 f. Vgl. oben S. 83. Die englische „motion" ist abgedruckt IV. 4 und 217, ebenso auch im Descampsschen Kommissionsbericht I. 117, der die „bemerkenswerte und fruchtbare Anregung" eines Schiedshofs dem englischen Vertreter dankbar quittiert.

[3]) IV. 4. Vgl. oben S. 83.

[4]) IV. 95.

[5]) IV. 107. Vgl. oben S. 81.

[6]) I. 117.

Form für die Idee eines ständigen Schiedshofs eingesetzt; und Descamps hatte recht, als er später in seiner Einleitung der Generaldebatte im Ausschuss dies als günstiges Zeichen deutete.

Ich will zunächst diese Entwürfe bekannt geben.

§ 55.

Die Haager Schiedshofentwürfe.

I. Der russische Schiedshofentwurf.

1. Das russische „Projet de Tribunal d'Arbitrage“[1]) hebt in der Überschrift hervor, dass es den Art. 13 des Hauptentwurfs (vgl. oben S. 168) ersetzen könnte.

Das „Projet“ selbst besteht aus nur zwei Artikeln.

Art. I sah eine Probezeit vor, in welcher man es mit dem neuen Rechtsinstitut eines „Tribunal d'arbitrage“ versuchen wollte. Das Schiedsgericht selbst sollte nach Abs. 1 für die (allerdings später gefallene) obligatorische Schiedssprechung nach Massgabe des Art. 10 der „Eléments“ zuständig sein. Doch blieb es den Mächten vorbehalten, sich auch hier auf ein besonderes Schiedsgericht zu vereinigen.

Bei entsprechendem Schiedsvertrag sollte nach Abs. 2 das geplante Schiedsgericht auch zuständig sein für die Fälle fakultativer Schiedssprechung.

Dabei wurde es im Abs. 3 als selbstverständlich bezeichnet, dass alle Mächte ohne Ausnahme ihre Streitigkeiten diesem Schiedsgericht unterbreiten, und sich demgemäss an das ständige Bureau wenden könnnen, dessen Bildung im Anhang vorgesehen war.

2. Für die Organisation des Schiedsgerichts verweist der Art. II auf die „Constitution du Tribunal d'arbitrage“ im Anhang.[2])

Darnach sollte mangels abweichender Schiedsvertragsbestimmungen das im Art. 13 vorgesehene Schiedsgericht auf folgender Grundlage errichtet werden:

§ 1. Die vertragschliessenden Mächte errichten ein ständiges Schiedsgericht (Tribunal permanent) zur Entscheidung der internationalen Konflikte, welche diesem in Gemässheit des Art. 13 des gegenwärtigen Abkommens von den streitenden Parteien unterbreitet werden.

§ 2. Die Konferenz bezeichnet für die Zeit bis zur nächsten Konferenz fünf Mächte, von welchen jede bei der Anrufung der Schiedssprechung einen Schiedsrichter aus ihren Staatsangehörigen oder auch von auswärts bestellt. Die so ernannten Richter bilden das zur Entscheidung des augenblicklichen Streitfalles zuständige Schiedsgericht.

§ 3. Befindet sich unter den streitenden Mächten eine oder mehrere, die im Schiedsgericht nicht vertreten sind, so kann sich jede solche Macht durch eine Person ihrer Wahl vertreten lassen, und diese hat dieselben Rechte, wie die übrigen Mitglieder.

§ 4. Das Schiedsgericht wählt aus seinen Mitgliedern den Präsidenten, welcher bei Stimmengleichheit entscheidet.

§ 5. Die fünf Mächte errichten ein ständiges Bureau, geben demselben seine Statuten, ernennen und erneuern seine Beamten und bestimmen deren Gehalt. Dieses Bureau, dessen Sitz im Haag ist, besteht aus einem Generalsekretär, einem Hilfssekretär, einem Archivar und dem vom Generalsekretär ernannten Personal.

§ 6. Die Unterhaltungskosten dieses Bureau verteilen sich unter die Staaten nach dem für das Bureau des Weltpostvereins massgebenden Verhältnis.

§ 7. Das Bureau erstattet den fünf Mächten jährlich Bericht über seine Tätigkeit, und diese teilen den Bericht den übrigen Staaten mit.

§ 8. Die Mächte, zwischen welchen ein Streit ausgebrochen ist, wenden sich an das Bureau und liefern diesem die nötigen Urkunden. Das Bureau benachrichtigt die fünf Mächte, welche ohne Verzug den Gerichtshof zu bilden haben. Dieser

---

[1]) Abgedruckt IV. 221.

[2]) Abgedruckt IV. 222 f.

Gerichtshof tritt gewöhnlich im Haag zusammen; er kann aber auch in einer anderen Stadt zusammentreten, wenn darüber die beteiligten Mächte eine Einigung erzielen.

§ 9. Während der Tätigkeit des Gerichtshofs dient dem letzteren das Bureau als Sekretariat. Es folgt dem Gerichtshof beim Ortswechsel. Das Archiv der internationalen Schiedssprechung befindet sich beim Bureau.

§ 10. Das Verfahren des Gerichtshofs regelt sich nach dem Code d'arbitrage.

II. Der amerikanische Schiedshofentwurf.

Das amerikanische Schiedsgerichtprojekt (Projet De Tribunal International)[1]) hat folgenden Inhalt:

Um den bewaffneten Konflikten mit den Mitteln des Friedens zuvorzukommen, werden die versammelten Vertreter der souveränen Mächte durch gegenwärtige Resolution eingeladen, ihren Regierungen den Vorschlag zu Unterhandlungen behufs Abschlusses eines allgemeinen Abkommens zu machen, dessen Inhalt durch den unten angeführten Entwurf bestimmt ist, wobei solche Veränderungen angebracht werden können, welche notwendig erscheinen, um wenigstens neun souveräne Staaten zum Anschluss zu bewegen, von welchen wenigstens acht in Europa oder Amerika liegen und wenigstens vier den Signatarmächten des Pariser Vertrages angehören müssen, wobei das Deutsche Reich als Rechtsnachfolger von Preussen, und das Königreich Italien als Rechtsnachfolger von Sardinien zu gelten hat.

1. Der Gerichtshof wird mit Personen besetzt werden, die sich durch ihre hohe Redlichkeit und ihre Völkerrechtskenntnis auszeichnen und die von der Mehrheit der Mitglieder des höchsten Gerichtshofes eines jeden Landes bestellt werden. Jede Signatarmacht hat einen Vertreter im Gerichtshof. Die Mitglieder desselben sind tätig, bis sie in gehöriger Form auf dieselbe Weise Nachfolger erhalten.
2. Der Gerichtshof tritt zum Zweck seiner Organisation in einer Zeit und an einem Ort zusammen, wie es die verschiedenen Staaten bestimmt haben. Auf jeden Fall muss das geschehen innerhalb sechs Monaten nach der Ratifikation des allgemeinen Vertrags durch die oben erwähnten neun Mächte. Der Gerichtshof bestellt einen ständigen Gerichtsschreiber und die anderen notwendigen Beamten. Der Gerichtshof hat die Macht, den Ort zu bezeichnen, wo er sich versammelt und den er von Zeit zu Zeit ändern kann, wie es die Interessen der Rechtsprechung oder der Parteien erfordern. Er bestimmt die Regeln des zu beobachtenden Verfahrens.
3. Der Gerichtshof hat einen dauernden Charakter und ist immer bereit, nach Massgabe seiner Prozessordnung von seiten der Signatarmächte oder auch der anderen Nationen Rechts- und Streitfälle anzunehmen; alle Fälle, wie die Zeugenaussagen und die sonstigen Beweismittel für oder gegen, müssen schriftlich festgelegt oder gedruckt werden. Alle Rechts- und Streitfälle, Erklärungen, Beweismittel und richterlichen Entscheidungsgründe müssen nach Verkündigung des Urteils allen denjenigen zur Verfügung gestellt werden, welche bereit sind, die Kosten der Abschrift zu bestreiten.
4. Jeder Streit der Signatarmächte kann von den Beteiligten im gegenseitigen Einvernehmen dem Urteil dieses internationalen Schiedshofes unterworfen werden; aber im Fall, dass der Schiedshof angerufen wird, müssen sich die Beteiligten bei der Anrufung desselben verpflichten, den Urteilsspruch anzunehmen.
5. In jedem einzelnen Fall setzt sich der Gerichtshof gemäss der Verabredung der streitenden Nationen zusammen, mag der ganze Gerichtshof tagen oder mögen die streitenden Nationen nur einige Mitglieder des letzteren bezeichnen, die dann aber an Zahl ungleich und nicht unter drei betragen dürfen. In dem Fall, wo der Gerichtshof nur aus drei Richtern besteht, kann keiner derselben einem beteiligten Staat nach Geburt, Untertanenschaft oder Bürgerrecht angehören.
6. Die allgemeinen Kosten werden gleichmässig oder im billigen Verhältnis unter die beitretenden Staaten verteilt; aber die durch den einzelnen Fall veranlassten Kosten fallen denjenigen zur Last, welche der Gerichtshof bezeichnet. Die Gehälter der Richter können so bestimmt werden, dass sie nur zahlbar werden, wenn die Richter tatsächlich ihr richterliches Amt ausüben. Die Fälle, in welchen eine oder beide Parteien keine Vertragsmacht sind, werden nur unter der Bedingung zugelassen, dass die streitenden Mächte

[1]) Abgedruckt IV. 241 ff.

im gemeinsamen Einvernehmen die Verpflichtung eingehen, die Summe zu bezahlen, welche der Gerichtshof zur Deckung der Kosten des Verfahrens bestimmen wird.

7. Jede Partei, welche dem Gerichtshof einen Rechtsfall unterbreitet, hat das Recht der Berufung an dasselbe Gericht innerhalb drei Monaten nach Zustellung des Urteils, wenn sie erklärt, neue Zeugenbeweise anbieten oder auch solche Rechtsfragen aufwerfen zu wollen, die das erstemal nicht berührt worden sind.
8. Dieser Entwurf tritt in Kraft, wenn neun souveräne Staaten unter den in der Resolution angegebenen Bedingungen die Ratifikation erteilt haben.

III. Der englische Schiedshofentwurf.

Der englische Entwurf[1]) hat folgenden Inhalt:

1. Um die unmittelbare Anrufung der Schiedssprechung bei den internationalen Streitfragen für die Staaten, welchen die diplomatische Erledigung nicht gelungen ist, zu erleichtern, machen sich die Signatarmächte anheischig, nach folgenden Bestimmungen ein ständiges Schiedsgericht (Tribunal Permanent d'Arbitrage) einzurichten, welches jederzeit zugänglich ist und nach Massgabe der in diesem Abkommen enthaltenen Normen über das Schiedsverfahren tätig wird, insoweit nicht der Schiedsvertrag ein anderes bestimmt.
2. Zu diesem Zweck soll ein ständiges Zentralbureau in . . errichtet werden, bei welchem das Archiv aufbewahrt wird, und welches die offiziellen Geschäfte zu führen hat. Es wird ein ständiger Sekretär, ein Archivar und das nötige Personal am Platz bestellt. Das Bureau vermittelt die auf den Zusammentritt des Schiedshofes bezüglichen Mitteilungen.
3. Jede Macht übermittelt den anderen Mächten die Namen von zwei anerkannten Juristen oder Publizisten ihrer Nationalität, welche von Ruf sind, sich der höchsten Wertschätzung erfreuen, welche auch bereit sind, das Schiedsrichteramt zu übernehmen, und alle nötigen Eigenschaften besitzen. Diese Personen sind Mitglieder des Schiedshofs und werden als solche beim Zentralbureau eingeschrieben. Im Falle des Ablebens oder Rücktritts eines Mitglieds muss für Ersatz in derselben Weise Sorge getragen werden.
4. Wenn die Mächte den Gerichtshof um die friedliche Regelung von Streitigkeiten angehen wollen, so übermitteln sie diesen Wunsch dem Sekretär des Zentralbureaus, welcher ihnen sofort die Mitgliederliste des Gerichtshofes mitteilt. Sie wählen aus dieser Liste die Zahl von Schiedsrichtern, welche im Schiedsvertrag vorgesehen worden ist. Sie haben übrigens die Befugnis, auch noch andere Schiedsrichter hinzuzufügen, die nicht in der Liste stehen. Die so gewählten Schiedsrichter bilden das Schiedsgericht für die fragliche Schiedssprechung. Sie treten an dem von den Parteien bestimmten Termin zusammen. Das Schiedsgericht tagt gewöhnlich in . . .; aber es kann auch anderswo tagen und seinen Sitz von Zeit zu Zeit nach den Umständen und nach ihrem resp. der Parteien Ermessen verlegen.
5. Jeder Staat, auch wenn er nicht zu den Signatarmächten gehört, kann unter den durch die allgemeinen Anordnungen festgesetzten Bedingungen den Gerichtshof anrufen.
6. Die Regierung von . . . ist beauftragt, namens der Signatarmächte so bald wie möglich nach der Ratifikation dieses Abkommens in . . . . einen ständigen Verwaltungsrat einzurichten, welcher aus fünf Mitgliedern und einem Sekretär besteht. Der Verwaltungsrat hat die Pflicht, das Zentralbureau zu errichten und einzurichten, das unter seiner Leitung und Aufsicht steht. Er erlässt von Zeit zu Zeit die für einen guten Geschäftsbetrieb nötigen allgemeinen Anordnungen. Er regelt auch die Fragen, welche sich etwa in Beziehung auf den Geschäftsbetrieb des Schiedshofes erheben, oder die vom Zentralbureau an ihn gelangen. Er hat volle Befugnis, alle Beamten und Angestellten zu ernennen, sie ihres Dienstes vorläufig zu entheben oder zu entlassen. Er setzt ihr Gehalt fest und beaufsichtigt das Kassenwesen. Der Verwaltungsrat wählt seinen Vorsitzenden, welcher eine ausschlaggebende Stimme hat. Die Anwesenheit von drei Mitgliedern genügt zur Abhaltung von Sitzungen, und die Beschlussfassung erfolgt nach Stimmenmehrheit. Die Gehaltsverhältnisse der Mitglieder des Verwaltungsrats werden im Einvernehmen der Signatarmächte festgelegt.

---

[1]) Abgedruckt im englischen und französischen Text IV. 218 ff.

7. Die Signatarmächte machen sich anheischig, die Kosten des Verwaltungsrates und des Zentralbureaus zu gleichen Teilen zu tragen. Die Prozesskosten, die sich aus jeder Schiedssprechung ergeben, fallen den im Streit befindlichen Staaten zu gleichen Teilen zur Last.

§ 56.

Die Wahl des Schiedshofentwurfs.

I. Der russische, amerikanische und englische Schiedshofentwurf unterschieden sich grundsätzlich in folgender Weise:[1])

1. Der russische Schiedshofentwurf wünschte ein aufoktroyrtes Schiedsgericht insofern als die wenigen Staaten im voraus fest bestimmt werden sollten, von welchen jeder im Bedürfnisfall ein Mitglied ernennt.
2. Der amerikanische und englische Entwurf aber liessen grössere Freiheit, indem sie sich nach dem Vorgang des Brüsseler Projekts mit einer Schiedshofliste begnügten, bei deren Zustandekommen alle Signatarmächte mitwirken und aus welcher die Beteiligten allein die Richter wählen.

Und zwar sollte nach dem amerikanischen Entwurf, der übrigens auch schon eine Art Nachprüfung zuliess, der oberste Gerichtshof in jedem Staat ein Mitglied, nach dem englischen Entwurf die Staatsgewalt selbst zwei Mitglieder im voraus ernennen, d. h. auf die Liste setzen, aus welcher sich die Parteien dann im Streitfall die Mitglieder für ein zu bildendes Schiedsgericht selbst aussuchen konnten, wobei aber der amerikanische Entwurf auch damit rechnete, dass alle zusammen das Schiedsgericht bilden.

Der amerikanische Entwurf hatte nach dem Vorbild des Brüsseler Projekts einen „greffier permanent", vorgesehen. Die beiden anderen Entwürfe sprachen in diesem Sinn von einem „Bureau" resp. „Bureau central".

Der englische Entwurf hatte übrigens ganz allein auch schon in dem ständigen Verwaltungsrat eine Aufsichtsinstanz ins Auge gefasst und wollte mit dieser Aufgabe die im Haag akkreditierten Diplomaten unter dem Vorsitz des holländischen Ministers betraut sehen.

Der Hauptunterschied lag aber in der Bestellung der Schiedsrichter selbst.

Ein fester Gerichtshof mit im voraus bestimmten ständigen Richtern, die ernannt sind, bevor man nur die Streitsache kennt, hätte den Schiedsrichter zum Berufsrichter gemacht und wäre ein kühner Sprung ins Staatsrecht gewesen, welchen deshalb kein Entwurf gewagt hat. Immerhin bestanden gerade in dieser Richtung noch erhebliche Verschiedenheiten.

II. Welcher Entwurf sollte zugrunde gelegt werden?

Darüber verständigte man sich vernünftigerweise hinter den Kulissen.

Man hatte dazu auch Zeit, denn die Verhandlungen über den Schiedshof waren ihrer Schwierigkeit wegen weit hinausgeschoben worden.

Erst am Schluss der fünften Ausschusssitzung am 7. Juni wurde die „importante question"[2]) in Angriff genommen, und sofort erklärten sich v. Staal und Holls damit einverstanden, und es wurde dann auch vom

---

[1]) Eine gegenüberstellende Inhaltsangabe enthält auch der Descampssche Kommissionsbericht I. 118 f.

[2]) Bourgeois IV. 117.

Ausschuss ohne Debatte beschlossen, dass der Entwurf von Sir Julian Pauncefote zur Grundlage der Verhandlung gewählt werde.[1])

Zwei Tage später, am 9. Juni, trat der Ausschuss in die Beratung des englischen Entwurfs ein.[2]) Die Ausschussverhandlungen hatten in der Tat „un caractère d'exceptionnelle importance".[3])

Der französische erste Bevollmächtigte Bourgeois, welcher den Vorsitz führte, liess sich am 9. Juni als Chef der französischen Delegation über die getroffene Wahl folgendermassen aus:[4])

Nachdem die französische Delegation von den verschiedenen Entwürfen Kenntnis genommen hat, welche behufs Verallgemeinerung der Schiedspraxis einen ständigen Schiedshof ins Leben rufen wollen, ist sie der Ansicht, dass insbesondere zwischen dem russischen und englischen Projekt eine Prinzipiengemeinschaft besteht. Sie verzichtet ihrerseits auf die Vorlage eines besonderen Entwurfs. Aber sie wünscht die Grundideen zu umschreiben, welche sie in der Verhandlung bestimmen werden, die Punkte festzulegen, in welchen sie mit den beiden Projekten übereinstimmt, und endlich einige Vorschläge zu machen, welche die Entwürfe vielleicht glücklich ergänzen und die Anwendung erleichtern.

I. Indem die Entwürfe den rein fakultativen Charakter der Schiedssprechung festhalten — nicht allein beim ständigen Schiedshof, sondern bei jedem Schiedssystem, freilich unbeschadet des Art. 10[5]) — und indem sie die Fälle ausscheiden, wo es sich um Lebensinteressen und nationale Ehre handelt, sind sie den hauptsächlichsten Einwendungen entgegengetreten, welche die nationale Empfindung hätte zeitigen können. Es ist wichtig, dass kein Schatten eines moralischen Zwanges die Entscheidung eines Staates beeinflusst, wenn nach seiner Ansicht Würde, Sicherheit und Unabhängigkeit in Frage stehen.

In demselben Geist der Klugheit und mit demselben Respekt vor dem nationalen Empfinden hat man in dem einen wie dem anderen Entwurf das Prinzip der ständigen Richter abgelehnt. Es wäre in der Tat eine grosse Schwierigkeit, wollte man im voraus einen Gerichtshof mit einer bestimmten Anzahl von Richtern einsetzen, der die verschiedenen Länder zu repräsentieren und in regelmässigen Sitzungen die laufenden Geschäfte zu erledigen hätte.

Ein solcher Gerichtshof würde den Parteien keine Schiedsrichter geben, die im Hinblick auf den Streit gewählt sind und die das Vertrauen des Landes geniessen, sondern Berufsrichter im Sinn des Privatrechts, die ohne Anteil der Parteien im voraus ernannt wären. Ein ständiger Gerichtshof dieser Art würde selbst bei der höchsten Unparteilichkeit seiner Mitglieder in den Augen der öffentlichen Meinung den Charakter einer Staatenvertretung annehmen. Die Regierungen könnten glauben, dass er politischen Einflüssen zugänglich sei und würden nicht zu ihm kommen als einer völlig uninteressierten Gerichtsstelle.

Die Freiheit der Beschwerdeführung beim Schiedshof und die Freiheit in der Wahl der Schiedsrichter erscheinen uns wie den Urhebern der beiden Entwürfe als die Vorbedingungen des Erfolges der Sache, welcher wir einmütig dienen wollen.

Unter dieser doppelten Garantie zögern wir nicht, die Idee eines ständigen Rechtsinstituts zu unterstützen, das zu jeder Zeit zugänglich ist, und das den Bestimmungen zu folgen und das Verfahren zu beobachten hat, wie dies durch die Konferenzmächte noch vorgesehen werden soll.

Wir billigen es, dass ein internationales Bureau eingerichtet wird, um ständig die Dienstleistungen des Gerichtsschreibers, des Sekretariats und des Archivs zu vermitteln. Die Ständigkeit dieser Funktionen dient nicht bloss dazu, die gemeinsamen Beziehungen zwischen den Staaten aufrecht zu erhalten und die Einheit des Verfahrens wie der Rechtsprechung zu sichern, sondern auch unausgesetzt durch ein sinnenfälliges und anerkanntes Zeichen an den Geist der Völker, sowie

---

[1]) IV. 116. v. Martens meinte später („La conférence de la paix" p. 32): Es sei dies eine schuldige Aufmerksamkeit für Pauncefote gewesen, der sein ganzes langes Leben dem Dienste der internationalen Friedenssicherung gewidmet habe.

[2]) IV. 117. In der achten Ausschusssitzung am 21. Juni wurde die erste Lesung beendigt (IV. 134).

[3]) Descampsscher Kommissionsbericht I. 119.

[4]) IV. 117 ff. Vgl. auch I. 119.

[5]) Der Art. 10 (obligatorische Schiedssprechung) fiel erst am 4. Juli. Vgl. oben S. 178 ff.

an die erhabene Idee des Rechts und der Menschlichkeit zu erinnern, welche auf die Einladung des Kaisers von Russland verwirklicht werden soll.

II. Die französische Delegation hält es sogar für möglich, dass man dieser ständigen Rechtseinrichtung eine noch wirksamere Rolle zuweist. Das Bureau könnte nämlich einen internationalen Auftrag erhalten, der ihm das Recht der Initiative verleiht und wodurch in vielen Fällen die Anrufung des Schiedsspruchs erleichtert würde.

In den Fällen, wo sich zwischen den Signatarmächten eine Schwierigkeit herausgestellt, welche nach diesem Abkommen der Schiedssprechung unterliegt, würde das Bureau die Aufgabe haben, den streitenden Parteien die Artikel des einschlägigen Abkommens, ebenso wie die von ihnen selbst beschlossene Möglichkeit oder gar Pflicht zur Anrufung schiedsrichterlicher Entscheidung in Erinnerung zu rufen; es würde folgeweise zwischen ihnen als Vermitteler dienen, um das Schiedsverfahren in Bewegung zu setzen und den Zugang zum Richterspruch frei zu machen.

Hier steckt oft das Hindernis. Diejenige Regierung, welche den Schiedsspruch wünschen möchte, befürchtet, dass man selbst im eigenen Land ihre Initiative als einen Akt der Schwäche, nicht als Beweis ihres Rechtsvertrauens ansieht.

Wenn das ständige Bureau mit der besonderen Pflicht der Initiative betraut wird, so kommt man dieser Auffassung zuvor. Aus einer ähnlichen Erwägung hat die Kommission für Fälle, welche indes gewichtiger und allgemeiner sind, den Neutralen das Recht zugebilligt, ihre Vermittelung anzubieten, und erklärt, dass diese Intervention nicht als unfreundliche Handlung angesehen werden dürfe. Umsomehr ist es in den besonderen Fällen, für welche das gegenwärtige Abkommen die Schiedssprechung offen hält, möglich, dem ständigen Bureau einen bestimmten Auftrag der Initiative zu geben. Dasselbe soll verpflichtet werden, den Parteien die umstrittenen Artikel der einschlägigen Vereinbarung vorzuhalten und soll sie fragen, ob sie unter den von ihnen ja selbst vorgesehenen Bedingungen es auf den Schiedsspruch ankommen lassen wollen, d. h. ob ihre eigenen Abmachungen nunmehr verwirklicht werden sollen. Auf eine derart gestellte Frage wird die Antwort leicht sein; und die Rücksicht auf die Würde, welche vielleicht die Beschwerde zurückgedrängt hätte, wird verschwinden. Um eine dieser mächtigen Maschinen, durch welche die moderne Wissenschaft die Welt umbildet, in Bewegung zu setzen, genügt es, den Finger auf den Berührungspunkt zu legen: es muss nur jemand beauftragt werden, diese einfache Bewegung zu vollziehen.

Die französische Vertretung ist der Ansicht, dass die Einrichtung, welcher dieser internationale Auftrag zu geben wäre, in der Geschichte eine höchst nützliche Rolle spielen würde.

Das war die erste Ankündigung der jetzt im Art. 27 ausgesprochenen staatlichen Erinnerungspflicht, die somit auf eine französische Anregung zurückgeht.

Julian Pauncefote dankte dem russischen und amerikanischen Vertreter dafür, dass sie seinen Entwurf zur Grundlage der Erörterung gewählt hätten. Aus den beiden anderen Entwürfen würde man Verbesserungen für seinen Entwurf holen können und man werde die ersteren wie alle noch kommenden Abänderungsanträge wohl würdigen.[1])

In der siebenten Ausschusssitzung am 12. Juni kam Holls auf diese Frage nochmals zurück und erklärte im Namen der amerikanischen Vertretung, dass die letztere durch die Beratung auf der Grundlage des englischen Projekts nicht auf das Recht verzichte, bei passender Gelegenheit den eigenen Entwurf, sei es in der Kommission sei es im Plenum, als Abänderungsantrag zu benützen.[2])

Der Descampssche Ausschuss- und Kommissionsbericht[3]) gedachte später gleichfalls der Tatsache, dass von den drei in Vorlage gebrachten

---

1) IV. 119.
2) IV. 127.
3) IV. 16. I. 120.

Entwürfen der englische die Grundlage der Erörterung abgegeben habe. Man habe nicht die bemerkenswerte Initiative vergessen, welche Pauncefote bei Beginn der Beratungen ergriffen habe.[1]) Das liebenswürdige Entgegenkommen der russischen und amerikanischen Vertreter, welche damit einverstanden waren, dass die einschlägigen Bestimmungen ihrer Entwürfe, deren Beibehaltung sie wünschten, nur in der Form von Abänderungsanträgen vorgelegt würden, habe dem Ausschuss die Arbeit erleichtert.

Zweiter Titel.

Die Organisationsfrage.

§ 57.

Das Schiedshofprinzip.

I. In der sechsten Ausschusssitzung am 9. Juni wurde die Debatte über das Schiedshofprinzip von dem belgischen Vertreter Descamps, der auch infolge seiner berühmten Denkschrift an die Mächte und durch seine führende Mitwirkung bei den Verhandlungen über das Brüsseler Schiedshofprojekt vor allen dazu berechtigt erschien, durch folgende Rede eröffnet:[2])

Die Errichtung eines ständigen Schiedshofs entspricht dem rechtlichen Gewissen der zivilisierten Völker, dem bisherigen Fortschritt im Leben der Nationen, der modernen Entwickelung der internationalen Gerichtsbarkeit, dem Bedürfnis der Staaten nach einer zugänglicheren Justiz.

Sie kann ein mächtiges Werkzeug für die Befestigung der Rechtsempfindung werden.

Die Vorlage von drei Entwürfen durch drei Grossmächte ist eine Tat von gewaltiger Bedeutung.[3]) Diese Projekte sind verschieden, aber es scheint möglich, sie in einer höheren Einheit zu vereinigen, die alles einschliesst, was verwirklicht werden kann.

Die Errichtung von ständigen Schiedsgerichten ist keine Neuerung im Völkerrecht. Der allgemeine Weltpostvertrag[4]) enthält die Errichtung eines freien Schiedshofs, welchem die deutsche Vertretung seit der ersten Konferenz von 1878 noch wichtigere Aufgaben hatte übertragen wollen. Auch noch andere feste Ämter von richterlicher Natur funktionieren im Völkerrecht. Die Errichtung eines ständigen Schiedshofs stösst auf keine unübersteigbaren Hindernisse, und sie kann ein bedeutsamer Bestandteil der internationalen Aufgabe sein, welche der Haager Konferenz gestellt ist.

Die Schwierigkeiten, welchen auf anderen Gebieten die Verwirklichung der hochherzigen Pläne Sr. Majestät des Kaisers von Russland begegnet, sind ein Grund mehr für uns, unsere Blicke der Organisation der Vermittelung und Schiedssprechung zuzuwenden. Man muss die organischen Friedenseinrichtungen entwickeln und befestigen. In dieser Beziehung ist in allen Ländern eine allgemeine Spannung, welche man ohne schwere Unzuträglichkeiten nicht wird täuschen können.

Die Verhältnisse, welche wir dem geplanten Werke geben wollen, sind ohne Zweifel bescheiden. Die Zukunft wird das, was dieses Werk Fruchtbares für das Wohl der Völker und den Fortschritt der Menschlichkeit enthält, weiter entwickeln.

---

1) Vgl. oben S. 217.
2) IV. 119.
3) Das hob Descamps später auch noch einmal in seinem Ausschussbericht hervor (IV. 16).
4) Vgl. oben S. 63.

Für die Vertreter auf dieser Konferenz wird es zweifellos eine der grössten Freuden ihres Lebens sein, an der Herbeiführung dieses grossen Ergebnisses, nämlich an der brüderlichen Annäherung der Völker und der Festigung des allgemeinen Friedens mitgearbeitet zu haben.

Nach dieser Rede gab Descamps der Meinung Ausdruck, man könne an den Schiedshofentwürfen noch einige Verbesserungen nach dem Vorbild des Brüsseler Projekts anbringen, und er behalte sich daher vor, im Verlauf der Debatte auf die einschlägigen Bestimmungen hinzuweisen, um dem neuen internationalen Organismus ein festeres Gefüge zu geben, ohne an der Souveränität der Staaten zu rütteln.[1])

Der deutsche Vertreter Dr. Zorn erklärte, er sei mit der grössten Aufmerksamkeit und in tiefer Bewegung den vorausgegangenen Reden gefolgt; er gebe sich Rechenschaft über die Feierlichkeit dieser Stunde, in welcher sich die Vertreter der zivilisierten Staaten über eines der gewichtigsten Probleme aussprechen, das ihnen vorgelegt werden könne. Er hoffe, dass einst der Tag kommen werde, wo der hohe Wunsch Sr. Majestät des Kaisers von Russland vollständig in Erfüllung geht und wo die staatlichen Streitigkeiten in der Hauptsache, insoweit sie nicht die Lebensinteressen und die nationale Ehre berühren, vor eine ständige internationale Rechtssprechung gelangen. Aber, so fuhr er fort, so sehr ich persönlich von dieser Hoffnung durchdrungen bin: ich kann und darf mich keiner Einbildung überlassen, und das ist auch, dessen bin ich sicher, die Ansicht meiner Regierung. Man muss anerkennen, dass sich die vorgeschlagene Neuerung noch im Stadium eines schönen Projekts befindet; es ist sicher, dass die Verwirklichung ein grosses Risiko ist, ja viele Gefahren nach sich zieht, über welche sich die Klugheit Rechenschaft geben muss. Empfiehlt es sich da nicht zu warten, bis man in diesem Ideenkreis vorläufige Erfahrungen gesammelt hat?

Wenn diese Erfahrungen glücklich ausfallen und wenn sie unsere Hoffnungen bestätigen, so wird die deutsche Regierung nicht zögern, einen Versuch zu machen, und es mit einer die bisherige Praxis überschreitenden Schiedsgerichtsbarkeit zu wagen. Aber sie kann sich nicht auf die Errichtung eines ständigen Schiedshofs festlegen, ohne vorher genügende Erfahrung mit dem gelegentlichen Schiedsgericht gemacht zu haben. So sehr ich gewillt bin, mit allen meinen Kräften zum guten Fortgang der Komiteearbeiten beizutragen, so muss ich doch zu meinem Bedauern bitten, auf den Art. 13 des ursprünglichen russischen Entwurfs zurückzukommen. Denn dieser stellt nach meiner Auffassung genau die Meinung der deutschen Regierung dar.[2])

II. Damit war die Prinzipienfrage aufgeworfen, und der Präsident eröffnet darüber die Debatte.

Der holländische Vertreter Asser erkannte an, dass es gewiss nützlich sein könne, Erfahrungen zu sammeln; aber die Erfahrungen mit gelegentlichen Schiedsgerichten habe man ja gemacht. Das Schiedsgericht, das noch versucht werden müsste, sei gerade der ständige Schiedshof der vorgelegten Projekte, welch letztere die Errichtung eines Gerichtshofs vorsehen, den die Staaten anrufen können, ohne es zu müssen. Asser legte dem deutschen Bevollmächtigten nahe, er möge in seiner Schlussfolgerung weniger bestimmt sein; er könne vielleicht, ohne seine Ansicht zu opfern, die er ja, mit einer Empfindung vorgetragen habe, welche auf den ganzen Ausschuss Eindruck gemacht habe, von dem Kampf gegen die Errichtung eines ständigen Schiedshofs absehen und letzteren nach dem Beispiel des Grafen Nigra als einen Schiedshof auf Zeit annehmen.[3])

[1]) IV. 119 f.
[2]) IV. 120 f. Vgl. auch den Kommissionsbericht I. 120.
[3]) IV. 121. Vgl. auch den Kommissionsbericht I. 120.

Zorn aber meinte: Es sei ein Unterschied zwischen einem gelegentlichen Schiedsgericht und einem Gerichtshof, der die Funktion des Schiedsrichters nach Massgabe einer Prozessordnung und im voraus erlassener Rechtsbestimmungen ausübe. Übrigens habe die russische Regierung ihr ursprüngliches Projekt geändert. Das letztere und kein anderes habe die deutsche Regierung als Grundlage der Konferenzarbeiten angenommen. Er könne nicht einmal zum Zweck der Erfahrung der Errichtung eines Schiedshofes **auf Zeit** zustimmen. Denn diese Errichtung sei im ursprünglichen russischen Programm nicht vorgesehen, und es sei in der Tat wahrscheinlich, dass der Gerichtshof auf Zeit bald definitiv werden wolle.[1])

Jetzt versuchte es der italienische erste Vertreter, Graf Nigra bei Dr. Zorn mit einer unmittelbaren Berufung auf dessen versöhnlichen Sinn und wies auf die Folgen einer allzu bestimmten Entscheidung hin in einer Frage, die in einem so hohen Grade die ganze Menschheit berühre. Die Ungeduld, mit welcher die öffentliche Meinung die Ergebnisse der Konferenzarbeiten verfolge, sei so gross geworden, dass es gefährlich sei, auf die Annahme eines Schiedshofes zu verzichten. Die Enttäuschung wäre stark. Die Konferenz würde sich in diesem Fall eine grosse Verantwortung aufladen vor der Geschichte, den Völkern und dem Kaiser von Russland. Er bitte den deutschen Vertreter, sich nicht durch ein unbedingtes Nein festzulegen und lieber noch einmal an seine Regierung zu berichten.[2])

Nachdem sich auch Descamps in diesem Sinn geäussert hatte,[3]) antwortete Dr. Zorn,[4]) dass er angesichts dieser dringenden Bitten empfänglich sei und dass er grosse Stücke darauf halte, nicht von der gemeinsamen Arbeit zurücktreten zu müssen, aber er könne seine Regierung nicht verpflichten.

Von dieser Erklärung, welche dem deutschen Vertreter volle Freiheit wahrte, wurde Kenntnis genommen und nach dieser Ordnung der Vorfrage die Verhandlung fortgesetzt.[5])

Übrigens gab der österreichisch-ungarische Bevollmächtigte Lammasch alsbald eine ähnliche Erklärung wie Zorn ab: Obschon das russische Rundschreiben nichts über die Errichtung eines ständigen Schiedshofs enthalte, nehme er den Entwurf Pauncefotes als Grundlage der Erörterung an, ohne jedoch dadurch zu erklären, dass Österreich-Ungarn bereit sei, sich auf die Errichtung eines ständigen Schiedshofs einzulassen. Diese Errichtung könne in sehr verschiedener Art gedacht werden. Er nehme das Pauncefotesche Projekt als Basis der Verhandlung an, um die so wichtigen Arbeiten der Konferenz nicht zu erschweren, und er selbst werde an denselben mit dem möglichst besten Willen teilnehmen,

---

1) IV. 121.

2) a. a. O. Ähnlich sprachen später noch Odier und Holls IV. 122, 123. Vgl. auch I. 120 f.

3) IV. 121.

4) a. a. O.

5) IV. 122 ff.

aber unter dem Vorbehalt, dass seine Teilnahme in keiner Weise seine Regierung verpflichte.[1]

III. Zorn hat ein Jahr später in der „Deutschen Rundschau" S. 113 ff. und 1903 im „Tag" No. 309 über die damalige Sachlage interessante Aufschlüsse gegeben, die ich im folgenden verwerte:

Vier Grossmächte und die drei Mittelstaaten im Ausschuss[2]) waren von vornherein auf den ständigen Schiedshof festgelegt.

Österreich-Ungarn und Deutschland beobachteten zunächst eine zurückhaltende Stellung.[3]) Für die Kommissionsverhandlung war vielleicht noch eine selbständige Haltung von Rumänien zu erwarten.

Aber eine positive Stellungnahme gegen „die starke Weltströmung"[4]) liess sich nicht herstellen.

Österreich blieb fest in seiner zurückhaltenden und beobachtenden aber wohlwollenden Stellung und war offenbar entschlossen, sich nicht durch Negation zu exponieren. Deutscherseits erfolgte zunächst „eine einfache Ablehnung".

Nun wurde von allen Seiten lebhaft gewünscht, dass die deutsche Regierung über den Stand der Dinge aufgeklärt werde; man wollte, wenn irgend möglich, das Werk nicht ohne Deutschlands Zustimmung zum Abschluss bringen.

Jetzt kam die Zeit der Agitation. Die Bewegung zu Gunsten des ständigen Schiedsgerichts wurde sowohl auf der Konferenz wie ausserhalb derselben von Tag zu Tag stärker.[5]) Der Schiedshofgedanke war „einer der wichtigsten Gegenstände der ganzen Konferenztätigkeit: um ihn drehte sich Wochen lang das leichte Gespräch wie die schwere politische Beratung". Es machten sich insbesondere auch starke Einflüsse von aussen geltend: „Führende Organe der englisch-amerikanischen Presse steigerten die Agitation bis zur Heftigkeit; nicht minder tat dies die weitverbreitete einflussreiche Brüsseler Indépendance Belge, von dem engen Horizont deutscher Professoren auf der Konferenz an die grossen Ideen und Ideale des deutschen Kaisers — le Kaiser der französisch-belgischen, the Kaiser der englisch-amerikanischen Presse — appellierend. Nachdem der Abrüstungsfeldzug zu Land und zu Wasser endgültig verloren war,

---

[1]) IV. 123. Vgl. auch den Descampsschen Kommissionsbericht I. 121. Österreich-Ungarn machte übrigens dem Schiedshofprojekt keine weiteren Schwierigkeiten.

[2]) Über die Zusammensetzung vgl. oben S. 84.

[3]) Zorn behauptet das auch von Frankreich (S. 113, vgl. auch „Tag" 1903 No 309), aber Bourgeois sei oft in Paris gewesen und habe mit Staal alle wichtigen Fragen erörtert: „Ob dadurch sich eine Änderung der ursprünglichen französischen Auffassung ergab, muss dahingestellt bleiben. Jedenfalls schloss sich Frankreich, sobald es überhaupt sich offiziell zu äussern Veranlassung hatte, dem Gedanken des genannten Tribunals nicht nur rückhaltslos an, sondern gab ihm sogar eine überaus weit ausgedehnte Fassung" (S. 114). Hierzu ist aber zu bemerken, dass das letztere bereits am 9. Juni geschah, als der Ausschuss in die Beratung des englischen Entwurfs eintrat und überhaupt die erste Stellungnahme erfolgte, also in derselben Sitzung, in welcher Zorn und Lammasch ihre ablehnende resp. abwartende Haltung begründeten. Vgl. oben S. 222.

[4]) Zorn im „Tag" 1903 No. 309.

[5]) a. a. O.

steigerte sich die Heftigkeit der Pressagitation in der Schiedsgerichtsfrage noch um ein Bedeutendes.“ [1])

Während über das geplante friedensrechtliche Abkommen im Haag weiter verhandelt wurde, lag anscheinend oder vielleicht auch in Wirklichkeit die Entscheidung über den ständigen Schiedshof und das obligatorische Schiedswesen in Berlin.

Man fühlte und sagte sich im Haag, dass die Konferenz an einem Wendepunkt angelangt sei, und Delegierte suchten und fanden draussen Unterstützung zur Rettung des Schiedshofs.[2])

Zorn und Holls reisten sogar an das Hoflager des deutschen Kaisers.[3])

Nun kam das bereits S. 178 ff. erwähnte Kompromiss zustande.

Deutschland bewilligte den ständigen Schiedshof gegen das Fallenlassen der obligatorischen Schiedssprechung und stellte weiterhin für die Organisationsfrage die Bedingung, dass jede politische Färbung vom Schiedshof ferngehalten werde, der Charakter der Rechtsinstitution bei demselben unverfälscht zum Ausdruck komme und der Schiedshof im wesentlichen nur eine dauernde Schiedsrichterliste bleibe, für welche jeder Staat vier geeignete Personen ernennen dürfe.

Auf dieser Grundlage erfolgte dann „friedlich und schiedlich im vollstem Einverständnis der Abschluss der ganzen Arbeit in Comité, Kommission und Konferenz“.[4])

„Bis es zu diesem Abschluss kam, waren sehr schwierige Hindernisse zu überwinden; die Situation nahm einen geradezu dramatisch zugespitzten Charakter an, der sich schliesslich in allseitiges Wohlgefallen auflöste.“[5])

Zorn hat sich um das Zustandekommen des Schiedshofs, welch letzterer in dem Descampsschen Ausschussbericht mit Recht eine Einrichtung von der weittragendsten Bedeutung genannt wird, sehr verdient gemacht. Pauncefote und d'Estournelles haben das offen anerkannt.[6])

IV. Über den Verlauf ergeben die Protokolle folgendes:

Die letzte Ausschusssitzung und erste Lesung in Sachen des Schiedshofs hatte am 9. Juni stattgefunden.

Die nächste Schiedshofberatung und zweite Lesung erfolgte erst am 1. Juli.

Hier teilte Zorn mit, dass die deutsche Regierung den Pauncefoteschen Entwurf vorbehaltlich einzelner Änderungen angenommen habe. Sie habe das getan im Hinblick auf die Freiheit, welche den Staaten in der Auswahl der Schiedsgerichtsmitglieder gelassen worden sei.[7])

---

1) „Deutsche Rundschau“ S. 113.
2) Vgl. B. v. Suttner, Tagebuchblätter S. 163.
3) a. a. O. 179, 181, 185.
4) Zorn in der „Deutschen Rundschau“ S. 115 und im „Tag“ 1903 No. 309.
5) Zorn im „Tag“ a. a. O.
6) B. v. Suttner, Tagebuchblätter S. 241 und 180.
7) IV. 161.

Das Schiedshofprojekt ist vom Ausschuss in erster Lesung in drei Sitzungen: am 9., 12. und 21. Juni[1]) und in zweiter Lesung in zwei Sitzungen: am 1. und 3. Juli durchberaten worden.[2])

Im Ausschussentwurf wurde sodann das Projekt über den ständigen Schiedshof (Cour permanente d'arbitrage) als Art. 20—29 eingestellt.[3]) Und so ist es im Abkommen geblieben.

Über die erste Lesung der Kommission am 17. Juli vgl. IV. 22—28, über die dritte Ausschusslesung am 15. und 18. Juli (erste und zweite Spezialsitzung) vgl. IV. 182—183, 187—191, über die zweite Kommissionslesung am 20. Juli vgl. IV. 65—77.

§ 58.
Die „Schiedshof“-Bezeichnung.

Schon der Name machte Schwierigkeiten; und zwar waren es die Deutschen, welche hier wiederholt ihre Bedenken äusserten. Hinter dem Namen kämpften nämlich höchst reale Interessen und Wünsche.

Der englische Entwurf hatte, wie auch der Descampssche Kommissionsbericht eigens feststellte,[4]) die Bezeichnung „Tribunal permanent d'arbitrage“, während es im russischen Entwurf einfach „Tribunal d'arbitrage“, und im amerikanischen Entwurf „Tribunal international“ oder gar nur „Tribunal“ hiess.

Also überall „Tribunal“.

Nachdem man die englische Namensgebung übernommen und durchgeführt hatte, beanstandete aber Dr. Zorn nach seiner Rückkehr aus Deutschland, als er die Zustimmung seiner Regierung zum Schiedshofprojekt meldete, das Wort „Tribunal“ und schlug die von Graf Münster[5]) angeregte Bezeichnung „Cour permanente des arbitres“ vor.

Die terminologischen Bedenken Deutschlands beruhten darauf, dass die Bezeichnung „Tribunal permanent“ viel zu sehr die Vorstellung eines dauernden obersten Weltgerichtshofs erwecke, eine Vorstellung, die ebenso falsch wie gefährlich sei.[6])

Man kam Deutschland entgegen und vereinigte sich auf „Cour permanente d'arbitrage“[7]) und das wurde dann auch als Kapitelsüberschrift gewählt.[8]) Damit hatte man die Terminologie der Haager und Brüsseler interparlamentarischen Konferenz von 1894/5 übernommen und nur das „international“ als selbstverständlich und schleppend gestrichen.

Als dann aber später die Art der Bildung des Schiedshofes festgestellt war, sagte man sich, dass die Bezeichnung „cour“ ebenso ungeeignet,

---

[1]) IV. 117—133.
[2]) IV. 161 ff. 165—171.
[3]) IV. 260 ff.
[4]) I. 118.
[5]) Zorn im „Tag“ 1903 No. 309 Ziff. IV.
[6]) Zorn in der „Deutschen Rundschau“ 1900 S. 127.
[7]) IV. 161. Vgl. auch den Descampsschen Ausschussbericht IV. 16, und den Kommissionsbericht I. 118.
[8]) a. a. O.
[9]) Dr. Zorn später im „Tag“ 1903 No. 309 Ziff. V.

vielleicht sogar noch ungeeigneter sei als „Tribunal".[9]) In der dritten Lesung des Ausschusses führte daher Zorn folgendes aus:

Die Bezeichnung „Cour" sei jetzt verwendet einmal für die ganze ständige Einrichtung der Schiedssprechung und dann auch für das Richterkollegium, das im gegebenen Fall auf Grund dieser Einrichtung gebildet werde, während das besondere oder freie Schiedsgericht Tribunal heisse. Das müsse zur Verwirrung führen. Das Schiedsgericht im einzelnen Falle könne Cour oder Tribunal heissen, nicht aber auch die ganze Einrichtung, denn diese habe keine richterliche Funktion. Abgesehen vom Bureau, das nur die Stellung des Sekretariats habe, gebe es nur noch eine Liste, deren Mitglieder tätig würden, wenn sie für einen besonderen Fall ernannt seien. Aber die Gesamtheit aller dieser Mitglieder könne weder Cour noch Tribunal heissen; beseitige man also in dieser Richtung die Benennung „cour d'arbitrage".[1])

Der amerikanische Vertreter Holls wies indes darauf hin, dass wenigstens das englische „court" die von Dr. Zorn beanstandete Bezeichnung auch für die ganze Gerichtsinstitution sei.[2]) Aber Dr. Zorn meinte, es sei ein grosser Unterschied zwischen einer staatlichen und einer völkerrechtlichen Einrichtung. Der „supreme court of the State of New-York" sei, wenn er auch nicht versammelt sei, eine Einheit und Autorität. Aber der sog. Schiedshof enthalte nur die Elemente, von welchen einige im gegebenen Fall zur Bildung eines Schiedsgerichts berufen werden könnten.[3]) Als später v. Martens den Schiedshof als den Inbegriff der mit der ständigen Schiedssprechung in Verbindung stehenden Organe bezeichnete und als solche Bureau, Kammer und Publikationsstelle nannte, wiederholte Dr. Zorn: „Es gibt keinen ständigen Schiedshof, es gibt in Wirklichkeit nur ein Bureau".[4])

Descamps regte in Berücksichtigung der von Dr. Zorn geäusserten Bedenken an, das einzelne Schiedsgericht „cour abitrale" zu nennen.[5]) Aber Asser und d'Estournelles meinten, man solle lieber umgekehrt die ganze Einrichtung „cour" und das im einzelnen Fall aus der Liste gebildete Schiedsgericht Tribunal nennen.[6])

So wurde es denn auch gemacht;[7]) und v. Martens bemerkte, dass die Bezeichnungen „Cour permanente" und „Tribunal arbitral" der französisch-englisch-amerikanischen Terminologie entspreche. Dr. Zorn aber verlangte, dass die Einwendungen der deutschen Regierung zu Protokoll

---

[1]) IV. 180. Später („Deutsche Rundschau" 1900 S. 127) begründete Zorn den erneuten Widerspruch Deutschlands damit, dass auch die Bezeichnung cour „zu dem Missverständnis eines wirklich dauernden Weltgerichts führen könne, während es sich doch nur um die Elemente einer Organisation handle, aus denen im einzelnen Fall ein Schiedsgericht gebildet werden könne."

[2]) IV. 181.

[3]) a. a. O.

[4]) IV. 191.

[5]) IV. 181. I. 118.

[6]) a. a. O.

[7]) I. 118.

genommen würden, um dieser die Befugnis zu erhalten, in der deutschen Übersetzung die nach ihrer Ansicht passendste Bezeichnung zu wählen.[1])

Übrigens sei hier gleich bemerkt, dass Deutschland nach dieser Verwahrung gegen die Bezeichnung cour nichts mehr einwandte.

Die deutsche Regierung hat sich auch später in ihrer amtlichen Übersetzung des Haager Abkommens dem Sprachgebrauch des letzteren einfach angeschlossen und Cour d'arbitrage mit Schiedshof, Tribunal aber mit Schiedsgericht übersetzt.

Cour bezeichnet die ganze Schiedsgerichtseinrichtung, aus welcher im einzelnen Fall das Tribunal gebildet wird. Vergleiche z. B. Art. 24, 25.

Nicht korrekt ist die Terminologie im Art. 22 Abs. 2, wo vom Zusammentritt des Schiedshofs statt des Schiedsgerichts die Rede ist. Auch spricht das Abkommen von den „Arbeiten des Schiedshofs“,[2]) wo es die Schiedssprüche derjenigen Schiedsgerichte im Auge hat, welche aus der Schiedshofliste hervorgegangen sind.

S c h i e d s h o f ist die ganze zum Zweck der ständigen Schiedssprechung im Haag geschaffene Rechtseinrichtung, welche sich aus Bureau, Liste und Verwaltungsrat aufbaut. S c h i e d s g e r i c h t ist das im Bedürfnisfall aus dieser Liste gebildete Gericht, welches zur Entscheidung eines bestimmten Streites zusammentritt.

Aus dem Schiedshof soll also nur für den Bedürfnisfall nach dem Willen der Parteien das Schiedsgericht gebildet werden, ist aber selbst kein immer fertiges und spruchbereites Gericht, das den Parteien über den Hals kommt.

Hinter dem Wortstreit versteckte sich somit der Kern der Schiedshofsfrage, und hier nahm die Konferenz gegen die Lösung der Organisationsfrage, wie sie die Brüsseler interparlamentarische Konferenz versucht hatte,[3]) entschieden Stellung.

Dass der Schiedshof heute so und nicht anders aussieht und dass das insbesondere auch seinen klaren und unzweifelhaften Ausdruck fand, ist zum guten Teil das Verdienst Deutschlands.

Welchen Namen man für die ganze Schiedsgerichtseinrichtung und welchen Namen man für das einzelne Schiedsgericht wählte, war nebensächlich. Aber es empfahl sich, zu unterscheiden.

Auch in den staatlichen Gerichten unterscheiden wir die Einrichtung, welche allerdings keine blossen Elemente enthält, sondern die Form der Gerichtsbehörde annimmt, und die einzelnen Spruchgerichte: Schöffengerichte, Schwurgerichte, Kammern und Senate, welche am Sitz dieser Behörde gebildet sind. Zur festen Terminologie haben wir es freilich auch hier nicht gebracht.[4])

---

[1]) IV. a. a. O.

[2]) Art. 28 Abs. 9. Auch der „Geschäftsbetrieb des Schiedshofs“ im Abs. 5 begreift in erster Linie die Schiedssprechung der Schiedsgerichte.

[3]) Vgl. oben S. 211 ff.

[4]) Z. B. Landgericht, Amtsgericht — aber auch Schöffengericht, Schwurgericht. Andernteils Appellhof, Oberster Gerichtshof und dem gegenüber die Anrede: „Hoher Gerichtshof“.

Deshalb könnte das grosse Interesse der deutschen Regierung an der strengen terminologischen Scheidung auffallen.

Aber der deutschen Regierung lag daran, schon sprachlich festgestellt zu sehen,[1] dass der sog. Schiedshof eben keine Gerichtsbehörde sei, sondern lediglich die Elemente enthält, aus welchen im Bedürfnisfall ein Gericht gebildet werden kann.

Der Schiedshof sollte nicht als fertige Grösse gedacht werden, welche auf das politische Leben drückt. Hauptsächlich weil Deutschland mit der Möglichkeit rechnete, dass schliesslich doch so etwas herauskomme, wenn es auch nicht beabsichtigt sei[2], stand es anfangs dem Projekt ablehnend gegenüber und war dann eifrigst bemüht, Garantien der Unparteilichkeit zu schaffen[3]. Aus demselben Grund widersprach es später auch dem Versuch, dem Schiedshof einen verantwortlichen Generalsekretär zu geben und diesen mit der Erinnerungspflicht des Art. 27 zu belasten. Der freiwilligen Schiedssprechung war die deutsche Regierung nicht abgeneigt[4], aber sie wollte nicht, dass unter dem Deckmantel der Schiedssprechung Politik getrieben, dass im Schiedshof ein Mittelpunkt der Politik geschaffen würde.

§ 59.

Die Schiedshoferrichtung.

I. Die Errichtungsfrage ist im Art. 20 geregelt:

„Um die unmittelbare Anrufung der Schiedssprechung für die internationalen Streitfragen zu erleichtern, die nicht auf diplomatischem Wege haben erledigt werden können, machen sich die Signatarmächte anheischig (s'engagent), einen ständigen Schiedshof einzurichten, der jederzeit zugänglich ist und unbeschadet anderweitiger Abrede der Parteien, nach Massgabe der in diesem Abkommen enthaltenen Bestimmungen über das Verfahren tätig wird.“

Was sollte man an die Spitze setzen?

v. Martens hatte einen Artikel vorgeschlagen, welcher den Parteien die Freiheit sicherte, das ständige oder ein anderes Schiedsgericht zu wählen. Damit hoffte er insbesondere auch die Sorge der deutschen Regierung zu bannen.[5]

Zorn meinte auch später noch: ein solcher Satz hätte an die Spitze gestellt werden müssen.[6]

Aber Pauncefote erwiderte, dass sein Projekt das bereits enthalte.[7] In der Tat liegt das allen Entwürfen, wie dem jetzigen Abkommen, unzweifelhaft zugrunde; aber mit einem förmlichen Einführungs-

---

[1]) Bei dem Schwur- und Schöffengericht liegt übrigens etwas ähnliches vor, ohne dass die Sprache das besonders gezeichnet hätte. Die Sprache war auf diesem Gebiet überhaupt recht lässig. Schwur- oder Schöffengericht z. B. ist einmal die Einheit der sich ablösenden Spruchgerichte (GVG. § 94 Abs. 1, § 45), und dann jedes einzelne Schwur- oder Schöffengericht (vgl. Oetker, die Rechtsgrundlagen der Schöffen- und Schwurgerichtsbildung, Separatabdruck aus dem Archiv f. Strafrecht, Bd. 49 S. 6.)

[2]) Dass es nicht beabsichtigt sei, hat v. Martens deutlich erklärt IV. 188.

[3]) Vgl. Zorn IV. 142.

[4]) Vgl. Dr. Zorn oben S. 178.

[5]) IV. 122.

[6]) „Deutsche Rundschau“ 1900 S. 125 f.

[7]) a. a. O. Vgl. auch I. 121. Vgl. die Fassung des Grafen Nigra IV. 122.

artikel dieses Inhalts hätte man die neue Institution in der Tat nicht besonders gehoben.

Martens schlug deshalb eine andere Fassung vor, durch welche der **Zweck** des Schiedshofs an die Spitze gestellt wurde. Der Zweck des Schiedshofs geht hiernach, wie schon der Art. 1 des englischen Entwurfs betont hatte, dahin „die unmittelbare Anrufung der Schiedssprechung zu erleichtern“.[1])

Weiter wurde auf den Antrag v. Martens der Art. 1 geteilt und dadurch die Organisations- und Zuständigkeitsfrage auch äusserlich getrennt.

Die beiden Artikel erhielten durch den Antrag Martens folgende Fassung:

Art. 1.

Dans le but de faciliter le recours immédiat à l'arbitrage pour les différends internationaux qui n'auraient pu être réglés par la voie diplomatique, les Puissances signataires s'engagent à organiser de la manière suivante un „tribunal permanent d'arbitrage“ accessible en tous temps et qui sera régi, sauf stipulation contraire des parties en litige, par le Code d'arbitrage inséré dans la présente Convention.

Art. 1 bis

Ce tribunal sera compétent pour tous les cas d'arbitrage, soit obligatoires, soit facultatifs, à moins que les Puissances en litige ne s'entendent pour l'établissement d'une jurisdiction spéciale.

Aus vorstehendem Art. 1 entstand dann der Art. 20 des Abkommens.[2])

Durch den Art. 20 verpflichteten sich die Signatarmächte, einen ständigen Schiedshof einzurichten, welcher jederzeit zugänglich ist und, falls die Parteien nichts anderes bestimmen, auch nach der neuen Schiedsprozessordnung tätig wird.

II. Der Sitz des am ständigen Schiedshof gebildeten Schiedsgerichts ist nach Art. 25 regelmässig im Haag. Da zum ständigen Schiedshof ein Bureau (Art. 22), eine Liste (Art. 23) und ein Verwaltungsrat (Art. 28) gehört, so war auch dort, also schon bei Art. 22 die Sitzfrage zu entscheiden.

Der Art. 22 ist aus Art. 2 des englischen Entwurfs hervorgegangen, der die Ortsfrage noch offengelassen hatte,[3]) während der russische Entwurf im Art. 5 bereits Haag genannt hatte.

Schon in der ersten Lesung des Ausschusses am 9. Juni, bei der Beratung des Art. 2 des englischen Entwurfs war einstimmig beschlossen worden, den ständigen Schiedshof im Haag zu errichten, und der holländische Vertreter Asser erklärte auftraggemäss, dass sich die holländische Regierung durch diese einmütige Wahl geehrt fühle.[4])

---

[1]) IV. 124.

[2]) Über die Änderung des „Tribunal“ in „Cour“ vgl. oben S. 229 ff. Bei der 1. Lesung der Kommission lag bereits der heutige Text vor (IV. 22). Vgl. dazu den Kommissionsbericht I. 121.

[3]) A cet effet un Bureau Central sera établi en permanence à (X). Über die Platzfrage nach dem Brüsseler Entwurf. Vgl. oben S. 214.

[4]) IV. 125. Der Descampssche Ausschussbericht bemerkt hier: „Juste hommage rendu au Gouvernement des Pays-Bas et au peuple néerlandais“ (IV. 17).

Der ständige Schiedshof ist also dauernd an Haag gebannt.[1]) Dass aber das aus diesem Schiedshof jeweils gebildete Schiedsgericht gleichfalls im Haag tagt, ist nur die Regel.

Das ist die Bedeutung des Art. 25 Abs. 1: Das Schiedsgericht (le Tribunal) hat regelmässig seinen Sitz im Haag.[2])

Dazu kommt nun noch Art. 36 Abs. 1, der „en general“ [3]) bestimmt: [4])

„Der Sitz des Schiedsgerichts wird von den Parteien bestimmt. In Ermangelung einer solchen Bestimmung hat das Gericht seinen Sitz im Haag.“

Nachdem der Art. 25 das ständige Schiedsgericht bereits vorweg genommen hat, bleibt für den Geltungsbereich des Art. 36 nur noch das freie Schiedsgericht übrig.[5])

In der Kommissionssitzung am 17. Juli hat Descamps denn auch die Verschiedenheit der Art. 25 und 36 (Entw. 35) beleuchtet.[6]) Dass das Gericht des Haager Schiedshofs regelmässig auch im Haag tagt, ist selbstverständlich. Für das freie Schiedsgericht aber muss zunächst das Wahlprinzip gelten: kommt es nicht zur Einigung, also subsidiär soll aber auch hier das Gericht seinen Sitz im Haag haben.[7])

Nach den Verhandlungen wollen also die Art. 25 und 36 ganz verschiedene Fälle ins Auge fassen. Die Frage war nur, ob die verschiedenen Sachlagen im Text auch genügend angezeigt waren.

Der portugiesische Bevollmächtigte d'Ornellas Vasconcellos verneinte das und meinte, man brauche hier schon einen Kommentar. Er wünschte daher, dass im Art. 25 statt le Tribunal gesagt werde: ce Tribunal.[8]) Damit wäre dann allerdings der Art. 25 in zweifelausschliessender Weise auf das Gericht des Haager Schiedshofs beschränkt gewesen.

Descamps gab zu, dass dann nach dieser Richtung eine Verwechslung ausgeschlossen sei. Das Schiedsgericht als Ausfluss des ständigen Schiedshofs sei etwas anderes als das frei vereinbarte Schiedsgericht. Es genüge aber die bisherige Fassung, und man könne ja die Bemerkung des portugiesischen Bevollmächtigten in den Bericht aufnehmen.

---

[1]) Eine Änderung kann nur unter Zustimmung aller Signatarmächte erfolgen. Der Brüsseler Entwurf (Art. II) hatte hierfür einen mit $^3/_4$ Majorität gefassten Beschluss als ausreichend erklärt.

[2]) Schon Art. 4 Abs. 2 des englischen Entwurfs hatte gelautet:

„Le tribunal siègera d'ordinaire à (X) mais il aura la faculté de siéger ailleurs et de changer son siège de temps en temps selon les circonstances et sa convenance ou celle des parties en litige“ (IV. 219).

Im § 8 des russischen Entwurfs hatte es geheissen:

„Ce Tribunal se réunira d'ordinaire à La Haye; il pourra se réunir également dans une autre ville, si un accord s'établit à cet effet entre les Etats intéressés (IV. 222).

[3]) Kommissionsbericht IV. 125.

[4]) Über die Geschichte des Art. 36 vgl. IV. 143 f., 153, 29, 79.

[5]) Vgl. IV. 143.

[6]) IV. 25.

[7]) Vgl. zum Art. 36 auch den Descampsschen Kommissionsbericht I. 133.

[8]) a. a. O.

Im übrigen ist die juristische Verschiedenheit im Abs. 1 der beiden Art. 25 und 36 aber nur scheinbar. Beim freien Schiedsgericht ist allerdings die freie Vereinbarung als Regel an die Spitze gesetzt, aber beim Fehlen einer Parteivereinbarung tagt das Schiedsgericht im Haag.[1]) Das letztere gilt aber auch nach Art. 25; nur ist hier die Tagung im Haag als regelmässig vorausgesetzt und diese Regel wird erst durch entgegenstehende Vereinbarung gebrochen. Wenn also keine Vereinbarung vorliegt, ist Haag in jedem Fall Gerichtssitz. Nur sieht der Art. 36 eine derartige Vereinbarung als Regel vor, während der Art. 25 umgekehrt die gesetzliche Regel zum Ausgangspunkt nimmt.

Haag wurde damit in der Tat das „quartier général de toutes les jurisdictions arbitrales".[2])

III. Der Abs. 2 behandelt an beiden Stellen (Art. 25 und 36) die Verlegungsfrage, und zwar vollkommen übereinstimmend. Hier heisst es:

„Le siège (ainsi fixé) ne peut, sauf le cas de force majeure, être changé par le Tribunal que de l'assentiment des Parties."

Im englischen Schiedshofentwurf Art. 4 ging die Befugnis des Schiedsgerichts weiter, und die Parteien waren „desintéressés".[3]) Hiernach hatte das ständige Schiedsgericht ein völlig freies Verlegungsrecht, es besass *„la faculté de changer son siège de temps en temps selon les circonstances et sa convenance ou celle des parties en litige"*.

In der ersten Lesung des Schiedshofentwurfs (12. Juni), bei welcher die Sitzfrage einen eigenen Artikel (4 bis) erhielt, wurden dann die Worte: „de temps en temps" gestrichen.[4])

Für das freie Schiedsgericht hatte das russische projet de code d'arbitrage (Art. 7) folgende Bestimmung vorgesehen:

„Le changement de ce siège du Tribunal n'est loisible qu'en vertu d'un nouvel accord entre les Gouvernement intéressés ou, en cas de force majeure, sur l'initiative du Tribunal même."

Bei der Beratung dieses Artikels am 26. Juni kam aber Descamps auf den Art. 4 des Schiedshofprojekts zurück und verlangte Übereinstimmung zwischen den Bestimmungen des ständigen und des freien Schiedsgerichts.

Bei dieser Gelegenheit wurde folgende Fassung beschlossen:

„Le changement du siège du tribunal pourra être décide soit par un nouvel accord des Gouvernements intéressés, soit, en cas de raison majeure, par le tribunal lui-même." [5])

Das Zustimmungsrecht der Parteien bei der Sitzverlegung kam erst auf den Antrag von Descamps bei der zweiten Lesung des Schiedshofprojekts am 3. Juli.[6])

---

[1]) Nach dem russischen Gesamtentwurf (Art. 7) entschieden hier die „membres du Tribunal eux-mêmes", nach dem Ausschussbeschluss der zweiten Lesung entschied das Schiedsgericht selbst (IV. 153, 253). Aber wo entscheidet denn ein Schiedsgericht, das noch keinen Sitz hat?

[2]) Descampsscher Ausschussbericht IV. 17.

[3]) Kommissionsbericht I. 125.

[4]) IV. 129.

[5]) IV. 143 f. Eine weitere Änderung erfolgte in der zweiten Lesung der Schiedsprozessordnung am 30. Juni (IV. 153, 253).

[6]) IV. 171.

Der Ausschussentwurf, wie er an die Kommission gelangte, hat dann endlich die heutige Fassung des Art. 25 und 36 (damals noch 35);[1]) nur fehlten im Art. 25 noch die Worte „par le Tribunal".

Die Zustimmung erfordert aber doch zunächst eine Entscheidung, welcher man zustimmen kann. Und wer trifft diese Entscheidung? Das war nicht gesagt.

Auf diese Lücke wies der holländische Bevollmächtigte Asser in der ersten Lesung der Kommission hin und beantragte hinter „changé" die Einfügung der Worte „par le Tribunal".[2])

So entstand die heutige Fassung des Abs. 2 der Art. 25 und 36.

Darnach steht in jedem Fall die Verlegung des Gerichtssitzes beim Schiedsgericht, das aber abgesehen von dem Fall höherer Gewalt, dabei der Zustimmung der Parteien bedarf.

§ 60.

Die Schiedshofkompetenz.

A. Die Zuständigkeit des ständigen Schiedshofs in persönlicher Hinsicht schliesst nicht bei den Signatarmächten ab. (Art. 26 Abs. 2).

Schon der englische Entwurf hatte im Art. 5 die Bestimmung vorgesehen: „Tout Etat quoique n'étant pas une des Puissances Signataires pourra avoir recours au Tribunal dans les conditions prescrites par les Règlements." [3])

Im Gesamtentwurf des Ausschusses (IV. 262) erscheint unsere Bestimmung bereits als Art. 26 Abs. 2 und hat hier folgenden Wortlaut:

„Les Puissances, même non signataires de cet Acte, peuvent recourir à la jurisdiction de la Cour dans les conditions prescrites par la présente convention."

In der ersten Lesung der Kommission am 17. Juli regte der französische Bevollmächtigte Renault hier eine klarere Fassung an. Gewiss müsste auch den Nicht-Signatarmächten das Haager Schiedsgericht offen bleiben. Aber die Anrufung desselben setze in jedem Fall voraus, dass die Parteien darauf hin einen Schiedsvertrag geschlossen hätten. Das müsse besonders hervorgehoben werden, und zu diesem Zweck schlug er folgende Fassung vor:

„La Cour internationale pourra être appelée à prononcer sur un conflit existant même entre Puissances non signataires, ou entre une Puissance signataire et une Puissance non signataire, s'il existe entre celles-ci une convention préalable d'arbitrage ou un compromis établissant l'intention de l'une et de l'autre partie de recourir a cette jurisdiction." [4])

Descamps sagte die Prüfung dieses Antrags im Ausschuss zu.[5])

In der zweiten Spezialsitzung des Ausschusses am 18. Juli erhielt der Abs. 2 nach verschiedenen Redaktionsvorschlägen von Renault und Asser folgende neue Fassung:

„La jurisdiction de la Cour peut être étendue, dans les conditions prescrites dans la présente Convention, aux litiges existant entre deux Puissances signataires ou entre une Puissance signataire et une Puissance non signataire si les Parties sont convenues de recourir à cette jurisdiction." [6])

---

[1]) IV. 261 und 263.
[2]) IV. 26. Vgl. auch den Descampsschen Kommissionsbericht zum Art. 25 (I. 125).
[3]) IV. 219. Über die Beratungen im Ausschuss vgl. IV. 131, 262.
[4]) IV. 26.
[5]) a. a. O.
[6]) IV. 190 f.

In der zweiten Lesung der Kommission am 20. Juli berichtete Descamps, dass der Ausschuss den Antrag Renault angenommen habe. Der Antrag verfolge den Zweck, die Rechtslage der Nicht-Signatarmächte, welche die Schiedssprechung anrufen, schärfer zu zeichnen.[1])

Die Kommission nahm jetzt den Antrag Renault an.[2])

In der nächsten Sitzung kam der englische erste Bevollmächtigte Pauncefote noch einmal auf diesen Artikel zurück, und auf seinen Antrag wurden statt „prescrites dans la présente Convention" wieder die Worte aus dem englischen Entwurf eingesetzt: „prescrites par les règlements".[3])

Das Abkommen selbst enthielt ja auch in der Tat nichts in dieser Richtung, und die einschlägigen allgemeinen Anordnungen sind vielmehr von dem ständigen Verwaltungsrat zu erlassen.[4])

B. Über die Zuständigkeit in sachlicher Hinsicht bestimmt der Art. 21:

„Der ständige Schiedshof soll für alle Schiedsfälle zuständig sein, sofern nicht zwischen den Parteien über die Einsetzung eines besonderen Schiedsgerichts Einverständnis besteht."

Das „accessible en tout temps" im Art. 20, das schon im Art. 1 des englischen Entwurfs stand und wohl auf eine Bemerkung in der Descampsschen Denkschrift zurückgeht,[5]) besagte noch nichts über die Art der Fälle.

I. Der ständige Schiedshof ist nach Art. 21 für alle Schiedsfälle zuständig.[6])

Ist er aber auch für alle Fälle, die schiedsgerichtlich entschieden werden sollen, obligatorisch?

Dass das nicht sein solle, hatte man gleich im Einleitungsartikel zum Ausdruck bringen wollen; aber Pauncefote hatte erklärt, auf dieser Grundlage stehe schon sein Entwurf.[7])

Nachdem noch Descamps angeregt hatte, das durch eine bestimmtere Titelüberschrift auszudrücken,[8]) meinte der Präsident, die Ansicht des Ausschusses gehe also dahin, dass der ständige Schiedshof für niemand obligatorisch sei. Wann und wo dieses Prinzip formuliert werden solle, könne späterer Erörterung vorbehalten bleiben.

Das geschah aber noch in derselben Sitzung durch den Antrag Martens auf Einstellung des Art. 1 bis,[9]) in welchem später, nachdem die obligatorische Schiedssprechung gefallen war, nur noch der Hinweis auf diese zu streichen war.[10])

---

[1]) IV. 70.
[2]) a. a. O.
[3]) IV. 86.
[4]) Art. 28 Abs. 4. Vgl. oben S. 99.
[5]) „toujous ouvert" p. 32.
[6]) Auch wenn die Schiedsgerichtsfrage im Schiedsabkommen bereits geregelt worden ist, können die Parteien die Streitsache doch noch an den ständigen Schiedshof bringen, wenn sie das beide wollen. Ohne eine solche neuerliche Willensübereinstimmung ist freilich das alte Einverständnis entscheidend.
[7]) Vgl. oben S. 232.
[8]) „Tribunal libre d'arbitrage" IV. 122.
[9]) Vgl. oben S. 233.
[10]) Die Worte „soit obligatoires, soit facultatifs" wurden in der zweiten Lesung des Ausschusses gestrichen (IV. 162). Bei der ersten Lesung der Kommission lag bereits die heutige Fassung vor (IV. 22).

So entstand der Art. 21 des Abkommens, den Zorn[1]) später ganz richtig in folgender Weise wiedergab:

„In allen Fällen, die sie schiedsrichterlich zur Entscheidung gebracht wissen wollen, haben die Staaten nach wie vor die volle Freiheit, entweder ein Schiedsgericht ganz nach ihrem Ermessen zu bilden oder sich an die cour permanente zu wenden."

Der Descampssche Ausschussbericht führte etwa folgendes aus:

Der ständige Schiedshof ist für alle Schiedsfälle zuständig, doch verbleibt den Staaten die Freiheit, nach Belieben ein besonderes Schiedsgericht zu bilden. Man schuf „un tribunal libre au sein des Etats indépendants". Dieser Gesichtspunkt ist wohl dem englischen Entwurf nicht fremd; aber er ist in einem besonderen von Russland beantragten Zusatzartikel nunmehr schärfer betont worden.[2])

II. Sollte man den ständigen Schiedshof aber dem besonderen Schiedsgericht gegenüber nicht wenigstens an erste Stelle setzen oder empfehlen?

Diese Frage wurde in der Kommissionsberatung am 17. Juli aufgeworfen.

Der portugiesische erste Bevollmächtigte Graf Macedo führte aus, seine Instruktion erlaube ihm die Annahme des ganzen Schiedshofprojekts ad referendum, aber er wünsche zum Art. 21 einen Abänderungsantrag zu stellen, der geeignet erscheine, der Einrichtung des ständigen Schiedshofes noch mehr Kraft und Lebensfähigkeit zu geben. Man möge dem Art. 21 folgenden Zusatz geben:

„Non obstant, et en cas d'entente sur le simple fait du recours à l'arbitrage, les Puissances signataires sont d'accord pour préférer la jurisdiction de la Cour permanente d'arbitrage à toute autre jurisdiction spéciale toutes les fois que les circonstances le leur permettront."

Graf Macedo wünschte übrigens damals noch keine sofortige Kommissionsverhandlung über diesen Antrag, sondern vorerst nur Hinübergabe an den Ausschuss.[3])

In der Ausschusssitzung am folgenden Tag[4]) führte der Antragsteller aus, er wolle mit seinem Vorschlag der neuen Einrichtung mehr Lebenskraft geben, indem sein Antrag die Anrufung des ständigen Schiedshofs als Regel und die vereinbarten Schiedsgerichte als Ausnahme erkläre.

Der französische Bevollmächtigte Renault meinte nun zwar, das sei im Art. 21 bereits ausgedrückt; doch erwiderte Macedo, er wolle das schärfer betont sehen. Es sei fast nötig und man müsse einen moralischen Druck ausüben, dass die Ausnahme im gegebenen Fall begründet würde oder es müsse die Begründung wenigstens nach und nach üblich werden. Dadurch würde die Ausnahme seltener.[5])

Der italienische erste Vertreter Graf Nigra meinte aber umgekehrt, das vereinbarte Schiedsgericht bilde in Wahrheit die Regel und der ständige Schiedshof die Ausnahme. Der Art. 21, welcher das Gegenteil anordne, sei schlecht redigiert.[6])

---

[1]) „Deutsche Rundschau" 1900 S. 125.
[2]) IV. 16.
[3]) IV. 22.
[4]) Zweite Spezialsitzung am 18. Juli (IV. 187).
[5]) a. a. O.
[6]) a. a. O.

Die folgenden Redner knüpften indes an den Gedankengang des portugiesischen Vertreters an und erörterten nur die Frage, ob bei dieser Unterstellung eine neue Redaktion notwendig oder wünschenswert sei.

Dr. Zorn erklärte die alte Fassung für genügend und den Antrag Macedo für überflüssig. Die Worte à moins zeigten die Ausnahme an, und die Anrufung des ständigen Schiedshofs müsse in der Tat die Regel sein.[1])

Der amerikanische Vertreter Holls betonte unter Anerkennung der von Macedo entwickelten Idee, es wäre vielleicht störend, die letztere so sehr zu betonen; es möge der Anschein vermieden werden, als wolle man einen Druck auf die Regierungen ausüben.

Der holländische Vertreter Asser aber regte unter Billigung von Macedo nunmehr an, den Vorschlag in der Richtung umzubilden, dass die Anrufung des ständigen Schiedshofs nur empfohlen werde und beantragte daher etwa zu sagen:

„Les Puissances contractantes recommenderont de s'adresser à la Cour permanente toutes les fois que les circonstances le permettent." [2])

Der belgische Vertreter Descamps meinte zunächst: Bereits nach der jetzigen Fassung des Art. 21 bilde der ständige Schiedshof die Regel. Der Abänderungsantrag fordere nur auf, diese Regel auch zu bevorzugen. Aber dann lenkte Descamps in das von Holls betretene Geleise: Gewisse Staaten würden vielleicht hierin „une sorte de pression" erblicken. Der Art. 21 sei genügend, um das zu sagen, was man wolle, ohne den Verdacht zu erwecken.

Auch Rolin erblickte in der neuen Fassung sogar eine unmittelbare Gefahr für die Schiedssprechung selbst. Nach dem Antrag Macedo sei es eine moralische Pflicht, sich an den ständigen Schiedshof zu wenden. Das könne die Staaten in Verlegenheit bringen und sie schliesslich hindern, überhaupt die Schiedssprechung anzurufen.[3])

Darauf wurde der Vorschlag Assers mit fünf Stimmen abgelehnt;[4]) doch wurde auf Anregung des russischen Vertreters v. Martens die Aufnahme des Antrags Macedo-Asser im Protokoll und Bericht gutgeheissen.[5])

Der Kommissionsbericht entsprach diesem Verlangen, und führte aus:

Die Anregung des portugiesischen Vertreters wurde sehr günstig aufgenommen. Wenn sie nicht zum Beschluss erhoben wurde, so geschah das einesteils deshalb, weil man einen allzu starken Druck auf die Freiheit der Staaten vermeiden wollte und andernteils, weil die Fassung des Art. 21 den Wunsch der Mächte genügend andeutet.[6])

Durch die Fassung des Art. 21 ist der ständige Schiedshof tatsächlich in den Vordergrund gestellt und empfohlen. Aber die Entscheidung steht in jedem Fall bei den Parteien, und juristisch kommt es daher immer

---

1) IV. 187.
2) a. a. O.
3) IV. 188.
4) Odier, Descamps, Zorn, Lammasch, Holls. (IV. 188).
5) Dafür sprachen: Nigra, Holls und Macedo. (IV. 188).
6) I. 122.

zunächst auf den Willen der beteiligten Staaten an, die hier völlig frei sind. Erst wenn sie von ihrer Freiheit keinen Gebrauch machen, also subsidiär, treten die Bestimmungen über den ständigen Schiedshof in Kraft; und das wäre sogar der Fall gewesen, wenn der Antrag Macedo angenommen worden wäre.[1])

§ 61.
Die Schiedshofempfehlung.

Eine Empfehlung eigener Art für den Schiedshof enthält Art. 27 des Abkommens, der wie kaum ein anderer Artikel heiss umstritten worden war. Es wird sich zeigen, dass man sich über den Träger der hier eingeführten Erinnerungspflicht nicht einigen konnte, dass man ihn einesteils für zu unbedeutend erklärte, und dass man andernteils hier einen Deckmantel für politische Intriguen vermutete.

I. Schon in der Generaldiskussion des Ausschusses am 9. Juni[2]) hatte Bourgeois im Namen der französischen Abordnung angeregt, man möge dem Bureau eine weitere Aufgabe in dem Recht der Initiative zuweisen, um dadurch die Anrufung der Schiedssprechung zu erleichtern.

Zorn äusserte sich später dahin, dass der Gedanke dem Idealismus von d'Estournelles entsprungen zu sein scheine,[3]) „das geistige Eigentum“ dieses Mannes sei.[4])

1. Die hier aufgeworfene „question du Rappel à l'arbitrage“ wurde in Anlehnung an Art. 4 des englischen Entwurfs bei der zweiten Lesung des Ausschusses in der zwölften Sitzung am 1. Juli wieder aufgegriffen.

Bourgeois knüpfte an seine früheren Ausführungen an, wonach das Bureau mit der Aufgabe betraut werden solle, den Parteien das Bestehen eines ständigen Schiedsgerichts ins Gedächtnis zu rufen, um sie zur Klageerhebung daselbst zu bestimmen. Die Parteien seien dann nicht mehr durch Ehrenerwägungen behindert; im anderen Falle warte jede Partei darauf, dass die andere beginne. Man möge auch in Anknüpfung an den vom Grafen Nigra zum Vermittelungsentwurf gestellten Antrag[5]) erklären, dass ein solcher Hinweis auf das Schiedsgericht nicht als unfreundlicher Akt angesehen werden dürfe. Damit würde man der Schiedssache und Schiedstätigkeit einen grossen Dienst erweisen.[6])

Der österreichische Vertreter Lammasch meinte aber, dass zwischen dem Vermittelungsangebot und dem Hinweis auf das Schiedsgericht ein grosser Unterschied bestehe. Die Erinnerung an das Schiedsgericht habe für die Parteien etwas Verletzendes.[7])

---

[1]) Ebenso Zorn in der „Deutschen Rundschau“ 1900 S. 126.

[2]) Sechste Ausschusssitzung (IV. 117.) Vgl. oben S. 223.

[3]) „Deutsche Rundschau“ 1900 S. 115.

[4]) „Tag“ 1903 No. 323.

[5]) Der Graf Nigra wies (IV. 163) unterstützend darauf hin, dass er in diesem Zusammenhang ja Vermittelung und Schiedssprechung auch nebeneinander genannt habe. Vgl. oben S. 115.

[6]) IV. 163.

[7]) a. a. O.

d'Estournelles, unterstützt von Holls, trat für die französische Anregung ein: man müsse ein Mittel finden, den Schiedshof in Tätigkeit zu setzen, man müsse die Mächte daran gewöhnen, die neue Einrichtung zu nützen, und ihnen helfen, einen Entschluss zu fassen. Da sich keine Regierung vor der anderen entscheiden wolle, so bedürfe es eines Mechanismus, der von selbst funktioniert und die Regierungen zwingt, sich vor der öffentlichen Meinung und den Parlamenten für oder gegen die Schiedssprechung zu erklären. Es werde alsdann für eine Regierung ebenso schwer, den schiedsrichterlichen Austrag abzulehnen, als es bis jetzt schwierig für sie sei, denselben anzunehmen.[1])

Der russische Vertreter v. Martens erklärte, er werde die französische Anregung wohl gern unterstützen, doch liege eine praktische Schwierigkeit vor. Das Bureau, falls dieses hier als Vermitteler gedacht sei, habe nicht die erforderliche moralische Autorität. Denke man aber an den Verwaltungsrat, an das diplomatische Korps, so sei dieses nicht unabhängig genug; denn jedes Mitglied desselben handle nur nach seiner Instruktion.[2])

Der Präsident Bourgeois erkannte den Wert dieser Einwendungen an, wurde aber durch sie nicht überzeugt. Unter zehn Fällen, so meinte er, seien es neun, wo infolge des Ehrenstandpunkts Staaten trotz ihrer Neigung für die Schiedssprechung nicht zur Entscheidung kämen. Suche man also, da man über den Grund im klaren sei, nur nach der Form.

Graf Nigra, Odier und Zorn erkannten das Gewicht dieser Begründung an, aber letzterer meinte, man müsse eine Form suchen, in welcher sich die Idee auch verwirklichen lasse.

Descamps erwiderte: Der Hinweis auf die Existenz des ständigen Schiedshofs und der Rat, sich dorthin zu wenden, haben den Charakter der guten Dienste. Auf diesem Weg muss die praktische Formulierung gesucht werden.

Nach dieser allgemeinen Debatte beschloss man zur Erleichterung des Zugangs zum Schiedshof[3]) Vorkehrung zu treffen, dass die Schiedssprechung empfohlen und die Empfehlung als eine Betätigung der guten Dienste angesehen werde. Die Fassung selbst verschob man auf später.[4])

Schon in der nächsten Ausschusssitzung[5]) legte d'Estournelles eine Fassung vor,[6]) in welcher das Recht, an den Schiedshof zu erinnern, zur Pflicht umgeprägt war.[7])

Die Fassung lautete:

„Les Puissances signataires, considérant comme un devoir, dans le cas où un conflit aigu menacerait d'éclater entre deux ou plusieurs d'entre elles, de rappeler à celles ci que la Cour permanente leur est ouverte, donnent mandat **au Secrétaire Général du Bureau** de se mettre, le cas échéant à la disposition de chacune

[1]) a. a. O.
[2]) IV. 163 f.
[3]) IV. 165.
[4]) IV. 164
[5]) 3. Juli. (IV. 165.)
[6]) d'Estournelles konnte hier nur seine persönliche Ansicht ausdrücken; denn er hatte keine Zeit gehabt, Instruktionen zu erholen. (VI. 165.)
[7]) IV. 167 I. 126.

des parties interéssées, en s'adressant par écrit à leurs représentants dans les Pays-Bas.

L'exercice de cet mandat ne pourra pas être considéré comme un acte non amical.[1])

In flammender Rede empfahl d'Estournelles seinen Antrag. Die Konferenz habe schon genug Enttäuschung gebracht, indem sie sich der Abrüstungsfrage gegenüber kühl verhalten habe. Gewiss sei die Schaffung eines Schiedshofes und eines Schiedsverfahrens eine Leistung. Aber das stehe alles nur auf dem Papier; der Schiedshof laufe Gefahr, nicht leben zu können.

Die Parteien würden es meistens nicht wagen, an das Schiedsgericht zu gehen; sie wollten aus nationaler Empfindlichkeit und Ehrenerwägungen nicht den ersten Schritt tun.

Schaffe man also für die Parteien die Notwendigkeit sich zu entscheiden, indem man dem Bureau die Pflicht auferlegt, ihnen das Schiedsgericht in Vorschlag zu bringen.[2])

Bei der Erörterung über den Antrag d'Estournelles erklärte zunächst der amerikanische Vertreter Holls, der Antrag enthalte eine sehr bedeutsame Idee. Wenn sie praktisch würde, wäre er sehr glücklich. Aber man müsse erst sicher sein, ob die Regierungen durch die Empfehlung der Schiedssprechung nicht verletzt würden. Besonders für Amerika müsse sorgfältig erwogen werden, ob der Antrag sich nicht gegen die Unterscheidung richte, welche durch die herkömmliche Politik dieses Landes zwischen den rein europäischen und den rein amerikanischen Fragen gemacht werde. (Monroe-Doktrin).[3])

Der schweizerische Vertreter Odier fragte, ob man die nicht im Haag vertretenen Mächte nicht auch im Antrag berücksichtigen solle, was d'Estournelles bejahte.[4])

Der italienische erste Vertreter Graf Nigra meinte, es sei vielleicht schwierig den von d'Estournelles vorgeschlagenen Artikel in das Abkommen selbst aufzunehmen; aber man könne ja einen ähnlichen Gedanken in das Schlussprotokoll aufnehmen.

Jetzt trat der deutsche juristische Vertreter Dr. Zorn mit dem grössten Nachdruck für den französischen Antrag ein. Freilich hatte er wichtige Formbedenken. Die Empfehlung sagte ihm zu, aber der Empfehlende war ihm unannehmbar. So kam also auch hier doch ein grosses „Aber“, an dem sich dann die Ausschussmitglieder ehrlich, aber erfolglos abmühten.

---

[1]) a. a. O.

[2]) IV. 165 ff. Zu dem Zweck legte d'Estournelles den Entwurf eines Briefes vor, wie ihn der Generalsekretär des Bureaus an die im Streit befindlichen Signatarmächte zu richten haben würde. Der Brief hätte demnach etwa zu lauten: „Herr Minister, da die Signatarmächte der Haager Generalakte sich ausdrücklich verpflichtet haben, nichts zu vernachlässigen, um die friedliche Beilegung der Streitigkeiten zu begünstigen, welche zwischen zwei oder mehreren von ihnen auszubrechen drohen, und da diese Mächte durch Art. x derselben Akte dem Generalsekretär des internationalen Bureaus den Auftrag erteilt haben, im gegebenen Augenblick den beteiligten Parteien diese Verpflichtung ins Gedächtnis zu rufen, so habe ich die Ehre, Sie wissen zu lassen, dass ich mich zu Ihrer Verfügung stelle, um das ständige Schiedsgericht in dem Fall zu berufen, wo die Regierung von x mir ihre diesbezügliche Absicht und die Namen der bezeichneten Schiedsrichter glaubt mitteilen zu sollen.“ (IV. 167.)

[3]) IV. 167.

[4]) a. a. O.

Zorns Rede hatte im Wesentlichen folgenden Inhalt:

„Der Wunsch der Franzosen wird von uns allen geteilt; man kann ihn nicht besser ausdrücken, als es d'Estournelles getan hat. Ich unterstütze ihn von ganzem Herzen. Aber der Verwirklichung stellt sich eine grosse Schwierigkeit entgegen: Das ist die Wahl der Persönlichkeit des Generalsekretärs. Wird man den Staaten zumuten können, die Ratschläge dieses Sekretärs anzunehmen? Er wird nicht die nötige moralische Autorität haben[1]) und deshalb keine Aussicht aufs Gelingen. Sehe man also vom Generalsekretär ab."[2])

Um diese Personenfrage drehte sich nun die ganze weitere Debatte.

Der holländische Vertreter Asser entgegnete, dass mit der Absendung des Briefes eine grosse Verantwortung auf den holländischen Minister als Vorsitzenden des Verwaltungsrates übergehe. Auch sei die politische Bedeutungslosigkeit der Stellung des Sekretärs hier eine Wohltat; seine Schwäche selbst schütze ihn gegen staatliche Empfindlichkeit. Schliesslich sei er ja nur eine Art Briefträger.[3])

Auch der englische erste Vertreter Pauncefote erklärte sich für den französischen Antrag.

Aber Descamps, der das aufgestellte Ziel allerdings lebhaft billigte[4]), teilte die deutsch-russisshe Auffassung, dass der Generalsekretär nicht genug Autorität habe und dass eine ungeschickte und unzeitige Einmischung die Einrichtung des ständigen Schiedshofs in Misskredit bringe. Es sei bedenklich, dass der Generalsekretär den Augenblick für die Absendung seines Mahnbriefes selbstständig bestimme.

Dabei berichtete er über die Erfahrungen, welche man mit dem Generalsekretär der interparlamentarischen Konferenz gemacht habe, dem eine ähnliche Aufgabe zugefallen sei. Man würde besser nur sagen, dass der Hinweis auf den Schiedshof eine Betätigung der guten Dienste sei. Er suche gleichfalls nach einer Formel, in welcher die Pflicht-Idee zum Ausdruck komme, aber die französische Formel genüge ihm nicht.[5])

Dr. Zorn[6]) unterstützte diese Auffassung: der Generalsekretär könne nicht darüber urteilen, ob ein Streit ernsthaft sei, und der holländische Minister des Äussern könne nicht die Verantwortung für die Wahl des Augenblicks übernehmen, in welchem der Sekretär zur Briefschreibung ermächtigt werden solle. Die deutsche Regierung werde ein Sekretariat mit solch politischer Verantwortlichkeit nicht annehmen. Er wiederholte dabei seine Sympathie für die französische Idee, die er nur praktisch gestaltet sehen möchte und schlug deshalb nochmals vor, das Sekretariat bei der misslichen Aufgabe ganz aus dem Spiel zu lassen.[7])

---

[1]) Das hatte auch v. Martens gleich anfangs herhorgehoben. Vgl. oben S. 241.

[2]) IV. 167 f.

[3]) IV. 168. Die Amtsstellung des Generalsekretärs machte dann aber nach den Ausführungen des italienischen ersten Vertreters Grafen Nigra auch den Satz überflüssig, dass die Erfüllung des ihm gewordenen Auftrags keine Unfreundlichkeit sei. (IV. 108.)

[4]) IV. 168. Er berief sich dabei auf seine Studie: „Le droit de la paix et de la guerre".

[5]) IV. 168.

[6]) a. a O.

[7]) IV. 168.

d'Estournelles antwortete: er habe nur Vorkehrungen treffen, nur ein Mittel finden wollen, dass das Schiedswesen Wirklichkeit gewinne. Er sei glücklich, wenn man ein besseres vorschlagen könne. Für den Generalsekretär spreche seine bescheidene Stellung, sein automatischer Charakter. Er sei die einzige Persönlichkeit, deren Initiative, ohne jemanden zu verletzen, die Regierungen zwingen könne, sich öffentlich vor dem Parlament und der Welt für Krieg oder Frieden zu entscheiden.

Aber Holls wiederholte das Bedenken von Descamps und Dr. Zorn, dass der Sekretär den Augenblick für seinen „rappel" selbständig bestimme. d'Estournelles entgegnete, er werde ja durch die Vertreter der beteiligten Regierungen auf dem Laufenden gehalten, die ihm schon sagen würden, ob der Zeitpunkt passend sei. Aber Holls befürchtete, dass die unzeitige Einmischung des Generalsekretärs den Konflikt verschlimmern könne.

Der russische Vertreter v. Martens versuchte nunmehr auf indirektem Wege, durch die Heranziehung der **Neutralen** die Schwierigkeit zu beseitigen. Der Sekretär könne sich ja an eine neutrale Macht wenden, damit diese die Parteien an den ständigen Schiedshof erinnere. Die Würdigung des Zeitpunktes der Intervention stehe dann bei der Regierung dieser neutralen Macht.

Aber der österreichische Vertreter Lammasch meinte, die neutralen Mächte würden diese Einmischung des Generalsekretärs als zudringlich empfinden. Auch Descamps hielt den Vorschlag des russischen Vertreters für wenig praktisch.

Der italienische erste Vertreter Graf Nigra suchte jetzt die Pflicht des „rappel" auf die **Schiedshofmitglieder** der im Streit befindlichen Staaten abzuladen: Man habe einen Schiedshof von fünfzig[1]) Mitgliedern ins Leben gerufen, der sich aus allen Ländern zusammensetze. Die Schiedsrichter, welche von den Streitmächten seiner Zeit auf die Liste gesetzt worden seien, könnten mit der Pflicht betraut werden, ihre Regierungen an die Schiedssprechung zu erinnern. Das seien einflussreiche Persönlichkeiten, deren Meinung gehört werden könnte. Der Sekretär sei in der Hauptsache nur ein Gerichtsschreiber.[2])

Allen diesen Gegenvorschlägen lag die prinzipielle Billigung der französischen Idee zugrunde, und d'Estournelles stellte daher fest, dass der Ausschuss über das Prinzip seines Antrages einig sei und nur die Formfrage noch Schwierigkeiten begegne.[3])

Der Präsident Bourgeois dankte dem Ausschuss und fasste die Debatte kurz folgendermassen zusammen:

> Die Grundidee habe volle Zustimmung gefunden. Darnach sei beabsichtigt, einen moralischen Druck auf die beteiligten Mächte auszuüben, indem man einen Mechanismus schaffe, welcher den Streit automatisch vor den Schiedsrichter bringe.
>
> Die Schwierigkeit sei nur, ob der Generalsekretär in der Lage sei, die politische Verantwortung zu tragen, die man ihm auferlege.

---

[1]) Vorerst bestand noch der Plan, dass jeder Staat nur zwei Vertreter in den Schiedshof abordnet. Aber noch in derselben Sitzung wurde die Zahl verdoppelt.

[2]) IV. 169.

[3]) a. a. O.

Warum habe man ihn aber gewählt? Doch nicht, um nur den Willen dieser oder jener Macht, sondern einen Gesamtwillen zum Ausdruck zu bringen. Deshalb sei er in Wahrheit dazu geeignet, die Einheit der Mächte zu vertreten, deren Beauftragter er sei.

Es handle sich darum, für die Haager Akte den Beweis der Ernsthaftigkeit zu erbringen. Wenn dem so sei, wenn man die Anrufung des Schiedsgerichts als Pflicht ansehe, so ordne sich das Detail des Mechanismus von selbst.

Mit den folgenden Ausführungen wies Bourgeois den Weg, den man dann später in der Tat auch einschlug:

Das Wesentliche, sei eine neue moralische Atmosphäre zu schaffen und hier die Idee der Pflicht in den Vordergrund zu stellen. Die Mittel der praktischen Anwendung würde man leicht finden, vor allem aber müssten es die Mächte als eine gemeinsame Pflicht ansehen, die Schiedssprechung anzuregen.

Man könne in diesem Sinne den Antrag formulieren, und der bessere Teil der d'Estournellesschen Ideen würde dabei wohl auf Annahme stossen.

d'Estournelles bestand indes darauf, dass über den von ihm vorgelegten Text abgestimmt würde.

Die Abstimmung[1]) ergab bei zwei Stimmenthaltungen[2]) fünf Stimmen dagegen[3]) und drei Stimmen dafür.[4])

Der Text als Ganzes war damit gegen die Stimme von Frankreich, England und der Schweiz abgelehnt, und es musste nun die Verständigung im einzelnen hergestellt werden.

Es kam zunächst der erste Absatz. (Vgl. oben S. 241.)

Graf Nigra bemerkte, dass auf der Grundlage des Pflichtprinzips (devoir) vielleicht nicht alle Mächte mitmachen. Er sei aber trotzdem für die Fassung von d'Estournelles, wenn man (nach der Anregung von Bourgeois) mit den Worten „que la Cour permanente leur est ouverte" abbreche.

Damit war in der Tat der vielumstrittene Generalsekretär ausgeschaltet und dem Wunsch des deutschen Vertreters Rechnung getragen.

Mit dieser Kürzung wurde dann auch der erste Absatz einstimmig angenommen.[5]) Er lautete jetzt:

„Die Signatarmächte betrachten es als Pflicht, in dem Falle wo ein ernsthafter Streit (conflit aigu) zwischen zwei oder mehreren von ihnen auszubrechen droht, diese daran zu erinnern, dass ihnen der ständige Schiedshof offen steht."

Der Präsident dankte für die Beibehaltung des Pflichtgedankens; darin stecke die ganze moralische und praktische Tragweite des Konferenzbeschlusses. In Zukunft würden sich die Staaten nicht gleichgültig gegenüber stehen. Wenn zwei Staaten in Streit geraten, würden die andern nicht teilnamlose Neutrale sein, sondern als gute Nachbarn für einander einstehen, indem sie die Pflicht hätten, den allgemeinen Frieden zu wahren. Auf den Vorschlag von Nigra, der sich übrigens selbst als Retter

---

[1]) IV. 170.

[2]) Asser, Holls.

[3]) Descamps, Zorn, Lammasch, Martens, Nigra.

[4]) Pauncefote, Bourgeois, Odier.

[5]) IV. 170. Holls behielt sich nur das Recht vor, namens seiner Regierung auf die Frage zurückzukommen oder eine Erklärung nach Massgabe seiner früheren Ausführungen (oben S. 242) abzugeben. Vgl. den amerikanischen Vorbehalt oben S. 94.

in der Not erwiesen hatte, wurde dann dem Baron d'Estournelles für seine glückliche Anregung der Dank des Ausschusses ausgesprochen.[1])

Der zweite Absatz erhielt eine neue und zwar folgende Fassung:[2])

„Sie (d. h. die Signatarmächte) erklären demzufolge, dass die Handlung eines oder mehrerer Staaten, durch welche den im Streite befindlichen Teilen die Bestimmungen dieses Abkommens in Erinnerung gebracht werden, und der im höheren Interesse des Friedens erteilte Rat, sich an den ständigen Schiedshof zu wenden, immer nur als Betätigung guter Dienste angesehen werden dürfen."

Der Descampssche Ausschussbericht nannte diese Einschaltung einer „Erinnerungspflicht" später eine „disposition remarquable" und rühmte ihr eine „grande importance" nach. Der Zweck der Neuerung sei, den Schiedshof mit der Friedensaufgabe noch fester zu verbinden. Die Partei-Initiative erscheine oft mehr als ein Akt der Schwäche denn als ein Akt des Vertrauens auf das gute Recht.[3])

Im Ausschuss war somit schliesslich alles glatt gegangen.

Als nun aber der Ausschussentwurf, in welchem unsere Bestimmung bereits als Art. 27 eingestellt war, unter die Kommissionsmitglieder verteilt worden war, wurden alsbald Einwendungen gemacht, welche zu einer nochmaligen Vorberatung in einer (1.) Spezialsitzung des Ausschusses am 15. Juli führte.[4])

Hier wurden zunächst durch den Antrag von Rolin im zweiten Absatz die Worte „eines oder mehrerer Staaten" gestrichen.[5])

Der Art. 27 schuf damit im Gegensatz zu Art. 3[6]) eine neue Pflicht für alle Nationen.

Der bulgarische Vertreter Dr. Stancioff benützte diese Gelegenheit, dem Art. 27 ein besonderes Loblied zu singen:[7]) er sei mit ganzem Herzen dafür, dass den Regierungen diese Erinnerungspflicht auferlegt werde. Der Art. 27 drücke in glücklicher Weise den Sinn des ganzen Werkes aus. Eine neue Ära tue sich auf, in welcher sich die Idee der wechselseitigen Verantwortlichkeit von Nation zu Nation mehr und mehr auslöse; aber um diese Entwicklung zu beschleunigen, müsse ein praktisches Mittel, ein Mechanismus angewandt werden, welcher den Staaten erlaube, ihre Pflicht sicher und schnell zu erfüllen. Welches sei nun aber der einzuschlagende Weg, wenn man die Diplomatie aus dem Spiel lasse?

Damit war nun der bulgarische Vertreter, welcher die allgemeinen Ausschussberatungen nicht mitgemacht hatte, unwillkürlich mitten in die früher erörterten Schwierigkeiten hineingeraten.

---

[1]) IV. 170.

[2]) a. a. O.

[3]) IV. 17. Von der Erinnerung durch das Bureau sagte der Ausschussbericht, dass hier allerdings ein Organ sozusagen von selbst tätig werde und keine Empfindsamkeit entstehe, während die Erinnerungspflicht der Signatarmächte weniger sicher aber vielleicht mit mehr Autorität das Ziel erreiche. (IV. 17 f.). Dabei hob der Bericht hervor, dass die französische Anregung die sympathischste Aufnahme gefunden habe. (IV. 18.) Auch der Kommissionsbericht konnte von der neuen Bestimmung sagen: „elle a été accueillie avec une sympathie marquée par tous les membres du Comité" I. 126.

[4]) IV. 182.

[5]) a. a. O.

[6]) Vgl. oben S. 115.

[7]) IV. 182 f.

An das Bureau, so meinte er, dürfe man nicht denken; denn dadurch würde das Verfahren zu langwierig. Die Länder, welche den in Streit befindlichen Mächten das Bestehen eines Schiedshofs in Erinnerung bringen wollten, müssten sich hiernach zuerst ans Bureau wenden. Dieses hätte sich dann schlüssig zu machen und mit den Parteien zu benehmen. Das verlange Zeit und der Streit könne ausbrechen, bevor die Erinnerung eingelegt sei. So müsse man also ein wirksameres Mittel ersinnen, dass die Staaten die im Art. 27 enthaltene Pflicht erfüllen.

Der Ausschuss wich aber aus und dankte dem Redner für diese seine Bemerkungen, deren Inhalt schon früher den Gegenstand der Diskussion gebildet hätte.[1])

2. Auch bei der ersten Lesung der Kommission am 17. Juli ging noch alles glatt.

Der rumänische Bevollmächtigte Beldiman beschränkte sich darauf, die Vorbehalte Rumäniens auf den Art. 27 auszudehnen. Auch der österreichische Bevollmächtigte Graf Welsersheimb kündigte einen Vorbehalt an.[2])

Der Kampf um den Art. 27 ruhte aber nicht. Schon in der zweiten Spezialsitzung des Ausschusses am 18. Juli kam v. Martens noch einmal auf unseren Artikel zurück, indem er mitteilte, es hätten ihn einige Vertreter ersucht, das Pflichtprinzip aus dem Art. 27 wieder zu entfernen und dafür die Worte einzusetzen; „reconnaissent comme utile".[3])

Der Ausschuss ging aber einfach zur Tagesordnung über.

Durch den Mund des russischen Bevollmächtigten hatten die Balkanstaaten gesprochen, welche sich mittlerweilen zum Kampfe gegen die Untersuchungskommissionen gerüstet hatten und die in den Untersuchungskommissionen wie in dem „rappel" nur eine Bedrohung der Kleinstaaten erblickten.[4]) Damit kam eine zweite Periode des Kampfes um den Art. 27.

Übrigens stellte v. Martens am folgenden Tage, am 19. Juli, in der dritten Spezialsitzung des Ausschusses, bei der Verhandlung über die Untersuchungskommissionen fest, dass „devoir" im Art. 27 nur eine „obligation morale" sei.[5])

Die zweite Lesung der Kommission am 20. Juli brachte eine Debatte „d'une ampleur particulière et d'une élévation tout à fait remarquable."[6])

Der rumänische Bevollmächtigte Beldiman eröffnete einen heftigen Kampf gegen die Erinnerungspflicht, indem er zunächst etwa folgendes ausführte:

Rumänien wolle nur die fakultative Schiedssprechung und deshalb sei er auch gegen den obligatorischen Charakter der Erinnerung im Art. 27.

---

[1]) IV. 183.
[2]) IV. 26.
[3]) IV. 191.
[4]) Vgl. oben S. 136 f.
[5]) IV. 196.
[6]) Kommissionsbericht I. 127.

Er schlage vor, statt „considèrent comme un devoir" zu sagen: „jugent utile". [1])

Man scheint aus dieser Rede die Befürchtung herausgehört zu haben, als ob den Parteien selbst eine Auflage gemacht werden solle.

Der französische Bevollmächtigte Baron d'Estournelles berief sich aber unter dem Beifall der Kommission auf die Ausführungen der französischen Delegation in der Ausschusssitzung am 3. Juli, aus welchen hervorgehe, dass den Parteien selbst keinerlei Verpflichtung auferlegt werde, sondern nur den unbeteiligten Signatarmächten. Diese Bestimmung aber sei im Ausschuss einmütig beschlossen worden. Meistens würden es die im Streit befindlichen Mächte, besonders die schwächeren, nicht wagen das Schiedsgericht anzurufen. Also gerade für die Kleinstaaten treffe der Art. 27 Vorkehrung. Jetzt seien neben den Rechten der Staaten auch einmal ihre Pflichten aufgerichtet. Das gebe erst dem Abkommen seine hohe moralische Bedeutung und stärke das Ansehen der Regierung. [2])

Aber der serbische Bevollmächtigte Veljkovitch kam dem rumänischen Kollegen zu Hilfe, und verwahrte sich dagegen, dass man den Art. 27 als einen Schutzartikel für die Kleinstaaten ausgebe. Wenn die Grossmächte von so edlen Empfindungen beseelt seien, so sollten sie dieselben nur auch ohne den Art. 27 zeigen. Die höchste moralische Bedeutung würde das Abkommen dadurch erhalten haben, dass die Grossmächte den Grundsatz obligatorischer Schiedssprechung angenommen hätten. [3])

Der Art. 27 sei aber auch nur eine unnötige Wiederholung. Die hier erwähnte Verpflichtung stehe schon im § (jetzt Titel) 1 und 2. Denn nach Art. 1 hätten die Mächte alle Mühe aufzuwenden, um die friedliche Erledigung internationaler Streitfragen zu sichern. Das müsse sich in Handlungen äussern und da komme vor allem die Anregung der Schiedssprechung. Auch die Vermittelung könne darin bestehen, dass die Mächte an die Schiedseinrichtung erinnert werden.

Wenn aber der Inhalt des Art. 27 schon verbraucht sei, so empfehle es sich um so weniger, auf der Beibehaltung desselben zu bestehen, als hier eine höchst peinliche Angelegenheit angeschnitten werde, bei welcher stets die grösste Masshaltung geboten erscheine.

Würde der Art. 27 angenommen, so müsste Serbien hier einen ausdrücklichen Vorbehalt machen. [4])

Die Spannung, welche durch die am Tag vorher geführte leidenschaftliche Diskussion über die Untersuchungskommission bedenklich verstärkt worden war, [5]) hatte ihren Höhepunkt erreicht, und Graf Nigra sprang auf [6]) und erklärte erregt: Hier gibt es keine Grossmächte und Kleinstaaten, sondern Vertreter ebenbürtiger Regierungen. [7])

---

[1]) IV. 70.
[2]) IV. 70 f.
[3]) Diese Bemerkung führte zu dem S. 184 f. besprochenen Zwischenfall.
[4]) IV. 71 f.
[5]) Vgl. oben S. 136 ff.
[6]) Vgl. B. v. Suttner, Tagebuchblätter S. 290. Vgl. auch oben S. 19 f.
[7]) IV. 72; I. 127. Vgl. oben S. 19 f.

Dr. Zorn aber führte noch einmal aus, warum Deutschland dem obligatorischen Schiedsgedanken widersprochen habe,[1] und erklärte weiterhin unter dem Beifall der Versammlung mit grossem Feuer:

Die deutsche Regierung schenkt den Bemühungen zur Aufrechterhaltung des Friedens und der guten Staatenbeziehungen die grösste Aufmerksamkeit. Deshalb hat sie auch bis jetzt keine Einwendungen gegen den Art. 27 erhoben, obschon die Pflichtbetonung vielleicht etwas zu weit geht: Man braucht den Art. 27 nicht für unmöglich zu halten, wenn nur eine moralische Pflicht scharf betont werden soll. Deshalb bin ich gern auf die Seite der französischen Delegation getreten. Gewiss ist der Art. 27 in gewissem Sinn eine Wiederholung anderer Bestimmungen. Dieselben Gedanken kehren eben an verschiedenen Stellen wieder. Aber das ist kein Fehler. Man braucht eine solide Grundlage für die möglichst weite Anwendung der friedlichen Mittel, um über die Streitigkeiten der Staaten Herr zu werden. Es braucht daher nicht zu stören, dass gewisse Wendungen des Art. 27 eine Widerholung darstellen.

Ich kann deshalb die gegen den Art. 27 gerichteten Bemerkungen nicht für gerechtfertigt halten. Derselbe ist eine wiederholte Empfehlung und besagt, dass alle friedlichen Mittel, soweit es die Umstände gestatten, zur Beendigung von Streitigkeiten angewandt werden sollen. Das ist die deutsche Auffassung und in diesem Sinn hat man auch im Ausschuss den Artikel verstanden. Das ist vermutlich auch die Auffassung der auf der Konferenz vertretenen Regierungen. Ich glaube daher, dass unter diesen Umständen sich auch die Vertreter der Balkanstaaten mit diesem Artikel einverstanden erklären können.

Wenn der Artikel einen wirklich juristischen Inhalt hätte, wäre er auch für mich unannehmbar gewesen. In diesem Fall hätte ich die Einwände der Vertreter der Balkanstaaten vollkommen geteilt. Aber der Artikel bedeutet nur eine Empfehlung von rein moralischer Art.

Veljkovitch antwortete, er habe nur deshalb die obligatorische Schiedssprechung hereingezogen, um die Dinge in das richtige Verhältnis zu setzen und zu zeigen, dass der Art. 27 nicht, wie man es darzustellen versucht habe, als das grosse Bollwerk des Friedens (grande citadelle de la paix) gelten könne, da es zur Aufrechterhaltung der guten Beziehungen und des Friedens der Staaten unter einander doch noch ganz andere Einrichtungen gebe, die man aber aus dem ursprünglichen Entwurf wieder entfernt habe. Die Tatsache, dass er sich für die obligatorische Schiedssprechung erkläre, zeige, dass er im Art. 27 nicht ein Friedenswerkzeug bekämpfe. Er missbillige es nur, dass dieser Artikel eine Art Einladung an die Grossmächte sei zu Handlungen, die für die Eigenliebe und Eigenwürde der Kleinstaaten verletzend seien. Man habe gut reden, es gebe keine Grossmächte und Kleinstaaten; das ändere nichts an der Macht der Tatsachen, und darnach lasse der Art. 27 keine Gegenseitigkeit erwarten. Denn die Kleinstaaten könnten ohne Verletzung der internationalen Schicklichkeit den Artikel nicht auch gegen die Grossmächte in Anwendung bringen.

Auf jeden Fall, so meinte der serbische Vertreter am Schluss, rechtfertigen die abschwächenden Erklärungen zu dem Art. 27 viel eher den Antrag Beldiman, welcher an Stelle des „devoir" die Worte „jugent utile" wünscht.[2])

Der schweizerische Bevollmächtigte Odier begriff wohl die serbischen Interventionsbedenken, welche auch für die Schweiz Geltung hätten. Doch führte er unter dem Beifall der Kommissionsmitglieder gegen Veljkovitch

---

1) IV. 72. Vgl. oben S. 184.

2) IV. 73.

folgendes aus: Es solle sich eine neue Ära für die zwischenstaatlichen Beziehungen auftun. Bis jetzt hätten einzig und allein die im Streit befindlichen Staaten über Krieg und Frieden entschieden, ohne dass die Neutralen hier einen Einfluss hätten geltend machen können. Mit der neuen Ära kämen neue Pflichten, und zwar der Neutralen. Sie dürften sich nicht mit einem mehr oder weniger missbilligenden Schweigen begnügen. Sie dürften nur dann noch gestatten, dass zwei Staaten zu den Waffen greifen, wenn alle Bemühungen gegen den Krieg umsonst gewesen seien. Ein Amtsgenosse habe deshalb für die Neutralen die gute Bezeichnung „pacigérant" erfunden, die von der Haager Konferenz gewiss übernommen werde. Er habe sich dem Antrag der Franzosen angeschlossen, weil dieser einer Pflicht der Neutralen die Weihe gebe.[1])

In einer englischen Rede, die durch den Baron d'Estournelles übersetzt wurde, bekannte sich nunmehr auch der amerikanische Bevollmächtigte Holls als unbedingter Anhänger des französischen Antrags. Zunächst sekundierte er dem deutschen Bevollmächtigten, indem er den von Veljkovitch betonten Zusammenhang der Erinnerungspflicht mit dem obligatorischen Schiedswesen in Abrede stellte, und führte dann folgendes aus:

Das Fehlen des Art. 27 wäre für das Abkommen verhängnisvoll. Ohne diesen Artikel könnte das letztere nicht recht praktisch werden. Diese moralische Erinnerungspflicht haben die Staaten nicht bloss untereinander, sondern auch gegenüber der Menschheit. Damit leitet sich eine neue Ära ein, in welcher die Völker ein Gemeinschaftsband umschlingt und für sie die gebieterische Pflicht erwächst, sich nicht nur für ihren eigenen Frieden, sondern auch für den ihrer Nachbarn zu interessieren.

Übrigens bedeutet dieser Artikel keine Verpflichtung im Rechtssinn, sondern nur eine Pflicht moralischer Art. In diesem Sinn hat sich die amerikanische Delegation und der Ausschuss dem französischen Antrag angeschlossen.

Holls schloss unter dem Beifall der Kommissionsmitglieder: er sei glücklich gewesen über den Antrag und er sehe im Art. 27 die notwendige Krönung des Ganzen.[2])

Veljkovitch[3]) war durch die Vorredner nicht überzeugt worden, suchte aber jetzt einzulenken und sich auf den serbischen Vorbehalt[4]) hinüberzuretten.

Art. 27 setze einen „ernsthaften Streit" (conflit aigu) voraus. Das sei der conflit grave des Art. 2, von dem man Krieg befürchte. Also würde der Art. 27 doch nur für diese Ausnahmsfälle einsetzen.

Die im Art. 27 vorgesehene Einmischung sei nun aber weiterhin nur eine Art von Vermittelung ganz wie sie im § 2 (jetzt 2. Titel) vorgesehen sei.

Deshalb würden die zur Vermittelung gegebenen Erklärungen mitsamt dem serbischen Vorbehalt auch hier gelten.

Die guten Dienste des Art. 27 könnten somit nur mit der äussersten Vorsicht und Zurückhaltung geleistet werden. Das fordere nun einmal die Natur dieses Aktes. Weiter könnten diese guten Dienste nicht in solchen Formen und unter solchen Umständen geleistet werden, welche ihnen die Bedeutung einer Intervention aufprägen würden. Und zuletzt könnte auch die Weigerung einer Macht nach erfolgter Erinnerung niemals als unfreundlicher Akt angesehen werden.

Unter diesem Vorbehalt nehme die serbische Vertretung den Art. 27 an.

---

[1]) IV. 73. I. 127.
[2]) IV. 74.
[3]) IV. 74 f.
[4]) Vgl. oben S. 94.

Nunmehr erhob sich Bourgeois und hielt folgende eindrucksvolle Rede:[1])

Vor der Abstimmung richte ich an den serbischen Vertreter noch eine letzte Aufforderung. Ich tue das im Namen der französischen Delegation, die den Antrag gestellt hat, wie als Präsident der Kommission.

Mehr als einmal ist schliesslich Einmütigkeit erzielt worden, wo anfangs verschiedene Auffassungen bestanden. Wenn auch hier bei dem Art. 27, der ein wesentlicher Punkt der Schiedseinrichtung ist, der Welt das Schauspiel der Einhelligkeit geboten werden könnte, so wäre das ein hochbedeutsames Ergebnis, dessen moralische Wirkung über jeden Ausdruck erhaben ist.

Bei der Prüfung der Ausführungen des serbischen Vertreters zu Art. 27 darf ich sagen, dass keiner seiner Gedanken eine Einwendung finden kann oder gefunden hat. Alle Reden und Erklärungen über den Sinn und die Tragweite dieses Artikels sind darin einig, und ich lege Wert darauf, das, was alle Auschussmitglieder mit so grossem Nachdruck ausgeführt haben, hier zu bestätigen.

Die Streitigkeiten, welche der Art. 27 ins Auge fasst, sind nur diejenigen, welche eine Kriegsgefahr bedeuten. Erst hier halten wir die freundschaftliche Erinnerung an die Schiedssprechung für berechtigt.

Wenn weiter ein mächtiger Staat den Art. 27 dazu benützt, sich missbräuchlich in die Angelegenheiten eines schwächeren Staates einzumischen, so erkläre ich einfach, dass eine solche Macht den Art. 27 nicht für sich anrufen kann, sondern vollständig gegen dessen Zweck und Sinn handelt. Wenn dieser Artikel solche Folgen haben könnte, so hätten wir ihn nicht angeregt und ihn, falls er von anderen gestellt worden wäre, bekämpft und abgelehnt.

Veljkovitch fragt nach dem Nutzen des Art. 27. Ich will die frühere Antwort nicht wiederholen. Es ist nötig, für die Schiedssprechung die Grundsätze des Art. 1 zur Anwendung zu bringen. Diese Grundsätze beherrschen schon das Vermittelungsgebiet. Es war notwendig und folgerichtig, den Rat, den ständigen Schiedshof anzurufen, denselben Bestimmungen zu unterstellen und auch hier die aufrichtige Bemühung zur Aufrechterhaltung des internationalen Friedens für die Neutralen zur Pflicht zu machen.

Aber es handelt sich nicht bloss um die praktische Nützlichkeit dieser Bestimmung. Wir verteidigen sie deshalb so nachdrücklich, weil sie einen moralischen Nutzen hat, dessen Grösse später jeder Tag erweisen wird.

Einige möchten in Verkennung der Macht der Idee behaupten, dass das, was wir hier gemacht haben, wenig bedeutet. Ich bin im Gegenteil überzeugt, dass, wenn diese Konferenz geschlossen ist und wir nicht mehr pflichtschuldig die besonderen nationalen Interessen zu verteidigen haben, wir selbst die Bedeutung unseres Werkes höher anschlagen werden und dass diese Bedeutung um so klarer hervortreten wird, je weiter die Zeit vorschreitet. Der moralische Wert der Bestimmungen des Art. 27 liegt darin, dass die gemeinsame Pflicht der Friedensbewahrung, wie sie unter den Menschen besteht, nun auch für die Staaten anerkannt ist. Glauben Sie, dass es wenig bedeutet, wenn in dieser Versammlung, das heisst nicht in einem Verein von Theoretikern und Philosophen, die frei und unter ihrer höchst persönlichen Verantwortung Reden halten, sondern in einer Versammlung, in welcher die Regierungen fast aller gesitteten Staaten vertreten sind, das Bestehen einer solchen internationalen Pflicht verkündet worden ist und die Vorstellung dieser für immer in das Volksgewissen eingestellten Pflicht in Zukunft die Handlungen der Regierungen und Völker beherrscht?

Den Gegnern möchte ich sagen: ich fürchte, dass sie die Augen nicht auf das ihnen gesetzte Endziel gerichtet haben. Sie scheinen voreingenommen zu sein durch die Gegensätzlichkeit von Interessen der Grossmächte und Kleinstaaten auf dem Schiedsrechtsgebiet. Ich sage aber mit dem Grafen Nigra: es gibt hier weder grosse noch kleine Mächte; alle sind gleich vor dem zu bewältigenden Werk. Wenn aber das Werk für einige mehr Vorteil bringen sollte, so werden es sicherlich gerade die schwächeren Staaten sein, welche den grösseren Nutzen haben. Gestern schon habe ich im Ausschuss den Gegnern erklärt: Wenn in der Welt ein Gericht gebildet wird und eine unparteiische Entscheidung den Streit der Interessen und Leidenschaften beendigt, ist das nicht jedesmal ein Schutz mehr, der den Schwachen gegen den Missbrauch der Gewalt erwächst?

---

[1]) IV. 75 ff. I. 127 f.

Bei den Nationen ist es wie bei den Menschen. Einrichtungen wie diese hier sind der Schutz der Schwachen gegen die Starken. In den Kämpfen der Gewalt, wenn Soldaten in Tätigkeit treten, da gibt es Grosse und Kleine, Schwache und Starke. Wenn man in die zwei Wagschalen die Klingen wirft, so erweist sich die eine möglicherweise als leichter, die andere als schwerer. Aber wenn es sich um Ideen und Rechte handelt, dann gibt es keine Ungleichheit, und die Rechte des Kleinsten und Schwächsten drücken in der Wage mit derselben Kraft wie die Rechte der Stärksten.

Von diesem Geist — so schloss Bourgeois unter lang anhaltendem Beifall — sind wir bei unserem Werk ausgegangen: wir haben hauptsächlich an die Schwachen gedacht. Mögen diese uns begreifen und unserer Hoffnung entsprechen, indem sie sich unseren Bemühungen anschliessen, welche darauf gerichtet sind, die Zukunft der Menschheit mehr und mehr durch das Recht zu ordnen.

Durch diese Rede zeigte sich Veljkovitch endlich befriedigt und er wünschte nur noch, dass die Auslegung, die der Art. 27 von seiten des Präsidenten gefunden hatte, im Sitzungsprotokoll getreu wiedergegeben werde. Durch diese Auslegung sei der Artikel für die serbische Vertretung annehmbar geworden und unter der genannten Voraussetzung stimme sie zu.[1])

Darauf konnte der Präsident feststellen, dass über den Art. 27 ein Einvernehmen hergestellt sei.

Auf der Grundlage dieser staatsmännischen Rede des Präsidenten erfolgte übrigens zwei Tage später, am 22. Juli, auch der Friedensschluss bezüglich der von den Balkanstaaten bekämpften Untersuchungskommissionen.[2])

Am Schlusse der Kommissionssitzung am 20. Juli warf aber der bulgarische Vertreter Dr. Stancioff in Fortsetzung seiner früher gehaltenen Rede[3]) noch einmal die Frage der Ausführungsbestimmungen auf:

Wenn der Art. 27 eine Pflicht begründe, so müsse auch gesagt werden, wie man sie erfülle. Das „rappeler" für sich allein genüge nicht. Und wenn sich die Diplomatie nicht einmischen solle, wer dürfe denn die Erinnerung betätigen? Das Bureau oder der Verwaltungsrat? Das Verfahren wäre dann vielleicht zu weitschweifig. Denn die betreffende Macht müsste sich zunächst an den Verwaltungsrat wenden. Dieser müsste fünf Mitglieder zur Beratung zusammenrufen, und da könnte der Krieg ausgebrochen sein, bevor die Erinnerung ausgesprochen wäre. Deshalb müsste man erwägen, wie man am wirksamsten und schnellsten den Art. 27 zur Ausführung bringt.[4])

Die Kommission wich aber wiederum behutsam aus; sie beschränkte sich höflich darauf, von dieser Bemerkung Kenntnis zu nehmen und gab dann dem Art. 27 ihre Zustimmung.[5])

II. **Der Art. 27 des Abkommens bestimmt:**

Die Signatarmächte betrachten es als Pflicht, in dem Falle, wo ein ernsthafter Streit zwischen zwei oder mehreren von ihnen auszubrechen droht, diese daran zu erinnern, dass ihnen der ständige Schiedshof offen steht.

Sie erklären demzufolge, dass die Handlung, womit den im Streite befindlichen Teilen die Bestimmungen dieses Abkommens in Erinnerung gebracht werden, und der im höheren Interesse des Friedens erteilte Rat, sich an den ständigen Schiedshof zu wenden, immer nur als Betätigung guter Dienste angesehen werden dürfen.

1. Der Art. 27 spricht keine rechtliche, sondern eine moralische Pflicht aus. Das wurde in den Verhandlungen wiederholt festgestellt.[6])

---

1) IV. 76.
2) Vgl. oben S. 146—148.
3) Vgl. oben S. 246 f.
4) IV. 77.
5) a. a. O.
6) Vgl. oben S. 247, 249, 250.

2. Die Betätigung dieser moralischen Pflicht setzt voraus: einmal dass Staaten bereits ernste Meinungsverschiedenheiten haben oder sich im Streit befinden[1]) und weiterhin, dass dieser Streit ernsthaft zu werden droht[2]) oder eine Kriegsgefahr bedeutet.[3])

Bei einfachen Meinungsverschiedenheiten fehlt nicht bloss die Pflicht, sondern auch das Recht. Der Art. 27 will nicht die alte Interventionspolitik wieder aufleben lassen und beabsichtigt insbesondere keine Schmälerung der Souveränität der Kleinstaaten.[4])

3. Es muss ein Krieg zwischen Signatarmächten drohen.[5]) Andere Streitlagen fasst der Art. 27 nicht ins Auge.

4. Träger der im Art. 27 festgelegten Pflicht sind nicht eine[6]) oder mehrere[7]) festbestimmte Persönlichkeiten, sondern Staaten, und zwar nicht etwa eine durch den Sekretär angegangene Macht,[8]) sondern alle Signatarmächte, welche nicht in den Streit verwickelt sind. Alle diese Staaten, nicht bloss „eine Macht oder mehrere Mächte",[9]) haben durch den Art. 27 die Erinnerungspflicht übernommen und das ausübende Organ ist nach Staatsrecht das Ministerium des Äusseren.

5. Die Pflicht besteht darin, dass die neutralen Staaten den im Streit befindlichen Teilen die Bestimmungen des Haager Friedensabkommens in Erinnerung bringen, insbesondere daran erinnern, dass ihnen der ständige Schiedshof offen steht.

Die Erinnerungspflicht gestaltet sich so zu einer Empfehlung[10]) des ständigen Schiedshofs.

6. Ihrem Wesen nach ist diese Erinnerungspflicht nur „eine Betätigung guter Dienste" in der Richtung der Schiedssprechung,[11]) nur ein „im höheren Interesse des Friedens erteilter Rat",[12]) und kann deshalb niemals als unfreundliche Handlung angesehen werden.[13]) Für den Art. 27 gelten daher aber auch die bezüglich der Vermittelung gemachten Vorbehalte.[14])

7. Ich gehe zur **Würdigung** des Art. 27 über.

In den Konferenzverhandlungen erschien die Erinnerungspflicht des Art. 27 als eine besonders bedeutsame Neuerung.[15]) Die hitzigen Kämpfe,

---

[1]) „Parties en conflit" Abs. 2. Vgl. über „conflit" oben S. 108, 113, 149.

[2]) „où un conflit aigu menacerait d'éclater."

[3]) Vgl. Veljkovitch oben S. 250 und Bourgeois S. 251.

[4]) Vgl. Bourgeois oben S. 251 f. sowie S. 148, 164 f.

[5]) Den Signatarmächten stehen die Mächte gleich, welche dem Abkommen nach Massgabe der Art. 59 f. beigetreten sind. Odier hatte weiter gehen wollen. (Vgl. oben S. 242.)

[6]) Also nicht der Bureausekretär, wie die Franzosen wollten. Vgl. oben S. 241 f.

[7]) Nicht die Schiedshofmitglieder, wie Graf Nigra vorschlug. Vgl. oben S. 244.

[8]) Das hatte v. Martens vorgeschlagen. Vgl. oben S. 244.

[9]) Wie in Art. 3. Vgl. oben S. 115.

[10]) Vgl. oben S. 240 in Verbindung mit S. 238.

[11]) Vgl. oben S. 248, 249, 250.

[12]) Art. 27.

[13]) Art. 3 und dazu oben S. 250.

[14]) Vgl. Veljkovitch oben S. 250.

[15]) Auch später noch sah Bourgeois in dem hier aufgerichteten „principe nouveau de la solidarité" die „base de la Convention". Vgl. die Einleitung zu Mérignhac, la conférence intern. de la paix p. VII.

welche um diesen Artikel geführt wurden, sind aber schwer verständlich. Wenn der Art. 27 in Wirklichkeit nur die Anwendung des Art. 3 in einer ganz bestimmten Richtung, wenn er nur die Vermittelung der Schiedssprechung ist, dann hatte es keinen Sinn, weder für noch gegen diesen Artikel so scharf mobil zu machen.

Der Art. 27 war in der ersten französischen Anregung etwas wesentlich anderes und zwar etwas wirklich Bedeutsames. Als das eigentlich Charakteristische aber gefallen war, hätte man meines Erachtens auch den ganzen Artikel fallen lassen können. In seiner heutigen Fassung ist der Artikel eher sogar bedenklich.

Das Charakteristische in dem französischen Antrag war, dass die Erinnerungspflicht auf eine bestimmte völkerrechtliche Persönlichkeit, nämlich den Generalsekretär des Bureaus abgeladen war. Das hatte man sich als wirkliche Rechtspflicht gedacht. Bei drohendem Krieg — die Voraussetzung des Art. 27 ist noch schärfer als diejenige des Art. 3 [1]) — wäre also immer die Vermittelung zur Schiedssprechung angeboten, es wäre in der Tat für letztere der Weg stets freigemacht worden. Man hätte dann wirklich einen Mechanismus gehabt, der auf den Druck eines eigens dazu bestellten Mannes sofort funktioniert.

Nun hat man aber den Mann, welcher die Maschine bedienen konnte und sollte, aus Furcht, er sei dieser Aufgabe nicht gewachsen oder er werde, falls er sich ihr gewachsen zeige, eine übermächtige politische Persönlichkeit,[2]) wieder fallen lassen. Das war gewiss höchst weise. Aber nun betraute man mit der Bedienung sozusagen die ganze Welt. Man hätte sich indes im Haag darüber klar sein sollen, dass eine Erinnerungspflicht aller Signatarmächte ein Schlag ins Wasser ist. Warum soll sich ein Staat vordrängen, wenn er weiss, dass die anderen Staaten ganz dieselben Pflichten haben. Im Transvaal- und ostasiatischen Krieg hat denn auch kein einziger den durch den Art. 27 gewünschten Druck auf den schiedsgerichtlichen Mechanismus betätigt. Von einer „neuen Ära“,[3]) in welcher die Staaten die Pflicht haben, auch für den Frieden ihrer Nachbarn tätig zu werden, hat man noch nichts gespürt.

Der Art. 27 fällt aber auch nach anderer Richtung auf.

Die Signatarmächte übernehmen hier die Pflicht, die streitenden Staaten an den Schiedshof zu erinnern. Die einschlägige Pflicht des Generalsekretärs war natürlich als Rechtspflicht gedacht gewesen. Aber allen Staaten eine solche Rechtspflicht aufzuladen, ging nicht an und so einigte man sich denn auf die Auslegung, dass das nur eine moralische Pflicht sei.

---

[1]) Vgl. oben S. 253.

[2]) Auch später noch sprach sich Zorn dahin aus, dass der französische Antrag in seiner ersten Fassung „die Möglichkeit der allerschwersten politischen Gefahren in sich schloss, indem er das Sekretariat zu einer automatisch fungierenden Praeventiv-Interventions-Instanz für alle Welthändel gemacht hätte. Dieser Giftzahn musste dem französischen Antrage ausgebrochen werden, dann war sein Inhalt moralisch bedeutsam und praktisch, bei entsprechender Vorsicht der Diplomatie ungefährlich“. („Tag“ 1903 No. 323).

[3]) So Stancioff, Odier, Holls oben S. 246, 250.

Aber seit wann werden denn moralische Pflichten durch Rechtsabkommen geschaffen? Ein Rechtsabkommen kann nur Rechtspflichten begründen.

Moralische Pflichten prägt keine Gemeinschaft, sondern nur das eigene Gewissen, das den Nötigungen und Reizungen von aussen, auch selbst der Rechtsgemeinschaft gegenüber autonom bleibt.

Man wollte schliesslich nur eine zweite Auflage des Art. 3 herstellen.[1]) Aber die Fassung des Art. 3 ist viel vorsichtiger, und man hätte besser getan, wenn man der Anregung des serbischen Vertreters[2]) gefolgt wäre und die Fassung des Art. 3 zugrunde gelegt hätte. Im Art. 3 erklären es die Signatarmächte nur für nützlich, dass eine oder mehrere unbeteiligte Mächte ihre Vermittelung anbieten, soweit es die Umstände gestatten.

Man erwartet also von vornherein nur eine Vermittelung der einen oder anderen Macht auf Grund besonderer Verhältnisse, und soweit es die Umstände gestatten. Und eine so vorsichtig abgesteckte Vermittelung erklärte der Art. 3 nur für nützlich und schützte sie vor dem Vorwurf einer unfreundlichen Handlung. Das Wort „Pflicht" ist dem Text fremd.[3]) Der Art. 3 ist deshalb bei den Kriegsereignissen nach der Friedenskonferenz nicht gebrochen worden,[4]) wohl aber der Art. 27.[5])

Hätte man den Art. 27 nicht mit so zäher Ausdauer verteidigt, so wären die späteren Niederlagen, die wohl vorauszusehen waren, erspart geblieben. Jeder spätere Krieg wird mehr oder weniger zeigen, dass der Art. 27 nur dafür da zu sein scheint, verletzt zu werden. Derselbe ist in Wahrheit denn auch nur eine theoretische Proklamation der internationalen Interessengemeinschaft, eine Kundgebung, die gewiss nicht ohne Wert ist, aber in vorsichtigerer Fassung wirkungsvoller resp. unschädlicher geworden wäre. Die feierliche Aufforderung der Mächte untereinander, auf Grund der internationalen Gemeinschaftsinteressen tunlichst die Anregung zur kriegvorbeugenden Tätigkeit zu gewinnen, schätze ich nicht gering. Aber ich erwarte von ihr keine neue Ära.

Der bulgarische Bevollmächtigte Dr. Stancioff hatte die Hand auf den wunden Punkt gelegt, als er wiederholt und zwar noch in letzter Stunde eine Ausführungsbestimmung anregte.[6]) Ohne diese lernt die neue „Pflicht" nicht gehen.

Aber alle Ausführungsbestimmungen resp. indirekten Vorkehrungen, die darauf hinauslaufen oder es ermöglichen, die Erinnerungspflicht einer bestimmten Person zuzuspielen, werden daran scheitern, dass man kein Theater für politische Intriguenspiele bauen und auch keine politische

---

[1]) Vgl. oben S. 248, 249, 251. Das hat Zorn auch später noch ausdrücklich betont („Tag" 1903 No. 323).

[2]) Vgl. oben S. 249.

[3]) Vgl. oben S. 114 f., 128.

[4]) Vgl. oben S. 128.

[5]) Schon wirft daher die „Friedens-Warte" 1904 No. 3 S. 47 den Staaten „Pflichtverletzung" vor.

[6]) Vgl. oben S. 246 f., 252. Vgl. auch den Kommissionsbericht I. 127.

Obervormundschaft organisieren will. Mit der Ausschaltung einer eigenen mit der Erinnerung betrauten Persönlichkeit hat dann aber der Art. 27 meines Erachtens seine besondere Existenzberechtigung verloren und hätte einfach auf den Art. 3 zurückfallen sollen.

Zweites Kapitel.
Der Ausbau des Schiedshofs.

Erster Titel.
Das Bureau.

§ 62.
Die Entstehungsgeschichte des Bureaus.

Bureau, Liste und Verwaltungsrat: Das sind die Elemente, aus welchen sich der Schiedshof zusammensetzt.

Art. 22 Abs. 1 sieht die Errichtung eines internationalen Bureaus im Haag vor.

I. Vorbild hierfür war Art. 2 des englischen[1]) und § 5 des russischen[2]) Schiedshofentwurfs, wo auch schon die Linien der Zuständigkeit gezogen sind.

Um die weitere Redaktion hat sich vor allen Descamps verdient,[3]) der später in seinem Kommissionsbericht feststellen konnte, dass der Vorschlag, im Haag ein internationales Bureau zu errichten, „avec la plus vive sympathie“ aufgenommen worden sei.[4])

Die ganze Idee war übrigens auch eine ursprünglich Descampssche, die schon 1895 in der Denkschrift an die Mächte[5]) gestreift worden war.

In der ersten Ausschusslesung der Haager Konferenz erhielt der Artikel (damals noch Art. 2) folgende Fassung:

> „Un bureau central est établi à la Haye, par les soins et sous la haute surveillance du Gouvernement des Pays-Bas. Ce bureau est placé sous la direction d'un secrétaire-général résident. Il sert de greffe au tribunal arbitral. Il est l'intermédiaire des communications relatives à la réunion du tribunal. Il a la garde des archives et la gestion de toutes les affaires administratives.“ [6])

In der zweiten Lesung des Ausschusses wurde auf Antrag von Descamps die jetzige Bezeichnung „Bureau International“ gewählt.[7])

Dabei hatte man folgende nur gering veränderte Fassung beschlossen:

> „Un bureau international établi à la Haye et placé sous la direction d'un secrétaire général permanent sert de greffe à la Cour.
>
> Il est l'intermédiaire des communications relatives à ses réunions.
>
> Il a la garde des archives et la gestion de toutes les affaires administratives.“ [8])

---

[1]) Vgl. oben S. 220.

[2]) Vgl. oben S. 218. Im amerikanischen Entwurf Ziff. 2 (oben S. 219) war ein greffier mit dem erforderlichen Personal vorgesehen, den der Gerichtshof selbst ernennen sollte.

[3]) IV. 125, 127.

[4]) I. 122.

[5]) S. 73.

[6]) IV. 127.

[7]) IV. 162. I. 122.

[8]) a. a. O.

Der Ausschussentwurf wiederholte das mit unbedeutenden Verstellungen im Abs. 2 und brachte zwei neue Absätze:

„Les Puissances signataires s'engagent a communiquer au Bureau international de la Haye une copie certifiée conforme de toute stipulation d'arbitrage intervenue entre elles et de toute sentence arbitrale rendue à leur égard par des jurisdictions spéciales.

Elles s'engagent à communiquer de même au Bureau les lois, les règlements et documents constatant éventuellement l'éxécution des sentences rendues par la Cour."[1])

II. Nach den Fassungen der ersten Lesung sollte das Bureau unter die Leitung eines ständigen Generalsekretärs gestellt werden und der Bureauchef den Titel eines Generalsekretärs führen.[2])

Hier war einer der Punkte, wo insbesondere Deutschland seinen Verdacht begründet sah, dass die Bemühungen um die Errichtung eines Schiedshofs vielleicht auch auf die Organisation politischer Intriguen gerichtet seien, weshalb es anfangs dem ganzen Schiedshofprojekt nicht recht gewogen war.

Der luxemburgische Staatsminister Eyschen schien übrigens ähnliche Empfindungen zu haben, denn dieser wollte die Verleihung des Titels an den Bureauchef dem Verwaltungsrat vorbehalten und machte in der Kommission darauf aufmerksam, dass der Titel Generalsekretär Unzuträglichkeiten nach sich ziehen könne. Denn durch diesen Titel würde eine verantwortungsvolle Leitung geschaffen. Die Kommission schloss sich diesen Ausführungen an und strich die Worte „et placé sous la direction d'un secrétaire général permanent".[3])

Auch Descamps hatte gemeint, dass man dem Verwaltungsrat in Gemässheit des Art. 28 Abs. 2 alles weitere überlassen könne.[4])

Hiernach steht jetzt in der Tat das internationale Bureau unter der Leitung und Aufsicht des ständigen Verwaltungsrats, ist aber keine selbständige Stelle.

In der dritten Ausschusslesung kam der deutsche Vertreter Dr. Zorn auf diesen Punkt zurück: Die deutsche Regierung bestehe darauf, dass das Sekretariat seine Natur nicht verliere. Auf den Namen des Bureauchefs komme es nicht an. Aber die deutsche Regierung lege Wert darauf, dass das Sekretariat kein Mittelpunkt der internationalen Politik, keine Art von Weltbureau werde.[5])

Nach der deutschen Auffassung sollte das Bureau, wie Zorn auch später feststellte, „streng auf die Sekretariatsgeschäfte beschränkt werden und keine über die Bedeutung eines Sekretariats hinausragende Bedeutung gewinnen, am allerwenigsten sich zu einer Zentralstelle für die politischen Intriguen der Welt auswachsen"[6].)

[1]) IV. 23; 261.

[2]) Schon im englischen Entwurf Art. 2 war ein „Secrétaire permanent" vorgesehen (IV. 218. Vgl. auch die Feststellung IV. 23.

[3]) IV. 23.

[4]) a. a. O.

[5]) IV. 188.

[6]) „Deutsche Rundschau" 1900 S. 115 und im „Tag" 1903 No. 301 Ziff. IV.

Dass überall die Möglichkeit politischen Missbrauchs bei der Schiedshofinstitution beseitigt werde, war mittlerweile in den Kompromissverhandlungen[1]) die Bedingung geworden, von deren Erfüllung Deutschland seine Zustimmung zur Schiedsrechtskonvention abhängig machte und wodurch die ganze Schiedsgerichtseinrichtung erst auf die unangreifbare Höhe gerückt wurde.

§ 63.

Die Rechtsstellung des Bureaus.

v. Martens hatte das Bureau als „résumé" des Schiedshofs bezeichnet.[2])

I. Die Errichtung und innere Einrichtung des internationalen Bureaus wurde dem Verwaltungsrat aufgetragen,[3]) der auch die Beamten und Angestellten des Bureaus ernennt und entlässt.[4])

II. Die Aufgaben des internationalen Bureaus stehen in Beziehung

a) zu dem ständigen Schiedshof und dem Haager Schiedsgericht und liegen dann:

1. in der Erledigung der Gerichtschreiberei-[5],) Kanzlei-,[6]) Sekretariats- oder Bureaugeschäfte,[7]) wozu insbesondere auch die Pflicht gehört, die Schiedshofliste zu führen und die Signatarmächte darüber auf dem laufenden zu halten.[8])
2. Die Hauptaufgabe des Bureaus ist aber die auf den Zusammentritt des Haager Schiedsgerichts[9]) gerichtete Tätigkeit.

   Das hatte schon der englische Entwurf hervorgehoben.[10])

   Haben nämlich die Parteien aus der Gesamtliste das Schiedsgericht gebildet,[11]) so teilen sie dem Bureau ihren Entschluss, sich an den Schiedshof zu wenden, und die Namen der Schiedsrichter mit.[12])

   Das Bureau vermittelt nunmehr die auf den Zusammentritt des Schiedsgerichts bezüglichen Mitteilungen.[13])
3. Das Bureau hat das Archiv unter seiner Obhut und besorgt alle Verwaltungsgeschäfte.[14])

   Aber wie weit gehen hier die Verwaltungsgeschäfte?

---

1) Vgl. oben S. 228.
2) IV. 191.
3) Art. 28 Abs. 2.
4) Art. 28 Abs. 6.
5) Zorn, „Deutsche Rundschau" 1900 S. 128.
6) v. Martens, „La conférence de la paix à la Haye" p. 32.
7) Art. 22 Abs. 1.
8) Art. 23 Abs. 2 u. 3. Der Absatz 3 geht auf eine Anregung von Nigra-Asser zurück. IV. 162.
9) Über die Terminologie vgl. oben S. 231.
10) Ziff. 2 Abs. 2 (IV. 218): „Le Bureau sera l'intermédiaire des communications relatives à la réunion du Tribunal à la requête des Parties litigantes".
11) Vgl. darüber unten S. 268 ff.
12) Art. 24 Abs. 6.
13) Art. 22 Abs. 2.
14) Art. 22 Abs. 3.

Bei der ersten Ausschussberatung über die Schiedsprozessordnung am 26. Juni hatte der amerikanische Vertreter Holls in Anlehnung an den § 3 des amerikanischen Entwurfs[1]) folgenden Antrag gestellt:

„Nach der Verkündigung des Schiedsspruchs kann jedermann von den auf die Schiedssprechung Bezug habenden Urkunden („documents") auf seine Kosten Abschrift nehmen".[2])

Descamps widersprach aber: es gebe viele Schiedssprüche, die nicht veröffentlicht worden seien, und deren Veröffentlichung dem Interesse der Parteien widerspreche. Es könnten da Entscheidungsgründe vorliegen, welche ein Staat nicht bekannt geben wolle oder könne. Wenn die Parteien darüber einig seien, nichts zu veröffentlichen, wolle sie da der Antrag Holls dazu verpflichten?

Auf Grund dieser Ausführung zog Holls seinen Antrag bis zur zweiten Lesung der Schiedsprozessordnung zurück.[3])

Bei der zweiten Lesung[4]) beschränkte Holls seinen Antrag dahin, dass nur vom Schiedsspruch und den öffentlichen Urkunden („documents publics") Abschrift gefordert werden könne. Die Unterscheidung von öffentlichen und nicht öffentlichen Urkunden sei vielleicht schwierig, aber das Schiedsgericht könne ja ermächtigt werden, darüber Beschluss zu fassen.

Descamps widersprach dem jedoch von neuem. Das Recht, die Veröffentlichung der im Prozess vorgelegten Urkunden anzuordnen, stehe bei den Parteien und man könne ihnen dieses Recht nicht nehmen, indem man ihnen die Veröffentlichung aufnötige.

Holls erklärte übrigens, dass sein Antrag nur auf die Schiedssprechung des ständigen Schiedsgerichts gehe, worauf die Erörterung auf die zweite Lesung des Schiedshofsentwurfs vertagt wurde.[5])

Schon in der folgenden Ausschusssitzung las Descamps eine diesbezügliche Fassung vor, die er im Auftrag von Holls entworfen hatte und deren Vorlage für die Schiedshofdebatte angekündigt werden könne.[6])

Bei der Beratung des Schiedshofprojekts in zweiter Lesung legte nun Holls in der Tat seinen Antrag vor, in welchem er folgenden Zusatz zum Art. 2 verlangte:

„Il donne communication et délivre des expéditions des actes de la Cour conformément aux règles adoptées par elle."[7])

Dr. Zorn meinte aber, dies gehöre zu den bereits vorgesehenen Verwaltungsgeschäften.

Der holländische erste Vertreter van Karnebeek wollte auf keinen Fall das diplomatische Korps in Haag durch die Frage der Veröffentlichung behelligt sehen, das sei Sache der Schiedsrichter selbst.

Dr. Zorn erklärte indes, vor das Schiedsgericht allein gehöre das nicht;

---

[1]) Vgl. oben S. 219.
[2]) IV. 149.
[3]) a. a. O.
[4]) In der II. Komitésitzung am 30. Juni (IV. 156).
[5]) IV. 156.
[6]) IV. 158.
[7]) IV. 162.

in erster Linie komme es auf die Entscheidung der beteiligten Regierungen an.

Der Präsident Bourgeois meinte gar, der Antrag Holls verleide den Regierungen durch die Furcht vor der Veröffentlichung den ganzen Schiedshof und schiesse daher über das Ziel.

Holls musste das gelten lassen und gab der Anregung von Zorn Folge, durch eine Erklärung festzustellen, dass das Recht, alle Verwaltungsgeschäfte zu besorgen für die Bejahung einer Publikationsbefugnis ausreiche. Und so erhielt der Berichterstatter den Auftrag, diese Bedeutung des Absatzes 3 im Art. 22 hervorzuheben; übrigens sei aber die Veröffentlichung von der doppelten Zustimmung des Bureaus und der beteiligten Regierungen abhängig.[1])

Der Descampssche Kommissionsbericht ist der gestellten Aufgabe I. 122 nachgekommen.

b) Das Bureau wurde im Art. 26 Abs. 1 aber nicht nur zum ständigen Schiedshof und ständigen Schiedsgericht sondern auch zum freien Schiedsgericht in Beziehung gesetzt.

Die Bestimmung geht auf einen Antrag Englands zurück.

Als der Art. 5 des englischen Entwurfs in zweiter Lesung beraten wurde, beantragte nämlich Julian Pauncefote einen Zusatzartikel des Inhalts, dass jedes vereinbarte Schiedsgericht, wie jede Untersuchungskommission, die Geschäftslokale und Dienste des Sekretariats benützen könne. Der russische Vertreter v. Martens unterstützte diese Idee: es sei wünschenswert, dass Haag der Mittelpunkt der internationalen Schiedssprechung werde.

Darauf wurde folgende Fassung beschlossen:

> „Das internationale Bureau im Haag ist ermächtigt, sein Geschäftslokal und seine Geschäftseinrichtung den Signatarmächten für die Tätigkeit eines jeden besonderen Schiedsgerichts zur Verfügung zu stellen.“[2])

In dem Entwurf der dritten Lesung erscheint dann diese Bestimmung als Art. 26 Abs. 1.[3])

Später wiederholte Pauncefote den Wunsch, dass die Geschäftshilfe nicht bloss den Schiedsgerichten, sondern auch den Untersuchungskommissionen geleistet würde. Als aber Dr. Zorn meinte, dass sich aus dieser Gleichstellung Störungen ergeben könnten, bestand Pauncefote nicht weiter auf seiner Anregung.[4])

III. Damit das internationale Bureau seine Aufgaben wirksam erfüllen kann, haben die Signatarmächte gewisse Hilfeleistungen zugesagt (Abs. 4 und 5 des Art. 22).

1. Abs. 4 geht auf einen Antrag des holländischon Bevollmächtigten Asser zurück,[5]) und bestimmt, dass das Bureau von allen Schiedsabkommen der Signatarmächte und ebenso von allen Schieds-

[1]) IV. 162.
[2]) IV. 171. Vgl. auch I. 125.
[3]) IV. 262.
[4]) IV. 86.
[5]) Die Fassung „les concernant et rendue“ wurde erst in der zweiten Kommissionslesung beschlossen (IV. 65).

sprüchen derselben in eigenen Angelegenheiten, soweit sie durch freie Schiedsgerichte ergangen sind, Abschrift erhält.[1])

Nach einem weiteren Antrag Rolins,[2]) auf Grund der jetzigen Fassung, erhält das Bureau sogar beglaubigte Abschrift. Man wollte dadurch das Ansehen des Schiedshofarchivs erhöhen,[3]) nach einer späteren Äusserung von Zorn[4]) sogar das Bureau zu „einer Art wissenschaftlicher Zentralstelle für Information über internationales Schiedsgerichtswesen" machen.

2. Dem dient auch der Abs. 5, wonach sich die Signatarmächte anheischig machten, „dem Bureau ebenso die Gesetze, allgemeinen Anordnungen und Urkunden mitzuteilen, welche die Vollziehung der von dem Schiedshof erlassenen Sprüche dartun".[5])

IV. Der Art. 29 handelt von den Kosten des Bureaus. Derselbe ist aus dem Art. 7 des englischen Entwurfs hervorgegangen, welcher folgenden Wortlaut hatte:[6])

„Les Puissances Signataires s'engagent à supporter par parties égales les frais du Conseil d'Administration et du Bureau Central. Les frais se rattachant à chaque Arbitrage incomberont aux Etats en litige en partie égale."

Nach einer allgemeinen Erörterung im Ausschuss wurde die Abstimmung verschoben. Man wollte sich darüber erst mit den anderen Mitgliedern der dritten Kommission verständigen.[7])

Nachdem aber der Verwaltungsrat infolge anderer Organisation[8]) keine Kosten mehr verursachte und die Frage der Prozesskosten in der Schiedsprozessordnung geregelt war,[9]) blieb nur noch die Kostenregulierung für das Bureau übrig.

Die in der zweiten Lesung des Ausschusses vorgelegte und angenommene Fassung des jetzigen Art. 29 lautet:

„Die Kosten des Bureaus werden von den Signatarmächten nach dem für das internationale Bureau des Weltpostvereines festgestellten Verteilungsmassstabe getragen".[10])

Zu den Bureaukosten gehören auch die allgemeinen Prozesskosten, welche durch Beheizung, Beleuchtung u. s. w. der Sitzungsräume entstehen.[11])

V. Die Einrichtung des Haager Bureaus bedeutet eine mächtige Stärkung des Schiedsgedankens und grosse Erleichterung der Schiedssprechung.

Wenn die gewählten Schiedsrichter im Haag zur Gerichtssitzung eintreffen, so finden sie alle nötigen Einrichtungen, Hilfsmittel und Personen.

---

[1]) IV. 171.
[2]) IV. 23.
[3]) a. a. O.
[4]) „Deutsche Rundschau" 1900 S. 128.
[5]) Diese Bestimmung geht auf einen Antrag des russischen Bevollmächtigten v. Martens zurück. (IV. 171).
[6]) IV. 220
[7]) IV. 134.
[8]) Art. 28. Vgl. unten § 68.
[9]) Art. 57. Zu den dort genannten Prozesskosten gehört auch die Honorierung der Schiedsrichter.
[10]) IV. 171 (damals noch Art. 7).
[11]) IV. 192.

Mit Recht betont aber auch v. Liszt: „Wenn wir die ständige Gerichtsschreiberei im Haag ansehen, werden wir wissen, dass hinter dieser Gerichtsschreiberei der ganze Gerichtshof steht, und in völlig greifbarer Weise werden wir die Verkörperung einer die Staaten verbindenden Rechtsgemeinschaft erkennen.“[1])

Zweiter Titel.

Die Schiedshofliste.

§ 64.

Die Herstellung der Liste.

Der Art. 23 des Abkommens über die Schiedshofliste ist aus dem Art. 3 des englischen Entwurfs hervorgegangen.[2])

Hier wie im amerikanischen Schiedshofentwurf war nach dem Vorbild des Brüsseler Projekts[3]) bereits die Liste vorgesehen. Jeder Staat sollte nach dem Brüsseler sowie dem englischen Entwurf zwei, nach dem amerikanischen Entwurf eine zum Schiedsrichteramt geeignete Person benennen, und diese sollten nach dem englischen System als Schiedshofmitglieder beim Zentralbureau eingeschrieben werden.[4]) Die Z. 4 des englischen Entwurfs spricht direkt von der „Liste des membres du Tribunal.“

Auch das Abkommen baut auf der „Liste“[5]) oder der „Gesamtliste“[6]) den ständigen Schiedshof auf.

Bereits in der ersten Lesung des Ausschusses am 9. Juni wurde unter der führenden Mitwirkung von Descamps folgende Fassung vereinbart:

Chaque Puissance signataire désignera, dans les trois mois qui suivront la ratification du présent acte, deux personnes d'une compétence reconnue en droit international, jouissant de la plus haute considération morale et disposées à accepter les fonctiones d'arbitre.

Les personnes ainsi désignées seront inscrites au titre de membres du tribunal sur une listé qui sera notifiée à toutes les Puissances signataires par les soins du bureau central.

Deux ou plusieurs Puissances peuvent s'entendre pour la désignation un commun de deux membres. La même personne peut être désignée par des Puissances différentes.

Les membres du tribunal sont nommés pour une durée de 6 ans; leur mandat peut être renouvelé.

En cas de décès ou de retraite d'un membre du tribunal, les mêmes règles seront suivies pour les nouvelles nominations.“[7])

Das ist im wesentlichen schon der heutige Art. 23.

---

[1]) Bei Fried, Friedensbewegung S. 211.

[2]) Der russische Schiedshofentwurf wollte fünf Mächte bezeichnet sehen, von welchen jede im gegebenen Fall auf Ansuchen einen Schiedsrichter völlig frei ernennt (§ 2), die dann zusammen das Schiedsgericht bilden. Vgl. oben S. 218, 221.

[3]) Art. III. Vgl. oben S. 214.

[4]) IV. 218. „Les personnes ainsi designées seront Membres du Tribunal, et seront inscrites comme tels au Bureau Central (Ziff. 3).

[5]) Art. 23 Abs. 2, 3.

[6]) Art. 24 Abs. 1.

[7]) IV. 125 f.

I. In den Verhandlungen wurde zunächst das staatliche Benennungsrecht bekämpft, welches übrigens sowohl im englischen wie im Brüsseler Entwurf vorgesehen war.

Der amerikanische Schiedshofentwurf hatte für jeden Staat Wahl durch den obersten Gerichtshof gewünscht.[1])

Das freie staatliche Benennungsrecht passte den Amerikanern wenigstens für die amerikanischen Republiken nicht, und Holls stellte daher bei der ersten Lesung des Ausschusses am 9. Juni in Anlehnung an den amerikanischen Entwurf folgenden Abänderungsantrag:[2])

„Quand il sera possible, ces personnes seront nommées par la majorité des membres de la plus haute cour existante alors dans chacun des Etats adhérents, et, en tous cas, elles seront choisies en raison de leur aptitude à résoudre, dans l'esprit du droit, toutes les questions dont elles seront saisies."

Er meinte: die öffentliche Meinung in Amerika werde in der freien staatlichen Benennung eine politische Beeinflussung vermuten. Jede amerikanische Republik habe aber, wie fast alle Staaten, einen obersten Gerichtshof, der am meisten dazu geeignet sei, den Präsidenten in der Auswahl der Mitglieder des zukünftigen Schiedshofs zu leiten. Der Abänderungsantrag wolle nicht dem Souverän oder dem Präsidenten das Benennungsrechts selbst nehmen, sondern nur die öffentliche Meinung gewinnen, welche der Liste mehr Vertrauen entgegenbringe, wenn der höchste Gerichtshof eines jeden Landes an der staatlichen Benennung Anteil habe.

Dabei bemerkte Holls noch, dass ihm seine Instruktion vorschreibe, über diese Frage eine Abstimmung zu verlangen, ein Beweis, welche Wichtigkeit die Vereinigten Staaten dieser Frage beilegten.

Alle übrigen Ausschussmitglieder waren aber gegen den amerikanischen Vorschlag, und es wurde dann auf die Anregung von Holls wenigstens die allerdings selbstverständliche Erwartung im Bericht ausgesprochen, dass die Wahl und Ernennung der Richter unparteiisch erfolge.[3])

Der Descampssche Ausschussbericht entsprach diesem Verlangen, indem er weiter betonte, dass die Gerichtsverfassungen der Staaten verschieden seien und dass die Regierungen auf das staatliche Benennungsrecht schwerlich verzichten würden.[4])

II. Der Kampf galt weiter der Zahl der von jedem Staat zu benennenden Personen.

Der amerikanische Entwurf[5]) hatte nur einen, der englische Entwurf[6]) aber, dem man zunächst folgte, nach dem Vorbild des Brüsseler Projekts, zwei Vertreter vorgesehen.

Indes auch die Zweizahl war Deutschland zu niedrig gegriffen, und die Reichsregierung meldete hier noch eine Kompromissforderung an.[7])

---

[1]) Ziff. 1 (oben S. 219).
[2]) IV. 125.
[3]) IV. 125.
[4]) IV. 17.
[5]) Ziff. 1. Vgl. oben S. 219.
[6]) Ziff. 3. Vgl. oben S. 220.
[7]) Vgl. oben S. 228. Das war neben der auf Streichung des obligatorischen Schiedsprinzips gerichteten Forderung gleichfalls eine „Hauptforderung" Deutschlands. (Zorn, „Tag" 1903 No. 301 Ziff. IV.)

In der zweiten Lesung des Ausschusses am 3. Juli, nachdem man sich über die Erinnerungspflicht der Neutralen (Art. 27) geeinigt hatte, regte Dr. Zorn an, es möge jeder Macht gestattet werden, eine grössere Anzahl von Schiedsrichtern, bis zu vier, zu bestellen. Er begründete diese Forderung damit, dass man im Schiedshof Sachverständige verschiedener Art brauche: Nationalökonomen, Juristen, Militärs, Diplomaten u. s. w.[1])

Der Amerikaner Holls wandte zwar ein, das mache die Liste zu gross und das Amt verliere dadurch an Bedeutung;[2]) aber aus Kompromiserwägungen wurde dem Wunsche des deutschen Bevollmächtigten entsprochen und die Vier-Zahl angenommen.[3])

In der ersten Lesung der Kommission am 17. Juli kam aber der portugiesische erste Bevollmächtigte Graf Macedo noch einmal auf die Zweizahl zurück: Durch diese würde sich die Stellung des Schiedshofs heben.[4])

Dr. Zorn wiederholte, man habe sich für ein Maximum von vier Mitgliedern aus Rücksicht auf die Grossmächte entschlossen, damit diese für die Schiedssprechung Vertreter verschiedener Richtungen: Diplomaten, Militärpersonen und Juristen abordnen könnten. Er glaube nicht, dass seine Regierung in dieser Richtung ihre Ansicht ändern würde.

Graf Macedo wünschte vorerst aber nur, dass sein Antrag noch einmal an den Ausschuss zurück geleitet werde, was der Präsident zusagte.[5])

In der zweiten Spezialsitzung des Ausschusses am 18. Juli kam der Antrag Macedo zur Verhandlung.[6])

Aber der holländische erste Vertreter van Karnebeek widersprach. Seitdem man glücklicher Weise den Artikel 27 eingestellt habe, wonach die Neutralen die Pflicht hätten, den im Streit befindlichen Mächten das Bestehen des Schiedshofs in Erinnerung zu bringen, sei er für die Vier-Zahl, damit man immer mehr Juristen, Diplomaten und Politiker zur Verfügung habe.[7])

Aber jetzt trat der russische Vertreter v. Martens[8]) als energischer Gegner der deutschen Forderung auf: Eine kleinere Mitgliederzahl sei besser, das moralische Ansehen eines jeden Mitgliedes sei hier grösser. Wenn die Regierungen nur zwei zu wählen hätten, sei auch ihre Sorgfalt grösser. Bei vier könne man auf Männer stossen, die nicht auf der Höhe ihrer Aufgabe ständen. Alle Welt würde vier benennen, auch die Mächte, welche eigentlich nur einen zu bezeichnen hätten. Es gebe so eine grosse Zahl von Empfohlenen, aber vielleicht weniger Empfehlenswerte. Je kleiner die Zahl der Ernannten sei, desto grösser sei ihr Ansehen und desto mehr würde ihre Wahl unter der Verantwortlichkeit ihrer Regierungen erfolgen. Andernteils könne er sich aber auch nicht der Ansicht an-

1) IV. 170 I. 123.
2) a. a. O.
3) IV. 170. 261. Vgl. auch den Descampsschen Ausschussbericht IV. 16.
4) IV. 24. I. 123.
5) a. a. O.
6) IV. 188.
7) a. a. O.
8) a. a. O.

schliessen, dass das Bureau oder auch der Schiedshof politische Aufgaben habe. Weder der Schiedshof, noch der Verwaltungsrat, noch das Bureau hätten etwas mit der Politik zu tun. Was aber schliesslich die deutsche Begründung betreffe, so könnten ja Militärs, Juristen und andere Spezialisten als Sachverständige vor ein Schiedsgericht geladen werden.

Dr. Zorn[1]) liess das nicht gelten. Das Ansehen des Schiedshofes würde durch die Vermehrung der Schiedsrichter nicht gemindert. Vielleicht würden es 100. Das sei nicht zu viel für einen ständigen Schiedshof für die ganze Welt. Die Ansicht der deutschen Regierung gehe dahin, dass es bei der kleineren Liste hauptsächlich auf Juristen ankomme; man brauche aber auch Diplomaten und vielleicht auch technische Schiedsrichter. Wenn der Art. 27 dem Schiedshof auch keine politische Aufgabe zugewiesen habe, so habe er ihm doch eine Bedeutung gegeben, die vielleicht die Zuständigkeit der Juristen überschreite.

Schliesslich fügte man sich wieder dem deutschen Verlangen im Interesse der Einheit, nur aus Not: das kam bei den folgenden Rednern deutlich zum Ausdruck.

Der holländische Vertreter Asser pflichtete Martens und Descamps bei, aber man könne nicht mehr auf Sachen zurückkommen, die schon entschieden wären. Auch Graf Macedo erklärte, er wolle auf seinem Abänderungsvorschlag nicht mehr bestehen, nachdem eine vollständige Meinungverschiedenheit bestehe und nach der Ansicht von Zorn ein unnachgiebiger Widerstand von seiten Deutschlands zu erwarten sei.

Darauf erklärte Descamps: Wenn Graf Macedo nicht auf seiner Anregung besteht, so kann man sich darauf beschränken, im Bericht festzustellen, dass sein Antrag mit einer einzigen (?) Ausnahme von allen gebilligt wurde und dass man nur der Notwendigkeit wich.

So wurde dann auch beschlossen und die Vier-Zahl beibehalten.[2])

Der Kommissionsbericht hebt hervor:

„Le nombre de quatre arbitres a été finalement accepté à titre transactionnel et de conciliation.“ [3])

In der zweiten Lesung der Kommission am 20. Juli berichtete Descamps über die letzte Ausschussverhandlung: Der Ausschuss habe den Antrag Macedo aufmerksam geprüft. Aber eine Macht habe entschieden auf der Beibehaltung der Vier-Zahl bestanden, mehrere andere hätten diese Ansicht unterstützt, und so sei denn auch beschlossen worden. Der Ausschuss sehe für den Antrag Macedo auch darin eine Schwierigkeit, dass der Entwurf den Mächten bereits mitgeteilt sei.

Der holländische Bevollmächtigte Asser nahm aber den Kampf noch einmal auf: Nach den zugunsten der Vier-Zahl vorgebrachten Gründen sollten Männer aus verschiedenen Berufsstellungen auf die Liste gesetzt werden: Diplomaten, Juristen und Militärs; dadurch solle die Bedeutung der Liste gewinnen. Nun sei es aber gerade die Frage, ob durch die Erhöhung der Zahl nicht das Gegenteil erreicht werde. Weiter scheine aber auch jede der

[1]) IV. 189.
[2]) IV. 189.
[3]) I. 123.

drei Voraussetzungen in der Person der zu Benennenden nach Massgabe des Abs. 1 nur auf Juristen und Diplomaten zn passen. Die Angelegenheit müsse wohl noch dem Plenum der Konferenz vorgelegt werden, und er frage den deutschen Bevollmächtigten, ob er auf seiner Ansicht bestehe.[1])

Dr. Zorn antwortete, er könne nicht zugeben, dass die drei Bedingungen des Art. 23 Abs. 1 die Personen mit anderer Berufsstellung ausschliessen.[2])

Damit wurde dann endlich, „nicht ohne starken Widerspruch“,[3]) die deutsche Forderung angenommen.

Deutschland war einem nachhaltigen Widerstand gegenüber auf seiner Forderung stehen geblieben. Es unterliegt keinem Zweifel, dass bei einer grösseren Liste die Zusammensetzung mannigfaltiger uud dies der Bildung der Schiedsgerichte förderlich sein kann. Wenn man weiter bedenkt, dass eine kleinere Schiedshofliste dazu führt, dass der Schiedshof im Handumdrehen sich zum Schiedsgericht verwandelt,[4]) so war durch eine etwas kurze Schiedsliste, zumal man damals noch nicht wissen konnte, wie viele Staaten bei der Schiedsgerichtskonvention mittun, der deutschen Befürchtung auch neue Nahrung gegeben, dass man eine feste Gerichtsform anstrebe. Deutschland hat durch die längere Schiedshofliste also auch verhindert, dass der Schiedshof die Fesseln seiner Verfassung sprengt.

Auf Grund der angeführten Verhandlungen war man zur folgender Redaktion des Art. 23 Abs. 1 gekommen:

„Jede Signatarmacht wird binnen drei Monaten, nachdem sie dieses Abkommen ratifiziert hat, höchstens vier Personen von anerkannter Sachkunde in Fragen des Völkerrechts benennen, die sich der höchsten sittlichen Achtung erfreuen und bereit sind, ein Schiedsrichteramt zu übernehmen“.

III. Was hat nach der staatlichen Benennung der Schiedsrichter zu geschehen?

Die Antwort gibt Art. 23 Abs. 2:

„Die so benannten Personen sollen unter dem Titel von Mitgliedern des Schiedshofs in eine Liste eingetragen werden; diese soll allen Signatarmächten durch das Bureau mitgeteilt werden.“

Also jeder Staat hat seine Benennungen dem Bureau zu melden. Dieses stellt die gesamte Liste her und teilt dieselbe den Signatarmächten mit.

In der zweiten Lesung des Ausschusses war weiter beschlossen worden, dass das Bureau auch jede Änderung der Schiedshofliste mitzuteilen hat.[5])

So entstand der Abs. 3:

„Jede Änderung in der Liste der Schiedsrichter wird durch das Bureau zur Kenntnis der Signatarmächte gebracht.“

---

1) IV. 66 f.
2) IV. 67.
3) Zorn „Deutsche Rundschau“ 1900 S. 127.
4) Das war denn auch schon im amerikanischen Entwurf, der sich übrigens mit der Ernennung eines Schiedsrichters zufrieden gab, ausdrücklich vorgesehen (Ziff. 5: „soit que le Tribunal tout entier siège“). Vgl. auch Art. VII des Brüsseler Entwurfs.
5) IV. 162. Die Fassung der dritten Lesung IV. 261.

IV. Descamps hatte angeregt, dass Mächte auch gemeinschaftlich die (damals noch) zwei Mitglieder benennen dürfen, wie das in dem Projekt der interparlamentarischen Konferenz vorgesehen sei.[1])

Nach der Erhöhung auf die Vier-Zahl wurde dann dementsprechend die gemeinschaftliche Benennung eines oder auch mehrerer Mitglieder zugestanden.[2])

Demgemäss lautet jetzt

Abs. 4: „Zwei oder mehrere Mächte können sich über die gemeinschaftliche Benennung eines Mitgliedes oder mehrerer Mitglieder verständigen."

Abs. 5: „Dieselbe Person kann von verschiedenen Mächten benannt werden."

V. Abs. 5 erledigt auch die Nationalitätsfrage für die Listenmänner.

In der ersten Lesung der Kommission hatte der bulgarische Bevollmächtigte Dr. Stancioff die Frage aufgeworfen, ob die Mächte in der Auswahl der Schiedsrichter frei seien. Der Art. 23 enthalte nichts über die Nationalitätsfrage. Bedeute dieses Schweigen wie der § 3 des englischen Entwurfs „personne de sa nationalité," oder könne ein Staat auch fremde Staatsangehörige benennen.[3])

Descamps erwiderte: Man habe in dieser Richtung der Freiheit keinerlei Schranken setzen wollen;[4]) und der holländische Bevollmächtigte Asser wies in dieser Hinsicht auf den Abs. 5 hin: Wenn dieselbe Person von verschiedenen Mächten benannt werden könne, so sei damit anerkannt, dass ein Staat nicht gerade eigene Staatsangehörige wählen müsse.[5])

VI. Dass für den Fall des Todes oder des Ausscheidens eines Schiedshofmitgliedes sein Ersatz in der für seine Benennung vorgesehenen Weise erfolgt, ist selbstverständlich. Der Abs. 7 ist die fast wörtliche Wiedergabe der Ziff. 3 Abs. 2 des englischen Entwurfs.[6])

Der Kommissionsbericht betont, dass das Wort retraite = Ausscheiden im weiteren Sinn zu verstehen ist, so dass alle Eventualitäten gedeckt erscheinen.[7])

Kann ein Schiedsrichter vom Staat auch abgesetzt werden?

Das ist keine Frage des Völkerrechts, sondern des Staatsrechts, die für Deutschland selbst dann zu bejahen wäre, wenn es sich nicht um blosse Listenmänner handeln würde. Denn die Schiedsrichter sind keine Richter im Sinne des deutschen Gerichtsverfassungsgesetzes, und die Reichsregierung kann die von ihr Benannten aus administrativen oder politischen Erwägungen nach Belieben aus der Liste wieder streichen.

Warum aber der holländische Bevollmächtigte Asser das Prinzip der freien Absetzbarkeit förmlich in das internationale Abkommen eingestellt sehen wollte,[8]) ist schwer verständlich. Der Widerspruch von Descamps hatte denn auch Erfolg. Die Betonung eines Rechtes der bezeichneten Art, so führte der berühmte Belgier aus, sei gefährlich. Man könne

---

1) IV. 125. I. 123. Vgl. den Art. III des Brüsseler Projekts oben S. 214.
2) Ausschusssitzung am 3. Juli IV. 171.
3) IV. 24.
4) IV. 24. I. 123.
5) IV. 24.
6) Vgl. oben S. 220.
7) I. 123.
8) IV 182.

es ruhig auf den Fall ankommen lassen und solle nicht selbst durch eine allgemeine völkerrechtliche Vorkehrung an der modernen staatsrechtlichen Idee richterlicher Unabsetzbarkeit rütteln.[1])

VII. Die Amtsdauer der Listenmänner war in den Entwürfen nicht festgelegt oder von vornherein beschränkt worden.

Im Ausschuss wünschte dann aber Descamps mit Berufung auf das Projekt der interparlamentarischen Konferenz zu Brüssel — das im Art. III eine Ernennung für fünf Jahre vorgesehen hatte[2]) — die Beschränkung auf 6 Jahre mit dem auch dort zugestandenen Recht der Wiederwahl. Ernennungen auf Lebenszeit solle man vermeiden.[3]) So entstand der Abs. 6.

„Die Mitglieder des Schiedshofs werden für einen Zeitraum von sechs Jahren ernannt. Ihre Wiederwahl ist zulässig."

§ 65.

Die Bildung des Schiedsgerichts aus der Gesamtliste.

In der Organisation des Tribunals steckt die eigentliche Schiedsgerichtsfrage.

Hier hatte sich zwar auch das Brüsseler Projekt[4]) versucht, war aber zu einem unbrauchbaren Ergebnis gelangt; und man begreift es, dass Deutschland, das beim Zusammentritt der Haager Konferenz nur dieses Projekt kannte, sich zunächst für die Idee des ständigen Schiedsgerichts nicht erwärmen konnte und erst von der zufriedenstellenden Ordnung der Listenfrage seine Zustimmung abhängig machte.[5])

Der ständige Schiedshof des Brüsseler Projekts war gedacht als ein unter einem freigewählten Präsidenten und Vizepräsidenten organisierter fester Gerichtshof, bei dessen Gerichtsschreiberei die Parteien auf Grund eines Kompromisses ihre Klage anhängig machen, die dann sofort zur Kenntnis des Präsidenten zu bringen ist. Wollen die Parteien nicht den ganzen Gerichtshof mit der Sache beschäftigt sehen, so ist es die Aufgabe des Präsidenten und wenn es eine Partei wünscht, die Aufgabe des Schiedshofs, die Gerichtsmitglieder zu bestimmen.

Eine derartige aufoktroyierte Gerichtsmacht, welche die staatsrechtlichen Eierschalen noch keineswegs abgestreift hatte, wäre aber für die Staaten nicht wohl annehmbar gewesen.

In der entscheidenden Organisationsfrage musste somit die Haager Konferenz ihren eigenen Weg einschlagen.

Der russische Entwurf[6]) bedeutete hier aber sogar noch eine Verschlechterung des Brüsseler Projekts.

Auch der amerikanische Entwurf rechnete noch damit, dass der ganze Schiedshof tagt, überliess es indes den Parteien, aus der Schiedsliste auch nur einzelne zu wählen. Doch fehlte es dafür an jeder Ausführungsbestimmung.

---

[1]) a. a. O.
[2]) Vgl. oben S. 214.
[3]) IV. 125. I. 123.
[4]) Vgl. oben S. 211 ff.
[5]) Vgl. oben S. 228.
[6]) Vgl. oben S. 218, 221.

Der Haager Konferenz war an dieser Stelle eine schwere Aufgabe gestellt, die aber im Art. 24 eine gute Lösung fand.

Der Art. 24 machte erst den Descampsschen Satz zur Wahrheit: ein freies Tribunal im Schosse unabhängiger Staaten.[1])

Der Art. 24 des Abkommens ging aus der Ziff. 4 [2]) des englischen Entwurfs hervor.

Der englische Entwurf hatte folgendes vorgesehen:

Die im Streit befindlichen Mächte unterbreiten dem Sekretär des Zentralbureaus ihr Schiedsbegehren und erhalten sofort von diesem die Schiedshofliste. Sie wählen sodann die im Schiedsvertrag vereinbarte Zahl von Schiedsrichtern aus dieser Liste oder auch noch „autres que ceux dont les noms seront inscrits dans la Liste".

Weitere Vorkehrungen hatte aber auch der englische Entwurf nicht getroffen.

Die Schwierigkeiten der Verhandlung drehten sich um folgende Punkte:

I. Durfte man mit dem englischen Entwurf Freiheit gegenüber der Liste gewähren?

v. Martens erklärte es gleich bei der ersten Lesung des Ausschusses für unzulässig, bei der Wahl der Schiedsrichter über die Liste hinauszugreifen. Das nehme der Liste zum Teil ihre Autorität und lasse sie schliesslich vergessen werden.

Holls war derselben Ansicht, aber Descamps meinte, die Möglichkeit gemischter Zusammensetzung liege im Interesse der Verschiedenheit der Streitigkeiten; man könne diese Hilfsrichter als notwendige Sachverständige ansehen. Doch von Martens entgegnete: Die Gerichte können ja technischen Beirat herbeiziehen, ohne dass deshalb die Zusammensetzung geändert zu werden braucht.[3])

Man stellte zunächst die Beschlussfassung zurück und strich dann später im Sinn v. Martens den Zusatz.[4])

Die Frage stand noch einmal in der dritten Lesung des Ausschusses, in der ersten Spezialsitzung am 15. Juli, auf der Tagesordnung, wo ein Antrag Rolins Annahme fand, welcher wiederum die Notwendigkeit der Beschränkung auf die Liste aussprach und folgende Fassung hatte:

> „Les Puissances signataires qui veulent s'adresser à la Cour pour le règlement d'un différend survenu entre elles, choisissent dans la liste générale des membres de la Cour, les arbitres à nommer." [5])

Das ist inhaltlich der heutige nur noch schärfer gefasste Art. 24 Abs. 1:

> „Wollen die Signatarmächte sich zur Erledigung einer unter ihnen entstandenen Streitfrage an den Schiedshof wenden, so muss die Auswahl der Schiedsrichter, welche berufen sind, das für die Entscheidung dieser Streitfrage zuständige Schiedsgericht zu bilden, aus der Gesamtliste der Mitglieder des Schiedshofs erfolgen."

[1]) Vgl. oben S. 78.
[2]) Vgl. oben S. 220.
[3]) IV. 129. Vgl. auch oben S. 265.
[4]) Vgl. den Entw. v. 5. Juli Art. 4 (IV. 250.
[5]) IV. 182.

II. Der amerikanische Vertreter warf in der ersten Lesung des Ausschusses bezüglich der Bildung des Schiedsgerichts die Nationalitätsfrage auf und stellte dabei in Anlehnung an den amerikanischen Entwurf Ziff. 5 folgenden Antrag:

„Dans le cas où la Cour ne comprendrait que trois juges, aucun d'eux ne pourra être originaire, sujet ou citoyen des parties en litige.“[1])

Dieser Antrag, der übrigens im Brüsseler Projekt eine viel radikalere Vorentscheidung gefunden hatte,[2]) verfolgte den Zweck, dem Schiedshof die Stellung richterlicher Unparteilichkeit zu sichern. In diesem Sinne wurde er sofort von Asser und Nigra[3]) unterstützt, während v. Martens für die unbeschränkte Zulassung von Staatsangehörigen das politische Moment ins Feld führte: Die Staaten würden eher zustimmen, wenn sie wüssten, dass sie später im Gerichtshof vertreten seien. Aber darauf antwortete Odier: Dann sind die beiden Schiedsrichter Advokaten, aber keine Richter. Wirklicher Schiedsrichter wäre nur der Obmann. Und Holls ergänzte das durch die Erwägung, dass bei einer solchen Zusammensetzung jede Vergleichsmöglichkeit und Versöhnlichkeit fehlen müsse. Keiner der beiden wolle oder könne dann Zugeständnisse machen.

Dem traten aber Descamps, Bourgeois und Zorn entgegen.[4])

Descamps erklärte: Die souveränen Staaten suchen gegen den Schiedshof Garantien und finden sie leicht darin, dass im Gerichtshof ein Angehöriger sitzt. Es ist daher weise, den Staaten dieses Zugeständnis zu machen. Wir stehen hier auf dem Boden der zwischenstaatlichen Gleichberechtigung, und man darf die Gerichtsbarkeit nicht nach den Grundsätzen der innerstaatlichen Unterordnung ausbilden.

Holls wiederholte zwar, das könne nur Beachtung finden, wenn der Gerichtshof mehr als drei Mitglieder habe, denn sonst habe das Gericht in Wirklichkeit nur einen Richter. Im übrigen aber betonte er später, die Triebfeder seiner Anregung gehe darauf, dass das Schiedsgericht nicht zu viele Mitglieder erhalte.

Aber Zorn knüpfte an den Gedankengang von Descamps an, indem er die ersterwähnte Ausstellung von Holls nur für den staatlichen Civilprozess für zutreffend erklärte: hier könne niemand Richter in eigener Sache sein. Aber in der internationalen Rechtsprechung liege die Sache anders. Ein staatlicher Vertreter müsse hier zugelassen werden, auch bei nur drei Richtern. Der Obmann solle dann entscheiden.

Schon vorher hatte Bourgeois die Parteivertretung im Schiedshof nicht bloss für ein weises Zugeständnis sondern auch für einen natürlichen Übergang von der diplomatischen zur gerichtlichen Verhandlung erklärt. Das beschränke sich aber nicht auf den Schiedshof, und die weitere Er-

---

[1]) IV. 129.
[2]) Hier hiess es schlechthin: „Les membres nommés par les Etats en litige ne peuvent faire partie du Tribunal“. (Art. VII. Abs. 5).
[3]) Dieser wies auf den Art. 3 des italienisch-argentinischen Vertrags hin, wo der Antrag Holls verwirklicht sei a. a. O. Vgl. oben S. 67.
[4]) IV. 130

örterung könne somit hier wie bei den vorangegangenen Fragen bis zur Debatte über den code d'arbitrage vertagt werden.

So wurde denn auch beschlossen.[1])

Bourgeois war mit seinem parlamentarischen Takt wieder einmal über eine schwierige Situation hinausgekommen. Die endgültige Entscheidung fiel bei der schliesslichen Feststellung des Art. 31 in der zweiten Kommissionslesung am 20. Juli. Stancioff hatte hier den Vorbehalt gemacht, dass die zwei Schiedsrichter im Abs. 3 dem beteiligten Land angehören können, und unter diesem Vorbehalt wurde der Art. 31 schliesslich angenommen.[2])

Bei der wörtlichen Übereinstimmung dieses Artikels mit dem Art. 24 gilt dieser Vorbehalt daher auch für den letzteren.

III. Wie soll der Obmann bestellt werden?

Das Brüsseler Projekt hatte keinen Obmann resp. Vorsitzenden von Fall zu Fall, sondern einen auf ein Jahr gewählten Gerichtspräsidenten mit dem Recht der Kammerbesetzung nach ausgebrochenem Streit.

Daran konnte die Haager Konferenz unmöglich anknüpfen.

Wenn man aber gar davon ausgeht, dass jeder Staat zunächst nur Angehörige gewissermassen als Vertreter seiner Interessen in das Schiedsgericht abordnet,[3]) so erhält die Obmannfrage eine geradezu entscheidende Bedeutung.

Die Frage der Obmannbestellung wurde deshalb vom holländischen Bevollmächtigten Asser gleich bei Beginn der ersten Lesung des Ausschusses am 12. Juni aufgeworfen. Asser fand hier im englischen Entwurf eine Lücke und gab der Befürchtung Ausdruck, dass infolge dessen eine Partei sich leicht der Schiedssprechung schliesslich doch noch entziehen werde; denn sie könne die Bildung des Schiedsgerichts fortwährend hinausschieben.[4])

Pauncefote antwortete: Die Bildung des Schiedsgerichts erfolgt mangels einer Bestimmung des Schiedsvertrags nach Massgabe des code d'arbitrage, also wie beim freien Schiedsgericht.

Der von Russland vorgelegte code d'arbitrage hatte aber im Art. 4 Abs. 2 und 3 und im Art. 5 folgendes vorgesehen:[5])

Jede Partei wählt zwei Schiedsrichter und diese zusammen ihren Obmann, welcher de jure Vorsitzender des Schiedsgerichts ist.

Bei Stimmengleichheit wenden sich die Parteien im Einvernehmen an eine dritte Regierung oder auch an eine dritte Person, welche den Obmann ernennt.

Kommt es zu keinem Einvernehmen über die Wahl dieser dritten Macht, resp. dieser dritten Person, so bezeichnet jede Partei einen neutralen Staat, damit diese beiden Staaten im Einvernehmen den Obmann bestimmen.

Graf Nigra hätte die Frage gern auf der Grundlage des italienisch-argentinischen Vertrags Art. 3 erledigt gesehen.[6])

---

[1]) IV. 130.
[2]) IV. 78.
[3]) Vgl. oben S. 270.
[4]) IV. 128.
[5]) IV. 204.
[6]) I. 128. Vgl. den Art. 3 oben S. 67.

Auch der französische erste Vertreter Bourgeois fand im englischen Entwurf eine Lücke.

Asser schlug für den Fall, dass sich die Parteien über den Obmann nicht einigen könne, das Los vor, wie das in der Tat ja auch schon in einzelnen Schiedsabkommen vorgesehen worden war.[1])

Der amerikanische Vertreter Holls aber erwiderte, es sei unzulässig, einer Partei einen unbeliebten Obmann aufzunötigen. Lammasch meinte in offensichtlicher Anlehnung an das italienisch-argentinische Schiedsabkommen, man solle in dem fraglichen Fall dem Oberhaupt eines der neutralen Staaten: Belgien, Luxemburg und Schweiz die Wahl des Obmanns überlassen. Aber da erklärte Holls, dass die Vereinigten Staaten diese ausschliesslich europäische Zusammensetzung nicht annehmen würden.

Schliesslich konnte man aber fragen, ob denn die Bestimmungen des Code wirklich nicht ausreichen sollten. Man durfte doch wohl voraussetzen, dass bei Neutralen, an welche die Wahl gelangt, stets ein Einverständnis erzielt werden kann.

Der russische Vertreter v. Martens hielt denn auch die Bestimmungen des russischen code d'arbitrage für ausreichend, wie das vorher schon der englische erste Vertreter erklärt hatte. Jndes, Asser liess das nur für den Fall gelten, dass guter Wille bestehe, im übrigen aber nicht.

Schliesslich half auch hier wieder die Vertagung.

Bourgeois wies darauf hin, dass die Obmann-Frage ja keine Eigentümlichkeit des Schiedshofprojekts sei; man könne daher bei der Beratung des code d'arbitrage auf diese Frage zurückkommen.[2])

Bei der ersten Lesung des code d'arbitrage am 23. Juni ging man indes der Frage noch aus dem Wege.[3]) Erst in der zweiten Lesung am 30. Juni wurde das russische Prinzip übernommen und in eine wenig veränderte Fassung gebracht.[4])

In der zweiten Lesung des Schiedshofsentwurfs am 1. Juli beschloss dann der Ausschuss, dass das ständige und das freie Schiedsgericht hier ganz denselben Bestimmungen unterliegen solle, und es wurde folgende Fassung gutgeheissen:

„Sauf convention contraire, le tribunal arbitral sera formé selon les règles fixées par l'article 10 (jetzt 32) de la présente Convention."[5])

Die weitere Entwickelung dieser Frage ist daher bei der Darstellung des Schiedsverfahrens wieder aufzunehmen.

Hier genügt es, festzustellen, dass jetzt im Abkommen die Art. 24 Abs. 2—5 (Bildung des Haager Schiedsgerichts) und 32 Abs. 2—5 (Bildung des besonderen oder freien Schiedsgerichts) wörtlich übereinstimmen und dabei einfach den Standpunkt des russischen code d'arbitrage wiedergeben.

---

[1]) Vgl. oben S. 69 Z. IV 2—5; 73 Z. II 4, 5; 74 Z. III a 4.

[2]) IV. 129.

[3]) IV. 141.

[4]) IV. 152.

[5]) IV. 163. Vgl. auch IV. 182 (wo der damaligen Zählung gemäss auf Art. 31 verwiesen ist).

Das Abkommen bestimmt an beiden Stellen:

„In Ermangelung einer Bildung des Schiedsgerichts mittelst unmittelbarer Verständigung der Parteien wird in folgender Weise verfahren:

Jede Partei ernennt zwei Schiedsrichter und diese wählen gemeinschaftlich einen Obmann.

Bei Stimmengleichheit wird die Wahl des Obmanns einer dritten Macht anvertraut, über deren Bezeichnung sich die Parteien einigen.

Kommt eine Einigung hierüber nicht zu Stande, so bezeichnet jede Partei eine andere Macht, und die Wahl des Obmanns erfolgt durch die so bezeichneten Mächte in Übereinstimmung."

IV. In welchem Augenblick ist das Schiedsgericht gebildet?[1])

Der Ausschuss-Entwurf hatte noch nicht die heutige Fassung.[2]) Hiernach war die Frage schwer zu beantworten.

Der Bevollmächtigte für Siam, der Belgier Rolin, erklärte bei der ersten Lesung in der Kommission, er habe in dieser Richtung einen Abänderungsantrag gestellt,[3]) aber es habe sich bei der Kürze der Zeit noch kein Einvernehmen herstellen lassen. Der Hauptzweck dieses Antrags sei, bestimmt hervorzuheben, dass das Schiedsgericht erst von dem Tage an bestehe, wo alle Schiedsrichter, einschliesslich des Obmanns, ernannt seien.

Descamps aber meinte, dieser Antrag schlage eine völlig neue Fassung vor und bringe den Aufbau des Art. 24 derart auseinander, dass er in dieser Form wohl nicht als annehmbar erscheine.[4])

Der Präsident sagte die Prüfung des Ausschusses zu. Könne sich dieser nicht einigen, so werde die Kommission bei der zweiten Lesung Beschluss fassen.[5])

Die weitere Entwickelung und schliessliche Erledigung dieser Frage, welche sich mit der Frage verband, ob die Wahl des Obmanns der Bestätigung bedürfe, erfolgte bei der Beratung der Schiedsprozessordnung. Vgl. unten S. 307 ff.

Die Schiedsgerichtsbildung vollzieht sich hiernach als reine Parteisache; und bis zum Zusammentritt des Schiedsgerichts, der erst nach der Obmannwahl erfolgen kann, sind die Schiedsrichter lediglich Beauftragte ihrer Regierungen.[6]) Doch wurde von einer Bestätigung derselben abgesehen. Das Schiedsgericht ist, wie Rolin gewünscht hatte, in der Tat erst gebildet, wenn die Schiedsrichter gewählt und der Obmann bestellt ist.

Erst „nachdem das Schiedsgericht so gebildet ist, teilen die Parteien dem Bureau ihren Entschluss, sich an den Schiedshof zu wenden, und die Namen der Schiedsrichter mit."[7])

Es muss also die Bildung des Haager Schiedsgerichts vollzogen sein, bevor das Bureau überhaupt mit der Frage befasst wird. Also auch hier wurde der Einfluss des Bureaus beseitigt und ein völliger Bruch mit dem

[1]) Vgl. den Kommissionsbericht I. 124.
[2]) Vgl. die Fassung des Ausschussentwurfs IV. 25.
[3]) Der Wortlaut a. a. O.
[4]) IV. 25.
[5]) a. a. O.
[6]) Zorn „Deutsche Rundschau" 1900 S. 129.
[7]) Art. 24 Abs. 6.

Organisationsplan des Brüsseler Projekts hergestellt, welch letzteres Klageerhebung beim Bureau ins Auge fasste, damit dieses dann alles weitere, insbesondere auch die Organisation des Schiedsgerichts in die Wege leite.

Für die Durchführung der Obmannwahl wird es sich aber trotz des Abs. 6 mitunter empfehlen, die Wahl im Rahmen des Schiedshofrechts vorzunehmen, was freilich Meldung ans Bureau voraussetzt.

Die Schiedsrichter brauchen sich nicht aus der Ferne über den Obmann- resp. die komplizierten Wahlvorkehrungen zu verständigen.

Sie werden nach Lage des Falles vielmehr gut tun, — und keine Bestimmung verbietet es — die freie Hilfe des Bureaus in Anspruch zu nehmen und am Sitz des Schiedsgerichts die Wahl vorzunehmen, worauf dann die vorerwähnte amtliche Meldung erfolgt.

V. Bedenkt man, dass sich die Parteien auch bis jetzt schon auf ein Schiedsgericht einigen konnten, so liegt die Fortbildung der Schiedsgerichtsinstitution durch die Schiedshofliste in folgenden zwei Punkten:

1. Die Parteien finden eine grosse Liste von geeigneten und bereiten Schiedsrichtern vor, die sie an die schiedsrichterliche Erledigung mahnt, und aus der sie nur zu wählen brauchen.
2. Wenn sich die Parteien über die Auswahl nicht einigen, so setzt das Gesetz aushelfend ein, wobei aber verlangt ist, dass
   a) jede Partei wenigstens bereit ist, ihrerseits zwei Listenmänner nach freier Wahl zu bestellen, die dann den Obmann wählen,
   b) und dass die Parteien, wenn sich bei dieser Obmannwahl Stimmengleichheit ergibt, die Ernennung des Obmanns durch Neutrale anzunehmen gewillt sind, die dann in doppelter Form erfolgen kann:
      α) indem die beiden Parteien im Einverständnis eine solche dritte Macht bezeichnen oder, falls auch ein solches Einvernehmen nicht hergestellt werden kann,
      β) jede Partei eine neutrale Macht benennt, die dann gemeinsam den Obmann bestellen.

Der Vorzug dieser Hilfsbestimmungen liegt darin, dass dem Staat, der schliesslich doch noch entweichen möchte, die Ausreden tunlichst abgeschnitten werden und es dann zu der demselben immerhin unbequemen Feststellung kommt, dass er eben doch nicht will.

§ 66.

Die Gesandtschaftsprivilegien der Schiedshofmitglieder.

Am Schluss der ersten Lesung des Ausschusses warf der belgische Bevollmächtigte Descamps noch die Frage nach der völkerrechtlichen Stellung der Schiedsrichter auf und verlangte für die letzteren im Hinblick auf ihr internationales höchstes Richtertum das Vorrecht der Unverletzlichkeit.[1]) Der deutsche wissenschaftliche Vertreter

[1]) IV. 150. Das Brüsseler Projekt (Art. II. Abs. 3) hatte folgende Bestimmung vorgesehen: „Le gouvernement de l'Etat dans lequel siège la Cour garantit sa sûreté ainsi que la liberté de ces discussions et décisions.“

Dr. Zorn stimmte zu, indem er die Schiedsrichter geradezu diplomatische Agenten ad hoc und exterritoriale Persönlichkeiten nannte.[1])

Dass die Mitglieder des Schiedshofs die diplomatischen Vorzüge geniessen sollen, war also eine Descampssche Idee.

Descamps besorgte auch die Fassung; und der betreffende Artikel, welcher zunächst als Art. 8 den Schluss des Schiedshofprojekts bildete, erhielt in der zweiten Lesung des Ausschusses am 3. Juli folgenden Wortlaut:

„Les membres de la Cour permanente d'arbitrage jouissent, pendant l'exercice de leurs fonctions, des privilèges et immunités diplomatiques."[2])

In dem vom Ausschuss veranstalteten Gesamtentwurf erscheint dieser Artikel als Art. 23 (jetzt Art. 24) Abs. 8.

Als dann diese Bestimmung von der Kommission am 17. Juli beraten wurde, meinte der belgische Bevollmächtigte Graf v. Grelle Rogier, dieselbe könne wegen ihrer Knappheit eine unsichere oder auch zu weitgehende Auslegung finden. Was heisse: „Dans l'exercice de leurs fonctions"? Sollen die Mitglieder des Schiedshofs die Privilegien der diplomatischen Immunität erst geniessen, wenn sie wirklich tagen oder schon von dem Augenblick der Ernennung bis zur Fällung des Urteils? Wenn die letztere Auslegung den Vorzug finden sollte, würden gewichtige Einwendungen am Platze sein; und man würde die Nützlichkeit eines derartigen Privilegs, dessen sich bis jetzt die völkerrechtlichen Schiedsrichter, ohne dass es Unzuträglichkeiten zur Folge gehabt hätte, niemals zu erfreuen hatten, schwer begreifen. Andernteils könnte die selbst beschränkte diplomatische Immunität nur in dem gesetzlichen Umfang jedes Landes bewilligt werden. Wenn z. B. das Schiedsgericht in Belgien tagen sollte, so würde die belgische Verfassung die diplomatischen Immunitäten den belgischen Staatsangehörigen im Richterkollegium wohl kaum zuteil werden lassen.

Descamps antwortete, man habe gedacht, dass die Immunitäten auf die Schiedsrichter zu beschränken seien für die Zeit, wo sie wirklich tagen. Was die Rechtslage der Schiedsrichter betreffe, die in ihrer Heimat tätig würden, so könne ein Vorbehalt gemacht werden und der Ausschuss würde sich um eine passende Fassung bemühen. Man habe überhaupt nur die schiedsrichterliche Tätigkeit auszeichnen wollen, indem man sie rücksichtlich der Vorrechte auf eine Stufe mit der diplomatischen Tätigkeit stellte.[3])

Graf v. Grelle Rogier gab sich mit dieser Erklärung zufrieden.[4])

Nun setzte aber der holländische erste Bevollmächtigte v. Karnebeek ein. Holland war ja in erster Linie berührt. Er meinte, zur Vermeidung von Schwierigkeiten, besonders für seine Heimat, sei es nützlich, die ganze Tragweite der vom Grafen v. Grelle Rogier ins Auge

[1]) IV. 150.
[2]) IV. 171.
[3]) IV. 24.
[4]) a. a. O.

gefassten Bestimmung im Protokoll deutlich hervorzuheben und weiter noch im Ausschuss näher zu beschreiben.

Der Präsident stellte fest, dass die Kommission über den Grundgedanken einig sei; der Ausschuss würde sich dem Wunsche v. Karnebeeks entsprechend bemühen, eine genauere Fassung zu finden.[1]

In der zweiten Spezialsitzung des Ausschusses am 18. Juli kam der Antrag Grelle Rogier zur Erörterung.[2]

Der holländische erste Vertreter van Karnebeek betonte, dass die holländischen Mitglieder des Schiedshofs dieses Privilegs nicht teilhaftig werden könnten; sie würden sonst jeder Gerichtsbarkeit entzogen sein. Er beantragte daher die Einschränkung:

„pour autant qu'ils n'appartiennent pas au pays où siège le tribunal."

Renault erzählte einen Fall vom Jahre 1876: Bei der gerichtlichen Verfolgung eines Franzosen, welcher in Paris eine fremde Macht vertreten habe, sei vom obersten Gerichtshof entschieden worden, dass der Franzose in Frankreich vom Moment seiner Akkreditierung die diplomatischen Privilegien geniesse.[3] Asser aber übte an dieser Entscheidung Kritik: Das Recht der Exterritorialität bestehe darin, dass man in der Fremde als auf heimatlichem Boden lebend angesehen werde; ein Holländer würde darnach der Gerichtsbarkeit seines Landes nicht entzogen sein. Descamps indes meinte, dass sich Asser vielleicht zu sehr an einen untergeordneten Umstand halte, nämlich die Exterritorialität. Das bedeute aber nur eine Formel, die erfunden worden sei, um das Privilegium der Unverletzlichkeit anschaulich zu machen. Dürfe ein holländischer Richter bei einem internationalen Schiedsrichter Haussuchungen vornehmen? Die Frage sei schwer zu behandeln. Für andere Freiheiten, z. B. die Steuerfreiheit, liege die Sache vielleicht anders.

Graf Nigra wollte darauf die schiedsrichterliche Immunität auf die persönliche Unverletzlichkeit beschränkt sehen.

v. Martens aber stellte nach dieser Erörterung fest, dass im Ausschuss darüber keine Einhelligkeit bestehe. Man müsse erklären, das man im eigenen Land keine diplomatischen Rechte habe. Im Jahre 1868 sei ein Amerikaner in Washington zum Gesandten von China ernannt worden mit der Einschränkung, dass er in den Vereinigten Staaten keine Gesandtschaftsprivilegien haben solle. Das bedeute die grundlegende Anerkennung, dass man in der Heimat nicht exterritorial sei. Aber man möge es zur Sicherheit ausdrücklich sagen.[4]

So wurde denn auch beschlossen.[5]

Zwei Tage später in der zweiten Lesung der Kommission am 20. Juli berichtete Descamps über die Ausschussverhandlungen:[6] Graf v. Grelle Rogier habe die Frage aufgeworfen, ob die Mitglieder des

---

[1] a. a. O.
[2] IV. 189.
[3] a. a. O.
[4] IV. 189; von Martens schlug zu diesem Zweck die Formel vor: „excepté pour le (soll wohl heissen: leur) pays".
[5] a. a. O.
[6] IV. 66.

Schiedshofs im eigenen Land die diplomatischen Vorrechte und Befreiungen geniessen. Das vertrage sich nicht mit dem Verfassungsrecht mehrerer Staaten.

Der Ausschuss habe es für angemessen gehalten zu erklären, dass nur die Schiedsrichter aus anderen Staaten dieser Privilegien und Befreiungen teilhaftig seien.

Demgemäss habe man beschlossen, hinter „fonctions“ die Worte einzustellen: „et en dehors de leur pays“.[1])

So hat die Konferenz auch eine strittige Frage des Gesandtschaftsrechts entschieden.

Graf v. Grelle Rogier erklärte sich dadurch für befriedigt, warf aber nunmehr die weitere Frage auf: von wann an diese Privilegien und Befreiungen zustehen?[2])

Der Berichterstatter Descamps sagte: Vom Beginn der tatsächlichen Ausübung des Schiedsamts.

Das erschien aber gegenüber den Gesandtschaftsprivilegien als eine Einschränkung, die deshalb Graf v. Grelle Rogier im Protokolle klar gestellt sehen wollte.[3])

v. Martens meinte aber, die Ausübung des schiedsrichterlichen Amts beginne, wenn der Schiedsrichter zum Sitze seiner Wirksamkeit abreise.

In diesem Zusammenhang beantragte Lammasch die Verlegung der genannten Bestimmung ans Ende des Art. 24. Es sollte damit klar gestellt werden, dass die Vorrechte nicht schon den Mitgliedern des Schiedshofs, sondern erst den Mitgliedern eines Schiedsgerichts während der Ausübung ihres Amtes zustehen.[4])

Später in derselben Sitzung kam der englische erste Bevollmächtigte Sir Julian Pauncefote noch einmal auf diesen Punkt zurück und fragte, ob die Schiedsrichter die diplomatischen Vorzüge auch schon während ihrer Reise durch fremde Staaten geniessen.[5])

Aber Berichterstatter und Präsident erklärten, das gehöre nicht ins Abkommen. Die betreffenden Regierungen hätten zu entscheiden, ob hier dieselbe Courtoisie wie gegenüber den Gesandten gelten solle. Und der österreichische Bevollmächtigte Lammasch fügte hinzu: die Schiedsrichter könnten in der Tat nicht wohl besser gestellt werden, als die Gesandten, welche letztere ein wirkliches *Recht* der Exterritorialität nur in dem Land geniessen, in welchem sie akkreditiert sind.[6])

Der Schlussabsatz des Art. 24 des Abkommens bestimmt demgemäss:

> „Die Mitglieder des Schiedshofs geniessen während der Ausübung ihres Amtes und ausserhalb ihres Heimatlandes die diplomatischen Vorrechte und Befreiungen.“

In der Tat beruht die Auszeichung bloss durchreisender Gesandten nicht auf einem verpflichtenden Satz des Völkerrechts, sondern lediglich auf der Courtoisie der betreffenden Durchgangsstaaten, was dann auch

[1]) IV. 66.
[2]) a. a. O.
[3]) a. a. O.
[4]) IV. 66.
[5]) IV. 69.
[6]) a. a. O.

auf die Schiedsrichter zurückwirkt. Bemerken will ich noch, dass für die durchreisenden pästlichen Gesandten Italien sogar eine verfassungsgesetzliche Bestimmung bereit gestellt hat, die im Umfang des völkerrechtlichen Herkommens denselben die gesandtschaftlichen Vorrechte und Befreiungen zusichert.[1])

Dritter Titel.

Der Verwaltungsrat.

§ 67.

Die Geschichte des Verwaltungsrats.

Schon der englische Entwurf hatte im Art. 6 [2]) einen „conseil d'Administration permanent" vorgesehen.

Die Aufgaben dieses ständigen Verwaltungsrates waren dort folgendermassen umschrieben:

„Ce Conseil aura pour devoir d'établir et d'organiser le Bureau Central qui sera sous sa direction et son contrôle.

Il émettra de temps en temps les Règlements nécessaires au bon fonctionnement du Bureau Central. Il règlera de même toutes les questions qui pourraient surgir touchant le fonctionnement du Tribunal, ou qui lui seraient référées par le Bureau Central. Il aura des pouvoires absolus quant à la nomination, la suspension ou la démission de tous les fonctionnaires et employés, il fixera leurs salaires et il controlera la dépense générale. Le Conseil élira son Président qui aura voix prépondérante. La présence de trois Membres suffira pour constituer les séances, et les décisions seront prises à la majorité des voix. Les honoraires des Membres du Conseil seront fixes par un accord entre les Puissances Signataires."

I. Diesen Artikel ersetzte aber Pauncefote selbst schon bei der ersten Ausschusslesung durch folgende neue Fassung,[3]) die dann bei der weiteren Beratung zugrunde lag:

„Un conseil permanent composé des représentants des Puissances signataires résidant à La Haye et du ministre des Affaires Etrangères des Pays-Bas sera constitué dans cette ville le plus tôt possible après la ratification de la présente convention.

Ce conseil aura pour mission d'établir et d'organiser le Bureau Central lequel demeurera sous sa direction et sous son contrôle.

Il procèdera à l'installation du tribunal; il consultera, de temps en temps, les règlements nécessaires au bon fonctionnement du bureau central.

De même, il règlera toutes les questions qui pourraient surgir touchant le fonctionnement du Tribunal, où il en réfèrera aux Puissances signataires.

Il aura des pouvoirs absolus quant à la nomination, la suspension, ou la révocation des fonctionnaires et employés du Bureau Central.

Il fixera leurs traitements et salaires, il contrôlera la dépense générale.

La présence de 5 membres dans la réunion dûment convoquée, suffira pour délibérer valablement et les décisions seront prises à la majorité des voix."

In diesem Sonderentwurf ist vieles aus dem englischen Hauptentwurf wörtlich übernommen.

Die Unterschiede liegen im folgenden:

1. Während der ursprüngliche englische Entwurf die Staatsregierung des Schiedshofsitzes beauftragte, den aus 5 Mitgliedern und einem Sekretär bestehenden „Conseil d'Administration permanent" oder ständigen Ver-

---

[1]) Vgl. das Garantiegesetz von 1871 Art. 11 Abs. 3.

[2]) IV. 219 f. Vgl. oben S. 220.

[3]) IV. 132. I. 128.

waltungsrat nach eigenem Ermessen frei einzurichten, hatte sich der „conseil permanent“ oder ständige Rat nach dem neuerlichen Abänderungsantrag zusammenzusetzen aus den „représentants des Puissances signataires résidant à la Haye et du Ministre des Affaires Etrangères des Pays-Bas.“ [1])

Man lehnte sich dabei an die Antisklaverei- und die Suezkonvention von 1889/90 resp. 1888 an.

Der Descamps'sche Ausschussbericht bezeichnete die Änderung als glücklich und bedeutungsvoll; sie bezwecke, dem neuen Werk mehr Stetigkeit zu geben.[2])

Asser regte statt représentants . . . résidants à La Haye“ die Wendung an: „représentants . . . accrédités à La Haye“. Zorn aber wünschte auf jeden Fall, dass der ständige Rat sich ausschliesslich aus diplomatischen Vertretern zusammensetze, die nicht bloss im Haag akkrediert seien, sondern dort in Wirklichkeit residieren. Auch Estournelles legte dem letzten Moment eine besondere Bedeutung bei und der Ausschuss stimmte dem zu. So kam man zu folgender Fassung: représentants diplomatiques des Hautes Parties Contractantes résidant à La Haye et du Ministre des Affaires Etrangères des Pays-Bas.

Ich will übrigens hier gleich vorwegnehmen, dass man in der dritten Lesung am 15. Juli auf diese Frage nochmals zurückkam, indem der schwedisch-norwegische Vertreter v. Bildt den Antrag Asser wiederaufgriff.[3]) Einige Staaten würden sonst im conseil permanent nicht vertreten sein, so z. B. auch Schweden und Norwegen, dessen Vertreter im Haag akkreditiert sei und in Brüssel residiere. d'Estournelles bekämpfte wiederum den Vorschlag, welch letzterer jetzt aber mit 5 gegen 4 Stimmen angenommen wurde.[4]) Doch wurde dabei zu Protokoll festgestellt, dass die Diplomaten ihren Wohnsitz im Haag nehmen müssen, wo ihnen alle einschlägigen Mitteilungen und besonders die Berufungsordres zugestellt werden sollen. Der Kommissionsbericht hat das dann auch hervorgehoben.[5])

Mit der Aufnahme des holländischen Ministers des Äussern in den conseil permanent fiel auch die Bestimmung, dass der letztere seinen Vorsitzenden wählt und dieser ausschlaggebende Stimme hat. Weiter sollte nach dem Antrag Pauncefote die Anwesenheit von 5 (statt 3) Mitgliedern in der gehörig berufenen Sitzung für die Beschlussfassung erforderlich sein und Stimmenmehrheit entscheiden.

2. Der Sonderentwurf von Pauncefote hatte die Bestimmung,[6]) dass der conseil permanent das Bureau errichte und einrichte,[7]) für

---

[1]) IV. a. a. O.

[2]) IV. 17.

[3]) IV. 183.

[4]) Für den Antrag waren: Graf Nigra, Staal, Descamps, Asser, Holls. Gegen den Antrag waren: Lammasch, Zorn, Howard, d'Estournelles (IV. 183).

[5]) I. 129.

[6]) Abs. 2.

[7]) Asser wollte hierfür eine Frist gesetzt sehen; aber der Ausschuss widersprach. Asser hatte auch die Bestimmung angeregt: „der Rat beginnt seine Tätigkeit damit, dass er eine Geschäftsordnung erlässt“. Er meinte, nur dadurch sei es sicher, dass die Sitzungen ordnungsgemäss gebildet seien. Aber obschon Holls sofort zustimmte, wurde aus dem Vorschlag nichts (IV. 133).

dasselbe die nötigen Anordnungen erlasse und es unter seine Aufsicht nehme, einfach übernommen. Ebenso behielt der Verwaltungsrat die Aufgabe, die Bureaubeamten zu ernennen und zu disziplinieren, ihre Gehaltsverhältnisse zu ordnen und das Kassenwesen zu beaufsichtigen. Neu aber war der Satz: „il procèdera à l'installation du tribunal" (später: de la Cour).

So wurde auch an dieser Stelle die Selbstherrlichkeit des Schiedshofs verneint, der sich nach dem Brüsseler Projekt selbst konstituieren sollte.[1])

Der Ausschuss stimmte nach dem Vorgang von Staal, Zorn und Nigra dem Prinzip des Pauncefoteschen Abänderungsantrags zu und nahm ihn dann satzweise an.[2])

3. In der Sitzung selbst wurde sodann noch folgender Schlusssatz vorgeschlagen und angenommen:

„Le conseil rendra annuellement compte aux Parties contractantes de son activité ainsi que des travaux et des dépenses du Bureau." [3])

Die Organisation des conseil sollte nach den Vorschlägen von Pauncefote möglichst bald nach der Ratifikation des Abkommens erfolgen, während der amerikanische Schiedshofentwurf (Einleitung) dies von dem Anschluss von mindestens neun Mächten abhängig gemacht hatte.

Der Ausschuss war nun aber gleichfalls der Meinung, dass man nicht eher an die Organisation herantreten solle, bis wenigstens eine bestimmte Anzahl von Staaten das Abkommen ratifiziert habe, und da begnügte er sich vorerst mit der Ratifikation durch sechs Mächte.[4])

II. Bei der ersten Lesung in der Kommission[5]) am 17. Juli hob Descamps hervor, der Pauncefotesche Sonderentwurf habe im Abs. 1 im Ausschuss zwei Änderungen erfahren: accrédités (statt résidants) und die Fixierung der 6-Zahl.[6])

Nun war aber die Frage am Platz, ob man in diesem ständigen Rat und durch dessen mächtige Stellung nicht erst recht eine politische Schiedshofzentrale errichtet habe, die doch vermieden werden sollte.

Zum Sprachrohr dieser Bedenken machte sich jetzt der österreichungarische erste Bevollmächtigte Graf Welsersheimb, welcher in der Kommissionssitzung am 17. Juli die hohe Machtstellung des conseil permanent bekämpfte: Dieselbe komme auf eine Art von Souveränität hinaus. Die Regierungen müssten hier eine Aufsicht üben können und folgeweise hätte der ständige Rat seine Entschliessungen zur Kenntnis der betreffenden Regierungen zu bringen. Bevor deren Zustimmung eingetroffen sei, könnten jene deshalb keine Geltung beanspruchen.[7])

Descamps antwortete: Der Ausschuss werde diese Bedenken prüfen. Beim ersten Blick aber scheine es, dass man dadurch die Tätigkeit des ständigen Rats erschwere. Die gegenwärtige Fassung gebe jeden

[1]) Art. V u. XII. Vgl. oben S. 215.
[2]) IV. 133.
[3]) a. a. O.
[4]) IV. 262.
[5]) IV. 26 f.
[6]) IV. 27.
[7]) IV. 27.

wünschenswerten Schutz. Der Rat habe Entschliessungen zu treffen, welche ihrer ganzen Natur nach der Bestätigung aller Mächte gar nicht unterstellt zu werden brauchten. Übrigens müsse ja der Rat einen Jahresbericht über seine Tätigkeit erstatten. Dieser Bericht gelange an alle Regierungen und halte dieselben über alle Entschliessungen auf dem Laufenden. Der Abs. 4 ermächtige den Rat, seine Geschäftsordnung zu erlassen. Darnach habe er die Freiheit, seine Tätigkeit zu ordnen, wie er es für gut finde. In solchen Bestimmungen sei nichts enthalten, was die Regierungen verdriessen könnte und es wäre übertrieben, hier für Einzelheiten ihre Bestätigung zu fordern.[1])

Graf Welsersheimb konnte sich aber dieser Ansicht nicht anschliessen. Gewisse Aufgaben des Rats seien bedeutend genug, dass die Regierungen ein Recht der Aufsicht üben müssten. Der Jahresbericht beschäftige sich nur mit vollendeten Tatsachen, auf welche man unmöglich zurückkommen könne. Er wünsche deshalb Zurückleitung seiner Anregung an den Ausschuss, damit dieser seinen Bedenken durch eine Veränderung in der Fassung Rechnung trage.[2])

Der Präsident sagte dies zu, betonte aber jetzt schon, dass die Aufgaben des Rates nur auf dem Gebiet der Verwaltung liegen und zu keiner politischen oder gerichtlichen Entscheidung ermächtigen. Der Ausschuss werde sich indes bemühen, dieser Auslegung die entsprechende Bestimmtheit zu geben.[3])

III. Der Ausschuss beschäftigte sich daher noch einmal in der zweiten Spezialsitzung am 18. Juli[4]) mit dem Rat. Hier kam es zunächst zu einer Beschlussfassung über die 6-Zahl.

Holland war der Meinung, dass die Ratifizierung durch bloss 6 Staaten nicht genüge, um die ganze Institution in Gang zu setzen. Man solle als Minimum 10 festsetzen.

Der Ausschuss entschied sich darauf in Gemässheit eines Antrags Nigra für die amerikanische 9-Zahl.[5])

Descamps berichtete darüber in der Kommissionssitzung am 20. Juli[6]) und teilte dabei auch mit, wie man den Bedenken des österreichischen Bevollmächtigten Graf Welsersheimb Rechnung getragen habe.[7])

Man hatte zunächst, um den reinen Verwaltungscharakter des „conseil“ hervorzuheben, „administratif“ hinzugefügt, wie ja schon der ursprüngliche englische Entwurf vom „conseil d'Administration“ gesprochen hatte. Der „Rat“ wurde demgemäss ein „Verwaltungsrat“. Weiter beschloss die Kommission eine andere (die jetzige) Fassung. Dabei hob Descamps hervor, dass der letzte Absatz niemals die Bedeutung gehabt

---

[1]) a. a. O.
[2]) a. a. O.
[3]) a. a. O.
[4]) IV. 191.
[5]) a. a. O.
[6]) IV. 77.
[7]) a. a. O.

habe, die allgemeinen Anordnungen des Verwaltungsrates der Bestätigung einer jeden Macht zu unterwerfen.

Mit dieser Erledigung gab sich Graf Welsersheimb zufrieden und darnach war die Beratung über den jetzigen Art. 28 beendigt.[1])

§ 68.

Die Bestimmungen über den Verwaltungsrat.

I. Der Art. 28 fasste die Bildung eines ständigen Verwaltungsrats im Haag ins Auge. „Sobald wie möglich nach der Ratifikation dieses Abkommens durch mindestens neun Mächte" sollte die Errichtung erfolgen.[2])

Dieser Verwaltungsrat besteht aus den im Haag beglaubigten[3]) diplomatischen Vertretern der Signatarmächte und dem niederländischen Minister der auswärtigen Angelegenheiten als Vorsitzenden.[4])

Der ständige Verwaltungsrat ist eine reine Diplomatenvereinigung.

Asser hatte beantragt, dass die Mitglieder des ständigen Schiedshofs den Sitzungen des Verwaltungsrats wenigstens mit beratender Stimme beiwohnen dürfen.[5]) Aber der Schiedshof ist ja keine Körperschaft.

II. Die Aufgabe des ständigen Verwaltungsrats liegt weder auf dem politischen noch auf dem richterlichen, sondern auf dem Verwaltungsgebiet. Er steht in folgender Beziehung zum Schiedshof:

1. Er gibt den Mächten von der Bildung des Schiedshofs Nachricht.[6])

   Die Bildung des Schiedshofs gewinnt nun aber Erscheinung in der Errichtung des Bureaus, der Herstellung der Gesamtliste und in der Schaffung des Verwaltungsrats.[7])

   Die Errichtung und Einrichtung des Bureaus ist Sache des Verwaltungsrats, der es auch leitet und beaufsichtigt.[8]) Die Mitteilung des Verwaltungsrats kann hier also nur lauten: Dass seine Organisationstätigkeit beendigt sei.

   Die Gesamtliste entsteht auf der Grundlage der Sonderlisten, welche die Signatarmächte einreichen und die das Bureau dann zusammenstellt.

   Die Mitteilung des Verwaltungsrats besagt also, dass Signatarmächte und Bureau mit dieser Tätigkeit zu Ende sind. Übrigens beschränkt sich diese Mitteilung auf das Zustandekommen der ersten Gesamtliste, während die späteren Mitteilungen nach Art. 23 dem Bureau obliegen.

   Die Bildung des Verwaltungsrats erfolgt im Konstituierungsakt der Mitglieder unter dem Vorsitz des holländischen Ministers des

---

1) IV. 77, I. 129.
2) Art. 28 Abs. 1.
3) Vgl. darüber oben S. 279.
4) Art. 28 Abs. 1. Mit dieser Organisation erledigte sich auch die Kostenfrage. Vgl. oben S. 261.
5) Der Antrag wurde abgelehnt. IV. 171.
6) Abs. 3.
7) Vgl. oben S. 256.
8) Art. 28 Abs. 2.

Äusseren. Die Mitteilung des Verwaltungsrats ist hier also die Anzeige, dass er sich konstituiert habe.

2. Was an äusseren Einrichtungen des Schiedshofs nötig ist, also das Geschäftslokal und die Geschäftseinrichtung des Bureaus[1]) sowie das Archiv,[2]) hat der Verwaltungsrat zu besorgen.[3])

3. Der Verwaltungsrat entscheidet auch alle Verwaltungsfragen, die sich etwa in Beziehung auf den Geschäftsbetrieb des Schiedshofs erheben.[4])

Zum Geschäftsbetrieb des Schiedshofs gehört aber vor allem die Tätigkeit der aus dem Schiedshof gebildeten Schiedsgerichte, wo ja auch in der Tat streitige Verwaltungsfragen auftreten können. Der Verwaltungsrat hat hier gewissermassen die Funktion des Justizministeriums.

4. Der Verwaltungsrat erstattet schliesslich den Signatarmächten jährlich einen Bericht über die Arbeiten des Schiedshofs sowie über den Betrieb der Verwaltungsgeschäfte.[5]) Dabei wiederhole ich,[6]) dass die Arbeiten des Schiedshofs die Schiedssprüche der Schiedsgerichte sind, während die laufenden Verwaltungsgeschäfte durch das Bureau erledigt werden.[7])

III. Der Verwaltungsrat hat Autonomie: er erlässt seine Geschäftsordnung, sowie alle sonst notwendigen allgemeinen Anordnungen.[8])

1. Zur gültigen Beratung des Verwaltungsrats, gleichgültig ob allgemeine Anordnungen oder Verwaltungsentscheidungen in Frage stehen, ist erforderlich und ausreichend:
   a) ordnungsmässige Berufung,
   b) Anwesenheit von 5 Mitgliedern.[9])

Die Beschlussfassung erfolgt nach Stimmenmehrheit.[10])

Für die Protokollführung hat der Vorsitzende zu sorgen, wobei aber die Mitglieder des Bureaus nicht verwandt werden dürfen.[11])

2. Die allgemeinen Anordnungen, in welchen unter anderem auch die Bedingungen geregelt werden, unter welchen der ständige Schiedshof für die Nichtsignatarmächte offen stehen soll,[12]) hat der Verwaltungsrat unverzüglich den Signatarmächten mitzuteilen.[13]) Doch sollen dieselben damit nicht der Genehmigung der Mächte unterstellt werden.[14])

---

[1]) Art. 26.
[2]) Art. 22 Abs. 3.
[3]) Art. 28 Abs. 3.
[4]) Art. 28 Abs. 5.
[5]) Art. 28 Abs. 9.
[6]) Vgl. oben S. 231.
[7]) Art. 22 Abs. 3. Vgl. oben S. 258.
[8]) Art. 28 Abs. 4.
[9]) Art. 28 Abs. 8.
[10]) a. a. O.
[11]) Zorn im „Tag" 1903 No. 301 Ziff. IV.
[12]) Art. 26 Abs. 2. Vgl. oben S. 99 und 237.
[13]) Art. 28 Abs. 9.
[14]) Kommissionsbericht I. 129. Vgl. oben S. 281 f.

IV. Der Verwaltungsrat handhabt das Beamtenrecht.

Er ernennt die Beamten und Angestellten des Bureaus, enthebt sie vorläufig ihres Dienstes und entlässt sie. Auch setzt er ihre Gehälter und Löhne fest. Er beaufsichtigt das Kassenwesen, und erstattet den Signatarmächten jährlich Bericht über die Ausgaben.[1])

Nach dem Brüsseler Projekt (Art. V) war der Schiedshof selbst als eine Körperschaft gedacht, die den Gerichtspräsidenten und Vizepräsidenten wählt, sowie den Gerichtsschreiber[2]) und die sonstigen Kanzleibeamten ernennt. Auch hier tritt somit der Unterschied zum geltenden Recht scharf hervor.

V. Ein Verwaltungs- oder Aufsichtsrat war bei der neuen Schiedsgerichtseinrichtung notwendig.

Dass man von dem Bureau jede Aufgabe fern hielt, die es mit der Politik in Berührung bringen konnte, und dass man die übrigens reine Verwaltungsaufsicht auf das diplomatische Korps übertrug, war eine glückliche Lösung. Auf diese Weise sind sämtliche im Haag vertretenen Signatarmächte an dieser Aufsicht beteiligt; sie erhalten auf die natürlichste Weise der Welt zuverlässige Kenntnis von der Tätigkeit des Bureaus und können dafür sorgen, dass der Schiedshof nicht der politischen Intrigue dient, sondern das ist und bleibt, was er nach der Auffassung der Haager Konferenz sein soll: ein unabhängiges Gericht zur Entscheidung von Rechtsstreitigkeiten.[3])

Drittes Kapitel.

Die Bedeutung des Schiedshofs.

§ 69.

Die bisherige Tätigkeit des Schiedshofs.

I. Schiedshofliste, Bureau und Verwaltungsrat sind fertig, der Schiedshof ist mithin errichtet.

Der Darstellung von Fried[4]) über die Personalien des Schiedshofs zu Anfang des Jahres 1904 entnehme ich folgendes:

Verwaltungsrat ist das diplomatische Korps unter dem Vorsitz des Ministers des Äussern.

Die Gerichtsschreiberei (Bureau) besteht aus einem Generalsekretär, einem ersten Sekretär und einem Kommis.

Auf die Schiedshofliste[5]) hat Deutschland gesetzt:

Wirklichen Geh. Legationsrat v. Frantzius, vortragenden Rat im Auswärt. Amt,
Dr. Sieveking, Präsident des Oberlandesgerichts in Hamburg,
Dr. v. Martitz, Universitätsprofessor u. Rat am Oberverwaltungsgericht in Berlin,
Dr. v. Bar, Universitätsprofessor und Geh. Justizrat in Göttingen.

---

[1]) Art. 28 Abs. 6, 7 und 9.

[2]) Ebenso der amerikanische Entwurf Ziff. 2 (oben S. 219). Der russische Entwurf § 5 (oben S. 218) betraute dagegen mit der Beamtenernennung 5 gewählte Mächte.

[3]) Zorn, „Deutsche Rundschau“ 1900 S. 129. „Tag“ 1903 No. 301 Ziff. IV.

[4]) Handbuch der Friedensbewegung S. 198f.

[5]) Abgedruckt a. a. O. S. 199f.

Vier Mitglieder haben weiter ernannt: Die Vereinigten Staaten von Amerika, Belgien, Frankreich, England, Mexiko, Holland, Österreich-Ungarn, Rumänien, Russland, Schweden und Norwegen, Serbien und Spanien.

Für drei Mitglieder entschieden sich: Griechenland, Italien, Portugal und die Schweiz.

Zwei Mitglieder wählten: Bulgarien und Japan.

Mit einem Mitglied begnügten sich: Dänemark, Luxemburg und Siam.

Die augenblickliche Schiedshofliste weist 71 Mitglieder auf, bei deren Bestellung 22 Staaten mitgewirkt haben.

Die Mitglieder sind ihrer Stellung nach: Staatsminister, Parlamentarier, Diplomaten, Richter, Verwaltungsbeamte und Universitätsprofessoren.

Die Marine ist überhaupt nicht und das Militär nur durch den englischen Generalmajor Ardagh vertreten.

Russland hat unter anderen auch den Oberprokurator des heiligen Synod Pobjedonosszew abgeordnet.

Der Haager Schiedshof erhält demnächst auch einen eigenen Palast, für welchen **Carnegie** hochherzig ein Kapital von $1^1/_2$ Millionen Dollar und Holland den Bauplatz zur Verfügung gestellt hat.[1])

II. Der Schiedshof hat bereits funktioniert.[2]) Freilich sah man auch hier, dass aller Anfang schwer ist.

d'Estournelles hatte bereits auf der Konferenz die Befürchtung ausgesprochen, dass der Schiedshof vielleicht Gefahr laufen würde, nicht leben zu können.[3])

Die Zeit, in welcher der Schiedshof ins Leben trat, war so ungünstig wie möglich. Der Transvaalkrieg war unmittelbar nach der Haager Konferenz ausgebrochen und wurde mit seltener Erbitterung geführt; die Expedition nach China und die Wirren in Venezuela lagen wie ein Alpdruck auf Europa. Fried hat Recht: „Kalte, eiskalte Frühlingsstürme waren es, die um die Wende des 19. und 20. Jahrhunderts die Wiege jener grossen Institution umtosten".[4])

Fried berichtet über den ersten Schiedshoffall folgendes:[5])

Es hat lange gedauert, bis die Mächte sich des von ihnen geschaffenen Instituts im Haag erinnerten. Wie ein verzaubertes Dornröschen schlief es einen festen Schlaf und wurde erst durch das Betreiben des um die Haager Konventionen und um die Verbreitung des Schiedsgerichtsgedankens so hochverdienten Baron d'Estournelles de Constant aus dem Schlafe geweckt. Er reiste direkt nach Amerika, um den Präsidenten Roosevelt persönlich dazu zu veranlassen, dem Haager Schiedsgericht Arbeit zu geben. Dieser liess durch seinen Staatssekretär einen Streit ausfindig machen, der für das neue Völkergericht geeignet schien. Man übergab diesem

---

[1]) Vgl. Fried, „Friedens-Warte" 1903 No. 23/24 S. 188. Hdb. S. 30.

[2]) Asser, der jetzt allerdings auf der Haager Schiedshofliste steht, hat auf Grund eines zwischen den Vereinigten Staaten von Amerika und Russland am 8. September 1900 abgeschlossenen Kompromisses über die Wegnahme amerikanischer Schiffe durch russische Kreuzer im Behringsmeer am 29. November 1902 im Haag einen Schiedsspruch gefällt (vgl. Asser, „Arbitrage International entre les Etats-Unis d'Amérique et la Russie"), der aber noch nicht als Tätigkeit des Haager Schiedsgerichts gelten kann, weil 1900 die Organisation des Haager Schiedshofs noch nicht vollendet war.

[3]) Vgl. oben S. 242.

[4]) Handbuch der Friedensbewegung S. 309.

[5]) a. a. O S. 200 f., 310.

einen Konflikt über eine mehrere Millionen betragende Summe eines Kirchenvermögens, um dessen Besitz sich die Vereinigten Staaten mit Mexiko schon seit einigen Jahrzehnten stritten, ohne zu einem Ergebnis gelangen zu können.

1. Am 15. September 1902 trat das Haager Schiedsgericht zum erstenmal in Tätigkeit. Es entschied den vorerwähnten Streit Mexikos und der Vereinigten Staaten von Amerika um geistliche Güter.

Alle Schiedsrichter waren Ausländer. Amerika ernannte als Schiedsrichter Edwar Fry, Mitglied des englischen Privy Council und Universitätsprofessor v. Martens in Petersburg. Mexiko bestellte zwei Holländer: Asser und Lohman. Diese vier wählten als Obmann einen Dänen, Universitätsprofessor Matzen. Als Anwälte waren tätig für die Vereinigten Staaten: Stewart, Mac Enerney und Descamps, für Mexiko Beernaert und Delacroix. Zu Agenten waren bestellt für die Vereinigten Staaten der Advokat Ralston in Washington und für Mexiko der Gesandte Pardo im Haag.

Der holländische Minister des Äussern v. Lynden führte das neue Schiedsgericht ein, indem er erklärte, es sei der neuen Welt vorbehalten gewesen, der alten Welt ein Vorbild zu geben.

Das Schiedsgericht verurteilte am 14. Oktober 1902 Mexiko zur einmaligen Zahlung von 1 420 682 $^{6}/_{100}$ Dollars und zur Entrichtung von Jahresrenten in der Höhe von 43 050 $^{99}/_{100}$ Dollars.[1])

2. Die zweite Entscheidung des Haager Schiedsgerichts erging im Venezuela-Streit.[2]) Wie einer der Schiedsrichter, Lammasch,[3]) später hervorhob, war es Deutschland, welches hier zuerst, aber zunächst erfolglos, nämlich schon am 16. Juli 1901 den Antrag gestellt hatte, die Entscheidung dem Haager Schiedsgericht zu übertragen. Dann war es wieder der weitblickende Präsident der Vereinigten Staaten von Amerika, Roosevelt, welcher noch einmal die Aufmerksamkeit auf den ständigen Schiedshof lenkte. Schon hatten Deutschland, England und Italien die Forderungen ihrer Angehörigen an die Staatskasse von Venezuela durch eine Blockade unterstützt und kriegerische Massnahmen waren im Gang. Bereits sprachen vor den Venezolanischen Forts die Kanonen. Auch andere Staaten meldeten Forderungen an; da einigte man sich noch in letzter Stunde auf schiedsgerichtliche Austragung des Streites.

Der Zar war von den beteiligten Mächten ersucht worden, das Schiedsgericht zu bilden und ernannte: Den russischen Justizminister Murawiew, den russischen Universitätsprofessor v. Martens und den österreichischen Universitätsprofessor Lammasch zu Schiedsrichtern.

Der Präsident Roosevelt berichtet darüber in seiner Botschaft an den Kongress von Washington vom 7. Dezember 1903 folgendes:[4])

„Während der Bemühung, die Venezuela-Streitigkeit zu schlichten, wurde von den beteiligten Mächten vorgeschlagen, dass die Sache mir zur Entscheidung unterbreitet werden solle; aber ich war entschieden der Ansicht, dass es viel weiser wäre, die Frage vor den Haager Schiedsgerichtshof zu bringen. Es schien mir dies eine prächtige Gelegenheit, die Praxis friedlicher Schlichtung internationaler Streitigkeiten zu fördern und dem Haager Tribunal eine denkwürdige Stärkung seiner praktischen Wirklichkeit zu verschaffen. Die an der Kontroverse beteiligten Nationen waren so zahlreich und einige davon so mächtig, dass es klar zu Tag

---

[1]) Vgl. insbesondere Descamps, Le premier arbitrage de la Cour de la Haye 1902. Renault, Un premier litige devant la Cour d'Arbitrage de la Haye 1903.

[2]) Protokolle bei Hubbard, La justice internationale, Heft vom September-Oktober 1903 S. 239 ff., 251 ff., 257 ff.

[3]) „Friedens-Warte" 1904 No. 2 S. 49.

[4]) Frieds „Friedens-Warte" 1904 Nr. 2 S. 35.

treten würde, welche wohltätigen Ergebnisse ihr gleichzeitiges Erscheinen vor den Schranken dieses erhabenen Friedenstribunals nach sich ziehen werden.

Diese unsere Hoffnungen haben sich erfüllt. Russland und Österreich sind durch Gelehrte und hervorragende Juristen vertreten, welche als Richter fungieren, während England, Deutschland, Frankreich, Spanien, Italien, Belgien, Holland, Schweden und Norwegen, Mexiko, die Vereinigten Staaten und Venezuela von ihren betreffenden Anwälten und Beiräten vertreten sind.

Ein so achtungsgebietendes Zusammenwirken von Nationen, die ihre Argumente diesem hohen Gerichtshof internationaler Gerechtigkeit und internationalen Friedens vorlegen und dabei dessen Entscheidung anrufen, kann schwerlich verfehlen, eine gleiche Unterwerfung vieler künftiger Streitigkeiten nach sich zu ziehen. Den jetzt dort erschienenen Nationen wird es viel leichter fallen, ein zweites Mal hinzukommen, während keine Nation mehr ihren gerechten Stolz verringert wähnen kann, wenn sie dem jetzt gegebenen Beispiel folgt; dieser Triumph des Schiedsgerichtsprinzips ist ein Gegenstand, zu dem man sich warm beglückwünschen muss, und ist ein glückliches Vorzeichen für den Weltfrieden."

Am 22. Februar 1904 erging das Urteil in der Vorzugsfrage.

Für die drei Blockademächte Deutschland, England und Italien wurde hier ein Vorzugsrecht auf 30 % der Zölle von La Guayra und Puerto Cabello anerkannt mit der Begründung, dass sich diese drei Mächte als die ersten um Regelung ihrer Forderungen bemüht und zuerst (schon vor der Blockade) friedliche Massnahmen in Vorschlag gebracht hätten und dass ferner Präsident Castro die 30 % der Zolleinnahmen ausschliesslich zur Befriedigung dieser Mächte zur Verfügung gestellt habe.[1])

Auch im Venezuela-Streit wurden die Schiedsrichter vereinbarungsgemäss nur aus den unbeteiligten Staaten genommen, was hier sogar gewisse Schwierigkeiten machte.

Durch diese Praxis ist die Nationalitätsfrage meines Erachtens in das richtige Geleise gewiesen worden.

Die Konferenz hatte den Charakter der Rechtsprechung beim Schiedsgericht zu wenig und die Politik zu viel betont.[2]) Man muss damit rechnen, dass die Nationalen im Schiedsgericht nur Parteivertreter sind. Ich verstehe es auch nicht, dass ein Staat leichter das Schiedsgericht anrufen sollte, wenn er selbst im Schiedshof vertreten ist. Dann ist doch der andere Staat darin auch vertreten. Die ganze richterliche Würdigung wird ein Kampf vor dem Obmann, der allein entscheidet. Ein solcher Parteienkampf darf sich aber nicht im richterlichen Kollegium selbst abspielen. Das nimmt ihm die Objektivität, und die Entscheidungen werden eher das Ergebnis des Zufalls, als wenn völlig unbeteiligte Männer in gemeinsamer interessenloser Prüfung zu einem Ergebnis gelangen.

3. In einem dritten Fall, der gemäss Schiedsvertrag vom 28. Juli 1902 vor das Haager Schiedsgericht gelangte, handelte es sich um einen Streit zwischen Japan einerseits und Deutschland, Frankreich sowie England andererseits.[3])

Nach den neuesten Niederlassungsverträgen, die Japan mit diesen drei Staaten abgeschlossen hat, können deren Angehörige Grundstücke pachten, nicht aber auch erwerben. Die letzteren bleiben vielmehr Staatseigentum und sind deshalb steuerfrei. Nach japanischer Auffassung sind aber das Grundstück und das auf demselben errichtete Haus zwei vollständig getrennte Begriffe. Die Häuser sollen den Fremden gehören und

[1]) Fried, Handbuch der Friedensbewegung S. 203.
[2]) Vgl. oben S. 270 f.
[3]) Fried, Handbuch der Friedensbewegung S. 205. „Frankfurter Zeitung" 1905 No. 146.

daher der Haussteuer unterliegen. Die Europäer jedoch sagten: Man gab uns Grundstücke, um darauf zu bauen; in der bezahlten Pachtsumme steckt daher bereits die Haussteuer.

Als Schiedsrichter wurde ernannt: von Japan Gesandter Motono (Japaner), von den drei anderen Staaten Universitätsprofessor Renault (Franzose). Die beiden Schiedsrichter wählten einen Norweger (Provinzialgouverneur M. G. Gram) als Obmann. Die Verhandlungen begannen am 26. November 1904.[1])

Das am 23. Mai verkündete Urteil gab der Auffassung der Europäer recht. Motono blieb in der Minderheit und stellte in Gemässheit des Art. 52 Abs. 2 bei der Unterzeichnung die Verweigerung seiner Zustimmung fest.

4. Schon haben England und Frankreich einen neuen Streit, nämlich eine bei dem englisch-französischen Kolonialabkommen vom 8. April 1894 unerledigt gebliebene Streitfrage betr. das Protektorat über das Sultanat Maskat vor den Haager Schiedshof gebracht.[2])

Zorn[3]) ist immer noch zurückhaltend: „Jedenfalls", so meint er, „ist das Haager Schiedsgericht in Funktion; niemand kann sagen, ob es sich zum Segen oder Unsegen entwickeln, ob aus den geringen Keimen ein kräftiger Baum werden, oder ob diese Keime wieder absterben und das Schiedsgericht wieder eingehen wird. Ich hoffe das erstere."

Dass es freilich mit den Haager Beschlüssen noch nicht getan ist, dass die Schiedsgerichtsinstitution erst Wurzeln fassen und sich im Gemeinbewusstsein unentbehrlich machen muss, ist klar.

Die Hauptaufgabe steht also in der Tat noch bevor. Auch die Friedensfreunde wissen, dass es sich im Haag erst um einen Anfang und noch nicht um etwas Fertiges handelt.[4])

Der Präsident der französischen Republik, Loubet, hob bei dem Besuch der englischen Parlamentarier in Paris am 26. November 1903, unter Betonung des Umstandes, dass er der Vertraute des Zaren in dieser Angelegenheit sei, mit Recht hervor, dass das eingeleitete Werk der Haager Konferenz erst am Anfang seiner Wirkung stehe.

§ 70.
Die Würdigung des Schiedshofs.

Zur Würdigung der Erinnerungspflicht des Art. 27 vgl. oben S. 253—256.

Wie der Descampssche Kommissionsbericht[5]) mit Recht hervorhebt, entsprach die Errichtung eines ständigen Schiedshofs den bestimmtesten Erwartungen der gesitteten Völker, dem Fortschritt in den zwischenstaat-

---

[1]) a. a. O. S. 155. Vgl. auch „Friedens-Warte" 1904 No. 10 S. 191.

[2]) Fried, „Friedens-Warte" 1905 No. 2 S. 33.

[3]) „Tag" 1903 No. 309. In No. 323 heisst es: „Die Zukunft muss lehren, ob der Haager Schiedshof die Kraft und Entwickelungsfähigkeit besitzt, ein wertvoller Bestandteil des Staatenlebens der Welt in dem Sinne zu werden, wie dies von allen Mitarbeitern an der Konvention redlich erstrebt wurde, wenn auch die begeisterten Hoffnungen des einen Teiles dieser Mitarbeiter von anderen nicht vollständig geteilt werden konnten."

[4]) Fried, Handbuch der Friedensbewegung S. 329. Das ist auch der Grundton eines Briefes, den Graf Nigra am 29. November 1899 an B. v. Suttner gerichtet hat („Tagebuchblätter" s. Anhang S. 48 ff.).

[5]) I. 118.

lichen Beziehungen, der modernen Entwickelung der internationalen Streitbegleichung und dem Bedürfnis der Völker nach einer zugänglicheren völkerrechtlichen Justiz. Diese grossartige Rechtseinrichtung kann in der Tat zur Befestigung der Rechtsempfindung in der Welt mächtig beitragen.[1])

Die Hauptsache war, dass das neue Organ der internationalen Justiz in Wirklichkeit wurde „un tribunal libre au sein des Etats indépendants",[2]) dass der internationalen Rechts- und Interessengemeinschaft der Charakter der Koordination erhalten blieb, dass der Gedanken der Subordination keine Macht gewann, dass kein fester Gerichtshof nach Art eines Staatsgerichtshofs mit Zwangsgewalt entstand.[3])

Auf weiten Gebieten des Völkerrechts, die bis jetzt unter der leicht versagenden und schwankenden Herrschaft des Gewohnheitsrechts standen, wurde im Haag geschriebenes Recht aufgerichtet.

Der ständige Gerichtshof aber ist geradezu die Verkörperung des internationalen Rechtsgedankens, und durch die Praxis desselben kann die Fortbildung des Völkerrechts leicht in feste Bahnen gewiesen werden. Sicher ist der ständige Schiedshof geeignet, „der Rechtsordnung des internationalen Lebens eine gewisse Stabilität zu geben".[4])

Möglicherweise behält v. Liszt[5]) Recht, dass man von der Haager Konferenz einmal eine neue Periode des Völkerrechts datieren wird.

Bei der Würdigung der Schiedshof-Institution ist vor allem zu betonen, dass nicht eine Art von übergeordnetem Völkerareopag geschaffen wurde.

Was gegen diesen spricht, kann nicht auch gegen das Haager Schiedsgericht ausgespielt werden. Diesem fehlt vor allem die kosmopolitische Grundlage. Es ist nicht die feste Gerichtsform eines Weltstaates, sondern die Bildung erfolgt ad hoc vom Boden der einzelstaatlichen Souveränität aus. Die Grundlagen der bisherigen Schiedsgerichtsverfassung sind nicht verlassen worden; denn das ständige Schiedsgericht im Haag ist auch nur ein vereinbartes Gericht, dem weiterhin nicht alle Streitfälle sondern nur nach Massgabe weiterer Abmachungen Rechtsstreitigkeiten unterbreitet werden. Der ganze Zweck des Schiedshofs liegt nach Art. 20 überhaupt nur darin, „die unmittelbare Anrufung der Schiedssprechung für die internationalen Streitfragen zu erleichtern".

Die grösste Erleichterung steckt in der Liste, und mangels unmittelbarer Verständigung greifen aushelfend gewisse Bestimmungen Platz. Auch stellt sich ein Verwaltungsorganismus fördernd zur Verfügung.

In diesen Bestimmungen liegt eine wesentliche Fortbildung des Schiedsrechts. Es ist alles sozusagen bereitgestellt, und die Parteien brauchen

---

[1]) Descamps sagte in seiner Denkschrift 1895 S. 50: „Die Gegenwart eines organisierten Tribunals, das immer offen stünde, wäre aber an und für sich eine Einladung, diesen gerechten, klugen und sicheren Weg einzuschlagen und es würde daraus gewissermassen eine allgemeine Wendung der Konflikte nach einer friedlichen Lösung hin entstehen und der Weg zu einer Tätigkeit des Schiedsgerichts als Völkergewohnheit würde sich anbahnen."

[2]) I. 118, 122 in Anlehnung an die „Denkschrift". Vgl. oben S. 78.

[3]) I. 118.

[4]) Descamps, Denkschrift S. 56 f.

[5]) Vgl. Fried, Handbuch der Friedensbewegung S. 210 f.

nur zuzugreifen. Auch ist der ständige Schiedshof im Haag ein dauerndes Mene Tekel zugunsten friedlicher Beilegung von Streitigkeiten, ein Wahrzeichen internationaler Rechtsgemeinschaft, dem man ohne moralische Verurteilung nicht den Respekt versagen kann.

Die Institution des ständigen Schiedshofs ist das wertvollste Ergebnis der modernen Friedensbewegung. Unstreitig gebührt dem Haager Schiedsgericht vor dem freien Schiedsgericht der Vorzug. Aber man darf nicht vergessen, dass die Haager Konferenz selbst nicht bloss für die freien Schiedsgerichte Raum liess, sondern es auch ablehnte, durch eine Empfehlung des ständigen Schiedshofs einen moralischen Druck auszuüben.[1]) Die Staaten glauben, wie es scheint, ihrer Würde immer noch am wenigsten zu vergeben, wenn sie in wirklich ernsthaften Streitigkeiten, wo es sich um mehr als einen Kirchenschatz oder andere Geldforderungen handelt, von einem Staatsoberhaupt die Entscheidung begehren.[2]) Der Schiedsgedanke verlangt, dass man hier keinerlei Schwierigkeit macht.

Das Haager Schiedsgericht kann ja auch in der Weise gebildet werden, dass ein einziger Listenmann betraut wird.[3]) Staatsoberhäupter, die übrigens ja auch im Art. 33 privilegiert werden,[4]) sind aber über jede besondere Listenqualifikation erhaben; und wenn die im Streit befindlichen Mächte über die Tüchtigkeit eines anderen zum Schiedsamt bereiten Mannes einig sind, so soll es ihm nichts schaden, dass er auf der Liste fehlt.[5]) Auch andere Bestimmungen zeigen, dass die Grenze zwischen ständigem und freiem Schiedsgericht überbrückt ist, ein Grund mehr, hier der Freiheit keine missliebigen Schranken zu setzen. Auf keinen Fall darf durch das Pochen auf die Haager Schiedsgerichtsinstitution das Schiedsgericht selbst in Frage gestellt werden.

Im übrigen freilich empfiehlt es sich, das ständige Schiedsgericht nach Möglichkeit zu fördern und ihm in erster Linie die Entscheidung internationaler Streitigkeiten zu überweisen.

Der Präsident der Vereinigten Staaten hat deshalb schon einmal zugunsten des Haager Schiedshofs das ihm angebotene Schiedsrichteramt abgelehnt[6]) und auch die schweizerische Bundesregierung hat 1900 erklärt, dass jetzt im Haag die berufene Instanz für schiedsgerichtliche Entscheidung sei, weshalb sie nicht mehr geneigt sei, ein solches Ehrenamt zu übernehmen, das auszuüben sie früher als Pflicht betrachtet habe.[7])

Auch der Weltfriedenskongress zu Rouen 1903 nahm angesichts des Barklay'schen Projekts, nach welchem das englisch-französische Schieds-

---

[1]) Vgl. oben S. 238 f.

[2]) So wurde auch in der Zeit nach der Haager Konferenz schon zweimal der König von Spanien und einmal der König von Italien um Schiedssprechung angegangen. Vgl. Fried, Handbuch der Friedensbewegung S. 156 f. Ziff. 233, 241 und 236.

[3]) Art. 23 Abs. 2; 32 Abs. 1.

[4]) Vgl. unten S. 294 und 305 f.

[5]) So wurde 1903 in einem Streit zwischen Italien und Peru der Präsident des schweizerischen Bundesgerichts Dr. Winkler als Schiedsrichter bestellt. Vgl. Fried, Handbuch der Friedensbewegung S. 157 Ziff. 237.

[6]) Vgl. oben S. 286.

[7]) Fried, Handbuch der Friedensbewegung S. 310 f.

abkommen (oben S. 202) das Haager Schiedsgericht hätte umgehen sollen, zu dieser Frage Stellung und erklärte es für angemessen, dass die Schiedsabkommen hinfort nur das Haager Schiedsgericht ins Auge fassen.[1])

Der Ausbruch des Transvaal- und des ostasiatischen Krieges nach der Haager Konferenz hat den auf den Schiedshof gesetzten Erwartungen einen empfindlichen Stoss versetzt. Aber der Schiedshof hat gar nicht die unmögliche Aufgabe erhalten, alle Kriege zu beseitigen, sondern er soll nur den Zugang zur Schiedsgerichtsbarkeit, soweit diese nach Lage des Falles überhaupt möglich erscheint, erleichtern. Man wird sich daher gern dem russischen Justizminister Murawiew anschliessen, der als Obmann bei der Verkündigung des Haager Schiedsspruchs in der Venezuela-Sache am 22. Februar 1904,[2]) also kaum nach Ausbruch des russisch-japanischen Krieges, der Hoffnung Ausdruck gab, dass nach Beendigung des Krieges das Licht von neuem leuchten werde und der Haager Schiedsgerichtshof ein Bollwerk der Gerechtigkeit, der Wahrheit, der Vernunft und der Hoffnung bleibe.

Dritter Abschnitt.

Das Schiedsverfahren.

Erstes Kapitel.

Die Vorlage und ihre Behandlung.

§ 71.

Vorgeschichte und Charakter der Schiedsprozessordnung.

Im Jahre 1890 habe ich in einem Vortrag zur Frage des völkerrechtlichen Schiedsprozesses folgendes ausgeführt:

Massgebend für das Schiedsgerichtsverfahren sind vor allem die betreffenden Vereinbarungen. Nun ist es aber Tatsache, dass die Schiedsverträge regelmässig nur gewisse Grundzüge feststellen, an die dann der Schiedsrichter wie an ein Gesetz gebunden ist. Wonach regelt sich aber das Weitere? Es wird nicht bestritten, dass hier gewisse Rechtssätze gelten. Aber wo finden wir diese? Es ist die Eigentümlichkeit jedes unentwickelten Rechts und so auch des Völkerrechts, dass die einzelnen Normen weniger im Paragraphen präzisiert sind, als vielmehr in der Übung hervortreten. Das beste Mittel, sich über Organisation und Verfahren der völkerrechtlichen Schiedsgerichte zu unterrichten, ist daher das Studium der bekannt gegebenen Rechtsfälle, in welchen sich die Rechtsmeinung praktisch geäussert hat. Leider bleibt hierbei gar vieles strittig wie allüberall da, wo die Gewohnheit die Hauptrechtsquelle ist. Dazu kommt folgendes: Die völkerrechtlichen Schiedsgerichte haben sich in Anlehnung an die privatrechtlichen Schiedsgerichte entwickelt. Über letztere hat schon das römische Recht detaillierte Bestimmungen getroffen, die dann aber

[1]) Fried, Friedens-Warte 1903 No. 19/20 S. 140.

[2]) Vgl. oben S. 286 f.

im Verlauf der Zeit in den einzelnen Staaten eine ganz erhebliche Abänderung erfahren haben. Organisation und Verfahren der privatrechtlichen Schiedsgerichte sind demgemäss in den einzelnen Staaten verschieden, und das wirft dann selbstverständlich auch seine Schatten auf die einzelstaatlichen Auffassungen der internationalen Schiedsgerichte. So herrscht denn auf diesem Gebiet noch viel Streit. Das Beste wäre, wenn die einzelnen der Völkerrechtsgemeinschaft angehörigen Staaten sich insgesamt oder doch die auf ein Schiedsgericht abhebenden Parteien im einzelnen Fall auf ein Reglement einigen würden. Dazu würde sich vor allem das von Professor Goldschmidt in Berlin ausgearbeitete Reglement eignen, welches das institut de droit international nach eingehender Beratung zu Genf 1874 und im Haag 1875 angenommen und den einzelnen Regierungen zugestellt hat. Dasselbe ist in erster Linie der Völkerrechtspraxis entnommen und im übrigen unter Berücksichtigung der verschiedenen Rechtsgrundsätze über privatrechtliche Schiedsgerichte und der internationalen Bedürfnisse frei entwickelt.

Was ich hier als das „Beste“ bezeichnet hatte, ist überraschend schnell zur Tat geworden. Das Haager Abkommen hat in Anlehnung an das erwähnte Reglement auch Bestimmungen über das Schiedsverfahren (Art. 30—57) eingestellt, also eine Schiedsprozessordnung geschaffen.

v. Liszt hat recht: Das Wesentliche des friedensrechtlichen Abkommens „liegt darin, dass eine förmliche Zivilprozessordnung für das Schiedsgericht mit allen einzelnen Bestimmungen geschaffen wurde, ferner ein Gerichtshof, der uns jederzeit funktionsbereit zur Verfügung steht.“ [1])

I. Über die Vorgeschichte und Bedeutung dieser Schiedsprozessordnung hat der Descampssche Ausschuss- und Kommissionsbericht die nötige Aufklärung gegeben.[2])

Dass wir bis jetzt im Völkerrecht keine allgemein gültige Schiedsprozessordnung hatten, bedeutete für die Schiedssprechung vor allem Verzögerung und Unsicherheit. Entweder musste der Schiedsvertrag im voraus seine Bestimmung treffen, und die Übersicht auf S. 65—77 zeigt, in welchem Umfang dies geschehen ist; oder die Staaten mussten sich bei oder nach Bestellung der Schiedsrichter über das einzuschlagende Verfahren einigen, wenn sie es nicht vorzogen, das Verfahren durch die Schiedsrichter selbst nach freiem Ermessen bestimmen zu lassen; denn ein Richterspruch setzt nun einmal ein Rechtsverfahren voraus.[3])

Die Partei-Vereinbarungen waren aber regelmässig ungenügend und liessen für Streit und Zweifel reichlich Raum.

Je öfter sich die Schiedssprechung wiederholte, desto mehr empfand man daher das Bedürfnis nach einer festen Schiedsprozessordnung.

---

[1]) Vgl. Fried, Handbuch der Friedensbewegung S. 210.

[2]) IV. 18 I. 129 f.

[3]) Descampsscher Kommissionsbericht I. 131: „La jurisdiction arbitrale est suffisamment déterminée par l'indication du procédé suivant lequel elle sera formée.“

Eine völkerrechtliche Schiedsprozessordnung muss sich auf grundlegende Punkte beschränken und sich vor zu eingehenden Bestimmungen hüten. Bewahrt sie weiter den subsidiären Charakter, so bedeutet sie für die Schiedspraxis eine ungeheure Wohltat, eine Erleichterung, ohne die Souveränität der einzelnen Staaten zu bedrohen.

Durchdrungen von diesen Gedanken hatte die russische Delegation unter der führenden Mitwirkung von Professor Martens, welch letzterem dafür der Berichterstatter die verdiente Anerkennung zollte,[1] ein „projet de code d'arbitrage" ausgearbeitet und der Konferenz in Vorlage gebracht.[2])

Dieser Entwurf einer Schiedsprozessordnung, welcher in Anlehnung an das Projekt des völkerrechtlichen Instituts und unter Berücksichtigung der neueren Theorie und Praxis abgefasst war, bildete den Anhang zum Art. 13 des Hauptentwurfs.[3] Die Konferenz legte diesen Spezialentwurf in der Tat ihren Beratungen zugrunde und stellte ihn dann in seiner veränderten Form als Schluss in das grosse friedensrechtliche Abkommen ein.

II. Über den Charakter der völkerrechtlichen Schiedsprozessordnung ist folgendes zu sagen: Dieselbe erreicht nicht annähernd die Bestimmtheit einer ZPO., geht aber andernteils über die Bestimmungen betr. das schiedsrichterliche Verfahren in der ZPO. § 1025—1048 hinaus.

Wirkliche Verfahrensbestimmungen gibt es an letzter Stelle nur wenige, und im § 1034 Abs. 2 heisst es:

„In Ermangelung einer Vereinbarung der Parteien über das Verfahren wird dasselbe von den Schiedsrichtern nach freiem Ermessen bestimmt."

An Stelle dieser schiedsrichterlichen Autonomie hat die völkerrechtliche Schiedsprozessordnung das Legalitätsprinzip gesetzt.

Im übrigen aber enthält die völkerrechtliche Schiedsprozessordnung lediglich „règles facultatives"[4] gilt also bloss subsidiär, d. h. nur beim Fehlen einer Parteivereinbarung. Erst im letzteren Fall tritt nach der ZPO. § 1034 Abs. 2 das durch die wenigen Gesetzesbestimmungen beschränkte schiedsrichterliche Bestimmungsrecht ein, während nach der völkerrechtlichen Schiedsprozessordnung alsdann die ausführlichen Abkommensbestimmungen Platz greifen.

Die völkerrechtliche Schiedsprozessordnung gilt nach Art. 30 nur „soweit nicht die Parteien über andere Bestimmungen übereingekommen sind,"[5] gleichgültig ob die Streitsache vor das ständige oder ein freies Schiedsgericht gebracht wird.

---

[1]) IV. 18, I. 130.

[2]) Vgl. oben S. 80

[3]) Abgedruckt oben S. 168.

[4]) IV, 18, I. 130.

[5]) Die Subsidiärität war in der russischen Vorlage zweimal ausgesprochen: im Art. 13 des Hauptentwurfs und im Art. 1 des projet de code d'arbitrage. In der ersten Ausschusslesung erhielt sich der Art. 1 noch mit kleinen sprachlichen Änderungen. (IV. 139). In der zweiten Ausschusslesung wurde dann aber der Art. 1, weil bereits im Art. 13 des Hauptentwurfs enthalten, gestrichen und der Art 13 an die Spitze der Prozessbestimmungen gesetzt. (IV. 151). Die jetzige Fassung lag schon der Kommissionsberatung zugrunde. (IV. 28, 78).

Dieser Artikel wahrt also der Schiedsprozessordnung den subsidiären Charakter und den Staaten ihre Souveränität.

Aber beim Fehlen einer entgegenstehenden Vereinbarung gilt die Schiedsprozessordnung und zwar ohne weiteres; sie bedarf nicht erst eines Rezeptionsvertrags, der gegenüber dem Projekt des institut de droit international noch erforderlich war.

Ist also in einem Streitfall das Schiedsgericht gebildet und demselben keine Mitteilung über abändernde Prozessvereinbarungen zugegangen, so wird das Schiedsgericht einfach nach Massgabe der Haager Bestimmungen über das Schiedsverfahren tätig. Abändernde Vereinbarungen können aber anderteils auch noch während des Prozessganges erfolgen und müssen dann berücksichtigt werden, während das Schiedsgericht selbst, das aber auch hier keinerlei Herrschaft über die gesetzlichen Verfahrensbestimmungen hat, nur eine gewisse Bewegungsfreiheit innerhalb des gesetzlichen Rahmens geniesst.[1])

Nur wenn ein Souverän oder sonstiges Staatsoberhaupt zum Schiedsrichter gewählt ist, wird das Schiedsverfahren von diesem geregelt.[2])

Das ist eine ehrerbietige Rücksichtnahme[3]) und hängt damit zusammen, dass das Staatsoberhaupt die Angelegenheit als Staatssache behandelt und sich nach der Kabinettspraxis einen Urteilsentwurf unterbreiten lässt.

Es ist nunmehr vorerst der Entwurf mitzuteilen, welcher den Haager Verhandlungen zugrunde gelegt wurde, und der Gang der letzteren darzustellen.

§ 72.

Der russische Entwurf.

Der völkerrechtlichen Schiedsprozessordnung hat, wie gesagt, das russische projet de code d'arbitrage zur Vorlage gedient.

Der russische Entwurf enthielt 26 Artikel und hatte folgenden Wortlaut:[4])

Art. 1.

Die Signatarmächte haben die nachfolgenden für das zwischenstaatliche Schiedsverfahren aufgestellten Grundsätze und Bestimmungen angenommen vorbehaltlich der Veränderungen, welche in jedem besonderen Fall von den im Streit befindlichen Regierungen im gegenseitigen Einvernehmen zugelassen werden können.

Art. 2.

Die beteiligten Staaten, welche sich auf die Schiedssprechung geeinigt haben, unterzeichnen eine besondere Urkunde (Schiedsvertrag, Kompromis), in welcher die der schiedsrichterlichen Entscheidung unterbreiteten Streitfragen, sowie die

---

[1]) Vgl. Art. 31, 38, 48, 49.

[2]) Art. 33. Das enthielt schon das russische projet im Art. 26 Abs. 3. In der ersten Ausschusslesung (IV. 149) wurde diese Bestimmung zurückgestellt und in der zweiten Ausschusslesung als Art. 5 eingestellt (IV. 152 in Verbindung mit 252 rechte Abt.). Der endgültige Ausschussentwurf hat die jetzige Fassung (IV. 263), und dieser Art. 32 rückte dann schliesslich um eine Ziffer vor.

[3]) Der Descampssche Kommissionsbericht betont (I. 132): „Lorsque l'arbitre choisi est un Chef d'Etat, des raisons de haute convenance ne permettent pas de prévoir une autre procédure que celle qui résulte de sa souveraine détermination. Ce principe est consacré par l'article 33."

[4]) Abgedruckt IV. 204 ff. I. 167 ff.

Gesamtheit der einschlägigen Tat- und Rechtsfragen kurz angegeben sind und schliesslich die ausdrückliche Erklärung der beiden Parteien aufgenommen ist, sich dem Schiedsspruch nach seiner Verkündigung mit Verzicht auf die Berufung nach Treu und Glauben zu unterwerfen.

Art. 3.

Die hiernach von den Staaten völlig frei geschlossenen Schiedsabkommen können die Schiedssprechung sowohl für alle Streitigkeiten als auch bloss für Streitigkeiten von einer bestimmten Art vorsehen.

Art. 4.

Die beteiligten Regierungen können das Amt eines Schiedsrichters dem Souverän oder sonstigen Staatsoberhaupt einer dritten Macht unter Zustimmung desselben anvertrauen. Sie können es auch einer einzelnen von ihnen gewählten Person wie einem zu diesem Zweck bestellten Schiedsgericht übertragen.

Im letzten Fall und im Hinblick auf die Wichtigkeit des Streites kann das Schiedsgericht in folgender Art gebildet werden: Jede Vertragspartei wählt zwei Schiedsrichter und alle Schiedsrichter zusammen wählen den Obmann, welcher von Rechtswegen Vorsitzender des Schiedsgerichts ist.

Bei Stimmengleichheit wenden sich die im Streit befindlichen Regierungen im gegenseitigen Einvernehmen an eine dritte Regierung oder eine dritte Person, welche den Obmann ernennt.

Art. 5.

Können sich die im Streit befindlichen Parteien über die Wahl der im vorangehenden Artikel erwähnten dritten Regierung oder dritten Person nicht einigen, so ernennt jede Partei eine unbeteiligte Macht, und die so von den Parteien gewählten Mächte bestellen im Einvernehmen den Obmann.

Art. 6.

Die Unfähigkeit oder gültige Ablehnung auch nur eines einzigen Schiedsrichters, ebenso wie die Weigerung, das angenommene Schiedsrichteramt anzutreten und der Tod eines gewählten Schiedsrichters machen den ganzen Schiedsvertrag hinfällig, mit Ausnahme des Falles, wo diese Umstände vorgesehen und von den Parteien im Einverständnis geordnet worden sind.

Art. 7.

Der Sitz des Schiedsgerichts wird entweder von den Vertragsmächten oder von den Mitgliedern des Schiedsgerichts selbst bestimmt. Eine Verlegung ist nur bei neuer Einigung der beteiligten Regierungen, oder bei höherer Gewalt auch auf Anregung des Schiedsgerichts selbst zulässig.

Art. 8.

Die im Streit befindlichen Staaten haben das Recht, besondere Delegierte oder Agenten zu ernennen, die dem Schiedsgericht mit dem Auftrag zugewiesen werden, zwischen dem Schiedsgericht und den beteiligten Regierungen als Mittelspersonen zu dienen.

Ausser diesen Agenten haben die genannten Regierungen das Recht, mit der Wahrnehmung ihrer Rechte und Interessen vor dem Schiedsgericht Rechtsbeistände oder Anwälte zu betrauen, die zu diesem Zweck von ihnen bestellt werden.

Art. 9.

Das Schiedsgericht entscheidet, in welchen Sprachen seine Beratungen und die Verhandlungen der Parteien stattfinden sollen.

Art. 10.

Das Schiedsverfahren zerfällt regelmässig in zwei Abschnitte: das Vorverfahren und die Schlussverhandlung.

Das erstere besteht in der von den Agenten der Vertragsmächte an die Mitglieder des Schiedsgerichts zu machenden Mitteilung aller gedruckten oder geschriebenen Aktenstücke, Urkunden und Beweismittel, welche auf die Streitfragen Bezug haben.

Der zweite Abschnitt — die Schlussverhandlung oder der mündliche Vortrag — besteht in der Verhandlung vor dem Schiedsgericht.

Art. 11.

Nach dem Schluss des Vorverfahrens beginnen die Verhandlungen vor dem Schiedsgericht, die von dem Vorsitzenden geleitet werden.

Von allen Beratungen werden Protokolle aufgenommen durch Sekretäre, die der Vorsitzende des Schiedsgerichts ernennt. Diese Protokolle haben öffentliche Beweiskraft.

Art. 12.

Nach dem Schluss des Vorverfahrens ist das Schiedsgericht befugt, alle neuen Aktenstücke oder Urkunden zurückzuweisen, welche die Parteivertreter vorlegen wollen.

Art. 13.

Dem Schiedsgericht steht es jedoch vollkommen frei, neue Aktenstücke oder Urkunden, auf welche die Delegierten oder Rechtsbeistände der im Streit befindlichen Regierungen in ihren Ausführungen vor dem Schiedsgericht Bezug nehmen, in Betracht zu ziehen.

Das Schiedsgericht ist befugt, die Vorlegung dieser Aktenstücke oder Urkunden zu verlangen und der Gegenpartei davon Kenntnis zu geben.

Art. 14.

Das Schiedsgericht darf ausserdem von den Agenten der Parteien die Vorlegung aller nötigen Aktenstücke und alle nötigen Aufklärungen verlangen.

Art. 15.

Die Agenten und die Rechtsbeistände der im Streit befindlichen Regierungen sind befugt, beim Schiedsgericht mündlich alle Aufklärungen oder Beweise zu Gunsten ihrer Sache zu entwickeln.

Art. 16.

Die Agenten und Rechtsbeistände sind auch befugt, Anträge zu den Verhandlungsgegenständen an das Schiedsgericht zu bringen. Die Entscheidungen des Schiedsgerichts über diese Anträge sind endgültig und können zu weiteren Erörterungen nicht Anlass geben.

Art. 17.

Die Mitglieder des Schiedsgerichts sind befugt, an die Agenten oder Rechtsbeistände der Parteien Fragen zu richten und von ihnen Aufklärungen über zweifelhafte Punkte zu erfordern.

Weder die gestellten Fragen, noch die von Mitgliedern des Schiedsgerichts im Laufe der Beratung gemachten Bemerkungen dürfen als Ausdruck der Meinung des ganzen Schiedsgerichts oder seiner einzelnen Mitglieder angesehen werden.

Art. 18.

Das Schiedsgericht allein ist befugt, seine Zuständigkeit zu bestimmen durch Auslegung der Bestimmungen des Schiedsvertrags und nach Massgabe der Grundsätze des Völkerrechts wie der besonderen Vertragsbestimmungen, die für den Gegenstand angeführt werden können.

Art. 19.

Dem Schiedsgericht steht es zu, auf das Verfahren bezügliche Anordnungen zur Leitung der Streitsache zu erlassen, die Formen und Fristen zu bestimmen, in denen jede Partei ihre Anträge zu stellen hat und über die Auslegung der vorgelegten und an die Parteien mitgeteilten Urkunden Beschluss zu fassen.

Art. 20.

Nachdem die Agenten und die Rechtsbeistände der im Streit befindlichen Regierungen alle Aufklärungen und Beweise zu Gunsten ihrer Sache vorgetragen haben, spricht der Vorsitzende des Schiedsgerichts den Schluss der Verhandlung aus.

Art. 21.

Die Beratung der Mitglieder des Schiedsgerichts über den Streitgrund erfolgt geheim.

Jede endgültige oder vorläufige Entscheidung ergeht nach der Mehrheit der Mitglieder des Schiedsgerichts.

Die Weigerung eines Mitgliedes, an der Abstimmung teilzunehmen, muss im Protokoll festgestellt werden.

Art. 22.

Der nach Stimmenmehrheit erlassene Schiedsspruch muss schriftlich abgefasst und von jedem Mitgliede des Schiedsgerichts unterzeichnet werden.

Die in der Minderheit gebliebenen Mitglieder stellen bei der Unterzeichnung die Verweigerung ihrer Zustimmung fest.

Art. 23.

Der Schiedsspruch wird in öffentlicher Sitzung des Schiedsgerichts und in Gegenwart der Agenten und Rechtsbeistände der im Streit befindlichen Regierungen feierlich verlesen.

Art. 24.

Der gehörig verkündete und den Agenten der im Streit befindlichen Regierungen zugestellte Schiedsspruch entscheidet das Streitverhältnis der Parteien endgültig und mit Ausschluss der Berufung und schliesst das durch den Schiedsvertrag eingeleitete Schiedsverfahren.

Art. 25.

Jede Partei trägt ihre eigenen Kosten und die Hälfte der Kosten des Schiedsgerichts unbeschadet der Gerichtsentscheidung, dass die eine oder andere Partei Entschädigung zu leisten hat.

Art. 26.

Der Schiedsspruch ist nichtig wenn der Schiedsvertrag nichtig ist, eine Überschreitung der Vollmacht erfolgte oder Bestechung eines Schiedsrichters erwiesen ist.

Das vorstehend geschilderte Verfahren vor dem Schiedsgericht findet vom Art. 7 an auch Anwendung für den Fall, dass die Schiedssprechung einer einzigen Person nach der Wahl der beteiligten Regierungen anvertraut ist.

Für den Fall, dass der Souverain oder ein sonstiges Staatsoberhaupt sich vorbehalten hat, den Schiedsspruch in Person zu fällen, wird das zu beobachtende Verfahren vom Souverain oder Staatsoberhaupt selbst bestimmt.

§ 73.

Die Beratungen.

I. Die Beratung über das Schiedsverfahren schloss sich an die Debatte über die internationalen Untersuchungskommissionen an und begann in der neunten Ausschusssitzung am 23. Juni 1899.[1])

Es handelte sich um eine Schiedsprozessordnung einschliesslich der Schiedsgerichtsverfassung.

Bei Beginn der Sitzung legte der russische Vertreter v. Martens eine kurze Schiedsprozessordnung vor, welche für den gerade schwebenden Streit zwischen England und Venezuela, wobei er als Schiedsgerichtspräsident zu wirken hatte, vereinbart worden war. Diese Schiedsordnung hatte eine grosse Ähnlichkeit mit dem russischen Projekt, welches nach einer kurzen Vorbesprechung zugrunde gelegt wurde.[2])

Zu Beginn der Ausschussberatung betonte Descamps vor allem den subsidären Charakter der geplanten Schiedsprozessordnung.

Auf dem Gebiet der Schiedsgerichtsbarkeit und des Schiedsverfahrens hätten die Staaten die volle Freiheit, im gegenseitigen Einvernehmen dieses oder jenes System anzunehmen; aber die Konferenz wolle ihnen das Resultat ihrer Arbeiten anbieten, um ihnen sozusagen den gangbarsten Weg zu zeigen.[3])

---

1) IV. 137.
2) a. a. O. Kommissionsbericht I. 130.
3) IV. 139.

Der russische Hauptentwurf (Eléments) enthielt in dem oben S. 168 mitgeteilten Art. 13 am Schluss der Bestimmungen über das Schiedsrecht den Nagel, an dem eine Schiedsprozessordnung eingehängt werden sollte.

Dieser Artikel wurde gleich anfangs als Einleitung der Schiedsprozessordnung in Aussicht genommen[1]) und dann trat man in eine Beratung der 26 Artikel des Code d'arbitrage ein.

Die erste Lesung des Ausschusses begann, wie gesagt, in der neunten Sitzung am 23. Juni[2]) und füllte auch noch die ganze zehnte Sitzung am 26. Juni aus.[3])

Der Ausschuss beschloss nunmehr einen neuen Text des projet de code d'arbitrage herzustellen in zwei Abteilungen, durch welche dem ursprünglichen Text die beschlossenen Änderungen gegenübergestellt wurden,[4]) wie das ja auch bei den übrigen Partien des Schiedsprojekts geschah.

Descamps unterzog sich dieser Arbeit und konnte bereits am 30. Juni die neue Redaktion verteilen.

Dieser neue Code de l'arbitrage international ist IV. 246—257 abgedruckt.

Die zweite Lesung über den so veränderten Entwurf begann in der elften Ausschusssitzung am 30. Juni.[5]) Die Revisionsfrage machte noch eine weitere Sitzung am 1. Juli nötig.[6])

In dem nunmehr festgestellten „Projet de convention par le règlement pacifique des conflits internationaux"[7]) erscheint die Schiedsprozessordnung (de la procédure arbitrale) als dritter Teil der internationalen Schiedsrechtskonvention Art. 29 bis—56.[8])

II. Die erste Kommissionsberatung erfolgte in der fünften Sitzung am 17. Juli.[9])

In der Spezialsitzung des Ausschusses am 18. Juli[10]) handelte es sich in der Schiedsprozessordnung nur noch um kleine Änderungen und Bemerkungen zu den Art. 31, 51, 54 und 56.[11])

Die zweite Lesung der Kommission über die Schiedsprozessordnung begann am 20. Juli[12]).

Die hier aufgeworfene Incompatibilitätsfrage machte noch eine dritte Ausschusslesung nötig, welche in der vierten Spezialsitzung am 21. Juli erfolgte,[13]) worauf dann in der achten Kommissionssitzung am

---

[1]) IV. 139.
[2]) IV. 139.
[3]) IV. 143—150.
[4]) IV. 150.
[5]) IV. 151.
[6]) IV. 158—161.
[7]) Abgedruckt IV. 258 ff.
[8]) IV. 262 ff. Schon in der ersten Beratung hatte der Vorsitzende Descamps angeregt, dass die Schiedsprozessordnung unmittelbar dem Art. 13 des russischen Hauptentwurfs folgen, also den Schluss des friedensrechtlichen Abkommens bilden solle (IV. 139).
[9]) IV. 28—41.
[10]) Vgl. oben S. 88.
[11]) IV. 191 f.
[12]) IV. 77—80.
[13]) IV. 198 ff.

22. Juli die zweite Kommissionslesung der Schiedsprozessordnung beendigt wurde.[1])

III. In der Plenarsitzung der Konferenz am 25. Juli[2]) kam es zu keinen Änderungen des Entwurfs[3]) mehr.

So entstanden die Art. 30—57 über das Schiedsverfahren, die nunmehr darzustellen sind.

Zweites Kapitel.

Die Haager Bestimmungen.

Erster Titel.

Schiedsgerichtsverfassung.

§ 74.

Der Schiedsvertrag.

Die Haager Konferenz unterscheidet Schiedsabkommen oder convention d'arbitrage[4]) und Schiedsvertrag oder compromis.[5]).

I. Das russische projet de code d'arbitrage war terminologisch noch nicht einwandfrei. Der Art. 2 setzte ein compromis voraus nach ausgebrochenem Streit und verlangte deshalb, dass hier die strittigen Tatsachen und Rechtspunkte angegeben werden, während nach dem Art. 3 „les compromis ainsi conclus" Schiedsabkommen sind, die im voraus abgeschlossen werden und die Austragung künftiger Streitigkeiten ins Auge fassen.

In der ersten Lesung des Ausschusses bei der Beratung des Art. 2 des russischen projet de code d'arbitrage[6]) stellte daher Descamps eine neue Fassung in Aussicht, welche die Verwechslung von clause d'arbitrage und compromis, die zu bestehen scheine, ausschliesse.[7])

Im weiteren Verlauf schlug dann der unermüdliche Descamps folgende Fassung vor:[8])

> Art. 2. „La convention d'arbitrage peut être conclue pour des contestations déjà nées ou pour des contestations à venir.
>
> Elle peut s'étendre à tout litige ou concerner certains litiges seulement.
>
> Elle renferme l'engagement de se soumettre de bonne foi à la sentence arbitrale.
>
> Art. 3. Le compromis détermine l'objet précis du litige et l'étendue des pouvoirs des arbitres."

Damit war die jetzige Unterscheidung von convention d'arbitrage und compromis gegeben.

---

[1]) IV. 86—90.
[2]) I. 86 ff.
[3]) Abgedruckt I. 145. Die Schiedsprozessordnung I. 150 ff.
[4]) Art. 17.
[5]) Art. 31.
[6]) Der Wortlaut oben S. 294 f.
[7]) IV. 139. Asser unterstützte die Ausführungen von Descamps (a. a. O.).
[8]) Abgedruckt IV. 251 f. (rechte Abteilung).

Der Ausschuss nahm den Art. 2, welcher auch eine alte Streitfrage entschied,[1]) in der vorgeschlagenen Fassung an, brachte ihn aber an seine jetzige Stelle unter die Bestimmungen über das Schiedswesen, Art. 17, wo er uns bereits beschäftigt hat.[2])

Der Art. 3 rückte dadurch als Art. 2 vor. Der Ausschuss gab ihm in Anlehnung an den Art. 2 des projet, abgesehen von kleinen sprachlichen Verschiedenheiten[3]) schon die jetzige (Art. 31) Fassung:

Art. 2. Les Puissances qui acceptent l'arbitrage signent un acte spécial (compromis) dans lequel sont nettement déterminés l'objet du litige et l'étendue des pouvoirs des arbitres et où se trouve confirmé l'engagement des 2 parties de se soumettre de bonne foi à la sentence arbitrale".[4])

In der zweiten Kommissionslesung kam der bulgarische Bevollmächtigte Stancioff noch einmal auf die Terminologie zu sprechen, und fragte, was man unter einer „convention d'arbitrage" zu verstehen habe. Insbesondere wollte er wissen, ob hier die massgebenden Gesichtspunkte für die Entscheidung niedergelegt seien.[5])

Das war aber schon wieder eine Verwechselung mit dem compromis.

Der Descampssche Kommissionsbericht sagt:

„La convention d'arbitrage internatioual est un accord entre les Etats pour le règlement juridique, par des juges de leur choix, de litiges internationaux actuels ou éventuels.[6])

Das Kompromis[7]) ist dasjenige Schiedsübereinkommen, das nach ausgebrochenem Streit abgeschlossen wird und daher die wesentliche Bestimmung hat, für die Schiedsprechung die gerichtsverfassungs- und prozessrechtliche Unterlage zu schaffen.

Das Schiedsabkommen kann sich mit gegenwärtigem wie zukünftigem Streit beschäftigen. Beim Kompromis aber handelt es sich immer nur um einen gegenwärtigen Streit. Es setzt voraus, dass die Mächte bereits „die Schiedssprechung anrufen."[8])

Ein Schiedsabkommen, welches zukünftige Streitfälle dem Schiedsspruch unterwirft, kommt nur als Titel der Schiedsprechung in Betracht[9]) das heisst: das Schiedsabkommen ist die verbindliche Vereinbarung, dass überhaupt eine schiedsrichterliche Austragung ins Auge gefasst werden darf und soll. Das Schiedsabkommen über gegenwärtige Streitfälle hat aber zugleich eine Kompromisbedeutung, insoweit es auch noch den Streit und die Zuständigkeit abgrenzt, wenn man nicht vorzieht, das Kompromis in einem eigenen Rechtsakt nachfolgen zu lassen. Lediglich um diese prozess-

---

[1]) Vgl. oben S. 197 f.

[2]) a. a. O.

[3]) „Qui acceptent l'arbitrage" wurde später von der Kommission geändert in „qui recourent à l'arbitrage" und für „et l'étendue" wurde gesagt „ainsi que l'étendue". Statt „où se trouve" wurde schliesslich ein neuer Satz begonnen. (Vgl. IV. 78.)

[4]) IV. 152.

[5]) IV. 64.

[6]) I. 130.

[7]) Vgl. Dig. 4, 8 de receptis.

[8]) Art. 31.

[9]) Vgl. oben S. 196 f.

rechtliche Einleitung handelt es sich im Art. 31. Denn unter allen Umständen muss der angerufene Schiedsrichter wissen, was er kann und soll.[1])

Diese prozessrechtliche Notwendigkeit besteht heute in jedem Fall,[2]) also auch wenn im Voraus ein Schiedsabkommen abgeschlossen worden ist und nun die „litiges éventuelles" actuell geworden sind. Hier muss dann die noch ausstehende prozessrechtliche Abgrenzung nachfolgen.[3])

Die Mächte, welche in Streit gekommen sind und die Schiedssprechung anrufen — ob freiwillig oder kraft früheren Schiedsabkommens, ist ebenso gleichgültig, wie der Umstand, ob die Schiedssprechung dem ständigen Schiedshof oder dem freien Schiedsgericht übertragen wird — müssen also nach Art. 31 vorher im Kompromis die notwendige Streit- und Zuständigkeitsabgrenzung vornehmen und urkundlich[4]) machen.

Weigert sich eine Partei trotz eines früheren Schiedsabkommens nach ausgebrochenem Streit den Schiedsvertrag abzuschliessen und so den Weg der Schiedssprechung in Wirklichkeit zu beschreiten, so versagt das Völkerrecht.

Hier ist also für die Schiedspraxis immer noch eine höchst bedrohliche Klippe zu passieren, und man sieht deutlich, dass mit dem Schiedsabkommen allein der Krieg noch nicht abgewandt ist.

Man muss darauf gefasst sein, dass die Unabhängigkeits-, Freiheits-, Ehren- und Interessenklausel hier noch zu Wort kommt, wenn sie auch im Schiedsabkommen selbst nicht vorgesehen sein sollte.[5])

Die Schiedsgerichtsbarkeit steht demgemäss sozusagen unter zweimaligem Willensverschluss und soll unter allen Umständen nur das Ergebnis des gegenseitigen Einverständnisses sein und bleiben.

Descamps hat bereits in seiner Denkschrift an die Mächte[6]) diesen Charakter der freiwilligen Rechtssprechung bei der Schiedsgerichtsbarkeit scharf betont und im Anschluss daran ernstlich davor gewarnt, dem Schiedsgerichtssystem einen dem widersprechenden Umfang und Einfluss beizulegen und durch Übertreibungen das Werk zu schädigen.

---

[1]) Vgl. den Descampsschen Kommissionsbericht I. 131: „Lorsque les Parties concluent un compromis proprement dit, en d'autres termes, lorsqu'elles conviennent de régler par arbitrage une contestation existante elles ont le devoir de déterminer d'une manière précise, dans leur convention, les points déférés au jugement des arbitres et la constitution ou le mode de constitution de la jurisdiction appelée à statuer."

[2]) Zorn in der „Deutschen Rundschau" 1900 S. 124.

[3]) Der Descampssche Kommissionsbericht I. 131 führt folgendes aus:

„Les Parties qui concluent une convention d'arbitrage pour des litiges éventuels, peuvent se réserver de préciser, par convention spéciale ultérieure, pour chaque cas de recours effectif à l'arbitrage, les points sur lesquels porte la contestation ainsi que la compétence reconnue aux arbitres.

Elles peuvent aussi se réserver de prendre les derniers dispositions nécessaires pour arriver à la nomination des arbitres."

[4]) Für das Schiedsabkommen ist die Schriftlichkeit nicht vorgeschrieben (Art. 17) aber tatsächlich nicht wohl zu umgehen.

[5]) Vgl. darüber oben S. 191 ff., 207 ff.

[6]) S. 14, 40.

II. Der Art. 31 bestimmt:

„Die Mächte, welche die Schiedssprechung anrufen, unterzeichnen eine besondere Urkunde (Schiedsvertrag), — der französische Text hat „compromis“ — worin der Streitgegenstand sowie der Umfang der Befugnisse der Schiedsrichter klar bestimmt werden. Diese Beurkundung schliesst die Verpflichtung der Parteien in sich, sich dem Schiedsspruche nach Treu und Glauben zu unterwerfen“.

a) Das russische „projet de code arbitrage“ Art. 2 hatte verlangt, dass das Kompromis enthalte:

„Les questions soumises à la décision de l'arbitre, l'ensemble des faits et des points de droit qui s'y rattachent et, enfin, se trouve confirmé formellement l'engagement des deux Parties contractantes de se soumettre, de bonne foi et sans appel, à la sentence arbitrale qui sera prononcée.“

Asser hatte bei der ersten Ausschusslesung an diesem Art. 2 auszusetzen, dass der Schiedsvertrag die Gesamtheit („l'ensemble“ = la totalité) der streitigen Tatsachen und Rechtssätze angeben solle; manches könne erst später vorgebracht werden.[1]) Lammasch, welcher im Hinblick auf die Nichtigkeitsfolgen des Art. 26 mit v. Martens eine möglichst genaue Angabe verlangte, befürwortete daher die Einschränkung: „l'ensemble des faits essentiels“.[2])

Odier fand aber auch einen Widerspruch des Art. 2 mit Art. 16, welch letzterer den Agenten und Rechtsbeiständen gestattete, während der Verhandlung uneingeschränkt „Motions sur les matières à discuter“ vorzubringen.[3]) v. Martens erwiderte aber, es handle sich hier nur um eine „justification de faits ou incidents nouveaux“, welche man auch für später noch glaubte zulassen zu sollen. Man beschloss indes bei Art. 16 auf die Frage zurückzukommen, und Descamps übernahm es, eine neue Fassung des Art. 2 auszuarbeiten.[4])

Dabei kam es, wie ich bereits ausgeführt habe,[5]) zur jetzigen Fassung des Art. 31, mit welcher man sich, wie auch der Descampssche Kommissionsbericht betont,[6]) dem Art. 2 des italienisch-argentinischen Schiedsabkommens vom 23. Juli 1898 näherte.[7])

b) Nach dem Art. 31 hat der Schiedsvertrag eine „klare“ Bestimmung zu enthalten über:

1. den „Streitgegenstand“,

2. den „Umfang der Befugnisse der Schiedsrichter“.

1. Während für das ordentliche Verfahren der Umfang der richterlichen Befugnisse gesetzlich festgelegt ist, entscheidet hier der Schiedsvertrag, welcher allerdings der Auslegung des Schiedsgerichts unterliegt.[8])

---

[1]) IV. 139. Vgl. auch den Descampsschen Kommissionsbericht I. 131.

[2]) IV. 140.

[3]) Der Art. 16 (jetzt 46) behandelt das Recht der Parteien, bei der Verhandlung ihre Anträge zu stellen, insbesondere auch Einreden und Zwischenstreit zu erheben. Vgl. unten S. 335. Es handelt sich hier wie im Zivilprozess in der Tat auch um Ansprüche, die erst im Laufe des Prozesses durch Erweiterung oder Änderung des Klageantrags, Widerklage und Inzidentfeststellungsklage geltend gemacht werden.

[4]) IV. 140.

[5]) Vgl. oben S. 300.

[6]) I. 131.

[7]) Vgl. oben S. 66.

[8]) Art. 48.

„Ein unlösbarer Konflikt kann sich freilich hier dadurch ergeben, dass eine Partei nicht übereinstimmt mit derjenigen Interpretation, die das Schiedsgericht dem Schiedsvertrag gegeben hat. Eine derartige Erklärung einer der Streitparteien macht dem Schiedsverfahren ein unbedingtes und juristisch nicht zu bestreitendes Ende.“ [1])

Die Befugnis des Schiedsgerichts, seine Kompetenz zu bestimmen, ist somit ein doppelschneidiges Schwert, dem das Schiedsgericht selbst zum Opfer fallen kann.

2. Der Streitgegenstand kommt im Zivilprozess in doppelter Weise zur Geltung. Einmal entscheidet die Natur und der Wert des Streitgegenstandes über die Zulässigkeit des Rechtswegs und die Zuständigkeit der Gerichte; und dann bildet er den notwendigen Inhalt der Klageschrift und dient damit der Streitindividualisierung. Auch diese Funktion übernimmt für das völkerrechtliche Schiedsverfahren das Kompromis.

Der Schiedsvertrag enthält so die Prozessvoraussetzungen für den schiedsrichterlichen Austrag und ist auch in Gemässheit des Art. 55 schliesslich der Rechtstitel für die „revision“.

Die Verpflichtung sich dem Schiedsspruch nach Treu und Glauben zu unterwerfen, braucht nicht, wie es früher gedacht war, förmlich übernommen zu werden, sondern ist eine unmittelbare Rechtsfolge des Kompromisses, wie schon des Schiedsabkommens.[2])

Die Bestimmung des Schiedsrichters resp. die auf dessen Bestellung gerichtete Vereinbarung (receptum) ist kein notwendiger Bestandteil des Schiedsvertrags, hat aber dem letzteren nach Art. 32 sofort zu folgen.

§ 75.

Das Schiedsgericht.

Zu jedem Gericht gehören wesentlich zweierlei Gerichtspersonen: Richter und Gerichtsschreiber.

Das gilt auch für das Schiedsgericht. Der Gerichtsschreiber oder Sekretär wurde durch die Protokollierung nötig, welche auch im völkerrechtlichen Schiedsverfahren vorgesehen ist.[3])

Die Sekretäre werden durch den Vorsitzenden ernannt (Art. 41 Abs. 3).

I. Die Ernennung der völkerrechtlichen Schiedsrichter erfolgt nach Massgabe der Art. 32—34. Die grundlegende Bedeutung hat Art. 32.[4])

Ihr Vorbild waren die Art. 4 und 5 des russischen projet de code d'arbitrage.[5])

Hier schon war der Einzelrichter wie das Kollegialgericht zugelassen.

Als Einzelrichter war im Art. 4 Abs. 1 an erster Stelle der Souverän genannt.

---

[1]) Zorn, „Deutsche Rundschau“ 1900 S. 131.
[2]) Art. 31, 17. Vgl. dazu den Descampsschen Kommissionsbericht I. 131.
[3]) Art. 41 Abs. 3.
[4]) Der Descampssche Kommissionsbericht (I. 131) führte aus: „L'article 32 a une importance considérable parce qu'il s'attache surtout à déterminer le meilleur mode de formation du Tribunal arbitral, lorsque celui-ci se compose de plusieurs arbitres et n'est pas constitué d'emblée et de toutes pièces au début“.
[5]) Vgl. oben S. 271.

In der ersten Ausschussberatung am 23. Juni tadelte es Asser, dass im Art. 4 nicht ausdrücklich des Falles gedacht sei, wo der fremde Souverän zwar nicht selbst Schiedsrichter wird, wohl aber sich bereit erklärt, den Schiedsrichter zu ernennen.[1])

Beim Kollegialgericht war in besonderer Weise des ständigen Schiedshofs zu gedenken, dessen Errichtung mittlerweilen in Aussicht genommen worden war.[2])

Demgemäss schlug der russische Vertreter von Martens, welcher damit auch dem Bevollmächtigten Asser entgegenkommen wollte, eine erweiterte Fassung vor,[3]) welche den Parteien das Recht gab, ihren Streit sowohl bei freigewählten Richtern als bei dem ständigen Schiedshof anzubringen. Im übrigen beliess er es bezüglich des freibestellten Kollegialgerichts bei der bisherigen Fassung, welche schon bei der Beratung des Schiedshofprojekts Gegenstand der Debatte gewesen war, die sich insbesondere um die Bestellung des Obmanns gedreht hatte.[4])

Descamps meinte aber, dass man mit der eindringlichen Aufzählung der Schwierigkeiten bei der Obmannbestellung zu weit gehe, man könne nicht alles aufzählen und vorsehen. Er stellte deshalb eine allgemeine Fassung des Abs. 1 Art. 4 in Aussicht, welche den beteiligten Parteien einen grösseren Spielraum lassen solle.[5])

Dasselbe tat Lammasch bezüglich des Abs. 2 Art. 4.

Nach einer Diskussion, bei welcher sich alle Mitglieder beteiligten, wurde sodann die weitere Prüfung der Art. 4 und 5 vertagt.[6])

Für die zweite Ausschusslesung legte Descamps eine Fassung[7]) vor, die zwar des ständigen Schiedshofs gedachte, aber keineswegs allgemeiner gehalten war, wobei der bisherige Art. 4 und 5 in einen Art. 4 zusammengezogen war.

Am 30. Juni stand die neue Descampssche Fassung zur Erörterung, und da entspann sich eine längere Diskussion über die Persönlichkeit und über die Zahl der Schiedsrichter.[8])

In der neuen Redaktion, nach welcher übrigens das Staatsoberhaupt nicht mehr an die Spitze gestellt, wohl aber demselben ein besonderer Art. 5 gewidmet war, hatte Descamps vorgeschlagen, dass jede Partei mangels besonderer Vertragsbestimmungen nur einen (statt zwei) Schiedsrichter zu bestellen habe. So hält es ja auch die ZPO. § 1028.

Das wurde aber vom Ausschuss abgelehnt.[9]) Sowohl der erste russische Entwurf als die Decampssche Redaktion hatte es weiter für zulässig erklärt, dass, wenn sich die Schiedsrichter selbst auf den Obmann nicht einigen können, auch eine von den Parteien bestimmte dritte Person

---

1) IV. 140.
2) Vgl. oben S. 217, 228 f.
3) IV. 140 der Wortlaut.
4) Vgl. oben S. 271 ff.
5) IV. 141.
6) a. a. O.
7) Abgedruckt IV. 252.
8) IV. 152.
9) IV. 152.

(nicht bloss eine dritte Macht) den Obmann ernenne. Diese Ausdehnung auf dritte Personen wurde aber gestrichen und das Ernennungsrecht für den genannten Fall ausschliesslich auf dritte Mächte abgeladen.[1])

Unter der Voraussetzung, dass sich die Parteien nicht direkt auf einen ernennungsberechtigten Staat oder auf eine dritte Person einigen könnten, hatte es Art. 5 des russischen Entwurfs den Parteien überlassen, erst je eine neutrale Macht zu bestimmen, welche dann gemeinsam den Obmann bestellen.

Descamps hatte das bei seiner Redaktion in den Art. 4 aufgenommen, aber auch hier der neutralen Macht die „personne indifférente" gleichgesetzt.

Die Hereinziehung dritter Personen wurde aber in der Ausschussverhandlung schliesslich auch hier wieder gestrichen.[2])

Darnach lautete jetzt der Art. 4:

Les fonctions arbitrales peuvent être conférées à un arbitre unique ou à plusieurs arbitres designés par les parties à leur gré ou choisis par elles parmi les membres du Tribunal permanent d'arbitrage établi par le présent acte.

Sauf constitution d'une jurisdiction arbitrale complète par l'accord immédiat des parties, il est procédé de la manière suivante à la formation du Tribunal arbitral.

Chaque partie nomme deux arbitres et les arbitres ainsi désignés ensemble choisissent un surarbitre.

En cas de partage des voix, le choix du surarbitre est confié a une Puissance tierce designée de commun accord par les parties.

Si l'accord ne s'établit pas à ce sujet, chaque partie désigne une Puissance différente et le choix du surarbitre est fait de concert par les puissances ainsi designées.[3])

Die endgültige Fassung des Art. 4 wurde übrigens dem Präsidenten Bourgeois überlassen,[4]) der aber nur zwei unbedeutende sprachliche Änderungen vornahm.[5])

II. Durch diese neue Fassung des Art. 4 war auch der Inhalt des ursprünglichen Art. 5 verbraucht. Es war aber im Art. 4 die besondere Erwähnung des Souveräns oder sonstigen Staatsoberhaupts unterdrückt worden.

Dafür schlug Descamps dann folgenden Art. 5 vor:

Lorsque l'arbitre est un Souverain ou un Chef d'Etat, la procédure arbitrale relève exclusivement de sa haute détermination.[6])

Mit der Annahme dieser Redaktion[7]) war zugleich der Art. 26 Abs. 3[8]) unnötig geworden, der denn auch jetzt gestrichen wurde.[9])

Bluntschli hatte seinerzeit die Ansicht vertreten, man solle in der Schiedssprechung das Staatsoberhaupt aus dem Spiel lassen und nur solche zum Schiedsrichter wählen, die auch selbst die Entscheidung aus-

---

[1]) a. a. O.

[2]) a. a. O.

[3]) IV. 252 (rechte Abteilung) in Verb. mit 152.

[4]) IV. 156. Vgl. zu unserer Frage auch den Descampsschen Ausschussbericht IV. 18 f.

[5]) Im Abs. 2 setzte er statt Sauf constitution usw. die Worte: „Sauf convention contraire" und im Abs. 3 stellte er die Worte „ensemble choisissent" um (IV. 158).

[6]) IV. 252 (rechte Abteilung).

[7]) IV. 152.

[8]) Vgl. oben S. 297.

[9]) IV. 152. Vgl. auch oben S. 294[2]. Über die späteren sprachlichen Änderungen des jetzigen Art. 33 vgl. IV. 29, 78.

arbeiten. Aber darüber gebührt den beteiligten Parteien das entscheidende Wort. Die Souveräne durch ein Abkommen förmlich auszuschliessen, wäre aber auch insbesondere der bisherigen Schiedspraxis gegenüber nicht gerechtfertigt. Die Staaten scheinen es vielfach als eine Sache der Ehre anzusehen, von einem Staatsoberhaupt ihr Urteil zu empfangen, und wenn sich die Parteien einem solchen lieber fügen, so darf man keine Schwierigkeiten machen. Die Parteien können sich ja auch durch weitere Vorbehalte, z. B. bezüglich der Bestellung von Gehilfen, nach Belieben sichern.[1])

Man musste aber auch noch mit einer vollständig entgegengesetzten Auffassung rechnen.

Das russische „Projet" Art. 4 hatte betont, dass die Wahl des Souveräns und sonstigen Staatsoberhaupts zum Schiedsrichter nur erfolgen könne „avec l'assentiment de ce dernier". Damit wurde die insbesonders von Bulmerincq vertretene irrige Auffassung zurückgewiesen, dass Staatsoberhäupter als Glieder der internationalen Gemeinschaft zur Übernahme des Schiedsrichteramts verpflichtet seien. Eine derartige Abwehr in einem Abkommen wäre aber in der Tat überflüssig gewesen. Die Staatsoberhäupter können ein Schiedsrichteramt natürlich ganz wie die Privaten ablehnen. Ist einmal Annahme erforderlich,[2]) so versteht sich die Freiheit der Annahme von selbst. Nur der Annahmezwang, nicht auch die Freiheit, müsste angeordnet werden.

Der Annahmezwang wäre aber dem Souverän gegenüber sicherlich am allerwenigsten am Platz.

III. Der Vorsitz war im russischen Entwurf Art. 4 dem gewählten Obmann zugewiesen. Diese Frage hatte Descamps in einem besonderen Art. 5 bis wieder aufgenommen (IV. 252), der dann folgende Fassung erhielt:

„Le surarbitre est président de iure du tribunal. Lorsque le tribunal ne comprend pas de surarbitre, il nomme lui-même son Président."[3])

Dann hiess es besser: „Le surarbitre est de droit président du tribunal".[4])

In dem so fertig gestellten Ausschussentwurf[5]) erschienen die Art. 4—5 bis als Art. 31—33, im Kommissionsentwurf und Abkommen als Art. 32—34.

IV. Wie gestaltet sich die Besetzung, wenn — was auf den Antrag von Asser ausdrücklich für zulässig erklärt worden war[6]) — sich andere Mächte an der Streitsache beteiligen?

---

[1]) B. v. Suttner (Tagebuchblätter, S. 176) teilt mit, dass die deutsche Reichsregierung anfangs dem ständigen Schiedshof deshalb widersprochen habe, weil Advokaten z. B. als Richter bestellt werden sollten, während ein König oder Papst am Platze sei. Die Richtigkeit dieser Mitteilung kann ich indes nicht nachprüfen. Stimmt sie, so hat Deutschland nur die Richtung der bisherigen Praxis beibehalten wollen.

[2]) Russ. Projet Art. 6 „après l'acceptation". Bei der jetzigen Fassung kann man sich auf das freie Rücktrittsrecht des Art. 35 berufen, im übrigen ist die Annahmebedürftigkeit für jeden Fall gleichmässig vorausgesetzt, aber nicht förmlich ausgesprochen. Vgl. Art. 32.

[3]) IV. 152.

[4]) IV. 29.

[5]) IV. 263.

[6]) Vgl. Art. 56.. Vgl. unten S. 344.

Für diesen Fall[1]) hatte der österreichisch-ungarische Bevollmächtigte Lammasch gewünscht, dass jede Partei vier Schiedsrichter ernenne.[2]) Aber der Ausschuss liess es mit der Feststellung zu Protokoll genügen, dass in keinem Fall eine Partei mehr Schiedsrichter haben dürfe, als die andere.[3])

§ 76.

Der Obmann.

Der Obmann (surarbitre) ist nach Art. 34 kraft Rechtssatzes auch Vorsitzender, der zwar nicht bei Stimmengleichheit entscheidet, über dessen Bestellung aber trotzdem besondere Bestimmungen gelten, weil er bei den Parteiernennungen nur zu leicht berufen sein wird, mit seiner Stimme tatsächlich den Ausschlag zu geben resp. ganz allein zu entscheiden.

I. Kein Wunder, dass sich um die Ernennung des Obmanns ein guter Teil der Verhandlungen drehte. Für den ständigen Schiedshof (Art. 24) wie für das freie Schiedsgericht (Art. 32) machte diese Frage die grösste Schwierigkeit.

In der Beratung des Schiedshofprojekts wurde die Frage aufgeworfen und auch teilweise behandelt,[4]) in der Verhandlung über die Schiedsprozessordnung wurde sie gelöst.

Die folgende Darstellung ist also die Fortsetzung von S. 272 f. und 304.

1. Der schwedisch-norwegische Vertreter Baron v. Bildt hatte im Ausschuss folgende abändernde Fassung des Abs. 3 Art. 31 (jetzt 32) angeregt:[5])

„Chaque Partie nomme deux arbitres et ceux-ci choisissent ensemble un surarbitre.

Leur choix devra cependant être soumis à l'approbation des Parties qui ont, l'une aussi bien que l'autre, le droit de le récuser sans en donner les motifs.

Dans ce dernier cas, ou en cas de partage des voix, le choix du surarbitre est confié à une Puissance tierce, designée de commun accord par les Parties."

Der schwedisch-norwegische Bevollmächtigte legte also den grössten Wert darauf, dass die Wahl des Obmanns der Genehmigung der Parteien unterliege. Der Ausschuss aber dachte anders.

In der ersten Kommissionslesung am 17. Juli erneuerte v. Bildt seinen Antrag und führte dabei aus, dass den Parteien das Recht, den Obmann anzunehmen oder abzulehnen, ausdrücklich gewahrt bleiben müsse.[6])

Descamps bestritt nicht das hier betonte Parteiinteresse, aber er meinte, man könne ihm schwerlich Rechnung tragen. Es sei in der Praxis gefährlich, ein allgemeines Genehmigungsrecht einzuführen. Umgekehrt enthalte die angenommene Regel keinerlei Gefahr und sicherlich würden sich die Parteien bei der Wahl des Obmanns immer mit ihren Regierungen in Verbindung setzen. Immerhin sei der Ausschuss bereit, den Antrag Bildt von neuem zu prüfen.[7])

---

1) Pauncefote hatte die erneute Verhandlung dieser Frage angeregt IV. 149.
2) a. a. O.
3) IV. 150.
4) Vgl. darüber oben S. 271 f., weiterhin auch S. 304.
5) IV. 28.
6) IV. 28.
7) a. a. O.

Baron v. Bildt antwortete: ein ernannter Obmann könne sich öffentlich über den Streit, den er entscheiden solle, ausgelassen haben, was zur Ablehnung berechtige. Man müsse mit dieser Möglichkeit rechnen. Man möge deshalb wenigstens entweder die von Rolin zum Art. 24 vorgeschlagene Fassung[1]) wählen oder im Protokoll hervorheben, dass die Kommission seinen Antrag um deswillen abgelehnt habe, weil nach ihrer Ansicht die Freiheit der Parteien in der Ablehnung oder Annahme des Obmanns klar aus der Fassung des Art. 31 (jetzt 32) erhelle.[2])

Der russische Bevollmächtigte v. Martens befürchtete aber, dass der Antrag Bildt ein Prinzip einführe, welches der durch die Zeit und Erfahrung befestigten und geheiligten Praxis zuwiderlaufe. Wenn zwei Mächte einig seien, ein Schiedsgericht zu bilden, so hätten die Mitglieder dieses Gerichts fast immer das Recht, den Obmann zu wählen. Das allein könne man vertreten und den Regierungen empfehlen. Ein von den Regierungen ernannter Obmann befinde sich in einer sehr schwierigen Lage. Lasse man aber den Schiedsrichtern selbst die Sorge um die Wahl des Vorsitzenden, so werde der letztere ein höheres Ansehen geniessen als der Vorsitzende, welcher von den Regierungen nach harten diplomatischen Verhandlungen ernannt werde. Der Obmann dürfe nicht von den Mächten aufgenötigt werden. Er müsse ihre moralische Unterstützung und ihr volles Vertrauen geniessen und das erreiche man, wenn man die altbewährte Praxis übernehme, wonach die Ernennung des Obmanns durch die Wahl seiner Kollegen erfolge. Was den Anteil der Regierungen bei dieser Wahl betreffe, so bestehe dieser keineswegs, wie man zu befürchten scheine, bloss in der Einbildung. Die Schiedsrichter würden keinen Obmann wählen ohne ihre Regierung zu befragen, welche sehr wohl wüsste, welche Männer am geeignetsten für diese Stellung seien, und eine Regierung würde niemals die Wahl eines Obmanns anraten, welcher nicht das allgemeine Vertrauen verdiene.[3])

Da indes Baron v. Bildt auf der Rückleitung seines Antrags an den Ausschuss bestand, wurde diesem Wunsch entsprochen.[4])

Am folgenden Tag (18. Juli) befasste sich der Ausschuss in seiner zweiten Spezialsitzung mit unserer Frage.

Nachdem Bildt seinen Antrag begründet hatte, erwiderte Descamps, die Mächte hätten ausreichende Beziehungen mit den von ihnen ernannten Schiedsrichtern, um durch diese ihren Einfluss geltend zu machen; auch entspräche die Bestätigung nicht dem moralischen Ansehen der Schiedsrichter.[5])

Darnach blieb der Ausschuss bei der früheren Fassung und beschloss die drei letzten Absätze des Art. 31 in extenso auch in den Art. 24 einzustellen.[6])

---

1) Vgl. oben S. 273
2) IV. 28.
3) IV. 29.
4) a. a. O.
5) IV. 191
6) IV. 67.

2. In der zweiten Lesung der Kommission am 20. Juli bei Beratung des Art. 24 fragte der portugiesische erste Bevollmächtigte Graf v. Macedo: Wie soll der Obmann gewählt werden, wenn die im Streit befindlichen Mächte je ihren Schiedsrichter ernannt haben? Werden sie sich unmittelbar verständigen? Oder haben sie sich ans Bureau zu wenden?[1])

Der Berichterstatter Descamps antwortete:[2]) Solange die Wahl der Schiedsrichter nicht endgültig erfolgt ist, gibt es noch keine Mitteilung ans Bureau.[3])

Der schwedisch-norwegische Bevollmächtigte Baron v. Bildt bedauerte, dass der Ausschuss seinen Antrag nicht angenommen habe. Bei der gegenwärtigen Fassung bleibe noch Raum zum Zweifel.

Nur teilweis sei man seinen Bedenken gerecht geworden, indem man zugestehe, dass im Fall, wo die Wahl des Obmanns noch nicht vollzogen sei, man die Bildung des Schiedsgerichts auch noch nicht anzuzeigen brauche. Aber das genüge nicht.

Man benütze eine Hintertreppe. Er ziehe eine andere Lösung vor: Stelle man z. B. zu Protokoll fest, dass die zwei Schiedsrichter die Beauftragten ihrer Regierung nur bis zu dem Augenblick ihres Dienstantrittes seien. Dann verstehe es sich von selbst, dass die von den Schiedsrichtern vorgenommene Obmannwahl immer noch bestätigungsbedürftig sei.

Sei die Kommission mit der Beauftragtenstellung der Schiedsrichter in dem bezeichneten zeitlichen Umfang einverstanden, so brauche man dies nur im Protokoll festzuhalten. Damit würde er sich zufrieden geben.[4])

Der Berichterstatter Descamps erwiderte: Der Ausschuss habe die Bestätigung des Obmanns durch die Regierungen einmütig abgelehnt. Der Obmann komme bei der Bestätigung in eine schiefe Lage; er würde auch gar nicht mehr annehmen. Das sei, wie der Ausschuss anerkannt habe, sehr gefährlich. Das Bildtsche Ziel liesse sich auf andere Weise erreichen. Die Regierungen würden gewiss die nötigen Vorsichtsmassregeln anwenden und einen unmittelbaren Einfluss auf die Wahl des Obmanns zu gewinnen wissen. Aber das Bestätigungssystem müsse nachdrücklich bekämpft werden; das ganze Konferenzwerk sei von dorther bedroht.[5])

Der holländische Bevollmächtigte Asser knüpfte an die Behauptung des Berichterstatters an, dass sich eine Regierung mit ihrem Schiedsrichter über die Bestellung eines Obmanns verständigen könne. In der Tat würde sie damit immer nur ein wirkliches Recht üben; eine Regierung handle tadellos, wenn sie auf die Wahl des Obmanns ihren Einfluss geltend mache. Darin habe Baron v. Bildt recht. Dieser habe zum Schutz der Unabhängigkeit der Schiedsrichter auch ganz richtig unterschieden: nur bis zur wirklich erfolgten Bildung des Schiedsgerichts seien die Schiedsrichter die Beauftragten der Regierung; aber von da an seien sie unabhängige Richter, welche frei vom Einfluss des ernennenden Staates dem Recht zum Sieg verhelfen sollen. Das müsse deutlich gesagt werden.[6])

Der amerikanische Bevollmächtigte Holls stimmte diesen Ausführungen zu: die Grundlage der Schiedssprechung sei das vollständige Einvernehmen der Parteien über Schiedsrichter und Obmann. Beide Teile müssten hierin befriedigt sein. Aber die ausdrückliche Erwähnung eines Ablehnungsrechts berge Gefahren und Verwickelungen in sich. Die erste Pflicht der Schiedsrichter sei die Wahl des Obmanns. Wir wollen, so meinte er weiter, nur zum Ausdruck bringen, dass sie dabei den Wünschen ihrer Regierungen entsprechen müssen, wenn wir sagen: der Mechanismus der Schiedssprechung tritt erst nach der Mitteilung, dass das ganze Gericht mit dem Obmann an der Spitze gebildet ist, in Tätigkeit.

Das biete beiden Parteien genügenden Schutz. Denn wenn ihnen irgend ein Schiedsrichter nicht zusage, so brauchten sie ja die Mitteilung nur zu unterlassen.

v. Martens führte aus, es sei doch wohl die Annahme gänzlich ausgeschlossen, dass die vier Vertrauensmänner einen unwürdigen und ihrer Regierung nicht genehmen Mann zum Obmann bestellen. Das ihnen entgegengebrachte Vertrauen hätten sie naturgemäss auch in der Richtung der Obmannbestellung zu rechtfertigen. Aber nun komme eine andere Erwägung: der Obmann müsse in den Augen seiner Amts-

---

[1]) IV. 67.

[2]) a. a. O. Vgl. auch Rolin IV. 182.

[3]) Das heisst: noch keine amtliche Mitteilung im Sinn des Art. 24 Abs. 6. Einer Mitteilung zur Einleitung der Obmannwahl steht nichts im Weg. Vgl. oben S. 274.

[4]) IV. 67 f.

[5]) IV. 68.

[6]) a. a. O.

genossen das grösste Ansehen geniessen. Deshalb müsse die Wahl frei und nicht aufgenötigt sein. Denn wenn eine Schiedsrichtergruppe vermuten müsste, dass die Regierung der anderen Gruppe auf der Wahl einer ganz bestimmten Persönlichkeit bestehe, so würde sie deshalb entgegen sein. Es sei deshalb unnütz, eine einschlägige Bestimmung vorzusehen. Die Zusammenwirkung mit den Regierungen würde niemals ausbleiben.[1])

Baron v. Bildt nahm jetzt von den Erklärungen von Asser und Holls Kenntnis und wünschte nur noch die Feststellung dieser Auslegung zu Protokoll. Von einer besonderen Bestimmung im Abkommen wolle er absehen. Übrigens meinte er, dass durch die Bestätigung die Stellung des Obmanns nur gewinnen könne, freilich solle man die ganze Schiedseinrichtung nicht in gar so viele Schutzbestimmungen einwickeln.

Der Berichterstatter bemerkte indes mit schneidender Kürze, dass diese Auffassung vom Wert der Bestätigung durch den Ausschuss nicht geteilt worden sei.

Schliesslich wurde dann noch zu Protokoll festgestellt, dass sich Bildt mit der Auslegung von Asser und Holls zufrieden gegeben habe.[2])

Über den Augenblick, in welchem das Schiedsgericht hiernach als gebildet erscheint, vgl. oben S. 273.

Bei der Beratung des Art. 32 lagen jetzt keine Schwierigkeiten mehr vor und die Kommission trat der in gleicher Weise für Art. 24 vereinbarten Fassung unter dem von Stancioff gemachten Vorbehalt bei, dass die Schiedsrichter auch dem beteiligten Land angehören können.[3])

Dieser Vorbehalt hatte eine gesetzliche Deckung in den Worten „die von den Parteien nach ihrem Belieben ernannt . . . werden" (Art. 32 Abs. 2). Ob damit freilich das Zweckmässige getroffen war, ist eine andere Frage, auf die ich unten S. 369 zurückkommen werde.[4])

II. Die endgültigen Beschlüsse lauten:

Art. 32. Das Schiedsrichteramt kann einem einzigen Schiedsrichter oder mehreren Schiedsrichtern übertragen werden, die von den Parteien nach ihrem Belieben ernannt oder von ihnen unter den Mitgliedern des durch dieses Abkommen errichteten ständigen Schiedshofs gewählt werden.

In Ermangelung einer Bildung des Schiedsgerichtes durch unmittelbare Verständigung der Parteien wird in folgender Weise verfahren:

Jede Partei ernennt zwei Schiedsrichter und diese wählen gemeinschaftlich einen Obmann.

Bei Stimmengleichheit wird die Wahl des Obmanns einer dritten Macht anvertraut, über deren Bezeichnung sich die Parteien einigen.

Kommt eine Einigung hierüber nicht zu Stande, so bezeichnet jede Partei eine andere Macht und die Wahl des Obmanns erfolgt durch die so bezeichneten Mächte in Übereinstimmung.

Art 33. Wird ein Souverän oder ein sonstiges Staatsoberhaupt zum Schiedsrichter gewählt, so wird das Schiedsverfahren von ihm geregelt.

Art. 34. Der Obmann ist von Rechtswegen Vorsitzender des Schiedsgerichts.

Gehört dem Schiedsgerichte kein Obmann an, so ernennt es selbst seinen Vorsitzenden.

Darnach ergibt sich folgendes Rechtsbild.

1. Dem Kompromissum folgt das receptum oder die Einigung der Parteien unter sich und mit den Schiedsrichtern auf Übernahme des Schieds-

[1]) IV. 68 f.
[2]) IV. 69.
[3]) IV. 78. Vgl. oben S. 271.
[4]) Vgl. auch oben S. 287

richteramts. Der Descampssche Kommissionsbericht betont mit Recht: „Le choix des arbitres relève avant tout des Puissances intéressées".[1])

Das Schiedsgericht kann ein Einzelrichter[2]) und ein Kollegialgericht sein. Massgebend ist hierfür die Vereinbarung der Parteien, welch letztere auch die Ernennung vornehmen und zwar ganz „nach ihrem Belieben". Die Schiedsrichter können samt und sonders unmittelbar ernannt werden; die Parteien können sich aber auch auf eine unbeteiligte Macht oder Person einigen, welche dann nach Massgabe etwaiger weiterer Vereinbarung die Ernennung vornimmt. Es dürfen Staatsangehörige wie Fremde ernannt werden. Man kann sich dabei auf Mitglieder des ständigen Schiedshofs beschränken oder auch ein besonderes Schiedsgericht bilden.

2. In beiden Fällen[3]) gilt folgendes:

In Ermangelung einer Bildung des Schiedsgerichts durch unmittelbare Verständigung der Parteien vollzieht sich die Bildung von Rechtswegen.

Dieser „mode normal"[4]) wickelt sich nun folgendermassen ab:

Jede Partei ernennt zwei[5]) Schiedsrichter, wiederum ganz nach ihrem Belieben, aus Staatsangehörigen oder Fremden. Zögert freilich eine Partei oder weigert sie sich, ihrerseits Schiedsrichter zu ernennen, so geht hier das Schiedsverfassungsrecht in die Brüche.[6]) Hier ist also eine weitere Klippe zu passieren. Die Weigerung wird man dann vielleicht durch den Einwand zu decken suchen, die vom Gegner ernannten beiden Schiedsrichter seien unannehmbar. Hier ist in der Tat eine Lücke. Man hätte besser getan, im Rahmen der bisherigen Theorie ein Ablehnungsrecht zuzulassen.

Es steht vom Recht aus nichts entgegen, dass eine Partei nicht bloss Staatsangehörige, sondern eingeschworene Feinde der anderen Partei zu Schiedsrichtern ernennt und da es diese dann besten Falls ebenso hält, so wird die Stellung des Obmanns ungebührlich aufgebauscht. Um das Recht der Obmannbestellung drehte sich denn auch, wie ich ausgeführt habe,[7]) der eigentliche Kampf. Denn der Obmann ist nicht bloss, was Art. 34 Abs. 1 sagt, „von Rechtswegen Vorsitzender des Schiedsgerichts", sondern er ist auch, was der Artikel freilich nicht sagt, bei einer Parteizusammensetzung des Schiedsgerichts der wirklich und allein entscheidende Richter.

3. Bei der Bildung des Schiedsgerichts von Rechtswegen, die damit beginnt, dass jede Partei zwei Schiedsrichter ernennt, ist die nachträgliche Wahl eines Obmanns eine Notwendigkeit. Sie vollzieht sich in der Weise, dass die vier ernannten Schiedsrichter in gemeinschaftlicher Wahl den Obmann bestimmen.

Dass die Schiedsrichter bei der Wahl über ihren Kreis hinausgreifen, also eine neue Persönlichkeit wählen müssen, ist zwar nicht eigens hervor-

---

[1]) I. 131.

[2]) In wichtigen Streitfällen enthält die Bestellung nur eines Schiedsrichters „une gravité exceptionnelle" (Descampsscher Kommissionsbericht I. 131 f.).

[3]) Art. 32 in Verb. mit Art. 24.

[4]) Descampsscher Kommissionsbericht I. 132.

[5]) Die deutsche ZPO § 1028 hat für ihren Bereich einen vorgesehen.

[6]) Anders nach der ZPO. § 1029.

[7]) Vgl. oben S. 271 ff., 307 ff.

gehoben, versteht sich aber bei der unterstellten Sachlage von selbst und lag den Beratungen zugrunde.

Die Wahl unterliegt nicht der Genehmigung der Parteien. Man befürchtete, mit der Notwendigkeit einer Wahlbestätigung das Ansehen der Schiedsrichter abzuschwächen und setzte es als selbstverständlich voraus, dass sich die Schiedsrichter bei der Ausübung ihres Wahlrechts mit ihrer Regierung in Verbindung setzen, resp. dass die letztere hier in massgebender Weise ihren Willen kund tut.

Bei Stimmengleichheit haben die Schiedsrichter an ihre Regierungen zu berichten und es wird nunmehr die Wahl des Obmanns einer dritten Macht, also einem neutralen Staat, angetragen, über den sich die beiden Regierungen zu einigen haben.

Kommt auch hier keine Einigung zustande, so bezeichnet jede Partei eine Macht und diese beiden wählen dann den Obmann. Den Unparteiischen, so dachte man, wird stets gelingen, was den Parteien unmöglich war.

4. Der Obmann ist (de iure) auch Vorsitzender. Das ist zwingendes Recht und kann also durch Beschluss des Schiedsgerichts nicht geändert werden.

Nur wenn von den Parteien von vorneherein bei der Vereinbarung des Schiedsgerichts von einem Obmann abgesehen worden ist,[1]) steht die Wahl des Vorsitzenden beim Schiedsgericht.

5. In diesem Zusammenhang ist noch folgendes hervorzuheben.

In der Kommissionssitzung am 20. Juli bei der zweiten Lesung des jetzigen Art. 34 fragte der rumänische Gesandte Papiniu: Wie ist die Rechtslage, wenn ein Obmann nicht bestellt wurde, die Schiedsrichter in gerader Zahl ernannt sind und bei der Urteilsfällung Stimmengleichheit vorliegt?[2])

Der Präsident erklärte: nach der Ansicht des Ausschusses kann das Schiedsgericht gar nicht in gleicher Anzahl besetzt werden, ohne dass die Mächte für einen Obmann sorgen. Würde der Fall doch vorkommen, so hiesse das mutwillig einen Konflikt suchen und da kann man kein Vorkehrung treffen.

Descamps meinte, dass man durch die Bestimmungen über die Ernennung und die Vorrechte des Obmanns im gewissen Umfang den von Papiniu angedeuteten Schwierigkeiten begegnet sei. Weiter könne der Entwurf nicht gehen. Würde sich indes finden, dass ein Schiedsgericht keine Mehrheit zu erzielen vermöge, und wolle oder könne es keinen entscheidenden Schiedsrichter ernennen, so hätten die beteiligten Regierungen nachzuhelfen. Eine andere Lösung gebe es nicht und insbesondere könne man nicht etwa einem von den gewöhnlichen Schiedsrichtern eine entscheidende Stimme geben. Übrigens würde der Ausschuss einen etwaigen Antrag gern prüfen.[3])

Aber Papiniu wollte keinen Antrag stellen. Er erklärte, es sei ihm nur darum zu tun gewesen, auf einen Fall hinzuweisen, der in der

[1]) Art. 34. Dazu der Kommissionsbericht I. 132.
[2]) IV. 78.
[3]) a a O.

Praxis vorkommen könne.[1] Er überlasse es den hervorragenden Juristen der Kommission, eine entsprechende Formel zu finden.[2])

Der Präsident bemerkte, es genüge wohl, die Gefahren der von Papiniu bezeichneten Sachlage im Protokoll zu erwähnen, um sie zu verhindern.[3]) Er wäre übrigens dem rumänischen Vertreter dankbar, wenn er seiner Anregung durch einen Antrag Bestimmtheit geben wolle.

Rolin meinte aber, der Berichterstatter habe bereits die einzige Lösung an die Hand gegeben. Die angedeutete Schwierigkeit komme auch nicht von einer Lücke des Entwurfs her. Denn dieser sehe im (jetzigen) Art. 32 für die Regel eine ungleiche Besetzung vor. Die Schwierigkeit würde erst durch einen entgegenstehenden Schiedsvertrag eigens geschaffen werden müssen. Aber der rumänische Bevollmächtigte denke gewiss nicht daran, die Freiheit der Parteien zu beschränken; dann möge man aber auch die Folgerungen daraus annehmen. Die Verhandlungen würden sicherlich dazu beitragen, die Aufmerksamkeit der Regierungen auf die Schwierigkeiten zu lenken, die in der regelwidrigen Bildung eines Schiedsgericht mit gleicher Mitgliederzahl stecken können.[4])

Als Papiniu wiederholte, dass die Kommission frei über die Form befinden möge, welche seiner Anregung zu geben sei, schloss der Präsident die Verhandlung über diesen Punkt mit der Erklärung, dass der Bericht den ganzen Meinungsaustausch über die Anregung Papinius wiedergeben werde.[5])

Descamps entsprach diesem Wunsch und hob hervor:

„La Commission a reconnu toute l'importance qu'il faut attacher à l'organisation de tribunaux composés d'un nombre impair d'arbitres, comme le prévoit d'ailleurs le système général adopté par la présente Convention.“ [6])

§ 77.

Die Ersatzfrage.

Der Art. 35 des Abkommens lautet:

„Im Falle des Todes, des Rücktritts oder der aus irgend einem Grunde stattfindenden Verhinderung eines der Schiedsrichter erfolgt sein Ersatz in der für seine Ernennung vorgesehenen Weise.“

I. Die Ersatzfrage war im Ausschuss heiss umstritten worden.[7])

Der Art. 6 des russischen „projet“ hatte folgendes vorgesehen:

„L'incapacité ou la récusation valable, fût-ce d'un seul des arbitres susindiqués, ainsi que le refus d'accepter l'office arbitrale après l'acceptation ou la mort d'un arbitre choisi infirme le compromis entier, sauf les cas où ces faits sont prévus et réglés d'avance d'un commun accord des Parties contractantes.“

Russland wollte also mangels besonderen vertragsmässigen Vorbehaltes den ganzen Schiedsvertrag hinfällig werden lassen bei: Unfähigkeit, Ablehnung, Antrittsweigerung und Tod auch nur eines Schiedsrichters.[8])

---

1) Das erkannte alsbald auch Renault an (IV. 79).

2) IV. 78 f.

3) Darauf kam im wesentlichen auch Renault hinaus, welcher später meinte: es genüge, dass der Kommissionsbericht die Anregung Papinius und die in der Kommission vertretenen Ansichten wiedergebe (IV. 79).

4) IV. 79.

5) IV. 79.

6) I. 132.

7) Das hebt auch der Descampssche Kommissionsbericht hervor I. 132.

8) Vgl. auch den Descampsschen Kommissionsbericht I. 132. Descamps hatte

Schon bei der ersten Ausschussberatung am 23. Juni drang aber der holländische Vertreter Asser auf eine Erörterung der Prinzipienfrage: nach seiner Ansicht habe der betreffende Staat selbst für Ersatz zu sorgen und der Schiedsvertrag bleibe in Kraft. Das müsse als Prinzip anerkannt werden. Denn als Regel müsse gelten, was die Schiedssprechung begünstige; als Ausnahme dagegen, was ihr Abtrag tue.[1])

Der russische Vertreter v. Martens ging auf die angeregte Prinzipienfrage ein, ob der Schiedsvertrag den Schiedsrichter überlebe. In einem Schiedsfall zwischen Italien und Persien in jüngster Zeit sei es so gehalten worden. Der König von Schweden, welcher den Schiedsrichter zu ernennen hatte, habe darin gewechselt, ohne dass ihm dieses Recht im Schiedsvertrag vorbehalten worden wäre. Das könne aber nicht als allgemeingültig angesehen werden. Hier komme es auf die Umstände an. Die Regel müsse lauten: wenn eine der Schiedsbestimmungen undurchführbar wird infolge der Unfähigkeit eines Schiedsrichters, so ist der Schiedsvertrag hinfällig.[2])

So standen sich also zwei Ansichten scharf gegenüber.

Der amerikanische Vertreter Holls war für die Anerkennung des russischen Prinzips: die Schiedssprechung ruhe vor allem auf dem persönlichen Vertrauen in die Schiedsrichter. Falle ein Schiedsrichter weg, so werde der ganze Schiedsvertrag hinfällig und es müsse eine neue Vereinbarung geschlossen werden.[3])

Asser entgegnete: die Regierung kann ihr Vertrauen ja auf einen anderen übertragen. Die Schiedsrichter sind zudem oft alte Leute und die Schiedsverhandlungen dauern lang. Der Tod unmittelbar vor der Urteilsfällung darf nicht alles wieder in Frage stellen.[4])

Auch der deutsche Vertreter Dr. Zorn meinte, dass sich der Ausschuss auf den Antrag Asser vereinigen könne.

Dabei führte er folgendes aus:

Die Hauptgefahr, welche Deutschland in der Schiedsgerichtsinstitution erblickt, ist das Fehlen der Garantien für die schiedsrichterliche Unparteilichkeit. Es versteht sich von selbst, dass die beteiligten Staaten in der Regel die Schiedsrichter aus der Elite wählen. Aber die Garantie der Unparteilichkeit liegt einzig und allein auf dem moralischen Gebiet. Verabsäumen wir keine Vorkehrung, sie zu mehren und zu befestigen. Andernteils aber muss man sagen: haben sich einmal zwei Staaten auf die Schiedssprechung geeinigt, so darf sie kein Zufall mehr um die Früchte der Bemühung bringen. Der Antrag Asser fasst die Frage des Zufalls ins Auge und wahrt doch dabei die notwendigen Garantien des Vertrauens.[5])

übrigens in der russischen Formulierung die Erwähnung des Verzichts und der Amtsniederlegung (desistement) vermisst und demgemäss eine erweiterte Fassung vorgeschlagen (IV. 141). Ein anderes Mitglied hatte den Ausdruck incapacité für zu allgemein erklärt (a. a. O.), worauf sie dann v. Martens umschrieb als „devenir indigne, malade, fou, hors d'état de remplir sa mission“ (a. a. O.). Aber auch bei der jetzigen Fassung („empêchement“, „Verhinderung“) sind Zweifel möglich.

[1]) IV. 141.

[2]) a. a O.

[3]) IV. 141 f.

[4]) IV. 142.

[5]) a. a. O.

Holls meinte aber, dass nur bei seiner Auffassung das möglichst grösste Mass von Garantien geboten sei, und die Aufrechterhaltung des russischen Art. 6 diene am meisten den Rechten, den Interessen und der Freiheit der Parteien.[1]

Der englische und der italienische erste Vertreter, Pauncefote und Nigra, wiesen indes zur Unterstützung des Antrags Asser auf einen Präzedenzfall, den Art. 4 des italienisch-argentinischen Vertrags (oben S. 67) hin, der dann auch vorläufig als Ersatz des angefochtenen Art. 6 in Aussicht genommen wurde.

Darnach lautete der letztere jetzt folgendermassen:

„Lorsqu'un arbitre, pour quelque raison que ce soit, ne peut assumer ou continuer la mission dont il a été chargé, il sera pourvu à son remplacement suivant la même procédure qui a déterminé sa nomination.“ [2]

In der zweiten Ausschusslesung am 30. Juni kam Holls auf die Frage zurück und vertrat wieder den Standpunkt des russischen Projekts: Wenn der Beauftragte nicht mehr existiere, sei auch der Auftrag hinfällig geworden, da das persönliche Vertrauen die Grundlage der Wahl bilde. Auf jeden Fall behalte er sich vor, seinen Antrag vor das Plenum der Kommission zu bringen.[3]

Der Präsident aber meinte, die Begründung von Holls treffe nur für den Obmann, nicht für die Schiedsrichter zu.[4]

Auch v. Martens erklärte die Frage der Ernennung noch einmal für eine Frage des persönlichen Vertrauens. Wenn das Objekt dieses Vertrauens verschwinde, so ändere sich die ursprüngliche Sachlage und der Schiedsvertrag werde hinfällig.[5]

Die Stimmung gegen das russische Prinzip hatte sich indes mittlerweilen befestigt.

Es lag jetzt folgende neue Redaktion vor:

„Sauf stipulation contraire, en cas de décès, de démission ou d'empêchement pour quelque cause que ce soit, de l'un des arbitres, il est pourvu à son remplacement selon le mode fixé pour sa nomination.“ [6]

Diese Fassung wurde mit vier (Belgien, Deutschland, Holland, Schweiz) gegen drei Stimmen (Vereinigte Staaten von Amerika, Russland, Österreich-Ungarn)[7] und zwei Stimmenenthaltungen (England und Italien) angenommen.[8] Damit war also anerkannt, dass der Schiedsvertrag die Schiedsrichter überdauert. Das russische Projekt, wonach durch die Notwendigkeit eines Ersatzes der ganze Schiedsvertrag hinfällig geworden wäre, war durch die Bestimmung ersetzt, dass der Ersatz eines Schiedsrichters in der für seine Ernennung vorgesehenen Weise zu erfolgen hat.[9]

---

1) a. a. O.
2) a. a. O.
3) IV. 152.
4) a. a. O.
5) a. a. O.
6) 252, rechte Abteilung.
7) Diese Staaten waren für die russische Fassung.
8) IV. 153.
9) Vgl. zu den Verhandlungen auch den Descampsschen Ausschussbericht IV. 19 und Kommissionsbericht I. 132 f.

Schliesslich wurde dann nur noch der ausdrückliche Vorbehalt „sauf stipulation contraire“ als selbstverständlich gestrichen.[1])

II. Die gegen die jetzige Fassung geltend gemachten Gründe lassen sich folgendermassen zusammenfassen:[2]) Die Schiedsrichter haben eine persönliche Vertrauensstellung. Versagt ein Beauftragter, so fällt der Auftrag; auch bedarf die Schiedssprechung der Garantien. Zum mindestens aber muss der Schiedsvertrag hinfällig werden, wenn die Stelle des Obmanns frei geworden ist.

Massgebend aber waren folgende Gründe:[3]) Existenz und Wirkung des Schiedsvertrags sind tunlichst zu sichern, und Zufälle dürfen denselben nicht wieder in Frage stellen. Der Bedeutung des Obmanns aber wird Rechnung getragen, wenn sein Ersatz nach dem Grundsatz seiner Ernennung erfolgt.

Ich halte diese für die heutige Fassung geltend gemachten Gründe in der Tat für entscheidend. Die Frage der Vertrauensstellung verschiebt sich nicht, wenn der Ersatz und die erste Bestellung gleichmässig behandelt werden.[4]) Wenn weiter der Auftrag für einen Schiedsrichter hinfällig geworden ist, so braucht das noch keinen Einfluss auf die anderen zu üben.

Im übrigen enthält der Art. 33 nur die gesetzliche Regel, und es steht ganz bei den Parteien, etwas anderes zu bestimmen.[5])

Die Zeit bewirkt für die Ersatzfrage keine Verschiedenheit, und der Eintritt kann zu jeder Zeit, auch noch kurz vor der Urteilsfällung auf dem status quo nunc erfolgen.[6])

Erst an dieser Stelle tritt die Schwäche des geltenden Rechts zum Vorschein und wird der russische Standpunkt verständlich.

§ 78.
Die Agenten und Rechtsbeistände.

I. Der Art. 37 bestimmt:

Die Parteien haben das Recht, bei dem Schiedsgerichte besondere Delegierte oder Agenten zu bestellen mit der Aufgabe, zwischen ihnen und dem Schiedsgericht als Mittelspersonen zu dienen.

Sie sind ausserdem berechtigt, mit der Wahrnehmung ihrer Rechte und Interessen vor dem Schiedsgerichte Rechtsbeistände oder Anwälte zu betrauen, die zu diesem Zweck von ihnen bestellt werden.

Darnach gibt es am Schiedsgericht noch weitere Amtspersonen:

1. Agenten[7]) oder Delegierte,
2. Rechtsbeistände[8]) oder Anwälte.

---

[1]) In der ersten und zweiten Kommissionslesung begegnet uns der Vorbehalt noch (II. 29, 79).

[2]) Descampsscher Kommissionsbericht I. 132.

[3]) a. a. O. I. 133.

[4]) Die ZPO. § 1031 folgt demselben Prinzip.

[5]) Descampsscher Kommissionsbericht I. 133: „comme consacrant en règle ce qui est favorable au maintien de l'arbitrage. Les Parties gardent toute liberté de stipuler, si elles le préfèrent l'infirmation éventuelle du compromis“.

[6]) Vgl. unten S. 336f.

[7]) Ich stelle diesen Namen voran und gebrauche ihn später ausschliesslich im Hinblick auf Art. 44, 45, 47, 50, 53, 54.

[8]) Ich gebrauche diese Bezeichnung später ausschliesslich im Hinblick auf Art. 45, 47, 50, 53.

Dieselben stehen zu den Parteien, die sie bestellen, in einem Auftragsverhältnis.

1. Die Agenten sind die Mittelspersonen zwischen dem Auftraggeber und dem Schiedsgericht. Ihre Tätigkeit erschöpft sich aber nicht in ihrer Zustellungstätigkeit — auch sind zur Urteilsverkündigung die Agenten zu laden [1]) und an sie wird der Schiedsspruch zugestellt [2]) — sondern sie teilen sich auch in die Funktionen des Prozessbevollmächtigten oder Rechtsbeistandes,[3]) indem sie die Aufmerksamkeit des Gerichts auf Aktenstücke und Urkunden lenken, Vorlagen machen und Aufklärungen geben resp. verweigern,[4]) Verteidigungsbehelfe vorbringen,[5]) Einreden und Zwischenstreit erheben.[6])

2. Die Rechtsbeistände haben die Aufgabe des Anwalts, indem sie von der Partei mit der Wahrnehmung ihrer Rechte und Interessen vor dem Schiedsgericht betraut sind.[7])

Neben den Agenten noch besondere Rechtsbeistände zu bestellen, wird nicht immer veranlasst sein. Denn die Agenten haben schon Anwaltsfunktion.

Die Rechtsbeistände sind nach dem Kommissionsbericht [8]) neben den „agents principaux officiels“ die anderen „auxiliaires de la justice arbitrale“, welche für „conditions différentes“ am Platze sein mögen.

Im übrigen sind weder die Rechtsbeistände noch die Agenten im Schiedsgericht nötig. Denn die Parteien haben nur das Recht, nicht aber auch die Pflicht, sie zu bestellen. Machen sie von diesem Recht keinen Gebrauch, so werden die Funktionen des Agenten und Rechtsbeistandes auf diplomatischem Weg wahrgenommen, was dann freilich der Prozessverschleppung dient. Die Agenten und Rechtsbeistände spielen tatsächlich eine grosse Rolle und haben in der bisherigen Schiedsgerichtspraxis nicht leicht gefehlt.[9]) In dieser Einschränkung mag man die Agenten mit dem Ausschussbericht als „notwendige Vermitteler“ bezeichnen.[10])

II. Der Art. 37 des Abkommens begegnet uns fast wörtlich schon im Art. 8 des russischen projet de code d'arbitrage, der sich dabei an Art. 13 des Reglement des völkerrechtlichen Instituts anlehnen konnte.[11])

In den Verhandlungen hatten sich keine Schwierigkeiten ergeben. Die erste und zweite Ausschuss- und die erste Kommissionslesung war glatt verlaufen.[12])

---

[1]) Art. 53.
[2]) Art. 54.
[3]) Deshalb wurden sie auch „représentants“ genannt (IV. 205, I. 133).
[4]) Art. 43, 44, 47, 50.
[5]) Art. 45, 50.
[6]) Art. 46.
[7]) Art. 37.
[8]) I. 133.
[9]) Descampsscher Kommissionsbericht I. 133.
[10]) IV. 19.
[11]) I. 133.
[12]) IV. 144, 153, 29.

Erst die sog. Inkompatibilitätsfrage, welche in der zweiten Kommissionslesung plötzlich wie aus der Versenkung auftauchte, führte zu längeren Auseinandersetzungen.

Am 20. Juli stellte nämlich der amerikanische Bevollmächtigte Seth Low die Frage:

Ist es den Mitgliedern des Schiedshofs, welche nicht gerade Mitglieder eines Schiedsgerichts sind, erlaubt, in diesem als Agent oder als Rechtsbeistand amtlich tätig zu werden?[1])

Diese sog. Inkompatibilitätsfrage wurde vorerst dem Wunsche des amerikanischen Bevollmächtigten entsprechend dem Ausschuss zur Prüfung hinübergegeben.[2])

In der Ausschusssitzung am nächsten Tag[3]) führte der amerikanische Vertreter, diesmal Advokat Holls, folgendes aus: Die Vereinigten Staaten von Amerika wollten es verhindert sehen, dass die Mitglieder des ständigen Schiedshofs während der Dauer ihres Amts vor dem ständigen Schiedsgericht als Rechtsbeistände oder Agenten auftreten, es sei denn, dass sie dabei ihr eigenes Vaterland zu vertreten hätten. Es liege kein förmlicher Abänderungsantrag vor; es solle nur dem Ausschuss Gelegenheit zur Meinungsäusserung gegeben werden. Die Frage sei wichtig für die Advokaten und Richter in England sowie Amerika und vielleicht auch in den europäischen Ländern. Folgende Fassung könne dem Ausschuss als Grundlage der Erörterung dienen:

„Acun membre de la Cour permanente d'arbitrage ne pourra, pendant la durée de son mandat, accepter les fonctions d'agent, advocat ou conseil d'un Gouvernement autre que le sien propre ou celui qui l'a nommé membre de la Cour.“[4])

Zwei Gründe seien für diesen Vorschlag massgebend: Die Richter sollten einmal unabhängig und über jeden Verdacht erhaben sein und anderenteils dürfe die Wahl der Regierungen keine unnötige Schranke finden. Mit Rücksicht auf die bloss sechsjährige Amtsdauer der Schiedsrichter wolle man nicht einfach die englische Regel übernehmen: einmal Richter, immer Richter.

Man müsse aber im Abkommen oder wenigstens im Protokoll feststellen, ob der Schiedsrichter auch plädieren dürfe. Das sei freilich mehr eine Frage des Taktes als des Rechts, die aber im Interesse einer gesunden Praxis angeschnitten werden sollte.[5])

Der italienische erste Vertreter Graf Nigra hielt aber das letzte nicht für nötig.

Holls gab folgendes Beispiel: Dr. Zorn ist von Siam als Richter bestellt. Kann er da nun für Siam Richter und für Deutschland Anwalt sein, natürlich nicht in derselben Streitsache, aber doch vor demselben Gericht?[6])

Der belgische Bevollmächtigte Descamps meinte: Jede Frage auf dem Inkompatibilitätsgebiet sei einschneidend; denn sie beschränke das

---

1) IV. 70. Kommissionsbericht I. 133.
2) a. a. O.
3) Vierte Spezialsitzung am 21. Juli (IV. 198 ff.).
4) IV. 198.
5) IV. 198 f.
6) IV. 199.

Wahlrecht. Sehe man zu viel vor, so erscheine das leicht als Angriff auf die Freiheit. Man könne zu dem von Holls gewünschten Resultat auch dadurch kommen, dass man feststelle, jeder Staat setze bei der Benennung der Schiedsrichter seine Bedingungen und bestimme, ob die Schiedsrichter auch die Tätigkeit des Anwalts annehmen dürfen. Die Trennung der beiden Ämter sei vielleicht wünschenswert; aber die Vereinigung zu verbieten, sei nicht Sache der Konferenz, das sei eine staatsrechtliche Frage. Andernfalls könne es fähige und berufene Schiedsrichter geben, welche sich nur deshalb nicht in die Liste eintragen lassen, damit sie als Agenten oder Advokaten auftreten können. Beschränke man sich also auf die Bemerkung, dass die Vereinigung der Ämter nicht wünschenswert sei; aber wahre man die Freiheit der Regierungen. Ebenso brauche man auch keine persönlichen Ausschlagungsgründe namhaft zu machen, welche nur das Gewissen eines jeden Schiedsrichters berühren.

Der holländische Vertreter Asser knüpfte daran an, dass Holls keine Vorschrift, sondern nur eine Meinungsäusserung angeregt habe. Die Ansicht von Descamps gehe dahin, dass der Ausschuss sich erwünschtermassen äussern könne. Er selbst meine, dass den Regierungen jede Freiheit verbleiben müsse. Die Bedenken der Regierungen seien deren eigene Sache und gingen die Konferenz nichts an.

Der deutsche Bevollmächtigte Dr. Zorn stimmte dem zu. Aber Holls erwiderte, es handle sich hier nicht um eine, sondern um alle Regierungen. Denn der von einer Regierung benannte Schiedsrichter sei allen anderen empfohlen und alle Welt habe somit ein Interesse zu wissen, unter welchen Bedingungen dieser Schiedsrichter auf die Liste gesetzt worden sei. Deshalb bestehe er darauf, dass der Ausschuss seine Meinung sage.

Der österreichische Vertreter Lammasch begrüsste die amerikanische Anregung. Er würde gern eine Regel festgelegt sehen, welche sich als eine Beschränkung darstelle, ohne immer ein Hindernis zu sein.

Es entspann sich nun zwischen v. Karnebeek, Asser und dem Präsidenten Bourgeois eine Debatte über die allgemeinen Voraussetzungen, unter welchen eine solche Beschränkung vorgesehen werden solle.

Bourgeois sprach sein Erstaunen aus über die von Holls entwickelten Unzuträglichkeiten. Es handle sich doch nur darum, der Gefahr einer zeitweisen Inkompatibilität ins Auge zu sehen und ihr zuvorzukommen; denn man dürfe nicht vergessen, dass dem Schiedsrichter diplomatische Vorrechte zugebilligt seien. Im Hinblick darauf könne man nicht bestreiten, dass es eine zeitliche Inkompatibilität gebe. Aber ausserhalb der Zeit wirklichen Amtierens könne durch den Umstand, dass jemand auf der Liste stehe, für diesen keine allgemeine Inkompatibilität gegeben sein. Dieser Umstand könne ihn unmöglich hindern, Agent oder Advokat zu sein.[1])

Diese Frage, so erklärte Holls, wolle er aber gerade gestellt sehen. Er wolle wissen, ob der Umstand, dass jemand eine Anwaltsvertretung am

[1]) IV. 199 f.

Schiedshof angenommen habe, einen ausreichenden Grund dafür bilde, dass er nun nicht mehr zum Schiedsrichter gewählt werden könne. Bleibe er noch auf der Schiedsliste stehen? Er hoffe, dass der Ausschuss darüber seine Meinung äussern werde.[1])

Descamps aber regte eine Beschlussfassung im Sinne der Ausführungen von Bourgeois an.[2])

Graf Nigra bemerkte bei dieser Gelegenheit noch folgendes: nach gewissen Gesetzen, z. B. auch nach italienischem Recht, verliere jeder Staatsbürger, welcher Dienste im Ausland annehme, seine Staatsangehörigkeit. Man müsse Vorkehrung treffen, dass ein Jurist, welchem von einer auswärtigen Macht das Schiedsrichteramt übertragen werde, nicht dieser Bestimmung verfalle.

Der Präsident sprach sich aber unter der Billigung des Ausschusses dahin aus, dass das freie Abkommen der Regierungen bezüglich der Bestellung der Schiedsrichter für die letzteren als Autorisation gelte.

Darnach wurde beschlossen, folgende von Descamps vorgeschlagene Erklärung in den Bericht aufzunehmen:

> „Aucun membre de la Cour ne peut durant l'exercice de ses fonctions, comme membre du Tribunal arbitral, accepter le mandat d'agent spécial ou d'avocat devant un autre Tribunal arbitral.“ [3])

Damit war im Sinne der Ausführungen von Bourgeois anerkannt, dass Listenmänner, welche nicht gerade Mitglieder eines Schiedsgerichts sind, als Advokaten und Agenten in einem Schiedsgericht tätig sein können. Die Inkompatibilität war insoweit verneint.

Anerkannt aber war, dass Mitglieder des ständigen Schiedshofs nicht zu gleicher Zeit an einem Schiedsgericht Mitglied, und an einem anderen Advokat resp. Agent sein können. Insoweit war die Inkompatibilität bejaht und den amerikanischen Schicklichkeitserwägungen Rechnung getragen. Das sollte dann aber auch seine Geltung behalten, wenn es sich um die Vertretung des eigenen Landes handelt, die also gleichfalls während der Beschäftigung als Richter in einem anderen Schiedsgericht nicht übernommen resp. nicht ausgeübt werden kann.

War man durch das letztere über die amerikanische Anregung hinausgegangen, so war man durch die Einschränkung der Inkompatibilität auf die Zeit der wirklichen schiedsrichterlichen Beschäftigung hinter derselben zurückgeblieben. Deshalb war die amerikanische Delegation nicht befriedigt.

In der Kommissionssitzung am folgenden Tag (22. Juli) berichtete Descamps über das Ergebnis der Ausschussberatung.[4])

Der holländische Bevollmächtigte Asser erklärte sein Einverständnis mit dieser „incompatibilité“ der Schiedsgerichtsmitglieder, aber er wollte sie ausdrücklich eingeschränkt sehen auf das Schiedsgericht am Haager

---

1) IV. 200.
2) a. a. O.
3) IV. 200.
4) IV. 86.

Schiedshof.[1]) Das hatte man sich übrigens allgemein so gedacht,[2]) wie das auch später im Kommissionsbericht festgestellt wurde.[3])

Holls wandte sich aber in einer von d'Estournelles übersetzten englischen Rede gegen den Ausschussbeschluss: Das beste wäre ja wohl an und für sich, die englisch-amerikanische Regel zu befolgen: „once a judge, always a judge". Aber er wolle nur den im Ausschuss gestellten Antrag wiederholen, dass die Schiedshofmitglieder während der ganzen sechsjährigen Amtsdauer höchstens vom Ernennungs- resp. Heimatstaat Aufträge annehmen dürften, denn hier seien die Beziehungen höchst privater Natur. Die Frage sei übrigens für alle Staaten von derselben Bedeutung: denn es müsse allen daran liegen, dass die Richter nicht nur unabhängig, sondern auch über jeden Verdacht erhaben seien. Man befürchte nun dadurch freilich eine Beschneidung der Schiedshofliste. Aber es genüge nicht, lediglich die gleichzeitige Doppeltätigkeit zu verbieten. Man müsse es verhindern, dass ein Schiedshofmitglied, nachdem es kurz zuvor Recht gesprochen, auf einmal vor seinen früheren Kollegen mit einem bei seinem richterlichen Amt geborgten Ansehen als Advokat auftrete. Der Schiedsrichter, so schloss Holls, dürfe nicht der Gefahr ausgesetzt werden, dass sein Ansehen Schaden leide. Man müsse daher zur Erhaltung dieses Ansehens die Inkompatibilität gesetzlich vorsehen.[4])

Aber Descamps erwiderte, den Staaten stehe es ja frei, derartige Bedingungen zu setzen und die Annahme einer weiteren Tätigkeit zu untersagen. Sie könnten ihren Schiedsrichtern verbieten, das Amt eines Advokaten in einem anderen Schiedsgericht anzunehmen; aber Sache eines allgemeinen Abkommens sei das nicht.[5])

Der österreich-ungarische Bevollmächtigte Lammasch führte aus: Glaube man, dass sich alle Staaten die von Holls gewünschte Einschränkung auferlegen, dann sei der Antrag freilich überflüssig. Da man aber in dieser Richtung keine Sicherheit habe, so empfehle es sich, der amerikanischen Anregung zu folgen, welche für das Ansehen und die Unparteilichkeit der Schiedsrichter nach neuen Schutzbestimmungen suche.[6])

Descamps erwiderte: man wolle im Hinblick auf Personen das Verbot einer Doppeltätigkeit erlassen, die vielleicht niemals Gelegenheit hätten, wirklich als Schiedsrichter gewählt zu werden. Es würde also allein der Umstand, dass sie auf der Liste stehen ihrer Anwaltschaft im Wege stehen. Das gehe zu weit und wirke auf die Schiedshofliste zurück. Es genüge, dass die Frage nach einer Richtung entschieden sei; im übrigen hätten die Staaten freies Bestimmungsrecht.

---

[1]) a. a. O.
[2]) Das stellte Descamps fest und Asser erklärte sich mit der Erwähnung dieser Sachlage im Bericht als befriedigt (IV. 87).
[3]) I. 134.
[4]) IV. 86 f.
[5]) IV. 87.
[6]) IV. 87.

Nunmehr endlich lenkte Holls ein, indem er erklärte:

Wir haben hier eine „question non de convention mais de convenance et de tact et de bon goût“. Ich hatte keine andere Absicht, als die Mitglieder der Konferenz zu einer Meinungsäusserung darüber zu veranlassen, wie es hier gehalten werden soll. Ich danke für die gegebenen Erklärungen und wünsche keine Abstimmung.[1])

Die Sache war in der Tat des Streites nicht wert, und Pauncefote erklärte daher, er könne Holls und Descamps gleichmässig zustimmen.[2]) Für den weitergehenden amerikanischen Antrag hatten sich ausser den Vereinigten Staaten schliesslich nur ausgesprochen: Österreich-Ungarn und England,[3]) aber letzteres wollte damit dem Vermittelungsantrag nicht entgegentreten.

Es blieb also beim Ausschussbeschluss (oben S. 320), und die Aufnahme desselben in den Kommissionsbericht wurde vollzogen.[4])

§ 79.

Die Gerichtssprache.

Der Art. 9 des russischen „projet de code d'arbitrage“ lautete:

„Le Tribunal d'arbitrage décide dans quelles langues devront avoir lieu ses délibérations et les débats des parties.“ [5])

Sachliche Schwierigkeiten bestanden hier von Anfang an nicht, wohl aber sprachliche.[6])

Unter „délibérations et débats“ hatte man verschiedenes verstehen müssen: Beratung (der Richter unter sich) und Verhandlung[7]) (der Parteien vor den Richtern).

In Wirklichkeit hatte man aber, wie sich alsbald herausstellte, nur an die Verhandlung (débats) vor den Richtern gedacht, für die man eine doppelte Bezeichnung gewählt hatte.[8]) Missverständnisse wären dadurch unvermeidlich gewesen, und deshalb wurde in der ersten Ausschusslesung „délibérations“ gestrichen und ebenso im Art. 11 Abs. 2 und Art. 17 Abs. 2 délibérations durch débats ersetzt.[9])

In der zweiten Ausschusslesung wurde dann folgende Fassung angenommen:

„Le Tribunal décide du choix des langues dont l'emploi sera autorisé devant lui.“ [10])

Als dann die Kommission über diese Fassung beriet, machte der italienische erste Bevollmächtigte Graf Nigra auf eine Lücke aufmerksam. Es sei nicht auch davon die Rede, welches die Sprache des Schiedsgerichts

---

[1]) IV. 87.
[2]) a. a. O.
[3]) So zählt auch der Kommissionsbericht I. 134.
[4]) I. 133.
[5]) IV. 205.
[6]) Descampsscher Ausschussbericht IV. 19.
[7]) Über diesen Begriff vgl. Art. 39 Abs. 3 des Abkommens.
[8]) Wie das Protokoll zum Art. 17 feststellte, kann „délibération“ sowohl Verhandlung (débats) als Beratung (délibéré) bedeuten (IV. 145), wie letzteres im Art. 21 des projet de code d'arbitrage (vgl. oben S. 296) der Fall ist.
[9]) IV. 144.
[10]) IV. 153.

selbst bei seinen Beratungen (délibérations) sei. Deshalb schlage er folgende Fassung vor:

„Le Tribunal décide du choix des langues qui seront employées par lui ou devant lui.“ [1])

Der russische Bevollmächtigte v. Martens bemerkte, das englisch-amerikanische Schiedsgericht, welches gerade in Paris tage, habe die vom Grafen Nigra erwähnte Schwierigkeit bereits vorgesehen. Es habe entschieden, dass seine Entscheidung in drei Sprachen ergehe, in der englischen, französischen und spanischen Sprache. Man überlasse das also nur der freien Entschliessung des Schiedsgerichts. Über was man jetzt verhandle, das sei durch das englisch-amerikanische Schiedsgericht schon in die Wirklichkeit umgesetzt worden, indem dasselbe einstimmig eine Schiedsprozessordnung in 24 Artikeln angenommen habe, die vollständig mit dem Entwurf übereinstimme, der gegenwärtig vor der Kommission verhandelt werde.[2])

Descamps erklärte, der Ausschuss werde sich bemühen, entweder in seinem Bericht oder in dem Text selbst eine Formulierung zu finden, wodurch Graf Nigra befriedigt würde.[3])

Zu diesem Zweck erhielt der Art. 37 schliesslich die heutige Fassung:

„Le Tribunal décide du choix des langues dont il fera usage et dont l'emploi sera autorisé devant lui.“ [4])

Mit dem „il fera usage“ will die Sprache bezeichnet werden, in welcher das Gericht selbst seine geheimen Beratungen führt[5]) und insbesondere auch die Entscheidung verkündigt,[6]) während an zweiter Stelle die Verhandlungssprache vor dem Gericht gemeint ist.

Das zweite ist die Hauptsache; und hier vor allem musste die Kompetenz geregelt werden. Sollen die Schiedsrichter nicht Weiterungen und Misshelligkeiten ausgesetzt werden, so müssen sie, wenn nötig, auch gegen den Willen der Beteiligten die zulässigen Sprachen bestimmen können.

Zweiter Titel.

Die Schiedsprozessordnung.

I. Das Verfahren.

§ 80.

Die Teilung des Verfahrens.

Der Art. 39 des Abkommens bestimmt:

„Das Schiedsverfahren zerfällt regelmässig in zwei gesonderte Abschnitte: Das Vorverfahren (l'instruction) und die Verhandlung (les débats).

Das Vorverfahren besteht in der von den betreffenden Agenten an die Mitglieder des Schiedsgerichts und an die Gegenpartei zu machenden Mitteilung aller

[1]) IV. 30.
[2]) a. a. O.
[3]) IV. 30.
[4]) IV. 88 und Kommissionsbericht IV. 134.
[5]) a. a. O.
[6]) Kommissionsbericht I. 134.

gedruckten oder geschriebenen Aktenstücke und aller Urkunden, welche die in der Sache geltend gemachten Rechtsbehelfe enthalten. Diese Mitteilung soll in der Form und innerhalb der Fristen erfolgen, die von dem Schiedsgerichte gemäss Art. 49 bestimmt werden.

Die Verhandlung besteht in dem mündlichen Vortrage der Rechtsbehelfe der Parteien vor dem Schiedsgerichte."

Nach dem Art. 39 zerfällt also das Schiedsverfahren regelmässig in zwei gesonderte Abschnitte.

I. Der Art. 39 geht auf Art. 10 des russischen projet de code d'arbitrage zurück, welcher folgenden Wortlaut hatte:[1])

„La procédure arbitrale doit généralement parcourir deux phases: préliminaire et définitive.

La première consiste dans la communication aux membres du Tribunal d'arbitrage par les agents des Etats contractants, de tous les actes, documents et arguments imprimés ou écrits relatifs aux questions en litige.

La seconde — définitive ou orale — consiste dans les débats devant le Tribunal d'arbitrages."

Die regelmässige Zweiteilung des Verfahrens kannte also schon das russische „Projet". Aber die Terminologie „procédure préliminaire" und „procédure définitive" wurde gleich in der ersten Ausschusslesung am 26. Juni von Descamps unter der Zustimmung des Ausschusses als unjuristisch und ungenau beanstandet.[2])

Der heutige Text des Art. 39, der sich zum erstenmal in dem für die Kommissionsberatung fertig gestellten Ausschussentwurf findet,[3]) unterscheidet „l'instruction et débats", was die amtliche deutsche Übersetzung wiedergibt mit: „Vorverfahren und Verhandlung".

II. Über die Abgrenzung des Verfahrens hatte der russische Entwurf widerspruchsvolle Bestimmungen.

Der Art. 24 rechnete zum Verfahren auch noch die Verkündung und Zustellung des Schiedsspruchs, während nach Art. 10 das Verfahren mit der Verhandlung vor dem Schiedsgericht abschloss.

Gleich bei der ersten Ausschusslesung machte daher Descamps auf diesen Widerspruch aufmerksam. Bourgeois stimmte bei und regte eine spätere Änderung des Art. 24 in der Weise an, dass die Urteilsverkündung nicht das Verfahren, sondern die Instanz abschliesse. Demgemäss hat man später den Schluss des Art. 24 „et clôt toute la procédure arbitrale instituée par le compromis" einfach gestrichen.

Nach Art. 39 des Abkommens liegt also die Beratung der Schiedsrichter sowie die Verkündung und Zustellung des Schiedsspruchs ausserhalb des Verfahrens, welch letzteres vielmehr mit der Parteiverhandlung (débats) vor dem Schiedsgericht seinen Abschluss findet.[4])

1. Das Vorverfahren oder Instruktionsverfahren erschöpft sich in der Zugänglichmachung des Prozessmaterials durch die Agenten, beim Fehlen derselben auf diplomatischem

---

[1]) IV. 205.

[2]) IV. 144. Man beschloss, bei Art. 24 darauf zurückzukommen; aber in der zweiten Ausschusslesung blieb es noch beim alten (IV. 153 in Verb. mit 253 rechte Abteilung).

[3]) IV. 30, 263 (hier noch als Art. 38).

[4]) Vgl auch den Kommissionsbericht I. 134.

Weg oder durch Spezialvertreter.[1]) An wen? Das russische „projet“ hatte gesagt: „an die Mitglieder des Schiedsgerichts“. Also nicht an das Schiedsgericht! Das blieb auch so; nur wurde diese Zustellung an die einzelnen Schiedsrichter schon in der ersten Ausschusslesung erweitert zu einer Mitteilung „auch an die Gegenpartei“.[2])

Was ist mitteilungspflichtiges Material?

Das russische „projet“ hatte gesagt:

„tous les actes, documents et arguments imprimés ou écrits relatifs aux questions en litige.“

Der Ausschuss strich aber zunächst die „documents et arguments“ (Urkunden und Beweismittel),[3]) um dann freilich in zweiter Lesung die „documents“ wiedereinzustellen.[4]) Die besondere Erwähnung der Beweismittel (arguments) neben den actes und documents war aber in der Tat überflüssig, denn „arguments“ sind eben die Aktenstücke und Urkunden im Hinblick darauf, dass sie Beweismittel enthalten. So wurde denn auch der Artikel formuliert.

Die jetzige Fassung des Art. 39 lag bereits der Kommission vor.[5])

Die Änderungen waren nur sprachlich. Neu dagegen war der Schlusssatz, dass „diese Mitteilungen in der Form und innerhalb der Fristen erfolgen, die von dem Schiedsgerichte gemäss Art. 49 (früher 48) bestimmt werden“. Von dem Schiedsgerichte!

2. Die Verhandlung (les débats) bildet den zweiten und letzten Teil des Verfahrens. Dieses Verfahren ist mündlich. Es „besteht in dem mündlichen Vortrage der Rechtsbehelfe der Parteien vor dem Schiedsgerichte“.[6]) Das ist die Aufgabe der Agenten und Rechtsbeistände,[7]) die in dieser Aufgabe durch das Schiedsgericht nicht beschränkt werden dürfen.[8]) Sind keine Agenten oder Rechtsbeistände bestellt[9]) oder erscheint eine Unterstützung derselben für die Verhandlung angezeigt, so können zu diesem Vortrag ad hoc auch besondere Delegationen erfolgen oder Rechtsbeistände mit besonderer Vollmacht bestellt werden.

---

[1]) Vgl. oben S. 317. Daher auch die vorsichtige Fassung im Art. 12 des russischen projet: „représentants“ (Vgl. auch I. 133). In der jetzigen Fassung des Art. 42 ist daher die Frage absichtlich offen gelassen worden, durch wen die Partei ihre Aktenvorlage macht.

[2]) *„La première consiste dans la communication aux membres du tribunal et à la partie adverse par les agents des Etats contractants de tous les actes imprimés ou écrits contenant les moyens des parties sur les questions en litige.“* (IV. 144.)

[3]) Vgl. vorige Anm.

[4]) Die hier beschlossene Fassung lautete: *„la première consiste dans la communication faite par les agents des Etats en litige, aux membres du Tribunal et à la partie adverse, de tous actes imprimés ou écrits et de tous documents contenant les moyens des parties“*. (IV. 153 in Verb. mit 253.)

[5]) Erste Lesung IV. 30, zweite Lesung 88.

[6]) Art. 39 Abs. 3: „Les débats consistent dans les développement oral des moyens des Parties devant le Tribunal“. Diese Fassung findet sich schon in dem Ausschussentwurf IV. 30. Über eine frühere Fassung vgl. IV. 153.

[7]) Art. 45.

[8]) Art. 45.

[9]) Vgl. oben S. 317.

Fehlt es an jedem Prozessbevollmächtigten, so verzichtet damit die Säumnispartei auf eine Verhandlung ihrerseits und erwartet alles von der vorausgegangenen Aktenproduktion. Nur die wechselseitige Aktenmitteilung, welche übrigens auch anders als durch Agenten und Rechtsbeistände erfolgen kann, ist unerlässlich, die Verhandlung dagegen ist wohl für die Regel eine tatsächlich notwendige Ergänzung des Vorverfahrens, aber nicht ausnahmslos und nicht rechtlich geboten.[1])

§ 81.

Das Vorverfahren.

Das Vorverfahren dient lediglich der Beweisaufnahme[2]) und erschöpft sich in der Akten- und Urkundenproduktion der Parteien untereinander und an die Schiedsrichter. (Art. 39 Abs. 2).

I. Dass die belangreichen Akten und Urkunden den Schiedsrichtern vorgelegt werden müssen um wirken zu können, versteht sich von selbst. Die Pflicht der Mitteilung an die Gegenpartei[3]) aber wurde im Art. 40 noch einmal eigens hervorgehoben. Die Gegenpartei muss reagieren können, und es handelt sich hier um eine „garantie de premier ordre“.[4])

Die Mitteilung selbst ist keine Offizial- sondern eine Parteisache und erfolgt regelmässig durch die Agenten nach Massgabe des Art. 39.

II. Mit dem Schluss des Vorverfahrens verbinden sich wichtige Rechtsfolgen.[5])

In Gemässheit des Art. 42 ist nämlich

„nach dem Schlusse des Vorverfahrens das Schiedsgericht befugt, alle neuen Aktenstücke oder Urkunden von der Verhandlung auszuschliessen, die ihm etwa eine Partei ohne Einwilligung der anderen vorlegen will“.

Der Art. 42 bedeutet einen Druck auf die Parteien, rechtzeitig und ungesäumt ihr vollständiges Material vorzulegen.

Dieser Artikel geht auf den Art. 12 des russischen projet zurück.[6]) Nur war hier das Recht des Schiedsgerichts, bei der Verhandlung neues Akten- und Urkundenmaterial einer Partei abzuweisen noch unbeschränkt, während das jetzt an dem Willen der Gegenpartei seine Schranke hat.[7]) Es erschien natürlich nicht angängig, dass das Schiedsgericht ein von der Gegenpartei zugelassenes Beweismittel von der Hand weise.[8])

---

[1]) Darauf geht das „regelmässig“ im Art. 39. Vgl. auch den Descampsschen Kommissionsbericht I. 134.

[2]) Zorn, „Deutsche Rundschau“ 1900 S. 131.

[3]) Diese Bestimmung wurde bereits in der ersten Ausschusslesung eingestellt (IV. 144) und erhielt sich (IV. 153 in Verb. mit 254 rechte Abteilung), 30, 88. Vgl. oben S. 325.

[4]) Descampsscher Kommissionsbericht I. 134.

[5]) Der Descampssche Kommissionsbericht (I. 134) sagt: „Des conséquences importantes sont attachées à la clôture de l'instruction“.

[6]) Vgl. diesen Artikel oben S. 296.

[7]) Diese Änderung wurde schon in der ersten Ausschusslesung beschlossen (IV. 144 f.). Die Änderungen in der zweiten Lesung waren nur sprachlich (153 in Verb. mit 253). Die Kommission hatte bereits den heutigen Text (II. 30, 88).

[8]) Descampsscher Kommissionsbericht I. 135.

Das comité hatte in erster Lesung die erwähnte Ausschlusswirkung an eine erweiterte Voraussetzung, nämlich an den Umstand geknüpft, dass das Vorverfahren geschlossen und die Verhandlung eröffnet sei.[1]) Im endgültigen Ausschussentwurf fehlte dann aber der Zusatz.[2])

Die Schwierigkeit liegt vor allem darin, dass das Abkommen nicht sagt, wodurch der Schluss des Vorverfahrens herbeigeführt wird. Auch der Ausschuss- und Kommissionsbericht versagt hier. Den Schluss der Verhandlung spricht der Vorsitzende aus. Das ist im Art. 51 ausdrücklich gesagt. Der Schluss des Vorverfahrens kann aber schon deshalb nicht durch einen derartigen Akt des Vorsitzenden herbeigeführt werden, weil das Schiedsgericht in der Hauptsache erst mit der Verhandlung in Aktion tritt[3]) und der Vorsitzende erst jetzt die Leitungsgewalt erhält.[4])

Andernteils aber erfordert die Rechtswirkung des Art. 42 einen formalen Schlussakt, der sich zeitlich scharf abgrenzen muss.

Ich sehe daher keinen anderen Ausweg als den Schluss des Vorverfahrens mit der Eröffnung der Verhandlung zusammenfallen zu lassen. Nunmehr begreift man auch den früheren Zusatz „et les débats étant ouverts“,[5]) dessen geräuschloses Verschwinden gewiss keine sachliche Änderung herbeiführen wollte.

Der Art. 42, welcher nach dem Schlusse des Vorverfahrens im allgemeinen neues Material nicht mehr zulassen will, setzt denn auch voraus, dass man sich bereits im Stadium der Verhandlung befindet[6]) und gibt die Ausschliessungsbefugnis dem Schiedsgericht selbst, welches vorher nur über die Form und Fristen der Mitteilung Beschluss fassen kann, im übrigen aber als solches noch nicht funktioniert.

III. Das Schiedsgericht hat übrigens, falls die Gegenpartei nicht ausdrücklich einwilligt, nur das Recht, die neuen Aktenstücke und Urkunden von der Verhandlung auszuschliessen, aber nicht die Pflicht.

Vielmehr steht es dem Schiedsgericht nach Art. 43 — die deutsche ZPO. § 142 hat eine ähnliche Produktionspflicht für den Zivilprozess —

„frei, neue Aktenstücke oder Urkunden, auf welche etwa die Agenten oder Rechtsbeistände der Parteien seine Aufmerksamkeit lenken, in Betracht zu ziehen.

In diesem Falle ist das Schiedsgericht befugt, die Vorlegung[7]) dieser Aktenstücke oder Urkunden zu verlangen, unbeschadet der Verpflichtung,[8]) der Gegenpartei davon Kenntnis zu geben.“

Diese Bestimmung, mit welcher das Gericht eine voreilige Schliessung des Vorverfahrens wieder gut machen kann und die im Interesse der

---

[1]) „La procédure préliminaire étant close et les débats étants ouverts (IV. 144 f.). Zweite Lesung IV 153 in Verb. mit 254.

[2]) IV. 264. Erste Kommissionslesung IV. 30, zweite IV. 88.

[3]) Die Mitteilungen im Vorverfahren erfolgen deshalb auch nicht ans Schiedsgericht, sondern an „die einzelnen Mitglieder des Schiedsgerichts“ Art. 39 Abs. 2. Dass in diesem Stadium wenigstens ein Gerichtsbeschluss für die Form und Fristen der Mitteilungen erwartet werden kann (a. a. O.), erscheint darnach als Besonderheit.

[4]) Art. 41.

[5]) Vgl. Anm. 1.

[6]) „von der Verhandlung ausschliessen“ (Art. 42).

[7]) Jetzt ist es eine Vorlegung an das Schiedsgericht, nicht mehr an die Schiedsrichter.

[8]) Das „sauf l'obligation“ hält nur eine schon bestehende Bestimmung aufrecht. Es handelt sich um Art. 39 u. 40. Die Verpflichtung hat darnach die betreffende Partei.

objektiven Wahrheit geboten erschien,[1]) ist aus dem Art. 13 des russischen „projet" hervorgegangen.[2]) Doch war hier nur von einem Recht der Mitteilung[3]) an die Gegenpartei und zwar durch das Schiedsgericht selbst die Rede. Der Ausschuss aber machte in der ersten Lesung vernünftigerweise daraus eine Pflicht des Schiedsgerichts.[4]) In der zweiten Lesung lag aber bereits die jetzige Fassung vor,[5]) wonach die Auffassung begründet erscheint, dass auch hier die Mitteilung eine Parteipflicht geblieben ist.

IV. „Das Schiedsgericht kann ausserdem von den Agenten der Parteien die Vorlegung aller nötigen Aktenstücke verlangen und alle nötigen Aufklärungen erfordern." [6])

Diese Bestimmung geht auf den Art. 14 des russischen „projet" zurück.[7])

An der Ausschussberatung[8]) über diesen Artikel, der sich auch in dem Schiedsvertrag von England-Venezuela (Rules of Procedure) als Art. 10 fand, beteiligten sich Descamps, Holls, Lammasch, Bourgeois und v. Martens.[9]) Man legte ihm eine grosse praktische Bedeutung bei. Das Schiedsgericht erhalte hier nicht bloss ein Informations- sondern auch ein Kontrollrecht, indem es den Agenten nach Bedürfnis die Auflage machen könne, ihre Aussagen zu rechtfertigen.

Der Präsident führte folgendes aus: wenn die Agenten die angesonnene Rechtfertigung verweigern, so können sie vom Schiedsgericht zwar nicht gezwungen werden; aber es ist dann davon Vermerk zu nehmen.[10]) Mit anderen Worten: ein Staat muss dem Auftrag zur Rechtfertigung nicht nachkommen. Kommt er aber nicht nach, so tut er das auf eigene Gefahr. Der Art. 14 wahrt also in gleicher Weise das Recht des Schiedsgerichts und die Freiheit der Parteien.

Der spätere Zusatz „Im Falle der Verweigerung nimmt das Schiedsgericht von ihr Vermerk", trifft die grundlose Weigerung, kann aber nicht schaden, wenn die Partei für ihre Weigerung ausreichende Gründe anzugeben weiss. Insofern bedeutet der Zusatz gegenüber der vorbehaltlosen russischen Fassung eine Abschwächung des im Art. 44 vorgesehenen Rechtes des Schiedsgerichts.[11])

---

[1]) Descampsscher Kommissionsbericht I. 135.

[2]) Vgl. diesen Artikel oben S. 296.

[3]) „représentation". Dafür sagte der Ausschuss „production" (IV. 145).

[4]) Durch Einfügung der Worte „et il est tenu" (IV. 145). Descampsscher Kommissionsbericht (IV. 135).

[5]) IV. 153 in Verb. mit 254. Nur fing der Abs. 2 an: „il a le droit", während es jetzt nach dem endgültigen Ausschuss- und Kommissionsentwurf (IV. 30, 88) heisst: „en ce cas, le Tribunal a le droit".

[6]) Art. 44. Ähnlich die deutsche ZPO. § 143 für den Zivilprozess.

[7]) Vgl diesen Artikel oben S. 296

[8]) IV. 145; statt „a le droit" setzte der Ausschuss „peut".

[9]) IV. 145. Über die zweite Lesung vgl. IV. 153. Die Fassung IV. 254 (rechte Abteilung). Die Kommissionslesung IV. 30 f., 88.

[10]) In der zweiten Lesung wurde das auch auf den Antrag des französischen ersten Vertreters Bourgeois in den Artikel eingesetzt: „En cas de refus, le tribunal en prend acte". (IV. 153.)

[11]) Der Descampssche Kommissionsbericht hebt nur diese Wirkung der Klausel hervor (I. 135).

Die Art. 42—44 des Abkommens treffen Vorkehrungen, in welchem Umfang auch noch nach Schluss des Vorverfahrens, in der Verhandlung, neues Aktenmaterial vorgelegt werden darf resp. auch muss.

Nach Schluss der Verhandlung aber ist es damit vorbei.

Es war zwar bei der Beratung der Revisionsfrage einmal davon die Rede, eventuell auch nach dieser Richtung den (jetzigen) Art. 42 zu erweitern.[1]) Aber schliesslich einigte man sich nach heftigen Kämpfen[2]) dahin, dass hier die „revision" einzusetzen habe (Art. 55).

Über diese revision (Nachprüfung) vgl. unten § 87.

§ 82.
Die Verhandlung.

Die Art. 42—44 haben bereits mitten in die Verhandlung hineingeführt.

Die Verhandlung dient zur mündlichen Entwickelung des Standpunkts der Parteien[3]) und erschöpft sich in der Antragstellung und deren Begründung.

I. Die Verhandlung wird nach Art. 41[4]) vom Vorsitzenden[5]) geleitet und somit, da eine entgegenstehende Bestimmung fehlt, auch eröffnet.[6])

Die Eröffnung scheidet scharf das Vorverfahren und die mündliche Verhandlung.[7])

Jetzt erst ist das allerdings längst gebildete[8]) Schiedsgericht als solches nach jeder Richtung in Funktion. Während die das Vorverfahren ausfüllenden Mitteilungen noch „an die Mitglieder des Schiedsgerichts" gemacht werden,[9]) finden die Verhandlungen „vor dem Schiedsgerichte"[10]) statt, an das jetzt auch die Aktenvorlegung erfolgt; und der Vorsitzende übernimmt die Leitung.

Der Vorsitzende bestimmt frei, wann die Eröffnung zu erfolgen habe; und es liegt im Geiste des Art. 42, dass diese insolange unterbleibt, als noch durch weitere Aktenstücke und Urkunden eine bessere Aufklärung gewonnen werden kann. Ein Beschwerderecht gegen vorzeitige Verhandlung gibt es aber nicht, und ein solches ist im Hinblick auf Art. 42—44 wohl auch nicht nötig.

Die Verhandlung ist für die Regel geheim.

---

[1]) IV. 155 (Dr. Zorn, v. Martens). Vgl. unten S. 352.

[2]) Vgl. darüber unten § 87.

[3]) Zorn, „Deutsche Rundschau" 1900 S. 131. Vgl. oben S. 325.

[4]) Der Abs. 1 des Art. 41 stammt aus dem russischen projet (Art. 11 Abs. 1; vgl. oben S. 296). Die einleitenden Worte daselbst „Après la clôture de la procédure préliminaire commencent les débats" wurden aber mit gutem Grunde gestrichen und schon in erster Lesung folgende Fassung beschlossen: „Les débats devant le Tribunal d'arbitrage sont dirigés par le Président" (IV. 144). Das „devant le Tribunal" war nach Art. 39 Abs. 3 aber überflüssig und fehlt daher schon im endgültigen Ausschussentwurf (IV. 264).

[5]) Die Mitglieder des Schiedsgerichts dürfen aber unmittelbar Fragen stellen und Aufklärung verlangen (Art. 47 Abs. 1).

[6]) Die ZPO § 136 hebt für den Zivilprozess beides hervor.

[7]) Vgl. oben S. 327.

[8]) Vgl. oben S. 273, 307 ff.

[9]) Art. 39 Abs. 2.

[10]) Art. 39 Abs. 3.

Für den völkerrechtlichen Schiedsprozess konnte man das Öffentlichkeitsprinzip des Zivilprozesses nicht übernehmen. Die Öffentlichkeit der Verhandlung ist aber nicht ohne weiteres und schlechthin ausgeschlossen, sondern an zwei Bedingungen geknüpft: Gerichtsbeschluss und Zustimmung der Parteien.[1] Das Abkommen sagt nämlich von der Verhandlung:

„Sie erfolgt öffentlich nur, wenn ein Beschluss des Schiedsgerichts mit Zustimmung der Parteien dahin ergeht.“[2]

In diesen Grenzen kann in der Tat die Öffentlichkeit der Verhandlung nicht schaden.[3]

Nach Art. 41 Abs. 3 wird über die Verhandlung[4] ein Protokoll aufgenommen[5] von Sekretären, die der Vorsitzende ernennt. Nur dieses Protokoll hat öffentliche Beweiskraft („caractère authentique“).[6]

II. Der Art. 48 bestimmt:

„Das Schiedsgericht ist befugt, seine Zuständigkeit zu bestimmen, indem es den Schiedsvertrag sowie die sonstigen Staatsverträge, die für den Gegenstand angeführt werden können, auslegt und die Grundsätze des Völkerrechts anwendet.“

1. Diese Bestimmung geht auf den Art 18 des russischen „projet“ zurück;[7] nur waren hier Völkerrecht und Staatsverträge umgestellt. Das änderte der Ausschuss bereits bei der ersten Lesung,[8] und der endgültige Ausschussentwurf hat schon die jetzige Fassung.[9]

Im Ausschussentwurf verschwand auch eine fragwürdige Schärfe. Nach den früheren Fassungen sollte das Schiedsgericht „allein“ (seul) befugt sein, seine Zuständigkeit zu bestimmen. Das klang so, als ob auch eine nachfolgende Vereinbarung der Parteien wirkungslos sei, was natürlich nach dem Art. 30 ausgeschlossen ist.

2. Das Recht des völkerrechtlichen Schiedsgerichts, seine Zuständigkeit zu bestimmen, war insbesondere 1871/72 im Alabamafall, welcher die völkerrechtliche Schiedssprechung so sehr gefördert hat, lebhaft umstritten worden.

Die Schneidigkeit des Genfer Schiedsgerichts, das damals seine Kompetenz bestimmte und den Streit beglich, blieb auf die öffentliche Meinung nicht ohne Wirkung, und auf der Haager Konferenz erhob sich keine Stimme gegen die eigene Zuständigkeitsbestimmung des Schiedsgerichts, das jetzt in diesem Punkt den ordentlichen Gerichten gleich-

---

[1] Descampsscher Kommissionsbericht I. 134 f.

[2] Art. 41 Abs. 2. Diese Bestimmung war im russischen Projekt noch nicht vorgesehen. Sie findet sich aber bereits im endgültig festgestellten Ausschussentwurf (Art. 40: IV. 264).

[3] Descampsscher Kommissionsbericht I. 135.

[4] Die Änderung von „délibérations“ (Art. 11 Abs. 2 des russischen projet oben S. 296) in „débats“ (vgl. oben S. 322) wurde auch hier schon in der ersten Ausschusslesung beschlossen (IV. 144); hier wurde auch „force légale“ ersetzt durch „caractère authentique“. Die heutige Fassung findet sich schon in dem Ausschussentwurf zweiter Lesung (IV. 254 in Verb. mit IV. 153).

[5] Das ist in der ZPO. § 159 f. nur für den Zivilprozess, nicht auch für das Schiedsverfahren vorgeschrieben.

[6] Vgl. auch ZPO. § 164 für den Zivilprozess.

[7] Vgl. oben S. 296.

[8] IV. 146. Vgl. auch die Fassung zweiter Lesung IV. 153 in Verb. mit 255.

[9] IV. 264 (Art. 47), 31. Zweite Lesung IV. 88.

gesetzt wurde.[1]) Die Entscheidungsgründe sind bei dieser Zuständigkeitsbestimmung zunächst dem Schiedsvertrag selbst zu entnehmen, der so der massgebenden Auslegung des Schiedsgerichts unterliegt. Weiterhin sind die einschlägigen Staatsverträge heranzuziehen und die Grundsätze des Völkerrechts anzuwenden. Auf dieser Grundlage muss das Schiedsgericht sich klar werden, ob die Parteien die Zuständigkeit in dem fraglichen Umfang gewähren wollten resp. gewährt haben; und darnach hat es seine Zuständigkeit entweder zu bejahen oder zu verneinen.[2])

Gleich bei der ersten Ausschussberatung regte der holländische Bevollmächtigte Asser[3]) den Gedanken an, ob es sich nicht empfehle, für die Betätigung des Kompetenzbestimmungsrechts dem Schiedsgericht durch eine noch schärfere Fassung des Art. 18 (jetzt 48) für den Zweifelsfall ausdrücklich die grösste Bewegungsfreiheit zu sichern.

Er verwies auf den holländisch-französischen Schiedsfall betr. die Grenzstreitigkeiten in Guyana-Surinam, wo jede Partei eine eigene Linie gezogen hatte. Konnte das Schiedsgericht hier eine neue bestimmen? Der Kaiser von Russland bestand als Schiedsrichter darauf, dass er selbst seine Zuständigkeit frei bestimme und demgemäss auch eine Mittellinie ziehen könne, und die Parteien erkannten dieselbe an.

Der russische Vertreter v. Martens rechtfertigte das damit, dass die Parteien damals zugestimmt hätten, dem Schiedsrichter Freiheit (latitude) zu belassen, und meinte: sie hätten es aber auch anders halten können.

Asser beanspruchte aber beim Fehlen eines Vorbehalts für die Schiedsrichter bei der Ausübung ihres Kompetenzbestimmungsrechts noch einmal ganz allgemein die grösste Freiheit (la plus large latitude).[4])

Der Präsident Bourgeois meinte, das wäre in den meisten Fällen ja wohl von Vorteil, es könne aber auch manchmal anders sein. Deshalb sei es schwierig, in einem allgemeinen Abkommen etwas einzustellen; das müsse dem jeweiligen Schiedsvertrag vorbehalten bleiben. Die Parteien könnten nur insoweit den schiedsrichterlichen Entscheidungen unterworfen werden, als sie es selbst bestimmt hätten. Andernteils würde man das Gegenteil erreichen und den Regierungen die Schiedsgerichte verleiden. Denn jene würden nur dann den Schiedsspruch anrufen, wenn sie keine Überraschung zu gewärtigen hätten.

---

[1]) Der Descampssche Kommissionsbericht (I. 136 f.) führte etwa folgendes aus: Ohne das Recht eigener Zuständigkeitsbestimmung kommt das Schiedsgericht in die Lage eines Menschen, der sich nicht rühren kann; das Schiedsgericht müsste jedesmal abtreten, wenn es einer Partei nach Willkür gefiel, die Einrede der Unzuständigkeit zu erheben. Je mehr die Schiedssprechung wirkliche Rechtssprechung wird, destomehr muss das auch auf das Gebiet der Zuständigkeitsbestimmung zurückwirken. Die Parteien können die Zuständigkeit im Kompromiss ganz nach Belieben abstecken, diese und jene Vorbehalte machen. Sie können auch für die Entscheidung der Schiedsrichter die massgebenden Gesichtspunkte angeben; aber die Schiedsrichter müssen im Zweifelsfall würdigen können, auf welche Fragen ihre Zuständigkeit ausgedehnt worden ist.

[2]) So auch ZPO. § 1037.

[3]) IV. 146.

[4]) a. a. O.

Asser erklärte dann auch, nur aus dieser Erwägung habe er auf einen förmlichen Antrag verzichtet; er sei zufrieden, wenn nur von der Erörterung im Protokoll Kenntnis genommen werde.

So wurde denn auch beschlossen.[1])

Der Descampssche Kommissionsbericht[2]) hat demgemäss folgende Bemerkung:

„*Le Rapporteur a demandé, que l'article 48 fût complété par une disposition formulant les règles d'après lesquelles les arbitres doivent statuer. Ce point a été considéré comme ne rentrant pas, à proprement parler, dans la procédure arbitrale*".

In dem Venezuelastreit, in welchem im Februar 1904 schiedsgerichtliches Urteil erging, war bereits ein Zuständigkeitsbeschluss zu fassen.

Das Schiedsgericht erklärte sich hier für unzuständig, die Rechtsprechung der gemischten Kommissionen in Caracas wider die Natur der militärischen Operationen der Blockademächte gegen Venezuela anzufechten, oder auch zu entscheiden, ob die drei Mächte alle friedlichen Mittel erschöpft hätten, um die Anwendung der Gewalt zu verhindern. Der Gerichtshof, so hiess es hier weiter, könne nur feststellen, dass Venezuela den ihm seit 1901 wiederholt angebotenen schiedsgerichtlichen Vergleich mit Deutschland und England abgelehnt habe, dass nach dem Krieg (Blockade) kein Friedensvertrag abgeschlossen worden sei, aber die kriegerischen Massnahmen der Blockademächte aufgehört hätten, bevor diesen Mächten die Befriedigung aller ihrer Forderungen zu Teil geworden sei, und dass die Mächte lediglich die Frage der Vorzugsbehandlung dem Schiedsgericht unterbreitet hätten.

Dass die Zuständigkeitsbestimmung des Schiedsgerichts unter Umständen aber auch den Vollzug des Schiedsspruchs in Frage stellen, also eine grosse Gefahr für das Schiedswesen sein kann, wurde bereits S. 303 erwähnt.

Bourgeois und Asser fürchteten, dass der Art. 48 möglicherweise die Anrufung des Schiedsgerichts verleide. Aber man wird ja wohl im voraus kaum mit einer Kompetenzüberschreitung rechnen.

Die Gefahr liegt nicht auf dem Gebiet der Anrufung, sondern des Vollzugs des Schiedsspruchs. Denn die angebliche oder wirkliche Kompetenzüberschreitung wird trotz des Art. 48 leicht dazu führen, den Vollzug zu verweigern. Und diese Gefahr hätte man angesichts des Umstandes, dass beim Vollzug alles auf die Freiwilligkeit gestellt ist, bestimmt ins Auge fassen sollen.

III. Schiedsgericht, Vorsitzender und Beisitzer haben in der Verhandlung folgende Rechtsstellung.

1. „Dem Schiedsgerichte steht es zu, auf das Verfahren bezügliche Anordnungen zur Leitung der Streitsache zu erlassen, die Formen und Fristen zu bestimmen, in denen jede Partei ihre Anträge zu stellen hat und zu allen Förmlichkeiten zu schreiten, welche die Beweisaufnahme mit sich bringt".[3])

---

[1]) I. 146.

[2]) I. 137. Der mündliche Ausschussbericht gab nur den Inhalt des Art. 47 (später 48) an.

[3]) Art. 49 Über die Rechtsstellung des Schiedsgerichts nach Art. 42—44 und 48 vgl. oben S. 326—329, 330—329.

Dieser Artikel geht auf den Art. 19 des russischen projet[1]) und dieser wiederum auf den Art. 15 des Reglement des völkerrechtlichen Instituts zurück.[2]) Nur der Schluss ist neu.

Derselbe lautete im russischen „projet“:

„et de statuer sur l'interpretation des documents produits et communiqués aux deux Parties“.[3])

Das wurde in der ersten Ausschusslesung als „unnütz“ [4]) gestrichen[5]) und dann in der zweiten Lesung auf den Vorschlag von Descamps durch die jetzige Schlussfassung ersetzt.[6])

a) An erster Stelle stehen die prozessleitenden Verfügungen.

Die Leitung selbst steht nach Art. 41 Abs. 1 beim Vorsitzenden. Man hat dabei an die in der deutschen Zivilprozessordnung §§ 136 und 139 Abs. 1 und 2 beschriebene Tätigkeit zu denken. Die „auf die Sachleitung bezüglichen Anordnungen“ zu erlassen, ist dagegen nach Art. 49 Sache des Schiedsgerichts. Ich denke dabei vor allem an den Widerspruch einer bei der Verhandlung beteiligten Person, der ja auch nach ZPO. § 140 im Zivilprozess durch Gerichtsbeschluss erledigt wird, wie denn weiterhin auch das Abkommen Art. 43 mit ZPO. § 142 im Einklang steht.

b) Das Schiedsgericht bestimmt weiter die Fristen und Formen, in welchen jede Partei ihre Anträge zu stellen hat.

α) Die Fristen im Zivilprozess sind doppelter Art. Es gibt eine ganze Anzahl gesetzlicher und daneben auch noch richterliche Fristen.

Dementsprechend gibt es im völkerrechtlichen Schiedsverfahren vertragsmässige — vgl. Art. 55 Abs. 4 — und richterliche Fristen, und zwar die letzteren bei der Antragstellung (Art. 49).

Dadurch gewinnt das Gericht die Möglichkeit, das Schiedsverfahren gegen Verschleppung zu sichern.

β) Formen oder Förmlichkeiten, wie man besser mit Zivilprozessordnung § 164 gesagt hätte,[7]) sind im Zivilprozess für die mündliche Verhandlung gesetzlich vorgesehen und die Beobachtung derselben kann hier nur durch das Protokoll erwiesen werden (§ 164).

Im Art. 49 handelt es sich indes zunächst nur um die Förmlichkeiten der Antragstellung, wie uns solche ja auch im Zivilprozess begegnen.[8]) Das völkerrechtliche

---

[1]) Vgl. oben S. 296.

[2]) Descampsscher Kommissionsbericht I. 137.

[3]) IV. 206.

[4]) Kommissionsbericht I. 137.

[5]) IV. 146 f.

[6]) IV. 255 (rechte Abteilung) in Verb. mit IV. 153. Die Kommission änderte nichts mehr (IV. 31, 88).

[7]) Man hat es vermutlich deshalb nicht getan, weil der Art. 49 nachher auch der „formalités“ gedenkt, die dann mit Förmlichkeiten übersetzt wurden. Aber diese terminologische Unterscheidung hat keinen Sinn.

[8]) Vgl. z. B. §§ 130 No. 2, 137, 160 No. 2, 253 No. 2, 297.

Schiedsgericht kann also z. B. schriftliche Antragstellung vorschreiben.

Das Schiedsgericht hat hier ein Mittel, darauf hinzuwirken, dass die Parteiansprüche in eine feste Form gegossen werden.

c) Das Schiedsgericht kann aber auch zu allen Förmlichkeiten schreiten, welche die Beweisaufnahme mit sich bringt.

Die Beweisaufnahme erfordert auch für den Zivilprozess nicht immer ein eigenes Verfahren.[1]) Wird ein solches aber nötig, so ist dasselbe hier durch Beweisbeschluss anzuordnen,[2]) dessen Förmlichkeiten gesetzlich umschrieben sind.[3])

Nach Art. 49 fasst auch das völkerrechtliche Schiedsgericht erforderlichen Falles Beweisbeschluss, ohne aber darin durch Formbestimmungen eingeschränkt zu sein.

Descamps, welcher diese Bestimmung angeregt hatte, hob in seinem Kommissionsbericht diese Befugnis des Schiedsgerichts mit Recht als bedeutungsvoll hervor und meinte:

„sur ce point capital, il importe d'investir les arbitres des pouvoirs les plus étendus".[4])

2. Die besondere Rechtsstellung des Vorsitzenden liegt in der Eröffnung, Leitung und Schliessung der Verhandlung.

Über die Eröffnung und Leitung wurde bereits gesprochen.[5])

Über den Schluss der Verhandlung vgl. unten S. 336 Z. IV.

3. Von einer besonderen Rechtsstellung der Beisitzer kann man nur insoweit reden, als nach Art. 47 Abs. 1

„die Mitglieder des Schiedsgerichts befugt sind, an die Agenten und die Rechtsbeistände der Parteien Fragen zu richten und von ihnen Aufklärungen über zweifelhafte Punkte zu erfordern."

Aus dem Abs. 2 geht hervor, dass sie auch Bemerkungen machen dürfen.

Die Beisitzer gewinnen insoweit an der Leitungsgewalt des Vorsitzenden einen bescheidenen Anteil, und unterliegen dabei nicht den Beschränkungen der ZPO. § 139 Abs. 3 für den Zivilprozess, sondern können die Fragen unmittelbar an die Parteivertreter stellen.

Der Abs. 2 fügt hinzu:

„Weder die gestellten Fragen, noch die von Mitgliedern des Schiedsgerichts im Laufe der Verhandlung gemachten Bemerkungen dürfen als Ausdruck der Meinung des ganzen Schiedsgerichts oder seiner einzelnen Mitglieder angesehen werden."[6])

---

[1]) ZPO. § 358. Man denke z. B. an den Fall, dass die Urkunde in der mündlichen Verhandlung vorgelegt wird.

[2]) § 358.

[3]) § 359.

[4]) I. 137.

[5]) Vgl. oben S. 329, 333.

[6]) Der Art. 47 ist die fast wörtliche Wiedergabe des Art. 17 des russischen „projet". Es wurde nur auch (vgl. oben S. 322) hier „débats" für „délibérations" gesetzt. IV. 145 f. Vgl. weiter IV. 153 in Verb. 255 (rechte Abteilung), IV. 31, 88.

Der Art. 47 gibt den Richtern ein „droit d'investigation et de contrôle". Das war eine durchaus natürliche Anordnung, deren praktische Bedeutung v. Martens im Ausschuss beleuchtete.[1])

4. Die Stellung der Parteien bei der Verhandlung wird hauptsächlich durch die Art. 45 und 46 bestimmt.

a) Der Art. 45 lautet:[2])

„Die Agenten und die Rechtsbeistände der Parteien sind befugt, beim Schiedsgerichte mündlich alle Rechtsbehelfe vorzubringen, die sie zur Verteidigung ihrer Sache für nützlich halten."[3])

Gemeint sind Rechtsbehelfe jeder Art: Einreden, Repliken, Dupliken, Widerklage, Beweismittel, Beweiseinreden. Die Einreden und der Zwischenstreit werden im Art. 46 noch einmal eigens genannt.

b) Dass „jede Partei ihre Anträge zu stellen hat" und das Schiedsgericht hierfür die Formen und Fristen bestimmt (Art. 49), ist bereits gesagt.[4])

Im übrigen steht das Haager Abkommen nicht auf dem Standpunkt der Verhandlungsmaxime im Zivilprozess.

Die Ausführungen der Redner liefen auf richterliche „latitude" hinaus.[5])

Der Art. 46 sagt weiter von den Agenten und Rechtsbeiständen der Parteien:

„Sie haben das Recht, Einreden sowie einen Zwischenstreit zu erheben. Die Entscheidungen des Schiedsgerichts über diese Punkte sind endgültig und können zu weiteren Erörterungen nicht Anlass geben."

Diese Bestimmung ist die nur genauere[6]) Wiedergabe des Art. 16 des russischen projet.[7]) Dieser hatte den Parteivertretern das Recht zugesichert:

„*de s'adresser au Tribunal avec des motions sur les matières à discuter*".

Auf den Antrag von Descamps (vgl. oben S. 302) war dann dieses Recht in Anlehnung an die Zivilprozessordnung genauer bezeichnet worden als „droit der soulever devant le tribunal des exceptions et incidents sur les matières à discuter", also als das Recht Einreden sowie einen Zwischenstreit zu erheben.[8])

Diesem Parteirecht steht aber auf der Seite des Gerichts das Recht endgültiger Entscheidung oder die Befugnis, ein Zwischenurteil zu erlassen, gegenüber.[9])

---

[1]) Descampsscher Kommissionsbericht I. 136.

[2]) Diese Artikel ist der nur sprachlich veränderte Art. 15 des russischen projet. Vgl. diesen oben S. 296 Die einzelnen Lesungen IV. 145, 153 in Verb. mit 254 (rechte Abteilung), IV. 31, 88. Kommissionsbericht I. 135 f.

[3]) Vgl auch Art. 50 und 47 Abs. 1.

[4]) Vgl. oben S. 333.

[5]) Vgl. oben S. 331.

[6]) Descampsscher Kommissionsbericht I. 136 „rédaction plus précise".

[7]) Vgl. diesen oben S. 296.

[8]) IV. 145; zweite Ausschusslesung IV. 153 in Verb. mit 254 (rechte Abteilung). Die Kommissionslesungen II. 31, 88.

[9]) Kommissionsbericht I. 136. Ähnlich ZPO. § 303 für den Zivilprozess.

IV. Der Schluss der Verhandlung liegt wie die Eröffnung und Leitung [1]) in der Hand des Vorsitzenden. Doch darf nach Art. 50 die Schliessung erst erfolgen,

„nachdem die Agenten und die Rechtsbeistände der Parteien alle Aufklärungen und Beweise zu Gunsten ihrer Sache vorgetragen haben“.[2])

Eine Wiedereröffnung der Verhandlung gibt es nur in der Form der Nachprüfung.[3])

II. Der Schiedsspruch.

§ 83.

Beratung, Abstimmung und Schiedsspruch.

Was sich nach dem Schluss der Verhandlung noch vollzieht, gehört nach dem Haager Abkommen nicht mehr zum Verfahren im engeren Sinn.[4])

I. „Die Beratung (délibérations) des Schiedsgerichts erfolgt geheim“. Diese Anordnung des Art. 51 Abs. 1, welche im Gegensatz zur Bestimmung des Art. 41 Abs. 2 über die Verhandlung[5]) keine Ausnahme zulässt, geht auf den Art. 21 des russischen „projet“ zurück.[6]) Hier war auch noch eigens hervorgehoben, dass die Beratung „sur le fond du litige“ erfolge. Das wurde aber in der zweiten Ausschusslesung gestrichen.[7])

Dass wiederum der Vorsitzende die Beratung leitet, die Fragen stellt und die Stimmen sammelt, und dass bei Meinungsverschiedenheiten über die formelle Behandlung ein Gerichtsbeschluss erfolgt,[8]) ist nicht eigens gesagt, versteht sich aber von selbst.

II. Nach der deutschen Zivilprozessordnung darf infolge des strengen Mündlichkeitsprinzips im Zivilprozess das Urteil nur von denjenigen Richtern gefällt werden, welche der dem Urteile zugrunde liegenden Verhandlung beigewohnt haben;[9]) deshalb ist hier bei Verhandlungen von längerer Dauer die Zuziehung von Ergänzungsrichtern vorgesehen,[10]) oder es ist bei dauernder Verhinderung eines Richters die Wiederöffnung der Verhandlung erforderlich.[11])

Das Schiedsverfahren kennt das nicht. Insbesondere gibt es auch nach unserem Abkommen keine Ergänzungsrichter und der Ersatz kann jederzeit erfolgen.[12])

---

[1]) Vgl. oben S. 329, 333.

[2]) Der Art. 50 des Abkommens ist der nur sprachlich veränderte Art. 20 des russischen projet (vgl. diesen oben S. 296) Die verschiedenen Lesungen vgl. IV. 147, 153, 31, 89.

[3]) Art. 55. Vgl. darüber unten S. 364, 365.

[4]) Vgl. Art. 39 in Verb. mit Art. 50. Vgl. oben S. 324. Das Verfahren im weiteren Sinn wird durch die Kapitelsüberschrift vor Art. 30 bestimmt.

[5]) Vgl. oben S. 330.

[6]) Vgl. diesen Artikel oben S. 296.

[7]) IV. 154 in Verb. mit 255 (rechte Abt.). Man sah wohl darin eine müssige Wendung. Sie war aber auch ungenau. Denn Gegenstand der Beratung und Entscheidung ist nicht der Grund des Streites, sondern der Streit selbst und damit der Anspruch.

[8]) GVG. § 196.

[9]) ZPO. § 309.

[10]) GVG. § 194 Abs. 2.

[11]) ZPO. § 156.

[12]) Vgl. oben S. 313 ff., 316.

III. „Jede Entscheidung ergeht nach der Mehrheit der Mitglieder des Schiedsgerichts."

Diese Bestimmung des Art. 51 Abs. 2 über die Notwendigkeit einer absoluten Mehrheitsentscheidung[1]) geht auf den Art. 21 Abs. 2 des russischen „projet" zurück.[2]) Der Zusatz „définitive ou provisoire" nach „toute décision" wurde in der zweiten Ausschusslesung gestrichen.[3])

Also bereits im russischen Entwurf war die Mehrheitsentscheidung vorgesehen. Aber es hiess „à la majorité des membres présents". Das „présents" wurde indes bereits in der ersten Ausschusslesung gestrichen,[4]) „pour assurer des garanties plus complètes".[5])

Der Gerichtshof kann also auch Beschluss fassen, wenn das eine oder andere ordentlich geladene Mitglied nicht erscheint. Aber bei der Mehrheitsberechnung muss der Abwesende einbezogen werden.

Der Vorsitzende hat keine entscheidende Stimme. Über den Fall, dass keine Mehrheit erzielt werden kann vgl. oben S. 312 f.

Dass über die Abstimmung Protokoll zu führen ist, ergibt sich aus Art. 51 Abs. 3. Über die Reihenfolge bei der Abstimmung hat das Abkommen nichts gesagt.[6])

„Die Weigerung eines Mitglieds, an der Abstimmung teilzunehmen, muss im Protokolle festgestellt werden."[7])

Also ein Mitglied kann die Abstimmung über eine Frage stets verweigern. Diese Weigerung muss nur protokolliert werden.[8]) Er verstärkt wie der Abwesende bei der Berechnung der Mehrheit die Gesamtzahl und erschwert die Majoritätsbildung.

IV. Das mit Stimmenmehrheit ergangene Endurteil heisst Schiedsspruch (sentence arbitrale).

„Er wird schriftlich abgefasst und von jedem Mitgliede des Schiedsgerichts unterzeichnet."

Eine derartige Bestimmung hat ja auch unsere ZPO. § 1039.

Diese Bestimmung des Art. 52 Abs. 1 geht auf den Art. 22 Abs. 1 des russischen „projet"[9]) zurück. Die schriftliche Abfassung des Schiedsspruchs ist selbstverständlich, und die Unterzeichnung durch sämtliche Mitglieder des Schiedsgerichts, also auch durch diejenigen Mitglieder, die nicht mitgewirkt oder sich geweigert haben, an der Abstimmung teilzunehmen,[10]) der völkerrechtlichen Schiedssprechung auf den Leib geschnitten.[11])

---

[1]) Diese ist auch in der ZPO. § 1038 vorgesehen.

[2]) Vgl. oben S. 296.

[3]) IV. 154 in Verb. mit 255 (rechte Abt.).

[4]) IV. 147.

[5]) Descampsscher Ausschussbericht IV. 19. Auch im Kommissionsbericht I. 137 heisst es, dass die russische Fassung eine „garantie insuffisante" gegeben hätte.

[6]) Anders z. B. GVG. § 199 für die Staatsgerichte.

[7]) Der Art. 51 Abs. 3 geht zurück auf das russ. „projet". Art. 21 Abs. 3 (vgl. oben S. 296)

[8]) Kommissionsbericht I. 137.

[9]) Vgl. oben S. 297. Hier heisst es noch schärfer: „doit être . . ."

[10]) Vgl. vorhin Z. III.

[11]) Für den Zivilprozess vgl. ZPO. § 315.

„Die in der Minderheit gebliebenen Mitglieder[1]) können bei der Unterzeichnung die Verweigerung ihrer Zustimmung feststellen."

Nach Art. 22 Abs. 2 des russischen „projet" war das letztere eine Pflicht, aber der Ausschuss hat daraus ein Recht gemacht.[2])

Der italienische Bevollmächtigte Graf Nigra kam später noch einmal auf den Fall zurück, dass ein Schiedsrichter die Unterschrift verweigere. Man müsse erklären, dass diese Weigerung keine Nichtigkeit des Schiedsspruchs begründe und auch nicht den Vollzug hemme.[3])

Descamps[4]) erklärte diese Rechtsanschauung wohl für richtig; aber ein Schiedsrichter sei verpflichtet, den Schiedsspruch zu unterzeichnen. Er könne dabei die Verweigerung seiner Zustimmung feststellen, aber die Verweigerung der Unterschrift sei eine Pflichtverletzung, die nicht erst als solche bezeichnet zu werden brauche.

§ 84.

Die Begründung des Schiedsspruchs.

I. Nach Art. 52 Abs. 1 ist der Schiedsspruch „mit **Gründen** zu versehen". Diese Bestimmung, welche allerdings schon das Brüsseler Projekt Art. IX, nicht aber auch der russische Entwurf vorgesehen hatte, wie sie denn auch für das englisch-amerikanische Schiedsgericht nicht galt,[5]) das während der Haager Konferenz in Paris tagte, ist erst auf das von Belgien, Holland und Frankreich unterstützte Drängen Deutschlands in das Abkommen hineingekommen und war insbesondere von Russland und den Vereinigten Staaten Amerikas lange und lebhaft bekämpft worden.[6])

1. Als der Ausschuss in erster Lesung den Art. 22 des „projet" (Art. 52 des Abkommens) beriet, fiel die Frage:

„La Sentence doit-elle être motivée?"

Zorn erklärte als Erster die Schiedsspruchbegründung für nötig und schlug deshalb vor, am Schluss des ersten Absatzes hinzuzufügen: „et motivée".[7])

In dieser Richtung war aber vorerst keine Einigung zu erzielen.

Der russische Vertreter v. Martens widersprach dem Antrag unter dem Hinweis auf die politische Natur der Schiedsprechung: man würde auf diese Weise gewiss eine wertvolle Rechtswissenschaft begründen; aber im internationalen Streit seien die Schiedsrichter nicht allein Richter, sondern auch Vertreter ihrer Regierungen. Mit der Pflicht der Urteilsbegründung bringe man sie, wenn sich ihr juristisches Gewissen nicht im Einklang mit den Forderungen ihrer Regierung und der öffentlichen Meinung

[1]) Aber auch nur diese. Um das Vorrecht des Art. 52 Abs. 2 zu geniessen, muss man also der Abstimmung beigewohnt und dagegen gestimmt haben.

[2]) IV. 147. Zweite Lesung IV. 154.

[3]) IV. 33.

[4]) a. a. O.

[5]) Das stellte v. Martens, der Mitglied dieses Schiedsgerichts war, fest (IV. 33).

[6]) Auch der Kommissionsbericht hebt hervor, dass die Entscheidung gegen Russland erfolgt sei „sur la proposition de M. le Dr. Zorn et après mûre délibération" (I. 138).

[7]) IV. 147. Darnach sollte der erste Absatz lauten: „la sentence arbitrale, votée à la majorité des voix, doit être rédigée par écrit et doit être signée par chacun des membres du Tribunal d'arbitrage et motivée".

ihres Landes befände, in grosse Verlegenheit. Es sei schon etwas stark, von einem Schiedsrichter zu verlangen, dass er in seiner Unparteilichkeit so weit gehe, seine eigene Regierung zu verurteilen. Solle er auch noch ein solches Urteil rechtfertigen und folgeweise die Verurteilung verschärfen? Wenn das Urteil ganz kurz sei, so könnten es alle Schiedsrichter ohne Rücksicht auf ihre Staatsangehörigkeit unterzeichnen. Das sei aber anders, wenn die Urteilsbegründung die ernste Kritik und den Tadel einer Partei enthalte.

v. Martens meinte weiter, der Schiedsrichter aus dem betreffenden Land müsste sich dann der Stimme enthalten und der Schiedsspruch würde folgeweise eine geringere moralische Bedeutung haben. Nur deshalb habe die russische Regierung keine Urteilsbegründung vorgesehen.

Angesichts dieser Ausführungen behielt sich Dr. Zorn vor, in zweiter Lesung auf diese Frage zurückzukommen.[1])

Aber schon jetzt trat der belgische Bevollmächtigte Descamps auf seine Seite. Der letztere erkannte die politische Tragweite der russischen Auffassung an; aber die Schiedsrichter brauchten ihre Entscheidung ja nur kurz zu begründen; sie würden das richtige Mass gewiss schon finden. Bei einer Gerichtssache könne man auf die Entscheidungsgründe nicht wohl verzichten. Die Pflicht zur Urteilsbegründung sei stets ein wesentlicher Schutz für die Gerichtsunterworfenen und bedinge den Fortschritt des Rechts.

Darauf ward der Abs. 1 angenommen und der Zornsche Vorbehalt zu Protokoll genommen.[2])

In der zweiten Ausschusslesung erneuerte Zorn seinen Antrag, der für die Entwickelung des Völkerrechts notwendig sei.[3]) Aber v. Martens wiederholte unter dem Beifall von Holls, der juristische Fortschritt bedeute ein praktisches Hindernis. Er unterscheide in den Motiven den Tatbestand und die Entscheidungsgründe.[4]) In letzter Hinsicht entstehe keine Schwierigkeit, wohl aber sei das beim Tatbestand der Fall. Wenn man diesen begründe, so bedeute das meistens die Anerkennung, dass eine Partei gefehlt oder nicht richtig gehandelt habe.

Asser aber fragte den russischen Vertreter, ob er auch nur einen einzigen Schiedsspruch nennen könne, der nicht begründet worden sei.[5]) Die Pflicht der Begründung sei ein ernsthafter Schutz der Unparteilichkeit. „Grâce à cette garantie la sentence arbitrale ne pourra jamais passer pour être arbitraire.“

Doch v. Martens erklärte, die Begründung nicht hindern zu wollen; er vertrete nur die Freiheit. In Beantwortung der von Asser gestellten Frage verweise er aber auf die Schiedssprüche in der Alabama- und Behringsfrage: Damals hätten einige Schiedsrichter wegen der Begründung ihre Unterschrift verweigert.

---

[1]) IV. 147.

[2]) a. a. O.

[3]) IV. 154.

[4]) Das tut auch die ZPO. für den Zivilprozess § 313 Z. 3 u. 4.

[5]) Auch der Kommissionsbericht stellte später fest (I. 138): „il n'y a guère d'exemple de sentence arbitrale non motivée.“

Nunmehr erfolgte die Abstimmung, wobei der Antrag Zorn angenommen und folgende Fassung des Art. 22 Abs. 1 vereinbart wurde:

„La sentence arbitrale, votée à la majorité des voix, est motivée. Elle est rédigée par écrit et signée par chacun des membres du tribunal.“ [1])

2. In der Kommissionssitzung am 17. Juli griff der russische Bevollmächtigte v. Martens unsere Frage noch einmal auf:

Als Jurist könne er die Urteilsbegründung annehmen, aber als praktischer Mann müsse er sie abweisen. Seien die Schiedsrichter in einem grossen Schiedsgericht einig in der Erkenntnis des Unrechts ihrer eigenen Regierung, so könnten sie, ihrem Gewissen folgend, sich der Mehrheitsentscheidung anschliessen; wenn man sie aber zwinge, dieses Urteil auch noch zu begründen und so die Politik und die Massnahmen ihrer Regierung herabzuwürdigen, so befänden sie sich in der Unmöglichkeit ihre Unterschrift herzugeben und man würde so die Tätigkeit der Schiedssprechung erschweren. Die Angabe von Gründen bedeute für den Schiedsspruch etwas anderes als für das Urteil im Zivilprozess. Die Voraussetzungen, unter welchen der eine und der andere Urteilsspruch gefällt werde, seien nicht gleich, und es könnten sich Umstände ereignen, wo die Notwendigkeit der Schiedsspruchbegründung ein Hindernis sei, eine vollständig gerechte Entscheidung herbeizuführen. Übrigens habe auch das englisch-amerikanische Schiedsgericht, das gegenwärtig in Paris tage, die fragliche Notwendigkeit verneint. Da der Ausschuss seiner Auffassung nicht beigetreten sei, habe er Wert darauf gelegt, dieselbe vor der Kommission zu begründen. Möglicherweise teile dieselbe die Ansicht des Ausschusses; aber dann sage er: „dixi et salvavi animam meam“.[2])

Descamps erwiderte:

Der Ausschuss sei in der berührten Frage nicht einig gewesen. Nach seiner persönlichen Ansicht bilde die Notwendigkeit der Schiedsspruchbegründung einen notwendigen Schutz. Es gebe Fragen, die man nicht einfach mit ja oder nein entscheiden könne und da müssten die Gründe das Urteil rechtfertigen. Es gebe kein Beispiel, dass ein Schiedsspruch ohne Gründe gefällt worden sei. Er glaube nicht, dass die von Martens vorgebrachten Bedenken unübersteiglich und mit der Notwendigkeit der Urteilsbegründung unvereinbar seien. Form und Art bleibe der Würdigung des Schiedsgerichts überlassen. Wollten übrigens die Staaten für den Fall, wo der Schiedsspruchbegründung gewichtige Bedenken entgegenstünden, Vorkehrung treffen, so seien sie ja frei, ihre Schiedsrichter von dieser Förmlichkeit zu entbinden.[3])

v. Martens antwortete, wenn man den Regierungen oder den Schiedsgerichten selbst jedesmal die Entscheidung überlasse, so sei alles glatt, doch dürfe man dem Schiedsgericht diese Pflicht nicht allgemein aufladen.

Aber der deutsche Bevollmächtigte Dr. Zorn trat noch einmal mit Wärme für die Notwendigkeit der Schiedsspruchbegründung ein. Die Schiedssprüche müssten Rechtsentscheidungen sein und man könne sich solche ohne Entscheidungsgründe nicht denken. Man möge sich hier, wenn es nötig sei, kurz fassen, aber dürfe sich nicht der Pflicht der Schiedsspruchbegründung völlig entschlagen.[4])

Der holländische Bevollmächtigte Rahusen stimmte dem zu: die Macht eines schiedsrichterlichen Urteils stecke mehr in den Urteilsgründen als in dem Urteil selbst. Unmöglich könne man aber auch auf Schiedssprüche ohne Gründe eine lückenlose internationale Rechtsprechung aufbauen.

---

[1]) Der Descampssche Ausschussbericht hebt hervor: man habe zwar die Bedeutung der von russischer Seite vorgebrachten Erwägungen in gewissem Umfang anerkannt, habe es aber nicht für zulässig gehalten, eine so grundwesentliche Garantie mit Stillschweigen zu übergehen (IV. 19).

[2]) IV. 31 f.

[3]) IV. 32. Vgl. auch den Kommissionsbericht I. 138.

[4]) a. a. O.

Jetzt griff auch Bourgeois in die Debatte ein und bemerkte gegen v. Martens: die Notwendigkeit, den Schiedsspruch mit Gründen zu versehen, besage noch nichts für die Form, welche die letzteren annehmen müssten. Das Schiedsgericht sei frei, je nach seinem Ermessen kürzere oder auch längere Gründe einzustellen.

Darnach wurde die Notwendigkeit der Schiedsspruchbegründung auch von der Kommission bejaht, indem die vorgeschlagene Fassung des Art. 51 gut geheissen wurde.[1])

In der zweiten Lesung der Kommission am 22. Juli bemerkte der serbische Bevollmächtigte Veljkovitch: man habe die Verpflichtung der Urteilsbegründung in der Befürchtung streichen wollen, dass die Urteilsgründe politischer Natur sein könnten und möglicherweise eine Kritik von Regierungsakten enthalten würden. Nach seiner Ansicht gehe es aber gar nicht an, in den Schiedsspruch Politik hineinzutragen. Das würde eine Überschreitung der schiedsrichterlichen Zuständigkeit sein. Immerhin wäre es angesichts der geäusserten Befürchtung vielleicht angemessen, im Protokoll festzustellen, dass der Schiedsspruch nicht mit Erwägungen politischer Art begründet werden dürfe.[2])

Descamps erwiderte aber: der Richter sei souverän in der Auswahl der Gründe, mit welchen er sein Urteil stütze. Man könne indes sicher sein, dass er Recht sprechen und nicht in Politik machen werde.[3])

Darnach wurde der Art. 51 auch in der zweiten Lesung angenommen[4]) und im endgültigen Kommissionsentwurf als Art. 52 eingestellt.[5])

II. Mittlerweilen war vom italienischen Bevollmächtigten Graf Nigra die Frage aufgeworfen worden, ob die Begründung des Schiedsspruchs, also der Mehrheitsentscheidung genüge und nicht auch die der Minderheitsauffassung wiederzugeben sei.[6])

Auch Rolin legte Wert darauf, dass der Schiedsspruch nicht bloss die Urteilsgründe der Mehrheit sondern auch diejenigen der Minderheit enthalte.[7])

Descamps widersprach dem aber: das sehe aus, als habe man zwei Urteile und bringe den Zwiespalt der Schiedsrichter vor die öffentliche Meinung. Man habe den Schiedsrichtern der Minderheit erlaubt, bei der Unterzeichnung die Verweigerung ihrer Zustimmung festzustellen (Art. 52 Abs. 2), aber weiter könne man nicht gehen.[8])

Rolin blieb indes bei seiner Meinung, dass es gut sei, wenn die Schiedsrichter der Minderheit aufgefordert würden, die Verweigerung ihrer Zustimmung urkundlich zu begründen. Freilich halte er das nicht für eine unbedingte Notwendigkeit; deshalb stelle er auch keinen förmlichen Antrag. Die Schiedsrichter, welche im Schiedsgericht nicht durchgedrungen

---

[1]) IV. 33.
[2]) IV. 89.
[3]) a. a. O.
[4]) a. a. O.
[5]) I. 152.
[6]) Kommissionssitzung am 17. Juli IV. 31.
[7]) IV. 33. Vgl. auch den Kommissionsbericht I. 138.
[8]) a. a. O.

seien, würden schon alsbald in dem Bericht an ihre Regierungen oder auch in der Presse ihre Rechtsanschauung zu begründen versuchen. Die Unzuträglichkeit, die darin liege, dass die Meinungsverschiedenheit der Schiedsrichter vor die Öffentlichkeit gebracht werde, könne nicht, wie es sich der Berichterstatter denke, vollständig vermieden werden, und deshalb würde besser von Anfang an Inhalt und Tragweite der Meinungsverschiedenheit dadurch festgelegt, dass die Schiedsrichter der Minderheit sofort ihre verneinende Abstimmung zu begründen hätten.

Aber Graf Nigra und Rolin fanden keinen Anklang und so wurde ihren Anregungen keine weitere Folge gegeben. Man begnügte sich vielmehr mit der urkundlichen Begründung des Schiedsspruchs also der Mehrheitsentscheidung.

§ 85.

Die Verkündung und Zustellung des Schiedsspruchs.

I. Jeder Schiedsspruch muss verkündet werden.[1]) Nach Art. 54 ist die gehörige Verkündung des Schiedsspruchs eine Voraussetzung für seine Wirksamkeit;[2]) insoweit ist das völkerrechtliche Schiedsgericht dem Staatsgericht gleichgestellt.

Für die Verkündung ist im Haager Abkommen keine Frist gesetzt.[3])

Wenn auch das Kompromiss keine Frist setzt, so ist in dieser Richtung alles auf die Gewissenhaftigkeit der Schiedsrichter abgestellt.

Die Verkündung erfolgt nach Art. 53 durch „Verlesen".

Übrigens muss nur der Schiedsspruch selbst,[4]) also bloss die Urteilsformel,[5]) verlesen oder verkündet werden. Die Vorlesung oder mündliche Mitteilung der Entscheidungsgründe, welche nach der ZPO. für den Zivilprozess im Ermessen des Gerichts steht,[6]) ist unserem Abkommen fremd.

Über die Form der Verkündung bestimmt der Art. 53:

„Der Schiedsspruch wird in öffentlicher Sitzung des Schiedsgerichts verlesen, sofern die Agenten und die Rechtsbeistände der Parteien anwesend sind oder gehörig geladen waren."

Diese Bestimmung geht auf den Art. 23 des russischen „projet" zurück,[7]) der eine feierliche[8]) Vorlesung in öffentlicher Sitzung vorgesehen hatte.

Dem deutschen Bevollmächtigten Dr. Zorn passte diese Bestimmung zwar nicht, doch stellte er im Ausschuss sein Bedenken vorerst bis zur

---

[1]) Das gilt nach unserer ZPO. § 310 f. nur für das Urteil und die Zustellung ersetzt nicht die Verkündung. Aber der privatrechtliche Schiedsspruch wird nach der ZPO. nicht verkündet, sondern lediglich zugestellt (§ 1039).

[2]) Das russische „projet" hatte das an zwei Stellen ausgesprochen: im Art. 2 (oben S. 294 f.), der das Vorbild für den jetzigen Art. 31 (oben S. 302) wurde und im Art. 24 (oben S. 297), aus dem der Art. 54 hervorgegangen ist.

[3]) Anders ZPO. § 310 für das Urteil. Das Brüsseler Projekt hatte im Art. IX eine Verkündungsfrist von zwei Monaten bestimmt.

[4]) Art. 53, 54.

[5]) Ganz wie nach der ZPO. § 311 Abs. 1.

[6]) § 311 Abs. 2.

[7]) Vgl. oben S. 297.

[8]) „Lire solennement" Der Ausschuss strich dann das „solennement" (IV. 147 f).

zweiten Lesung zurück[1]) liess dann aber hier die Bestimmung passieren.[2]) Die Änderung erfolgte erst bei der endgültigen Regelung der Anwesenheitsfrage. Darüber ist folgendes zu sagen.

Die Urteilsverkündung erfolgt „en présence des agents et conseils des Parties", — so hatte das russische projet gesagt — „ou eux dûment appelés", so hatte der Ausschuss in erster Lesung hinzugefügt.[3])

In der zweiten Lesung der Kommission fragte dann der österreichische Bevollmächtigte Lammasch, was die Worte bedeuten sollen: „ou eux dûment appelés".

Der darauf erfolgende Meinungsaustausch zwischen Nigra, Renault und Descamps endigte mit einer neuen Fassung, die der Vorsitzende Bourgeois[4]) angeregt hatte.[5])

Es ist das die jetzige Redaktion.

Darnach wird der Schiedsspruch in öffentlicher Sitzung verlesen, wie es weiter heisst: „les agents et conseils des Parties présents ou dûment appelés".

Der amtliche deutsche Text gibt das wieder mit: „sofern die Agenten und die Rechtsbeistände der Parteien anwesend sind oder gehörig geladen waren".

Diese Übersetzung kann irreführen.

Der Wortlaut wenigstens lässt die Deutung zu, dass der völkerrechtliche Schiedsspruch nur dann in öffentlicher Sitzung des Schiedsgerichts verlesen zu werden braucht, wenn („sofern")

„die Agenten und die Rechtsbeistände der Parteien anwesend sind, oder gehörig geladen waren".

Das wäre aber sinnlos und will natürlich durch das „sofern" auch nicht ausgedrückt werden. Der Art. 53 sagt vielmehr: Die Verlesung muss ausnahmslos in öffentlicher Sitzung erfolgen, **wobei** aber die Parteivertreter entweder anwesend oder wenigstens gehörig geladen sein müssen. Die deutsche Übersetzung will folgendes zum Ausdruck bringen: Eine öffentliche Sitzung im Sinn des Art. 53 ist es nur, wenn (sofern) wenigstens die Parteivertreter erschienen oder doch geladen sind.[6])

II. Wie die gehörige Verkündung so ist nach dem Art. 54 auch die Zustellung des Schiedsspruchs — und zwar an die Agenten — eine notwendige Voraussetzung seiner Wirksamkeit.[7])

---

[1]) IV. 148.

[2]) Zweite Lesung des Ausschusses IV. 154 in Vrb. mit 256 rechte Abt.

[3]) IV. 148. Zweite Ausschusslesung IV. 154. Erste Kommissionslesung IV. 33.

[4]) Der Descampssche Kommissionsbericht sagt: Odier (I. 138).

[5]) IV. 89.

[6]) Ebenso Zorn in der „Deutschen Rundschau" 1900 S 133: „Der Schiedsspruch wird in öffentlicher Sitzung in Gegenwart oder nach gehöriger Berufung der Parteivertreter verkündigt." — Über den Standpunkt des GVG. vgl. § 174—176.

[7]) Nach der ZPO. § 1039 ist der Schiedsspruch überhaupt nur zuzustellen, begreiflicherweise nicht auch zu verkünden. Bei Urteilen aber ist die Zustellung, welche übrigens Parteisache ist (§ 317), neben der vorgeschriebenen Verkündung im allgemeinen nicht notwendig (§ 312) und nur die Voraussetzung für ganz besondere Wirkungen. So beginnt mit der Zustellung die Einspruchs-, Berufungs- und Revisionsfrist (§§ 339, 516, 552); auch setzt die Zwangsvollstreckung nach § 750 die Zustellung voraus.

Diese Notwendigkeit der Verkündung und der Zustellung des Schiedsspruchs war übrigens schon im Brüsseler Projekt Art. IX sowie im russischen projet (Art. 24) ausgesprochen.[1]

§ 86.

Die Wirkung und Vollstreckung des Schiedsspruchs.

I. Bereits das Schiedsabkommen resp. der Schiedsvertrag begründet die Verpflichtung der Parteien, sich dem Schiedsspruch nach Treu und Glauben zu unterwerfen.[2] Ein eigener Unterwerfungsvertrag ist also nicht nötig.

Der Art. 54 bestimmte dann genauer:

„Der gehörig verkündete und den Agenten der streitenden Teile zugestellte Schiedsspruch entscheidet das Streitverhältnis endgültig (définitivement) und mit Ausschliessung der Berufung.“

Der völkerrechtliche Schiedsspruch hat hiernach, ganz wie es die Zivilprozessordnung § 1040 für den privatrechtlichen Schiedsspruch feststellt, unter den Parteien die Wirkung eines rechtskräftigen d. h. nicht mehr anfechtbaren gerichtlichen Urteils.

II. Dass auch der völkerrechtliche Schiedsspruch nur die Parteien bindet, die den Schiedsvertrag geschlossen haben, ist im Art. 56, welcher auf einen Antrag des holländischen Bevollmächtigten Asser zurückgeht[3] und in „dankenswerter“[4] Weise im Abs. 2 auch zur Frage der Nebenintervention oder Beteiligung Dritter am Rechtsstreit Stellung nahm, eigens hervorgehoben.

Der Art. 56 lautet in seiner jetzigen Fassung:[5]

„Der Schiedsspruch bindet nur die Parteien, die den Schiedsvertrag geschlossen haben.

Wenn es sich um die Auslegung eines Abkommens handelt, an dem sich noch andere Mächte beteiligt haben, als die streitenden Teile, so geben diese ihnen von dem Schiedsvertrage, den sie geschlossen haben, Kenntnis. Jede dieser Mächte hat das Recht, sich an der Streitsache zu beteiligen. Wenn eine oder mehrere von ihnen von dieser Berechtigung Gebrauch gemacht haben, so ist die in dem Schiedsspruch enthaltene Auslegung auch in Ansehung von ihnen bindend.“

Der Abs. 2 hat seine eigentliche Bedeutung für die allgemeinen oder Konferenzabkommen.[6]

Über die Besetzung des Schiedsgerichts in diesem Fall vgl. oben S. 306 f.

---

[1]) Vgl den Wortlaut oben S. 297. Die Bestimmung, dass die Verkündung und Zustellung das Schiedsverfahren schliesse, war im Hinblick auf Art. 39, 50 zu streichen. Vgl. oben S. 324.

[2]) Art. 18 und 31. Vgl. oben S. 189, 303. Schon bei der Beratung des Schiedshofprojekts hatte Holls die Notwendigkeit betont, dass sich die Parteien im voraus dem Schiedsspruch unterwerfen (IV. 130).

[3]) IV. 148. Vgl. auch den Descampsschen Ausschussbericht IV. 19.

[4]) Zorn, „Deutsche Rundschau“ 1900 S. 133.

[5]) Die ursprüngliche Fassung des damaligen Art. 24 bis (IV. 148, 156) zeigt nur kleine sprachliche Verschiedenheiten.

[6]) „Unions universelles“ (Descampsscher Kommissionsbericht I. 140).

III. Über die Vollzugsfrage schwieg sich das russische projet aus. Hier war noch eine schwierige und höchst gefährliche Stelle zu passieren.

Die Haager interparlamentarische Konferenz 1894 hatte für die völkerrechtlichen Schiedssprüche die „force d'une sentence exécutive" verlangt.[1]) Aber das Brüsseler Projekt (1895), welches darauf ausgearbeitet wurde, hob im Art. XI ausdrücklich hervor: „L'exécution des décisions de la Cour est confiée à l'honneur et à la bonne foi des Etats en litige". Vgl. oben S. 215.

Im Ausschuss der Haager Friedenskonferenz hatte es niemand gewagt, die Exekutionsfrage aufzuwerfen.

Aber die Kommission wurde doch noch vor die Entscheidung gestellt, die leicht hätte verhängnisvoll werden können, obschon sich der Antragsteller der grössten Masshaltung befleissigte und es nur mit einer Fristsetzung für die „exécution" oder den Vollzug versuchte.

Das italienisch-argentinische Schiedsabkommen von 1898 Art. 12 (oben S. 67) hatte nämlich die Bestimmung:

Der Schiedsspruch muss die Frist bestimmen, innerhalb welcher er zu vollziehen ist.

Der italienische Bevollmächtigte Graf Nigra stellte demgemäss in der ersten Kommissionslesung am 17. Juli folgenden Antrag:

„Le Tribunal doit être autorisé à déterminer le délai dans lequel la sentence devra être exécutoire".[2])

Der belgische Bevollmächtigte Descamps meinte zur Empfehlung des Antrags, man müsse freilich an den Fall denken, dass der Vollzug des Schiedsspruchs von einer Partei hinausgezogen werde; deshalb erhalte zweckmässiger Weise der Richter die nach Belieben zu betätigende Befugnis, hierfür eine Frist zu setzen. Der Ausschuss möge diese Frage prüfen.[3])

Auch der Präsident Bourgeois unterstützte diesen Wunsch und meinte, der Ausschuss könne bis zur zweiten Kommissionslesung eine einschlägige Fassung bereit haben.[4])

In der zweiten Spezialsitzung des Ausschusses am 18. Juli hatte man sich mit dem Antrag Nigra zu beschäftigen.[5])

Und hier erstand dann aber dem Antrag im deutschen Vertreter Dr. Zorn ein heftiger Gegner. Dieser erklärte, er habe in dieser Richtung zwar keine Instruktion, aber er glaube nicht, dass die deutsche Regierung auf den Antrag eingehen werde.

Aus diesem „sofortigen scharfen Widerspruch"[6]) zog der italienische Vertreter als gewiegter Diplomat sofort die Konsequenz. Er hatte wohl auch nur einmal sondieren wollen und stand, um keine weiteren Erörterungen zu veranlassen, sofort von seinem Antrag ab.[7])

---

1) Vgl. oben S. 212.
2) IV. 31.
3) IV. 32.
4) IV. 33.
5) IV. 191.
6) Zorn im „Tag" 1903 No. 301 Ziff. IV.
7) IV. 191.

Bei der zweiten Lesung der Kommission am 22. Juli teilte das der Vorsitzende Bourgeois mit dem Beifügen mit, dass der Bericht von dem Antrag wenigstens Erwähnung tun möge.[1])

Der Descampssche Kommissionsbericht entsprach diesem Wunsch und stellte dabei fest, dass Dr. Zorn den Antrag bekämpft und der Ausschuss es nicht für rätlich gehalten habe, sich am Schluss der Verhandlung, deren Ergebnisse bereits den Regierungen zugestellt seien, noch auf eine Neuerung festzulegen.[2])

„Der unbedingte deutsche Widerspruch"[3]) hatte in der Tat seine guten Gründe und es ist dem deutschen Vertreter zu danken, dass die Schiedskonvention hier vor einer bedenklichen Beigabe bewahrt wurde.

Eine Fristsetzung für den Vollzug hat nur da einen Sinn, wo der Vollzug erzwungen werden kann, also Zwangsvollstreckung wird.

Man muss eben Rechtskraft und Vollstreckbarkeit auseinanderhalten. Unsere Zivilprozessordnung kennt auch eine vorläufige Vollstreckbarkeit bei noch nicht rechtskräftigen Urteilen. Und anderenteils hat der privatrechtliche Schiedsspruch die Wirkung eines rechtskräftigen Urteils;[4]) aber die Zulässigkeit der Zwangsvollstreckung erfordert bei dem Urteil erst noch die Vollstreckungsklausel, bei dem Schiedsspruch gar noch ein Vollstreckungsurteil.[5])

Auch der völkerrechtliche Schiedsspruch ist rechtskräftig oder endgültig (definitiv), d. h. er kann durch kein Rechtsmittel mehr angefochten werden.

Aber der Vollzug ist lediglich Sache der unterlegenen Partei: es gibt hier überhaupt keine Zwangsvollstreckung.

Gewiss hat schon mancher Friedensfreund den Wunsch ausgesprochen, dass bald ein internationaler Vollstreckungsapparat funktioniere.

Bajer beispielsweise denkt an ein „interministerielles Exekutiv-Komitee".[6])

Ich will hier nicht weiter darauf eingehen. Sicher fehlt hierzu noch jeder Ansatz;[7]) und die internationale Vollstreckungsidee ist vorerst ein Traum. Ich komme auf diese Frage vielleicht in einer anderen Schrift zurück.

Das Schiedsgericht ist auch nicht befugt, einer dritten Macht einen Vollstreckungsauftrag zu erteilen.[8]) Seine Zuständigkeit wird mit der Entscheidung der Streitsache verbraucht,[9]) und der Schiedsspruch bindet nur

---

[1]) IV. 89.

[2]) I. 138

[3]) Zorn in der „Deutschen Rundschau" 1900 S. 124.

[4]) ZPO. § 1040.

[5]) ZPO. §§ 724, 1042. Das Vollstreckungsurteil darf nur dann verweigert werden, wenn ein gesetzlicher Aufhebungsgrund nach Massgabe der ZPO. § 1041 vorliegt.

[6]) Vgl B. v. Suttner, Tagebuchblätter S. 104.

[7]) Wenn schon einmal ein europäisches Polizeiheer auf Kreta den Willen Europas vollstreckte und wenn sich die Staaten schon zu Repressalien und Strafexpeditionen (China und Venezuela) vereinigten, so war das doch nur der Ausdruck einer ganz aussergewöhnlichen und intensiven Interessengemeinschaft und schliesslich die verschleierte Form des Kriegs.

[8]) Auch nicht in Beschränkung auf die Kostenfrage, obgleich hier schon einer anderen Auffassung das Wort geredet wurde.

[9]) Art. 54.

die Parteien,[1]) kann also für Unbeteiligte keine Pflichten begründen. Der Umstand, dass ein Staatsoberhaupt als Schiedsrichter gewirkt hat, ändert nichts an dem Gesagten. Auch dieser ist mit der Entscheidung am Ende seiner Tätigkeit, und die Nichterfüllung berührt nicht seine Ehre.

Die Erfüllung ist lediglich Sache des unterlegenen Staates. Weigert sich die unterlegene Partei, so ist der Zwangsvollzug Sache des Siegers. Besteht dieser auf der Erfüllung, so muss er zu Repressalien greifen und nötigen Falles auch Krieg führen. Man ist dann also schliesslich so weit wie am Anfang des Streites.

Über diese Unfertigkeit des völkerrechtlichen Schiedsrechts täuscht keine Kunst hinweg. Das ist und bleibt der schwache Punkt der internationalen Schiedsgerichtsbarkeit.

Andernteils muss allerdings anerkannt werden, dass in allen bisherigen Schiedsgerichtsfällen die Erfüllung, welche übrigens ja auch durch den Abschluss des Schiedsabkommens resp. Schiedsvertrags als Rechtspflicht übernommen wird, nicht ein einziges Mal verweigert worden ist. Das sittliche Verdikt würde auch nicht ausbleiben; und mit dieser „force morale obligatoire“ [2]) muss das Völkerrecht auskommen. Auch das italienisch-argentinische Schiedsabkommen, welches eine Frist für den Vollzug vorsieht, erklärt dann nichtsdestoweniger: „Der Vollzug ist der Ehre der Signatarmächte anvertraut“. Angesichts einer freiwilligen Erfüllung hat es dann aber wahrlich keinen Sinn, eine Frist zu setzen; vielmehr muss man hier mit jeder, wenn auch verspäteten Erfüllung zufrieden sein und darf nicht durch formalistische Schärfen neue Schwierigkeiten schaffen.

Die Vollzugsfrage, welche, an und für sich betrachtet, der schwache Punkt der völkerrechtlichen Schiedssprechung ist, wird übrigens aber auch insolange keine Schwierigkeiten machen, als der Bogen nicht überspannt und die Schiedssprechung in Wahrheit nur auf den Willen der Parteien zurückgeführt wird.

Dieser Frage hatte Descamps in seiner Denkschrift seine ganz besondere Aufmerksamkeit gewidmet.[3])

Descamps sah sich der Alternative gegenüber: entweder bleibt das Urteil ohne tatsächliche Sanktion oder man organisiert einen Zwang; „aber“, so meinte er, „wäre das Mittel nicht gefährlicher als dann das Übel?“

Die freiwillige Erfüllung des Schiedsspruchs kann eben um deswillen erwartet werden, weil die Parteien ja freiwillig das Gericht angerufen, die Befugnisse desselben begründet sowie umgrenzt und sich dadurch im voraus unterworfen haben.[4])

Auch Descamps hatte erkannt, dass es keine andere Garantie gibt, als sie in dem Freiwilligkeitsprinzip selbst gelegen ist: „Die schiedsrichterliche Lösung ist das Gesetz der Parteien, ein Gesetz, das von diesen im voraus angenommen ist. Der charakteristische Zug des Schiedsgerichts ist ausdrücklich die gemeinsame Unterwerfung unter einem frei gewählten

---

[1]) Art. 56.
[2]) IV. 35.
[3]) S. 64 ff.
[4]) Vgl. auch Fried „Weder Sedan noch Jena“ S. 64.

Richter, mit der förmlichen Verpflichtung sich loyal dem Urteil zu unterwerfen."

Selbst der den Engländern so unbequeme Schiedsspruch in der Alabamafrage 1872 wurde freiwillig vollzogen: „in Gemässheit der Ergebenheit und des Respekts, welche der Entscheidung eines Gerichtes gebühren, dessen Urteil die Staaten anzunehmen eingewilligt haben." [1])

Lasse man also die Frage der völkerrechtlichen Zwangsvollstreckung der Schiedssprüche nur ruhig beiseite: es ist das die Quadratur des Zirkels.

Man wird mit Descamps sagen müssen, dass hier die Organisation eines Zwangs „kaum durchführbar und gefährlich" ist.[2])

Ich stimme auch Zorn[3]) vollständig bei:

„Ehrenwort und Ehrenpflicht des internationalen Staatenlebens werden also dafür eingesetzt. Und das muss genügen. Ein weiteres ist unmöglich. Es ist nach meiner Überzeugung völlig undenkbar, mit irgend welcher Aussicht auf praktischen Erfolg Vorschriften für den Vollzug von Schiedssprüchen aufstellen zu wollen. Internationale Vollzugsorgane könnte kein seiner selbst bewusster Staat vertragen."

Ich füge hinzu: es würde sich auch nur eine Quelle neuer und zwar unaufhörlicher, gewiss auch kriegerischer Verwicklungen auftun.

Aber um so mehr muss angesichts des Fehlens einer Zwangsvollstreckung das Freiwilligkeitsprinzip, an dem die völkerrechtliche Schiedssprechung allein einen festen Halt gewinnt, rein und unverfälscht zur Durchführung kommen; um so mehr muss die Anrufung der Schiedssprechung in jedem einzelnen Fall nur das Ergebnis eigener freier Entscheidung sein.

Hier mit der staatlichen Rechtsordnung rivalisieren zu wollen, ist unmöglich. Die obligatorische Unterordnung der Kulturvölker unter das Recht oder jene Entwickelungsstufe, auf welcher die Unterordnung der Streitenden unter das Gesetz im Notfall erzwungen werden kann,[4]) ist insolange pure Phantasie, als es noch wirklich souveräne Staaten gibt.

Schliesslich muss doch auch noch mit Nichtigkeitsgründen gerechnet werden.

Die deutsche ZPO. § 1041 hat dieselben zusammengestellt[5]) und daran das Recht der unterlegenen Partei geknüpft, die Aufhebung des Schiedsspruchs bei Gericht eventuell sogar noch nach erfolgter Vollstreckung[6]) zu beantragen.

Aber auch in dieser Beziehung steht das Völkerrecht wenigstens zur Zeit noch erheblich schlechter, wenn hier auch die Reform leichter durchzuführen ist.

---

[1]) So damals Sir Alexander Cockburn.

[2]) S. 69 Ähnlich Fried, die Haager Konferenz S. 67.

[3]) „Tag" 1903 No. 301 Ziff. IV.

[4]) Das erwartet man von der dritten Entwicklungsstufe des Rechts (Fried, Handbuch der Friedensbewegung S. 214).

[5]) Unzulässigkeit des Verfahrens, Verurteilung zu einer verbotenen Handlung, mangelhafte Prozessvertretung, Nichtgewährung des rechtlichen Gehörs, Fehlen der Entscheidungsgründe, Zulässigkeit der Restitutionsklage.

[6]) ZPO. § 1043.

Schon der Entwurf des institut de droit international (Art. 27) sowie das russische „projet" hatten Nichtigkeitsgründe vorgesehen.

Der Art. 26 des russischen Entwurfs im Abs. 1 erwähnte als solche die Nichtigkeit des Schiedsvertrags, die Kompetenzüberschreitung und die Bestechung.[1])

Der holländische Vertreter Asser hob indes mit Recht hervor, dass dieser Artikel nur einen Sinn habe, wenn man zugleich auch eine Instanz schaffe, welche mit der Nichtigkeitserklärung betraut würde. Im andern Fall solle man lieber von Nichtigkeitsgründen schweigen.[2])

Der Präsident erklärte das für einen Einwand, dem der Ausschuss seine ganze Aufmerksamkeit zuwenden müsse und meinte gleichfalls:

Keine Nichtigkeitsgründe ohne Instanzenzug! Andernteils, so führte er aus, könne man aber auch den Parteien nicht, wie Descamps und Odier gemeint hätten, die Entscheidung des ständigen Schiedshofs aufnötigen für die Instanzen, für welche sie dessen Entscheidung gar nicht angerufen hätten.[3])

Einen regelrechten Instanzenzug einzurichten, konnte man sich nun aber auf der Konferenz nicht entschliessen, und damit verschwanden auch die Nichtigkeitsgründe aus dem Abkommen.[4])

Das Fehlen der Instanz, selbst wo natürliche Nichtigkeitsvoraussetzungen gegeben erscheinen, bleibt aber eine empfindliche Lücke. Wer hier durch ein frivoles Schiedsgericht, das lieber der Politik als dem Recht diente, geschädigt wird, ist ohne Rechtsschutz, während andernteils aber auch eine frivole Partei schliesslich mit beliebigen Anfechtungsgründen die öffentliche Meinung düpieren kann.

Wie nämlich die Sache heute liegt, bleibt der unterlegene Staat selbst Richter über die Frage, ob Nichtigkeitsgründe vorliegen und je nachdem wird er dann den Vollzug verweigern. Das ist ein beklagenswerter Zustand, dem durch die Einstellung eines Instanzenzuges hätte begegnet werden sollen.

§ 87.

Die Nachprüfung des Schiedsspruchs.

Die Frage der Nachprüfung war eine der umstrittensten Fragen des ganzen friedensrechtlichen Abkommens.

Das russische projet hatte zweimal (Art. 2 und 24) die Bestimmung eingestellt, dass der Schiedsspruch „sans appel" ergehe, ein Beweis, wie

---

[1]) Vgl. oben S. 297.

[2]) IV. 149. Im Descampsschen Kommissionsbericht heisst es: „*M. Asser a demandé de son côté si l'on ne pourrait trouver un pouvoir à qui incomberait la mission de déclarer nulle la sentence, afin de ne pas laisser cette appréciation si grave à l'arbitraire ou à l'initiative de l'Etat qui aura été condamné.*" (I. 139).

[3]) a. a. O.

[4]) Vgl. auch den Descampsschen Kommissionsbericht I. 139: „Le Comité s'est arrêté dans l'examen de cette question, devant les inconvénients de prévoir des cas de nullité sans determiner en même temps qui sera juge d'apprécier ces cas. On a fait observer toutefois que la Cour permanente d'arbitrage pouvait mettre les Etats sur la voie d'une solution dans cet ordre".

viel der russischen Regierung an dem Ausschluss der Berufung bei der Schiedssprechung lag.

I. Die dann aber von Amerika aufgeworfene und mit Energie vertretene Frage der zweiten Verhandlung hat im Ausschuss wie in der Kommission zu wiederholten und lebhaften Erörterungen geführt,[1]) aus welchen schliesslich ein Zusatzartikel (Art. 55) hervorging, der eine „revision" schuf, die uns in der amtlichen Übersetzung als „Nachprüfung" entgegentritt. Durch diese Übersetzung wollte die Reichsregierung andeuten, dass die „revision" des Art. 55 eine ganz eigenartige Institution sei, die sie in der Tat auch ist. Ich stelle zunächst die Verhandlungen dar.

1. Als der Ausschuss

a) in erster Lesung am 23. Juni über den Art. 2 des „projet" beriet, regte der amerikanische Bevollmächtigte Holls die Streichung der Worte „sans appel" und die Einsetzung folgender Bestimmung an:

„tout litigant aura droit à une seconde audition".[2])

Asser und Descamps waren aber lediglich mit der Streichung einverstanden, weil das „sans appel" ja im Art. 24 wiederkehre,[3]) und der letztere regte dann unter der Zustimmung von Holls an, die Entscheidung bis zur Beratung über den Art. 24 zu vertagen.[4])

In der nächsten Ausschusssitzung am 26. Juni stand der Art. 24 und damit die „question de revision" zur Beratung.[5])

Vorweg sei bemerkt, dass in der ganzen Verhandlung unterschiedslos von appel und revision gesprochen wurde, dass aber die schliesslich zugestandene „revision" keines von beiden ist.

Das Brüsseler Projekt von 1895 hatte im Art. X für jeden Fall das Recht des „appel" anerkannt und eine Berufungsfrist von drei Monaten — gerechnet von der „notification" — angeordnet.

Die Berufung ging hiernach an den Schiedshof, wobei aber nicht bloss die von den Streitmächten ernannten Mitglieder, sondern auch die Richter erster Instanz ausgeschlossen waren.

Descamps hätte übrigens seiner Zeit an Stelle dieser Berufung lieber die Revision eingeführt gesehen.[6]) Aber im Übrigen konnte man dem Brüsseler Projekt schon zustimmen.

Die Berufung war ferner auch vorgesehen im Entwurf des institut de droit international Art. 13; eine beschränkte Revision war zugelassen in dem nicht ratifizierten englisch-amerikanischen allgemeinen Schiedsabkommen von 1897, sowie in dem italienisch-argentinischen Abkommen von 1898.[7])

---

[1]) Auch der Descampssche Kommissionsbericht stellte das fest: „La question de la revision de la sentence arbitrale a été vivement discutée au sein du Comité d'abord, puis dans l'assemblée générale de la Troisième Commission" (I. 138).

[2]) IV. 140. I. 139.

[3]) a. a. O. Aber v. Martens hielt die gleichzeitige Aufnahme der Bestimmung im Art. 2 und 24 für nötig.

[4]) IV. 140.

[5]) IV. 148.

[6]) Denkschrift S. 73. Es wird sich übrigens zeigen, dass Descamps später bei den Verhandlungen im Haag auch die Revisionsidee bekämpfte.

[7]) Vgl. oben S. 67.

An Anregung hat es also nicht gefehlt. Freilich war die gerichtliche Nachprüfung eines völkerrechtlichen Schiedsspruchs in irgend welcher Form bis dahin in der Praxis überhaupt noch nicht vorgekommen.

Das Haager Schiedshofprojekt der Amerikaner hatte eine „seconde audition", also eine zweite Verhandlung vor denselben Richtern, spätestens drei Monate nach der Zustellung des Schiedsspruchs wenigstens für den Fall gewünscht, dass es sich um neue Beweise oder neue Rechtsfragen handele:

s'il déclare pouvoir invoquer des témoignages nouveaux ou des questions de droit non soulevées et non tranchées la première fois).[1])

Bei der Beratung des Art. 24 des projet begann nun Holls mit der Versicherung, dass seiner Regierung an dieser Frage viel gelegen sei. Bei Schiedsverträgen lasse sich eine zweite Verhandlung ja vorsehen, aber für die Rechtsprechung des ständigen Schiedshofes müsse das allgemein festgelegt sein. Er behalte sich die schriftliche Entwickelung dieser Ansicht für später vor.[2]) Der holländische Vertreter Asser trat dieser Ansicht unter dem Hinweis bei, es sei besser, wenn die unterlegene Partei das Recht der zweiten Verhandlung erhalte, als dass sie die Annahme des Schiedsspruchs ablehne.

Das ist allerdings ein Gesichtspunkt, mit dem gerechnet werden muss.

Der russische Vertreter v. Martens aber entgegnete, man müsse zwischen dem besonderen und dem ständigen Schiedsgericht unterscheiden. Mit dem letzteren Falle werde man sich zur passenden Zeit beschäftigen. Handle es sich aber um ein besonderes Schiedsgericht, so müsse den Regierungen die Freiheit gewahrt bleiben. Wenn man hier im voraus die Revision zulasse, so nehme man der Schiedssprechung zum Teil ihre Bedeutung und verewige den Streit, den man beseitigen wolle. Er erblicke in dem Antrag nicht bloss keinen Nutzen, sondern sogar eine Gefahr. Man solle den Parteien in dieser Richtung Freiheit lassen. Der Schiedsspruch müsse eine endgültige Entscheidung sein.

Descamps stellte fest, dass die amerikanische Idee in dem Art. 13 des vom institut de droit international ausgearbeiteten Entwurfs einer Schiedsprozessordnung bereits Verwirklichung gefunden habe. Es sei nur die Frage, ob man das Revisionsprinzip im Projekt festlegen oder den Parteien nur das vertragsmässige Recht freihalten solle.

Diese Frage liess Descamps aber vorerst offen.

Holls blieb indes bei seinem Standpunkt und auf seinen Antrag wurde sodann die Verhandlung über die Streitfrage vertagt.[3])

b) In der zweiten Lesung des Ausschusses am 30. Juni[4]) erneuerte Holls seinen Antrag unter Erweiterung der Frist auf sechs Monate[5]) und führte zur Unterstützung des Prinzips der zweiten Verhandlung folgendes aus: Er billige mit Martens den Satz, dass

---

[1]) Ziff. 7. Vgl. oben S. 220.
[2]) IV. 148.
[3]) IV. 148.
[4]) IV. 154 f.
[5]) IV 154.

der Schiedsspruch endgültig und „sans appel" sein müsse; aber sein Antrag widerspreche dem nicht. Er komme nicht der Unzufriedenheit der Parteien entgegen, sondern berücksichtige nur neue Tatsachen, wenn dieselben die Sachlage verändern, wie sie von den Schiedsrichtern ins Auge gefasst worden sei. Finde man z. B. nachträglich eine Karte im Original, welche die Grenze genau angebe, so sei zwar keine Revision im technischen Sinn und keine Berufung an neue Richter nötig, aber es sei doch ganz natürlich, dass dieselben Richter von neuem die Sachlage prüfen, die sie nur unvollkommen gekannt hätten.

Auch der deutsche Bevollmächtigte Dr. Zorn erklärte den amerikanischen Antrag für sehr beachtenswert; es könne in der Tat eine Entscheidung endgültig und doch irrig sein. Würde der Antrag Holls abgelehnt, so müsste man wenigstens den Art. 12 ändern und den Parteien das Recht geben, nach Schluss des Vorverfahrens und selbst nach der Verhandlung noch Ergänzungsakten vorzulegen.[1]) Andernteils sei es klar, dass der Antrag Holls nichts mit der Berufung gemein habe, denn man appelliere von einem Richter zum andern, während nach dem Antrag Holls dieselben Richter sozusagen nur ihre erste Untersuchung zu vervollständigen hätten.

Die Debatte ging nunmehr auf die zu allgemein gehaltenen Revisionsvoraussetzungen über.[2])

Während Asser eine genauere Fassung verlangte, trat der englische Bevollmächtigte Pauncefote scharf gegen den amerikanischen Antrag auf. Er meinte, ob es in der Vergangenheit denn überhaupt Fälle gebe, nach welchen die Revision unter so weiten Voraussetzungen, wie sie der Antrag Holls festlege, zulässig gewesen sei. Der italienische Vertrag[3]) habe wenigstens ausdrücklich die Fälle namhaft gemacht, in welchen eine neue Verhandlung zulässig sein solle. Könne man jetzt an Stelle dieser bestimmten Vorkehrungen eine Voraussetzung von so allgemeiner Natur setzen?

Nunmehr trat auch Descamps aus seiner Reserve heraus und erhob grundsätzlichen Widerspruch gegen den Antrag: Die Parteien könnten wohl in bestimmten Fällen die Revision vorsehen, aber eine Vorkehrung allgemeiner Art, durch ein Abkommen aller Signatarmächte sei unmöglich.

Holls widersprach dem indes und erklärte weiterhin, er bestehe nicht gerade auf seiner Fassung, nehme vielmehr jede Redaktion an, welche die Grundgedanken seiner Regierung verwirkliche, so z. B. auch den Text des vorher von Descamps erwähnten Artikels des institut de droit international.

---

[1]) Hiergegen wandte sich alsbald der russische Vertreter v. Martens. Das Vorverfahren, in welchem die Aktenvorlage erfolge und abgeschlossen werde, müsse einmal sein Ende haben. Was aber die Verhandlung betriffe, so wolle er hier den Anregungen des amerikanischen Vertreters nach Möglichkeit Rechnung tragen (IV. 155).

[2]) IV. 155.

[3]) Mit Argentinien. Bourgeois teilte den einschlägigen Art. 13 mit (IV. 195). Vgl. denselben oben S. 67 f.

Aber auch der holländische erste Vertreter van Karnebeek konnte sich für den Antrag nicht erwärmen und griff ihn von allen Seiten an. Er fragte: was ist eine neue Tatsache und nach wessen Urteil bestimmt sich das? Die Hauptaufgabe einer internationalen Schiedssprechung ist ja doch wohl die Beseitigung von Streitigkeiten: die Klärung der Rechtsfrage ist zwar wesentlich wie im Privatrecht, kommt aber erst an zweiter Stelle. Weiter: Der Unterlegene bringt nach dem Antrag Holls die zweite Verhandlung vor dieselben Richter; aber wie ist es, wenn nach Ablauf der sechs Monate dieselben Richter nicht mehr zu haben sind? Zieht man neue Richter hinzu, so ist das eine neue Schiedssprechung, keine zweite Verhandlung. Schliesslich ist auch die Notfrist zu kurz bemessen. Es ist unbillig, die zweite Verhandlung zu versagen, wenn man auf die neue Tatsache erst einige Tage nach der sechsmonatlichen Frist stösst.[1])

v. Martens unterstützte diesen heftigen Angriff mit folgenden Fragen an den Antragsteller: Wer soll Richter über die neue Tatsache sein, doch wohl der unterlegene Teil? Wird man nicht die Beweismittel, die man früher gering geschätzt, auf einmal als neue Tatsachen ausgeben?[2])

Das waren viele Fragen auf einmal, die einem heiss machen konnten und Holls wünschte jetzt, dass die Beratung über den Art. 24 abgebrochen werde, um bis zur nächsten Ausschusssitzung eine bessere Verständigung zu erzielen.[3])

In der Ausschusssitzung am 11. Juli[4]) legte Asser eine mit Holls vereinbarte Fassung vor, die dann auch, um das vorweg zu nehmen, nach einer weiteren Debatte mit Änderungen, die der Präsident anregte, angenommen wurde. Die Bemühungen Assers waren darauf gerichtet gewesen, der Revision juristisch bestimmte Grenzen zu setzen.

Der Präsident stellte zunächst die Revisionsfrage als Prinzip zur Abstimmung. Der schweizerische Vertreter Odier erklärte, noch keine Instruktionen zu haben; seine persönliche Meinung aber stehe der Revision ablehnend gegenüber; er wünsche endgültige Entscheidung.[5])

Die Abstimmung über das „principe de la revision" ergab sechs Stimmen dafür (Holland, Deutschland, Österreich-Ungarn, Italien, England und die Vereinigten Staaten von Amerika)[6]) und drei Stimmen dagegen (die Schweiz, Belgien und Russland).[7]) Das Revisionsprinzip war also angenommen.[8])

---

[1]) IV. 155 f.

[2]) IV. 156.

[3]) IV. 156 (am Schluss des Art. 24).

[4]) IV. 158 ff.

[5]) IV. 159.

[6]) Asser, Zorn, Lammasch, Nigra, Pauncefote, Holls.

[7]) Odier, Descamps, v. Martens.

[8]) v. Martens kam aber später, nachdem die Revision doch bereits zugelassen war, noch wiederholt darauf zurück, dass das Revisionsprinzip und die Schiedssprechung Gegensätze seien. Man würde die Streitigkeiten, die man habe beseitigen wollen, nur verlängern (IV. 159). Asser verkannte das Gewicht dieser Gründe nicht, aber deshalb sei ja eine kurze Revisionsfrist gesetzt. Wenn nicht Akten gefälscht oder vorenthalten worden seien, habe v. Martens Recht. Im andern Fall sei es aber besser, den Streit zu

Nunmehr handelte es sich um die Feststellung des Textes.[1])

Pauncefote wollte die Revision auf den Fall beschränkt sehen, dass man neue Urkunden (nouveaux documents) auffinde und fragte an, ob darnach auch die Fälschung ein Revisionsgrund sei. Holls bejahte dies: die Fälschung sei ein Fall der Nichtigkeit und eine neue Tatsache. So müsse die Fassung Asser verstanden werden.

Pauncefote wollte den Text des italienisch-argentinischen Vertrags zugrunde gelegt sehen.[2]) Asser aber hielt diese Fassung für zu weit: dort handle es sich auch in Wirklichkeit nicht bloss um die Revision, sondern um die Berufung.[3])

Der Präsident unterschied: Entdeckung eines Irrtums und einer neuen Tatsache. Im ersten Fall könne man den Schiedsspruch nicht wieder fraglich erscheinen lassen; denn das sei eine Gewissensfrage der Richter. Im zweiten Fall stehe die Sache anders. Neu sei aber eine Tatsache, die den Schiedsrichtern und Parteien zugleich unbekannt geblieben sei. Man möge den Artikel in diesem Sinn abfassen.

Dann waren noch zwei Fragen ins Auge zu fassen: die Frist- und die Zuständigkeitsfrage.

Die von Nigra gestellte Zuständigkeitsfrage[4]) beantwortete Asser dahin, dass für die Beurteilung einer Fälschung das Schiedsgericht der Hauptsache zuständig sei.

---

verlängern als eine Ungerechtigkeit zu verewigen (IV. 160). Pauncefote stimmte dem bei (a. a. O.). Holls meinte: streiche man die zweite Verhandlung, so gewinne man ja wohl drei Monate hinsichtlich der Beilegung des Streites, laufe aber Gefahr, eine augenscheinliche Ungerechtigkeit nicht mehr gut machen zu können (IV. 160). Descamps aber erwiderte, die Möglichkeit einer Ungerechtigkeit sei bei jeder Rechtsprechung gegeben. Und welches sei die Lage der Schiedsrichter während der drei Monate? Sie wären fortwährend der Möglichkeit ausgesetzt, von neuem zusammenberufen zu werden (IV. 160). v. Martens glaubte die Frage der Justiz und der internationalen Verständigung unterscheiden zu sollen. Das juristische Gewissen sei für die Revision; aber diese sei eine gefährliche Waffe, welche die Autorität der Schiedssprechung ins Wanken bringe. Man liefere den Schiedsspruch allen Angriffen der Presse aus, welche in der Hoffnung, dass der Schiedsspruch nicht endgültig sei, Nahrung finden würden. In den konstitutionellen Ländern würde die öffentliche Meinung die Regierung auffordern, eine zweite Verhandlung zu verlangen. Der Streit werde sich verewigen, statt erlöschen. Und doch wäre die internationale Beruhigung ihre einzige Aufgabe (IV. 160). Holls aber erwiderte, nichts bringe die Schiedssprechung mehr um ihren Ruf, als wenn sich diese Furcht vor einer möglichen und nicht wieder gut zu machenden Ungerechtigkeit befestigen würde (IV. 60).

Diese wiederholte Erörterung einer bereits entschiedenen Frage, welche dann der Präsident auch abschnitt (IV. 160) beweist, welche Bedeutung der Prinzipienfrage beigelegt wurde.

Sogar unmittelbar vor der endgültigen Abstimmung über die Fassung kam v. Martens noch einmal auf die Prinzipienfrage zurück, indem er sein ablehnendes Votum damit begründete, die Zulassung einer zweiten Verhandlung bedeute für die Zeit der Notfrist eine Suspension der Vollstreckung (IV. 161).

[1]) IV. 159.

[2]) IV. 159. Vgl. schon oben S. 352.

[3]) IV. 159. Pauncefote regte aber an, dass die einschlägigen Erörterungen zum Art. 13 des italienisch-argentinischen Vertrages aus dem Kommentar von Corsi vorgelesen würden (vgl. IV. 159), welchem Ansinnen der Präsident auch entsprach, worauf er dann aber die Ansicht von Asser erst recht für begründet erklärte, dass die Fassung des Art. 13 zu weit sei. Der Ausschuss beschloss darnach auch, die Fassung des italienisch-argentinischen Vertrages nicht zugrunde zu legen (IV. 159).

[4]) „Si, par impossible, on suppose, qu'un Gouvernement a produit un acte faux, quel sera le Tribunal compétent pour déclarer le faux?“ (IV. 159 f.)

In der Frage der Notfrist aber meinte v. Martens, wenn bei neuen Urkunden eine zweite Verhandlung zugelassen werden solle, warum beschränke man das denn auf die kurze Frist von drei Monaten?[1])

Holls hielt indes die Frist von drei Monaten für ausreichend. Neue Tatsachen würden wahrscheinlich kurz nach der Verkündung des Schiedsspruchs entdeckt werden. Bei dieser Sachlage sei eine Frist von drei Monaten genügend.

Der Präsident Bourgeois aber meinte mit Recht, man könne nicht sagen, dass neue Tatsachen immer gerade unmittelbar nach der Entscheidung entdeckt würden. Die Frage der Revision entstehe oft erst nach Jahren, z. B. erst beim Tod einer der beim Streit beteiligten Personen auf Grund nachträglicher Entdeckung von Urkunden. Weiter würde aber auch die Verlängerung der Frist um drei Monate nur Unzuträglichkeiten ohne irgend welche Vorteile im Gefolge haben. Nachdem indes das Revisionsprinzip angenommen sei, handle es sich nunmehr lediglich noch darum, einen Text zu finden, welcher einem Minimum von Ausstellungen begegne. Demgemäss schlage er folgende Fassung vor:

La revision de la sentence arbitrale ne peut être demandée qu'au tribunal qui l'a rendue et seulement à raison de la découverte d'un fait nouveau qui eût été de nature à exercer une influence décisive sur la sentence et qui, au moment de cette sentence, a été inconnue du tribunal lui-même et des Parties.

La procédure de revision ne peut être ouverte que par une décision du tribunal déclarant la demande recevable, constatant expressément l'existence du fait nouveau et lui reconnaissant les caractères pévus par le § précédent.

Aucune demande de revision n'est recevable trois mois après la notification de la sentence.“[2])

Holls und Asser erklärten sich sofort für diese Fassung; v. Martens und Descamps aber widersprachen auf das Bestimmteste.

Auf den Vorschlag von Pauncefote wurde nur noch ein Zusatz beigefügt wie etwa: „sauf stipulations contraires“.[3])

Die Frage des Präsidenten, ob auch ein Vorbehalt bezüglich der wohlerworbenen Rechte gemacht werden solle, blieb unbeantwortet.

Darauf erfolgte die Abstimmung, wobei der Antrag des Präsidenten Bourgeois mit Stimmenmehrheit angenommen wurde.

Dagegen stimmten nur: Belgien und Russland,[4]) während jetzt die Schweiz[5]) dafür war.

In dem endgültig fertig gestellten Ausschussentwurf tritt uns der so vereinbarte Revisionsvorbehalt als Art. 54 entgegen. Abgedruckt IV. 265.

2. Die Bemühungen um eine allseitig befriedigende Fassung des Revisionsgedankens gingen aber fort, und für die Kommissionsberatung brachte der holländische Bevollmächtigte Asser eine neue Redaktion in Vorlage.[6])

---

[1]) IV. 159.
[2]) IV. 160 f.
[3]) IV. 161. Descamps wurde mit der Formulierung dieses Zusatzes betraut (a. a. O.).
[4]) IV. 161. (Descamps u. v. Martens).
[5]) Odier (IV. 161).
[6]) Vgl. IV. 265, 33 f.

Darnach sollte der Art. 54 folgende Fassung erhalten:

Les Parties peuvent se réserver dans le compromis de demander la revision de la sentence arbitrale. (Das hatte schon der Ausschussentwurf).

Dans ce cas et sauf convention contraire, la demande doit être adressée au Tribunal qui a rendu la sentence et seulement à raison de la découverte d'un fait nouveau qui eût été de nature à excercer une influence décisive sur la sentence et qui, lorsque le tribunal a statué a été inconnu du tribunal lui-même et de la Partie qui a demandé la revision.

La procédure de revision ne peut être ouverte que par une décision du Tribunal constatant expessément l'existence du fait nouveau, lui reconnaissant les caractères prévus par le paragraphe précédent et déclarant à ce titre la demande recevable.

Aucune demande en revision ne peut être accueillie que si elle est formée dans les six mois qui suivent la notification da la sentence.

Die erste Kommissionsberatung über den Art. 54 erfolgte am 17. Juli.[1]) Hier führte Asser zur Begründung seiner neuen Fassung folgendes aus:

Der Grundsatz der Revision wurde nach langer Ausschussverhandlung mit geringer Mehrheit angenommen. Holls hatte ihn in seinem Schiedshofentwurf aufgenommen und seine grosse Bedeutung mit Kraft und Klarheit entwickelt. Man hatte aber ernstliche Einwendungen erhoben: einmal, so meinte man, werde das moralische Ansehen des Schiedsspruchs gemindert, sodann handle es sich gar nicht um eine Berufung, sondern nur um den Ausnahmsfall, dass eine neue Tatsache offenkundig werde. Ich habe, so fuhr Asser fort, lange zwischen den beiderseitigen Begründungen geschwankt. Endlich entschloss ich mich für einen Vergleich. Streicht man den Art. 54, so verwirft man überhaupt den Revisionsgedanken. Man muss versuchen, ihn zu retten, indem man jedoch denjenigen gerecht wird, welche das moralische Ansehen der Schiedssprüche nicht wieder von vornherein durch eine Vertragsbestimmung abschwächen wollen. Nach der von mir vorgeschlagenen Fassung erscheint das Recht auf Revision nicht schon als natürliche Folge eines jeden Schiedsbegehrens, wohl aber wird den Parteien freigestellt, sich ausdrücklich ein solches Recht vorzubehalten und für diesen Fall werden die zu befolgenden Bestimmungen erlassen.[2])

Der russische Bevollmächtigte v. Martens, der energische Gegner der amerikanischen Revisionsidee, bezeichnete indess wiederum die aufgeworfene Frage als „question de la plus haute importance", als eine Lebensfrage für das ganze Institut der Schiedssprechung.

Asser, so etwa führte er aus, hält es für nötig, die Revision der Schiedssprüche zu retten. Ich bedaure unendlich, diese Ansicht nicht teilen zu können. Ich bin Mitglied der Gesellschaften zur Rettung der Schiffbrüchigen und des roten Kreuzes. Aber im gegenwärtigen Fall muss ich grausam und unmenschlich sein. Ich kann nicht die Hand dazu reichen, den Art. 54 zu retten und ich wünsche von ganzem Herzen seinen Schiffbruch an den gastlichen Gestaden von Holland.

Worin besteht die Wichtigkeit der Frage? Man kann freilich fragen: Ist die Revision eines Schiedsspruchs, der auf einem Irrtum oder auf unzureichenden Gründen ruht, nicht wünschenswert? Muss man denn nicht wünschen, dass ein Irrtum durch neue Urkunden oder Tatsachen, die nach Schluss der Schiedssprechung entdeckt werden, wieder beseitigt wird?

Doch nein: es wäre höchst schlimm, wenn ein gehörig verkündeter Schiedsspruch durch ein neues Urteil umgestossen werden könnte. Es wäre tief bedauerlich, wenn der Schiedsspruch den Streit der Völker nicht glatt entscheiden, sondern neue Misshelligkeiten anregen, von neuem die Leidenschaften erwecken und den Frieden der Welt bedrohen würde. Die im Art. 54 vorgesehene Revision des Schiedsspruchs muss unweigerlich diese Unglückswirkung haben. In dieser Beziehung besteht nicht der geringste Zweifel. Die im Streit befindliche Macht, gegen welche der Schiedsspruch ergangen ist, wird ihn nicht vollziehen, wenigstens nicht innerhalb drei Monaten, und wird sich alle nur denkbare Mühe geben, um neue Tatsachen oder Urkunden zu finden. Der Streit wird nicht entschieden,

---

1) IV. 33.

2) IV. 34.

sondern während drei Monaten in Schwebe bleiben mit der ernsthaften Verschärfung, dass die für schuldig erkannte Regierung und Nation noch mehr in die Bahn der etwaigen Gegenklage und gefährlichen wechselseitigen Anschuldigung gedrängt wird. So viel zur Deutung der sehr bezeichneten Tatsache, dass im Ausschuss der Art. 54 nur mit 5 gegen 4 Stimmen (?) angenommen worden ist.

Grund und Ziel der Schiedssprechung ist, einen Streit vollständig zu beenden. Die grosse Nützlichkeit der Schiedssprechung liegt in der Tatsache, dass mit dem Augenblick, wo der Schiedsspruch gehörig verkündet wird, alles vorbei ist und sich dann nur noch die mala fides betätigen kann. Welches wird aber jetzt, wenn man den Revisionsgedanken übernimmt, die Stellung der Schiedsrichter vor und nach dem Schiedsspruch sein? Gegenwärtig geniessen sie ein hohes moralisches Ansehen. Denn sie haben die Möglichkeit, für immer einen Streit der Staaten zu entscheiden; und die Erfahrung hat uns gezeigt, dass mit der Urteilsfällung die Zeitungen, Kammern, öffentliche Meinung, kurz alles vor der Entscheidung der Schiedsrichter sich in tiefes Schweigen hüllt.

Wenn man aber im Gegenteil weiss, dass der Schiedsspruch drei Monate hindurch in Schwebe bleibt, so wird der Staat, dem das Urteil Unrecht gab, alles daran setzen, um eine Urkunde, eine neue Tatsache zu finden.

Während dieser Zeit wird der Schiedsspruch den Erörterungen der öffentlichen Meinung ausgesetzt sein. Er wird zu nichts führen. Im Gegenteil: er wird Stürme in der Presse und im Parlament entfesseln. Man wird alles angreifen: die Schiedsrichter, die feindliche Regierung und namentlich das eigene Ministerium. Man wird den Vorwurf erheben, Urkunden und neue Tatsachen verheimlicht zu haben.

Man wird für drei oder sechs Monate die Erörterung über einen bereits gefällten Schiedsspruch eröffnen. Ein unter diesen Umständen ergangenes Urteil wird niemals die verbindliche moralische Macht haben, die das Wesen der Schiedssprechung ausmacht.

Andernteils werden die Schiedsrichter nicht dasselbe Verantwortlichkeitsgefühl haben, wie heute, wo sie mit einem Wort dem Streit zwischen zwei Staaten ein Ende machen.

Diese Revisionsidee ist der schlimmste Schlag, den man der Schiedssprechung versetzen kann. Bei meiner ersten Ausstellung zu Beginn dieser Sitzung fiel die Wendung: dixi et salvavi animam meam.[1]) Mit einer Änderung spreche ich jetzt: dixi et salvavi arbitrationem.[2])

Der italienische erste Bevollmächtigte Graf Nigra bedauerte, dass die Kommission zwei allzu abgeschlossenen Standpunkten gegenüberstehe.

Er meinte: Es liegt viel Wahres in den Ausführungen von v. Martens, aber ein Irrtum ist immer möglich. Wenn es in Wahrheit ein augenscheinlicher Irrtum in den Augen der öffentlichen Meinung ist, wie kann da die Forderung erhoben werden, dass man ein Opfer bringt, wie kann da von der Revision Abstand genommen werden? Andernteils erscheint die Fassung des Art. 54 als zu weit. Die Wendung „fait nouveau exerçant une influence décisive“ ist nicht genau genug und umschreibt nicht ausreichend die Revisionsfälle.

Die Instruktionen der italienischen Regierung legen mir die Pflicht auf, mich für die Revision auszusprechen. Wenn dieses Revisionsprinzip angenommen ist, erscheint es besser, einfach den Text des italienisch-argentinischen Schiedsvertrags Art. 13[3]) anzunehmen, der die Revisionsgründe auf folgende Tatsachen beschränkt:

1. wenn der Schiedsspruch auf Grund einer verfälschten oder falschen Urkunde erging,
2. wenn der Schiedsspruch ganz oder teilweis die Folge eines positiven oder negativen tatsächlichen Irrtums war, der sich aus den Akten und Urkunden ergibt.[4])

Gegen v. Martens wandte sich aber jetzt vor allem noch einmal der amerikanische Bevollmächtigte Holls mit einer langen englischen Rede, die von d'Estournelles in der Verhandlungssprache wiedergegeben wurde.

---

[1]) Vgl. oben S. 340.
[2]) IV. 34 f.
[3]) Vgl. oben S. 67.
[4]) IV. 35.

Holls führte etwa folgendes aus: [1])

Ich muss vor allem dem Bangen und Zagen Ausdruck geben, dass ich mich in einer so bedeutsamen Frage mit einem Mann in Widerspruch finde, den man als den hervorragendsten Vertreter der Schiedsidee in der ganzen Welt bezeichnen kann und der in dem einzigen ebengerade tagenden Schiedsgericht den Vorsitz führt, nämlich mit unserem ehrenwerten russischen Kollegen v. Martens. Wenn ich den geringsten Zweifel an der Nützlichkeit des Antrags hätte, der gerade den Gegenstand unserer Verhandlung bildet, so wäre ich bereit, auf jede weitere Prüfung der Frage zu verzichten und mich der Meinung einer so hervorragenden Autorität anzuschliessen, besonders wenn sie mit so grosser Kraft der Beredsamkeit ausgestattet ist. Aber trotz all meines Zagens muss ich mein grosses Erstaunen über die Beweisführung des russischen Bevollmächtigten ausdrücken. Diese zeigt meines Erachtens in der Tat, dass er den Vorschlag, der auf Anregung der Vereinigten Staaten von Amerika in den Entwurf der Schiedsprozessordnung eingestellt worden ist, durchaus verkannt hat.

Ich freue mich von ganzem Herzen über das, was v. Martens bezüglich der Notwendigkeit, die Staatsstreitigkeiten endgültig zu entscheiden, gesagt hat. In dem Streit der Staaten gilt der Satz: interesse populi ut sit finis litium noch mehr als im Streit der Menschen. Das letzte Ziel der Schiedssprechung ist, wie v. Martens richtig hervorgehoben hat, endgültig den Streit zu entscheiden, dessentwegen sie angerufen worden ist; und alles, was die Entscheidung über Gebühr verzögert oder in Schwebe hält, begegnet ebenso sehr der Einwendung der amerikanischen wie der russischen Bevollmächtigten.

Unser Revisionsvorschlag gründet sich nicht auf die phantastische Idee, dass es möglich sei, alle Irrtümer in Schiedssprüchen zu vermeiden oder zu verbessern. Wir verkennen in keiner Weise die Tatsache, dass der Irrtum immer ein wesentlicher Bestandteil in jeder Einrichtung und mehr noch in jeder menschlichen Entscheidung ist und bleibt.

Unser Gesichtspunkt ist hervorragend praktisch. Der von uns beantragte Artikel ruht auf folgendem Gedanken. Es ist vor allem höchst wünschenswert und selbst notwendig, dass der Schiedsentwurf, den diese Konferenz der Welt geben will, die Möglichkeit vorsieht, in ordentlicher und gesetzlicher Weise augenscheinliche Irrtümer zu berichtigen, ohne Gefahr zu laufen, dass die Entscheidung durch die unterlegene Partei missbilligt wird.

Erlauben Sie mir bei dieser Gelegenheit zu sagen, dass die Bedeutung unseres Artikels nicht allein in seiner praktischen Wirkung in jedem einzelnen Fall, sondern vielleicht noch mehr in der Tatsache liegt, dass er einen charakteristischen Zug des allgemeinen Schiedsentwurfs wiedergibt, wie er von der Konferenz fertig gestellt worden ist. Alles was wir hier schaffen, ist von freiwilligem und fakultativem Charakter. Wir beschäftigen uns gegenwärtig nicht mit Bestimmungen für irgend einen besonderen Streitfall. Unsere Aufgabe ist vielmehr die, vor die verschiedenen Nationen hinzutreten und ihnen den Entwurf zu entwickeln, den wir mit so viel Mühe und Sorgfalt ausgearbeitet haben. Aber nach der Ansicht der amerikanischen Vertretung wird dieser Entwurf eine verhängnisvolle Lücke haben, wenn er keine Mittel vorsieht, einen augenscheinlichen Irrtum richtig zu stellen. Denn wir sind vor diesem nicht sicher. Wenn dieser Artikel fehlt, und man entdeckt einen offenkundigen Irrtum, so wird die Partei, welche darunter leidet und ihren Prozess verliert, gewiss nicht freiwillig die Entscheidung hinnehmen, wiewohl sie dazu gezwungen werden kann. (?) Es gibt eine Grenze für den durch v. Martens aufgestellten Satz, dass das grundsätzliche Ziel der Schiedssprechung darauf geht, für immer die betreffende Streitfrage klar zu stellen. Diese Grenze wurde deutlich von unserem hervorragenden amerikanischen Staatsmann Abraham Lincoln durch den berühmten Ausspruch gezogen: „Nothing is settled until it is settled right“. Unser Antrag will die gerechte Mitte finden zwischen den beiden äussersten Gefahren: der Verewigung der Ungerechtigkeit und der Verewigung des Streites.

Man hat den Einwand erhoben, dass die neue Tatsache auch noch später nach Ablauf der in diesem Artikel vorgesehenen Frist, aufgefunden werden kann. Aber diese Unzuträglichkeit besteht immer, wenn man gleichgültig zu welchem Zweck eine Frist setzt; sie würde ganz ebenso auch bestehen, wenn wir eine Frist von 6 statt 3 Monaten setzen würden. Der Grundgedanke, auf welchem unser Artikel in dieser Beziehung steht, ist der, dass die Entscheidung unmittelbar nach ihrer Verkündung der Kritik und peinlichsten Nachprüfung unterworfen wird und

[1]) IV. 36—38.

dass dann am ersten die Möglichkeit besteht, neue Tatsachen oder bedeutsame Irrtümer zu entdecken.

Leicht kann, wie v. Martens hervorhob, die Kritik, welcher der Schiedsspruch unterliegt, den Charakter eines Angriffs annehmen und zu unwürdigen Erörterungen in Zeitungen und Broschüren führen. Aber andererseits ist es ebenso wahr, dass dadurch die Entscheidung durch alle völkerrechtskundigen Fachmänner der ganzen Welt sowie durch alle Beobachter und Interessenten des Prozesses sehr eingehend gewürdigt wird. Das ist die beste Beihilfe zur Entdeckung einer verborgenen Tatsache und kann die Folge haben, dass ein Fehler verbessert oder eine Ungerechtigkeit gehoben wird.

Neue Tatsachen können nicht erfunden werden, wenigstens nicht durch gesittete Regierungen. In der Tat würde jede Regierung Bedenken tragen, ihr Land einer Erniedrigung auszusetzen, indem sie mit der Behauptung, es seien neue Tatsachen entdeckt worden, die Revision eines Verfahrens anstrebt, und dann sehen muss, dass das Bestehen solcher Tatsachen vom Gericht verneint wird. Weiterhin gelangt man nur dadurch zur Revision, dass das Schiedsgericht selbst, das wieder die alte Besetzung zeigt, erklären muss, es sei ein offenbarer Irrtum untergelaufen. Das heisst mit anderen Worten: die neue Tatsache ist derart, dass durch sie die Entscheidung des Gerichts bestimmt worden ist.

Vor der Verkündung des Schiedsspruchs ist es nicht immer möglich zu wissen, welche Tatsachen und Begründungen den grössten Eindruck auf die Richter gemacht und die Entscheidung herbeigeführt haben.

Denken Sie z. B. an die Streitfrage, die gegenwärtig vor dem Schiedsgericht verhandelt wird, in dem unser russischer Kollege so würdig den Vorsitz führt, an den Grenzstreit zwischen Grossbritannien und Venezuela. Hier würde die Frist von 3 oder 6 Monaten in Wahrheit sehr kurz sein im Hinblick darauf, dass dieser Streit 3 oder 4 Jahre alt ist und in mehr oder weniger stiller Form seit mehr als 70 Jahren besteht. Dieser Streit betrifft weiter die Auslegung von Verträgen vor 250 Jahren. Er dreht sich um eine grosse Zahl geschichtlicher Ereignisse, um Fragen der Ansiedelung und der Gerichtsbarkeit über Wilde sowie um Fragen der Echtheit von Landkarten. Zuletzt handelt es sich noch darum, ob die jetzt erhobenen Ansprüche nicht schon anerkannt sind. Bis zur Urteilsfällung ist es unmöglich zu wissen, welche Tatsachengattung und welche Beweisführung die Entscheidung bestimmt. Die Suche nach neuen Tatsachen wird aber in dieser Richtung erfolgen müssen. Wenn diese Forschung ein Ergebnis haben wird, wenn man z. B. eine neue Karte oder eine neue Urkunde von unbestreitbarer Echtheit finden sollte, so würde selbstverständlich die beteiligte Partei die Unterwerfung unter ein Urteil ablehnen, das in gesetzlicher und ordnungsgemässer Weise nicht mehr berichtigt werden könnte.

Mit Erstaunen höre ich v. Martens sagen, dass das m o r a l i s c h e Ansehen des Schiedsgerichts durch unseren Artikel blossgestellt werde und dass das Gefühl der Verantwortung bei den Schiedsrichtern schwinden würde. Ganz im Gegenteil wird das moralische Ansehen der Schiedssprechung durch die Tatsache steigen, dass eine Einrichtung zur Behebung von Irrtümern da ist, welche die unterlegene Partei während einer mässig ausgedehnten Zeit nutzen kann und dass am Ende dieser Frist die gesittete Welt gestehen muss, es sei zwischen den beiden Parteien wirklich Recht gesprochen worden. Aber auch die Verantwortlichkeit der Schiedsrichter ist durch ihr Recht und ihre Pflicht, im gegebenen Fall ihr Urteil nachprüfen zu müssen, eher gestiegen als gemindert worden.

v. Martens scheint einem unzweifelhaften tatsächlichen Irrtum zu erliegen, wenn er sagt, dass das Herkommen der Revision in Schiedsfällen widerspreche.

Ich muss zugeben, dass in allen besonderen Schiedsverträgen bis heute keine Revision vorgesehen worden ist und dass hierzu auch für die Zukunft kein Bedürfnis sein wird Der Grund davon ist, dass die ganze Schiedsidee verhältnismässig neu ist und dass sie nur als zeitweiliges Mittel gilt, Streitigkeiten wie sie gerade kommen, zu begleichen. Der einzige in Geltung befindliche allgemeine Schiedsvertrag ist der italienisch-argentinische Vertrag. Dieser aber sieht die Revision vor und beweist dadurch die Richtung der öffentlichen Meinung sowie die fachmännische Auffassung der Kenner des Völkerrechts.

Aber, wie ich bereits gesagt habe, unsere Pflicht auf dieser Konferenz ist nicht, im Hinblick auf besondere Fälle gesetzgeberisch vorzugehen, sondern ein Ideal aufzurichten und der Welt zu sagen, was die Vertreter aller gesitteten Nationen für wünschenswert und praktisch erreichbar halten. Wir können die geschäftsmässige Regelmässigkeit oder kleinliche Prozessregeln nicht über die Begründung einer tadellosen Rechtsprechung setzen. Wir haben dank den gegenseitigen Zugeständnissen nach vieler Arbeit glücklicherweise einen Entwurf zur friedlichen Erledigung internationaler Streitfälle fertiggestellt. Es ist von der grössten Wichtigkeit, dass dieser Entwurf wenigstens all die wesentlichen Bestimmungen enthält, welche im Umfang der Möglichkeit die internationale Rechtsprechung sicherstellen.

Die Vertreter der Vereinigten Staaten von Amerika, nach deren Ansicht dieser Artikel oder eine andere zur Richtigstellung von offenbaren Irrtümern gleichmässig geeignete Bestimmung ganz wesentlich in einen annehmbaren Entwurf gehört, werden erst neue Instruktionen von ihrer Regierung erbitten müssen, bevor sie ihren Kollegen beitreten und einen Entwurf annehmen, der keine Bestimmung dieser Art vorsieht. Deshalb ersuche ich die Kommission mit aller Bestimmtheit, an dem Grundgedanken des von den Vereinigten Staaten beantragten Artikels nicht zu rütteln.

Nach diesen geistvollen Reden, die für und gegen die Revision gehalten worden waren, meinte Descamps,[1]) die Schwierigkeit der Frage liege in dem Widerstreit der von beiden Teilen ausgespielten Grundsätze, die gleiche Beachtung verdienten.

Er meinte: Man muss Recht sprechen, wie kann man da die Bestätigung eines augenscheinlichen Irrtums gutheissen?

Man muss aber auch mit dem Prozess zu Ende kommen; die internationalen Streitigkeiten dürfen sich nicht verewigen: wie kann man aber dieses Ergebnis erzielen, wenn man für neue Urteile die Tür offen lässt?

Die Verteidiger der Revision haben die edelste und schönste Rolle: Ihre Auffassung von der Rechtsprechung ist vielleicht höher als die ihrer Gegner. Aber diese weisen auf die Mangelhaftigkeit jeder menschlichen Rechtsprechung hin und meinen, dass es zur Beseitigung ausnahmsweiser Irrtümer nicht nötig sei, die Kraft und Stetigkeit dieser Rechtsprechung in Frage zu stellen. Mit dem Vorgeben, jene für ganz seltene Fälle zu wahren, setzt man sich dem Verdacht aus, sie im allgemeinen zu opfern.

Nach dieser Würdigung des Berichterstatters kam aber der Vertreter zu Wort, und da wandte er sich mit folgenden Worten gegen die Revision:

Die Anhänger der Revision scheinen die Frage nicht auf ihren gebührenden Platz zu stellen: Muss man in allgemeinen Bestimmungen, die für alle Streitigkeiten aller Staaten gelten, einen Grundsatz aufstellen, der möglicherweise die Schiedseinrichtung selbst ins Wanken bringt? Es scheint natürlicher zu sein, dass man in ein internationales Vertragswerk nur die Grundsätze aufnimmt, welche der Einrichtung Halt geben. Wenn die vertragschliessenden Parteien aus Erwägungen der Rechtsprechung ähnliche Bedenken wie die Vereinigten Staaten haben, so mögen sie die Revision im besonderen Schiedsvertrag vorsehen. Die Nicht-Revision, welche die Wirksamkeit der Schiedssprechung besser verbürgt, muss die Regel und die Revision die Ausnahme sein.

Wir würden mit der Zulassung der Revision als allgemeine Regel den Regierungen einen sehr schlechten Dienst erweisen: dieselben würden Gefahr laufen, nicht mehr Herr im eignen Haus zu bleiben. Man würde sie pressen, sie sollten neue Tatsachen finden, um einen Prozess, der schlecht ausgegangen ist, von neuem zu beginnen.

Descamps kam daher zu dem Schluss: es sei gefährlich und schwierig, eine Bestimmung, wie den Art. 54, in eine allgemeine Schiedsordnung einzustellen; er wünschte selbst, dass man auch von der Asserschen Fassung Abstand nehme. Immerhin trete er, so erklärte er schliesslich, wenn man die Frage der Einmütigkeit aufwerfe, im Sinn des Entgegenkommens, dem Antrag Asser bei.[2])

v. Martens stellte wieder Fragen:

In welcher Rechtslage befinden sich die Schiedsrichter während dieser Schwebefrist von 3 oder 6 Monaten?

---

[1]) IV. 38. Vgl. auch den Kommissionsbericht I. 139.

[2]) IV. 39.

Wenn die Regierung, welche kein gewonnenes Spiel gehabt hat, gereizt durch die öffentliche Meinung und aufgefordert von ihr, eine neue Tatsache zu finden, es erreicht, dass der Prozess von neuem beginnt, wo findet sie da die Schiedsrichter?

Die Mitglieder des Schiedsgerichts sind zerstreut; sie können fern, krank und tot sein. Was soll da geschehen?[1])

Weiter kam v. Martens auch noch einmal auf die grundsätzliche Frage zurück, indem er etwa folgendes ausführte:

Man muss wohl zwei Gesichtspunkte auseinanderhalten: nach dem juristischen Gesichtspunkt ist es nicht zweifelhaft, dass man die Revision und selbst die Berufung fordern muss. Nach dem praktischen Gesichtspunkt, zur Erhaltung des Friedens, handelt es sich darum, alle Streitigkeiten durch ein gründliches Mittel kurz abzuschneiden. Die Versöhnung zweier Völker ist ein so bedeutsames Ergebnis, dass man sie nicht durch den Schutz gewisser materieller Interessen, die möglicherweise verletzt werden könnten, wieder in Frage stellen darf. Im Hinblick auf die letztere Erwägung bin ich gegen den Art. 54.[2])

Nunmehr erhob sich Seth Low, Präsident der Columbia-Universität, um noch einmal mit der Wucht der Muttersprache den Revisionsgedanken zu verteidigen. Nach der französischen Wiedergabe, welche Raffalovich besorgte, hatte diese Rede etwa folgenden Inhalt:

In der ordentlichen Gerichtsverfassung fast aller hier vertretenen, wenn nicht überhaupt aller Länder, hat man ein Rechtsmittel vorgesehen, Irrtümer richtig zu stellen. Diese Vorkehrung wurde getroffen, weil die Erfahrung gezeigt hat, dass ähnliche Rechtsmittel oder Revisionen dazu beitragen, eine gute Rechtsprechung zu erzielen.

Ich weiss, dass das internationale Schiedswesen keine Frage der ordentlichen Rechtsprechung ist; es verkörpert, wie v. Martens gesagt hat, in gleicher Weise den politischen Gedanken, internationale Streitigkeiten im Friedensinteresse, selbst wenn die Lösung unvollkommen ist, aus der Welt zu schaffen.

Aber die Notwendigkeit, diese Unfertigkeit in einem etwas gar weiten Umfang mit in den Kauf nehmen zu sollen, macht unverkennbar die Schwäche, nicht die Stärke des Schiedswesens aus.

Ich erkenne mit anderen an, dass jede Schiedssprechung bis jetzt auf Grund eines Schiedsvertrags zustande kam, der an keine Revision dachte. Aber andernteils wird sich diese Konferenz daran erinnern, dass die zwei einzigen Verträge mit ständiger Schiedsklausel, der italienisch-argentinische Vertrag, der schon genannt worden ist, und der englisch-amerikanische Vertrag, der nicht ratifiziert worden ist, eine Bestimmung hatte, wonach die Revision unter gewissen beschränkten Voraussetzungen zugelassen war.

Das zeigt aller Vermutung nach, dass eine ständige Schiedseinrichtung, losgelöst von der besonderen Schiedssprechung in einzelnen Fällen, beiden Gesichtspunkten gleichmässig dienen muss: dem Gedanken, die Rechtsprechung möglichst vollkommen zu gestalten und dem Wunsch, einen Streit zu Ende zu bringen.

Ich habe das Vertrauen, dass diese Konferenz die Revision mit den entsprechenden Vorsichtsmassregeln gutheissen wird. Denn es ist gewiss, dass das Schiedsverfahren die Möglichkeit eines Irrtums berücksichtigen muss, falls sich aus der Sammlung der Schiedssprüche künftig ein grosses System der internationalen Rechtsprechung entwickeln soll.[3])

Asser[4]) knüpfte sodann an die Worte eines Vorredners an:

„Die gründlichen Mittel sind die besten“. Das möge in einem Landtag gelten, wo die Mehrheit Gesetze macht; aber in einer Versammlung wie diese hier, die man als internationales Parlament bezeichnen könne, müsse man oft versuchen, einen Ausgleich zu finden.

Das auch sei das Ziel seines Antrags: derselbe berücksichtige alle die guten Gründe, die von beiden Seiten ins Feld geführt worden seien. Die Anhänger der Revision würden eine Genugtuung in dem Artikel erblicken, der eine zweite Verhandlung zulasse. Die Anhänger der Nicht-Revision würden ebenso befriedigt sein durch den Ausschluss der Revision, wenn die Revisionsklausel im Schiedsvertrag fehle.

---

[1]) IV. 39.
[2]) a. a. O.
[3]) IV. 39 f.
[4]) IV. 10.

Corragioni d'Orelli, der Bevollmächtigte von Siam, erklärte indes, dass Siam für das Revisionsprinzip in keiner Form stimmen könne.[1])

v. Karnebeek erwiderte, er habe die Reden der Amerikaner zwar mit Aufmerksamkeit verfolgt, sei aber nicht bekehrt: die Revision bleibe gefährlich. Übrigens passten die Gründe der Amerikaner nicht für die Revision sondern die Berufung. Fast alle aber seien der Meinung, dass es sich im Schiedswesen nicht um eine Berufung handeln könne.

Weiter spreche man von „neuen Tatsachen". Aber nichts sei schwieriger als das begrifflich zu bestimmen. Alle Gesetzgebungen hätten sich da festgefahren. Man möge doch in die internationalen Beziehungen keine Schwierigkeiten einführen, die schon im inneren Recht der Staaten so gross seien.

Obwohl er übrigens von der Gefahr der Revision überzeugt bleibe, stimme er doch dem Ausgleichsvorschlag von Asser bei; aber man müsse dann die Frist von sechs auf drei Monate herabsetzen, da die erstere die schwebenden Fragen zu lange offen lasse.

Damit war die Debatte zu Ende. Karnebeek hatte zeigen wollen, dass es sich lediglich um ein Kompromiss handle, dem man unbeschadet des Prinzips zustimmen könne.

Holls erklärt nunmehr sein Einverständnis mit dem Antrag Asser, stellte aber den Unterantrag, dass die Frist in jedem Fall durch die Parteien bestimmt werde.[2])

Nachdem Descamps, Corragioni d'Orelli, Asser, v. Martens und Graf Nigra das für annehmbar erklärt hatten, wurde endlich der so abgeänderte Antrag Asser zum Beschluss erhoben.[3])

3. Am nächsten Tag, in der dritten Ausschussberatung am 18. Juli,[4]) griff übrigens Asser die Fristsetzung durch die Parteien an. Aber vergeblich! Der Ausschuss beschloss bei dieser Gelegenheit übrigens die jetzige Fassung (Abs. 4):

   „Le compromis détermine . . ."

   Weiter wurde anstatt „et seulement à raison . . ." im Abs. 2 gesagt:

   „elle ne peut être motivée que par la découverte . . ."[5])

4. In der zweiten Lesung der Kommission am 22. Juli stellte der Berichterstatter fest, dass die jetzige Fassung auf einen Antrag Assers zurückgehe, der dann auf Anregung der amerikanischen Bevollmächtigten noch eine Änderung erfahren habe.

In dieser Hinsicht wurde nun auch nichts mehr geändert.[6]) Wohl aber war noch ein anderes Bedenken zu erledigen.

Schon in der ersten Kommissionslesung, als die lange Revisionsdebatte zu Ende war, hatte der schwedisch-norwegische Bevollmächtigte Baron v. Bildt noch eine Lücke festgestellt: der Art. 54 berücksichtige nicht die neuen Tatsachen, auf die man schon zwischen dem Schluss der Verhandlung und der Urteilsfällung stosse.[7])

---

[1]) IV. 40.
[2]) IV. 40.
[3]) a. a. O.
[4]) IV. 191.
[5]) a. a. O.
[6]) IV. 90.
[7]) IV. 40. Weiterhin IV. 90. Vgl. auch Zorn oben S. 352.

Der Präsident hatte damals erklärt, dass man dieser sehr wichtigen Bemerkung später noch Rechnung tragen müsse.[1])

In der zweiten Lesung der Kommission am 22. Juli aber stellte Asser fest, dass das immer noch nicht geschehen sei.[2]) Der von Bildt unterstellte Fall könne sich aber in der Praxis ereignen, und die jetzige Fassung versage. Er schlage daher an Stelle von „lorsque le Tribunal a statué“ folgende Fassung vor:

„vu qu'il n'est parvenu à la connaissance du Tribunal qu'après la clôture des débats“.[3])

Baron v. Bildt erklärte sich damit zufrieden, aber Descamps regte dann eine Redaktion an, die auch Asser und Bildt annahmen.[4]) Das ist die jetzige Fassung:

„. . . et qui, lors de la clôture des debats, était inconnu du Tribunal . . .“.

So entstand die endgültige Fassung des Revisionsartikels, der uns dann in der Schlussredaktion als Art. 55 entgegentritt.

II. Es ist nunmehr das **geltende Recht** darzustellen.

Das Abkommen kennt keine Berufung.

Der Art. 54 bestimmt:

Der gehörig verkündete und den Agenten der streitenden Teile zugestellte Schiedsspruch entscheidet das Streitverhältnis endgültig und mit Ausschluss der Berufung.

Der Art. 55 kennt nur eine „revision“, die aber eine ganz eigenartige Einrichtung ist.

1. Zur Frage des Revisionstitels bestimmt der Abs. 1:

„Die Parteien können sich im Schiedsvertrag vorbehalten, die Nachprüfung (Revision) des Schiedsspruchs zu beantragen.“

Die „Revision“ findet somit nicht kraft allgemeiner gesetzlicher Zulässigkeit sondern nur nach Massgabe des Schiedsvertrags statt.[5]) Ist hier kein Revisionsvorbehalt gemacht, so kann später die schiedsrichterliche Entscheidung mit der Revision unter keinen Umständen mehr angefochten werden. Rechnen also die Parteien nach Lage des Falles mit dem späteren Auffinden von Urkunden u. s. w. oder halten sie nach ihren grundsätzlichen Ansichten das Revisionsrecht überhaupt für eine notwendige Gerichtseinrichtung, so müssen sie das rechtzeitig im Schiedsvertrag festlegen.

Nur mit diesem Zugeständnis war ein Revisionsrecht durchzusetzen.[6])

2. Bezüglich der Revisionsfrist bestimmt der Abs. 4:

„Der Schiedsvertrag bestimmt die Frist, innerhalb deren der Nachprüfungsantrag gestellt werden muss.“

Der Streit um die Ausdehnung der Revisionsfrist[7]) wurde schliesslich durch den Antrag Holls[8]) aus der Welt geschafft, dass die

[1]) a. a. O.
[2]) IV. 90.
[3]) a. a. O.
[4]) a. a. O.
[5]) So schon Descamps (Denkschrift S. 55): „wenn die Parteien es wünschen“.
[6]) Das war der Antrag Asser. Vgl. oben S. 355 ff., 360, 361.
[7]) Drei oder sechs Monate. Vgl. oben S. 351, 353, 355, 362.
[8]) Vgl. oben S. 362.

Parteien im Schiedsvertrag die Frist selbst bestimmen, so kurz und so lang als sie nur wollen.[1])

Von wann an läuft die Revisionsfrist.

Aus der nachträglich eingefügten[2]) Klausel im Abs. 2 „lors de la clôture dés debats", ergibt sich, dass die Revision schon vor der Schiedsspruchfällung zulässig sein soll.[3]) Sie bedeutet dann in Wahrheit nur die „Wiedereröffnung einer Verhandlung, welche geschlossen war".[4])

Soweit geht sonst der Revisionsbegriff in keinem Recht.

Dass diese Erweiterung des Revisionsbegriffs beabsichtigt war, ist aus den Verhandlungen ersichtlich. Ob es aber der Konferenz gelungen ist, das im Abkommen auch zum widerspruchsvollen Ausdruck zu bringen, kann bezweifelt werden.[5])

Im übrigen entscheidet auch in dieser Richtung die Parteivereinbarung, und beim Fehlen derselben ist wohl der letztmögliche dies quo a durch die Zustellung des gehörig verkündeten Urteils bestimmt.

3. Über den Revisions**antrag** und das Revisions**gericht** lässt sich der erste Satz des Abs. 2 folgendermassen aus:

> „Der Antrag muss in diesem Falle (des Revisionsvorbehalts) unbeschadet anderweitiger Vereinbarung, bei dem Schiedsgericht angebracht werden, das den Spruch erlassen hat."

Die Revision erfordert also einen Antrag der Partei.

Die Bestimmung des Revisionsgerichts ist in erster Linie Sache der Vereinbarung, die im Schiedsvertrag oder auch später erfolgen kann. Ohne eine besondere Vereinbarung ist das Schiedsgericht selbst auch Revisionsgericht.

Daraus ergeben sich wichtige Rückschlüsse auf den Charakter des Revisionsrechts. Es handelt sich hier nicht um Instanzenzug und Rechtsmittel, wodurch eine Entscheidung vor dem höheren Richter angefochten wird, sondern um eine Nachprüfung durch dasselbe Gericht, nachdem neues Tatsachenmaterial aufgefunden worden ist. Die Ersatzfrage, welche so grosse Schwierigkeiten gemacht hatte,[6]) liegt hier nicht anders, als wenn ein Ersatz mitten im Schiedsverfahren nötig wird.[7])

4. Der Revisions**grund** wird beschrieben, indem Abs. 2 Satz 2 für den Revisionsantrag folgende Voraussetzungen aufstellt:

> „Er kann nur auf die Ermittelung einer neuen Tatsache gegründet werden, die einen entscheidenden Einfluss auf den Spruch auszuüben geeignet gewesen wäre und bei Schluss der Verhandlung dem Schiedsgerichte selbst und der Partei, welche die Nachprüfung beantragt hat, unbekannt war."

---

[1]) Frh. v. Stengel (Archiv f. ö. Recht (Bd. 15 S. 180) behauptete später, das Abkommen habe eine von der Zustellung an gerechnete dreimonatliche Revisionsfrist vorgesehen, was „gänzlich verfehlt" sei.

„Gänzlich verfehlt" ist aber auch die Stengelsche Darstellung. Erinnerungen aus den Verhandlungen haben hier das dogmatische Bild getrübt.

[2]) Vgl. oben S. 363.

[3]) Vgl. oben S. 362 f.

[4]) ZPO. § 156.

[5]) Vgl. nachher Ziff. 4 lit. b.

[6]) Vgl. oben S. 353, 361.

[7]) Vgl. darüber oben S. 313—316.

a) Der Revisionskläger muss also mittlerweilen auf eine neue Tatsache gestossen sein.

Über den Begriff der „neuen Tatsache" vgl. oben S. 354, 359, 362.

b) Eine neue Tatsache wirkt nur dann revisionsbegründend, wenn sie

„einen entscheidenden Einfluss auf den Spruch auszuüben geeignet gewesen wäre und bei Schluss der Verhandlung (et qui lors de la clôture) dem Schiedsgerichte selbst und der Partei, welche die Nachprüfung beantragt hat, unbekannt war".

Nach der ursprünglichen Fassung handelte es sich um ein

„fait nouveau, qui eût été de nature à exercer une influence décisive sur la sentence et qui, lorsque le tribunal a statué, a été inconnu du tribunal lui même et de la Partie qui a demandé la revision".

Dass nur neue entscheidende Tatsachen die Revision begründen können, stand von Anfang an fest. Aber was bedeutet der weitere Zusatz? In beiden Fassungen klingt zunächst, wenigstens in der Richtung auf die Partei, so etwas wie die Ordnung der Verschuldungsfrage[1]) durch. Und dann findet die wiederholt betonte Neuheit der Tatsachen ihre wahre Bestimmtheit dahin, dass die entscheidenden Tatsachen seinerzeit weder dem Revisionskläger noch dem Gericht bekannt gewesen sind.

Nur in der Bestimmung dieses Zeitpunkts weichen dann die beiden Fassungen voneinander ab.

Nach der ersten Fassung war unterstellt, dass die Tatsachen bei der Urteilsfällung unbekannt waren; darnach gab es also eine Revision nur gegen den gefällten Schiedsspruch.

Als dann die Revision bereits vor der Urteilsfällung zugelassen werden sollte, um auch den nach Schluss der Verhandlung ermittelten neuen Tatsachen sofort ihre Bedeutung zu sichern — was freilich einfacher durch die einfache und zwar vorbehaltlose Wiedereröffnung der Verhandlung erreicht worden wäre — hiess es: bei Schluss der Verhandlung.[2]) Aber mit dieser Änderung wurde die Fassung widerspruchsvoll. Denn die stehen gebliebene erste Voraussetzung, dass die neue Tatsache „einen entscheidenden Einfluss auf den Spruch auszuüben geeignet gewesen wäre" setzt eben immer noch voraus, dass der Spruch bereits als ergangen angesehen werden muss. Der Konferenz ist es also nicht gelungen, das, was sie wollte, auch widerspruchsfrei zu formulieren.

5. Für das Revisionsverfahren wurde lediglich der Eröffnungsbeschluss eigens geregelt.

Der Art. 4 bestimmt bezüglich des Eröffnungsbeschlusses:

„Das Nachprüfungsverfahren („la procédure de revision") kann nur eröffnet werden durch einen Beschluss des Schiedsgerichts, der das Vorhandensein der neuen Tatsache ausdrücklich feststellt, ihr die im vorangehenden Absatze bezeichneten Merkmale zuerkennt und den Antrag insoweit für zulässig erklärt."

---

[1]) Ähnlich wie in der ZPO. § 1043.

[2]) Vgl. oben S. 362 f.

Darnach ist also ein förmlicher Eröffnungsbeschluss des Schiedsgerichts erforderlich, welcher den Revisionsantrag für zulässig erklärt.

Das ist verständlich. Weniger verständlich ist der Zusatz, dass der Eröffnungsbeschluss

das Vorhandensein der neuen Tatsache ausdrücklich feststellt und ihr die Merkmale der Neuheit und der entscheidenden Kraft zuerkennt.

Das klingt nicht mehr wie ein Eröffnungsbeschluss vor der Revisionsverhandlung, sondern wie ein Revisionsurteil nach durchgeführtem Revisionsverfahren.

Hält man aber daran fest, dass mit diesen beschlussmässigen Feststellungen das Nachprüfungsverfahren nur eröffnet wird, also dann noch durchzuführen ist, so können dieselben nur für die Eröffnung selbst unanfechtbar, für das nachfolgende Revisionsverfahren aber nicht bindend sein. Ob der Revisionsantrag materiell begründet ist, kann vielmehr erst das Nachprüfungsverfahren ergeben.

6. Das Revisionsverfahren selbst steht unter keinen besonderen Prozessregeln und wickelt sich daher im Rahmen des ordentlichen Schiedsverfahrens ab.[1])

   Das Ziel ist nicht Aufhebung des Schiedsspruchs,[2]) sondern ein neues Urteil in der Sache und zwar durch dasselbe Schiedsgericht.[3])

7. Die „Revision" des Art. 55 ist weder eine Revision noch eine Berufung im Sinne irgend eines Prozessrechts. Sie ist vielmehr **ein ganz eigenartiges Institut,** das deshalb in der amtlichen deutschen Übersetzung auch seinen eigenen Namen erhielt. Die „Nachprüfung" ist — am deutschen Prozessrecht gemessen — eine „Wiederaufnahme des Verfahrens"[4]) im Sinn der Zivilprozessordnung § 578,[5]) oder im Falle, dass der Schiedsspruch noch nicht ergangen ist, die blosse „Wiedereröffnung einer Verhandlung" im Sinne der Zivilprozessordnung § 156 und zwar in beiden Fällen mit nur vertragsmässiger und zudem auf neue Tatsachen beschränkter Zulässigkeit sowie weiterhin mit vertragsmässiger Fristbestimmung.

8. Zur Würdigung der neuen Institution vgl. unten S. 370 ff.

---

[1]) Descampsscher Kommissionsbericht I. 139: „La revision demeure organisée par le Code de procédure arbitrale dans les conditions antérieurement proposées". Der Brüsseler Entwurf hatte das in den Text aufgenommen (Art. X Abs. 3).

[2]) Das schiedsrichterliche Verfahren der Zivilprozessordnung freilich kennt eine solche Aufhebung. Vgl. die Aufhebungsgründe im § 1041. Über die Aufhebung selbst entscheidet hier das ordentliche Gericht (§ 1046).

[3]) Das wurde auch in der Verhandlung wiederholt betont

[4]) Nämlich wenn der Schiedsspruch bereits gefällt und zugestellt und damit endgültig ist (Art. 54).

[5]) Dem stimmt jetzt auch Zorn zu („Tag" 1903 No. 301 Ziff. IV). (A. M. in der „Deutschen Rundschau" 1900 S. 134.)

§ 88.

Die Schiedsprozesskosten.

I. Bezüglich der Gerichtskosten bestimmt der Art. 57:

„Jede Partei trägt ihre eigenen Kosten und die Kosten des Schiedsgerichts zu gleichem Anteile".

Über die Ordnung dieser Frage im Brüsseler Entwurf Art. IV vgl. oben S. 215.

Schon das russische „projet" hatte im Art. 25[1]) sachlich ganz dieselbe Bestimmung wie jetzt der Art. 57 vorgesehen, nur mit dem Zusatz:

„sans préjudice de la décision du Tribunal touchant l'indemnité que l'une ou l'autre des Parties pourra être condamnée à payer".

Der Ausschuss nahm in erster Lesung diesen Artikel mit einer sprachlichen Änderung vorläufig an.[2])

Bei dieser Gelegenheit vermisste der Amerikaner Holls die Ordnung der Gehaltsfrage für die Schiedsrichter.[3]) Der Präsident aber erwiderte, beim besonderen Schiedsgericht sei das Sache des Parteiabkommens, für den ständigen Schiedshof aber sei diese Frage bei der Beratung des Schiedshofentwurfs zu prüfen.[4])

Mittlerweilen war aber durch die Schiedshofbestimmungen nur die Bureaukostenfrage geordnet worden,[5]) und der für die Kommissionsberatung endgültig fertig gestellte Schiedsprozessentwurf füllte daher jetzt diese Lücke durch eine neue Fassung des Art. (damals noch) 56[6]) aus:

„Chaque partie supporte ses propres frais et une part égale des honoraires des arbitres et des frais du Tribunal".[7])

Nachdem zu dieser Fassung Holls in der ersten Kommissionslesung am 17. Juli einen Vorbehalt angemeldet hatte,[8]) beschäftigte sich der Ausschuss noch einmal am 18. Juli in einer Spezialsitzung mit der Kostenfrage.[9])

Holls fragte: „Qui supportera les frais?" Für die amerikanische Vertretung sei die bisherige Fassung nicht klar genug. Er schlage vor, dass man die Kostenverteilung dem Schiedsvertrag überlasse, auf jeden Fall aber sei eine Autorität erforderlich.[10]) Der Präsident antwortete, dass die wirkliche Kostenfeststellung nach Massgabe der gesetzlichen Verteilungsbestimmungen natürlich Sache des Gerichts sei.[11])

Dr. Zorn beanstandete sodann den Ausdruck „honoraires" als unverträglich mit der Würde der Schiedsrichter.[12])

---

[1]) Vgl. oben S. 297.

[2]) Statt „la moitiée" wurde gesetzt: „une part égale" (IV. 149). Über die zweite Lesung vgl. IV. 156 in Verb. mit 256 f.

[3]) „appointements des juges" (IV. 149).

[4]) IV. 149.

[5]) Vgl. den jetzigen Art. 29 (oben S. 261).

[6]) Das ist der russische Art. 25.

[7]) IV. 266.

[8]) IV. 41.

[9]) IV. 191 f.

[10]) a. a. O.

[11]) IV. 192.

[12]) a. a. O.

In dem bei der zweiten Kommissionslesung am 22. Juli vorgelegten Entwurf war aber die Kostenfrage bezüglich der Schiedsrichter überhaupt wieder „comme inutile“ entfernt worden.[1]) Damit hatte man die jetzige Fassung des (späteren) Art. 57.

II. Die Frage der Gerichtskosten ist im Art. 57 ganz nach der bisherigen völkerrechtlichen Praxis geordnet.[2])

Zu den Prozesskosten des Art. 57 gehören nicht auch die Bureaukosten, für welch letztere vielmehr der Art. 29 besondere Bestimmungen hat. Unter diesen Art. 29 fallen auch die allgemeinen Prozesskosten, welche durch die Reinigung, Beleuchtung und Beheizung der Sitzungsräume verursacht werden.[3])

Die besonderen Prozesskosten des Art. 57 sind

1. die „eigenen Kosten“, welche jede Partei für sich zu tragen hat. Das sind die Honorare, welche eine Partei für ihre Agenten, Rechtsbeistände und wohl auch für die von ihr allein bestellten Schiedsrichter zahlt,[4])
2. die „Kosten des Schiedsgerichts“. Das sind vor allem die Kosten für die gemeinschaftlich bestellten Schiedsrichter, insbesondere auch den Obmann, welche von jeder Partei zur Hälfte getragen werden.

Nach diesen Grundsätzen, die mangels entgegenstehender Parteivereinbarungen (Art. 30) für die Schiedsrichter zwingendes Recht darstellen, hat die gerichtliche Kostenfestsetzung zu erfolgen. Das Abkommen steht also nicht auf dem Standpunkt des Zivilprozessrechts, wonach der Verurteilte die Kosten zu tragen hat. Das wollte man nicht, damit auch der Partei mit schwächerer Rechtsstellung die Anrufung und Annahme der Schiedssprechung erleichtert werde.

Bei der Beratung des (jetzigen) Art. 26 Abs. 2, welcher den Schiedshof auch Nicht-Signatarmächten öffnet,[5]) die doch nicht die Bureaukosten mittragen,[6]) hatte der französische Bevollmächtigte Renault noch eine besondere Kostenfrage aufgeworfen.[7])

Der italienische Bevollmächtigte Graf Nigra war zwar der Meinung, man solle das Haager Schiedsgericht möglichst weit öffnen und deshalb die Tarifidee fallen lassen.[8]) Aber auf den Antrag von Renault beschloss man zu Protokoll festzustellen, dass dem Verwaltungsrat die Freiheit zustehe, hier nach Gutdünken besondere Taxen vorzusehen.[9])

Im Descampsschen Kommissionsbericht heisst es demgemäss:

„Il y a des frais qui ne peuvent être déterminés dans chaque affaire que par le Tribunal. Pour d'autres, le Conseil administratif permanent pourra adopter au besoin des tarifs. La coutume contribuera à établir des règles dans cet ordre.“ [10])

---

[1]) IV. 90.
[2]) Descampsscher Kommissionsbericht I. 140.
[3]) Vgl. oben S. 261.
[4]) IV. 192, 140.
[5]) Vgl. oben S. 236 f.
[6]) Art 29.
[7]) IV. 70.
[8]) a. a. O.
[9]) a. a. O.
[10]) I 140.

§ 89.

Die Würdigung des Schiedsverfahrens.

Durch die Schiedsprozessordnung ist eine empfindliche Lücke des Völkerrechts ausgefüllt worden.[1] Sie knüpfte mit Geschick an die bisherige Theorie und Praxis an und ist im allgemeinen gut geraten.

Deutschland war immer führend oder doch mitarbeitend auf dem Plan, wenn es sich darum handelte, den politischen Charakter vom Schiedswesen, Schiedshof und Schiedsverfahren fernzuhalten.

Trotzdem zeigt das Abkommen in dieser Richtung immer noch Mängel, die mit wissenschaftlichem Freimut offengelegt werden sollen.

Meine Ausstellungen muss ich gerade dahin zusammenfassen, dass der Charakter der Rechtssprechung nur schwer und dabei in Wirklichkeit nicht genügend durchgedrungen ist und die Politik noch zu sehr mitspricht.

Die internationale Schiedssprechung ist nach Art. 15 eine richterliche Entscheidung auf Grund der Achtung vor dem Rechte. Aus diesem Grund wurde sie auch im Art. 16 auf das Gebiet der Rechtsstreitigkeiten beschränkt.

Deutschland hatte ja anfangs gerade deshalb dem ständigen Schiedshof keine Begeisterung entgegenbringen können, weil man befürchtete, dass er weniger eine Einrichtung der Rechtssprechung als ein Organ der Politik werden würde.[2] Aus diesem Grund war dann, freilich erst nach langen Kämpfen, auch die Machtstellung des Generalsekretärs des internationalen Bureaus resp. sein Erinnerungsrecht gefallen.[3]

Wie hartnäckig widersprach Russland der Notwendigkeit der Urteilsbegründung und zwar unter dem offenen Hinweis auf die politische Seite der Schiedssprechung;[4] und doch hatte der deutsche Bevollmächtigte Dr. Zorn vollständig recht, als er sagte: die Schiedssprüche müssen Rechtsentscheidungen sein, und diese kann man sich ohne Entscheidungsgründe nicht denken.[5]

Der Widerspruch Russlands gipfelte in der Vorstellung: man kann einem Schiedsrichter von der Nationalität der unterlegenen Partei nicht zumuten, unter Umständen nicht bloss gegen seine eigene Regierung zu stimmen, sondern das auch noch zu begründen. Das wurde bis zu gewissem Grad zugegeben. Aber merkwürdig! Die einzig richtige Lösung, die damit schon eingeleitet schien, wollte nicht kommen. Das Entscheidende ist doch nicht die Urteilsbegründung, sondern die Urteilsfällung gegen den eigenen Staat.

Das ist in der Tat unnatürlich! Die Unparteilichkeit der Schiedssprechung ist durch die Möglichkeit, dass Untertanen der im Streit befindlichen Staaten dem Schiedsgericht angehören, ernsthaft bedroht und

[1] Vgl. oben S. 291 f.
[2] Vgl. oben S. 228.
[3] Vgl. oben S. 243, 254, 257 f.
[4] Vgl. oben S. 338 ff.
[5] Vgl. oben S. 340.

hier hätte man einen Riegel vorschieben sollen; dann wären die russischen Bedenken vollständig entkräftet gewesen.

Das Brüsseler Projekt,[1]) Italien-Argentinien[2]) sowie die Schweiz und Norwegen[3]) hatten hier schon ein gutes Beispiel gegeben.

Statt dessen aber hielt Russland unter der Zustimmung von Frankreich, Belgien und auch Deutschland in dieser Richtung wieder das politische Moment entgegen: die Parteivertretung im Schosse des Richterkollegiums sei ein natürlicher Übergang von der diplomatischen zur gerichtlichen Verhandlung;[4]) die Parteien würden eher auf die Schiedssprechung eingehen und Garantie gegen das Schiedsgericht haben, wenn sie unter den Richtern vertreten seien.[5]) Und so etwas will man dann noch Gericht nennen? Musste man doch schliesslich offen eingestehen, dass damit der Obmann nur noch allein der Unparteiische sei, vor dem die richterlichen Beisitzer die Parteirolle spielen.[6])

Die Tatsachen waren denn zum Teil auch klüger als die Theorie. In den beiden ersten Streitfällen, die das Haager Schiedsgericht entschieden hat, sassen keine Staatsangehörigen der streitenden Parteien im Gericht.[7])

Ehe das nicht ganz allgemein wird, haben wir kein entwicklungsfähiges Schiedsrecht.

Wäre man mehr von dem Gedanken der unparteiischen Rechtsprechung und weniger von politischen Erwägungen ausgegangen, so hätte man bei der Schiedsgerichtsbildung auch Ablehnungsgründe[8]) zulassen müssen. Statt dessen können jetzt die ausgesprochensten Parteigänger im Schiedsgericht zusammensitzen. Dann wird die Obmannbestellung unter Umständen eine kaum zu lösende Frage, und die Schiedssprechung wird vielleicht noch in letzter Stunde zur Unmöglichkeit.[9])

Man kann ja wohl der politischen Einsicht der Diplomaten vertrauen, wenn dieselben darauf bedacht waren, zunächst nur einmal den Weg zur Schiedssprechung zu finden. Aber der fortbildenden Praxis ist in bestimmter Weise der Weg gewiesen. Es bedarf nicht gerade eines neuen Abkommens, wozu auch kaum jetzt schon Geneigtheit bestehen wird. Es genügt, wenn die Staaten bei der Bestellung des Schiedsgerichts nur davon absehen, eigene Staatsangehörige zu Schiedsrichtern zu ernennen und bei der Auswahl die berechtigten Empfindungen des Gegners schonen.

Ganz unbefriedigend ist die Ordnung der Revisionsfrage.[10]) Das nach langen Kämpfen in der „Nachprüfung" zustande gekommene Kompromisswerk wird nicht leben und nicht sterben können.

---

[1]) Vgl. den Art. VII Abs. 5 oben S. 215.
[2]) Vgl. den Art. 3 Abs. 4 oben S. 67.
[3]) Vgl. oben S. 73 Ziff. II, 4.
[4]) So Bourgeois oben S. 270.
[5]) So Descamps oben S. 270
[6]) a. a. O.
[7]) Vgl. oben S. 287.
[8]) Wie ZPO. § 1032.
[9]) Vgl. oben S. 311.
[10]) Das sagt auch Mérignhac „La conférence intern. de la paix" p. 372 sqq.

Die Berufung resp. Revision ist bei einer einigermassen zuverlässigen Rechtspflege eine unentbehrliche Voraussetzung. Eine befriedigende Rechtsprechung ohne jeglichen Instanzenzug vermögen wir uns schwer zu denken.

Und warum widersprach Russland und Belgien so energisch der Revisionsidee? Weil sie ein Hindernis für schnelle und dabei endgültige Streitbeilegung sei und die Autorität der Schiedsrichter ins Wanken bringe. Diese politischen Erwägungen waren so stark, dass man daneben auch die augenscheinlichste Ungerechtigkeit anstandslos mit in den Kauf nahm. Und das nennt man eine Entscheidung „auf Grund der Achtung vor dem Rechte" (Art. 15). Sarkastische Menschen werden da vielleicht an die Feuerspritze erinnert, mit welcher man hitzig gewordene Gemüter abkühlt.

War man mit Rücksicht auf die Eigenart der völkerrechtlichen Schiedsgerichtsbarkeit gegen eine Berufung und Revision im Sinne des modernen Zivilprozessrechts, so musste wenigstens für die Wiederaufnahme des Verfahrens,[1]) die übrigens mit der blossen Wiedereröffnung einer Verhandlung nicht zusammengekoppelt werden durfte, völlig freie Bahn bleiben resp. die Aufhebung des Schiedsspruchs in leicht gangbare Bahnen gewiesen werde.[2]) Dass nur neue Tatsachen ein Aufhebungsgrund sein sollen und der letztere bloss auf Grund besonderer Vereinbarung geltend gemacht werden kann, wobei dann auch noch möglicherweise vertragsmässige Fristen hinderlich werden, macht die ganze „Nachprüfung" so gut wie wertlos. Die Revisionsgegner haben in der Sache gesiegt.

Von einer Revision oder gar Berufung im Sinne einer regelmässigen Einrichtung des Zivilprozesses (ZPO. §§ 545 ff., 511 ff.) wird man hier ja wohl absehen können und auch müssen. Aber man muss für die Zukunft verlangen, dass entweder die „Aufhebung des Schiedsspruchs" im Rechtsweg erfolgt, wie das für den privatrechtlichen Schiedsspruch in der deutschen Zivilprozessordnung § 1041 vorgesehen ist, oder dass wenigstens die „Wiederaufnahme des Verfahrens" — und das ist ja die Nachprüfung des Art. 55 im wesentlichen — nach Massgabe der Zivilprozessordnung § 578 ff. völlig freigegeben wird.

Schliesslich hatte Russland noch Vollstreckungsbedenken geltend gemacht: die Zulassung einer zweiten Verhandlung bedeute für die Zeit der Notfrist eine Suspension der Vollstreckung.[3])

Bei der jetzigen Ordnung rückt aber nicht etwa bloss die Suspension, sondern sogar die Verweigerung des Vollzugs in bedenkliche Nähe.

Asser und Holls haben mit vollem Verständnis die Hand auf einen wunden Punkt gelegt, als sie ausführten, wenn kein Rechtsmittel zugelassen werde, müsse unter Umständen mit der Ablehnung des Schiedsspruchs gerechnet werden.[4])

Glaubt man denn in Wahrheit an eine freiwillige Erfüllung, wenn so etwas wie wirkliche Nichtigkeits-, Restitutions- oder Aufhebungsluft

[1]) Vgl. darüber ZPO. § 578 ff., insbesondere die Bestimmungen über die Restitutionsklage § 580.

[2]) Wie das in der ZPO. §§ 1041, 1043 und 1044 geschehen ist.

[3]) Vgl. oben S. 356.

[4]) Vgl. oben S. 351, 358, 359.

weht? Auch Zorn[1]) weist darauf hin, dass die Konferenz hier eine Lücke gelassen hat und dass also lediglich das souveräne Ermessen eines Staates entscheidet, ob er einen Schiedsspruch als mit einem Nichtigkeitsgrund behaftet ansehen zu müssen glaubt. Und das Bedenkliche ist, dass man bei der Unmöglichkeit einer gerichtlichen Nachwürdigung sich nunmehr auch mit unwahren Vorwänden der Erfüllung entziehen kann.

Wiege man sich nicht durch den Gedanken ein, dass bis jetzt der Vollzug des Schiedsspruchs niemals verweigert worden ist. Soll, wie man es doch mit Recht wünscht, die Schiedssprechung regelmässig werden, so wird man diesem Punkt seine ganze Aufmerksamkeit zuwenden müssen.

Wird aber der Vollzug eines Schiedsspruchs auch nur einmal verweigert, so könnte das für die ganze Schiedsgerichtseinrichtung ein geradezu vernichtender Schlag werden.

Es ist nicht nötig, wegen dieser und anderer Mängel schon heute die Reformfrage aufzuwerfen.

Besser ist: wir haben eine gute Praxis als eine gute Theorie.

Die Hauptsache ist und bleibt vorerst, dass das neue Schiedsrecht Wurzel fasst und praktisch wird. Die angedeuteten Mängel können alle durch das Kompromiss von Fall zu Fall gehoben werden; und vielleicht erweisen sich meine Ausführungen für geeignet, die künftigen Schiedsvertragsverhandlungen in gewisser Beziehung zu beeinflussen. Denn über der Schiedsprozessordnung des Abkommens steht ja die Vereinbarung der Parteien.

---

[1]) „Deutsche Rundschau“ 1900 S. 134. Vgl. auch Mérignhac „La conférence intern. de la paix“ p. 372—375.

Verbesserungen und Zusätze.

Auf S. 1 Anm. 4 Z. 5 soll es statt hierauf heissen: hiernach.

Zu S. 54 Anm. 4: Über die Ratifikation Chinas berichtet jetzt die Bekanntmachung des Reichskanzlers vom 15. Juni 1905 im RGBl. No. 27 S. 553.

Zu S. 63: Der Weltpostvertrag gilt in der Fassung vom 15. Juni 1897 (RGBl. 1898 S. 1079. Weber XXIV. 601).

Auf S. 67 Art. 13 lit. a soll es heissen: Auf Grund einer verfälschten oder falschen Urkunde.

Auf S. 115 Anm. 3 muss es heissen: Vgl. unten § 61, und auf S. 144 Anm. 2: Vgl. unten § 40.

Zu S. 290 Anm. 2: Nach Frieds „Friedenswarte“ 1905 No. 5 S. 101 haben auch Ecuador und Kolumbien zu Bogota am 5. Nov 1904 einen Schiedsvertrag unterzeichnet, wonach sie einen Grenzstreit dem Schiedsurteil des deutschen Kaisers unterbreiteten.

Anhang.

No. 1.

Die Liste der auf der Haager Friedenskonferenz vertretenen Regierungen und ihrer Bevollmächtigten.[1])

1. Deutschland.

Se. Exzellenz Graf v. Münster, deutscher Botschafter in Paris, erster Delegierter, Plénipotentiaire.
Freiherr v. Stengel, Professor an der Universität München, zweiter Delegierter.
Dr. Zorn, Geh. Justizrat, Professor an der Universität Königsberg, wissenschaftlicher Delegierter.
Oberst Gross v. Schwarzhoff, Kommandeur des 5. Infanterie-Regiments No. 93, technischer Delegierter.
Kapitän zur See Siegel, Marine-Attaché an der kaiserlichen Botschaft in Paris, technischer Delegierter.
M. v. Erckert, Legationssekretär, beigeordneter Sekretär.

2. Österreich-Ungarn.

Se. Exzellenz Graf v. Welsersheimb, Botschafter, erster Delegierter, Plénipotentiaire.
Okolicsanyi d'Okolicsna, Gesandter im Haag, zweiter Delegierter, Plénipotentiaire.
Merey v. Kapos-Mere, Botschaftsrat und Kabinettschef im Ministerium des Äussern, beigeordneter Delegierter.
Lammasch, Professor an der Universität Wien, weiterer Delegierter.
v. Khuepach zu Ried, Oberstleutnant des grossen Generalstabs, weiterer Delegierter.
Graf Soltyk, Korvettenkapitän, weiterer Delegierter.

3. Belgien.

Se. Exzellenz M. Aug. Beernaert, Staatsminister und Präsident der Repräsentantenkammer, Delegierter, Plénipotentiaire.
Graf v. Grelle Rogier, Gesandter im Haag, Delegierter, Plénipotentiaire.
Ritter Descamps, Senator, Delegierter, Plénipotentiaire.
Joostens, Legationsrat, Sekretär der Delegation.

4. China.

Yang-Yü, Gesandter in St. Petersburg, Delegierter, Plénipotentiaire.
Lou-Tseng-Tsiang, zweiter Delegierter.
Hoo-Wei-Teh, zweiter Delegierter.
Ho-Yen-Cheng, Legationsrat, weiterer Delegierter.
Dr. Kreyer, Legationsrat, Dolmetscher.

---

[1]) Nach den Protokollen I. 3 ff.

5. Dänemark.

v. Bille, Kammerherr, Gesandter in London, erster Delegierter, Plénipotentiaire.
v. Schnack, Artillerie-Oberst, früherer Kriegsminister, zweiter Delegierter, Plénipotentiaire.
Baron Reedtz-Thott, Sekretär im Ministerium des Äussern, der Delegation beigegeben.

6. Spanien.

Se Exzellenz Herzog v. Tetuan, früherer Minister des Äussern, erster Delegierter, Plénipotentiaire.
Ramirez von Villa Urrutia, Gesandter in Brüssel, Delegierter, Plénipotentiaire.
v. Baguer, Gesandter im Haag, Delegierter, Plénipotentiaire.
Graf v. Serrallo, Militärattaché in Brüssel, weiterer Delegierter.
Crespo, Botschaftssekretär, Sekretär der Delegation.

7. Die Vereinigten Staaten von Amerika.

Se. Exzellenz M. White, Botschafter in Berlin, Delegierter, Plénipotentiaire.
Stanford Newel, Gesandter im Haag, Delegierter, Plénipotentiaire.
Seth Low, Präsident der Colombia-Universität in New-York, Delegierter, Plénipotentiaire.
Mahan, Kapitän zur See, Delegierter, Plénipotentiaire.
Crozier, Artillerie-Kapitän, Delegierter, Plénipotentiaire.
Holls, Advokat in New-York, Delegierter und Sekretär der Delegation.
Mac Grath, Sekretär der Delegation.
Harris Vickery, Sekretär der Delegation.
Morrison, Sekretär der Delegation.

8. Mexiko.

v. Mier, Gesandter in Paris, Delegierter, Plénipotentiaire.
Zenil, Ministerresident in Brüssel, Delegierter, Plénipotentiaire.

9. Frankreich.

Bourgeois, früherer Ministerpräsident, früherer Minister des Äussern, Mitglied der Deputierten-Kammer, erster Delegierter, Plénipotentiaire.
Bihourd, Gesandter im Haag, zweiter Delegierter, Plénipotentiaire.
Baron d'Estournelles de Constant, bevollmächtigter Minister, Mitglied der Deputierten-Kammer, dritter Delegierter, Plénipotentiaire
Péphau, Kontre-Admiral, technischer Delegierter.
Mounier, Brigade-General, technischer Delegierter.
Renault, Professor an der juristischen Fakultät in Paris, technischer Vertreter.
Legrand, Botschaftssekretär, Sekretär der Delegation und Sekretär der Konferenz.
Boppe, Botschaftssekretär, Sekretär der Delegation.
v. Sillac, Botschafts-Attaché, Sekretär der Delegation, Sekretär der Konferenz.
Homberg, Botschafts-Attaché, Sekretär der Delegation.
Legendre, weiterer Sekretär.
Baron Pichon, Kavallerie-Leutnant, weiterer Sekretär.

10. England.

Se. Exzellenz Sir Julian Pauncefote, Botschafter in Washington, erster Delegierter, Plénipotentiaire.
Howard, Gesandter im Haag, zweiter Delegierter, Plénipotentiaire.
Fisher, Vizeadmiral, technischer Delegierter.
Ardagh, Generalmajor, technischer Delegierter.
Court, Oberstleutnant, Militär-Attaché in Brüssel und im Haag, weiterer technischer Delegierter.
Ponsonby Maxwell, erster Sekretär der Delegation.
Peel, zweiter Sekretär der Delegation.
Hamilton, dritter Sekretär der Delegation.

11. Griechenland.

Delyannis, früherer Ministerpräsident, früherer Minister des Äussern, Gesandter in Paris, Delegierter, Plénipotentiaire.
Mercati, Ministerialsekretär.

12. Italien.

Se. Exzellenz Graf Nigra, Botschafter in Wien, Senator, erster Delegierter, Plénipotentiaire.
Graf Zannini, Gesandter im Haag, zweiter Delegierter, Plénipotentiaire.
Kommandeur Pompilj, Abgeordneter im italienischen Parlamente, dritter Delegierter, Plénipotentiaire.
Ritter Zuccari, Generalmajor, technischer Delegierter.
Ritter Bianco, Kapitän zur See, Marine-Attaché in London, technischer Delegierter.
Baron Fasciotti, Botschaftsattaché, als Sekretär beigegeben.
Artom, Gesandtschaftsattaché, als Sekretär beigegeben.

13. Japan.

Baron Hayashi, Gesandter in St. Petersburg, erster Delegierter, Plénipotentiaire.
Motono, Gesandter in Brüssel, zweiter Delegierter, Plénipotentiaire.
Uyehara, Oberst, technischer Delegierter.
Sakamoto, Kapitän zur See, technischer Delegierter.
Nagao Ariga, Professor des Völkerrechts an der Kriegs- und an der Marine-Hochschule in Tokio, technischer Delegierter.
Nishi, Sekretär der Delegation.
Hagiwara, Sekretär der Delegation.

14. Luxemburg.

Se. Exzellenz M. Eyschen, Staatsminister, Präsident der Grossh. Regierung, Delegierter, Plénipotentiaire.
Graf v. Villers, Geschäftsträger in Berlin, Delegierter, Plénipotentiaire.

15. Montenegro

mitvertreten durch die russischen Bevollmächtigten. Vgl. Russland.

16. Holland.

Jonkheer van Karnebeek, früherer Minister des Äussern, Mitglied der zweiten Kammer, Delegierter. Plénipotentiaire.
General den Beer Poortugael, früherer Kriegsminister, Mitglied des Staatsrats, Delegierter, Plénipotentiaire.
Asser, Mitglied des Staatsrats, Delegierter, Plénipotentiaire.
Rahusen, Mitglied der ersten Kammer, Delegierter, Plénipotentiaire.
Tadema, Kapitän zur See, Chef des Admiralstabs, technischer Delegierter.

17. Persien.

General Mirza Riza Khan Arfa-Ud-Dovleh, Gesandter in St. Petersburg, erster Delegierter, Plénipotentiaire.
Mirza Samad Khan Momtazis-Saltaneh, Legationsrat, weiterer Delegierter.
v. Poliakoff, Sekretär der Delegation.
Baron v. Levi, Sekretär der Delegation.

18. Portugal.

Graf v. Macedo, früherer Minister der Marine und der Kolonien, Gesandter in Madrid, Delegierter, Plénipotentiaire.
d'Ornellas Vasconcellos, Gesandter in St. Petersburg, Delegierter, Plénipotentiaire.
Graf v. Selir, Gesandter im Haag, Delegierter, Plénipotentiaire.
Kapitän Ayres d'Ornellas, technischer Delegierter.
Kapitän zur See v. Castilho, technischer Delegierter.
Ribeiro da Cunha, erster Gesandtschaftssekretär, Sekretär der Delegation.

19. Rumänien.

Beldiman, Gesandter in Berlin, erster Delegierter, Plénipotentiaire.
Papiniu, Gesandter im Haag, zweiter Delegierter, Plénipotentiaire.
Oberst Flügeladjutant Coanda, Direktor der Artillerie im Kriegsministerium, technischer Delegierter.

20. Russland.

Se. Exzellenz Wirklicher Geheimer Rat v. Staal, Botschafter in London, Delegierter, Plénipotentiaire.
v. Martens, ständiges Mitglied des Beirates des kaiserl. Ministeriums des Äussern, Geheimer Rat, Delegierter, Plénipotentiaire.
Wirklicher Staatsrat v. Basily, Kammerherr, Direktor der ersten Abteilung des kaiserl. Ministeriums des Äussern, Delegierter, Plénipotentiaire.
Wirklicher Staatsrat Raffalovich, Agent des Kaiserl. Finanzministeriums in Paris, technischer Delegierter.
Gilinsky, Oberst im grossen Generalstab, technischer Delegierter.
Graf v. Barantzew, Oberst der Garde-Gebirgsartillerie, technischer Delegierter.
Scheine, Fregattenkapitän, Marine-Agent in Paris, technischer Delegierter.
Ovtchinnikow, Leutnant zur See, Professor der Rechte, technischer Delegierter.
Kammerherr Priklonsky, Sektionschef der ersten Abteilung des kaiserl. Ministeriums des Äussern, Sekretär der Delegation.
Gourko-Romeiko, zweiter Botschaftssekretär, Sekretär der Delegation.
Baron v. Schilling, dritter Kanzleisekretär des kaiserl. Ministeriums des Äussern, Sekretär der Delegation.
Hessen, Bureauchef im kaiserl. Justizministerium, Sekretär der Delegation.
Birileff, Sekretär des technischen Delegierten der Marine.

21. Serbien.

Miyatovitch, Gesandter in London, Delegierter, Plénipotentiaire.
Oberst Maschine, Gesandter in Cettinje, Delegierter, Plénipotentiaire.
Dr. Veljkovitch, Professor an der juristischen Fakultät in Belgrad, weiterer Delegierter.

22. Siam.

Phya Surigy Nuvatr, Gesandter in Paris, erster Delegierter, Plénipotentiaire.
Phya Visuddha Suriya Sakdi, Gesandter in London, zweiter Delegierter, Plénipotentiaire.
Corragioni d'Orelli, Legationsrat, dritter Delegierter.
Rolin, Generalkonsul von Siam in Belgien, vierter Delegierter.
Patijn, der Delegation beigegeben.
Phra Jayasurindr, der Delegation beigegeben.

23. Schweden-Norwegen.

Baron von Bildt, Gesandter am Quirinal, Delegierter, Plénipotentiaire.
Oberst Brändström, Kommandant des ersten Garderegiments, technischer Delegierter.
v. Hjulhammar, Kommandeur in der Kgl. Marine, technischer Delegierter.
Konow, Präsident der 1. Kammer, technischer Delegierter.
Thaulow, Generalmajor, Generalarzt der Armee und der Marine, technischer Delegierter.
v. Rappe, Sekretär im Ministerium des Äussern, Sekretär der Delegation.

24. Schweiz.

Dr. Roth, Gesandter in Berlin, Delegierter, Plénipotentiaire.
Oberst Künzli, Nationalrat, Delegierter.
Odier, Nationalrat, Delegierter, Plénipotentiaire.
Suter, Hilfssekretär der politischen Abteilung, Sekretär der Delegation.

25. Türkei.

Se. Exzellenz Türkhan Pascha, früherer Minister des Äussern, Mitglied des Staatsrats, erster Delegierter, Plénipotentiaire.
Se. Exzellenz Noury Bey, Generalsekretär im Ministerium des Äussern, Delegierter, Plénipotentiaire.
Se. Exzellenz Abdullah Pascha, Divisionsgeneral im grossen Generalstab, Delegierter, Plénipotentiaire.
Se. Exzellenz Mehemed Pascha, Kontre-Admiral, Delegierter, Plénipotentiaire.
Youssouf Bey, Kabinettschef des Ministeriums des Äussern, Sekretär der Delegation.
Aghiah Bey, Unterchef des Übersetzungsbureaus im Ministerium des Äussern, Sekretär der Delegation.
Djevad Bey, Oberstleutnant, Sekretär der Delegation.
Cherif Bey, Gehilfe der rechtsgelehrten Räte der hohen Pforte, Sekretär der Delegation.

26. Bulgarien.

Dr. Stancioff, diplomatischer Agent in St. Petersburg, erster Delegierter, Plénipotentiaire.
Major Hessaptchieff, Militär-Attaché in Belgrad, zweiter Delegierter, Plénipotentiaire.

No. 2.

Die Liste der Kommissionsmitglieder.[1]

I. Kommission:

Deutschland: Professor Frhr. v. Stengel, Oberst Gross v. Schwarzhoff und Kapitän zur See Siegel.
Die Vereinigten Staaten v. Amerika: Botschafter White, Kapitän zur See Mahan und Artilleriekapitän Crozier.
Österreich-Ungarn: Oberstleutnant v. Khuepach und Korvettenkapitän Graf Soltyk.
Belgien: Exz. Beernaert und Gesandter Graf v. Grelle Rogier.
China: Exz. Yang Yü.
Dänemark: Gesandter v. Bille und Oberst v. Schnack.
Spanien: Oberst Graf del Serrallo.
Frankreich: Gesandter Bihourd, General Mounier und Kontre-Admiral Péphau.
England: Vizeadmiral Fisher, Generalmajor Ardagh und Oberstleutnant Court.
Italien: General Zuccari, Kapitän zur See Bianco.
Mexiko: Ministerresident Zenil.
Holland: General den Beer Poortugael, Kapitän zur See Tadema.
Persien: General Mirza Riza Khan.
Portugal: Kapitän von Ornellas und Kapitän zur See von Castilho.
Rumänien: Gesandter Beldiman und Oberst Coanda.
Russland: Wirklicher Staatsrat v. Basily, Oberst Gilinsky, Oberst Graf Barantzew, Fregatten-Kapitän Scheine, Leutnant z. See Prof. Ovtchinnikow und Wirkl. Staatsrat Raffalovitch.
Serbien: Oberst Maschine.
Siam: Legationsrat Corragioni d'Orelli und Generalkonsul Rolin.
Schweden-Norwegen: Oberst Brändström und Kommandeur in der Kgl. Marine v. Hjulhammar.
Schweiz: Oberst Künzli.
Türkei: General Abdullah Pascha, Kontre-Admiral Mehemed Pascha.
Bulgarien: Major Hessaptchiew.

NB. Für Griechenland und Luxemburg zeigt die Liste I. 22 eine Lücke.

II. Kommission:

Deutschland: Professor Frh. v. Stengel, Professor Dr. Zorn, Oberst Gross v. Schwarzhoff, Kapitän zur See Siegel.
Vereinigte Staaten von Amerika: Botschafter White, Gesandter Stanford Newel, Kapitän zur See Mahan, Artilleriekapitän Crozier.
Österreich-Ungarn: Professor Lammasch, Oberstleutnant von Khuepach, Korvetten-Kapitän Graf Soltyk.
Belgien: Exc. Beernaert, Gesandter Graf von Grelle Rogier und Senator Descamps.
China: Exz. Yang Yü, Hoo Wei Teh, Lou-Tseng-Tsiang.
Dänemark: Oberst v. Schnack, Gesandter v. Bille.
Spanien: Gesandter Ramirez von Villa Urrutia und Gesandter von Baguer.
Frankreich: General Mounier, Kontre-Admiral Péphau und Professor Renault.
England: Vizeadmiral Fisher, Generalmajor Ardagh und Oberstleutnant Court.
Italien: Gesandter Graf Zannini, Kommandeur Abg. Pompilj, General Zuccari und Kapitän zur See Bianco.
Japan: Gesandter Motono, Oberst Uyehara, Kapitän Sakamoto und Professor Ariga.
Luxemburg: Staatsminister Präsident Eyschen, Geschäftsträger Graf von Villers.
Mexiko: Gesandter von Mier, Ministerresident Zenil.

---

[1] I. 22—24.

Holland: Staatsrat Abg. Asser, General den Beer Poortugael, Kapitän zur See Tadema.
Persien: General Mirza Riza Khan, Arfa-Ud-Dovleh.
Portugal: Gesandter Graf von Selir und Kapitän zur See von Castilho.
Rumänien: Gesandter Beldiman, Gesandter Papiniu und Oberst Coanda.
Russland: Geheimrat v. Martens, Oberst Gilinsky, Oberst Graf Barantzew, Fregattenkapitän Scheine und Leutnant zur See Professor Ovtchinnikow.
Serbien: Gesandter Miyatovitch und Professor Dr. Veljkovitch.
Siam: Legationsrat Corragioni d'Orelli und Generalkonsul Rolin.
Schweden-Norwegen: General Thaulow und Oberst Brändström.
Schweiz: Gesandter Dr. Roth und Nationalrat Odier.
Türkei: Geneneralsekretär im Ministerium Noury Bey, General Ahdullah Pascha, Kontre-Admiral Mehemed Pascha.
Bulgarien: Diplomatischer Agent Dr. Stancioff.

NB. Bezüglich Griechenlands zeigt die Liste eine Lücke.

III. Kommission:

Deutschland: Professor Dr. Zorn, Oberst Gross v. Schwarzhoff und Kapitän zur See Siegel
Vereinigte Staaten von Amerika: Botschafter White, Präsident der Universität in New-York Seth Low und Advokat Holls.
Österreich-Ungarn: Botschafter Graf von Welsersheimb, Gesandter Okolicsanyi von Okolicsna und Botschaftsrat Mery von Kapos-Mere.
Belgien: Gesandter Graf v. Grelle Rogier und Senator Descamps.
China: Exz. Yang Yü, Hoo Wei-Teh, Lou Tseng-Tsiang.
Dänemark: Gesandter von Bille.
Spanien: früherer Minister Herzog von Tetuan und Gesandter Villa Urrutia.
Frankreich: früherer Ministerpräsident, früherer Minister des Äussern Bourgeois, Deput. Baron d'Estournelles de Constant und Professor Renault.
England: Botschafter Pauncefote und Gesandter Howard.
Griechenland: früherer Ministerpräsident, früherer Minister des Äussern Delyannis.
Italien: Botschafter Graf Nigra, Gesandter Zannini und Kommandeur Abg. Pompilj.
Japan: Gesandter Hayashi, Gesandter Motono und Professor Ariga.
Luxemburg: Ministerpräsident Eyschen und Geschäftsträger Graf v. Villers.
Mexiko: Gesandter v. Mier und Ministerresident Zenil.
Holland: früherer Minister v. Karnebeek, Staatsrat Asser, Mitglied der 1. Kammer Rahusen.
Persien: General Mirza Riza Kahn, Arfa-Ud-Dovleh.
Portugal: Gesandter v. Ornellas Vasconcellos.
Rumänien: Gesandter Beldiman und Gesandter Papiniu.
Russland: Botschafter v. Staal, Geheimrat von Martens, Wirklicher Staatsrat Basily und Wirklicher Staatsrat Raffalovich.
Serbien: Gesandter Miyatovitch und Prof. Dr. Veljkovitch.
Siam: Gesandter Phya Suriya, Legationsrat Corragioni d'Orelli und Generalkonsul Rolin.
Schweden-Norwegen: Gesandter Baron v. Bildt und Präsident der 1. Kammer Konow.
Schweiz: Gesandter Dr. Roth, Oberst Künzli und Nationalrat Odier.
Türkei: früherer Minister Turkhan Pascha und Generalsekretär im Ministerium des Äussern Noury Bey.
Bulgarien: Diplomatischer Agent Dr. Stancioff.

No. 3.

(Abdruck aus dem Reichsgesetzblatt 1901 No. 44 S. 393 ff.)

(Nr. 2807.) Convention pour le règlement pacifique des conflits internationaux. Du 29 juillet 1899.

Sa Majesté l'Empereur d'Allemagne, Roi de Prusse etc.

Animés de la ferme volonté de concourir au maintien de la paix générale;

(Übersetzung.)

(Nr. 2807.) Abkommen zur friedlichen Erledigung internationaler Streitfälle. Vom 29. Juli 1899.

Seine Majestät der Deutsche Kaiser König von Preussen u. s. w. (folgen die anderen Kontrahenten)

von dem festen Willen beseelt, zur Aufrechterhaltung des allgemeinen Friedens mitzuwirken,

Résolus à favoriser de tous leurs efforts le règlement amiable des conflits internationaux;

Reconnaissant la solidarité qui unit les membres de la société des nations civilisées;

Voulant étendre l'empire du droit et fortifier le sentiment de la justice internationale;

Convaincus que l'institution permanente d'une juridiction arbitrale, accessible à tous, au sein des Puissances indépendantes peut contribuer efficacement à ce résultat;

Considérant les avantages d'une organisation générale et régulière de la procédure arbitrale;

Estimant avec l'Auguste Initiateur de la Conférence Internationale de la Paix qu'il importe de consacrer dans un accord international les principes d'équité et de droit sur lesquels reposent la sécurité des Etats et le bien-être des Peuples;

Désirant conclure une Convention à cet effet ont nommé pour Leurs plénipotentiaires, savoir:

. . . .

Lesquels, après s'être communiqué leurs pleins pouvoirs, trouvés en bonne et due forme, sont convenus des dispositions suivantes:

entschlossen, mit allen ihren Kräften die friedliche Erledigung internationaler Streitigkeiten zu begünstigen,

in Anerkennung der Solidarität, welche die Glieder der Gemeinschaft der zivilisierten Nationen verbindet,

gewillt, die Herrschaft des Rechtes auszubreiten und das Gefühl der internationalen Gerechtigkeit zu stärken,

überzeugt, dass die dauernde Einrichtung einer Allen zugänglichen Schiedsgerichtsbarkeit im Schosse der unabhängigen Mächte wirksam zu diesem Ergebnisse beitragen kann,

in Erwägung der Vorteile einer allgemeinen und regelmässigen Einrichtung des Schiedsverfahrens,

mit dem Erlauchten Urheber der internationalen Friedenskonferenz der Ansicht, dass es von Wichtigkeit ist, in einer internationalen Vereinbarung die Grundsätze der Billigkeit und des Rechtes festzulegen, auf denen die Sicherheit der Staaten und die Wohlfahrt der Völker beruhen,

von dem Wunsche geleitet, zu diesem Zwecke ein Abkommen zu schliessen, haben zu Ihren Bevollmächtigten ernannt:

(Folgen die Namen der Plénipotentiaires.)

welche, nachdem sie sich ihre Vollmachten mitgeteilt und sie in guter und gehöriger Form befunden haben, über folgende Bestimmungen übereingekommen sind:

Titre I.

Du maintien de la paix générale.

Article 1.

En vue de prévenir autant que possible le recours à la force dans les rapports entre les Etats, les Puissances signataires conviennent d'employer tous leurs efforts pour assurer le règlement pacifique des différends internationaux.

Erster Titel.

Erhaltung des allgemeinen Friedens.

Artikel 1.

Um in den Beziehungen zwischen den Staaten die Anrufung der Gewalt soweit als möglich zu verhüten, erklären sich die Signatarmächte einverstanden, alle ihre Bemühungen aufwenden zu wollen, um die friedliche Erledigung der internationalen Streitfragen zu sichern.

Titre II.

Des bons offices et de la médiation.

Article 2.

En cas de dissentiment grave ou de conflit, avant d'en appeler aux armes, les Puissances signataires conviennent d'avoir recours, en tant que les circonstances le permettront, aux bons offices ou à la médiation d'une ou de plusieurs Puissances amies.

Article 3.

Indépendamment de ce recours, les Puissances signataires jugent utile qu'une

Zweiter Titel.

Gute Dienste und Vermittelung.

Artikel 2.

Die Signatarmächte kommen überein, im Falle einer ernsten Meinungsverschiedenheit oder eines Streites, bevor sie zu den Waffen greifen, die guten Dienste oder die Vermittelung einer befreundeten Macht oder mehrerer befreundeter Mächte anzurufen, soweit dies die Umstände gestatten werden.

Artikel 3.

Unabhängig hiervon halten die Signatarmächte es für nützlich, dass eine Macht oder

ou plusieurs Puissances étrangères au conflit offrent de leur propre initiative, en tant que les circonstances s'y prêtent, leurs bons offices ou leur médiation aux Etats en conflit.

Le droit d'offrir les bons offices ou la médiation appartient aux Puissances étrangères au conflit, même pendant le cours des hostilités.

L'exercice de ce droit ne peut jamais être considéré par l'une ou l'autre des Parties en litige comme un acte peu amical.

mehrere Mächte, die am Streite nicht beteiligt sind, aus eigenem Antriebe den im Streite befindlichen Staaten ihre guten Dienste oder ihre Vermittelung anbieten, soweit sich die Umstände hierfür eignen.

Das Recht, gute Dienste oder Vermittelung anzubieten, steht den am Streite nicht beteiligten Staaten auch während des Ganges der Feindseligkeiten zu.

Die Ausübung dieses Rechtes kann niemals von einem der streitenden Teile als unfreundliche Handlung angesehen werden.

Article 4.

Le rôle du médiateur consiste à concilier les prétentions opposées et à apaiser les ressentiments qui peuvent s'être produits entre les Etats en conflit.

Artikel 4.

Die Aufgabe des Vermittelers besteht darin, die einander entgegengesetzten Ansprüche auszugleichen und Verstimmungen zu beheben, die zwischen den im Streite befindlichen Staaten etwa entstanden sind.

Article 5.

Les fonctions du médiateur cessent du moment où il est constaté, soit par l'une des Parties en litige, soit par le médiateur lui-même, que les moyens de conciliation proposés par lui ne sont pas acceptés.

Artikel 5.

Die Tätigkeit des Vermittelers hört auf, sobald, sei es durch einen der streitenden Teile, sei es durch den Vermitteler selbst, festgestellt wird, dass die von diesem vorgeschlagenen Mittel der Verständigung nicht angenommen werden.

Art cle 6.

Les bons offices et la médiation, soit sur le recours des Parties en conflit, soit sur l'initiative des Puissances étrangères au conflit, ont exclusivement le caractère de conseil et n'ont jamais force obligatoire.

Artikel 6.

Gute Dienste und Vermittelung, seien sie auf Anrufen der im Streite befindlichen Teile eingetreten oder aus dem Antriebe der am Streite nicht beteiligten Mächte hervorgegangen, haben ausschliesslich die Bedeutung eines Rates und niemals verbindliche Kraft.

Article 7.

L'acceptation de la médiation ne peut avoir pour effet, sauf convention contraire, d'interrompre, de retarder ou d'entraver la mobilisation et autres mesures préparatoires à la guerre.

Si elle intervient après l'ouverture des hostilités, elle n'interrompt pas, sauf convention contraire, les opérations militaires en cours.

Artikel 7.

Die Annahme der Vermittelung kann, unbeschadet anderweitiger Vereinbarung, nicht die Wirkung haben, die Mobilmachung und andere den Krieg vorbereitende Massnahmen zu unterbrechen, zu verzögern oder zu hemmen.

Erfolgt sie nach Eröffnung der Feindseligkeiten, so werden von ihr, unbeschadet anderweitiger Vereinbarung, die im Gange befindlichen militärischen Unternehmungen nicht unterbrochen.

Article 8.

Les Puissances signataires sont d'accord pour recommander l'application, dans les circonstances qui le permettent, d'une Médiation spéciale sous la forme suivante.

En cas de différend grave compromettant la Paix, les Etats en conflit choisissent respectivement une Puissance à laquelle ils confient la mission d'entrer en rapport direct avec la Puissance choisie d'autre part, à l'effet de prévenir la rupture des relations pacifiques.

Artikel 8.

Die Signatarmächte sind einverstanden, unter Umständen, die dies gestatten, die Anwendung einer besonderen Vermittelung in folgender Form zu empfehlen:

Bei ernsten, den Frieden gefährdenden Streitfragen, wählt jeder der im Streite befindlichen Staaten eine Macht, die er mit der Aufgabe betraut, in unmittelbare Verbindung mit der von der anderen Seite gewählten Macht zu treten, um den Bruch der friedlichen Beziehungen zu verhüten.

Pendant la durée de ce mandat dont le terme, sauf stipulation contraire, ne peut excéder trente jours, les Etats en litige cessent tout rapport direct au sujet du conflit, lequel est considéré comme déféré exclusivement aux Puissances médiatrices. Celles-ci doivent appliquer tous leurs efforts à régler le différend.

En cas de rupture effective des relations pacifiques, ces Puissances demeurent chargées de la mission commune de profiter de toute occasion pour rétablir la paix.

Während der Dauer dieses Auftrags, die, unbeschadet anderweitiger Abrede, eine Frist von dreissig Tagen nicht überschreiten darf, stellen die streitenden Staaten jedes unmittelbare Benehmen über den Streit ein, welcher als ausschliesslich den vermittelnden Mächten übertragen gilt. Diese sollen alle Bemühungen aufwenden, um die Streitfrage zu erledigen.

Kommt es zum wirklichen Bruche der friedlichen Beziehungen, so bleiben diese Mächte mit der gemeinsamen Aufgabe betraut, jede Gelegenheit zu benutzen, um den Frieden wiederherzustellen.

Titre III.

Des Commissions internationales d'enquête.

Article 9.

Dans les litiges d'ordre international n'engageant ni l'honneur ni des intérêts essentiels et provenant d'une divergence d'appréciation sur des points de fait, les Puissances signataires jugent utile que les Parties qui n'auraient pu se mettre d'accord par les voies diplomatiques instituent, en tant que les circonstances le permettront, une Commission internationale d'enquête chargée de faciliter la solution de ces litiges en éclaircissant, par un examen impartial et consciencieux, les questions de fait.

Article 10.

Les Commissions internationales d'enquête sont constituées par convention spéciale entre les Parties en litige.

La convention d'enquête précise les faits à examiner et l'étendue des pouvoirs des commissaires.

Elle règle la procédure.

L'enquête a lieu contradictoirement.

La forme et les délais à observer, en tant qu'ils ne sont pas fixés par la convention d'enquête, sont déterminés par la commission elle-même.

Article 11.

Les Commissions internationales d'enquête sont formées, sauf stipulation contraire, de la manière déterminée par l'article 32 de la présente Convention.

Article 12.

Les Puissances en litige s'engagent à fournir à la Commission internationale d'enquête, dans la plus large mesure qu'Elles jugeront possible, tous les moyens et toutes les facilités nécessaires pour la

Dritter Titel.

Internationale Untersuchungskommissionen.

Artikel 9.

Bei internationalen Streitigkeiten, die weder die Ehre noch wesentliche Interessen berühren und einer verschiedenen Würdigung von Tatsachen entspringen, erachten die Signatarmächte es für nützlich, dass die Parteien, die sich auf diplomatischem Wege nicht haben einigen können, soweit es die Umstände gestatten, eine internationale Untersuchungskommission einsetzen mit dem Auftrage, die Lösung dieser Streitigkeiten zu erleichtern, indem sie durch eine unparteiische und gewissenhafte Prüfung die Tatfragen aufklären.

Artikel 10.

Die internationalen Untersuchungskommissionen werden durch besonderes Abkommen der streitenden Teile gebildet.

Das Untersuchungsabkommen bestimmt die zu untersuchenden Tatsachen und den Umfang der Befugnisse der Kommissare.

Es regelt das Verfahren.

Die Untersuchung erfolgt kontradiktorisch.

Die zu wahrenden Formen und Fristen werden, soweit sie nicht durch das Untersuchungsabkommen festgesetzt sind, durch die Kommission selbst bestimmt.

Artikel 11.

Die internationalen Untersuchungskommissionen werden, sofern nicht ein Anderes verabredet ist, in der im Artikel 32 dieses Abkommens bezeichneten Weise gebildet.

Artikel 12.

Die streitenden Mächte verpflichten sich, der internationalen Untersuchungskommission in dem weitesten Umfange, den sie für möglich halten, alle zur vollständigen Kenntnis und genauen Wür-

connaissance complète et l'appréciation exacte des faits en question.

Article 13.

La Commission internationale d'enquête présente aux Puissances en litige son rapport signé par tous les membres de la Commission.

Article 14.

Le rapport de la Commission internationale d'enquête, limité à la constatation des faits, n'a nullement le caractère d'une sentence arbitrale. Il laisse aux Puissances en litige une entière liberté pour la suite à donner à cette constatation.

digung der in Frage kommenden Tatsachen notwendigen Mittel und Erleichterungen zu gewähren.

Artikel 13.

Die internationale Untersuchungskommission legt den streitenden Mächten ihren von allen Mitgliedern der Kommission unterzeichneten Bericht vor.

Artikel 14.

Der Bericht der internationalen Untersuchungskommission, der sich auf die Feststellung der Tatsachen beschränkt, hat in keiner Weise die Bedeutung eines Schiedsspruchs. Er lässt den streitenden Mächten volle Freiheit in Ansehung der Folge, die dieser Feststellung zu geben ist.

Titre IV.

De l'arbitrage international.

Chapitre I.

De la Justice arbitrale.

Article 15.

L'arbitrage international a pour objet le règlement de litiges entre les Etats par des juges de leur choix et sur la base du respect du droit.

Article 16.

Dans les questions d'ordre juridique, et en premier lieu dans les questions d'interprétation ou d'application des conventions internationales, l'arbitrage est reconnu par les Puissances signataires comme le moyen le plus efficace et en même temps le plus équitable de régler les litiges qui n'ont pas été résolus par les voies diplomatiques.

Article 17.

La convention d'arbitrage est conclue pour des contestations déjà nées ou pour des contestations éventuelles.

Elle peut concerner tout litige ou seulement les litiges d'une catégorie déterminée.

Article 18.

La convention d'arbitrage implique l'engagement de se soumettre de bonne foi à la sentence arbitrale.

Article 19.

Indépendamment des traités généraux ou particuliers qui stipulent actuellement l'obligation du recours à l'arbitrage pour les Puissances signataires, ces Puissances

Vierter Titel.

Internationale Schiedssprechung.

Erstes Kapitel.

Schiedswesen.

Artikel 15.

Die internationale Schiedssprechung hat zum Gegenstande die Erledigung von Streitigkeiten zwischen den Staaten durch Richter ihrer Wahl auf Grund der Achtung vor dem Rechte.

Artikel 16.

In Rechtsfragen und in erster Linie in Fragen der Auslegung oder der Anwendung internationaler Vereinbarungen wird die Schiedssprechung von den Signatarmächten als das wirksamste und zugleich der Billigkeit am meisten entsprechende Mittel anerkannt, um die Streitigkeiten zu erledigen, die nicht auf diplomatischem Wege haben beseitigt werden können.

Artikel 17.

Schiedsabkommen werden für bereits entstandene oder für etwa entstehende Streitverhältnisse abgeschlossen.

Sie können sich auf alle Streitigkeiten oder nur auf Streitigkeiten einer bestimmten Art beziehen.

Artikel 18.

Das Schiedsabkommen schliesst die Verpflichtung in sich, sich nach Treu und Glauben dem Schiedsspruche zu unterwerfen.

Artikel 19.

Unabhängig von den allgemeinen und besonderen Verträgen, die schon jetzt den Signatarmächten die Verpflichtung zur Anrufung der Schiedssprechung auferlegen,

se réservent de conclure, soit avant la ratification du présent Acte, soit postérieurement, des accords nouveaux, généraux ou particuliers, en vue d'étendre l'arbitrage obligatoire à tous les cas qu'Elles jugeront possible de lui soumettre.

behalten diese Mächte sich vor, sei es vor der Ratifikation des vorliegenden Abkommens oder später, neue allgemeine oder besondere Übereinkommen abzuschliessen, um die obligatorische Schiedssprechung auf alle Fälle auszudehnen, die ihr nach ihrer Ansicht unterworfen werden können.

Chapitre II.
De la Cour permanente d'arbitrage.

Article 20.

Dans le but de faciliter le recours immédiat à l'arbitrage pour les différends internationaux qui n'ont pu être réglés par la voie diplomatique, les Puissances signataires s'engagent à organiser une Cour permanente d'arbitrage, accessible en tout temps et fonctionnant, sauf stipulation contraire des Parties, conformément aux Règles de procédure insérées dans la présente Convention.

Article 21.

La Cour permanente sera compétente pour tous les cas d'arbitrage, à moins qu'il n'y ait entente entre les Parties pour l'établissement d'une juridiction spéciale.

Article 22.

Un Bureau international établi à la Haye sert de greffe à la Cour.

Ce Bureau est l'intermédiaire des communications relatives aux réunions de celle-ci.

Il a la garde des archives et la gestion de toutes les affaires administratives.

Les Puissances signataires s'engagent à communiquer au Bureau international de La Haye une copie certifiée conforme de toute stipulation d'arbitrage intervenue entre elles et de toute sentence arbitrale les concernant et rendue par des juridictions spéciales.

Elles s'engagent à communiquer de même au Bureau, les lois, règlements et documents constatant éventuellement l'exécution des sentences rendues par la Cour.

Article 23.

Chaque Puissance signataire désignera, dans les trois mois qui suivront la ratification par elle du présent acte, quatre personnes au plus, d'une compétence reconnue dans les questions de droit international, jouissant de la plus haute considération morale et disposées à accepter les fonctions d'arbitres.

Zweites Kapitel.
Ständiger Schiedshof.

Artikel 20

Um die unmittelbare Anrufung der Schiedssprechung für die internationalen Streitfragen zu erleichtern, die nicht auf diplomatischem Wege haben erledigt werden können, machen sich die Signatarmächte anheischig, einen ständigen Schiedshof einzurichten, der jederzeit zugänglich ist und, unbeschadet anderweitiger Abrede der Parteien, nach Massgabe der in diesem Abkommen enthaltenen Bestimmungen über das Verfahren tätig wird.

Artikel 21.

Der ständige Schiedshof soll für alle Schiedsfälle zuständig sein, sofern nicht zwischen den Parteien über die Einsetzung eines besonderen Schiedsgerichts Einverständnis besteht.

Artikel 22.

Ein im Haag errichtetes internationales Bureau dient dem Schiedshofe für die Bureaugeschäfte.

Dieses Bureau vermittelt die auf den Zusammentritt des Schiedshofs bezüglichen Mitteilungen.

Es hat das Archiv unter seiner Obhut und besorgt alle Verwaltungsgeschäfte.

Die Signatarmächte machen sich anheischig, dem internationalen Bureau im Haag beglaubigte Abschrift einer jeden zwischen ihnen getroffenen Schiedsabrede sowie eines jeden Schiedsspruchs mitzuteilen, der sie betrifft und durch besondere Schiedsgerichte erlassen ist.

Sie machen sich anheischig, dem Bureau ebenso die Gesetze, allgemeinen Anordnungen und Urkunden mitzuteilen, die gegebenen Falles die Vollziehung der von dem Schiedshof erlassenen Sprüche dartun.

Artikel 23.

Jede Signatarmacht wird binnen drei Monaten, nachdem sie dieses Abkommen ratifiziert hat, höchstens vier Personen von anerkannter Sachkunde in Fragen des Völkerrechts benennen, die sich der höchsten sittlichen Achtung erfreuen und bereit sind, ein Schiedsrichteramt zu übernehmen.

Les personnes ainsi désignées seront inscrites, au titre de membres de la Cour, sur une liste qui sera notifiée à toutes les Puissances signataires par les soins du Bureau.

Toute modification à la liste des arbitres est portée, par les soins du Bureau, à la connaissance des Puissances signataires.

Deux ou plusieurs Puissances peuvent s'entendre pour la désignation en commun d'un ou de plusieurs membres.

La même personne peut être désignée par des Puissances différentes.

Les membres de la Cour sont nommés pour un terme de six ans. Leur mandat peut être renouvelé

En cas de décès ou de retraite d'un membre de la Cour, il est pourvu à son remplacement selon le mode fixé pour sa nomination.

Die so benannten Personen sollen unter dem Titel von Mitgliedern des Schiedshofs in eine Liste eingetragen werden; diese soll allen Signatarmächten durch das Bureau mitgeteilt werden.

Jede Änderung in der Liste der Schiedsrichter wird durch das Bureau zur Kenntnis der Signatarmächte gebracht.

Zwei oder mehrere Mächte können sich über die gemeinschaftliche Benennung eines Mitglieds oder mehrerer Mitglieder verständigen.

Dieselbe Person kann von verschiedenen Mächten benannt werden.

Die Mitglieder des Schiedshofs werden für einen Zeitraum von sechs Jahren ernannt. Ihre Wiederernennung ist zulässig.

Im Falle des Todes oder des Ausscheidens eines Mitglieds des Schiedshofs erfolgt sein Ersatz in der für seine Ernennung vorgesehenen Weise.

Article 24.

Lorsque les Puissances signataires veulent s'adresser à la Cour permanente pour le règlement d'un différend survenu entre elles, le choix des arbitres appelés à former le Tribunal compétent pour statuer sur ce différend, doit être fait dans la liste générale des membres de la Cour.

A défaut de constitution du Tribunal arbitral par l'accord immédiat des Parties, il est procédé da la manière suivante:

Chaque Partie nomme deux arbitres et ceux-ci choisissent ensemble un surarbitre.

En cas de partage des voix, le choix du surarbitre est confié à une Puissance tierce, désignée de commun accord par les Parties.

Si l'accord ne s'établit pas à ce sujet, chaque Partie désigne une Puissance différente et le choix du surarbitre est fait de concert par les Puissances ainsi désignées.

Le Tribunal étant ainsi composé, les Parties notifient au Bureau leur décision de s'adresser à la Cour et les noms des arbitres.

Le Tribunal arbitral se réunit à la date fixée par les Parties

Les membres de la Cour, dans l'exercice de leurs fonctions et en dehors de leur Pays, jouissent des privilèges et immunités diplomatiques.

Artikel 24.

Wollen die Signatarmächte sich zur Erledigung einer unter ihnen entstandenen Streitfrage an den Schiedshof wenden, so muss die Auswahl der Schiedsrichter, welche berufen sind, das für die Entscheidung dieser Streitfrage zuständige Schiedsgericht zu bilden, aus der Gesamtliste der Mitglieder des Schiedshofs erfolgen.

In Ermangelung einer Bildung des Schiedsgerichts mittelst unmittelbarer Verständigung der Parteien wird in folgender Weise verfahren:

Jede Partei ernennt zwei Schiedsrichter und diese wählen gemeinschaftlich einen Obmann.

Bei Stimmengleichheit wird die Wahl des Obmanns einer dritten Macht anvertraut, über deren Bezeichnung sich die Parteien einigen.

Kommt eine Einigung hierüber nicht zu Stande, so bezeichnet jede Partei eine Macht, und die Wahl des Obmannes erfolgt durch die so bezeichneten Mächte in Übereinstimmung.

Nachdem das Schiedsgericht so gebildet ist, teilen die Parteien dem Bureau ihren Entschluss, sich an den Schiedshof zu wenden, und die Namen der Schiedsrichter mit.

Das Schiedsgericht tritt an dem von den Parteien festgesetzten Tage zusammen.

Die Mitglieder des Schiedshofes geniessen während der Ausübung ihres Amtes und ausserhalb ihres Heimatlandes die diplomatischen Vorrechte und Befreiungen.

Article 25.

Le Tribunal arbitral siège d'ordinaire à la Haye.

Le siège ne peut, sauf le cas de force

Artikel 25.

Das Schiedsgericht hat regelmässig seinen Sitz im Haag.

Abgesehen von dem Falle höherer Ge-

majeure, être changé par le Tribunal que de l'assentiment des Parties.

walt darf der Sitz vom Schiedsgerichte nur mit Zustimmung der Parteien verlegt werden.

Article 26.

Le Bureau international de la Haye est autorisé à mettre ses locaux et son organisation à la disposition des Puissances signataires pour le fonctionnement de toute juridiction spéciale d'arbitrage.

La juridiction de la Cour permanente peut être étendue, dans les conditions prescrites par les Règlements, aux litiges existant entre des Puissances non signataires ou entre des Puissances signataires et des Puissances non signataires, si les Parties sont convenues de recourir à cette juridiction.

Artikel 26.

Das internationale Bureau im Haag ist ermächtigt, sein Geschäftslokal und seine Geschäftseinrichtung den Signatarmächten für die Tätigkeit eines jeden besonderen Schiedsgerichts zur Verfügung zu stellen.

Die Schiedsgerichtsbarkeit des ständigen Schiedshofes kann unter den durch die allgemeinen Anordnungen festgesetzten Bedingungen auf Streitigkeiten zwischen anderen Mächten als Signatarmächten oder zwischen Signatarmächten und anderen Mächten erstreckt werden, wenn die Parteien übereingekommen sind, diese Schiedsgerichtsbarkeit anzurufen.

Article 27.

Les Puissances signataires considèrent comme un devoir, dans le cas où un conflit aigu menacerait d'éclater entre deux ou plusieurs d'entre Elles, de rappeler à celles-ci que la Cour permanente leur est ouverte.

En conséquence, Elles déclarent que le fait de rappeler aux Parties en conflit les dispositions de la présente Convention, et le conseil donné, dans l'intérêt supérieur de la paix, de s'adresser à la Cour permanente ne peuvent être considérés que comme actes de Bons Offices.

Artikel 27.

Die Signatarmächte betrachten es als Pflicht, in dem Falle, wo ein ernsthafter Streit zwischen zwei oder mehreren von ihnen auszubrechen droht, diese daran zu erinnern, dass ihnen der ständige Schiedshof offen steht.

Sie erklären demzufolge, dass die Handlung, womit den im Streite befindlichen Teilen die Bestimmungen dieses Abkommens in Erinnerung gebracht werden, und der im höheren Interesse des Friedens erteilte Rat, sich an den ständigen Schiedshof zu wenden, immer nur als Betätigung guter Dienste angesehen werden dürfen.

Article 28.

Un Conseil administratif permanent composé des représentants diplomatiques des Puissances signataires accrédités à la Haye et du Ministre des Affaires Etrangères des Pays-Bas qui remplira les fonctions de Président, sera constitué dans cette ville le plus tôt possible après la ratification du présent Acte par neuf Puissances au moins.

Ce Conseil sera chargé d'établir et d'organiser le Bureau international, lequel demeurera sous sa direction et sous son contrôle.

Il notifiera aux Puissances la constitution de la Cour et pourvoira à l'installation de celle-ci.

Il arrêtera son règlement d'ordre ainsi que tous autres règlements nécessaires.

Il décidera toutes les questions administratives qui pourraient surgir touchant le fonctionnement de la Cour.

Il aura tout pouvoir quant à la nomination, la suspension ou la révocation des fonctionnaires et employés du Bureau.

Artikel 28.

Ein ständiger Verwaltungsrat, der aus den im Haag beglaubigten diplomatischen Vertretern der Signatarmächte und dem niederländischen Minister der auswärtigen Angelegenheiten als Vorsitzenden besteht, soll in dieser Stadt gebildet werden sobald wie möglich nach der Ratifikation dieses Abkommens durch mindestens neun Mächte.

Dieser Verwaltungsrat soll damit betraut sein, das internationale Bureau zu errichten und einzurichten; dieses soll unter seiner Leitung und Aufsicht bleiben.

Er gibt den Mächten von der Bildung des Schiedshofs Nachricht und trägt für dessen äussere Einrichtung Sorge.

Er erlässt seine Geschäftsordnung sowie alle sonst notwendigen allgemeinen Anordnungen.

Er entscheidet alle Verwaltungsfragen, die sich etwa in Beziehung auf den Geschäftsbetrieb des Schiedshofs erheben.

Er hat volle Befugnis, die Beamten und Angestellten des Bureaus zu ernennen, ihres Dienstes vorläufig zu entheben oder zu entlassen.

Il fixera les traitements et salaires et contrôlera la dépense générale.

La présence de cinq membres dans les réunions dûment convoquées suffit pour permettre au Conseil de délibérer valablement. Les décisions sont prises à la majorité des voix.

Le Conseil communique sans délai aux Puissances signataires les règlements adoptés par lui. Il leur adresse chaque année un rapport sur les travaux de la Cour, sur le fonctionnement des services administratifs et sur les dépenses.

Article 29.

Les frais du Bureau seront supportés par les Puissances signataires dans la proportion établie pour le Bureau international de l'Union postale universelle.

Chapitre III.

De la procédure arbitrale.

Article 30.

En vue de favoriser le développement de l'arbitrage, les Puissances signataires ont arrêté les règles suivantes qui seront applicables à la procédure arbitrale, en tant que les Parties ne sont pas convenues d'autres règles.

Article 31.

Les Puissances qui recourent à l'arbitrage signent un acte spécial (compromis) dans lequel sont nettement déterminés l'objet du litige ainsi que l'étendue des pouvoirs des arbitres. Cet acte implique l'engagement des Parties de se soumettre de bonne foi à la sentence arbitrale.

Article 32.

Les fonctions arbitrales peuvent être conférées à un arbitre unique ou à plusieurs arbitres désignés par les Parties à leur gré, ou choisis par Elles parmi les membres de la Cour permanente d'arbitrage établie par le présent Acte.

A défaut de constitution du Tribunal par l'accord immédiat des Parties, il est procédé de la manière suivante:

Chaque Partie nomme deux arbitres et ceux-ci choisissent ensemble un surarbitre.

En cas de partage des voix, le choix du surarbitre et confié à une Puissance tierce, désignée de commun accord par les Parties.

Si l'accord ne s'établit pas à ce sujet, chaque Partie désigne une Puissance différente et le choix du surarbitre est fait

Er setzt die Gehälter und Löhne fest und beaufsichtigt das Kassenwesen.

Die Anwesenheit von fünf Mitgliedern in den ordnungsmässig berufenen Versammlungen genügt zur gültigen Beratung des Verwaltungsrats. Die Beschlussfassung erfolgt nach Stimmenmehrheit.

Der Verwaltungsrat teilt die von ihm genehmigten allgemeinen Anordnungen unverzüglich den Signatarmächten mit. Er erstattet ihnen jährlich Bericht über die Arbeiten des Schiedshofs, über den Betrieb der Verwaltungsgeschäfte und über die Ausgaben.

Artikel 29.

Die Kosten des Bureaus werden von den Signatarmächten nach dem für das internationale Bureau des Weltpostvereins festgestellten Verteilungsmassstabe getragen.

Drittes Kapitel.

Schiedsverfahren.

Artikel 30.

Um die Entwicklung der Schiedssprechung zu fördern, haben die Signatarmächte folgende Bestimmungen festgestellt, die auf das Schiedsverfahren Anwendung finden sollen, soweit nicht die Parteien über andere Bestimmungen übereingekommen sind.

Artikel 31.

Die Mächte, welche die Schiedssprechung anrufen, unterzeichnen eine besondere Urkunde (Schiedsvertrag), worin der Streitgegenstand sowie der Umfang der Befugnisse der Schiedsrichter klar bestimmt werden. Diese Beurkundung schliesst die Verpflichtung der Parteien in sich, sich dem Schiedsspruche nach Treu und Glauben zu unterwerfen.

Artikel 32.

Das Schiedsrichteramt kann einem einzigen Schiedsrichter oder mehreren Schiedsrichtern übertragen werden, die von den Parteien nach ihrem Belieben ernannt oder von ihnen unter den Mitgliedern des durch dieses Abkommen errichteten ständigen Schiedshofs gewählt werden.

In Ermangelung einer Bildung des Schiedsgerichts durch unmittelbare Verständigung der Parteien wird in folgender Weise verfahren:

Jede Partei ernennt zwei Schiedsrichter und diese wählen gemeinschaftlich einen Obmann.

Bei Stimmengleichheit wird die Wahl des Obmanns einer dritten Macht anvertraut, über deren Bezeichnung sich die Parteien einigen.

Kommt eine Einigung hierüber nicht zu Stande, so bezeichnet jede Partei eine andere Macht und die Wahl des Obmanns

de concert par les Puissances ainsi désignées.

Article 33.

Lorsqu'un Souverain ou un Chef d'Etat est choisi pour arbitre, la procédure arbitrale est réglée par Lui.

Article 34.

Les surarbitre est de droit Président du Tribunal.

Lorsque le Tribunal ne comprend pas de surarbitre, il nomme lui-même son président.

Article 35.

En cas de décès, de démission ou d'empêchement, pour quelque cause que ce soit, de l'un des arbitres, il est pourvu à son remplacement selon le mode fixé pour sa nomination.

Article 36.

Le siège du Tribunal est désigné par les Parties. A défaut de cette désignation le Tribunal siège à la Haye.

Le siège ainsi fixé ne peut, sauf le cas de force majeure, être changé par le Tribunal que de l'assentiment des Parties.

Article 37.

Les Parties ont le droit de nommer auprès du Tribunal des délégués ou agents spéciaux, avec la mission de servir d'intermédiaires entre Elles et le Tribunal.

Elles sont en outre autorisées à charger de la défense de leurs droits et intérêts devant le Tribunal, des conseils ou avocats nommés par Elles à cet effet.

Article 38.

Le Tribunal décide du choix des langues dont il fera usage et dont l'emploi sera autorisé devant lui.

Article 39.

La procédure arbitrale comprend en règle générale deux phases distinctes: l'instruction et les débats.

L'instruction consiste dans la communication faite par les agents respectifs, aux membres du Tribunal et à la Partie adverse, de tous actes imprimés ou écrits et de tous documents contenant les moyens invoqués dans la cause. Cette communication aura lieu dans la forme et dans les délais déterminés par le Tribunal en vertu de l'article 49.

erfolgt durch die so bezeichneten Mächte in Übereinstimmung.

Artikel 33.

Wird ein Souverän oder ein sonstiges Staatsoberhaupt zum Schiedsrichter gewählt, so wird das Schiedsverfahren von ihm geregelt.

Artikel 34.

Der Obmann ist von Rechts wegen Vorsitzender des Schiedsgerichts.

Gehört dem Schiedsgerichte kein Obmann an, so ernennt es selbst seinen Vorsitzenden.

Artikel 35.

Im Falle des Todes, des Rücktritts oder der aus irgend einem Grunde stattfindenden Verhinderung eines der Schiedsrichter erfolgt sein Ersatz in der für seine Ernennung vorgesehenen Weise.

Artikel 36.

Der Sitz des Schiedsgerichts wird von den Parteien bestimmt. In Ermangelung einer solchen Bestimmung hat das Gericht seinen Sitz im Haag.

Abgesehen von dem Falle höherer Gewalt darf der so bestimmte Sitz vom Schiedsgerichte nur mit Zustimmung der Parteien verlegt werden.

Artikel 37.

Die Parteien haben das Recht, bei dem Schiedsgerichte besondere Delegierte oder Agenten zu bestellen mit der Aufgabe, zwischen ihnen und dem Schiedsgericht als Mittelspersonen zu dienen.

Sie sind ausserdem berechtigt, mit der Wahrnehmung ihrer Rechte und Interessen vor dem Schiedsgerichte Rechtsbeistände oder Anwälte zu betrauen, die zu diesem Zwecke von ihnen bestellt werden.

Artikel 38.

Das Schiedsgericht entscheidet über die zu wählenden Sprachen, deren es sich bedienen wird und deren Gebrauch vor ihm gestattet sein soll.

Artikel 39.

Das Schiedsverfahren zerfällt regelmässig in zwei gesonderte Abschnitte: das Vorverfahren und die Verhandlung.

Das Vorverfahren besteht in der von den betreffenden Agenten an die Mitglieder des Schiedsgerichts und an die Gegenpartei zu machenden Mitteilung aller gedruckten oder geschriebenen Aktenstücke und aller Urkunden, welche die in der Sache geltend gemachten Rechtsbehelfe enthalten. Diese Mitteilung soll in der Form und innerhalb der Fristen erfolgen, die von dem Schiedsgerichte gemäss Artikel 49 bestimmt werden.

Les débats consistent dans le développement oral des moyens des Parties devant le Tribunal.

Die Verhandlung besteht in dem mündlichen Vortrage der Rechtsbehelfe der Parteien vor dem Schiedsgerichte.

Article 40.

Toute pièce produite par l'une des Parties doit être communiquée à l'autre Partie.

Artikel 40.

Jedes von einer Partei vorgelegte Schriftstück muss der anderen Partei mitgeteilt werden.

Article 41.

Les débats sont dirigés par le Président.

Ils ne sont publics qu'en vertu d'une décision du Tribunal, prise avec l'assentiment des Parties.

Ils sont consignés dans des procès-verbaux rédigés par des secrétaires que nomme le Président. Ces procès-verbaux ont seuls caractère authentique.

Artikel 41.

Die Verhandlung wird vom Vorsitzenden geleitet.

Sie erfolgt öffentlich nur, wenn ein Beschluss des Schiedsgerichts mit Zustimmung der Parteien dahin ergeht.

Über die Verhandlung wird ein Protokoll aufgenommen von Sekretären, die der Vorsitzende ernennt. Nur dieses Protokoll hat öffentliche Beweiskraft.

Article 42.

L'instruction étant close, le Tribunal a le droit d'écarter du débat tous actes ou documents nouveaux qu'une des Parties voudrait lui soumettre sans le consentement de l'autre.

Artikel 42.

Nach dem Schlusse des Vorverfahrens ist das Schiedsgericht befugt, alle neuen Aktenstücke oder Urkunden von der Verhandlung auszuschliessen, die ihm etwa eine Partei ohne Einwilligung der anderen vorlegen will.

Article 43.

Le Tribunal demeure libre de prendre en considération les actes ou documents nouveaux sur lesquels les agents ou conseils des Parties appelleraient son attention.

En ce cas, le Tribunal a le droit de requérir la production de ces actes ou documents, sauf l'obligation d'en donner connaissance à la Partie adverse.

Artikel 43.

Dem Schiedsgerichte steht es jedoch frei, neue Aktenstücke oder Urkunden, auf welche etwa die Agenten oder Rechtsbeistände der Parteien seine Aufmerksamkeit lenken, in Betracht zu ziehen.

In diesem Falle ist das Schiedsgericht befugt, die Vorlegung dieser Aktenstücke oder Urkunden zu verlangen, unbeschadet der Verpflichtung, der Gegenpartei davon Kenntnis zu geben.

Article 44.

Le Tribunal peut, en outre, requérir des agents des Parties la production de tous actes et demander toutes explications nécessaires. En cas de refus le Tribunal en prend acte.

Artikel 44.

Das Schiedsgericht kann ausserdem von den Agenten der Parteien die Vorlegung aller nötigen Aktenstücke verlangen und alle nötigen Aufklärungen erfordern. Im Falle der Verweigerung nimmt das Schiedsgericht von ihr Vermerk

Article 45.

Les agents et les conseils des Parties sont autorisés à présenter oralement au Tribunal tous les moyens qu'ils jugent utiles à la défense de leur cause.

Artikel 45.

Die Agenten und die Rechtsbeistände der Parteien sind befugt, beim Schiedsgerichte mündlich alle Rechtsbehelfe vorzubringen, die sie zur Verteidigung ihrer Sache für nützlich halten.

Article 46.

Ils ont le droit de soulever des exceptions et incidents. Les décisions du Tribunal sur ces points sont définitives et ne peuvent donner lieu a aucune discussion ultérieure.

Artikel 46.

Sie haben das Recht, Einreden sowie einen Zwischenstreit zu erheben. Die Entscheidungen des Schiedsgerichts über diese Punkte sind endgültig und können zu weiteren Erörterungen nicht Anlass geben.

Article 47.

Les membres du Tribunal ont le droit de poser des questions au agents et aux conseils des Parties et de leur demander des éclaircissements sur les points douteux.

Ni les questions posées, ni les observations faites par les membres du Tribunal pendant le cours des débats ne peuvent être regardées comme l'expression des opinions du Tribunal en général ou de ses membres en particulier.

Article 48.

Le Tribunal est autorisé à déterminer sa compétence en interprétant le compromis ainsi que les autres traités qui peuvent être invoqués dans la matière, et en appliquant les principes du droit international.

Article 49.

Le Tribunal a le droit de rendre des ordonnances de procédure pour la direction du procès, de déterminer les formes et délais dans lesquels chaque Partie devra prendre ses conclusions et de procéder à toutes les formalités que comporte l'administration des preuves.

Article 50.

Les agents et les conseils des Parties ayant présenté tous les éclaircissements et preuves à l'appui de leur cause, le Président prononce la clôture des débats.

Article 51.

Les délibérations du Tribunal ont lieu à huis clos.

Toute décision est prise à la majorité des membres du Tribunal.

Le refus d'un membre de prendre part au vote doit être constaté dans le procès-verbal.

Article 52.

La sentence arbitrale, votée à la majorité des voix, est motivée. Elle est rédigée par écrit et signée par chacun des membres du Tribunal.

Ceux des membres qui sont restés en minorité peuvent constater, en signant, leur dissentiment.

Article 53.

La sentence arbitrale est lue en séance publique du Tribunal, les agents et les conseils des Parties présents ou dûment appelés.

Artikel 47.

Die Mitglieder des Schiedsgerichts sind befugt, an die Agenten und die Rechtsbeistände der Parteien Fragen zu richten und von ihnen Aufklärungen über zweifelhafte Punkte zu erfordern.

Weder die gestellten Fragen noch die von Mitgliedern des Schiedsgerichts im Laufe der Verhandlung gemachten Bemerkungen dürfen als Ausdruck der Meinung des ganzen Schiedsgerichts oder seiner einzelnen Mitglieder angesehen werden.

Artikel 48.

Das Schiedsgericht ist befugt, seine Zuständigkeit zu bestimmen, indem es den Schiedsvertrag sowie die sonstigen Staatsverträge, die für den Gegenstand angeführt werden können, auslegt und die Grundsätze des Völkerrechts anwendet.

Artikel 49.

Dem Schiedsgerichte steht es zu, auf das Verfahren bezügliche Anordnungen zur Leitung der Streitsache zu erlassen, die Formen und Fristen zu bestimmen, in denen jede Partei ihre Anträge zu stellen hat, und zu allen Förmlichkeiten zu schreiten, welche die Beweisaufnahme mit sich bringt.

Artikel 50.

Nachdem die Agenten und die Rechtsbeistände der Parteien alle Aufklärungen und Beweise zugunsten ihrer Sache vorgetragen haben, spricht der Vorsitzende den Schluss der Verhandlung aus.

Artikel 51.

Die Beratung des Schiedsgerichts erfolgt geheim.

Jede Entscheidung ergeht nach der Mehrheit der Mitglieder des Schiedsgerichts.

Die Weigerung eines Mitglieds, an der Abstimmung teilzunehmen, muss im Protokolle festgestellt werden.

Artikel 52.

Der nach Stimmenmehrheit erlassene Schiedsspruch ist mit Gründen zu versehen. Er wird schriftlich abgefasst und von jedem Mitgliede des Schiedsgerichts unterzeichnet.

Die in der Minderheit gebliebenen Mitglieder können bei der Unterzeichnung die Verweigerung ihrer Zustimmung feststellen.

Artikel 53.

Der Schiedsspruch wird in öffentlicher Sitzung des Schiedsgerichts verlesen, sofern die Agenten und die Rechtsbeistände der Parteien anwesend sind oder gehörig geladen waren.

Article 54.

La sentence arbitrale, dûment prononcée et notifiée aux agents des Parties en litige décide définitivement et sans appel la contestation.

Artikel 54.

Der gehörig verkündete und den Agenten der streitenden Teile zugestellte Schiedsspruch entscheidet das Streitverhältnis endgültig und mit Ausschliessung der Berufung.

Article 55.

Les Parties peuvent se réserver dans le compromis de demander la revision de la sentence arbitrale.

Dans ce cas et sauf convention contraire, la demande doit être adressée au Tribunal qui a rendu la sentence. Elle ne peut être motivée que par la découverte d'un fait nouveau qui eût été de nature à exercer une influence décisive sur la sentence et qui, lors de la clôture des débats, était inconnu du Tribunal luimême et de la Partie qui a demandé la revision.

La procédure de revision ne peut être ouverte que par une décision du Tribunal constatant expressément l'existence du fait nouveau, lui reconnaissant les caractères prévus par le paragraphe précédent et déclarant à ce titre la demande recevable.

Le compromis détermine le délai dans lequel la demande de revision doit être formée.

Artikel 55.

Die Parteien können sich im Schiedsvertrage vorbehalten, die Nachprüfung (Revision) des Schiedsspruchs zu beantragen.

Der Antrag muss in diesem Falle, unbeschadet anderweitiger Vereinbarung, bei dem Schiedsgericht angebracht werden, das den Spruch erlassen hat. Er kann nur auf die Ermittelung einer neuen Tatsache gegründet werden, die einen entscheidenden Einfluss auf den Spruch auszuüben geeignet gewesen wäre und bei Schluss der Verhandlung dem Schiedsgerichte selbst und der Partei, welche die Nachprüfung beantragt hat, unbekannt war.

Das Nachprüfungsverfahren kann nur eröffnet werden durch einen Beschluss des Schiedsgerichts, der das Vorhandensein der neuen Tatsache ausdrücklich feststellt, ihr die im vorangehenden Absatze bezeichneten Merkmale zuerkennt und den Antrag insoweit für zulässig erklärt.

Der Schiedsvertrag bestimmt die Frist, innerhalb deren der Nachprüfungsantrag gestellt werden muss.

Article 56.

La sentence arbitrale n'est obligatoire que pour les Parties qui ont conclu le compromis.

Lorsqu'il s'agit de l'interprétation d'une convention à laquelle ont participé d'autres Puissances que les Parties en litige, cellesci notifient aux premières le compromis qu'elles ont conclu. Chacune de ces Puissances a le droit d'intervenir au procès. Si une ou plusieurs d'entre elles ont profité de cette faculté, l'interprétation contenue dans la sentence est également obligatoire à leur égard.

Artikel 56.

Der Schiedsspruch bindet nur die Parteien, die den Schiedsvertrag geschlossen haben.

Wenn es sich um die Auslegung eines Abkommens handelt, an dem sich noch andere Mächte beteiligt haben, als die streitenden Teile, so geben diese ihnen von dem Schiedsvertrage, den sie geschlossen haben, Kenntnis. Jede dieser Mächte hat das Recht, sich an der Streitsache zu beteiligen. Wenn eine oder mehrere von ihnen von dieser Berechtigung Gebrauch gemacht haben, so ist die in dem Schiedsspruch enthaltene Auslegung auch in Ansehung von ihnen bindend.

Article 57.

Chaque Partie supporte ses propres frais et une part égale des frais du Tribunal.

Artikel 57.

Jede Partei trägt ihre eigenen Kosten und die Kosten des Schiedsgerichts zu gleichem Anteile.

Dispositions générales.

Article 58.

La présente Convention sera ratifiée dans le plus bref délai possible.

Les ratifications seront déposées à la Haye.

Il sera dressé du dépôt de chaque ratification un procès-verbal, dont une

Allgemeine Bestimmungen.

Artikel 58.

Dieses Abkommen soll sobald wie möglich ratifiziert werden.

Die Ratifikationsurkunden sollen im Haag hinterlegt werden.

Über die Hinterlegung einer jeden Ratifikationsurkunde soll ein Protokoll auf-

copie, certifiée conforme, sera remise par la voie diplomatique à toutes les Puissances, qui ont été représentées à la Conférence Internationale de la Paix de la Haye.

Article 59.

Les Puissances non signataires qui ont été représentées à la Conférence Internationale de la Paix pourront adhérer à la présente Convention. Elles auront à cet effet à faire connaître leur adhésion aux Puissances contractantes, au moyen d'une notification écrite, adressé au Gouvernement des Pays-Bas et communiquée par celui-ci à toutes les autres Puissances contractantes.

Article 60.

Les conditions auxquelles les Puissances qui n'ont pas été représentées à la Conférence Internationale de la Paix, pourront adhérer à la présente Convention, formeront l'objet d'une entente ultérieure entre les Puissances contractantes.

Article 61.

S'il arrivait qu'une des Hautes Parties contractantes dénonçât la présente Convention, cette dénonciation ne produirait ses effets qu'un an après la notification faite par écrit au Gouvernement des Pays-Bas et communiquée immédiatement par celui-ci à toutes les autres Puissances contractantes.

Cette dénonciation ne produira ses effets qu'à l'égard de la Puissances qui l'aura notifiée.

En foi de quoi, les Plénipotentiaires ont signé la présente Convention et l'ont revêtue de leurs sceaux.

Fait à la Haye, le vingt-neuf juillet mil huit cent quatre-vingt dix-neuf, en un seul exemplaire qui restera déposé dans les archives du Gouvernement des Pays-Bat et dont des copies, certifiées conformes, seront remises par la voie diplomatique aux Puissances contractantes.

genommen werden; von diesem soll eine beglaubigte Abschrift auf diplomatischem Wege allen Mächten mitgeteilt werden, die auf der internationalen Friedenskonferenz im Haag vertreten gewesen sind.

Artikel 59.

Die Mächte, die auf der internationalen Friedenskonferenz vertreten gewesen sind, dieses Abkommen aber nicht gezeichnet haben, können ihm später beitreten. Sie haben zu diesem Zwecke ihren Beitritt den Vertragsmächten durch eine schriftliche Benachrichtigung bekannt zu geben, die an die Regierung der Niederlande zu richten und von dieser allen anderen Vertragsmächten mitzuteilen ist.

Artikel 60.

Die Bedingungen, unter denen die auf der internationalen Friedenskonferenz nicht vertreten gewesenen Mächte diesem Abkommen beitreten können, sollen den Gegenstand einer späteren Verständigung zwischen den Vertragsmächten bilden.

Artikel 61.

Falls einer der hohen vertragschliessenden Teile dieses Abkommen kündigen sollte, würde diese Kündigung erst ein Jahr nach der schriftlich an die Regierung der Niederlande ergehenden und von dieser allen anderen Vertragsmächten unverzüglich mitzuteilenden Benachrichtigung wirksam werden.

Diese Kündigung soll nur in Ansehung der Macht wirksam sein, die sie erklärt hat.

Zu Urkund dessen haben die Bevollmächtigten dieses Abkommen unterzeichnet und mit ihren Siegeln versehen.

Geschehen im Haag am neunundzwanzigsten Juli achtzehnhundertneunundneunzig in einer einzigen Ausfertigung, die im Archive der Regierung der Niederlande hinterlegt bleiben soll und wovon beglaubigte Abschriften den Vertragsmächten auf diplomatischem Wege übergeben werden sollen.

Folgen die Unterschriften der Plénipotentiaires aller Konferenzmächte mit den oben S. 93 erwähnten Vorbehalten.

Druck von C. Brügel & Sohn, Ansbach.

Kolibri 360 GmbH
Ferdinand-Jühlke-Straße 7
99095 Erfurt, Deutschland
produktsicherheit@kolibri360.de